Catarina de Médici

Leonie Frieda

Catarina *de* Médici

PODER, ESTRATÉGIA, TRAIÇÕES E CONFLITOS
A rainha que mudou a França

Tradução
Luis Reyes Gil

Planeta

Copyright © Leonie Frieda, 2003
Publicado originalmente por Weidenfeld & Nicolson, Londres.
Copyright © Editora Planeta do Brasil, 2019
Todos os direitos reservados.
Título original: *Catherine de Medici*

Coordenação editorial: Sandra R. Ferro Espilotro
Preparação: Sandra R. Ferro Espilotro
Revisão: Carmen T. Costa, Ronald Polito
Diagramação: A2
Capa: Departamento de criação Editora Planeta do Brasil
Imagem de capa: Album / akg-images / Rabatti - Domingie

Dados Internacionais de Catalogação na Publicação (CIP)
Angélica Ilacqua CRB-8/7057

> Frieda, Leonie
> Catarina de Médici: poder, estratégia, traições e conflitos – A rainha que mudou a França / Leonie Frieda; tradução de Luis Reyes Gil – São Paulo: Planeta do Brasil, 2019.
> 528 p.
>
> ISBN: 978-85-422-1550-2
> Título original: *Catherine de Medici*
>
> 1. Catarina, de Médicis, Rainha, consorte de Henrique II, Rei da França, 1519-1589 2. Rainhas - França - Biografia I. Título

2019
Todos os direitos desta edição reservados à
EDITORA PLANETA DO BRASIL LTDA.
Rua Bela Cintra, 986 – 4º andar – Consolação
01415-002 – São Paulo-SP
www.planetadelivros.com.br
atendimento@editoraplaneta.com.br

Para Lil' e Jake, com amor

SUMÁRIO

Mapas 9
Genealogia 12
Personagens principais 15
Introdução e agradecimentos 19
Prólogo: a morte de um rei 25

PARTE UM

I Uma órfã de Florença 39
II "A maior união do mundo" 63
III Uma esposa estéril 83
IV A consorte eclipsada 109
V A crescente importância de Catarina 136

PARTE DOIS

VI Uma parceria difícil 167
VII *Gouvernante de France* 194
VIII A primeira guerra religiosa 217
IX A grande viagem 238
X O fim da conciliação 257
XI O casamento de Margot é acertado 287
XII O massacre 316

XIII Os últimos anos de Carlos IX .346
XIV Henrique III, rei da França 380
XV A traição de Alençon 417
XVI Morre a esperança 440
XVII Assim termina a raça dos Valois 473

Conclusão 483
Notas 487
Bibliografia 496
Índice remissivo 503

A península italiana na segunda metade do século XVI

Abreviaturas:
Monf. Monferrato (Mântua)
G. Gênova
L. Lunigiana (feudo imperial)
Ist. Ístria (Veneza)
C. Crema (Veneza)
Lan. Langhe (feudos imperiais)
Gar. Garfagnana (Lucca)
Sal. Saluzzo (França)
Cas. Castro (Parma)

A França na segunda metade do século XVI

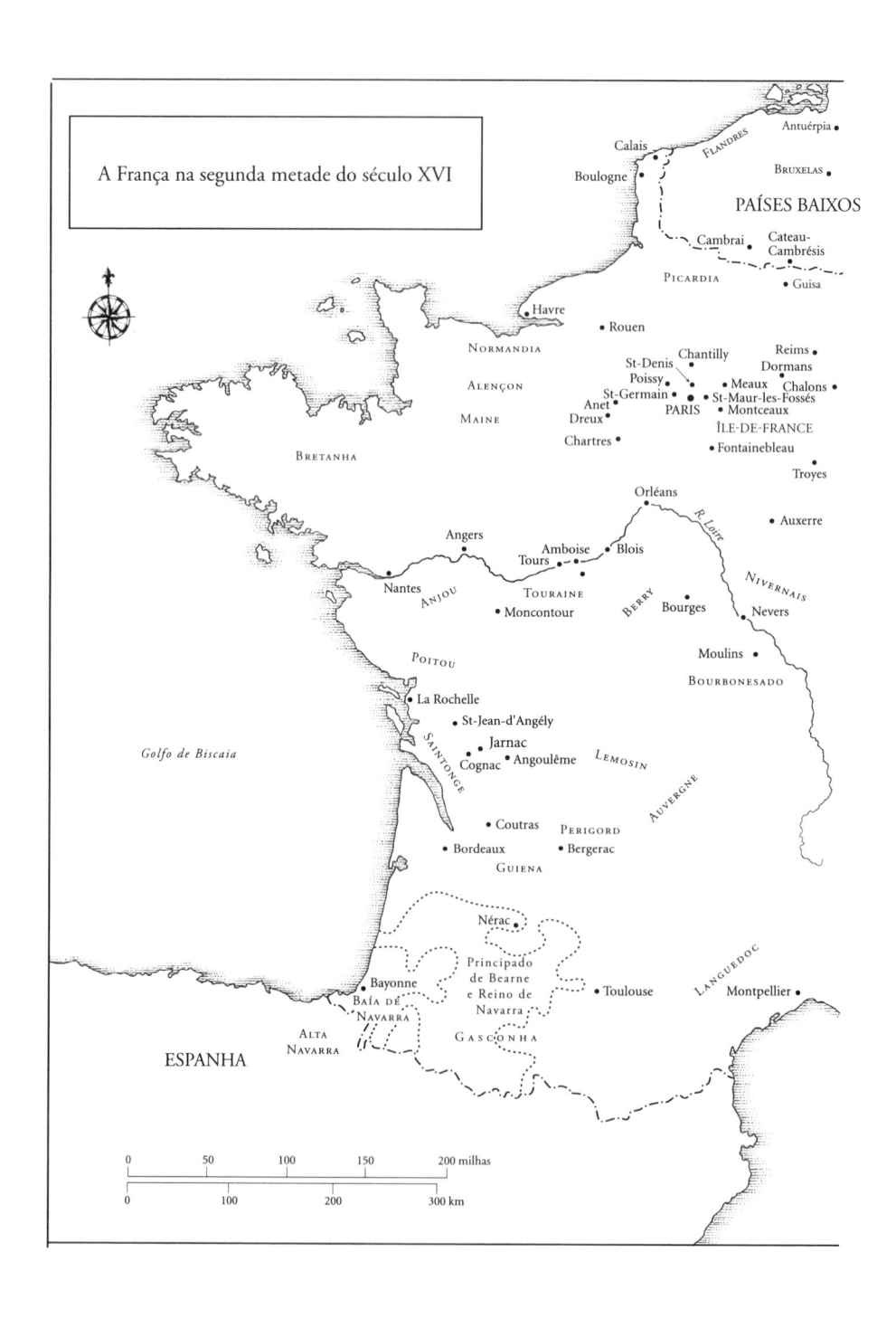

Vale do Loire e arredores

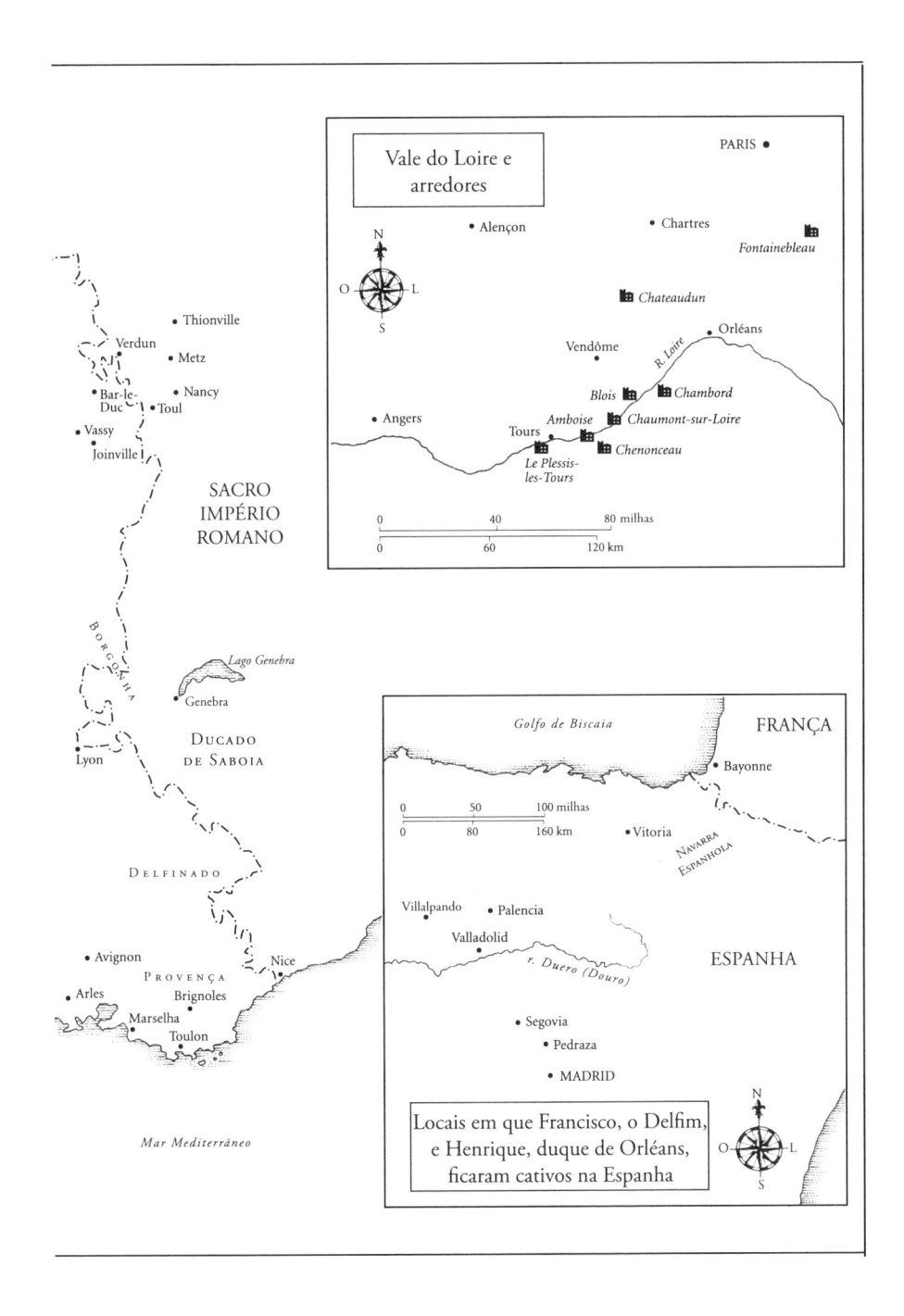

- PARIS
- Alençon
- Chartres
- Fontainebleau
- Chateaudun
- Vendôme
- Orléans
- R. Loire
- Blois
- Chambord
- Angers
- Amboise
- Chaumont-sur-Loire
- Tours
- Chenonceau
- Le Plessis-les-Tours

0 — 40 — 80 milhas
0 — 60 — 120 km

- Thionville
- Verdun
- Metz
- Bar-le-Duc
- Nancy
- Toul
- Vassy
- Joinville

SACRO IMPÉRIO ROMANO

BORGONHA

- Lago Genebra
- Genebra
- Lyon

DUCADO DE SABOIA

DELFINADO

- Avignon
- Arles
- Nice
- PROVENÇA
- Brignoles
- Marselha
- Toulon

Mar Mediterrâneo

Locais em que Francisco, o Delfim, e Henrique, duque de Orléans, ficaram cativos na Espanha

Golfo de Biscaia

FRANÇA
- Bayonne
- Vitoria

NAVARRA ESPANHOLA

- Villalpando
- Palencia
- Valladolid

r. Duero (Douro)

ESPANHA

- Segovia
- Pedraza
- MADRID

0 — 50 — 100 milhas
0 — 80 — 160 km

A CASA DE FRANÇA
* aparece mais de uma vez

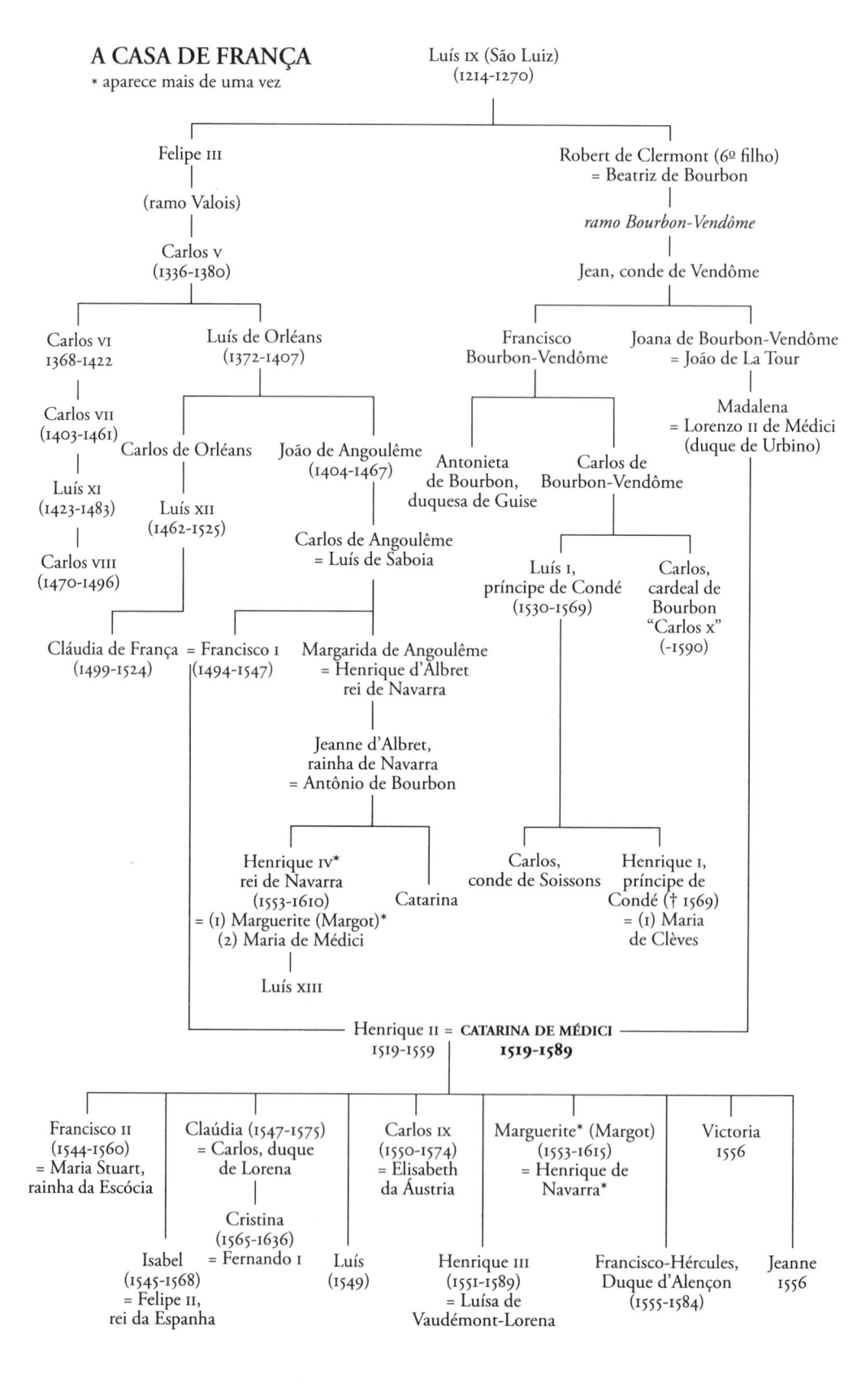

Luís IX (São Luiz) (1214-1270)

Ramo Valois (Felipe III)

- Carlos V (1336-1380)
  - Carlos VI (1368-1422)
    - Carlos VII (1403-1461)
      - Luís XI (1423-1483)
        - Carlos VIII (1470-1496)
  - Luís de Orléans (1372-1407)
    - Carlos de Orléans
      - Luís XII (1462-1525)
        - Cláudia de França (1499-1524) = Francisco I (1494-1547)
    - João de Angoulême (1404-1467)
      - Carlos de Angoulême = Luís de Saboia
        - Francisco I (1494-1547)
        - Margarida de Angoulême = Henrique d'Albret, rei de Navarra
          - Jeanne d'Albret, rainha de Navarra = Antônio de Bourbon
            - Henrique IV* rei de Navarra (1553-1610) = (1) Marguerite (Margot)* (2) Maria de Médici
              - Luís XIII
            - Catarina

Ramo Bourbon-Vendôme

Robert de Clermont (6º filho) = Beatriz de Bourbon

- Jean, conde de Vendôme
  - Francisco Bourbon-Vendôme
    - Antonieta de Bourbon, duquesa de Guise
    - Carlos de Bourbon-Vendôme
      - Luís I, príncipe de Condé (1530-1569)
        - Henrique I, príncipe de Condé († 1569) = (1) Maria de Clèves
        - Carlos, conde de Soissons
      - Carlos, cardeal de Bourbon "Carlos X" (-1590)
  - Joana de Bourbon-Vendôme = João de La Tour
    - Madalena = Lorenzo II de Médici (duque de Urbino)

Henrique II (1519-1559) = **CATARINA DE MÉDICI (1519-1589)**

- Francisco II (1544-1560) = Maria Stuart, rainha da Escócia
- Isabel (1545-1568) = Felipe II, rei da Espanha
- Cláudia (1547-1575) = Carlos, duque de Lorena
  - Cristina (1565-1636) = Fernando I
- Luís (1549)
- Carlos IX (1550-1574) = Elisabeth da Áustria
- Henrique III (1551-1589) = Luísa de Vaudémont-Lorena
- Marguerite* (Margot) (1553-1615) = Henrique de Navarra*
- Francisco-Hércules, Duque d'Alençon (1555-1584)
- Victoria 1556
- Jeanne 1556

A CASA DE GUISE

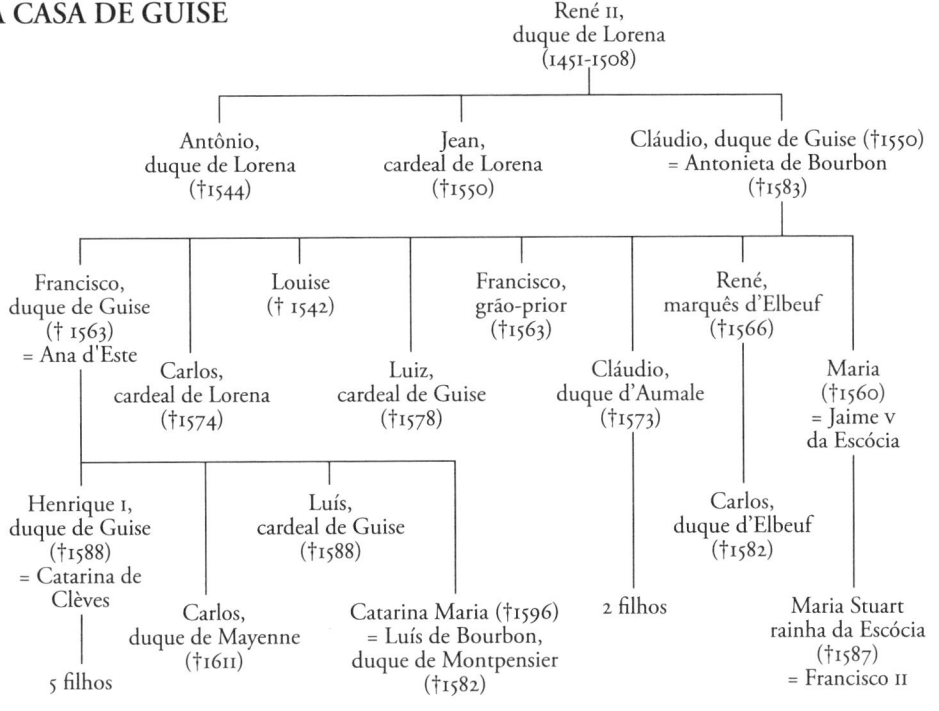

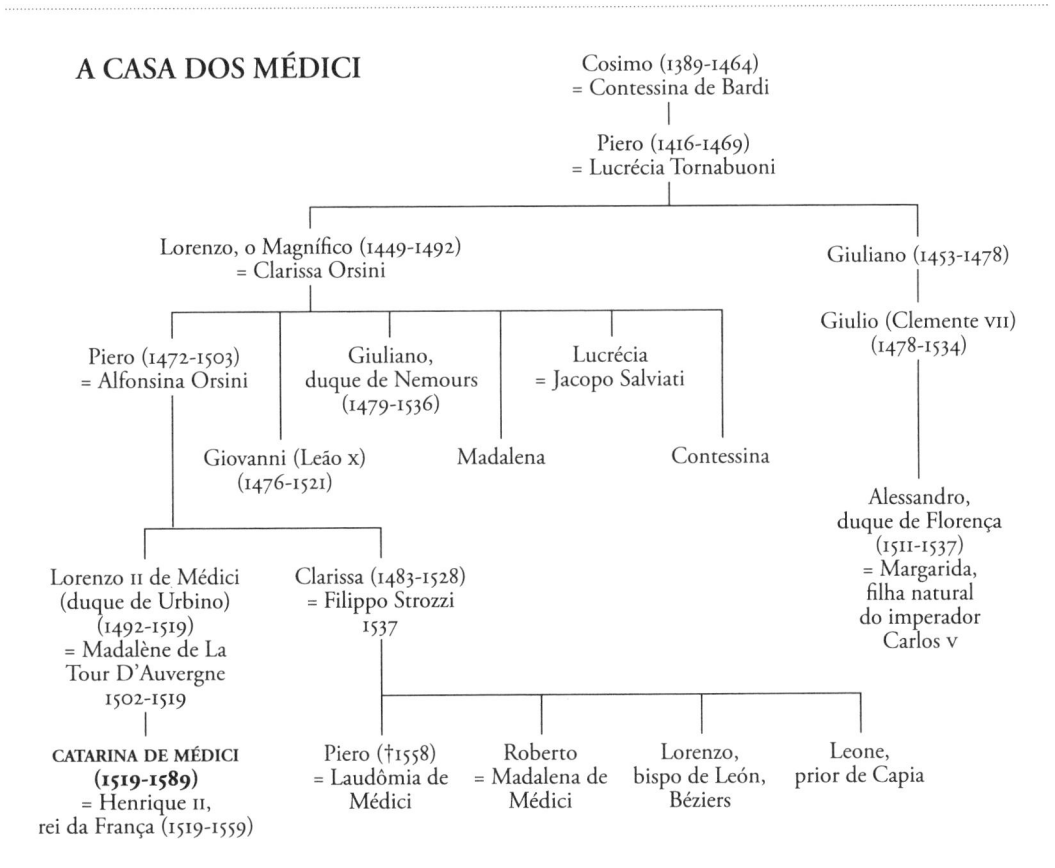

René II, duque de Lorena (1451-1508)
- Antônio, duque de Lorena (†1544)
- Jean, cardeal de Lorena (†1550)
- Cláudio, duque de Guise (†1550) = Antonieta de Bourbon (†1583)
  - Francisco, duque de Guise († 1563) = Ana d'Este
    - Henrique I, duque de Guise (†1588) = Catarina de Clèves
      - 5 filhos
    - Luís, cardeal de Guise (†1588)
    - Carlos, duque de Mayenne (†1611)
    - Catarina Maria (†1596) = Luís de Bourbon, duque de Montpensier (†1582)
  - Louise († 1542)
  - Carlos, cardeal de Lorena (†1574)
  - Luiz, cardeal de Guise (†1578)
  - Francisco, grão-prior (†1563)
  - Cláudio, duque d'Aumale (†1573)
    - Carlos, duque d'Elbeuf (†1582)
    - 2 filhos
  - René, marquês d'Elbeuf (†1566)
  - Maria (†1560) = Jaime V da Escócia
    - Maria Stuart rainha da Escócia (†1587) = Francisco II

A CASA DOS MÉDICI

Cosimo (1389-1464) = Contessina de Bardi
- Piero (1416-1469) = Lucrécia Tornabuoni
  - Lorenzo, o Magnífico (1449-1492) = Clarissa Orsini
    - Piero (1472-1503) = Alfonsina Orsini
      - Lorenzo II de Médici (duque de Urbino) (1492-1519) = Madalène de La Tour D'Auvergne 1502-1519
        - **CATARINA DE MÉDICI (1519-1589)** = Henrique II, rei da França (1519-1559)
    - Giuliano, duque de Nemours (1479-1536)
    - Giovanni (Leão X) (1476-1521)
    - Lucrécia = Jacopo Salviati
      - Clarissa (1483-1528) = Filippo Strozzi 1537
        - Piero (†1558) = Laudômia de Médici
        - Roberto = Madalena de Médici
        - Lorenzo, bispo de León, Béziers
        - Leone, prior de Capia
      - Madalena
      - Contessina
  - Giuliano (1453-1478)
    - Giulio (Clemente VII) (1478-1534)
      - Alessandro, duque de Florença (1511-1537) = Margarida, filha natural do imperador Carlos V

PERSONAGENS PRINCIPAIS

CASA DE VALOIS
Francisco I, rei da França, sogro de Catarina de Médici.
Marguerite de Angoulême, irmã de Francisco I, esposa de Henrique d'Albret, rei de Navarra.
Delfim Francisco, filho mais velho de Francisco I.
Henrique II, rei da França, segundo filho de Francisco I, antes duque de Orléans, marido de Catarina de Médici.
Marguerite de Valois, irmã de Henrique II, esposa de Emanuel-Filiberto, duque de Saboia.
Francisco II, rei da França, filho mais velho de Henrique II e Catarina de Médici.
Carlos IX, rei da França, terceiro filho de Henrique II e Catarina de Médici.
Henrique III, rei da França, duque de Anjou, quarto filho de Henrique II e Catarina de Médici.
Duque de Alençon, filho mais novo de Henrique II e Catarina de Médici.
Isabel de Valois, filha de Henrique II e Catarina de Médici, esposa de Felipe II da Espanha.
Cláudia de Valois, filha de Henrique II e Catarina de Médici, esposa de Carlos, duque de Lorena.
Marguerite de Valois (Margot), filha de Henrique II e Catarina de Médici, esposa de Henrique IV, rei da França.

CASA DE MÉDICI
Cosimo, o Velho.
Lorenzo, o Magnífico, neto de Cosimo, o Velho.

Giuliano de Médici, irmão de Lorenzo, o Magnífico.

Lorenzo II de Médici, duque de Urbino, neto de Lorenzo, o Magnífico, pai de Catarina de Médici.

Madeleine de La Tour d'Auvergne, esposa de Lorenzo II, mãe de Catarina de Médici.

Papa Leão X, filho de Lorenzo, o Magnífico.

Papa Clemente VII, Giulio de Médici, filho ilegítimo de Giuliano de Médici, primo do papa Leão X.

Alessandro de Médici, duque de Florença, filho ilegítimo do papa Clemente VII.

Ippolito de Médici, sobrinho ilegítimo do papa Leão X.

Cosimo I, grão-duque da Toscana, parente distante de Catarina de Médici.

Maria de Médici, neta de Cosimo I, segunda esposa de Henrique IV, rei da França.

Piero Strozzi, sobrinho de Lorenzo II.

Leone Strozzi, irmão mais novo de Piero Strozzi.

CASA DE BOURBON

Antônio de Bourbon, rei de Navarra, primeiro príncipe de sangue, pai de Henrique IV, rei da França, marido de Jeanne d'Albret.

Jeanne d'Albret, rainha de Navarra, esposa de Antônio de Bourbon, filha de Marguerite de Angoulême.

Luís de Condé, príncipe de sangue, irmão mais novo de Antônio de Bourbon.

Carlos, cardeal de Bourbon, príncipe de sangue, tornou-se pretendente a Carlos X e irmão mais novo de Antônio de Bourbon.

Henrique IV, rei da França, filho de Antônio de Bourbon e Jeanne d'Albret, marido de (1) Marguerite de Valois (Margot) e (2) de Maria de Médici.

Henrique de Condé, príncipe de sangue, filho de Luís de Condé.

CASA DE HABSBURGO

Carlos V, imperador do Sacro Império, antes Carlos I da Espanha.

Fernando I da Áustria, imperador do Sacro Império, irmão de Carlos V.

Felipe II da Espanha, filho de Carlos V, que teve como esposas Maria I da Inglaterra e Isabel de Valois.
Maximiliano II da Áustria, imperador do Sacro Império, filho de Fernando I.
Elisabeth da Áustria, filha de Maximiliano II, esposa de Carlos IX.

CASA TUDOR
Henrique VIII, rei da Inglaterra.
Eduardo VI, rei da Inglaterra, filho de Henrique VIII.
Maria I, rainha da Inglaterra, filha de Henrique VIII, esposa de Felipe II da Espanha.
Elizabeth I, rainha da Inglaterra, filha de Henrique VIII.

CASA DE GUISE
Cláudio, 1º duque de Guise, filho de René, duque de Lorena.
Francisco, 2º duque de Guise, filho mais velho de Cláudio, 1º duque de Guise.
Ana d'Este, (1) esposa de Francisco, 2º duque de Guise, (2) do duque de Nemours.
Carlos, cardeal de Lorena, segundo filho de Cláudio, 1º duque de Guise.
Cláudio, duque d'Aumale, quinto filho de Cláudio, 1º duque de Guise.
Maria de Guise, filha de Cláudio, 1º duque de Guise, esposa de Jaime V da Escócia.
Maria, rainha da Escócia, filha de Maria de Guise e Jaime V da Escócia, esposa de Francisco II da França.
Henrique, 3º duque de Guise, filho de Francisco, 2º duque de Guise.
Luiz, cardeal de Guise, irmão de Henrique, 3º duque de Guise.
Louise de Vaudémont, sobrinha-neta de Cláudio, 1º duque de Guise, esposa de Henrique III, rei da França.

CASA DE MONTMORENCY
Anne de Montmorency, condestável da França.
Gaspard de Coligny, sobrinho de Anne de Montmorency.
Odet, cardeal de Châtillon, irmão mais velho de Gaspard de Coligny.

Francisco d'Andelot, irmão mais novo de Gaspard de Coligny.
Francisco de Montmorency, filho mais velho de Anne de Montmorency.
Henrique Damville de Montmorency, segundo filho de Anne de Montmorency.

OUTROS
Duquesa d'Étampes, amante de Francisco I.
Diana de Poitiers, duquesa de Valentinois, amante de Henrique II.
Conde Gabriel de Montgomery, assassino acidental de Henrique II.
Cosimo Ruggieri, necromante de Catarina de Médici.
Ambroise Paré, médico da corte.
Michel de L'Hôpital, chanceler de Catarina de Médici.
Marie-Catherine de Gondi, melhor amiga de Catarina de Médici, dama de companhia, tesoureira e administradora dos bens de Catarina.
Michel de Nostradamus, vidente de Catarina de Médici.

INTRODUÇÃO E AGRADECIMENTOS

Catarina de Médici já foi chamada de "O Verme do Túmulo da Itália", "A Rainha Negra" e "Madame La Serpente". Para muitos, é a própria encarnação do mal. A meu ver, trata-se de um julgamento equivocado e preconceituoso. No entanto, não está muito distante do veredito geral da história sobre uma das mulheres mais notáveis do século XVI.

Como o nome de Catarina evoca hoje todo tipo de reação, ela é frequentemente confundida com uma florentina, mecenas do Renascimento e uma envenenadora e promotora de intrigas do porte de Lucrécia Bórgia. Por toda a sua vida seus inimigos a condenaram em virtude de seu país de origem, descrito por Thomas Nashe como "A academia do homicídio, o lugar onde se mata por esporte, a farmácia de venenos de todas as nações". Como está associada na imaginação popular a qualquer evento histórico, foi o dia do Massacre de São Bartolomeu, aquele triste ato de violência, o que mais manchou o nome da Casa de Valois e de Catarina em particular. Mas quando aqueles eventos reconhecidamente terríveis de 24 de agosto de 1572 em Paris são vistos em seu devido contexto histórico, acredito que podem ser explicados mais em termos de uma operação cirúrgica que deu errado do que como um ato de genocídio premeditado.

No curso de sua vida, essa indômita mulher enfrentou uma série de tragédias e reveses pessoais, e quando não é condenada como má, é alvo de piedade pela série aparentemente infindável de golpes que sofreu. Órfã ao nascer e aprisionada durante a infância, seu casamento com Henrique de Orléans (mais tarde rei Henrique II da França), que ela amava perdidamente, causou-lhe anos de infelicidade, por ser ignorada por ele em favor de sua amante, a magnética Diana de Poitiers. Após uma década sem gerar filhos e praticamente repudiada, Catarina finalmente os teve, e foram dez – quase todos frágeis, enfermiços e desfigurados. A repentina morte do marido colocou essa mulher de quarenta anos, neófita em política, no centro do poder; e, obrigada pela necessidade, tornou-se a habilidosa e valente defensora de sua dinastia e de seu país de adoção.

Tanto quanto considerá-la má, seria igualmente equivocado rotular Catarina como vítima de suas terríveis circunstâncias. Foi, acima de tudo, uma sobrevivente corajosa e um verdadeiro produto de seu tempo. A vida, o caráter, os detalhes pessoais, as contradições, as paixões, as forças e as fraquezas, e a pura fibra dessa mulher incomparável constituem o principal fio desta história. Catarina não era guiada por crenças religiosas, nem por convicções ideológicas. Cética convicta e pragmática por natureza, nem a moral nem os remorsos atrapalharam sua luta pela sobrevivência de seus filhos, da sua dinastia e da própria França. Para compreender essa mulher complexa, devemos reconhecer que, para Catarina, filhos, a dinastia e a França tinham o mesmo peso. Após a morte do marido, e com base na sua até então silenciosa observação das lutas políticas e religiosas na França, tentou trilhar um caminho intermediário entre as partes em conflito. Mas quando a razão e a conciliação falhavam, não hesitava em valer-se do "real direito da execução sumária" para preservar o reino.

Não sou, é claro, a primeira pessoa a tentar contar a história de Catarina com objetividade. Gostaria de aproveitar plenamente esta oportunidade para agradecer as inestimáveis contribuições feitas recentemente por M. Ivan Cloulas e pelo professor Robert Knecht ao cânone dos estudos acadêmicos sobre Catarina de Médici. É apenas por conseguirem apoiar-se nos ombros desses grandes historiadores que os biógrafos são capazes de discernir a paisagem e, no meu caso, o imperativo genérico que levou Catarina a promover os interesses de seu marido e de sua progênie.

Na biografia que escreveu sobre Guilherme, o Silencioso, a historiadora C. V. Wedgwood afirmou: "A história é vivida para a frente, mas é escrita em retrospecto. Sabemos o final antes de avaliar o início, e nunca somos capazes de captar totalmente como seria se soubéssemos apenas o início". Este livro foi escrito com esse fato historiográfico seminal em mente: ao leitor serão apresentadas as frequentemente limitadas opções políticas e pessoais de Catarina. Como seria possível ou como teríamos conseguido agir de outro modo?

Há muita coisa absurdamente ultranacionalista no desdém que muitos escritores franceses têm expressado, até recentemente, pela rainha da França nascida na Itália. Aspectos como o fato de ela ter exercido o poder em nome de seus frágeis filhos, de governar a França mesmo tendo nascido em outro país, e de não ter sangue real, mas ainda assim ter se tornado rainha, foram suficientes para condená-la aos olhos de muitos historiadores franceses dos séculos XVIII e XIX. Sua luta constante, primeiro para acolher os huguenotes e mais tarde para conter sua ameaça, culminando com o Massacre da Noite de São Bartolomeu, condenou-a aos olhos de escritores e propagandistas tanto católicos quanto protestantes. Há também muita coisa imprecisa em termos factuais nos relatos melodramáticos desses historiadores sobre a suposta maldade de Catarina, seu apetite por vingança, nos seus bizarros relatos a respeito de seu armário de venenos e, acima de tudo, da sua simples mas letal cobiça pelo poder.

Esforcei-me para escrever uma biografia que corrija o viés histórico quase que inteiramente anti-Catarina, para que ela possa ser vista de forma objetiva pelo que foi: uma mulher de inteligência, coragem e infatigável disposição, que fez o seu melhor pelo país que amava, mesmo sendo de adoção, quando foi acossada – e não por culpa dela – por uma longa série de perigos raramente experimentados por qualquer nação, antes ou a partir de então.

Catarina era uma mulher de contradições fascinantes, pragmática e ao mesmo tempo idealista. Apesar de sua adesão à Igreja de Roma, abordou as diferenças entre católicos e protestantes como se pudessem ser resolvidas por meio de discussões sensatas. Sua surpreendente capacidade de ser sentimental combinava-se com uma habilidade de se distanciar de modo cruel quando assim exigido. Embora usualmente uma mulher prática e esclarecida, buscou consolo e orientação em seus adivinhos, astrólogos e no oculto. Seu amor às artes, à imponência suntuosa e à exploração de novas ideias convivia com a consciência de que, por trás das cortinas das ostentações gloriosas da corte que ela própria criava, havia também lugar para prudentes banhos de sangue, vinganças e para a adaga do assassino.

Após a morte de seu adorado marido, Henrique II, Catarina vestiu o preto do luto com orgulho. Enquanto as famosas beldades do seu "esquadrão voador" obtinham informações seduzindo seus admiradores na corte, Catarina permanecia, majestosa atrás do véu, com sua figura perpetuamente vestida de preto, em claro contraponto com o branco das ninfas. Misteriosa e enigmática quando queria ser, a rainha-mãe exasperava muitos de seus opositores políticos.

O século XVI é notável por várias razões, mas em particular pelo número de mulheres poderosas que o dominaram. Do "regimento monstruoso" de

John Knox, os exemplos mais óbvios e familiares aos leitores ingleses são Elizabeth I, Maria Tudor e Maria da Escócia. Menos conhecidas para nós são Maria de Guise, regente da Escócia, Margarete da Áustria, regente dos Países Baixos espanhóis, assim como Margarete de Parma entre 1559 e 1567, e Joana, "A Doida", filha de Fernando e Isabel de Espanha, que herdou o trono de Castela de sua mãe em 1504. A Itália também produziu mulheres fascinantes, como Isabella d'Este, a bela duquesa de Mântua, que desempenhou um papel cultural central no ducado de seu marido e também em regiões distantes. Não há dúvida, porém, que a mulher italiana mais importante, notória e influente desse período foi de longe Catarina de Médici, filha de Florença e rainha da França.

Este livro não poderia ter sido escrito sem a ajuda e a colaboração ativa de um grande número de pessoas que generosamente doaram sua *expertise* e seu tempo sem ter em mente compensações ou recompensas. Sou tremendamente grata a elas. Em primeiro lugar, a M. Ivan Cloulas, *conservateur général honoraire* dos Arquivos Nacionais, em Paris, e à sua equipe. M. Cloulas incentivou-me a empreender este projeto. Ele e sua equipe foram sempre eficientes e gentis. O professor Robert Knecht, com sua soberba competência acadêmica e suas obras sobre Catarina de Médici, o rei Francisco I e a França do século XVI, revelou-se uma grande fonte de inspiração.

Além deles, gostaria de agradecer ao meu amigo de muitos anos, o senhor Paul Johnson, particularmente por sua inestimável ajuda tanto em relação ao Renascimento quanto às questões religiosas que predominaram no século XVI francês. O conde de Oxford e Asquith também me orientou pelos campos minados da teologia da época e me ajudou e incentivou de inúmeras outras maneiras. Similarmente, o conde doutor Niccolò Capponi foi importantíssimo na pesquisa para este livro, tanto ao disponibilizar seus preciosos contatos em Florença como pelas muitas conversas que tive com ele e pelo acesso que me propiciou ao seu arquivo particular.

Gostaria de aproveitar esta oportunidade para agradecer às seguintes pessoas por sua ajuda ao responderem a perguntas, orientarem minha pesquisa e fornecerem vislumbres fascinantes a respeito de Catarina de Médici, sua vida e época: doutora Franca Arduini, diretora da Biblioteca Medicea Laurenziana; condessa Brooke Capponi; doutora Alessandra Contini, Archivio di Stato di Firenze; senhor Robin Harcourt Williams, bibliotecário e arquivista, Hatfield House; doutora Giovanna Lazzi, Biblioteca Riccardiana; doutora Sabina Magrini, do escritório de relações públicas da Biblioteca Medicea Laurenziana; senhora Rebecca Milner, curadora do Victoria and Albert Museum; condessa doutora Beatrice Paolozzi Strozzi, diretora do museu do Bargello; senhora Helen Pearson, curadora assistente do departamento de mobiliário, tecidos e moda do Victoria and Albert Museum; doutora Paola Pirolo, da Biblioteca Nazionale Centrale di Firenze; doutor Renato Scapecchi, da Biblioteca Nazionale Centrale di Firenze; doutora Margaret Scott, do History of Dress of Courtauld Institute; doutora Marilena Tamassia, do Gabinetto Fotografico da Galleria degli Uffizi.

Um dos aspectos mais prazerosos de escrever este livro foram minhas visitas aos *châteaux* construídos ou usados por Catarina. Por sua gentileza durante essas visitas – onde me foram mostrados quartos que não estão abertos à visitação do público em geral –, gostaria de agradecer muito à senhora Gun Nihlèn Patou, *conférencière* da RMN, em Fontainebleau; senhor Eric Thierry Crepin Leblond, *conservateur général* do Château de Blois e equipe; senhor Voison, *conservateur* do Château de Chenonceau e equipe; senhor Sueau, *secrétaire général* do Château d'Amboise e equipe; e senhora de Gourcuff, *administrateur* do Château de Chambord e equipe.

Um grande número de amigos emprestaram-me livros de seu acervo particular, discutiram diferentes aspectos da vida de Catarina conforme seus pontos de vista como especialistas, e no geral deram uma valiosa contribuição ao meu trabalho de diferentes maneiras, e gostaria assim de agradecer a: embaixador francês senhor Daniel Bernard, marquesa Ginevra di Bruti Liberati, marquês e marquesa Pierre d'Angosse, embaixador português senhor José Gregorio Faria, senhora Antonia Fraser, senhor Mark Getty, sir John Guinness, sua real alteza príncipe Michael de Kent, visconde Lambton, senhora Robert Nadler, doutor Guy O'Keeffe, senhor Andrew Ponton, embaixador da Espanha marquês de Tamarón, lorde Thomas de Swynnerton, senhora Anne Somerset, professor Norman Stone, senhora Claire Ward, lorde Weidenfeld e conde Adam Zamoyski.

Foram heroicas a delicadeza e a lealdade de meu editor Ion Trewin, na Weidenfeld and Nicolson, ao longo de todo este projeto. Minha gratidão também ao meu *publisher*, Anthony Cheetham, e à minha agente, Georgina Capel, cuja confiança em *Catarina* nunca vacilou. Saúdo Ilsa Yardley por sua excelente edição de texto, e à indispensável Victoria Webb, minha editora assistente. Devo agradecer também a Tom Graves por sua inspirada pesquisa de imagens.

Finalmente, meu amor e meu agradecimento a Andrew Roberts por sua sempre presente sensibilidade, comentários, bons conselhos e por me manter animada quando eu pensava em devolver o dinheiro e fugir; e aos meus pais e a minha família, especialmente Lil' e Jake, Deus os abençoe por tudo o que vocês têm me dado.

Leonie Frieda
Outubro de 2003
www.leoniefrieda.com

PRÓLOGO

A MORTE DE UM REI

Enfeitiçado pelo bruxo que fez sua
previsão tão maldosamente e tão bem

Junho-julho de 1559

No final de tarde de sexta-feira, 30 de junho de 1559, uma longa lasca de madeira da lança de uma justa perfurou o olho e o cérebro do rei Henrique II da França. A venenosa ferida inchou seu rosto, privando-o gradualmente da visão, da fala e da razão, e depois de dez dias de sofrimento o rei morreu no Château des Tournelles, em Paris. Sua morte não foi apenas trágica – iria revelar-se calamitosa.

A justa havia sido parte das celebrações que marcavam a assinatura em abril do Tratado de Cateau-Cambrésis, que pôs fim à ruinosa série de guerras entre França e Espanha pela disputa da Itália. Muitos franceses ficaram consternados, achando que a Itália havia sido entregue por uma mera assinatura, e ninguém sentia isso mais intensamente que a esposa florentina de Henrique, Catarina de Médici, cuja esperança de recuperar seu patrimônio desaparecera junto com a paz. Mesmo assim, teve um consolo com esse tratado: sua filha mais velha, Elisabeth, iria casar-se com o partido mais cobiçado da Europa, o rei Felipe II, da Espanha. Um incentivo adicional propiciou um marido à irmã solteirona de Henrique, Margarida, a melhor amiga de Catarina, que aos 36 anos de idade praticamente não era mais considerada casável. Ela iria desposar o aliado de Felipe, Emanuel-Filiberto, duque de Saboia, um vigoroso soldado com o apelido pouco promissor de "Cabeça de Ferro".

Não se perdeu tempo em providenciar os casamentos. Determinado a mostrar a Felipe que a França não sofria nenhuma diminuição apesar de ter sacrificado a Itália, Henrique – embora sufocado por dívidas de guerra – tomou emprestado mais de 1 milhão de *écus* "para custear os preparativos desses triunfos".*

Homem vigoroso e robusto, ele se sobressaía na justa e havia promovido competições de cinco dias em grande parte para ostentar sua habilidade. Tanto Henrique quanto Catarina ficaram, é claro, desapontados quando Felipe – viúvo desde a recente morte da rainha inglesa, Maria Tudor, no ano anterior – anunciou que não viria a Paris pessoalmente. Bem ao seu estilo, o meticuloso monarca deu como justificativa a tradição, dizendo: "O costume pede que os reis de Espanha não vão buscar suas esposas, mas que sejam elas trazidas até eles".[1] Em seu lugar, o noivo enviou um deplorável substituto – o severo soldado estadista Fernando Alvarez de Toledo, duque de Alba.

Com a ascensão do protestantismo na França ameaçando seriamente tanto a autoridade do rei quanto a unidade do país, Henrique fora obrigado a estabelecer a paz com Felipe. No início de junho, Henrique expedira um decreto anunciando uma cruzada para livrar seu reino da "escória luterana", e, enquanto não era possível fazer muito mais até a partida de seus augustos convidados, ordenou a prisão de vários protestantes proeminentes em Paris. Rapidamente julgados e sentenciados à morte na fogueira por heresia, a captura deles gerou consideráveis protestos e a execução foi suspensa até que terminassem as celebrações. Os homens condenados aguardaram seu destino nos calabouços da prisão de Le Châtelet em Paris, enquanto perto dali, na ampla rua Saint-Antoine, perto do Château des Tournelles, era possível ouvir as pedras do pavimento sendo arrancadas para dar lugar às arenas das justas e à construção de arquibancadas para os espectadores e de arcos triunfais com os brasões de armas da Espanha, da França e da Saboia.

Arautos anunciaram o desafio real, segundo o qual sua majestade o rei da França, seu filho mais velho Francisco, o delfim, o duque de Guise e outros príncipes da corte francesa iriam enfrentar todos que chegassem. Sir Nicholas Throckmorton, o embaixador inglês, relatou: "O próprio rei, o delfim e os nobres [...] de fato todos os dias testaram a si mesmos no duelo com lança

---

* O sistema monetário francês no século XVI era complexo. A moeda mais importante era o *écu d'or* (coroa ou escudo). Dependendo da data exata, era equivalente a cerca de dois *livres tournais*. O *livre* ("libra") era dividido em vinte *sous* ("soldos"), que por sua vez eram divididos em doze *derniers*.

que é sempre muito magnífico e suntuoso".[2] Os parisienses adoravam um espetáculo, mas ficaram preocupados quando Alba com seu séquito chegou em 15 de junho. Os costumes espanhóis sempre se mostravam austeros, mas as roupas escuras e de aspecto agressivo deixaram os franceses imaginando que talvez ocorresse uma afronta deliberada. Poucos dias depois, tudo isso ficou esquecido quando Henrique recebeu seu ex-inimigo no palácio do Louvre. Emanuel-Filiberto de Saboia veio escoltado por 150 homens com vistosos trajes e coletes escarlate, sapatos combinando e capas de veludo preto bordadas com fios de ouro.

Na quinta-feira, 22 de junho, Elisabeth da França, aos catorze anos, casou-se com Felipe da Espanha, 32 anos, por procuração, na catedral de Notre-Dame. Após o casamento, teve lugar um ritual primitivo. Elisabeth e Alba subiram numa imensa cama cerimonial – cada um com uma perna desnuda. Quando seus membros se tocaram e eles esfregaram seus pés, o casamento foi declarado consumado. Seis dias mais tarde, na quarta-feira 28 de junho, as justas começaram.

Na sexta-feira, terceiro dia do torneio, o tempo ficou quente e pesado. A rua Saint-Antoine desfrutava de pouca sombra e grande número de camponeses havia subido aos telhados das casas para ver o rei entrar na arena. Durante semanas, damas e cavalheiros da corte haviam preparado "seu belo e custoso vestuário", alguns trazendo no corpo o valor total de seus bens.[3] Com a intenção de deslumbrar nas celebrações, Catarina encomendara trezentas peças de tecido de ouro e prata da Itália para seus vestidos; extravagante por natureza, deleitava-se em usar confecções régias. Um observador notou que era difícil saber se eram as joias ou o sol que brilhava mais. O rei nunca parecera tão feliz.

O mesmo não pode ser dito de sua esposa. Sentada com o filho, o delfim, e tendo ao lado a imponente figura de sua cunhada, Maria, rainha da Escócia, Catarina estava visivelmente ansiosa.* Na noite anterior, sonhara que o marido jazia ferido no chão, o rosto coberto de sangue.[4] A crença inabalável da rainha em videntes e astrólogos deu-lhe todo motivo para ficar temerosa. Em 1552, Luca Guorico, astrólogo italiano da família Médici, advertira Henrique

---

* Com 1m78 de altura, Maria, rainha da Escócia, era uma mulher excepcionalmente alta para os padrões do século XVI.

que ele deveria tomar especiais cuidados por volta dos seus quarenta anos, e "evitar todo combate individual em um espaço fechado", pois corria risco de uma ferida que poderia cegá-lo ou mesmo tirar-lhe a vida. Henrique tinha agora quarenta anos e quatro meses. Além disso, em 1555, Nostradamus havia publicado sua profecia nas *Centúrias*, quadra número LXXXV:

O jovem leão irá superar o velho,
Numa arena de combate em luta individual.
Irá perfurar seus olhos numa gaiola de ouro,
Duas feridas em uma, e então terá morte cruel.

Citando esses maus presságios, pois o velho leão podia ser interpretado como o rei, e a gaiola de ouro como sua viseira, Catarina implorara ao marido que não participasse da justa naquele dia. Supõe-se até que ele teria comentado com o próprio homem que iria acidentalmente atingi-lo e derrubá-lo: "Não me importa se minha morte ocorrer dessa forma [...] Até preferiria que fosse assim, morrer pelas mãos de qualquer um, desde que seja alguém bravo e valente e que eu preserve minha honra".

A amante de Henrique estava ostensivamente acomodada, rodeada por damas da corte. A refinada Diana de Poitiers, duquesa de Valentinois, era dona do coração do rei desde que ele era adolescente. Agora com quase sessenta anos, "Madame", como era conhecida por todos – inclusive pela rainha –, não perdera nenhum de seus encantos, pelo menos aos olhos dele, e era ainda "a dama que eu sirvo". Fria, distante e elegante, Diana ficara viúva em 1531. Desde a morte do marido, vestia apenas luto de preto e branco, sabendo o quanto isso a favorecia, particularmente junto aos cortesãos tão preocupados com a própria aparência. Catarina, quarenta anos, roliça e troncuda após dar à luz dez filhos, havia muito tempo dominava a "arte do fingimento oportuno" e, com raríssimas exceções, passara os últimos 26 anos fingindo com elegância não perceber o quanto "Madame" escravizara totalmente o marido, que ela pateticamente adorava.

Henrique começou o dia se saindo bem nas justas. Usando as cores preto e branco de Diana, ele venceu os desafios dos duques de Guise e de Nemours. Satisfeito com o cavalo que lhe fora dado por Emanuel-Filiberto da Saboia, Henrique graciosamente gritou para ele: "Foi seu cavalo que me ajudou a combater bem hoje!". A essa altura, o rei estava cansado, mas insistiu em cavalgar mais um combate. Catarina enviou mensagem pedindo que não prosseguisse. Irritado, Henrique mesmo assim respondeu com gentileza: "É justamente por você que eu luto". Uma vez mais montou o cavalo – que profeticamente tinha o nome de Malheureux [Infeliz]* – e preparou-se para enfrentar o valente jovem capitão de sua guarda escocesa, Gabriel, conde de Montgomery. Enquanto isso, dizem que um garoto no meio da multidão quebrou o silêncio da expectativa com um grito: "O rei vai morrer!". Alguns momentos depois, os dois homens se chocaram e Montgomery quase derrubou Henrique de sua sela. Eram cinco da tarde e alguns espectadores levantavam-se para ir embora. O rei estava de bom humor, mas quis uma revanche. Embora Montgomery tivesse ficado com medo e implorasse que lhe fosse permitido retirar-se, Henrique insistiu com o grito: "É uma ordem!". Catarina de novo implorou que o rei parasse. Ignorando-a, pediu seu elmo ao marechal de Vieilleville, que disse: "Senhor, juro por Deus que nas últimas três noites sonhei que hoje, este último dia de junho, seria fatal para o senhor".[5] Henrique dificilmente poderia ter ouvido essas palavras, porque não esperou pela costumeira clarinada que sinalizava o começo da corrida. Os dois cavaleiros partiram a toda um em direção ao outro. Quando se chocaram com um estalo de uma madeira soltando lascas, Henrique, os braços agarrando o pescoço do cavalo, "fazia muitos esforços (oscilando para a frente e para trás) para se manter montado no cavalo".[6] A rainha soltou um grito e a multidão num clamor levantou-se e foi postar-se aos pés dela.

Os dois homens mais poderosos da França depois do rei – o duque de Montmorency e o duque de Guise – avançaram correndo para evitar que Henrique caísse da sela. Fazendo-o descer até o chão, removeram sua armadura. Encontraram a viseira meio aberta e seu rosto banhado em sangue, com lascas de madeira "de bom tamanho" projetando-se de seu olho e de sua têmpora. O rei estava "muito fraco [...] quase dormente [...] não movia mão ou pé, jazia como alguém estupefato".[7] Vendo isso, seu jovem oponente implorou ao seu soberano que sua cabeça e suas mãos fossem-lhe decepadas, mas: "O rei, com seu bom temperamento, que por sua bondade não tinha igual

---

 * Alguns historiadores argumentam ser improvável que um cavalo presenteado ao rei tivesse recebido um nome como Malheureux, e que esse nome deve ter sido dado apenas após o acidente.

em seu tempo, respondeu que não estava com raiva [...] e que não tinha o que perdoar, desde que ele obedecera ao rei e se portara como um bravo cavaleiro".[8] A multidão se aproximou para poder ter algum vislumbre de Henrique, que foi levado ao Château des Tournelles. Ali, os portões foram trancados e ele insistiu em subir a grande escadaria a pé, mas com gente segurando sua cabeça e sustentando-o por debaixo dos braços. Foi uma triste procissão. O delfim, que previsivelmente desmaiara, foi carregado para cima depois do rei, seguido por Catarina e os nobres mais velhos. Desabando na cama, Henrique imediatamente tentou juntar as mãos em oração e bater no peito em contrição por seus pecados. Era como se já estivesse preparando-se para morrer.

"Havia um grande e magnífico lamento e choro por ele, tanto por parte dos homens quanto das mulheres", escreveu Throckmorton, e temia-se que o rei não fosse viver por muito tempo. Os cirurgiões reais foram chamados. A bravura de Henrique foi singular quando os médicos tentaram remover as lascas. Com ânsias de vômito de tanta dor, apenas uma vez ouviu-se o desafortunado paciente gritar. Os costumeiros remédios assustadores (pelos padrões modernos) foram prescritos: submeteram-no a sangrias, purgantes e deram-lhe um pouco de mingau de cevada que ele prontamente vomitou, foram "aplicados refrigérios" e a ferida foi coberta com clara de ovo. Depois disso, ele mergulhou num estado de semiconsciência febril e foi cuidado naquela noite pela esposa, pelo duque de Saboia e pelo irmão do duque de Guise, o cardeal de Lorena. O rei teve um "descanso muito ruim" e às três da manhã a vigília foi trocada. Levada para recolher-se, Catarina parecia em estado de choque.

Enquanto isso, Saboia chamara o cirurgião pessoal de Felipe II, André Vesalius. As cabeças decapitadas de vários criminosos que haviam sido executados no dia anterior foram trazidas para o renomado médico. Ele e Ambroise Paré (sua contraparte na França) experimentaram com fragmentos denteados de madeira, tentando reproduzir a ferida nos crânios dos cadáveres. Enquanto discutiam os resultados inconclusivos de seus pavorosos experimentos, Henrique continuava seu declínio. Em seus breves períodos de lucidez, pedia música, e ditou uma carta ao embaixador francês em Roma expressando a esperança de que a luta que acabara de começar contra os heréticos pudesse prosseguir caso ele se recuperasse. A notável ausência de Diana de Poitiers refletia a condição desesperadora de Henrique. "Madame [...] não entrou no dormitório desde o dia da ferida, por medo de ser expulsa pela rainha", observou um cronista.⁹ Catarina havia partilhado toda a sua vida de casada com Diana, mas esses últimos momentos pertenciam somente a ela. Em outra parte do *château*, Diana aguardava ansiosa por notícias de seu amante. Duas noites antes de Henrique morrer, um oficial foi enviado pela rainha, pedindo a devolução de várias joias pertencentes à Coroa que Henrique dera à sua ambiciosa amante. "O quê! Ele morreu?", dizem que ela teria perguntado. "Ainda não, Madame", disse o oficial, "mas não deve durar muito."¹⁰ Diana respondeu que, enquanto o corpo do rei respirasse, não iria desanimar, e que não obedeceria "a ninguém, exceto a ele".

Na noite de 4 de julho a temperatura do rei subiu acentuadamente. A septicemia se instalara. Falava-se em trepanar o ferimento para aliviar a pressão e diminuir a dor, mas a remoção das bandagens revelou tal quantidade de pus que a ideia foi abandonada. Henrique estava condenado e nada mais podia ser feito a não ser aguardar sua morte. Este era o evento que Catarina vinha temendo desde que se casara com Henrique aos catorze anos. Fora uma esposa intensamente dedicada e apaixonada. Sempre com medo de perdê-lo, ela e suas damas haviam vestido luto toda vez que ele partia para a guerra. Durante suas expedições marciais, quando não estava constantemente escrevendo e pedindo notícias dele, ficava em orações e fazendo oferendas extravagantes, segurando firme seus muitos amuletos e sortilégios para assegurar a volta dele são e salvo. Embora sempre tivesse temido as profecias sombrias, não havia se preparado para isso.

Alternando orações e lágrimas, Catarina corria de seu marido moribundo para o delfim, acamado e revirando-se no leito, gemendo e chorando, como se tivesse perdido o juízo ao ficar batendo a cabeça contra a parede. No final, ela não se sentia capaz de assistir a Henrique perdendo a visão e a fala. Em seus últimos momentos de lucidez, ele mandara o filho escrever a Felipe da Espanha encomendando sua família e seu reino à sua proteção. Segurando as mãos dele, disse: "Meu filho, você vai ficar sem seu pai, mas não sem a bênção dele. Rezo para que você tenha melhor sorte que eu tive". "Meu Deus! Como posso viver se meu pai morre?", gritou o delfim, e imediatamente desmaiou de novo.

Dizem que o rei chamou Catarina em 8 de julho e, depois de insistir que a rainha garantisse que o casamento da irmã dele Margarida fosse adiante, "ele entregou a ela seu reino e seus filhos".¹¹ Na noite seguinte, o casamento sem alegria de Margarida com o duque de Saboia foi devidamente realizado no quarto de Elisabeth, com a missa sendo rezada às pressas, por temor que a morte do rei ocorresse antes do fim da cerimônia. Catarina estava atormentada demais para comparecer. Na manhã seguinte, ao raiar o dia, Henrique recebeu a extrema-unção e à uma da tarde morreu.[12] Anos depois, sua filha Margot relembrou a morte do pai como "o odioso golpe que privou nossa Casa de felicidade e nosso país de paz".[13]

Nos últimos dias do rei, os homens mais poderosos do país reuniram-se em volta da cama de seu mestre. Mas não estavam unidos. O duque de Montmorency, grão-mestre e condestável da França, havia sido mentor, amigo e pai substituto de Henrique. Militar e conservador, era, depois da Coroa e da Igreja, o maior proprietário de terras da França, desfrutando do apoio inquestionável de seus feudos. Embora fosse católico, alguns membros de sua família haviam recentemente se tornado protestantes ou simpatizantes do protestantismo. No último ano de vida de Henrique, o condestável havia se aliado a Diana, a amante do rei, para manter seus rivais, os irmãos Guise, distantes do poder.

Os dois irmãos Guise mais velhos, de um ramo menor da Casa de Lorena (um ducado no nordeste da França), também tinham condições de recorrer ao apoio de muitos vassalos habituais. O mais velho – duque Francisco – era um herói de guerra popular. Soldado bravo e distinguido, havia sido um favorito do falecido rei. Seu irmão, Carlos, cardeal de Lorena, político habilidoso e um cortesão destacado, era também o inquisidor chefe da França. Os dois, ambos ultracatólicos e com talentos complementares, formavam uma dupla formidável. Ultimamente haviam perdido um pouco os favores por não apoiarem a devolução das possessões italianas da França no recente tratado. Isso, em contrapartida, aproximara ambos das simpatias de Catarina. Agora esperavam um papel central no governo do país, mesmo porque eram os tios de Maria, a rainha dos escoceses de dezesseis anos – esposa do frágil filho mais velho de Catarina, o delfim –, que se tornara então, após a morte de Henrique, a nova rainha da França. Para intensa irritação de Catarina, Maria exercia enorme influência sobre seu marido, que, embora adolescente, era agora o rei Francisco II, e também podia contar com seus tios para orientá-la em questões importantes e menores.

Desde o acidente, Paris deixara de ser uma cidade festiva e cheia de gente pelas ruas e se tornara um lugar silencioso, onde a grande maioria das pessoas andava perplexa e triste com a perda de seu rei. Também, com justa razão, sentiam-se temerosas diante das incertezas políticas que o reino tinha pela frente. "O palácio passou de um casamento para um velório", escreveu um observador, e nas ruas as pessoas comuns lamentavam sinceramente o falecimento de seu soberano. A proclamação do rei Francisco II deu-lhes poucos motivos para se sentirem encorajadas.

Montmorency e outros nobres veteranos da facção não Guise permaneceram junto ao corpo do falecido rei enquanto os cirurgiões lhe removiam o coração e as entranhas para enterrá-las em separado, a fim de embalsamarem o corpo. Por todo o Château des Tournelles foram montados altares, e as salas e corredores foram cobertos por panos pretos. Em volta do corpo embalsamado do rei revezavam-se bispos e outros homens de Igreja. Os clérigos, rodeados por altos círios, ajoelhavam-se e entoavam salmos aos mortos, e o quarto de Henrique transformava-se numa capela ricamente decorada, com um altar em cada ponta de sua cama. Em bancos cobertos de tecido prateado sentavam-se súditos de alto e baixo escalão, que compareciam a uma das seis missas fúnebres realizadas diariamente pela alma do Rei. Catarina também prestava reverência ao falecido marido, depois de 26 anos juntos. Ajoelhada diante dele, dava adeus ao seu corpo enquanto os que permaneciam no *château* iniciavam a elaborada vigília de quarenta dias.

Durante esse período crítico, o condestável Montmorency e seu grupo foram postos de lado, à medida que os Guise assumiam os principais cargos de Estado. Embora Montmorency – a quem Francisco II odiava – provavelmente tivesse previsto alguma perda de poder, dificilmente poderia ter imaginado a extensão de seu afastamento. De fato, as altercações haviam começado antes da morte do rei; os Guise haviam falado em promover o *impeachment* do condestável por ele não ter cuidado melhor da segurança do rei durante os combates do torneio, enquanto o velho homem vagava pelos corredores, inconsolável diante da perspectiva de perder seu mestre, amigo e companheiro de armas.

Deixando o corpo do falecido rei aos cuidados de Montmorency e seus aliados, os Guise sabiam que precisavam se firmar no poder antes que o país tivesse tempo de reagir à tragédia. Uma séria ameaça à sua hegemonia podia ser prevista da parte do primeiro príncipe de sangue, Antônio de Bourbon, e seus irmãos. Os Bourbon, como os Valois, eram ambos descendentes da dinastia dos Capeto, que governara a França desde 987. Em 1328, Carlos IV, "o Belo", morreu sem deixar herdeiro varão e o ramo principal dos Capeto se extinguiu, passando a Coroa aos Valois, um ramo menor da dinastia. Caso os quatro filhos sobreviventes de Henrique e Catarina morressem sem deixar herdeiros, a família Bourbon era a próxima na linha de sucessão ao trono. Legalmente, como únicos príncipes de sangue além daqueles quatro príncipes Valois, os Bourbon iriam dominar qualquer conselho de governo. Embora Antônio de Bourbon fosse preguiçoso, egoísta e de vontade fraca, os Guise não queriam correr riscos desnecessários e decidiram que o novo rei deveria ser removido para o Louvre, longe de seus rivais. Para isso, Francisco e sua esposa, além dos filhos mais novos de Catarina, foram reunidos para fazer a curta viagem por Paris. A lúgubre figura abatida da rainha matrona, toda de preto, inesperadamente se juntou ao grupo. Ela rejeitou não só o branco do luto das rainhas francesas, mas a tradição que pedia que ficasse reclusa por quarenta dias no local em que o marido havia morrido. Catarina sabia que não deveria quebrar o costume. Mas apesar de arrasada com sua perda, era essencial para o *coup d'état* dos Guise.

No reinado de seu marido, Catarina evitara com habilidade apoiar abertamente tanto a facção dos Guise quanto a de Montmorency. Mantendo uma disposição afável e boas relações com ambas, ela com frequência buscava seu conselho e ajuda, desarmando-as com sua aparente humildade. Embora não soubessem disso, ela detestava ambos os grupos quase na mesma medida. Não esquecia os malfeitos passados deles, as adulações a Diana de Poitiers e a imensa influência que tinham sobre seu falecido marido. Eles, em troca, quase sempre haviam ignorado a rainha, subestimado muito a inteligência dela e o orgulho que ocultava. Enquanto isso, embora o rei Francisco II tecnicamente tivesse idade suficiente para governar, suas óbvias fragilidades tanto físicas quanto mentais exigiam um conselho para administrar o país. Para proteger o filho, os filhos menores e a si mesma, Catarina teve que se juntar à trama dos irmãos Guise.

Aos Guise não faltavam inimigos: uns tinham inveja de sua riqueza e poder, outros não partilhavam de seu ultracatolicismo, e havia ainda quem os visse como invasores e usurpadores. Os irmãos precisavam de Catarina para legitimar sua posição, pois a presença dela emprestava-lhes sua aprovação implícita. Assim, ao que parece, houve um pacto não expresso entre a viúva e os Guise. Os portões do Château des Tournelles foram abertos para permitir que as carruagens reais partissem para o Louvre e para que a multidão do lado de fora pudesse assistir à partida da família real. Vários observadores lembram do duque de Guise carregando um dos filhos mais novos de Catarina no colo, transmitindo uma forte imagem de proteção paternal. Maria foi vista dando um passo atrás para deixar a sogra entrar na carruagem primeiro, mas Catarina entendia seu novo lugar e parecia até se comprazer com ele, insistindo publicamente para que a nova rainha tivesse precedência.

Pela primeira vez, Catarina teria um papel que pertencia exclusivamente a ela. Havia dividido o marido com Diana de Poitiers. Tivera em larga medida que compartilhar a condição de rainha da França com Diana; fora até obrigada a partilhar a criação de seus filhos mais novos com a favorita. Agora, porém, sua viuvez seria só dela. Pelo resto de seus dias, iria guardá-la ciosamente. Sua vida seria dedicada à memória de Henrique e de seus filhos, pois eram o legado dele à França. Ela seria a guardiã da monarquia e da lenda do marido, aprendendo a moldar a história de acordo com as suas próprias necessidades. Após um período de vida atrás de uma máscara de complacente autoanulação, a rainha-mãe, de quarenta anos, coberta de luto pela viuvez, dava os primeiros passos cautelosos para tornar-se senhora da França.

PARTE UM

I
UMA ÓRFÃ DE FLORENÇA

Ela chega suportando as calamidades dos gregos

1519-1533

Caterina Maria Romula de Médici nasceu por volta das onze horas da manhã de uma quarta-feira, 13 de abril de 1519. Seu pai, Lorenzo II de Médici, duque de Urbino, descendente da Casa de Florença, então no poder, casara-se com a mãe dela, Madalena de La Tour d'Auvergne, no ano anterior. Essa condessa francesa de sangue real e grande herdeira foi um excelente partido para os Médici, considerados por muitos na França meros comerciantes *nouveaux riches*. Desde o seu majestoso casamento, organizado pelo rei Francisco I da França, parente da noiva, e do glorioso retorno do casal a Florença, poucos motivos havia para celebração. A gravidez de Madalena, que havia sido anunciada em junho, evoluiu bem, mas o jovem duque, cuja saúde havia se mostrado precária por algum tempo, caíra doente no outono de 1518. Altas febres intermitentes e receios a respeito de sua doença levaram-no a deixar Florença, onde os recém-casados viviam de maneira principesca. O duque, que provavelmente sofria de sífilis e talvez de tuberculose, mudou-se para o ar mais puro da zona rural dos arredores, a fim de aguardar o nascimento de seu filho. Quando voltou à cidade para o parto de sua esposa, já estava morrendo.*

Logo após o nascimento da criança, os criados a levaram até o acamado pai, para que a visse. A notícia de que a mãe dela também estava agora muito

---

* Florange, o memorialista francês, afirmou que Lorenzo tinha sífilis e que contagiara a noiva.

doente não foi transmitida ao duque, por receio de que isso apressasse seu declínio. O fato de a esposa ter-lhe dado uma filha também não deve tê-lo alegrado muito, já que claramente não haveria mais descendentes do ilustre casal. Numa tentativa de atenuar a triste realidade do sexo da criança, um cronista da época aplicou um verniz bajulador ao desapontamento do duque: declarou que o casal "ficara tão satisfeito como se fosse um menino".[1] Em razão da doença de ambos, o batismo de sua filha, organizado às pressas, teve lugar no sábado, 16 de abril, na igreja da família, a igreja de São Lorenzo. Com a presença de quatro clérigos idosos e de dois parentes nobres, a bebê recebeu os nomes de Caterina – um nome da família Médici –, Maria – já que era o dia da santíssima Virgem – e Romula, homenagem ao fundador de Fiesole –, ainda que a partir de agora eu me refira a ela sempre como Catarina. Em 28 de abril, a duquesa deu seu último suspiro, seguida pelo duque seis dias depois, em 4 de maio. O enterro do casal no esplêndido jazigo da família, na igreja onde sua bebê havia sido batizada há tão pouco tempo, foi o triste desfecho de seu breve casamento.

No dia em que o duque morreu, seu amigo, o poeta Ariosto, havia chegado para dar-lhe as condolências pela morte da duquesa. Quando descobriu que restara apenas uma bebê daquele casamento que prometera uma renovação da sorte dos Médici, escreveu uma ode curta, "Verdeggia un solo ramo", dedicando-a à última esperança daquela proeminente dinastia comercial:

Verdeja um ramo só com folhas parcas,
E entre medo e esperança estou suspenso
Se m'o deixas, inverno, ou se m'o arrancas,
Mas mais que a esperança o temor pesa.

Catarina devia a própria existência à obsessiva ambição de Francisco I da França por territórios italianos. Entre a queda do Império Romano do Ocidente e sua unificação no final do século XIX, a Itália foi uma colcha de retalhos de principados, ducados e cidades-Estado. A maioria deles mostrava um maduro vigor nas artes, na tecnologia e no comércio, e eram, portanto, vistos como aquisições tentadoras pelo olhar estrangeiro. Diferentemente do que acontecia em Florença, costumavam ser governados por famílias descendentes de chefes guerreiros famosos (conhecidos como *condottieri*); nomes como Sforza, de Milão, e Gonzaga, de Mântua, evocam soldados mercenários que fizeram suas fortunas por meio de batalhas sangrentas. Enquanto um pequeno número de Estados, como Veneza, Gênova e Florença, eram – pelo menos por um tempo – independentes, em meados do século XVI, a maioria deles era governada de maneira direta ou indireta pela Espanha. De 1490 até 1559, quando a supremacia espanhola foi estabelecida, a Itália virou uma arena sangrenta onde as duas superpotências continentais encenaram sua brutal luta pelo domínio da Europa. Francisco I, descendente por parte de sua bisavó dos viscondes de Milão, precisava de um forte aliado na península para pressionar em favor de sua reivindicação ao ducado. Para isso, forjou uma aliança com o papa Leão X, Giovanni de Médici. Ao contrário dos papas de hoje, sua santidade era representante na Terra não só de Cristo, mas exercia os poderes temporais de um monarca como governante dos Estados Papais, a maior parte dos quais ficava no centro da Itália. A tiara papal era uma tríplice coroa, que colocava os papas acima de reis e imperadores; o papado não só detinha uma imensa quantidade de propriedades por todo o mundo católico (na Inglaterra pré-Reforma, um quinto de todas as terras pertencia a Roma), como o papa também tinha o direito de exercer jurisdição legal nos países católicos, e muitos tipos de casos jurídicos eram decididos pela corte eclesiástica. Para fortalecer esse acordo com o papa Médici, Francisco decidiu arranjar o casamento de uma herdeira órfã dos Bourbon, Madalena de La Tour d'Auvergne, com o sobrinho de Leão, Lorenzo de Médici. Instigado por Leão, Lorenzo havia recentemente abocanhado o ducado de Urbino da família della Rovere.* Para essa empreitada, o papa fornecera prodigioso apoio financeiro, com fundos obtidos da criação de trinta novos cardeais. Reservadamente, Francisco sentia um ceticismo esnobe em relação à capacidade de Lorenzo de manter o recém-adquirido feudo de Urbino, comentando que ele era, afinal de contas, "um mero comerciante".

É verdade que, segundo os padrões do início da era moderna, os Médici de Florença não poderiam alegar ter descendência de sangue azul, mas uma administração competente e a contínua expansão dos negócios bancários da

---

* Leão X havia originalmente planejado tomar Urbino para o seu irmão Giuliano. O ambicioso papa escolheu como alvo esse ducado relativamente desimportante e sem apoio como presa fácil para ampliar o território da sua família. Com a morte de Giuliano, Lorenzo tomou o lugar do tio nos planos do papa.

família por seu fundador, Giovanni di Bicci de Médici (1360-1429), haviam assegurado a condição de mais próspera e poderosa família na importante cidade-Estado de Florença. Os Médici eram originários de Mugello, quinze quilômetros ao norte de Florença. Embora o nome deles e as bolas ou *palle* vermelhas – variando em número de doze a seis – sobre campo dourado em seu brasão sugerissem medicina, e eles tivessem se apropriado dos médicos mártires são Cosme e são Damião como seus santos padroeiros, sempre haviam se dedicado ao comércio, especializando-se em lã, seda, metais preciosos, especiarias e atividade bancária.* Eles cresceram e se tornaram banqueiros do papa, e com as oportunidades econômicas após a dizimação da Peste Negra em 1348-1349 havia muita demanda pelos seus serviços. Assim como seu pai Giovanni, Cosimo de Médici (1389-1464) era um homem tranquilo, despretensioso, que não se sentiu atraído pelo modo de vida grandioso de seus descendentes, embora tenha de fato construído o mais impressionante palácio já visto na cidade – o Palazzo Médici. Hoje, embora muito mudado em relação à época de Cosimo, ainda é possível ver os formidáveis muros de defesa que uma vez protegeram Catarina quando criança de uma multidão rebelada; os sólidos muros externos refletem a necessidade de proteção contra as incertezas políticas daquele tempo e escondem os refinados interiores do edifício. Cosimo era culto e filantrópico, e foi o mais importante patrono privado das artes de seu tempo, empregando Michelozzo, Donatello, Brunelleschi, Paolo Uccello, Filippo Lippi e outras figuras de destaque do início do Renascimento. Ao sublinharem a importância desses artistas patrocinando as artes, que, a partir do século XIII, se tornaram o símbolo mais visível da riqueza e do dinamismo italianos, os Médici desempenharam um papel indispensável no processo que produziu o Renascimento italiano.

Cosimo levou o banco da família a um novo patamar, abrindo filiais por toda a Europa, incluindo as cidades de Londres, Genebra e Lyon. Após um breve período de banimento por facções florentinas rivais, que tentaram mas não conseguiram assumir o controle do conselho executivo da República Florentina – a Signoria –, Cosimo retornou, a convite do povo, para se tornar

---

* Ainda há controvérsia em torno das origens do brasão da família, as bolas, ou *palle*, que seriam um símbolo de ventosas ou de pílulas. Alguns defendem que poderiam também representar empréstimos mediante penhora.

gonfaloniere (chefe da Signoria), um cidadão de Florença mas na realidade o governante não coroado da cidade-Estado. Ele compreendeu a necessidade, para que o comércio se desenvolvesse, de uma harmonia política tanto interna quanto externa, e usou seus imensos recursos para influenciar os assuntos em favor de sua família e de Florença. Ditador benevolente, com modos tranquilos, Cosimo assumia o ar de um cidadão privado, mas na realidade quase todas as grandes decisões eram tomadas por ele ou com o seu consentimento. O papa Pio II o descreveu como "o árbitro da paz e da guerra e o moderador das leis, não tanto um cidadão privado como o senhor do país [...] é ele quem dá as ordens aos magistrados".[2] Cosimo era visto como um pai por muitos dos florentinos que, após sua morte, deram-lhe o afetuoso título de "Pater Patriae". Um contemporâneo chamou-o de "rei em tudo, menos no nome".

O neto de Cosimo, Lorenzo (1449-1492), conhecido como "o Magnífico" (o título era dado a pessoas de destaque que não tinham sangue nobre), provaria ser merecedor de fato do epíteto. Ele é talvez o mais famoso dos Médici, embora paradoxalmente tenha sido sob seu comando que a sorte comercial da família começou a declinar. Era um mau banqueiro, mas excelente erudito, poeta e colecionador. A história lembra Lorenzo como o extraordinário patrono de artistas do porte de Botticelli, Perugino, Filippino Lippi, os Ghirlandaios e Verrocchio. Seu patronato estendeu-se até a futuros mestres como Leonardo da Vinci. Em seu jardim no Palazzo Médici, Lorenzo montou uma oficina para escultores, e foi ali que Michelangelo começou a chamar a atenção de compradores e também de artistas. Lorenzo era um diplomata talentoso, um político sábio dedicado ao bem-estar de Florença e, acima de tudo, zeloso em promover a família Médici e seus apoiadores. Quando o papa Inocêncio VIII soube da morte de Lorenzo, dizem que gritou: "A paz da Itália está no fim!".

Lorenzo teve três filhos; dizem que considerava um deles bom, o outro sábio e o terceiro um tonto. Infelizmente, o "tonto", Piero, o Tolo (1472-1503), era o mais velho. Mal equipado para governar, Piero viu a si mesmo e à família rapidamente ejetados da República, e mais tarde morreu no exílio. Seu irmão Giuliano – "o Bom" – trabalhou com Giovanni – "o Sábio"–, que havia se tornado cardeal aos treze anos, graças à intervenção do pai, em função da única coisa que importava – seu eventual retorno a Florença. Tiveram que tramar na penúria, pois estavam praticamente falidos – sua fortuna fora tomada pelos usurpadores e suas propriedades, confiscadas pela República. Giovanni tinha cabeça boa para intrigas, mas faltava-lhe paciência; ainda haveria uma longa espera até que os eventos virassem a favor dos Médici de novo. Talvez a divisa da família, *Le Temps Revient* (Nosso tempo chegará), tenha lhes dado coragem. Foi certamente o lema pelo qual Catarina mais tarde iria pautar sua vida.

Em 1512, uma liga de pequenos Estados italianos conseguiu expulsar os franceses temporariamente da Itália. Insensatamente, o *gonfaloniere* Piero Soderini, homem sem brilho mas honesto, havia negado o apoio de Florença à liga. Esta então voltou-se contra Florença como vingança por ela não tê-la apoiado contra os franceses, e Soderini fugiu com seu governo. Os Médici aproveitaram a oportunidade e manobraram para recuperar a cidadania perdida assim que um novo regime assumiu o poder na cidade do Arno.

Soderini não estava sozinho no exílio quando os Médici retornaram ao poder. Entre os amigos e conselheiros despojados de seus cargos no expurgo político estava um oficial menor da segunda chancelaria, Niccolò Machiavelli, ou Maquiavel. Entre outras atribuições, Maquiavel viajava em missões diplomáticas para encontros com figuras importantes como o imperador do Sacro Império Romano e César Bórgia; também criou uma milícia florentina para Soderini e estava encarregado de assuntos relacionados com a defesa da República. Mas em 1513, vegetando no exílio e ansioso para voltar ao poder, Maquiavel escreveu *O príncipe*, dedicando-o ao pai de Catarina* num esforço para cair nas graças da família. Essa obra, a mais famosa de Maquiavel, é um brilhante estudo sobre a condução do Estado. O autor descarta radicalmente princípios apreciados e tradicionalmente sustentados sobre as virtudes que definem um bom governante; em vez disso, de maneira ousada e enfática, abraça a *realpolitik* e defende que, a fim de ser um "príncipe" efetivo, todos os meios são justificáveis para o bem do Estado. O pragmatismo e a capacidade, quando necessários, de passar ao largo dos limites normais da moralidade não se baseavam em ideais cristãos ou clássicos. A boa vontade do povo era uma necessidade, mas um governante devia estar preparado para ganhar o respeito do povo lançando mão de punições exemplares, ou eliminando aqueles que punham em risco a saúde da nação. Levou um tempo para que a obra viesse à tona e causasse impacto fora de Florença, mas o "livrinho" iria atormentar

---

* Acredita-se que a intenção original de Maquiavel era dedicar *O príncipe* a Giuliano de Médici, mas, quando este morreu, a carta de dedicatória foi dirigida a Lorenzo II.

Catarina durante as guerras religiosas e por muito tempo depois, à medida que essa obra, defendendo uma adesão férrea a soluções práticas para o bem do Estado, passou a ser citada (com frequência propositalmente fora de contexto) pelos inimigos dela. Chamavam-no de a Bíblia de Catarina, e ele acabou ganhando fama de manual para autocratas cruéis, enquanto o nome Maquiavel virava sinônimo de maquinações, perversidades e tiranias.

Em 1º de setembro de 1512, após dezoito anos de exílio, Giovanni e Giuliano, dois dos filhos sobreviventes de Lorenzo, o Magnífico, fizeram sua volta triunfal a Florença. Com eles veio o neto de Lorenzo e eventual herdeiro, também chamado Lorenzo. Infelizmente, não apresentava nenhuma das qualidades do avô. Mimado por sua mãe-coruja, Alfonsina, cresceu um jovem arrogante, egoísta e preguiçoso. Esse par era não apenas ambicioso, mas, depois que os Médici voltaram ao poder em Florença, o jovem Lorenzo passou a viver de modo extravagante e com tamanha ostentatação, que arriscava pôr a perder o afeto que o povo ainda tinha pela família.

Logo após a feliz reinstalação dos Médici em Florença, Júlio II morreu e Giovanni foi eleito papa Leão X. Tinha 37 anos, sobrepeso, problemas de úlcera estomacal e uma atormentadora fístula anal. Sua entrada formal no Vaticano montado a cavalo não foi, portanto, o puro prazer que poderia ter sido. Apesar de sentado de lado na sela para reduzir um pouco o desconforto, sofreu terrivelmente com o calor e a dor de cavalgar nessa condição. Os que estavam próximos sofreram quase tanto quanto ele com o opressivo e nocivo fedor que emanava de seu estômago ulceroso e da fístula infeccionada de seu traseiro enorme.[3] Não obstante, o prazer de Leão era evidente a todos, e a multidão reagiu com entusiasmo. Embora as palavras que ele supostamente teria pronunciado ao final de sua eleição – "Agora Deus nos deu o papado. Vamos desfrutar dele!" – sejam provavelmente apócrifas, ele de fato desfrutou do papado. A gloriosa pintura de Rafael, com Leão sentado e ladeado por dois cardeais, mostra um voluptuoso renascentista. Sua face é rechonchuda, seu corpo mais ainda, as grandes bochechas pendentes, os olhos bulbosos e os lábios sensuais eram traços familiares muito fortes; infelizmente, alguns deles foram mais tarde herdados por sua sobrinha-neta Catarina. Embora nepotista, Leão era bem menos presa de alguns dos defeitos de seus predecessores, e como homem esclarecido trouxe para o papado os frutos de seu conhecimento. Viveu em esplendor com uma imensa equipe de criados; naturalmente generoso, depois de seus anos de exílio e pobreza, ele agora possuía os meios para patrocinar as artes, encomendar projetos de construção e acima de tudo entregar-se aos prazeres da vida. Promovia luxuosos e frequentes banquetes, nos quais entretinha seus convidados com novidades, como pequenos pássaros que saíam voando de tortas. Adorava comédias, trotes e pegadinhas.

A falha mais grave de Leão como papa foi não ter entendido a necessidade crucial de uma reforma da Igreja. Embora essa necessidade existisse há um bom tempo, tornara-se aguda desde o surgimento de um obscuro monge alemão chamado Martinho Lutero. Lutero posicionara-se contra a venda de indulgências, fazendo um apelo para que a Igreja se livrasse da corrupção e criticando também o estilo mundano da corte papal. Ele acreditava na "*sola fide*" (a fé e mais nada) e que o homem poderia alcançar Deus sem a intervenção de "clérigos e de sacramentos". Leão chamou a controvérsia de "uma rixa de monges", e não percebeu que se acendera o estopim de uma conflagração que iria dividir a Igreja, destroçar nações e abalar os tronos de sua sobrinha-neta Catarina e dos filhos dela.

Como cabeça da família e em virtude de sua transferência para Roma, Leão precisava nomear um sucessor para proteger a posição da família em Florença. Ficou decidido que Giuliano, "o Bom" (que Leão achava brando demais), deveria ajudar o novo papa em Roma e que seu sobrinho Lorenzo poderia cuidar dos assuntos florentinos, embora não tivesse paciência para isso e com frequência fosse para Roma para ficar com o tio, deixando os florentinos se sentindo como membros de um Estado vassalo. Isso estava longe da tradição da república florentina, mas, com um Médici usando a tiara papal, Leão sabiamente fazia parecer que haveria muitas vantagens para o povo. Em 1515, Giuliano viajou à França como emissário de Leão para congratular-se com Francisco I pela sua ascensão ao trono. O rei tinha pressa em conquistar Milão e tomar Nápoles, da qual o papa era suserano. Os dois encontraram-se mais tarde naquele mesmo ano na cidade papal de Bolonha, onde assinaram um acordo que restaurava as relações entre a Igreja francesa e o papado.

Para lisonjear Leão, o rei ofereceu a Giuliano o ducado de Nemours na França e a mão de sua tia Filiberta de Saboia em casamento. Em troca, Francisco ficaria com os Estados italianos de Parma e Piacenza, e com o apoio do pontífice no que dizia respeito às suas ambições sobre Milão e Nápoles. A aliança marital entre a Casa da França no poder e os mercadores Médici foi tão estimulante para estes últimos quanto iria se revelar breve. Giuliano, duque de Nemours, morreu um ano após seu casamento, não deixando nenhum herdeiro legítimo, mas apenas um filho bastardo de nome Hipólito. Agora todas as esperanças de Leão estavam em seu sobrinho Lorenzo.

Leão e Francisco queriam continuar com a aliança apesar da morte de Giuliano; então Lorenzo, a essa altura duque de Urbino, tornou-se o emissário de sua santidade, representando o papa no batizado do primeiro filho de Francisco, o delfim. Leão havia sido convidado para padrinho do bebê. Um pouco antes do batizado, Francisco escrevera a Lorenzo para cumprimentá-lo por ter se tornado duque de Urbino, acrescentando: "Pretendo ajudá-lo com todo o meu poder. Também desejo casá-lo com alguma bela e boa senhora de nobre nascimento e de minha estirpe, para que o amor que lhe tenho possa crescer e se fortalecer".[4] Depois que a noiva, Madalena de La Tour d'Auvergne, foi escolhida, decidiu-se que o casamento teria lugar logo após o batismo do delfim. Outro assunto importante era a enorme herança da noiva. Tanto a mãe dela, Jeanne de Bourbon-Vendôme, uma princesa real, como o pai, João III de La Tour, haviam morrido, e ela partilhava as extensas propriedades deles em Auvergne, Clermont, Berry, Castres e Louraguais com a irmã, esposa do escocês duque de Albany. Os Médici precisavam de dinheiro para recuperar seu controle firme de Florença, e o duplo dote de Madalena, em sangue azul e ouro, foi visto com alegre expectativa pela geração mais velha. Os tempos felizes estavam de volta.

A aparição de Lorenzo na França foi tão suntuosa, com seu grande séquito vestido de vermelho, seus extravagantes presentes, entre eles uma grande cama feita de casco de tartaruga decorada com pedras preciosas e madrepérola, que parecia que algum potentado oriental havia chegado.[5] Lorenzo e sua futura esposa imediatamente gostaram do aspecto um do outro e os assuntos progrediram facilmente. Ao duque foi concedida a honra de segurar o bebê herdeiro da França no batismo realizado no Château de Amboise em 25 de abril de 1518, e foi ali que o casamento teve lugar três dias depois. O noivo tinha 26 anos e a noiva apenas dezesseis. Em Amboise, o pátio interno foi coberto com fabulosos toldos de seda e belíssimas tapeçarias enfeitaram as paredes durante os dez dias de festejos, banquetes, bailes de máscaras e balés. Durante o dia, havia torneios de lutas simuladas, que deviam ser bastante realistas já que pelo menos duas pessoas morreram. Francisco sabia deslumbrar com seus entretenimentos e parecia particularmente ansioso em mostrar aos italianos, cuja cultura ele tanto admirava, que aos franceses não faltava refinamento.

Na época em que o casal partiu para Florença, onde chegaram em setembro de 1518, Francisco já levara Lorenzo para um passeio pela Bretanha e se comportara de modo muito agradável. Outorgou também ao duque a Ordem de Saint-Michel, a mais alta comenda da cavalaria francesa, e concedeu-lhe uma companhia de *gens d'armes* (cavalaria pesada). Havia muito a celebrar, especialmente após o anúncio da gravidez da jovem duquesa. A notícia deixou Francisco e Leão em êxtase.

Não é difícil imaginar o desalento tanto do papa quanto do rei da França quando Lorenzo e Madalena de Médici, duque e duquesa de Urbino, morreram meses mais tarde, deixando apenas uma filha como lembrança viva de seus grandes planos. Para piorar as coisas, Catarina adoeceu em agosto de 1519, com apenas três meses, e esteve várias semanas entre a vida e a morte. Mas sobreviveu, e por volta de outubro Leão insistiu para que a "*duchessina*", como o povo Florentino carinhosamente a chamava, fosse transferida para Roma, sem risco para a sua saúde. Leão já recusara enfaticamente o pedido de Francisco para que a criança fosse levada para a corte francesa. Ele sensatamente recusou oferecer sua sobrinha-neta como garantia das promessas recentemente feitas a Francisco, pois já planejava quebrá-las. As circunstâncias haviam mudado completamente, portanto também mudaria sua política. Após limpar suas decorosas lágrimas pela morte de seu sobrinho e sua sobrinha, Leão não perdeu tempo e iniciou conversações secretas com o rei Carlos da Espanha, agora Carlos v, o novo imperador do Sacro Império Romano e inimigo mortal de Francisco.* Em maio de 1521, Leão era abertamente aliado de Carlos, que ele prometeu coroar imperador e colocar à frente de Nápoles. Ao ouvir a notícia, Francisco ficou furioso com a traição do papa e em pouco tempo a França e o Império estavam de novo em guerra.

Quando Catarina foi levada até seu tio em Roma, dizem que ele saudou a bebê com as seguintes palavras: "Ela chega suportando as calamidades dos gregos!". No entanto, depois de um longo e atento exame da criança, declarou com satisfação que era "bonita e gorda". A primeira reação de Leão à desastrosa morte de Lorenzo e sua esposa foi assumir uma postura resignada e

---

* Carlos I da Espanha, um Habsburgo, foi eleito imperador do Sacro Império em junho de 1519. Assumiu o título de Carlos v.

piedosa, dizendo: "Deus deu. E Deus tira". Agora enfrentava o dilema de deixar a herança da família para o ramo colateral dos Médici, que ele zelosamente havia desdenhado e ignorado, vendo-os como uma possível ameaça à sua dinastia, ou de colocar como herdeiros os membros ilegítimos do ramo mais antigo. Decidiu-se por essa última opção. Assumiu a criação de Catarina, duquesa de Urbino, e, assim que ela alcançou idade suficiente, Leão tentou casá-la com Hipólito, o filho do duque de Nemours, que ele iria legitimar. Os dois então se tornariam o casal governante de Florença.

Havia outro menino ilegítimo, Alexandre de Médici, nascido em 1512, que fora vagamente reconhecido como filho de Lorenzo e, portanto, era meio-irmão de Catarina. Mas com certeza Alexandre era na realidade filho do cardeal Giulio de Médici, embora, por questões de conveniência, tivesse sido atribuído a Lorenzo, e também porque o próprio Giulio era não só ilegítimo, filho do irmão de Lorenzo, o Magnífico, mas um cardeal a ser deposto. Enquanto isso, Catarina continuou aos cuidados de sua avó, Alfonsina Orsini. Após a morte de Alfonsina em 1520, Catarina passou aos cuidados da filha de Lorenzo, o Magnífico, Lucrécia Salviati, e de sua tia Clarice Strozzi, a mulher que se tornaria sua mãe substituta pelos poucos anos seguintes. As duas mulheres haviam desposado banqueiros extremamente ricos, e Clarice, uma tutora rigorosa e exigente, tinha filhos jovens com os quais a pequena menina poderia brincar. Os primos Strozzi tornaram-se os irmãos e irmãs que a menina nunca tivera, e ela amou-os prodigiosamente pelo resto da vida.

Leão não viveria o suficiente para ver seus planos para Catarina e Florença se realizarem. Depois de sofrer uma operação da sua persistente e problemática fístula anal no final de novembro de 1521, decidiu mesmo assim sair para uma caçada. Pegou um resfriado, enfraqueceu rapidamente e morreu alguns dias depois, em 1º de dezembro. O futuro de Catarina dependia agora de os Médici manterem o poder em Florença, sem o prestígio e influência papal para apoiá-los. O primo ilegítimo de Leão, cardeal Giulio de Médici, que até pouco tempo atrás era seu altamente eficiente assistente, tivera a expectativa de sucedê-lo, mas agora retirava-se para Florença com Catarina e os dois meninos bastardos, Hipólito e Alexandre. O novo papa era Adriano vi, anteriormente Adriano de Utrecht, que havia sido grande inquisidor da Espanha e tutor da adolescência de Carlos v (era chamado de "o professor do imperador"). A eleição de um homem severo e piedoso como ele, originário do norte da Europa, que os italianos consideravam bárbaro, foi uma horrível surpresa para eles. Tentaram consolar-se considerando que, aos 63 anos, ele talvez morresse em breve.

Os franceses ficaram alarmados ao ver alguém tão próximo do imperador sentado agora no trono papal. Os Médici também não tinham motivos para celebrar, já que Adriano prontamente entregou o ducado de Urbino de volta aos seus legítimos donos, a família della Rovere.* Os Médici tiveram dificuldades até para pagar algumas das despesas do funeral de Leão, e um grupo de famílias florentinas importantes, incluindo os Strozzi e os Capponi, contribuiu com 27 mil ducados para ajudar a bancar os custos (o soldo mensal de um soldado de infantaria da época era de dois ducados). Como garantia, Giulio ofereceu a cruz incrustada de joias de Leão, no valor de 18 mil ducados. Sobreviveu um documento que descreve as pedras mais preciosas que a adornavam: "Há um diamante central, quatro esmeraldas, duas grandes safiras e três rubis". A cruz foi deixada em segurança sob a guarda das freiras de uma abadia romana, até que o débito fosse quitado.[6] Embora não fosse uma época particularmente próspera para os Médici, Catarina passou os dois anos seguintes em relativa paz em Florença, vivendo na companhia dos dois meninos, Hipólito e Alexandre, sob a supervisão atenta do cardeal Giulio.

Em setembro de 1523, Adriano VI fez, ao morrer, um favor a todos, exceto ao imperador e a si próprio. Dizem alguns que foi por envenenamento – ainda se passariam 450 anos até que um não italiano fosse de novo eleito papa. Em 19 de novembro, depois de usar todos os recursos de bajulação, suborno e promessas à sua disposição, o "lacaio eclesiástico" de Leão X, cardeal Giulio de Médici, conseguiu se eleger papa, como Clemente VII. Esse Médici de meia-casta partiu para Roma deixando seu fantoche, o cardeal Passerini, no comando de Florença, formalmente em nome do menor de idade Hipólito. Com Clemente como papa, Catarina tornou-se de novo um partido valioso. Mesmo sem o ducado de Urbino, sua herança ainda a colocava como uma herdeira importante: só as propriedades de sua mãe já faziam dela uma das mulheres jovens mais ricas da Europa.** Para poder apresentá-la num cenário

---

* Leão havia criado Catarina duquesa de Urbino, mas anexara o ducado aos Estados Papais, permitindo que Florença mantivesse a fortaleza de São Leo.
** Catarina continuou ostentando o título de duquesa de Urbino para os pró-Médici, mesmo depois que os della Rovere foram restabelecidos no ducado.

adequado, Clemente providenciou que vivesse com um séquito principesco no Palazzo Médici.

No entanto, os florentinos estavam cada vez mais inquietos. Apesar de se apropriar indevidamente de imensas somas de Florença para sustentar sua corte e seu pomposo estilo de vida, Leão x havia administrado habilmente o papado e Florença. Clemente vii, que não tinha a destreza e a habilidade do primo, herdou o descontentamento que agora emergia em relação aos desmandos financeiros de Leão. As pessoas também estavam insatisfeitas com a intromissão direta de Roma, encoberta e com inépcia por Passerini. Para complicar ainda mais as coisas, ficou claro que Clemente não concordava em colocar Hipólito como eventual governante de Florença, mas pressionava pela candidatura do próprio filho, Alexandre. Apelidado de "o Mouro" por seus lábios grossos, pele escura e cabelo crespo – a mãe devia ter sido uma escrava moura –, Alexandre crescia e se mostrava tão maldoso e indecente quanto feio. Ao mesmo tempo, conforme o tempo passava, Hipólito transformava-se num jovem ousado, bonito e elegante.

Clemente vii havia sido um dinâmico braço direito de Leão x, e, desde que a vida seguisse pelas mesmas linhas de antes, teria como manter as coisas sob controle. Porém, o crítico de agitação religiosa e guerras exigia uma iniciativa criativa, e Clemente andava perdido. Pela maior parte da década de 1520, Francisco e Carlos estiveram ou em guerra um contra o outro, ou ameaçando fazê-lo, enquanto o clamor por reformas da Igreja crescia e o luteranismo ganhava espaço em muitos Estados alemães dentro das fronteiras imperiais. Faltava ao papa coragem para enfrentar esses problemas. Suas meias-medidas, seus acordos secretos e suas evasivas mudanças de política iriam revelar-se desastrosos. Os conflitos entre a França e o Império transbordaram uma vez mais para a Itália, com resultados catastróficos para a desavisada península.

Em 1526, Clemente aderiu a uma liga com França, Inglaterra, Florença e Veneza – conhecida como a Liga de Cognac – para expulsar o Império da Itália. Carlos v estava preocupado com os turcos que haviam invadido as fronteiras do leste, e se Francisco tivesse agido com vigor e prontamente, a liga poderia muito bem tê-los derrotado. No entanto, o rei francês, que acabara de ser solto do cativeiro por Carlos após sua desastrosa derrota na batalha de Pavia em 1525, parecia não saber mais como agir. Ele falhou ao não dar à liga o suporte de que ela precisava, o que o levou a ser derrotado pelo imperador.

Isso deixou Clemente, Roma, Florença e eventualmente Catarina à mercê de Carlos. Por instigação do imperador, uma facção romana hostil a Clemente ergueu-se contra ele e o obrigou a refugiar-se na fortaleza do castelo Sant'Angelo, às margens do Tibre, de onde ele rapidamente renunciou à liga. Com isso, rapidamente ficou sob uma ameaça ainda maior.

Em 6 de maio de 1527, os soldados imperiais do norte da Itália haviam marchado para o sul e estavam agora às portas de Roma: mal alimentados, sem receber soldos e com uma disposição de ânimo terrível. Como Carlos não pagara os soldados, foi impotente para detê-los, muitos deles luteranos de seus próprios domínios, que invadiram com fúria a Cidade Eterna. Enquanto Roma era saqueada, seu covarde e infortunado papa fugia uma vez mais para o seu reduto no castelo Sant'Angelo. Ele fugiu correndo por uma passagem que levava diretamente à fortaleza, com o bispo de Nocera atrás, segurando sua longa túnica, para evitar que tropeçasse. Ao chegar à formidável fortaleza circular, por ali ficou, sitiado.

Pelo buraco da fechadura, Clemente podia ouvir os gritos de seu rebanho implorando misericórdia enquanto os soldados imperiais semeavam o caos. Os soldados provocavam sua santidade junto aos sólidos muros do castelo, prometendo comê-lo vivo quando finalmente conseguissem franquear suas defesas. Corriam pela cidade em bandos, profanando relíquias sagradas, estuprando e matando cidadãos, mutilando braços e dedos que portassem joias, destruindo monumentos e tesouros. Alguns soldados chegaram a vestir-se com as roupas escarlate de cardeais assassinados. Clérigos, mesmo os mais insignificantes, que não conseguiam escapar da turba eram feitos reféns e após a obtenção do resgate eram recapturados para que novo resgate fosse exigido.

O próprio resgate de Clemente foi estipulado em algo como meio milhão de ducados, uma soma maior que sua renda anual. Para conseguir o dinheiro, Clemente ordenou que seu ourives, Benvenuto Cellini – também sitiado com ele –, improvisasse um forno para derreter as tiaras papais que conseguira trazer com ele. A igreja de São Pedro foi usada como estábulo para os cavalos, e lá foram celebradas grotescas simulações de missas, com o líder dos muitos larápios luteranos carregando um cordão de seda com o qual pretendia enforcar Clemente. Esse saque iconoclasta da Cidade Sagrada representou um ultraje para o mundo civilizado. Ainda se passariam sete meses até que a turba ocupante fosse expulsa das fétidas ruínas pela fome e por uma epidemia de peste. Enquanto Roma era saqueada, armou-se uma insurreição em Florença. Com o auxílio do recém-chegado exército do imperador, destronar Passerini e o regime dos Médici revelou-se tarefa fácil.

A posição de Catarina ficava então cheia de incertezas. Em 11 de maio de 1527, chegaram notícias em Florença sobre os horrores que ocorriam em Roma. No Palazzo Médici na via Larga, a menina de oito anos deve ter entendido que se tratava de uma calamidade. Clarice Strozzi, que muitos consideravam "o homem da família", enfureceu-se com Passerini, que ela achava incompetente e um rematado imbecil; também exaltou-se com Alexandre e Hipólito, dizendo que eram indignos do nome Médici ao qual aspiravam. Enquanto isso, uma multidão ameaçadora empurrava os portões do palácio. Passerini e os dois meninos conseguiram fugir graças aos contatos de Clarice com o novo regime, com o qual ela fez um acordo que foi imediatamente rompido por Passerini. Eles escaparam de Florença no dia 17 de maio. Catarina e sua tia ali ficaram para enfrentar a multidão. Os novos governantes de Florença ferveram de ódio ao saber que Alexandre e Hipólito haviam conseguido fugir sem cumprir sua parte no acordo. Não iriam deixar que Catarina, a refém que restara, escapasse também.

Ficou decidido que a criança seria levada para o convento de Santa Lucia, na via San Gallo, um lugar conhecido por sua antipatia pela família Médici. Clarice protestou aos gritos com Bernardo Rinuccini, que chegara à frente da grande escolta de soldados para levar embora sua sobrinha. Eles estavam agora em Poggio a Caiano (uma esplêndida mansão rural dos Médici), para onde ela e Catarina haviam conseguido fugir dos cidadãos em fúria, mas as exortações de Clarice não evitaram que a criança fosse levada para o que seriam três perigosos anos de semiencarceramento, durante os quais a vida dela ficou sob diferentes graus de ameaça, dependendo dos rumos da cena política. A menina viveu miseravelmente no convento de Santa Lucia, mas em dezembro de 1527 chegaram ordens para que fosse removida para o convento de Santa Caterina de Siena, também em Florença. Quando o embaixador francês visitou-a ali, encontrou um lugar que era como uma cabana assolada por doenças e insistiu que Catarina devia ser relocada imediatamente. Com a autorização da *Signoria* [conselho executivo], o embaixador arrumou a transferência da criança para um lugar bem mais agradável, o convento de Santa Maria Annunziata delle Murate (literalmente, "das freiras muradas"). A jornada de uma Catarina totalmente coberta de véus até as Murate aconteceu na madrugada de 7 de dezembro de 1527. Os muros a privaram de sua liberdade, mas também a protegeram do mundo exterior hostil. O ódio agora alimentava o ânimo do povo florentino, que se dedicou a profanar e danificar tudo aquilo que lembrasse os Médici. Num surto de violência no início dessa rebelião, a obra-prima de Michelangelo, a estátua de Davi, perdeu seu braço esquerdo quando lhe atiraram uma pedra. No entanto, para que Catarina continuasse sendo um trunfo valioso de negociação para a Signoria, eles deviam cuidar de seu bem-estar.

Na maior parte das vezes encarado como pró-Médici, o convento das Murate era o local que cuidava da educação das jovens aristocratas, mas que também permitia que nobres idosas se retirassem do mundo e vivessem ali com algum conforto. A julgar pelos registros e recibos de doações que datam de 1524 a 1527, e que eram supervisionados pelo cardeal Armellino, camerlengo apostólico de Leão X e depois de Clemente VII, o convento vinha recebendo substancial apoio dos Médici.[7] Uma das freiras relembrou a chegada de Catarina: "Os magistrados nos deram a menina e a recebemos com muita alegria e boa vontade pela obrigação que temos com a família dela. Embora ela talvez estivesse contagiada pela peste, nós a recebemos. [...] Uma noite, às duas da madrugada, o bando trouxe-a até os portões do mosteiro, e todas as freiras, sem medo, reunimo-nos à volta dela, e protegidas por Deus e Nossa Senhora não tivemos nenhum dano. A '*duchessina*' ficou lá por três anos".[8] A freira continuou: "Com quanta humanidade e conversa refinada ela se expressava não há palavras que consigam dizê-lo, porque tivera duas mulheres que cuidaram dela".[9]

A abadessa era madrinha de Catarina e providenciou para ela uma cela espaçosa e confortável, que antes fora ocupada por uma parente viúva e de mesmo nome, Caterina Riario de Médici. Mimada pelas freiras, muitas das quais de origem nobre, Catarina encontrara um reduto de calma em meio ao mundo exterior enfurecido, e aprendeu muito com aquelas boas mulheres. Seu comportamento educado, suas maneiras graciosas – que mais tarde se tornariam armas formidáveis –, a capacidade de encantar pela conversa e a força mental de confiar em seu próprio julgamento podem ser atribuídos a essa época. Um historiador escreveu: "Nas Murate, a Catarina das guerras religiosas foi formada". Lá também ela teria aprendido todas as tradições e cerimônias da Igreja pelas quais sempre mostrou reverência. Uma educação verdadeiramente espiritual, no entanto, parece ter sido omitida.

Uma das freiras, irmã Niccolini, escreveu sobre a "querida criancinha [...] com modos tão graciosos [...] que se fez tão querida por todos", acrescentando que era "tão gentil e agradável que as freiras faziam o possível para aliviar suas penas e dificuldades". [10] Outra escreveu sobre a "boa disposição" da menina.[11] Não admira que sentissem um impulso de proteger a "*duchessina*". A morte continuou levando embora os entes queridos de Catarina, como quando a sua protetora e figura materna, Clarice Strozzi, morreu em 3 de maio de 1528. O embaixador da França tornava-se agora seu esteio, e fazia o possível para cuidar de seu bem-estar. Após uma visita, escreveu ao tio dela, o duque de Albany, que havia se casado com a tia materna de Catarina, "[...] sua sobrinha ainda está num convento tendo uma boa vida, mas raramente recebe visitas e conta com poucas atenções daqueles *signori* florentinos que alegremente a veriam no Outro Mundo. Ela espera que vocês lhe enviem alguns presentes da França para o *seigneur* de Ferraris. Posso assegurar-lhes que nunca vi alguém da idade dela tão rapidamente sentir o bem e o mal que lhe são feitos".[12]

Por volta de 1528, as forças francesas deixadas na Itália haviam sido totalmente vencidas e Clemente resolveu abrir caminho junto a Carlos dizendo: "Decidi tornar-me um imperialista, e viver e morrer como tal". Em 29 de junho de 1529, foi assinado o Tratado de Barcelona entre Clemente e Carlos. Nele, Clemente prometeu coroar Carlos imperador do Sacro Império; como retribuição, Carlos apoiaria a restauração dos Médici em Florença. A coroação teve lugar em Bolonha em 24 de fevereiro de 1530, e Carlos V foi o último imperador do Sacro Império a ser coroado por um papa. O acordo também previa o casamento do filho bastardo de Clemente, Alexandre, com a filha ilegítima de Carlos V, Margarete da Áustria. Em Cambrai, em 3 de agosto de 1529, os franceses assinaram sua paz em separado com o Império, conhecida como "La Paix des Dames" (a Paz das Damas), já que foi concluída pela mãe de Francisco, Luíza de Saboia, e pela tia do imperador, Margarete, regente dos Países Baixos. Conforme os eventos começaram a ficar favoráveis a Clemente, o extremista Partido do Povo, que havia substituído os moderados que governavam Florença no início da revolta, começou a pensar se o "Outro Mundo" não poderia ser o melhor lugar para Catarina. Afinal, seu assassinato finalmente privaria o papa de sua joia marital.

Em outubro de 1529, tropas imperiais lideradas pelo príncipe de Orange fizeram um duro e eficiente cerco à cidade de Florença. Entre outros, Michelangelo foi arregimentado pelos cidadãos para proteger a cidade como engenheiro militar. A peste e a fome exacerbavam o terror e o ódio do povo pelos Médici, e seus esforços para resistir ao cerco eram além de tudo prejudicados por traidores internos. Agora, Catarina, que ficara escondida no convento, seria o foco das atenções dos governantes rebeldes da cidade, cada vez mais desesperados. Uma sugestão era que fosse baixada nua num cesto, diante dos muros da cidade, e então talvez acabasse sendo morta pelo fogo de seus próprios aliados. Também se falou em deixar a garota de onze anos de idade num bordel militar, de modo que quaisquer planos válidos de casamento por parte do pontífice ficassem prejudicados para sempre. O conselho, sem chegar a uma decisão sobre o destino final de Catarina, determinou que ela fosse imediatamente removida do convento amigo das Murate, do qual eles achavam que seria liberada sem muita dificuldade. Então a Signoria mandou Silvestro Aldobrandini com uma escolta de soldados buscar Catarina tarde da noite de 20 de julho de 1530. Nas palavras de uma das freiras: "Decidiram removê-la à noite e isso foi feito com muito sofrimento e esforço [...] mas foi empregada tal força pelos Oito que tivemos que entregá-la".[13]*

Catarina, certa de que havia sido condenada à morte e que Aldobrandini viera buscá-la para a execução, ofereceu resistência. Como preparação, a garota de onze anos rapara a cabeça e vestira um hábito de monja. Anunciando ser esposa de Cristo, recusou-se a entregar-se docilmente. Catarina gritou: "Santa Mãe, sou sua! Vejamos agora que infeliz excomungado irá ousar arrastar uma esposa de Cristo de seu mosteiro".[14] Recusou-se a tirar o hábito de monja, e Aldobrandini levou-a pelas pequenas ruas montada num burro, enfrentando uma multidão faminta e ameaçadora que lhe dirigia ameaças explícitas. A arriscada jornada mostrou ser uma experiência importante na formação da jovem, e Aldobrandini manteve Catarina segura e escoltada por seus soldados até que a entregaram ao convento de Santa Lucia. Havia sido ali que ela, cerca de três anos atrás, iniciara sua vida em cativeiro. Nunca esqueceu a proteção que Aldobrandini lhe deu, e quando, em 12 de agosto de 1530, o cerco foi levantado e Clemente tomou posse de sua cidade natal uma vez mais, ela intercedeu por ele e teve sucesso em fazer com que sua sentença de morte fosse comutada pelo exílio. Ao ser libertada, Catarina visitou as

---

* Os "Oito da Guarda" estavam encarregados da segurança interna do Estado florentino.

irmãs das Murate e juntas celebraram sua boa fortuna. Ela permaneceu em contato com a ordem pelo resto da vida, e escrevia a elas regularmente, enviando-lhes dinheiro todo ano e dando-lhes os rendimentos de uma de suas propriedades. Catarina nunca esquecia uma bondade, assim como nunca perdoava um desserviço.

Logo em seguida, a menina viu-se como um elemento central da política internacional de Clemente e mudou-se para Roma, onde o seu "tio" – como ele se apresentava a ela – recebeu-a com tal entusiasmo que o velho hipócrita conseguiu convencer um dos presentes de que "ela é o que ele mais ama no mundo". Um outro notou que Catarina parecia emocionalmente marcada pelo terrível período que passara nas mãos dos inimigos de sua família: "Ela não consegue esquecer os maus-tratos que sofreu, e sempre se mostra muito disposta a falar sobre isso". Clemente instalou Catarina com Hipólito e Alexandre no refinado Palazzo Médici de Roma (atual Palazzo Madama, onde funciona o Senado italiano). Queria que ela adquirisse a aparência e as habilidades necessárias para um casamento glorioso. Antonio Soriano, embaixador veneziano, descreveu sua aparência física na época de sua chegada a Roma, escrevendo que era "de estatura pequena, e magra, e sem feições delicadas, mas tendo os olhos protuberantes peculiares à família Médici".[15] Ninguém dizia que era bonita, porque não era, mas suas maneiras emprestavam-lhe a elegância que faltava ao seu físico. Um observador de Milão referiu-se ao seu aspecto pesado, se bem que provavelmente estivesse descrevendo seu rosto, e acrescentou que parecia uma criança sensível, que, "pela sua idade, mostra grande força e inteligência". O mesmo homem notou que, "no geral, essa garotinha parece que irá demorar ainda um ano e meio para se tornar mulher".

Catarina viveu sob os cuidados de sua tia-avó Lucrécia Salviati (irmã de Leão x) e do marido desta. Provavelmente foi em Roma, cidade que estava sendo reconstruída após a devastação sofrida, que ela adquiriu seu amor pela arte em geral e pela arquitetura em particular. Teve oportunidade de ver os grandes artistas da época não só restaurando a cidade danificada, mas criando novas obras-primas para adorná-la. Ela certamente teve acesso a uma das melhores bibliotecas do mundo e viveu rodeada pelos tesouros tanto da Antiguidade quanto do Renascimento. Em Roma, também na corte de Clemente, Catarina habituou-se aos rituais da criadagem e às formalidades particulares daquele modo de vida.

Durante essa estadia na Cidade Eterna, para preocupação de Clemente, Catarina cedeu ao magnetismo encantador de Hipólito de Médici. Por volta da primavera de 1531, corriam rumores a respeito do casal, e o jovem pode muito bem ter alimentado ambições de se casar. Tinha uma figura impressionante. Segundo descrições da época, sustentadas pelo espetacular retrato que Ticiano fez dele com a indumentária de um cavaleiro húngaro, hoje na galeria Pitti em Florença, era magro e alto, com um semblante sóbrio e bonito. Tinha inclinação por adornos teatrais, vestindo-se com penachos adornados de diamantes e cimitarras cravejadas de joias. Hipólito constituía o antídoto perfeito para os anos de perdas e sofrimentos de Catarina. Mais velho que Alexandre, ele por direito poderia ser tratado como governante de Florença: no entanto, o Tratado de Paz de Barcelona indicou que Clemente tinha outros planos.

Foi acertado o casamento de Alexandre com Margarete da Áustria, a filha ilegítima do imperador, e uma nova constituição havia sido redigida por um grupo de florentinos conhecido como "os treze reformadores da república", que tornava os Médici governantes hereditários da cidade, e que finalmente encerrou 25 anos de revoluções políticas e instabilidade. Com apoio do imperador, portanto, Hipólito havia sido passado para trás na sucessão. Foi feito cardeal contra a própria vontade aos vinte anos, mas de bom grado teria posto de lado o barrete vermelho, deixado a Igreja e se casado com Catarina, assumindo o seu lugar por direito como governante de Florença. Após uma tentativa fracassada de obter apoio na capital toscana – onde as pessoas agora rejeitavam disputas adicionais e ansiavam por uma relativa calma e prosperidade –, Hipólito, subornado por sua santidade com ricos benefícios e presentes, em troca da promessa de não promover mais agitações, viu-se despachado para a Hungria como núncio apostólico de Clemente, em junho de 1532.

Assuntos familiares urgentes enchiam a agenda do papa. Ele queria apressar a implementação do Tratado de Barcelona, e ver seu filho Alexandre devidamente investido como duque de Florença e casado com Margarete da Áustria. A Signoria foi abolida sob a nova constituição, e em 27 de abril de 1532 o filho ilegítimo do papa foi oficializado duque de Florença. Catarina havia sido enviada à cidade para emprestar legitimidade aos procedimentos, e pela primeira vez em sua vida assumiu deveres oficiais públicos ao lado de Alexandre. Observadores notaram que a garota de treze anos portava-se com admirável dignidade e graça. Ela continuou a desempenhar seu papel público em Florença enquanto aguardava a chegada da noiva de Alexandre em abril de 1533. Além de desfrutar de diversas luxuosas celebrações que marcavam a confirmação do novo duque, Catarina também prosseguiu com seus estudos. Sabemos pouco sobre a sua educação formal, exceto que aprendeu grego, latim e francês; era também muito bem preparada em matemática, um interesse que deve ter servido bem ao seu amor posterior pela astrologia. Clemente manteve-a em Florença, enquanto levava adiante cuidadosamente suas conversações com Roma a respeito do casamento dela.

Desde o nascimento, Catarina fora inevitavelmente objeto de muita discussão matrimonial. Mesmo antes da revolta em Florença, Clemente havia sido abordado por vários potenciais pretendentes, principalmente potentados italianos de famílias como os Gonzaga de Mântua, os Este de Ferrara e os della Rovere de Urbino. Agora que o papa desfrutava de uma posição bem mais forte que antes, passou a procurar ofertas de gente mais ilustre. Entre os antigos candidatos estava o filho ilegítimo de Henrique VIII, o duque de Richmond. Embora sir John Russell, o embaixador inglês no Vaticano, relatasse que sua santidade estava "muito satisfeito em ter tal aliança", as conversações não deram em nada e o duque morreu alguns anos mais tarde, provavelmente por envenenamento. Quando o duque de Albany, tio de Catarina, propôs como candidato o rei Jaime V da Escócia, Clemente não achou que isso lhe oferecesse nenhuma real vantagem, e ficou preocupado porque talvez o serviço de mensageiros entre os dois países ficasse muito caro. O príncipe de Orange havia por um breve período sido considerado possível marido, até sua morte numa campanha pela retomada de Florença.

Um candidato que Clemente não podia, porém, se dar ao luxo de ignorar, era o da preferência do próprio imperador do Sacro Império. Carlos apoiava um casamento entre Catarina e Francisco II Sforza, duque de Milão. Infelizmente para Catarina, o duque, um homem de certo modo pouco perspicaz, prematuramente envelhecido aos 37 anos, doente e falido, principalmente pelas altas somas de dinheiro exigidas pelo imperador para que mantivesse seu ducado, não era uma perspectiva matrimonial animadora. Além disso, Clemente temia que, ao casar Catarina com um cliente de Carlos, iria ver-se demasiadamente sob o controle do imperador para ser capaz de se livrar caso fosse necessário. Outra preocupação de Clemente foi a solicitação que Carlos fez de um conselho geral da Igreja. O pontífice tinha receio que isso pudesse provocar um cisma na Igreja. Além disso, Clemente nunca fora ordenado sacerdote, o que o tornava tecnicamente inelegível ao trono papal. A essa altura, uma estonteante proposta chegou da parte de Francisco I da França. Suas ambições por territórios na Itália se reacenderam e ele precisava de um papa amigo para apoiá-las. Em 1531, com isso em mente, Francisco ofereceu a Clemente seu segundo filho, Henrique, duque de Orléans, como potencial marido de Catarina.

No início de 1531, Gabriel de Gramont, bispo de Tarbres, foi enviado por Francisco para discutir esse casamento com Clemente. Por volta de abril, um acordo preliminar havia sido assinado por Francisco no Château de Anet (por ironia, a casa da futura amante de Henrique, Diana de Poitiers). Ele estipulava que Catarina viveria na corte francesa até uma idade própria à consumação do casamento, e havia cláusulas secretas no acordo que declaravam que seu dote incluiria Pisa, Parma, Piacenza, Reggio, Modena e Leghorn. Clemente também se comprometia a apoiar os esforços franceses para tomar Gênova e Milão, e a fazer uma tentativa conjunta de anexar Urbino para o jovem casal. Em junho de 1531, chegou à França a notícia de que Clemente não deixaria Catarina viver na corte francesa antes de se casar. Estava preocupado não só com a ira que essa aliança iria despertar no imperador, mas também com uma mudança na política francesa a partir do momento em que Catarina estivesse nas mãos de Francisco. O seu trunfo matrimonial iria, portanto, permanecer sob seus cuidados até o casamento. Clemente também estipulou que o dote de Catarina de 100 mil *écus* de ouro incluiria 30 mil *écus* adicionais em troca dos rendimentos da herança florentina dela. Francisco concordou em dar a Catarina 10 mil *livres per annum*, e ela também desfrutaria de uma renda substancial que viria da herança da mãe.

Como segundo filho do poderoso rei da França, não faltavam possíveis noivas a Henrique, duque de Orléans. A mais importante era Maria Tudor. Mas a possibilidade de um casamento com a filha mais velha de Henrique VIII foi arruinada quando o rei inglês tentou anular o casamento com a mãe dela, Catarina de Aragão. Enquanto isso, Francisco colocava seu foco em Catarina, que poderia favorecer melhor suas ambições italianas. Henrique de Orléans nascera em 31 de março de 1519 e, embora não se esperasse que fosse herdar o trono francês, representava um partido substancial para qualquer princesa real, e mais ainda para uma duquesa italiana sem ducado. Catarina podia ser rica, mas era desprovida de sangue real. Em janeiro de 1533, em Bolonha, foram mantidas conversações secretas entre Clemente e emissários de Francisco. O papa, aterrorizado com a possibilidade de o imperador colocar um ponto final na aliança francesa caso tivesse notícia dela, decidiu prosseguir com as negociações referentes a um casamento com Francisco II Sforza, duque de Milão, como uma manobra de despiste. Na realidade, Carlos, certo de que Francisco nunca iria se inclinar a casar o filho com a filha de um "mercador", costumava rir dos rumores que chegaram a seus ouvidos, considerando-os absurdos. Quando um dia confrontou Clemente a respeito do assunto, o papa foi evasivo e prometeu ao imperador que, se Francisco realmente se mostrasse sério a respeito do casamento, ele iria se esforçar para sabotar as conversações: "Conheço a natureza dele [Francisco]: vai querer ter a honra de ser ele a romper comigo, e é isso o que eu desejo".[16] Na época em que o casamento foi anunciado, mais tarde naquele mesmo mês, Carlos não pôde fazer nada a respeito, a não ser ficar perplexo. A melhor hora de Clemente havia chegado. Ele desafiara as adversidades enfrentando obstáculos monstruosos. Sobrevivera ao saque de Roma e vinha restaurando a cidade. Sua família, que havia sido destronada de Florença, agora era restabelecida no poder gloriosamente. Ele conseguira, por meio de uma aliança com o imperador do Sacro Império, não só restabelecer sua família como governante de Florença, mas colocar a República sob o domínio de seu filho, como duque hereditário.* Seu filho ilegítimo Alexandre havia sido feito duque de Florença, tendo como esposa a filha do potentado dos Habsburgo. Ao colocar em confronto o imperador e o rei da França, e deslumbrar este último com promessas mais que otimistas de vastos ganhos territoriais na península, conseguira a união entre Catarina e Henrique de Orléans. Havia conciliado o inconciliável. Albany escreveu a Francisco dizendo que "sua santidade desejava maravilhosamente esse casamento". A dissimulação de Clemente evidentemente divertiu De Gramont, o enviado francês a Roma, que regis-

---

* Florença é às vezes referida como um ducado hereditário, ainda que tecnicamente tenha permanecido como república até os anos 1700. Embora a república fosse governada pelo duque Alexandre, o título era puramente honorífico, conferido pelos "treze reformadores da república", e hereditário. A questão tinha o beneplácito do imperador, mas o título na realidade não havia sido conferido por ele. Os florentinos achavam que isso ajudaria a mantê-los o mais independentes possível, evitando torná-los legalmente vassalos ou clientes do imperador.

trou as discussões durante as quais Clemente "ficava repetindo várias vezes que sua sobrinha não era merecedora de tão elevada aliança, mas mesmo assim estava pronta a fazer qualquer sacrifício e concessão para assegurá-la".[17] Clemente nunca poderia ter previsto que concessões e sacrifícios seriam na realidade a companhia mais constante da jovem futura noiva naquilo que ele com razão chamou de "a maior união do mundo".

II

"A MAIOR UNIÃO DO MUNDO"

J'ai reçu la fille toute nue

1515-1534

Henrique, duque de Orléans, futuro marido de Catarina de Médici, nasceu uma quinzena antes de sua futura noiva. Segundo filho de "*Le Roi Chevalier*", rei Francisco I, Henrique teve uma infância no mínimo tão traumática quanto a de sua futura esposa. Perdeu a mãe, a devota e doce rainha Cláudia, que sofria de má saúde crônica, aos cinco anos.* Não muito tempo depois, ele e seu irmão mais velho tornaram-se as vítimas inocentes do pior desastre político e militar do pai, a sua catastrófica derrota nas mãos do Império Habsburgo na batalha de Pavia, em 1525. Para entender Henrique como homem, como rei e como marido, é necessário um breve exame desse primeiro drama do reinado de Francisco.

Quando Francisco de Valois-Angoulême, vinte anos de idade e ambicioso, tornou-se rei em 1515, imediatamente dirigiu suas energias para conquistas na Itália. Demonstrando coragem e habilidade, reivindicou e capturou Milão da família Sforza, que era apoiada pelo Império.** Francisco fora perspicaz em trazer seu exército, canhões e cavalos para a Itália por uma passagem alpina,

---

* O rei Francisco I e a rainha Cláudia tiveram sete filhos: Luíza (1515-1517), Charlotte (1516-1524), Francisco (1518-1536), Henrique (1519-1559), Madalena (1520-1537), Carlos (1522-1545) e Margarida (1523-1574).

** O interesse de Carlos por Milão tinha por base o fato de o ducado ser um feudo do Império. A reivindicação de Francisco baseava-se em sua descendência da família Visconti, que precedera a dinastia Sforza como governante de Milão.

perigosa e pouco utilizada, e com isso pegou o inimigo desprevenido. As escaramuças e manobras iniciais resultaram na decisiva batalha por Milão em Marignano, em 13-14 de setembro de 1515. Após sua estonteante vitória, Francisco instalou-se como duque de Milão. Fazia apenas nove meses que era rei da França, mas Marignano, embora ele não pudesse saber disso então, seria o ponto mais alto de toda a sua carreira militar. Como seus predecessores já haviam descoberto, as conquistas francesas na Itália eram difíceis de manter e se revelavam uma drenagem constante de sangue e recursos do tesouro. O sucesso de Francisco em Marignano também desencadeou uma persistente hostilidade entre ele e o rei Carlos I da Espanha, dos Habsburgo. As incursões do rei francês em território italiano e sua inimizade com o imperador Habsburgo seriam os dois temas que iriam caracterizar, e em certa medida atormentar, todo o seu reinado.

Depois de Marignano, Francisco se tornou o foco das atenções dos monarcas europeus; o sucesso parecia ser seu companheiro constante. Em 1515, ele aliou-se ao papa Leão X, dos Médici, para conseguir apoio na Itália e, sem saber, pôs em movimento o curso dos acontecimentos que iriam trazer Catarina para a França como sua nora quase vinte anos depois. Em 1519, o rei Carlos da Espanha foi eleito por unanimidade imperador do Sacro Império, tornando-se Carlos V. Francisco também havia se apresentado como candidato e ficou ressentido com a humilhante derrota.

Em 1521, Francisco superestimou a si mesmo e a cidade de Milão caiu diante das tropas do imperador. Por volta de 1523, a França ficou praticamente sozinha, já que a Inglaterra juntara forças com o Império numa liga geral contra os franceses. Traição, uma rebelião fracassada contra Francisco partindo de seu próprio reino e invasões tanto pelo norte como pelo sul da França obrigaram-no a agir com firmeza. Seu exército perseguiu os invasores ao sul até empurrá-los para a Itália, e após um duro inverno a céu aberto promovendo um cerco à cidade de Pavia, onde as tropas imperiais haviam se recolhido, os dois lados finalmente enfrentaram-se em 24 de fevereiro de 1525.

Numericamente, os exércitos estavam equilibrados, e de início a luta mostrou-se inconclusiva. Por motivos que ainda não estão claros, Francisco, provavelmente acreditando que os soldados imperiais estivessem em fuga, desferiu uma carga em campo aberto, comandada por sua guarda pessoal e cavalaria de elite, saindo em perseguição ao inimigo. Isso revelou-se um erro fatal. Ao avançar em terreno exposto, viu-se não só entre seus próprios canhões e os do inimigo, mas também à mercê de mais de mil arcabuzeiros imperiais escondidos, bem posicionados para escolher os cavaleiros franceses a serem abatidos com relativa facilidade. Aos poucos, Francisco e seus homens – que haviam avançado uma distância fantástica em terreno inimigo – viram-se desligados do resto de suas tropas e cercados por soldados imperiais. Quando o seu cavalo foi morto embaixo dele, Francisco demonstrou imensa coragem e prosseguiu a pé em sua luta sem esperança. Sobrecarregado pela sua pesada armadura, conseguiu abater inimigos com sua espada, enquanto a elite da nobreza francesa, embora inspirada pela coragem de seu rei, era dizimada ao seu redor. No final, Francisco e os nobres sobreviventes foram aprisionados. Desde Agincourt, a França não perdia tantos guerreiros valentes e de nobre estirpe em campo de batalha. Pavia foi um desastre absoluto para a França e seu rei.

Vieram ordens de trazer Francisco para a Espanha, onde ele acabaria encontrando seu adversário Carlos v. Ele acreditava firmemente no código de cavalaria e esperava que, ao apelar diretamente ao seu captor como um cavaleiro real dirigindo-se a outro, poderia suavizar os termos extremos que o imperador agora impunha. O item mais importante, o ducado de Borgonha, ocupava o lugar mais alto da lista. O ducado fora tomado pelos franceses em 1477 com a morte do último duque, Carlos, o Temerário, que não deixara herdeiro homem. Embora Carlos v alegasse descender do duque da Borgonha pelo lado feminino, seu senso político, não seu orgulho dinástico, levava-o a reivindicar a região. A incorporação ao Império desse rico e fértil ducado, que se estendia das suas fronteiras ocidentais com a França criando uma cabeça de ponte estratégica, iria representar uma alarmante ameaça aos franceses. Francisco teve uma recepção real em Barcelona em 19 de junho, e a multidão saudou-o quando ele saiu da catedral após celebrar missa. As pessoas lançavam clamores em volta do rei, implorando que usasse seus monárquicos poderes de cura para tocar os doentes por onde passasse. Não é de admirar que um observador veneziano comentasse: "Ele suporta sua prisão admiravelmente", acrescentando, "é quase tão adorado como em seu país".[1] Depois de muitos festejos e de muita excitação, Francisco chegou a Madrid no final do verão de 1525. Mas a realidade de sua situação não demorou a se revelar. Acostumado a uma existência ativa ao ar livre, à companhia de mulheres, Francisco demonstrou ser no final das contas um péssimo prisioneiro. Ficou depressivo demais para aceitar comida, o que por sua vez o levou a cair perigosamente doente por causa de um abcesso no nariz. Até o imperador, que evitara um encontro com o real refém, correu à cabeceira do doente e cuidou ansiosamente de seu mais valioso ativo, cuja vida parecia estar minguando. Ele deu permissão para que a irmã do rei, Margarida, viesse da França para cuidar dele. Após várias semanas de uma grave doença, o abcesso arrebentou e o rei recuperou-se. Um francês que acompanhou Francisco no leito relatou a Paris, em 1º de outubro de 1525, que "ele tem melhorado constantemente [...] A natureza desempenhou todas as suas funções, por meio de evacuações tanto por cima quanto por baixo, e por meio de sono, da bebida e da comida, de modo que agora está fora de perigo".[2] Com Francisco se recuperando, os termos de paz podiam ser negociados.

Em 14 de janeiro de 1526, pelo Tratado de Madrid, Francisco abria mão de sua reivindicação a Milão e a vários outros territórios que o Império a partir de então passou a considerar seus. Para selar o acordo, o rei assumiu o compromisso de se casar com a irmã viúva de Carlos, a rainha Leonor de Portugal, que vinha aguardando na soturna corte espanhola que seu irmão lhe arrumasse um novo marido. Fisicamente, Leonor tinha muitos dos desafortunados traços dos Habsburgo para ser considerada algo mais do que tolerável em termos de aparência. Francisco – com alguns galanteios casuais – havia encantado a desinteressante, devota e benevolente rainha, que a essa altura estava completamente caída de amores por ele e mal podia acreditar em sua boa sorte quando o tratado foi assinado.

Quanto a Borgonha, Carlos não permitiu nenhuma discussão sobre o ducado. Francisco finalmente aceitou ceder o território ao Império, mas declarou que ele mesmo deveria supervisionar a entrega. Carlos sabia que a transferência seria difícil. Entendendo que a presença do rei dos franceses iria ajudar a suavizar o processo, decretou, com enormes e justificáveis receios, que Francisco retornasse à França, desde que oferecesse suficiente garantia de ser-lhe útil. A mãe do rei e regente oficial durante seu cativeiro, Luíza de Saboia, decidiu que os dois netos mais velhos dela deveriam assumir o lugar do pai.

Assim, por necessidade política, Henrique, duque de Orléans, e seu irmão mais velho, o delfim da França, estavam fadados à condição de reféns na Espanha até que o pai os resgatasse cumprindo suas obrigações no tratado. John Taylor, embaixador de Henrique VIII, recebera ordens de acompanhar o grupo na longa viagem para o encontro. Antes de partir, viu os dois garotos e relatou ao cardeal Wolsey: "Depois de comer, fui levado a ver o delfim e o irmão dele, Henrique; os dois me abraçaram, me pegaram pela mão e me perguntaram como estava sua alteza o rei [...] O afilhado do rei [Henrique] é o que tem o espírito mais ágil e o mais corajoso, a julgar pelo seu comportamento".3 Os dois irmãos tinham oito e seis anos quando trocaram seus belos *châteaux* de Blois e Amboise por uma série de sombrias fortalezas na Espanha.

Acompanhados por sua avó, Luíza de Saboia, as duas "belas crianças" fizeram a viagem para o sul num tempo terrível até a fronteira entre França e Espanha. A troca, para a qual uma rigorosa convenção havia sido acertada, foi programada para as sete horas da manhã de 17 de março de 1526. Uma área de quinze quilômetros havia sido isolada em volta do rio Bidassoa, que delimitava a fronteira. No meio do rio flutuava uma grande balsa, onde os prisioneiros reais deveriam ser entregues. Na hora combinada, dois barcos partiram, cada um de sua respectiva margem. Os barcos tinham o mesmo porte e continham o mesmo número de homens, todos similarmente armados. Fora do setor isolado, os dois garotos haviam abraçado membros de sua família e pessoas próximas antes de partir.

Uma das nobres da *entourage* deles, que estava muito comovida com a partida dos meninos, parecia sentir particular preocupação e carinho por Henrique. Destinada a se tornar mais tarde uma figura central em sua vida, soube-se que a bondosa dama da corte tinha então 25 anos e era Diana de Poitiers. Obviamente emocionada com o drama da criança, ela beijou-o na testa e deu-lhe adeus.

Quando os dois barcos chegaram à balsa e os prisioneiros aguardaram a troca, Carlos de Lannoy, o vice-rei do imperador em Nápoles, declarou a Francisco: "Senhor, sua alteza agora está livre; pode executar o que prometeu!". "Tudo deve ser feito", replicou o rei, que se voltou para seus desamparados filhos, abraçando-os com lágrimas nos olhos e fazendo brevemente o sinal da cruz na testa deles. Henrique e seu irmão beijaram a mão do pai, e ele subiu em seu barco com a promessa de que logo iria mandar buscá-los. Então foi para o lado francês do rio. Ao chegar ao solo francês, Francisco gritou: "Sou rei! Sou rei de novo!".

De início, Henrique e seu irmão, o delfim, foram mantidos num "cativeiro honroso" em Vitoria, Castela. Aguardando sua libertação, ficaram com a rainha Leonor, que esperava em breve tornar-se sua madrasta. Mulher de bom coração, ela assumiu um gentil interesse pelo bem-estar deles. Os meninos também desfrutaram dos cuidados atenciosos da grande equipe doméstica francesa, incluindo governante, tutor, *maître d'hôtel* e setenta auxiliares e criados.4 No entanto, logo ficou claro que o pai deles não tinha intenção de honrar o Tratado de Madrid, e os garotos não demoraram a sentir o efeito da quebra das promessas. Antes de assinar o tratado, o rei tomara a precaução de dizer a seus emissários da França que os compromissos que assinara como prisioneiro deveriam ser considerados vazios, já que haviam sido extraídos sob coação.

Para leitores modernos, pode parecer cruel que Francisco mandasse seus filhos para o que ele deveria saber tratar-se de um longo cativeiro, enquanto desafiava o imperador, mas na realidade eram poucas as suas opções. A fim de libertar seu reino das consequências de Pavia, precisou ser capaz de agir como um homem livre. Sua mãe, Luíza, sofrendo de saúde precária, não tinha autoridade para lidar com assuntos como uma regente de fato, cercando-se de conselheiros notoriamente corruptos, interessados apenas em extrair o que pudessem para si mesmos. Ao longo de toda a sua vida adulta, a paixão permanente de Luíza foi por seu filho. Ela chamava Francisco de "meu senhor, meu rei, meu filho, meu César", e lutara para manter o reino intacto enquanto ele estivera preso, enfrentando a hostilidade do povo diante dos fracassos militares e as indesejáveis atenções de predadores estrangeiros.

Agora, Carlos V via-se também em sérias dificuldades. Frustrado com a quebra de seu acordo por parte de Francisco, percebia os planos que articulara com tanto zelo caindo por terra. Não era só o Tratado de Madrid que estava destruído, mas o imperador, desprovido de recursos, não tinha dinheiro para pagar os próprios exércitos; seus territórios alemães estavam às voltas com conflitos religiosos, e os turcos atacavam a Hungria. Não admira que um relato de um enviado inglês da época o descrevesse como estando "cheio de depressões".5

Imediatamente após ser solto, Francisco tentou obter apoio para si e causar problemas ao imperador criando a Liga de Cognac em 22 de maio de 1526. Aparentemente, a liga fora formada "para garantir a segurança da cristandade e o estabelecimento de uma paz verdadeira e duradoura", mas na realidade era composta por Estados que temiam a dominação imperial. Entre eles a França, Veneza, Florença, o Papado e os Sforza de Milão. Henrique VIII da Inglaterra assumiu também uma posição como "protetor" da liga. Em reação direta às ações de Francisco, o "cativeiro honroso" dos meninos mudou então abruptamente para um confinamento mais rude. Encarregado da responsabilidade pelos príncipes, o condestável de Castela, dom Iñigo Hernandez de Velasco, recebeu ordens de transferi-los mais para o interior da Espanha.* Foram primeiro levados a um castelo perto de Valladolid. Depois, em fevereiro de 1527, um suposto complô para libertar os meninos e trazê-los de volta à França provocou sua transferência ainda mais para o sul.

Carlos ordenou que alguns dos auxiliares dos meninos voltassem para a França e levou seus reféns para um castelo perto de Palencia, cerca de 160 quilômetros ao norte de Madrid. Por volta de outubro – com Roma agora saqueada, a Itália envolvida na guerra e a própria Catarina prisioneira nas Murate –, Carlos deu permissão para que emissários ingleses fizessem uma breve visita a Henrique e seu irmão. Eles conversaram com o tutor dos príncipes, Benedetto Taglicarno, e relataram que ele "elogiava muito o duque de Orléans pela inteligência, capacidade e grande vontade de aprender, e por uma prudência e seriedade bem superiores à sua idade, além de uma delicadeza de tratamento e nobreza mental, da qual ele diariamente confessava ver grandes lampejos".[6]

Em 1529, os espanhóis capturaram e executaram um espião francês descoberto perto de Palencia, não longe do castelo dos príncipes. Temendo outra tentativa de fuga, o imperador ordenou que os meninos fossem novamente transferidos. Sua nova casa, a sombria fortaleza na montanha de Pedraza, ficava entre Madrid e Segovia. Seu séquito e auxiliares franceses haviam sido expulsos alguns meses antes da transferência. Colocados para trabalhar nas galés como escravos, os infelizes criados, segundo um relato, sofreram um naufrágio, foram capturados por piratas e finalmente vendidos como escravos brancos em Túnis, de onde, por ironia, dez dos 41 foram mais tarde libertados por Carlos v quando este tomou a cidade em 1535. Os meninos haviam sido deixados com uma única companhia, um anão francês, para entretê-los. Seus carcereiros, rudes soldados espanhóis, mantinham-nos sob severa vigilância.

Restaram relatos de um agente francês, que por duas vezes viu os meninos perto de Pedraza em julho de 1529. Na primeira ocasião, eles estavam sendo conduzidos por um príncipe espanhol à missa, com uma forte escolta de oitenta soldados a pé. Depois, avistou-os rodeados por cinquenta homens a ca-

---

* Dom Iñigo Hernandez de Velasco morreu em outubro de 1528. Com a sua morte, seu filho dom Pedro tornou-se o novo condestável de Castela e carcereiro dos príncipes.

valo numa ocasião em que saíram para brincar. O espião relatou que, toda vez que Henrique saía, montava um burro conduzido por dois homens, por causa das constantes tentativas de fuga do príncipe; também notou que o príncipe xingava os espanhóis com insolência sempre que tinha oportunidade.

Enquanto isso, a situação internacional começava a parecer promissora para um eventual retorno dos príncipes para casa. Ao mesmo tempo que Francisco e o imperador lançavam absurdos desafios um ao outro para duelos, presos ainda ao seu mútuo antagonismo, ambos os lados, exauridos pela guerra, necessitavam urgentemente de um acordo. Para encerrar o impasse, a mãe de Francisco, Luíza, e a tia de Carlos, Margarete da Áustria, regente dos Países Baixos, foram autorizadas a manter conversas em nome dos dois governantes, e claramente proporcionaram aos homens uma solução para salvar as aparências. "La Paix des Dames", adequadamente chamada de Tratado de Cambrai, local onde foi concluído e assinado o acordo por Luíza da Saboia e Margarete da Áustria em agosto de 1529, iria finalmente libertar os príncipes. Seu artigo mais importante envolvia transferir parte da Borgonha a Carlos em troca dos príncipes; em contrapartida, os dois seriam libertados por um resgate de 2 milhões de *écus*. Leonor, irmã de Carlos, que padecia em desespero temendo que as questões não fossem resolvidas, ainda estava prometida em casamento a Francisco, e quando 1,2 milhão de *écus*, primeira parte do resgate, tivesse sido pago ao imperador, as crianças e a rainha teriam permissão de viajar para a França.

A regente Luíza pediu para mandar seu representante, M. Bodin, visitar os meninos em Pedraza para dar-lhes a boa notícia. Sob forte guarda, o homem viajou a Castela, onde, após várias táticas de retardar a visita por parte dos espanhóis, chegou em setembro de 1529. O comovente relato de Bodin sobre o encontro descreve as dificuldades e a solidão que Henrique e seu irmão, o delfim Francisco, tiveram que suportar. Depois de esperar em Pedraza, o enviado finalmente recebeu autorização para entrar na fortaleza, onde viu os príncipes em sua pequena e escura cela, com paredes de três metros de espessura e barras de ferro para evitar fugas. Um pequeno feixe de luz vinha de uma janela alta demais para ser alcançada e a única mobília eram colchões de palha. Bodin chorou ao encontrar os dois sofridos e maltratados meninos. Depois de fazer-lhes reverência, explicou que havia vindo em nome do rei para lhes comunicar que eles logo poderiam voltar para casa. O delfim voltou-se para o carcereiro afirmando que não havia entendido uma palavra do que o homem dissera e que queria que ele usasse "a língua do país". O marquês de Berlanga, a quem haviam sido confiados a segurança e o bem-estar dos príncipes em Pedraza, retirou-se e deixou os meninos com Bodin, e este repetiu então sua mensagem em espanhol. Perplexo, o enviado perguntou se o delfim esquecera sua língua nativa. O príncipe respondeu que, desde que seu séquito havia sido removido, nunca mais falara francês. Nessa hora, Henrique intercedeu dizendo: "Irmão, este é o enviado Bodin!". O delfim admitiu que conhecia o homem e que fingira ignorância para favorecer Berlanga.

Os dois meninos então, animados, dispararam um monte de perguntas a seu visitante, querendo saber tudo a respeito de casa, da família, do rei e de seus amigos. Tendo licença de passar para um quarto contíguo, os príncipes correram até a janela para respirar ar fresco. Bodin também notou a presença de dois pequenos cães. Um dos guardas observou: "Esse é o único prazer que os príncipes têm"; outro acrescentou: "Está vendo como os filhos do rei, seu mestre, são tratados, sem nenhuma companhia a não ser a de soldados [...] e sem exercício ou instrução". Presume-se que até o anão que os entretinha havia sido mandado embora. Os espanhóis, com receio de que Bodin pudesse usar algum truque sofisticado para retirar os meninos de lá, não lhe deram permissão para medir os meninos (ele queria relatar ao rei o quanto haviam crescido), nem lhe permitiram que desse a eles roupas novas, pois temiam que pudessem ter poderes mágicos. Bodin chorou de novo quando deu adeus aos príncipes e voltou para casa a fim de relatar o quadro de sofrimento.[7]

Depois de muitas dificuldades e adiamentos, finalmente chegou a hora de Henrique e o delfim serem trocados por ouro. Um dos principais obstáculos à transferência havia sido a dificuldade de Francisco em levantar dinheiro para obter a liberdade dos filhos. Promessas extravagantes de contribuir para o resgate haviam sido feitas pelos súditos mais ricos do rei, mas na prática eles só entregaram o dinheiro, e de má vontade, após muita insistência. Os erros de Francisco haviam custado caro ao reino. Quando a quantia correta de *écus* foi finalmente juntada, inspecionada e pesada, descobriu-se que alguns oficiais inescrupulosos haviam subtraído parte do valor, então houve novos apelos para fundos. Por fim, o ouro estava disponível e uma vez mais foi acertado um rigoroso protocolo, com todos os detalhes sobre como a troca ocorreria.

O rei deixou o grão-mestre da França e renomado soldado, Anne (pronuncia-se Anei), barão de Montmorency, encarregado da segurança do ouro e da sua troca pelos prisioneiros. O condestável de Castela trouxe seus reféns até o rio Bidassoa, acompanhado pela irmã do imperador, Leonor, que havia padecido num convento aguardando ansiosamente seu casamento com Francisco.* A troca, que fora fixada originalmente para março de 1530, teria início em 1º de julho, quase um ano após o tratado de paz ter sido assinado em Cambrai.

No dia anterior à transferência, o condestável de Castela acusou Montmorency e os franceses de uma ofensa à sua honra com base em razões insignificantes. Declarou que, se não houvesse um pedido de desculpas por parte do governo francês, os arranjos para a troca seriam suspensos. Durante meses, Montmorency havia cumprido meticulosamente as mínimas obrigações estabelecidas no acordo; agora, um falastrão espanhol dando-se ares de importante ameaçava prolongar o assunto indefinidamente. Exasperado, Montmorency ofereceu-se para tirar satisfações pessoalmente. Felizmente, a reputação do grão-mestre de soldado brutal fez o espanhol deixar de lado a ofensa com uma súbita boa vontade. Ficou tudo arranjado então para o dia seguinte.

Pouco antes de os prisioneiros saírem de seus cuidados, o condestável de Castela deu de presente a Henrique e seu irmão um par de cavalos a cada um, e pediu que lhe perdoassem quaisquer faltas que tivesse cometido com eles. O delfim pareceu amável, mas Henrique simplesmente virou as costas com desprezo para o seu ex-carcereiro e soltou um peido. A rainha Leonor e os dois meninos chegaram à França à luz de tochas na noite de 1º de julho, para reunir-se com o pai deles e sua corte dois dias depois. Henrique, agora com nove anos, e o Delfim, com doze, haviam ficado prisioneiros quase quatro anos e meio.

À primeira vista, os meninos pareciam bem, e haviam crescido bastante, mas logo ficou óbvio que estavam profundamente afetados pela provação. Silenciosos e reservados, sua insistência em questões de etiqueta ou com suas roupas e outros detalhes os fazia parecer mais espanhóis que franceses. Henrique, que uma vez fora descrito como um menino muito inteligente, mostrava-se agora mudado, um adolescente esquivo e calado. O encarceramento e as consequentes privações marcariam os dois pelo resto da vida. Assim que as celebrações e recepções terminaram, Francisco ficou impaciente com seus

---

* Leonor e Francisco já haviam se casado por procuração, embora a adequada cerimônia de casamento com ambas as partes presentes fosse considerada desejável.

deprimidos filhos. Declarou: "A marca dos franceses foi serem sempre alegres e animados", acrescentando que não tinha tempo para "crianças sonhadoras, mal-humoradas e sonolentas". Para piorar, o rei, sem o menor tato, mostrava uma acentuada preferência pelo irmão mais novo dos príncipes, Carlos, duque de Angoulême. Mais novo que Henrique, Carlos parecia-se muito com o pai, na aparência e em sua atitude mais expansiva.

Henrique descarregava a frustração e raiva que sentia em sua mania por esportes, e encontrava alívio na caça, na luta com lanças, na luta corporal e em outros exercícios rudes. Também se mostrou muito bom no jogo de tênis, e cercou-se de um grupo fechado de amigos, a maior parte deles jovens nobres que eram seus *"enfants d'honneur"*. Tornou-se particularmente ligado a Jacques d'Albon de Saint-André, filho de seu tutor. Embora Saint-André tivesse dezoito anos quando Henrique voltou da Espanha, este se encantou pelo companheiro inteligente e divertido; o menino idolatrava seu amigo vistoso e mundano, e foi leal a ele pelo resto da vida. Ao mesmo tempo, desenvolveu logo um afeto por Francisco de Guise, filho mais velho do grande soldado Cláudio, primeiro duque de Guise, que ostentava o título de cortesia de conde d'Aumale. Tinham a mesma idade e ambos admiravam feitos militares, e gostavam de histórias sobre coragem e guerra.

Henrique também encontrou seu mentor nesse período, à medida que sua devoção por Anne de Montmorency crescia. O grão-mestre era responsável pela rotina doméstica das reais crianças, e a falta de intimidade de Henrique com seu pai estimulou uma crescente dependência de Montmorency. O soldado e cortesão personificava tudo o que Henrique queria ser; um grande guerreiro, assim como um homem cavalheiresco e culto. Apreciava os sólidos valores conservadores de Montmorency e procurava o conselho e a orientação do homem mais velho sempre que podia. O ódio de Henrique pelo imperador era compreensível e óbvio; Carlos v era agora seu inimigo jurado e assim continuaria pelo resto da vida. Assim como sua futura esposa Catarina – que, coincidentemente, saía do cativeiro na mesma época –, Henrique nunca esquecia um malfeito, nem um amigo leal.

Depois de uma feliz reunião com seus irmãos em Amboise, Henrique compareceu com eles e auxiliou na cerimônia de coroação da rainha Leonor em Saint-Denis, em março de 1531. Já entediado com a esposa, Francisco não fazia o menor esforço para disfarçar seus sentimentos. Quando Leonor fez sua entrada oficial em Paris, passou por onde ele estava em pé, numa janela proeminente. Imediatamente à frente dele estava sua amante, Ana d'Heilly, duquesa d'Étampes, com quem ele descaradamente estava envolvido em alguma espécie de atividade sexual. Um observador escreveu que Francisco ficou "entretendo-se com ela por duas longas horas, à vista e diante de todas as pessoas". Dificilmente poder-se-ia dizer que as pessoas "maravilharam-se" com o comportamento do "mais cristão dos reis". Para piorar as coisas, a irmã do rei, Margarida, comentou com o duque de Norfolk que a nova rainha era "muito fogosa na cama e desejava com intensidade ser abraçada". O rei achava a pobre Leonor "tão desagradável ao seu apetite que ainda não deitara nem trocara palavras com ela".

No outono do mesmo ano, Francisco e a família real realizaram uma grande viagem pela França. O rei quis fazer disso uma gigantesca celebração nacional, para agradecer aos seus leais súditos os sacrifícios que haviam feito para ajudá-lo a libertar seus reais filhos. As majestosas entradas oficiais sob arcos triunfais ornamentados nas cidades importantes de todo o reino causaram profunda impressão em Henrique, e enquanto os dignitários ouviam discursos e compareciam aos banquetes, o povo dançava nas ruas e tomava o vinho que fluía das fontes de água. Tempos depois, no reinado de Henrique, as entradas reais (*les entrées joyeuses*) alcançaram um novo patamar de esplendor, despesas e criatividade. Tanto Francisco quanto Henrique compreenderam a importância de fazer essas deslumbrantes visitas às províncias.

Desde seu retorno à França, Henrique tornara-se cada vez mais o alvo dos planos matrimoniais de seu pai. Depois que fracassaram as conversas com Henrique VIII sobre o casamento de sua filha Maria Tudor, Francisco voltou-se para o papa Clemente VII para discutir uma união com Catarina de Médici. Francisco achava que esse caminho favoreceria conquistas na Itália, opinião que Clemente não fez nada para desestimular. Ficou decidido que o casamento, marcado para o verão de 1533, aconteceria em Nice, no que prometia ser uma das maiores celebrações do século. O papa decidira acompanhar sua sobrinha, e Francisco, sempre ansioso para exibir a monarquia francesa em seu maior esplendor, era garantia de que tornaria a ocasião inesquecível.

O contrato de casamento estipulava que Clemente deveria, "segundo seu critério, fornecer à sua ilustre parente roupas, ornamentos e joias". O pontífice, decidido a fazer com que o enxoval de Catarina se adequasse ao novo *status* dela, recorreu à ajuda de Isabella d'Este, uma das mulheres mais brilhantes do Renascimento italiano, renomada por sua beleza, bom gosto e por ditar moda. De Mântua, ela enviou "três libras de ouro, duas libras de prata e duas libras de seda" para bordar as reluzentes vestes que seriam feitas pelas costureiras mais talentosas de Florença. Os tecidos e tapeçarias que ornariam a cama e os lençóis de seda negros e escarlate eram da mais fina qualidade, e a lingerie de Catarina era tão sofisticada quanto suas vestes. Foi encomendada tamanha quantidade de rendas, tecidos de ouro e prata, brocados e damascos que Alexandre, duque de Florença, instituiu um imposto de 35 mil *écus* sobre o povo florentino alegando precisar reforçar as defesas da cidade, mas na realidade precisava pagar as despesas do enxoval de casamento de Catarina.

As joias que Catarina trouxe consigo para a França foram consideradas sem paralelo: compreendiam cordões de pérolas, anéis, cintos de ouro – um deles incrustado de rubis – e muitas outras joias fabulosas, e foram um acréscimo importante ao acervo de joias da Coroa francesa. As peças mais famosas desse acervo eram as imensas pérolas em formato de pera, que diziam ter o valor de "um reino".* Catarina mais tarde as daria para Maria, rainha da Escócia, que acabaria voltando com elas à Escócia ao enviuvar. Após a decapitação de Maria, foram apropriadas pela rainha Elizabeth I, que as usava "sem corar".

Clemente também presenteou sua sobrinha com joias de esmeraldas, rubis com uma pérola gigante como pingente, e dois enormes diamantes. De longe o objeto mais valioso e importante que Catarina trouxe consigo foi uma caixa de joias de cristal criada pelo mestre dos entalhes em pedras preciosas Valerio Belli Vincentino. Os 22 painéis dessa caixa retratam cenas da vida de Cristo; ela tem ainda figuras dos quatro evangelistas em cada um dos cantos e é feita de prata folhada a ouro (está hoje na Galleria degli Uffizi, em Florença). Clemente, incapaz de bancar o dote em dinheiro de Catarina, tomou um empréstimo do tio dela para o casamento, o banqueiro Filippo Strozzi. Penhorou joias papais como garantia junto ao banqueiro pelo empréstimo da primeira soma de 50 mil *écus* a ser paga no momento do casamento. O acordo estipulava que a quantia fosse paga em duas parcelas, com intervalo de seis meses, mas Strozzi não demoraria a se arrepender do que na época deve ter parecido um bom investimento.

---

* Na realidade, as pérolas, embora de raro formato e beleza, haviam sido compradas de um comerciante de Lyon por novecentos *écus*.

Os tradicionais retratos foram trocados entre as duas partes. Ao que parece, foram relativamente fiéis aos retratados, se bem que a pintura de retratos, particularmente nesse contexto, era um conhecido meio de bajulação. Por encomenda do duque Alexandre de Médici, Giorgio Vasari pintou um retrato em tamanho natural de Catarina para Francisco, e achou a personalidade de sua retratada, e também seus traços, bastante encantadores. Quando Vasari saiu da sala para uma breve pausa durante a sessão de pintura, dizem que Catarina pegou os pincéis e remodelou seus traços a fim de parecer uma mulher moura. Vasari relembrou bastante excitado o incidente, dizendo: "Eu lhe sou tão dedicado em razão de suas qualidades especiais e do afeto que nutre não apenas por mim mas pela minha nação inteira, que tenho adoração por ela, se me for permitido dizer, da maneira que alguém adora os santos no céu".

Na tarde de 1º de setembro de 1533, após um suntuoso banquete de despedida oferecido por Catarina para as damas nobres de Florença, a futura esposa partiu em viagem ao litoral. Acompanhada em parte do caminho por Alexandre de Médici, viajou com uma imensa comitiva formada não só por vários parentes nobres, mas também por setenta cavalheiros enviados por Francisco. Sua programação permitia várias paradas para pernoite no caminho até La Spezia; dali, ela e sua *entourage* iriam fazer uma curta viagem por mar até Villefranche e aguardar o pontífice. De Villefranche, os dois grupos concluiriam a viagem juntos.

Os planos para que o casamento tivesse lugar em Nice haviam sido frustrados por seu governante, o duque de Saboia – vassalo do imperador –, e Marselha foi então escolhida. Logo após a partida de Catarina de Florença, um emissário do rei da França chegou trazendo-lhe joias como presente de boas-vindas; entre elas havia um soberbo diamante e uma safira. Ao ver que Catarina já havia saído em viagem em direção ao litoral, o francês galopou atrás do grupo e presenteou a feliz garota com as joias.

Em 6 de setembro, Catarina chegou a La Spezia, onde o seu tio, o duque de Albany, aguardava a sobrinha com dezoito galeões, três veleiros e seis bergantins, para o que deveria ser uma calma travessia até Villefranche, onde Catarina permaneceu enquanto o duque voltava para buscar o papa. Exatamente um mês depois, Clemente embarcou com seu resplandecente séquito, que incluía treze cardeais, um grande número de bispos e outros membros importantes da cúria e da nobreza. Albany agora complementava a escolta naval com pelo menos quarenta embarcações adicionais, algumas espanholas, outras genovesas. Formando uma fila, os barcos dispararam salvas de canhão em homenagem a sua santidade enquanto ele partia. A *flotilla* então partiu para recolher Catarina. Uma galé de nome *La Duchessina*, carregando a anfitriã (como era o costume), liderava a frota, e o papa viajou numa embarcação coberta com brocados de ouro, como um imperador da Antiguidade.

Catarina subiu a bordo em 9 de outubro, e o grupo zarpou para Marselha, onde os extravagantes preparativos para a chegada deles estavam sendo arranjados. Montmorency já estivera na cidade, preparando a recepção à família real, ao papa e à sua sobrinha. Ele explodira um quarteirão inteiro para abrir espaço para um palácio temporário de madeira, que acomodaria os ilustres visitantes. A *flotilla* ficou visível no sábado, 11 de outubro, e imediatamente uma pequena embarcação cheia de músicos e pessoas eufóricas foi dar as boas-vindas aos visitantes e rodeou a frota dos Médici.

Os navios lançaram âncora sob uma ensurdecedora recepção: o som de trezentos canhões disparando suas salvas de boas-vindas, acompanhados por "oboés, clarins e trompetes", assim como pelo repicar dos sinos de todas as igrejas da cidade. Montmorency foi recolher o papa e sua sobrinha numa fragata decorada com preciosos tecidos adamascados. A multidão exultava de expectativa. Enquanto isso, Clemente e Catarina passaram a noite nos arredores de Marselha, preparando-se para a solene entrada do papa na cidade.

Na manhã seguinte, um domingo, Clemente, acompanhado por Catarina informalmente, já que a entrada oficial dela ainda iria acontecer, fez sua procissão cerimonial pela cidade. Foi acomodado no trono de uma *sedia gestatoria*, atrás do sagrado sacramento carregado por um cavalo cinza suntuosamente ajaezado. Atrás de sua santidade vinham os cardeais cavalgando aos pares, seguidos por Catarina e as damas e pelos cavalheiros gloriosamente vestidos de seu séquito. Entre os cardeais estava o seu amado Hipólito, que voltara recentemente da Hungria. Seu período no exterior não arrefecera suas inclinações a vestir-se de modo teatral, e ele atraía olhares de admiração ao passar acompanhado por uma escolta de magiares e pajens trajados como turcos, com roupas de veludo verde bordadas a ouro. Usavam turbantes e vinham armados com cimitarras e arcos. Finalmente, o grupo chegou à sua residência, especialmente construída diante do alojamento do rei, no palácio dos condes da Provença na Place-Neuve.

Com o fechamento da Place-Neuve, foi construída uma grande câmara entre os dois edifícios, para servir como majestoso espaço de recepção e também como sala de audiências para os festejos, cerimônias e reuniões programados. Acima dela, corria uma enorme passagem, para que pudessem ser realizados encontros entre o rei e o papa, cada um fazendo a travessia para visitar o outro quando a necessidade surgisse, sem que fossem vistos por pessoas de fora. Montmorency assegurara que os dois grupos ficassem alojados em esplendor, trazendo as mais finas tapeçarias, móveis e obras de arte do Louvre e de outros palácios reais.

Na segunda-feira, 13 de outubro, Francisco, sua família e a corte fizeram sua entrada em Marselha, acompanhados por duzentos soldados, trezentos arqueiros e a guarda suíça trajada de veludo verde. Assim que o rei e sua *entourage* chegaram à Place-Neuve, Francisco foi prestar homenagem a Clemente e depois os dois dedicaram-se aos acertos finais de seu acordo – que tinham que ser feitos antes da consumação do casamento. Sobrevive uma anotação manuscrita que se imagina ter sido feita por Francisco. Segundo os pontos principais, o papado e os franceses iriam reconquistar Milão, que então seria governada por Henrique. Parma e Piacenza seriam entregues a Francisco pelo papa e Urbino seria retomada. Depois que cuidaram da política, chegara a hora de a noiva fazer sua aparição cerimonial na cidade.

Em 23 de outubro de 1533, Catarina entrou oficialmente em Marselha, cavalgando um cavalo ruão ornado com brocados de ouro. Foi antecedida por seis cavalos, cinco deles ajaezados em vermelho e ouro, e um cavalo cinza de batalha em tecido prateado, conduzido pelos pajens de seu primo Hipólito. Usando um vestido de seda de ouro e prata, a aparência de Catarina não desapontou a multidão. Excelente amazona e brilhantemente vestida, causou uma impressão muito forte. Faziam parte de sua caravana doze *demoiselles* com uma guarda real e papal. Também vinha uma carruagem guarnecida de veludo preto, com dois pajens a cavalo. Além disso, faziam parte de sua *entourage* três mulheres, Marie, a Moura, e Agnes e Margarete, as Turcas, todas capturadas "em expedições contra os bárbaros, as pessoas maravilhadas com o espetáculo". Na sala de audiências do palácio temporário do pontífice, Francisco estava em pé com Henrique e o irmão mais novo deste, Carlos, enquanto Catarina fazia uma profunda reverência a Clemente e ajoelhava-se para beijar os pés do pontífice. Esse gesto de humildade deixou satisfeito o rei dos franceses, que ergueu a jovem, beijou-a e mandou que seus dois filhos fizessem o mesmo.

Catarina recebeu então um caloroso cumprimento da rainha Leonor, seguido de um grande banquete. O papa e Francisco sentaram-se numa mesa elevada, só os dois. Após a refeição, houve um concerto e outros entretenimentos. As duas cortes tinham passado os dias precedentes ao casamento divertindo-se. No clima quente, a moda era pegar barcos emprestados dos pescadores e, depois de guarnecê-los com brocados e outros luxos, ir para o mar e passar o dia em piqueniques em baías escondidas com belas praias. Segundo alguns cronistas, o ar do Mediterrâneo relaxava os modos e a moral de vários cortesãos, quando ficavam fora das vistas da realeza.

Ao que parece, Catarina não ficou desapontada com a aparência de seu esposo, embora o taciturno e desajeitado príncipe não pudesse ser descrito como particularmente atraente. Mas, pressionado pelo pai para que causasse boa impressão, o garoto dançou e participou das justas e celebrações nos dias que se seguiram. Henrique era alto para a idade e musculoso; tinha olhos castanhos amendoados, um nariz reto, cabelo castanho-escuro e tez clara – embora Pierre de Brantôme, o famoso cronista da corte, o considerasse "um pouco amorenado" –, e no conjunto o noivo não apresentava má aparência.* Catarina tinha ainda a vantagem da juventude, que de certa forma devia mascarar um pouco sua falta de beleza. Ela sabia que usar roupas excelentes e luxuosas ajudava a causar uma boa impressão geral, assim como sua vívida inteligência, sua presença de espírito e seus modos refinados. Um historiador descreveu um retrato de Catarina dessa época, sem identificação do autor: "O rosto é no mínimo agradável, com feições que, embora fortemente marcadas, não são irregulares".

Em 27 de outubro, ontrato de casamento foi firmado e o cardeal de Bourbon abençoou o casal, que foi então levado a uma sala erigida para as celebrações. Clemente conduziu Henrique pela mão, e Montmorency, que representava o rei, trouxe Catarina. Ali o noivo beijou a noiva diante dos presentes. O abraço entre os dois foi o sinal para uma fanfarra de trompetes e para o começo de um grande baile. Depois, Henrique e Catarina foram para seus alojamentos separados. A cerimônia religiosa estava programada para o dia seguinte.

Na manhã seguinte, Francisco foi buscar a noiva na câmara dela. O rei mais parecia o noivo do que o futuro sogro, com roupa de cetim branco bordada com a flor de lis e uma capa de tecido de ouro coberta por pérolas e pedras preciosas. Catarina vestia roupas ducais de brocado de ouro, com um

---

* Brantôme se baseou em relatos alheios, pois só nasceu em 1540.

corpete de veludo roxo incrustado de pedras preciosas e ornado por bainhas de arminho. Seu cabelo havia sido primorosamente enfeitado com pedras preciosas e sobre a cabeça assentava-se uma coroa ducal de ouro, que lhe fora dada por Francisco. A missa nupcial teve lugar na capela do palácio do papa; noivo e noiva trocaram alianças e votos. Catarina era agora uma real duquesa da França.

Naquela noite, Clemente ofereceu um banquete de casamento, durante o qual a nova duquesa de Orléans sentou-se entre o marido e o irmão dele, o delfim. Após o banquete, foi realizado o baile de máscaras. Vestindo disfarce bem leve, Francisco participou com animação, assim como Hipólito, que claramente não estava nem um pouco desconsolado com o casamento de sua jovem prima. Por volta da meia-noite, depois que o casal nupcial havia saído, a mascarada descambou para uma turbulenta orgia. Uma cortesã marselhesa havia sido trazida para os eventos, e, à medida que a noitada chegava ao fim, as roupas dela foram sendo removidas. Por fim, ela mergulhou os seios em taças de vinho dispostas sobre as longas mesas e ofereceu-os aos ávidos cavalheiros à sua volta. Não querendo ficar atrás, algumas das damas da corte seguiram o exemplo, e um observador escreveu que "sua honra foi ofendida".

Enquanto isso, com todo decoro, Catarina, levada pela rainha Leonor e seguida por um seleto grupo de mulheres, rumou para sua câmara nupcial. Logo depois, Henrique entrou no quarto. Conta-se que apenas a cama ricamente decorada havia custado 60 mil *écus*. Os recém-casados – ambos com catorze anos – foram assistidos com grande cerimônia em seu "*coucher*". Tanto o rei quanto o papa quiseram ter certeza que o casamento havia sido consumado naquela noite, e ao que parece Francisco permaneceu no quarto do casal até que ficasse satisfeito com o fato de "cada um deles ter demonstrado valentia no combate". Clemente esperou até de manhã para abençoar o casal ducal, e irradiava satisfação por encontrar Henrique e Catarina ainda na cama.

Antes que as duas cortes começassem suas longas viagens de volta para casa, ocorreu o ritual da troca de presentes. Entre os infindáveis itens dados e recebidos havia uma refinada tapeçaria de Bruxelas, retratando a Santa Ceia, presente de Clemente a Francisco. Além da caixa de joias de cristal, o papa deu ao rei um chifre de unicórnio (provavelmente uma presa de narval), montado em base de ouro, que diziam proteger contra venenos.[8] Para aumentar essa exótica "*ménagerie*", Hipólito aceitou um leão um tanto assustador do rei francês, que o infiel pirata Barbarossa dera a Francisco poucos meses antes. Na realidade, Hipólito teria feito melhor em pedir um chifre de unicórnio para ele, pois morreu pouco depois, envenenado por seu primo e rival de toda a vida, Alexandre de Médici. Alexandre, por sua vez, foi assassinado em 1537 por seu primo Lorenzino, e o ducado de Florença passou – com apoio do imperador – para um parente distante chamado Cosimo de Médici, filho do famoso *condottieri* Giovanni de Médici, conhecido como "Giovanni *delle bande nere*". Catarina desprezava Cosimo, considerava-o um nada e uma criatura do imperador; vale a pena notar também que nenhum aspecto desse comportamento "italiano" iria melhorar a reputação de Catarina mais tarde.

Em 7 de novembro, Clemente elegeu quatro novos cardeais franceses. Um deles era o sobrinho de Montmorency, Ôdet de Châtillon, que mais tarde provaria ser uma fonte de grande embaraço ao se juntar aos reformadores protestantes. Francisco deu a recíproca conferindo a quatro membros da *entourage* do papa a Ordem de Saint-Michel. O rei e membros de seu séquito despediram-se de Clemente em 13 de novembro, mas a viagem do papa havia sido adiada em virtude de mares muito agitados. Catarina, a rainha Leonor e as damas permaneceram até que o tempo melhorasse para a partida do pontífice, que se deu uma semana mais tarde; ele voltou a Roma em meados de dezembro. Pouco antes de embarcar, dizem que Clemente cochichou seu conselho à sobrinha: "Uma garota fogosa sempre conceberá filhos". Era essa a sua obrigação agora: ter filhos selaria a aliança franco-papal, sem dúvida.

No meio do inverno, Catarina e as mulheres da realeza acompanharam o rei e sua corte até a Borgonha, onde Francisco imediatamente anunciou detalhes do acordo que havia feito com Clemente. Primeiro, proclamou que o ducado de Urbino era, por direito, território de seu filho Henrique, por meio de seu casamento com Catarina, e em julho de 1534 montou um exército para reconquistar Urbino, Milão e outros territórios italianos, com a nova aliança papal. Enquanto isso, Catarina passava pouco tempo com o marido e mais tempo com as irmãs dele, Margarida e Madalena, cuja vida doméstica compartilhava. Na viagem de volta pela França até Paris, com a imensa corte itinerante de seu sogro, Catarina, amável e ansiosa para agradar, fazia grandes esforços para que gostassem dela. Aos poucos, tornou-se parte de sua nova família e ganhou a simpatia de alguns dos cortesãos mais esnobes, embora houvesse quem no meio deles sussurrasse que preferiria ter os joelhos quebrados do que dobrá-los para a filha de um mercador italiano. Então aconteceu o desastre.

Em 25 de setembro de 1534, menos de um ano após o casamento de Catarina, o papa Clemente VII morreu em Roma, com suas promessas territoriais a Francisco não cumpridas e o dote de Catarina apenas parcialmente pago. Francisco ficou apoplético e o povo francês logo lamentou a união como uma *mésalliance*. A criança que imaginara ter encontrado uma família, paz e segurança teve que colher os amargos frutos da inoportuna morte de seu tio. O novo papa, Alessandro Farnese, que assumiu o título de Paulo III, era neutro, mas recusou firmemente honrar tanto as obrigações de Clemente em relação ao dote quanto sua aliança com Francisco. Catarina agora não tinha mais valor político para o rei, e ele declarou *"j'ai reçu la fille toute nue"* ("recebi a garota totalmente nua"). Contrastando com sua chegada triunfal à França, Catarina agora enfrentava mil agulhadas de humilhação, conforme seu prestígio se esvaía junto com as promessas então sem valor de Clemente.

III

UMA ESPOSA ESTÉRIL

O papel dela era não ter papel nenhum,
a não ser agir em favor do rei

1533-1547

Catarina tinha apenas quinze anos quando a morte inesperada de Clemente acabou de vez com sua *raison d'être* política. Sabendo que como princesa era vista como uma escusa insatisfatória por aqueles franceses que valorizavam as castas, já que lhe faltava qualquer apoio dinástico estrangeiro e não tinha fortes conexões francesas, Catarina deve ter sentido uma vulnerabilidade que beirava o medo. Se fosse linda, talvez pudesse ter despertado amor nas pessoas comuns, mas suas bochechas pesadas e olhos saltados eram traços teimosos, que não podiam ser persuadidos a desaparecer num retrato. Seus costumes italianos e outros indícios de suas origens serviam apenas para lembrar as pessoas dos fracassos militares anteriores na Itália e da oportunidade perdida de aliar a França a uma noiva melhor. Além disso, quando os franceses não estavam ocupados imitando os italianos na arte e na cultura ou ocupando o país deles, desprezavam-nos como oportunistas fazedores de dinheiro, capazes de enfiar uma faca entre as omoplatas de um homem assim que ele virasse as costas. É improvável que o embaixador veneziano tenha exagerado muito quando escreveu que o casamento "desagrada a nação inteira". Catarina, acima de tudo uma garota prática, sabia que não podia mudar nem seu nascimento nem seu rosto, mas podia usar sua força de vontade e inteligência formidáveis para superar seus presentes infortúnios. Reconhecendo sua impopularidade, decidiu cultivar boas relações com as pessoas mais importantes da corte. A primeira e mais importante conquista devia ser o próprio rei. Felizmente, Catarina parece desde o início ter evocado sentimentos de proteção em seu sogro.

Sempre rápida em perceber o que agradava as pessoas, não teve dificuldade em identificar as fraquezas do monarca. O rei colocava o prazer antes de qualquer coisa. Um de seus ministros observou que "Alexandre [o Grande] ocupava-se das mulheres quando não tinha mais nenhum assunto para se ocupar; sua majestade ocupa-se de outros assuntos quando não há mais mulheres para se ocupar". Movido por fortes apetites, Francisco não era capaz de viver sem a beleza, fosse ela artística, arquitetônica, literária ou feminina. Na maioria das vezes, era visto na companhia de um formidável grupo de damas da corte chamado "La Petite Bande". Fazer parte da camarilha do rei exigia boa aparência, humor, coragem para montar a cavalo e estômago para ouvir piadas sujas. O acesso ao grupo, embora às vezes fosse rigorosamente vetado pela amante do rei, Ana d'Heilly, duquesa d'Étampes, não foi problema para Catarina, bem acolhida pela duquesa. Como seus dotes de beleza não podiam garantir-lhe um lugar, a jovem tornou-se um membro valorizado acima de tudo por sua presença de espírito. Ela percebia o melhor jeito de divertir o rei, qualquer que fosse o estado de ânimo dele; rápida, inteligente e resistente fisicamente, fazia o possível para ficar à altura dele. Catarina gostava de "exercícios honestos, como o da dança, na qual mostrava grande talento e majestade", e era capaz de aprender rapidamente os últimos passos da Itália que Francisco admirava tanto.[1]

Catarina também adorava caçar e mostrava-se disposta a saltar qualquer cerca ou sebe para continuar ao lado de sua majestade. Ela encarava suas quedas com graça e bravura, sempre pronta a enfrentar novos desafios. Entre as várias inovações que foram atribuídas a ela, Catarina recebeu os créditos por ter trazido a sela lateral para a França. Até então, as mulheres francesas ficavam presas a um equipamento desajeitado, que parecia uma poltrona atravessada (chamada de *sambue*), empoleirada no lombo do cavalo, que permitia apenas um trote decoroso. Com a sela lateral, as mulheres não só conseguiam cavalgar no mesmo passo que os homens como podiam exibir as pernas. As panturrilhas de Catarina eram bem torneadas e ela gostava dessa oportunidade de ostentar um de seus pontos anatômicos fortes. Com a sela lateral, a duquesa de Orléans trouxe também outra inovação, uma forma primitiva de ceroulas ou pantalonas. Até aquele momento, a falta de roupa de baixo como a conhecemos hoje significava que um galanteador bem posicionado poderia, ao se oferecer para ajudar uma dama a desmontar, ter um vislumbre das "visões do paraíso", mesmo que fosse por um instante fugaz.

A jovem duquesa mostrava sua astúcia ao aceitar a proteção da duquesa d'Étampes, que na realidade fazia parte do ambiente doméstico da princesa real, e o rei ficava contente ao ver sua favorita recebendo aprovação de sua nora. Catarina passava o maior tempo possível com Francisco – ouvindo, aprendendo, observando. Apesar de suas deficiências, ele era um rei em todos os sentidos. Pierre, abade de Brantôme, um soldado e cortesão que virou historiador e contador de histórias, disse de Catarina nessa época: "O papel dela era não ter papel algum, a não ser o de agir em favor do rei". Sua conversação, mais instruída que a da maioria das jovens da sua idade, divertia Francisco, que apreciava sua espertez ousada e inteligência rápida. Dispor-se a ouvir e parecer entretida com a conversa dissoluta da *entourage* do rei também mostraram que Catarina tinha paciência de sobra.

Um vislumbre do quanto a jovem duquesa deve ter sentido saudades de casa está expresso numa carta escrita em algum momento de 1534 para Maria Salviati (a mãe de Cosimo de Médici, que mais tarde se tornaria duque Cosimo I), que fora uma das mães substitutas de Catarina. A caligrafia é clara, mas infantil: "Estou surpresa porque escrevi a você várias cartas e nunca obtive resposta, o que me surpreende ainda mais". Ela então segue adiante e pergunta como anda uma série de encargos: "Fez tudo o que lhe pedi que fizesse quando parti? – se fez, por favor, mande para mim por meio de alguém confiável e me informe também a discriminação de quanto custou". Consciente de que deveria manter-se à altura dos padrões de moda de Francisco, encomendou "mangas grandes brancas todas cobertas por bordados em seda preta e ouro, e mande-me a conta pelo trabalho".[2]

Catarina também recorreu à irmã do rei, Margarida – agora rainha de Navarra –, em busca de sua amizade e orientação.[*] Uma das mulheres mais inteligentes e divertidas da corte, também apoiava a religião reformada. Margarida exercia grande influência no irmão e colocou a pequena duquesa de

---

[*] Margarida de França foi casada primeiro com o duque d'Alençon. Seu segundo casamento (em 1527) foi com Henrique d'Albret, rei de Navarra. Navarra era um pequeno reino montanhoso, na fronteira entre França e Espanha.

Orléans sob sua asa.* As próprias irmãs de Henrique, Margarida e Madalena, tornaram-se companheiras íntimas enquanto a corte se dirigia de um *château* a outro, em geral em torno do eixo do rio Loire. O rei apreciava *visitar* as obras de construção de seus palácios reais e discutir seus progressos e problemas. Um dos maiores construtores de sua época, ele empregou mestres artesãos principalmente da Itália. Era um inovador, um patrão exuberante e talentoso, e seus edifícios refletiam o Renascimento francês, à medida que "modelos italianados atendessem ao gosto francês". Francisco deu início à modernização do Louvre e encomendou a construção do Château de Madrid, no Bois de Boulogne. Inacabada quando ele morreu, a obra foi mais tarde concluída por Catarina, que usava o local ocasionalmente. O rei fez também acréscimos ao Blois, Saint-Germain-en-Laye e Villers-Cotterêts, se bem que a reconstrução do Château de Fontainebleau seja talvez seu maior empreendimento. Ele decidiu transformar o antigo alojamento de caça em um palácio esplêndido, e era o único lugar que chamava de "*chez moi*". Passava ali o máximo de tempo possível.

Chambord, um dos mais belos *châteaux* ao norte dos Alpes, é uma obra-prima marcante, nos bosques perto de Blois e do rio Loire. Alfred de Vigny escreveu sobre o palácio que Francisco criou a partir do zero em 1519: "Distante de qualquer estrada, você de repente depara com um castelo real, ou melhor, um castelo mágico [...] [roubado] de algum país do sol para ocultar nele terras enevoadas. O palácio fica escondido, como se fosse um tesouro enterrado, mas seus domos azuis e elegantes minaretes arredondados, no lugar em que ficam, podem sugerir que você chegou aos reinos de Bagdá ou da Caxemira".[3] As obras principais do grande *château* foram concluídas por volta de 1540, embora ele tenha sido pouco usado por Francisco ou seus sucessores. "Se Chambord fosse alguma vez destruído, não restaria em nenhum lugar qualquer registro do puro estilo antigo do Renascimento [...] [sua] beleza foi restaurada por seu abandono".[4] Se o local não foi muito usado, ele com cer-

---

* Margarida, rainha de Navarra, gostava dos debates espirituais e filosóficos que haviam sido desencadeados por Lutero e Erasmo. No início da década de 1530, João Calvino, o teólogo e reformista francês, passou um tempo em Paris até ir morar na corte de Margarida em Nérac. Mais tarde, a perseguição aos reformadores obrigou-o a viver na Suíça, de onde iria dirigir a disseminação de sua doutrina, que se tornou conhecida como calvinismo.

teza proporcionou um exemplo admirável e efetivo quando foi necessário, e Catarina compreendeu bem o prestígio vital que edifícios nessa escala poderiam emprestar ao monarca. Ela acompanhava Francisco em suas visitas aos *châteaux* e provavelmente absorveu o amor do rei pela mão de obra italiana e testemunhou seus prodigiosos gastos com coleções de esculturas, pinturas e livros raros para ornar seus grandes palácios, a maior parte dos quais provinha da terra natal de Catarina.

Infelizmente, enquanto seu encanto e vivacidade conquistavam seu sogro e as pessoas próximas dele, a única pessoa de quem Catarina parecia não ficar minimamente próxima era o próprio marido. Embora ele a tratasse com civilidade, sua indiferença por ela era óbvia a todos. Ele talvez se ressentisse do fato de ter sido o pai que escolhera sua esposa, e tinha razão suficiente, já que ela não o atraía sexualmente, não tinha origem real e falhara em trazer o dote que havia sido prometido. A amizade de Catarina com a favorita do rei, a duquesa d'Étampes, desagradava Henrique, pois havia uma crescente rivalidade entre a duquesa e a mulher que havia se tornado a sua favorita – Diana de Poitiers.

Nascida em 1500, Diana de Poitiers, viúva do *grand-sénéchal* da Normandia, Luís de Brézé, era filha de João de Poitiers, *seigneur* de Saint-Vallier. A mãe dele, como a de Catarina, era uma De La Tour d'Auvergne, o que tornava Catarina e Diana primas em segundo grau, compartilhando um bisavô. O tio materno de João de Poitiers casara-se com alguém do clã Bourbon, uma conexão real da qual ele era excessivamente orgulhoso. Infelizmente, a avaliação de Poitiers não correspondia à sua estirpe e em 1523 ele se permitiu ser seduzido à cumplicidade com um levante planejado naquele mesmo ano contra Francisco pelo nobre mais poderoso do rei, seu parente de sangue, o condestável de Bourbon.* Sentenciado à morte por sua participação na tra-

---

* Carlos de Montpensier, duque de Bourbon (1490-1527), mais conhecido como condestável de Bourbon, era aparentado a Francisco I por parte dos pais do rei. Existia alguma rivalidade entre os dois homens, mas Francisco dependia muito do brilho do melhor de seus comandantes militares, e tinha ciência do grande número de apoiadores e de feudos do duque, em particular aqueles no Bourbonnais, no centro da França. A rivalidade tornou-se uma divergência aberta quando Francisco e sua mãe tentaram abocanhar a herança da esposa e prima de Bourbon, Suzanne (uma descendente de Luís XI). Louise até tentou se casar com Bourbon, já que não só queria o dinheiro dele como o achava também atraente fisicamente. Incapaz de se entender

ma, o adiamento da sentença de João de Poitiers chegou com o mensageiro do rei no exato momento em que ele colocava sua cabeça no cepo do carrasco. Sem dúvida, Francisco havia planejado essa dramática intervenção de última hora para causar uma impressão duradora no conspirador. Na época da irrefletida traição de seu pai, Diana já estava casada havia oito anos com Luís de Brézé, quarenta anos mais velho que ela e considerado o homem mais feio da França. Foi graças em grande parte à sua intervenção oportuna que João de Poitiers teve sua sentença de morte comutada em prisão perpétua, e por volta de 1526 ele era um homem livre.

Diana, uma criatura de gosto e elegância naturais, chegara à corte aos catorze anos e se casara com o rico e poderoso viúvo de Brézé no ano seguinte. Desde o início, ganhou uma merecida reputação graças ao seu comportamento virtuoso e gracioso. Católica conscienciosa, reprovava vigorosamente o movimento da Reforma. Embora não fosse a beleza cintilante descrita por poetas e pintores bajuladores, certamente era uma jovem atraente, cuja elegância natural e uma ligeira altivez emprestavam-lhe um ar de superioridade. Fanaticamente preocupada com a aparência, Diana nunca pintava o rosto, e seu "secreto elixir da juventude" resumia-se, na realidade, apenas a grandes quantidades de água bem fria no rosto e no corpo. Uma proponente precoce da higiene pessoal e feminina, teve até um livro dedicado a ela sobre o assunto. Diana ia para a cama cedo, fazia descansos regulares e exercícios leves ao ar livre. Sua fórmula para manter a boa aparência em relação à idade era simples: evitar qualquer tipo de excesso. Isso se mostrava menos difícil para ela que para outros, pois seu pragmatismo, sua natureza essencialmente fria e seu inerente sentido de dignidade a tornavam desprovida de paixões.

Na época em que se aproximou de Henrique, muitos ainda consideravam Diana uma bela mulher. Dezenove anos mais velha que ele, colocara o jovem príncipe sob sua tutela desde que ele voltara da Espanha. Fazia parte do ambiente doméstico da rainha Leonor, e o próprio Francisco lhe pedira para tentar domar o menino mal-educado e taciturno. Sem comprometer sua imaculada reputação, Diana, que enviuvara em 1531, facilmente encantou

---

com Francisco, o duque, profundamente frustrado, aliou-se a Carlos V. Em 1523, seu levante falhou devido a indiscrições, comunicação ruim e apoio externo insuficiente. Bourbon foi morto lutando pelo imperador em 1527, quando seus soldados franquearam os muros de Roma.

aquele jovem príncipe complicado. Ele não só se tornou de boa vontade seu pupilo, como um devotado admirador. Catarina, inteligente demais para não ter percebido isso, observava a rival em silêncio e demonstrando serenidade – aguardava sua hora. Sempre cautelosa, procurava certificar-se de tratar tanto Diana quanto madame d'Étampes com a mesma cortesia. A essa altura, porém, é quase certo que Diana e Henrique ainda não fossem amantes, embora os acontecimentos logo incentivassem a ambiciosa mas até então decorosa Diana a tornar Henrique completamente seu – e com isso ganhar para si a eterna inimizade de Catarina.

Em 1536, Francisco decidiu entrar em guerra contra o imperador, e levou os filhos com ele em campanha. Em agosto, a família real estava em Lyon, bem afastada das linhas do exército e dos combates. O rei, que em princípio expressara o desejo de liderar pessoalmente as tropas, permaneceu distante do *front*. Sua ausência não foi exatamente lamentada por alguns soldados, receosos de que, desde a derrota em Pavia, o rei tivesse se tornado o arauto da má sorte no campo de batalha. Em 2 de agosto, apesar do tempo muito quente e abafado, o delfim ficou jogando tênis vigorosamente com um de seus gentis-homens. Depois do jogo, sentiu muito calor e falta de ar. Ao pedir ao seu secretário, um conde italiano chamado Sebastiano de Montecuculli, que lhe trouxesse um copo de água gelada para se refrescar, caiu ao chão imediatamente após bebê-la. Em seguida, o príncipe teve febre alta e dificuldade para respirar. Morreu nas primeiras horas da quinta-feira, 10 de agosto, em Tournon.

O rei, então em Valence, só fora informado que o delfim estava indisposto, e não pareceu muito preocupado. O cardeal de Lorena recebera a incumbência de informar a Francisco o que havia acontecido.* De início, Lorena, incapaz de dar a terrível notícia ao rei, contou apenas que a condição do delfim piorara. Francisco, sem acreditar, disse: "Entendo perfeitamente, você não ousa me contar que ele está morto, mas apenas que ele vai morrer logo!". Lorena revelou então a verdade e o rei afastou-se até o parapeito da janela, vi-

---

* O cardeal João de Lorena (1498-1550), irmão de Cláudio, primeiro duque de Guise, não deve ser confundido com o famoso cardeal Carlos de Lorena (irmão de Francisco, segundo duque de Guise), que era sobrinho de João e mais tarde teve importante papel na luta de Catarina para governar a França para seus filhos.

rou-se de costas abalado com o choque da notícia, tentando conter seu pesar. Por fim, gritou: "Meu Deus, sei que devo aceitar com paciência o que quer que me envieis, mas de quem, a não ser de Vós, posso esperar obter força e resignação?". Provavelmente, Francisco tenha se sentido culpado por sua impaciência em relação ao delfim, quando, anos antes, ele voltara do cativeiro na Espanha; desde então, havia sido um pai distante, que criticava demais e condescendia pouco. Ultimamente, no entanto, o jovem vinha melhorando, e muitos viam nele os requisitos de um ótimo monarca.

Com a repentina e totalmente imprevista morte do herdeiro do trono, Henrique e Catarina automaticamente tornaram-se delfim e delfina, futuro rei e futura rainha da França. Os dois tinham dezessete anos. Francisco chamou Henrique assim que soube da notícia. Chorou e se lamentou com o menos favorito de seus filhos e depois passou-lhe um sermão, dizendo: "Faça o que estiver a seu alcance para ser como ele era, supere-o em virtude para que aqueles que agora choram e lamentam sua morte possam ter sua dor aliviada. Ordeno que faça disso seu objetivo, com todo seu coração e sua alma". Essas palavras dificilmente seriam encorajadoras vindas de um pai que quase sempre ignorara a existência de Henrique. Embora a morte inesperada fosse uma ocorrência comum no século XVI, quando atingia um príncipe real as suspeitas de jogo sujo não podiam ser ignoradas, e, em muitos casos, por boas razões. Francisco recorreu a sete médicos eminentes para realizar a autópsia do cadáver do príncipe, mas nada de suspeito foi encontrado. A opinião médica moderna sustenta que o jovem provavelmente morreu de pleurisia.

Francisco procurou um bode expiatório e o infeliz e dedicado pajem de mesa do delfim, Montecuculli, viu-se incriminado por três circunstâncias. Primeiro, sua nacionalidade tornava-o automaticamente suspeito, já que os italianos eram conhecidos pelo uso frequente de venenos para se livrarem dos inimigos. Segundo, o pajem havia sido empregado do imperador, mas viera para a França com os italianos que acompanharam Catarina. O mais condenatório de tudo era que o malfadado homem tinha um visível interesse por toxicologia, como evidenciado por um livro sobre o assunto encontrado entre seus pertences. Levado para um "interrogatório", o aterrorizado Montecuculli, ansioso para abreviar ao máximo a tortura, fez uma confissão menos do que confiável, que mais tarde retirou. Afirmando tudo o que imaginava que o rei queria ouvir e mais ainda, Montecuculli acusou os agentes do imperador de terem-no contratado para envenenar o delfim, e até o próprio rei. Satisfeito com o resultado, Francisco anunciou os achados da investigação a embaixadores e representantes de potências estrangeiras da sua corte. Manifestações de indignação vieram dos representantes do imperador, e cartas de protesto foram trocadas. Nada mais restou a fazer a não ser executar o pobre homem por *écartelage*, a morte mais cruel, embora costumeira para os sentenciados por regicídio. Diante de toda a corte, incluindo Catarina, Leonor e as demais damas, o homem, que com muita probabilidade era inocente, foi amarrado por braços e pernas a quatro cavalos, e despedaçado quando estes galoparam em direções diferentes, na Place de la Grenette, em Lyon, no dia 7 de outubro de 1536.

Catarina, agora primeira-dama da França depois da rainha, quase imediatamente viu sua nova posição ameaçada. O primeiro choque desagradável veio por meio da acusação feita por agentes do imperador, que afirmaram a inocência de seu mestre e apontaram o dedo para o casal real, alegando que eles eram os verdadeiros beneficiários da morte do delfim. Felizmente, o rei não deu crédito a nenhum dos boatos imperialistas, embora a nova delfina, cuja suposta competência como envenenadora era tida quase como um direito de nascença pelo fato de ela ser italiana, tivesse achado a campanha difamatória inevitavelmente prejudicial. Na realidade, tornar-se delfina trazia perigos potenciais para ela. A única função vital da esposa do herdeiro do trono era ter filhos, e, após três anos de casada, Catarina não mostrara o menor indício de gravidez. Agora, teria que gerar filhos ou enfrentar um possível repúdio.

A intimidade física com seu marido tornou-se mais difícil do que o usual para Catarina, já que Henrique agora pressionava com insistência o rei para que o deixasse participar da campanha contra o imperador. Francisco, relutando em perder seu segundo filho tão logo após a morte do filho mais velho, recusou. Henrique insistiu, lembrando seu direito como delfim de servir no campo de batalha. Afinal, o rei permitiu que ele se juntasse ao exército na Provença, que fora invadida pelas tropas imperiais em 13 de julho. No dia seguinte, o comandante francês Montmorency foi nomeado tenente-general, com plenos poderes sobre toda a operação militar. Embora o sangue real de Henrique significasse que ele era nominalmente o supremo comandante, era para Montmorency que Henrique se voltava para todas as decisões militares. Destacado nas táticas defensivas, o general empregou uma política sistemática de terra arrasada na zona rural provençal – enchendo todos os poços de terra, reduzindo cidades inteiras a entulho, queimando e destruindo tudo o que pudesse ter a menor utilidade para o inimigo – e conseguiu assim expulsar as tropas imperiais. Muitos dos miseráveis habitantes da área despojada morreram de inanição ou por falta de abrigo, mas os fins haviam justificado os meios na visão tanto do rei quanto de seu comandante. O prestígio do grão-mestre aumentou muito junto a Francisco após esse sucesso. A campanha selou a amizade entre Henrique e Montmorency para a vida toda, e o delfim escreveu a ele depois disso: "Esteja certo que, o que quer que aconteça, eu sou e serei por toda vida tão amigo seu quanto alguém no mundo possa ser".[5] Ele manteria a palavra.

Em 1537, Catarina sofreu outro golpe. Henrique assumiu a paternidade de um filho com Filippa Duci, a até então irmã virgem de um de seus cavalariços piemonteses, gerado durante uma campanha na Itália. Henrique ficou exultante com a notícia da gravidez, afirmando que passara apenas uma noite com ela. Isso era prova conclusiva de que devia ser Catarina, e não ele, quem estava fisicamente em falta e impedindo que sua união gerasse filhos. A futura mãe desfrutou de todos os cuidados e atenções possíveis até parir uma filha em 1538. Essa bebê, mais tarde legitimada por Henrique, recebeu o nome de Diana de França, ao que se presume como homenagem a Diana de Poitiers. A mãe natural da criança passou o resto dos dias num convento, recebendo uma generosa pensão. Diana assumiu responsabilidade pela criação da bebê, pois já tinha duas filhas adultas e era considerada uma mãe substituta perfeita. As honras e atenções que a criança recebia despertaram rumores infundados de que ela era na verdade filha natural de Diana e Henrique. Com a bebê recebendo o nome dela e estando sob seus cuidados, a favorita envia um claro sinal a todos na corte de que o delfim lhe pertencia.

A tolerância de Catarina enfrentou outros testes quando Diana de Poitiers ficou mais assídua em suas atenções ao marido dela. Em 1538, foi declarada uma trégua entre a França e o Império, incentivada pelo papa Paulo III, que queria que Francisco e Carlos se unissem em uma campanha contra a constante ameaça dos turcos. Quando Henrique voltou da guerra, Diana, agora com 38 anos, encontrou-o extremamente confiante e não mais aquele garoto tímido que ela havia tutelado desde a tumultuada adolescência até a idade adulta. Ela cobriu o delfim de elogios por sua bravura militar, sabendo que havia chegado a sua hora de tomar posse dele completamente. Colocando de lado os ideais platônicos com os quais o mantivera à distância por tanto tempo, trocou a sua tão resguardada virtude por uma bem mais cobiçada posição de amante do futuro rei. Auxiliada por Montmorency, que ofereceu ao casal seu castelo em Écouen para seus encontros, Diana permitiu que Henrique se tornasse seu amante. Não se sabe ao certo quando a *amitié sage* se tornou um caso amoroso consumado, mas um poema da favorita, onde ela escreve vagamente que se "submeteu", sugere que a empolgação de Henrique e a ambição de Diana haviam derrubado quaisquer barreiras que restassem entre os dois.

Embora uma capa de respeitabilidade fosse sempre mantida para o mundo pela mulher mais velha, certas indicações do verdadeiro estado de sua relação estavam ali para quem quisesse ver. A partir de então, Henrique vestiu-se apenas de preto e branco, as cores do luto que Diana vinha usando com exclusividade desde a morte de seu marido. Ele adotou a lua crescente como emblema, que também pertencia à mitológica Diana, deusa da caça. A divisa "Até que preencha o mundo inteiro", sob a lua crescente, pode ter sido uma alusão ao poder que um dia seria seu como rei da França ou o poder que talvez lhe permitisse tomar o manto imperial de Carlos V. Quem sabe o sinal mais óbvio do romance entre os dois fosse um engenhoso monograma entrelaçando o H e o D de seus nomes. Havia várias versões dele, se bem que, examinando o que era mais comumente usado, é possível discernir dois Cês, um de costas para o outro, dentro de um H, lançando um afago ao orgulho de Catarina, oculto mas ardente. A partir de agora e até o fim de sua vida, Henrique colocaria o monograma onde pudesse. Hoje ele é visto claramente nos castelos e edifícios que construiu ou reconstruiu em seu reinado. O próprio motivo de Catarina, decididamente alegre, de um arco-íris tendo embaixo a divisa "Trago luz e serenidade", soava vazio. Se pelo menos ela tivesse alguém a quem pudesse trazer essas duas coisas.

Teimosamente sem engravidar, a delfina sabia que não duraria muito tempo como esposa de Henrique se não tivesse um bebê. Uma campanha secreta para fazer com que fosse repudiada já estava em curso. O plano contava com forte apoio de madame d'Étampes, que desejava a chegada de uma nova noiva para Henrique a fim de ver desestabilizada a posição de sua rival Diana. O movimento ganhou força. Brantôme escreveu: "Havia um grande número de pessoas que tentavam persuadir o rei e *monsieur le dauphin* a repudiá-la, pois era necessário dar continuidade à linhagem da França". O embaixador veneziano, Lorenzo Contarini, escreveu mais de uma década depois que o rei e o delfim haviam definitivamente decidido pelo divórcio. A família Guise, percebendo a oportunidade para seu próprio avanço, incentivou uma união entre Henrique e Luíza de Guise, irmã de Francisco e a bela filha mais nova de Cláudio, que havia sido nomeado primeiro duque pelo rei.

Os Guise, um ramo menor da Casa de Lorena que afirmava descender de Carlos Magno, viera para a França procurar fortuna bem no início da década de 1500, e para cuidar de suas propriedades familiares no norte da França. Embora naturalizados súditos franceses, esses príncipes estrangeiros menores eram uma constante fonte de irritação para muitos nobres, pois haviam conseguido desfrutar dos benefícios tanto como súditos franceses próximos do rei como de sua posição de príncipes da Lorena. Haviam sido extremamente bem-sucedidos em elevar seu *status* por meio de casamentos, e o primeiro duque (ele mesmo casado com uma Bourbon) acabara de casar sua filha Maria com o rei Jaime v da Escócia.* Catarina agora encontrava uma aliada inesperada e valiosa em Diana. Dócil e maleável, fazia um contraste perfeito para a mulher mais velha ansiosa para evitar a chegada de alguma noiva jovem e adorável, que poderia não encarar o relacionamento dela com Henrique com a mesma resignação que Catarina parecia ter. Assim, a favorita fez sentir seu peso em favor dos que apoiavam a delfina e pôs para trabalhar sua enorme influência sobre Henrique. Ela ressaltou-lhe as muitas qualidades de sua esposa – a moderação, a natureza bondosa e o fato de ela ser ainda jovem e ter muitos anos pela frente para possíveis filhos. Acima de tudo, Diana argumentou com astúcia que a conversa sobre divórcio trazia a marca dos inimigos de Henrique (em outras palavras, a sua própria), particularmente de madame d'Étampes e daqueles que a bajulavam. Qualquer sugestão de que o pai dele ou a favorita do pai pudessem estar tentando manipulá-lo sempre despertava a mais furiosa indignação no delfim, e de momento ele deixou o assunto de lado.

A decisão final cabia ao rei, e sabendo que ele, mesmo contra a vontade, precisava pensar numa nova esposa para o filho, Catarina apostou tudo numa incomparável demonstração de submissão feminina ao homem que gostava de se autodenominar "o primeiro cavalheiro da França". Atirando-se a seus pés aos prantos, a delfina disse a Francisco que aceitaria ficar de lado para

---

* Jaime v da Escócia casara-se primeiro com a irmã de Henrique, princesa Madalena de França, em 1537; após a morte dela, ele se casou, apenas alguns meses depois, em 1538, com Maria de Guise. A filha dos dois, mais tarde, se tornou a famosa Maria, rainha da Escócia.

que uma noiva pudesse dar filhos a Henrique, implorando apenas para ter permissão de continuar na França e servir a felizarda dama que iria substituí-la em qualquer modesta posição que o rei permitisse. Sua dor e humildade foram tão tocantes que o rei viu-se defendendo-a contra o seu melhor julgamento. Incapaz de suportar a visão de uma mulher chorando, Francisco, profundamente comovido, declarou: "Minha criança, é vontade de Deus que você seja minha filha e esposa do delfim. Que assim seja então". Era um adiamento temporário, e ela então passou a empregar todos os meios para superar sua infertilidade. Em suas tentativas cada vez mais frenéticas de se tornar mãe, a inflexível determinação de Catarina emergiu, apesar de normalmente ficar muito bem disfarçada. Estava pronta a ir a extremos extraordinários para preservar seu lugar como esposa de Henrique e futura rainha da França.

Depois que o rei momentaneamente abandonou a ideia de repudiá-la, Catarina viu-se recebendo incentivo daqueles que normalmente não se interessavam por ela. O rei dissera; se ele desejava que ela permanecesse delfina, então os bajuladores também deveriam desejar o mesmo. Matteo Dandolo, o embaixador veneziano, escreveu: "Não há ninguém que não daria de boa vontade o próprio sangue para dar a ela um filho".[6] Ele também observou que até o delfim passou a tratar a esposa com alguma afeição. Margarida de Navarra, irmã de Francisco, permaneceu como uma sólida apoiadora, e constantemente relembrava-o dos méritos de Catarina. Escreveu a ela: "Meu irmão nunca irá permitir esse repúdio, como pretendem as más línguas. Mas Deus dará uma linhagem real à *madame la dauphine* quando ela tiver alcançado a idade na qual as mulheres da Casa dos Médici estão habituadas a ter filhos. O rei e eu então iremos nos regozijar com você a despeito desses malditos caluniadores".[7] Com os inimigos silenciados por um tempo, Catarina voltou-se primeiro para a medicina tradicional, com pouco sucesso. Orações e oferendas ao Todo-Poderoso estavam sempre em seus lábios. Diana deu conselhos, além de filtros e poções, e liberou o delfim, para que cumprisse suas obrigações conscienciosamente e regularmente dormindo com a esposa. Ele seguiu as ordens de Diana, mas com pouco entusiasmo. A delfina estudou textos antigos de Fócio e de Isidoro, o Médico, que continham magia antiga e remédios pagãos. Alguns desses remédios eram do tipo que ou curavam ou matavam. Mostrando que possuía um estômago tão forte quanto sua vontade, Catarina tomou fartos goles de urina de mula, já que a sabedoria popular dizia que isso iria proporcionar uma forma primitiva de inoculação contra a esterilidade. Ela recebeu, porém, instruções claras para não chegar perto da própria mula. Alquimistas forneceram emplastros tão repulsivos que parece incrível que o delfim pudesse chegar a fazer amor com a esposa. Os curativos, macios, quentes, fedorentos, eram feitos de chifre de cervo moído e esterco de vaca. Para disfarçar o cheiro, misturava-se uma pitada de moluscos triturados com leite de égua. Os emplastros eram então colocados sobre a "fonte da vida" de Catarina e deixados ali para que fizessem seu trabalho, mas esses "métodos infalíveis" não deram em nada, exceto, talvez, um desejo cada vez maior por parte do delfim de não se aproximar da esposa, e muito menos dormir com ela. Astrólogos também foram consultados, e ela seguiu fielmente todas as suas instruções, mas mesmo assim não apareceu filho nenhum.

Finalmente, Catarina convenceu-se de que era sexualmente incompetente e que devia estar cometendo algum tipo de erro fundamental. Seja lá o que Diana estivesse fazendo com o seu marido, ela deveria tentar fazer o mesmo. Dizem que a intrépida jovem mandou abrir orifícios no piso de sua câmara (provavelmente em Fontainebleau) para que pudesse espiar o dormitório em que o marido e Diana passavam suas noites apaixonadas. As damas de Catarina pediam que ela não fosse a esses extremos dolorosos, mas ela não dava ouvidos a esses argumentos e procurou juntar forças para conseguir assistir a Henrique fazendo amor com a amante. Quando surgiu a oportunidade, sua dor diante da visão dos dois amantes em completo abandono um nos braços do outro foi tão grande que ela acabou vendo muito pouco; seus olhos se encheram de lágrimas antes que decidisse virar as costas e ir embora. No entanto, o que havia visto sugeriu-lhe que ela e o marido faziam algo muito diferente quando deitavam juntos.[8]

Por fim, um médico chamado Jean Fernel foi chamado. Examinou o delfim e a delfina, e descobriu que seus órgãos reprodutores tinham leves anormalidades físicas. O sensato médico aconselhou um método que poderia superar o problema, se bem que só nos resta especular o que seria. O casal foi orientado sobre o que fazer, e Henrique desempenhou sua obrigação. A alegria dos dois era evidente a todos quando no início do verão de 1543 Catarina ficou grávida. Em uma das cartas dela que sobreviveram desse período, escreveu a Montmorency – a essa altura nomeado condestável da França, e que dera a Catarina conselhos sobre como iniciar uma família – "*Mon compère*, como sei bem que você deseja filhos para mim tanto quanto eu, quis lhe escrever para contar de minhas grandes esperanças de que eu esteja com um filho".⁹ Em 19 de janeiro de 1544, em Fontainebleau, a delfina entrou em trabalho de parto e no final da tarde, para grande alívio de todos, deu à luz um filho. Pela primeira vez desde que chegara à França como a indesejada esposa de Henrique, dez anos antes, Catarina por fim assegurava sua posição.

Deram o nome de Francisco ao menino, em homenagem ao rei, que presenciou o parto. Ele observou com atenção os detalhes do nascimento e até insistiu em examinar "tudo o que veio com o bebê".¹⁰ Astrólogos franceses e romanos foram consultados e um relato muito detalhado do nascimento foi fornecido ao núncio papal. Os sábios anunciaram que a criança iria crescer e se tornar um homem forte, capaz, que colocaria a Igreja sob sua proteção e teria muitos irmãos e irmãs. Infelizmente, esta última foi a única previsão que vingou. Um esplendoroso batizado foi realizado em Fontainebleau às cinco da tarde de 10 de fevereiro de 1544 na capela de Saint-Saturnin. Sob a luz de tochas sustentadas por trezentos soldados da guarda real, as "luzes tornaram tudo tão plenamente visível que parecia meio-dia". Chegou uma procissão da casa do rei, formada pelos cavaleiros da Ordem de Saint-Michel, príncipes de sangue e importantes nobres, e depois cardeais, prelados e embaixadores.¹¹ A rainha Leonor e as princesas reais vieram depois, seguidas pelas grandes damas da corte, "todas suntuosamente vestidas em roupas de ouro e prata, com uma infinidade de pedras preciosas [...] e no meio dessa multidão estava a criança sendo carregada para ser batizada". Os padrinhos do bebê foram o próprio Francisco, sua irmã Margarida de Navarra e o tio do bebê, Carlos, duque de Orléans.

Qualquer que tenha sido a cura prescrita pelo doutor Fernel para o delfim e sua esposa, ela claramente funcionou de modo espetacular, porque ao longo dos doze anos seguintes Catarina deu à luz mais nove filhos, seis dos quais sobreviveram à infância. Desafiando seus inimigos e seus dez anos de perigosa esterilidade, ela agora produzia uma oferta praticamente anual ao marido e à nação. A primeira filha do casal nasceu em 2 de abril de 1545 e chamou-se Elisabeth, seguida por Cláudio em 12 de novembro de 1547; Luís em 3 de fevereiro de 1549 (morto em 24 de outubro de 1549); Carlos-Maximiliano em 27 de junho de 1550, mais tarde Carlos IX; Eduardo-Alexandre em 19 de setembro de 1551, depois Henrique III; Margarida em 14 de maio de 1553, conhecida como Margot; Hércules em 18 de março de 1555; e finalmente duas gêmeas, Vitória e Joana, nascidas em 24 de junho de 1556. Joana morreu no parto, quase matando Catarina junto, e Vitória viveu apenas alguns meses.

É um tributo à magnífica constituição de Catarina que ela tenha sobrevivido depois de dar à luz nove vezes numa época em que mulheres bem-nascidas tinham o dúbio privilégio de serem atendidas por médicos e parteiras. Os dedos ágeis e experientes das parteiras laceravam a carne genital da mãe para dilatar a vagina se o bebê demorasse a sair. Era uma prática aceita na época, e esse rasgar e revirar internamente (muitas vezes puxando para fora a placenta junto com o bebê) causavam contaminação do sangue, graves hemorragias e outros danos, que com excessiva frequência levavam à morte da mãe. Se ela sobrevivesse ao parto, até mesmo os próprios tratamentos recomendados por especialistas podiam enfraquecer ainda mais uma constituição já fragilizada. A prescrição comum era que, depois que o bebê nascesse, a paciente deveria ficar deitada num quarto aquecido e escuro. Seu único sustento era em forma líquida durante um tempo considerável.[12]

A constituição robusta de Catarina não foi, porém, herdada pelos filhos. Com a notável exceção de Margot, que desfrutou de ótima saúde, seus filhos foram todos enfermiços. Dos sete que sobreviveram à infância, seis sofriam de problemas pulmonares e provavelmente de tuberculose. Francisco, Carlos-Maximiliano e Eduardo-Alexandre eram também propensos a feridas mal curadas, infecções e, à medida que ficavam mais velhos, a surtos de demência, que apontavam para uma sífilis geneticamente herdada do avô, Lorenzo II de Médici. De muitas maneiras, a precária saúde das crianças reais, em especial dos meninos, foi um dos principais fatores que obrigaram Catarina a manter seu papel central no governo da França, mesmo quando seus filhos já eram adultos.

Com o nascimento de seu primeiro filho, Catarina imediatamente passou a ser celebrada pela maioria. Obteve o reconhecimento até dos mais empertigados cortesãos franceses por ter finalmente assegurado a sucessão ao trono. Embora se sentisse regozijada com a chegada do filho e com o consequente fim das pressões, logo descobriu que Diana, que a auxiliara no parto, assumira a tarefa de cuidar do bem-estar de seu primeiro filho e dos que viriam. Essa irritante marca da contínua ascendência de Diana sobre Henrique era algo difícil de aceitar, já que Catarina via a amante usurpar o lugar dela mais uma vez. Sua esperança de que talvez dando-lhe um filho pudesse trazer o marido de volta logo desvaneceu-se, à medida que o mesmo velho padrão se afirmava. Na realidade, o papel de Diana na vida de Henrique se fortaleceu com a chegada do filho dele. Catarina não tinha escolha a não ser aceitar que havia três pessoas em seu casamento. Diana colocou seu primo Jean d'Humières para dirigir o berçário real, e passou a supervisionar e a dar instruções, embora com admirável eficiência, para a criação dos bebês da França. Isso, no entanto, não impediu que a mãe deles enviasse um fluxo constante de cartas perguntando a respeito dos filhos e emitindo as próprias ordens. Por exemplo, pouco antes do nascimento de Cláudio em 1547, ela escreveu: "*Monsieur* de Humyères [sic], o senhor deu-me grande alegria ao enviar notícias de meus filhos [...] Peço que escreva com a maior frequência possível sobre a saúde deles".[13] Catarina tinha todas as razões para se preocupar.

Desde a morte de seu irmão mais velho, Henrique desfrutara das prerrogativas de sua nova posição como delfim. Não só Diana se tornara sua dedicada amante, mas um grupo de apoiadores começou a se formar em torno do jovem príncipe a partir do final da década de 1530, todos eles atrelando sua sorte ao homem que se formava. Em 1538, o delfim teve a grande satisfação pessoal de ver seu amigo Anne de Montmorency investido no cargo de condestável da França. Tratava-se da mais alta hierarquia militar da nação. O posto havia sido criado na época dos reis francos, e o termo condestável derivava de "conde dos estábulos [...] O condestável no campo de batalha estava em hierarquia superior até mesmo à dos príncipes de sangue [...] e era visto como um dos mais próximos conselheiros do rei". Ele comandava os exércitos na ausência do monarca e recebia uma pensão anual de 24 mil *livres*.[14] A posição era vitalícia e estava vaga desde a traição do ocupante anterior, o condestável de Bourbon. Patriota servidor da Coroa, Montmorency também dedicou-se ao jovem delfim, que agora esperava exercer maior influência a partir da promoção de seu amigo. Catarina não gostava do condestável pela cumplicidade dele com a relação de Diana e Henrique, mas escondia seu ressentimento e se mostrava, como sempre, cordial. Também compreendia que esse homem, ao contrário de muitos cortesãos cujas motivações eram alimentadas pela mera ambição, podia de fato afirmar ser um fiel apoiador de Henrique e um verdadeiro patriota. Um dia ela mesma iria requisitar seus préstimos.

Catarina tinha agora um caminho difícil para trilhar entre as duas favoritas, Diana e madame d'Étampes, cuja rivalidade mútua descambara para a hostilidade aberta. De início, a divergência entre elas baseava-se em pouco mais que uma antipatia mútua, mas havia um choque entre o comportamento delas, entre suas crenças e ambições, em quase todas as áreas.

A antipatia passou para um conflito conforme d'Étampes, cuja cobiça e influência sobre Francisco só podem ser descritas como fenomenais, começou a temer o dia em que ela poderia ser afastada por Diana. Por volta de 1540, à medida que Francisco enfraquecia em razão de excessos que vinham desde a juventude, os escárnios de d'Étampes dirigidos à "velha dama", como ela chamava a amante de Henrique, passaram a ser mais afrontosos e grosseiros. Ela afirmava ter nascido no dia em que a rival se casara, mas na verdade era apenas nove anos mais jovem que Diana. Os boatos envolvendo a favorita de Henrique eram sempre ampliados. Ela assumiu um ativo interesse pela nova religião, ao passo que Diana detestava o movimento da Reforma. Sem ligar para a própria reputação, d'Étampes tinha outros amantes além do rei. Um dia, voltando cedo de uma caçada, dizem que o rei encontrou a amante na cama com um jovem nobre. Francisco, sempre um cavalheiro, supostamente teria fingido ignorância sobre a identidade da dama, tomando-a por uma das criadas da amante, e mandou prender o homem por ter molestado a criada. Esse incidente não teve efeito no relacionamento do casal, e o rei continuou devotado à duquesa.

Tal comportamento era um anátema para Diana, que permanecera fiel ao marido enquanto ele vivera e que, ao enviuvar e se tornar amante de Henrique, ocultara o relacionamento dos dois com infindáveis imagens respeitáveis da casta divindade Diana, deusa da caça. Em suma, a mulher mais jovem era passional, exaltada, ambiciosa e sensual, enquanto Diana era calma, prudente, imperiosa e distante. Ambas odiavam-se. Catarina flutuava ambiguamente entre ambas, sem aprofundar intimidades com nenhuma delas e, no entanto, mantendo uma relação cordial com as duas. Francisco via-se incapaz de recusar o que quer que fosse à sua amante; ela excitava seus sentidos cansados enquanto ele enriquecia sua enorme família e ao mesmo tempo se submetia escandalosamente a todos os desejos dela.

As posições entre os dois grupos da corte polarizavam-se cada vez mais. Madame d'Étampes defendia o filho favorito do rei, Carlos. Planejava torná-lo suficientemente poderoso para que a protegesse quando o rei morresse. Depois que o imperador e Francisco se encontraram em Nice em 1538 e firmaram uma trégua de dez anos, o rei, instigado por sua favorita, entrou em conversações com seu antigo inimigo a respeito de casar Carlos com a filha do imperador, Maria. Francisco foi levado a acreditar que Milão seria o dote dela, o que enfureceu Henrique, que considerava que o ducado era seu por direito. Montmorency, que promovera a paz entre os dois governantes, viu-se caído em desgraça e banido da corte quando o imperador decidiu voltar atrás em suas promessas anteriores e instalou seu filho, o futuro Felipe II da Espanha, como duque de Milão, em 1540. Com isso, a relação entre os dois irmãos reais, Henrique e Carlos, que nunca poderia ter sido descrita como amena, agora tornava-se perigosamente hostil; cada grupo, liderado pelas duas rivais Diana de Poitiers e a duquesa d'Étampes, desfrutava de considerável apoio dos respectivos seguidores dos príncipes. Henrique sentia ciúmes do evidente amor do pai pelo seu irmão mais novo; e talvez se ressentisse também do fato de o príncipe não ter tido que suportar os terríveis anos de cativeiro na Espanha. Agora iria testemunhar os esforços descarados de Carlos para esculpir uma forte base para si mesmo como senhor feudal, poderoso a ponto de representar uma grave ameaça a Henrique quando ele se tornasse rei.

Depois que o imperador fez Francisco de bobo com suas promessas de casamento e a entrega de Milão ao príncipe Carlos, o rei não teve escolha a não ser declarar guerra ao velho inimigo. Os irmãos agora competiam pela glória militar. Em 1542, Carlos tomou Luxemburgo com pouco esforço, mas, quando soube que Henrique preparava-se para atacar Perpignan, correu para se juntar a ele e poder compartilhar qualquer eventual sucesso militar. Perpignan mostrou-se impossível de tomar, e durante a ausência de Carlos os imperialistas reconquistaram Luxemburgo. A França sofreu, ao ficar sem aliados.* Henrique implorou ao pai que permitisse a volta do condestável para que com o seu indubitável talento militar ajudasse a França a recuperar a iniciativa. Mas o rei negou o pedido do filho. Mesmo assim, apesar da negativa do pai, Henrique lutou com notável valentia e distinção, mas não conseguiu evitar outros sucessos imperiais. As tropas do imperador invadiram a região da Champagne e viraram ameaça direta a Paris. No entanto, como ocorreu

---

* Talvez os mais curiosos aliados da França nessa guerra fossem os turcos liderados pelo infiel corsário Barbarossa [Barba Ruiva], que se tornara almirante da Marinha turca. Os turcos trouxeram sua frota para ajudar os franceses a tomar Nice. Sem sucesso, a frota passou o inverno em Toulon, onde se serviam dos locais quando ficavam sem escravos para operar as galés. Não foi a primeira nem a última vez que o Crescente do Islã tremulou junto com o estandarte do "mais cristão dos reis", e as frequentes alianças franco-turcas escandalizaram boa parte da Europa ao longo dos anos.

tantas vezes no reinado de Carlos v, quando estava prestes a destruir o velho inimigo, seus soldados desertaram por falta de pagamento. As duas partes, agora exaustas, negociaram um acordo, assinando o Tratado de Paz de Crépy, em 18 de setembro de 1544.

Esse tratado pode ser descrito como o ato mais imprudente do reinado de Francisco, pois previa um casamento entre Carlos da França e uma filha do imperador ou uma das filhas de um de seus irmãos. Se fosse a filha do próprio imperador, então ele entregaria os Países Baixos como dote; se fosse com alguma sobrinha sua, esta receberia Milão como presente de casamento. Em troca, Francisco concordava em ceder ao filho vários dos mais importantes ducados da França: Angoulême, Châtelleraut, Bourbon e Orléans. Henrique ficou apoplético ao saber dos detalhes, pois, embora a sucessão estivesse assegurada com o nascimento do filho, seu irmão mais novo iria se tornar tão poderoso quanto um monarca por direito próprio e, pior ainda, contaria com o apoio do imperador. A Casa de Valois iria ver-se dividida por seus inimigos. Sem dúvida, era isso justamente o que o ardiloso velho adversário de Francisco pretendia. A nação estava apenas emergindo como uma entidade nacional, deixando para trás o esquema de facções feudal que a havia embaraçado por tanto tempo. Henrique compreendeu, como fizeram muitos outros membros ultrajados da nobreza, que o Tratado de Crépy continha todos os ingredientes para reavivar aquela perigosa situação. Obrigado a assinar o odioso tratado por "medo e reverência ao meu pai", Henrique decidiu escrever uma denúncia secreta daquele pacto que cedia propriedades inalienáveis da Coroa; três membros de seu círculo mais próximo – Francisco de Guise, Antônio de Bourbon e o irmão do Bourbon, o conde d'Enghien – testemunharam o documento.

O ar triunfal da duquesa d'Étampes não é difícil de imaginar; sua manipulação do cada vez mais decrépito rei, a possível traição e a habilidosa sabotagem perpetrada contra o delfim e seu grupo davam-lhe todos os motivos para esperar que pudesse estar afinal segura após a morte de Francisco. Embora não haja evidências diretas contra ela, acredita-se que a duquesa estivesse passando segredos ao imperador e, portanto, que era culpada de traição. Ela partiu para Bruxelas com a rainha Leonor e Carlos para celebrar a assinatura do tratado. A relação fria entre Francisco e o delfim agravou-se e ficou gélida. Henrique raramente via o pai e se ausentava da corte o quanto podia. Em revide, Francisco ostensivamente dispensava amor, presentes e elogios ao seu filho mais novo.

Henrique começou, nem sempre discretamente, a preparar-se para o dia em que finalmente iria usar a coroa. Uma noite após o jantar, sentou com seus amigos mais próximos depois de tomar muito vinho e, acreditando estar entre pessoas de confiança, o delfim observou "que quando fosse rei, iria nomear tais e tais pessoas marechais ou grão-mestres [...] [acrescentando] que iria trazer de volta o condestável".[15] Francisco de Vieilleville (um dos confidentes do delfim e mais tarde marechal da França), que registrou o evento em suas memórias, ficou receoso que a conversa pudesse ser entreouvida e disse a Henrique que "ele estava vendendo a pele antes de matar o urso". Sua intuição estava certa, pois, sem o conhecimento do delfim, o bobo da corte do rei, Briandas, ficara sentado numa alcova junto a uma janela na sala de jantar. Briandas correu até seu patrão. Para enfatizar que outro homem ameaçava usurpar-lhe a posição de rei, dirigiu-se a Francisco simplesmente como "Francisco de Valois" e passou a informá-lo a respeito de Henrique. Francisco despachou homens armados aos aposentos do filho, mas o príncipe e seus amigos haviam sido advertidos da situação e fugiram rapidamente. O rei, enfurecido com a fuga, descarregou seu mau humor nos restos do jantar abandonado às pressas. Pajens e gentis-homens protegeram-se saltando pela janela, enquanto Francisco arremessava facas, pratos, mobília e tapeçarias contra as paredes e sobre os cortesãos e criados, que se esquivavam como podiam. Henrique ficou um mês sem aparecer na corte, com medo da ira do pai, e muitos de seus amigos foram também impedidos de voltar.

Para agravar a situação, no outono de 1544, o rei baniu Diana da corte porque o delfim substituíra um dos bajuladores de d'Étampes durante a campanha contra os ingleses na Picardia. Francisco, incapaz de resistir às infindáveis solicitações de sua favorita, deixou a amante levar a melhor. Diana foi para o seu *château* em Anet, seguida logo depois pelo delfim, que ficou ali a maior parte do tempo, num raivoso protesto contra o pai. A favorita de Henrique não teve permissão de voltar até o ano seguinte. Catarina desfrutou em segredo da satisfação de ver sua rival caída em desgraça, enquanto o delfim proibia a esposa de falar com a amante do pai.

Livre da presença da mulher mais velha, Catarina ficou à vontade e desfrutou das atenções do rei. Era óbvio que, apesar do seu minguante poder, Francisco via grandes qualidades em sua nora e em tudo o que ela poderia trazer a Henrique quando se tornasse rainha. Também demonstrou entender muito bem que muitos dos elogios e da atenção que frequentemente iam para Diana pertenciam por direito a Catarina. Depois de tantas cenas entre as duas favoritas em guerra, devia ser uma grande bênção ter uma mulher brilhante e leal ao lado dele, que nunca demonstrara publicamente sua dor ou sua raiva. No Natal daquele ano, ela recebeu mil presentes de Francisco como sinal de um apreço especial, os mais notáveis dos quais foram um rubi e um diamante no valor de 10 mil *écus*. Catarina, a essa altura em gravidez avançada de sua filha Elisabeth, saboreava o luxo de não ter que ouvir os infindáveis e tediosos conselhos de Diana a respeito da saúde dela, ou da saúde de seu filho. Foi uma época feliz para ela; geralmente carecendo de reconhecimento, deleitava-se agora com a aprovação do rei, e seu prazer ficou visível a todos quando ela o presenteou com uma neta em 2 de abril de 1545.

Quando Carlos e Henrique saíram juntos em campanha na região de Boulogne, tentando expulsar os ingleses que capturaram a cidade em 1544, era possível discernir uma gradual aproximação entre os dois irmãos. Francisco, ansioso em manter-se ocupado para evitar ficar às voltas com sua precária saúde, acompanhou os filhos. Henrique e seu irmão mal haviam se falado desde a assinatura do Tratado de Crépy, mas pouco a pouco um espírito fraternal emergiu durante as operações militares. No mês de agosto de 1545, a peste eclodiu nas vizinhanças. Em 6 de setembro, Carlos e alguns de seus jovens nobres chegaram a uma casa onde todos os habitantes haviam recentemente morrido da doença. Num excesso de confiança juvenil, ele decidiu dar uma olhada no interior da casa, mas foi advertido para não entrar, pelo risco de contágio. Dando risadas, o jovem príncipe proclamou, "Nunca até agora um filho da França morreu de peste", e então ele e seus amigos entraram e começaram a destruir o lugar, com brigas de travesseiros e rasgando os colchões. Sua fé na imunidade real a uma doença comum evidentemente foi estúpida. Ao anoitecer, começou a se sentir mal e três dias depois estava morto.

Durante sua breve doença, o príncipe de 23 anos teve febre alta, dores e vômitos. Assim que soube da doença do irmão, Henrique correu até onde ele estava, mas foi impedido de entrar. Três vezes precisou ser fisicamente impedido de ficar ao lado do irmão, e quando Carlos morreu, Francisco e Henrique lamentaram profundamente a perda. O Tratado de Crépy era agora obsoleto, e a ameaça de o país ficar dividido pela imprudência de Francisco estava por fim removida. O velho rei padeceu de uma melancolia que se estendeu até o resto de seus dias. Era então essencial ensinar ao delfim – que ele mantivera à distância por tanto tempo – a arte da condução do Estado, mas Henrique constatou com frustração que seu pai ainda vivia profundamente influenciado por madame d'Étampes e pela camarilha dela, com seus membros cada vez mais empenhados em tentar melhorar sua posição. Henrique recusou-se a comparecer às reuniões do conselho, dizendo que não desejava ser maculado pelas políticas equivocadas do pai quando ele finalmente chegasse ao trono.

Em 7 de junho de 1546 foi assinada a paz com a Inglaterra, que concordava em devolver a Boulogne depois de oito anos, em troca de 2 milhões de *écus*, pagos em oito parcelas.* Com uma natural sensação de alívio pela cessação da guerra, naquele outono Catarina e Henrique fizeram sua primeira viagem real oficial juntos, a fim de inspecionar as defesas das fronteiras orientais da França. No clima frio de outono, a fadiga por ter dado à luz dois filhos com apenas catorze meses de intervalo, e por ter vivido todas a manobras políticas na corte, cobrou seu preço à delfina, e ela caiu gravemente doente. Henrique interrompeu a viagem, e o casal ficou em Saint-Marc para que a esposa pudesse se recuperar. Para Catarina, quase valia a pena ficar doente simplesmente para ter o marido presente, cuidando dela com alguma ternura, apesar do sofrimento. Sua robusta constituição logo a fez ficar em pé de novo.

Em fevereiro de 1547, chegou à corte francesa a notícia que o rei Henrique VIII da Inglaterra havia morrido em 27 de janeiro. Madame d'Étampes correu até a câmara da rainha Leonor gritando, "Novidade! Novidade! Perdemos nosso maior inimigo!". A infeliz rainha, achando que fosse o imperador seu irmão que tivesse morrido, ficou à beira de um colapso, mas logo soube que ele estava bem, apesar que todos os demais teriam preferido a morte do imperador e não a de Henrique.[16] Foram um Natal e Ano-Novo tristes devido à precária saúde de Francisco, mas saber que seu contemporâneo e às vezes aliado havia expirado deixou o rei "mais pensativo do que antes" e "temendo que pudesse logo ter o mesmo destino". Para piorar, ao que parece, ele recebeu uma mensagem de Henrique VIII, despachada de seu leito de morte, lembrando o rei francês que ele também era mortal.

O clima de morbidez aumentou com a morte de um jovem parente do monarca, o conde d'Enghien, um Bourbon que fazia parte do círculo de amigos íntimos de Henrique, ocorrida numa disputa com bolas de neve num

---

* Alguns historiadores situam essa cifra em 800 mil *écus*.

château perto de Mantes, onde a corte estava hospedada. Francisco ordenara uma luta entre dois bandos, um liderado por Henrique e Francisco de Guise, o outro por d'Enghien, de quem o rei gostava. Na brincadeira estúpida que se seguiu, em que nenhum dos lados dava trégua, d'Enghien parou uma hora para tomar fôlego e se sentou debaixo de uma janela. Um contemporâneo escreveu que "alguma pessoa desavisada atirou uma cômoda pela janela, que caiu na cabeça de senhor d'Enghien e [...] ele morreu alguns dias depois".[17] Alguns suspeitaram que tivesse sido intencional, mas não há nada que sustente isso. Esses jogos exaltados daquela época costumavam causar ferimentos graves e mortes, mas o caso é que o falecimento do infeliz jovem trouxe ainda mais dor e pesar a Francisco. Conforme as sombras se ampliavam sobre seu reinado, o rei foi possuído por uma inquietação que o fazia viajar de um de seus amados *châteaux* a outro, aparentemente para caçar, embora muitas vezes ele tivesse que ser carregado numa liteira e só conseguisse acompanhar a caça à distância.

Finalmente, em Rambouillet, aos 52 anos, Francisco não pôde mais continuar; febril, recolheu-se à cama. O abscesso "em suas partes baixas", que o perturbava fazia vários anos e fora cauterizado em 1545, liberando grande quantidade de pus, nunca havia sarado de fato. A ferida continuava reabrindo, particularmente pelo fato de ele não parar com suas aventuras amorosas. O rei foi tratado com "madeira chinesa", e seu velho aliado, o infiel Barbarossa, lhe recomendara pílulas de mercúrio (mercúrio não processado), algo que na época acreditava-se ser efetivo no tratamento da sífilis.[18] Na realidade, a opinião médica moderna considera improvável que Francisco sofresse de sífilis, já que pareceu bastante lúcido até a morte. A causa mais provável de sua doença seria gonorreia, que, não tratada, teria causado infecções na bexiga e no trato urinário. Na época de sua morte, também sofria de grave infecção estomacal, de um dos pulmões, dos rins e da garganta. Uma coisa a respeito da qual nenhum dos especialistas discordava era que o rei tinha "suas entranhas podres".[19] Depois de sobreviver a várias crises de saúde nos cinco anos anteriores, Francisco parecia agora aceitar que estava prestes a morrer e mandou chamar o delfim, que deixara Catarina cuidando do pai, enquanto ele ia a Anet visitar Diana.

Catarina ficou de coração partido ao ver seu protetor e benfeitor numa condição tão lastimável, e cuidou dele ternamente até a chegada do delfim em 20 de março. Depois que Francisco se confessou, ouviu missa e recebeu a comunhão, começou a falar a sério com Henrique a respeito de todas as faltas que ele cometera em seu reinado, insistindo para que o filho evitasse as mesmas armadilhas. Advertiu o delfim particularmente para que não se deixasse influenciar por uma mulher, como ele havia feito. O rei passou os dias seguintes conversando com o filho a respeito de seus erros passados e aconselhando-o sobre como agir quando fosse rei. Insistiu para que não chamasse Montmorency de volta e acima de tudo que tomasse cuidado com a família Guise, "cujo objetivo era despojá-lo e a seus filhos, deixando-os apenas com seus gibões, e despojar seu povo até deixá-lo apenas de camisa".[20] Pediu que o delfim cuidasse da rainha Leonor, admitindo que havia sido um mau marido para aquela boa mulher, e em seguida encomendou a duquesa d'Étampes à sua proteção, dizendo: "Ela é uma dama [...] não se submeta à vontade dos outros, como fiz com ela".[21]

A favorita, que esperava num quarto contíguo ao do rei e tinha acesso negado ao seu amante desde 29 de março, foi ouvida gritando "Deixem que a terra me engula!", e foi embora às pressas para seu *château* em Limours. Ao saber de uma leve melhora no dia seguinte, voltou, esperando uma recuperação milagrosa, mas esta não aconteceu e o delfim mandou-a embora furioso. Francisco de Guise andava por ali, ansioso para que o novo reinado começasse logo, murmurava: *"Il s'en va le vieux galant"* ("Está indo embora, o velho galante"). O rei pediu a extrema-unção e passou suas últimas horas ouvindo as Escrituras. Quando conseguia, conversava com Henrique, que tomado de emoção pedia a bênção do pai e o agarrava num abraço apertado, do qual não o deixava se soltar, até que o delfim "caiu desfalecido". Em algum momento entre duas e três da tarde de 31 de março de 1547, Francisco I da França, *Le Roi Chevalier*, o rei renascentista ao norte dos Alpes que havia iniciado seu reino tão gloriosamente, e criado tantos problemas ao seu reino nos anos posteriores, finalmente deu seu último suspiro. Foi considerada por todos uma morte exemplar.

Catarina, que havia sido a companhia mais próxima de Francisco durante seus anos de declínio e sua doença final, passou a maior parte dos últimos dias numa antessala, às vezes sentada no chão recostada à parede, a cabeça entre as mãos, chorando. Ela não só perdia sua fortaleza contra Diana, mas também sentia um pesar genuíno pelo homem que a trouxera para a França treze anos antes e a apoiara quando outros a teriam mandado embora. Catarina aprendera muito com Francisco sobre como expressar a grandeza da monarquia, testemunhara sua coragem, seu otimismo e sua paciência; assistira como lidava com a política da corte e as relações internacionais. A delfina também se inspirara com a paixão de seu sogro pelas artes e por seus grandes projetos de construção. Apesar de todos os erros de Francisco, sua jovem aprendiz assimilou bem as lições, e em anos posteriores, quando lhe coube proteger sozinha a França e a monarquia, invocou o nome e o exemplo de Francisco I. Estava determinada a honrar o homem que a elevara da condição de filha de uma rica família de mercadores a rainha da França.

IV

A CONSORTE ECLIPSADA

*Pois nunca uma mulher que ame o marido
conseguirá amar a meretriz dele*

1547-1549

Catarina tinha 28 anos quando se tornou rainha da França. "A mulher estrangeira" ainda falava francês com um indelével sotaque italiano, mas o povo, ao longo dos anos, afeiçoou-se a ela, em parte por gratidão, por ela ter dado um herdeiro ao trono, mas também com sentimentos de piedade pela rainha ignorada, e nunca tanto quanto agora. Desde os primeiros dias do reinado de Henrique, Diana fez questão de assegurar todos os benefícios que advinham de sua posição de amante do rei. Antes desprovida de paixão, mas cheia de dignidade e altivez, a favorita encontrava agora algo para inflamar seus sentidos: a cobiça. A obsessão de Diana pelo acúmulo de riquezas e honrarias a consumia. Para satisfazer suas necessidades, precisava manter o novo rei sob seu controle estrito. Catarina, embora fosse a rainha, continuou desprovida de poder para se interpor entre Henrique e Diana. Seu papel e influência durante o curto reinado de seu marido ficaram no geral restritos à maternidade e à condição de uma consorte eclipsada. Sempre que possível, Diana ocupava o centro do palco e empurrava Catarina para uma zona de penumbra, enquanto dava à luz um oitavo filho, após a ascensão de Henrique. À medida que seu reinado se desenvolveu, ele foi aos poucos aprendendo a confiar na lealdade e no julgamento certeiro de sua esposa, mas ainda a excluía de suas confidências, especialmente nos primeiros anos. Um historiador escreveu: "O movimento prosseguia em volta dela; [mas] ela estava acalmada. A política morria na entrada de sua porta, sua vida continuava puramente doméstica, exceto nas questões italianas".[1]

Para compreender a França e as forças internas e externas que moviam o país, e que Catarina teria que enfrentar quando seu marido morresse doze anos depois, é essencial entender os principais traços do reinado de Henrique II, em particular o grupo de nobres que ele favoreceu, enriqueceu e a que deu poder. Enquanto Henrique viveu, esses homens demonstraram total lealdade ao rei, mas ao torná-los muito fortes, ele criou sem saber uma situação extremamente perigosa para a futura rainha Catarina.

O povo francês acolheu bem o início do reinado de Henrique. A maioria estava saturada com as políticas cada vez mais confusas de Francisco, guiadas conforme sua favorita, com seu jeito dominador, o puxava para lá e para cá, quando o julgamento e a força dele lhe faltavam nos momentos essenciais, particularmente nos últimos embates com o imperador. A conduta e a atitude do novo rei eram promissoras. O povo sabia pouco a respeito de Henrique, exceto que era um bravo soldado, um excelente esportista e um amante da caça; também parecia se abster do exibicionismo e da extravagância do pai. Até aquele momento, a sua máscara de respeitabilidade ainda não caíra publicamente para revelar a verdadeira natureza de sua relação com Diana.

O embaixador veneziano resumiu Henrique em poucas palavras antes de sua ascensão, escrevendo que a afeição que ele nutria pela sua favorita lembrava "aquela entre mãe e filho; e [...] que a dama assumira para si a tarefa de instruí-lo, corrigi-lo e aconselhá-lo [...]".[2] Certamente, em comparação com as incontidas premências sexuais do pai, as pessoas consideravam o antigo delfim "pouco dependente das mulheres".[3] O embaixador também examinou a essência de sua personalidade e intelecto, achando-o

> não muito ágil em responder quando instado a fazê-lo, mas muito decidido e muito firme em suas opiniões, e aquilo que ele afirma uma vez, sustenta-o com grande tenacidade. Não tem intelecto muito afiado, mas homens com esse perfil com frequência são os mais bem-sucedidos; são como frutos de outono, que amadurecem tarde, mas que, por essa razão, são melhores e duram mais tempo [...] é favorável a manter um pé na Itália [...] e com esse objetivo em mente apoia os italianos que estejam descontentes com o andamento dos negócios em seu país. Ele gasta seu dinheiro de uma maneira prudente e confiável.[4]

Apenas algumas horas após a morte de Francisco, e durante o tradicional período de quarentena entre o falecimento do antigo monarca e a aparição pública do novo rei, Henrique, recuperando seu ânimo por tornar-se governante absoluto da França, começou a demitir ministros do antigo regime e a distribuir favores a seus amigos e apoiadores. O primeiro de quem se lembrou para favorecer com um alto cargo foi Anne de Montmorency, *"le premier baron de France"*. O condestável ficara seis anos vegetando em suas imensas propriedades desde que Francisco o exilara da corte e caíra em desgraça. Em 24 de abril, Henrique e o condestável ficaram sentados a sós numa sala durante duas horas, em Saint-Germain-en-Laye, e quando saíram Montmorency havia sido nomeado presidente do Conselho Privado do rei e colocado no comando de todos os assuntos do governo. Era agora a maior autoridade do reino depois de Henrique, tanto em questões militares quanto em civis. Montmorency rapidamente instalou-se nos aposentos recém-desocupados de madame d'Étampes, que ficavam vizinhos aos do falecido rei. Esse foi um grande feito para um homem que, apesar de ser um sólido militar em táticas de defesa e um ultraconservador, não havia demonstrado nenhum grande sinal de gênio.

Além de suas novas honrarias, Montmorency recebeu também compensações pela falta de rendimentos de que padecera em seus anos de desonra. Uma soma que chegava a mais de 100 mil *écus* foi-lhe paga, e ele também retomou o governo do Languedoc. Este não lhe fora tomado oficialmente por Francisco, mas ficara a cargo de outros durante o banimento do condestável. Montmorency ficou com o selo do rei e quase sempre procurava certificar-se de que nenhum assunto passasse para sua majestade sem sua prévia sanção. Henrique permitia que o velho senhor lidasse com muitas coisas em seu nome, e muitos entendiam que o condestável procurava manter o rei afastado do trabalho administrativo e que executava boa parte dessa tarefa por ele. Como um típico pedante, era muito atento aos detalhes e quase nada escapava à sua observação. Sua famosa arrogância convencia-o de que sabia mais que qualquer um sobre praticamente tudo. Nas reuniões do conselho, a toda hora interrompia quem estivesse falando e dava sua opinião de forma peremptória. Seu comportamento autocrático e sua zelosa vigilância sobre o rei não demoraram a incomodar os demais. "Está mais insolente do que era e provoca o ódio de homens e mulheres, e de todos em geral", comentou o embaixador do ducado italiano de Ferrara. Enviados estrangeiros logo começaram a se queixar que aquele impertinente autocrata impedia ou atrasava os negócios com sua obsessão por minúcias. Não obstante, Henrique parecia grato por não ter que se preocupar com os exaustivos detalhes dos assuntos de governo, que era sem dúvida exatamente o que o condestável pretendia.

Apesar da natureza litigiosa de Montmorency, e de seus modos tirânicos, ele possuía, pelo menos aos olhos de Catarina, uma qualidade positiva. O homem não buscava encher os próprios bolsos e parecia menos insistente quanto à promoção de sua família do que outros da *entourage* de Henrique. Ao contrário, em princípio dedicava sua existência a duas coisas: o bem-estar do rei e a segurança e proteção da França. Embora o condestável tivesse estimulado os primórdios do romance e da união entre Diana e Henrique, Catarina era perspicaz o suficiente para perceber que, apesar de sua postura pomposa e ridícula, ele se destacava como o mais fiel de todos os nobres de Henrique. O núncio papal escreveu sobre Montmorency nessa época: "Esse homem é mais francês, em palavras e atos, do que qualquer um que já se tenha conhecido [...] Não deve achar que possa alguma vez se submeter [...] a qualquer curso de ação que não seja o mais vantajoso para o seu rei".[5]

Os membros da família Montmorency que mais se beneficiaram com a ascensão de Henrique foram seus três sobrinhos Châtillon, um dos quais, Gaspard de Coligny, seria vários anos mais tarde a principal causa do terrível massacre pelo qual Catarina é mais lembrada na França de hoje. Dos sobrinhos, filhos da irmã de Montmorency, Gaspard era o mais inteligente e mais capaz dos irmãos; militar inspirado de alta integridade, foi nomeado coronel-general da Infantaria. Seu irmão Ôdet, cardeal de Châtillon, o mais velho, foi o mais favorecido, e mudou-se para o apartamento do tio em Saint-Germain. Francisco d'Andelot, o terceiro irmão, também recebeu favores do rei.

Diana não via com muito prazer o retorno da única pessoa que rivalizava com ela nas afeições do rei, mas havia uma compreensão implícita entre os dois de que deveriam trabalhar em conjunto para o bem de Henrique. Diana e a rainha Leonor tiveram a grande satisfação de ver sua nêmesis, madame d'Étampes, banida da corte. Ela permaneceu no seu castelo de Limours, com receio de que viesse a ser processada pelos muitos crimes de cupidez que ocasionara. No final, depois de devolver joias e uma grande parte dos presentes de Francisco, muitos dos quais propriedade inalienável da Coroa, ela percebeu com alívio que não seria assassinada ou julgada por traição. Henrique, talvez por respeito ao desejo do pai moribundo, poupou a duquesa. Embora suas propriedades ficassem bem diminuídas, era consenso geral que ela escapara sem grandes danos. Felizmente, ela passou o resto de seus dias na obscuridade. As propriedades e joias recuperadas de madame d'Étampes foram prontamente dadas por Henrique à sua amante, Diana, que não viu motivo para continuar perseguindo a antiga rival; tinha mais o que fazer.

Catarina, grávida uma vez mais, passou os primeiros dias do reinado do marido vendo-o recompensar seus amigos pela lealdade que haviam demonstrado a ele durante o reinado do pai. Além do condestável, os principais beneficiários foram seus fiéis companheiros de sempre. A família Guise sentiu imediatamente as vantagens de ter Henrique no trono. Francisco, conde d'Aumale, o filho mais velho de Cláudio, primeiro duque de Guise, era um dos melhores amigos de Henrique. Conhecido como "*Le Balafré*" ("O Cortado") devido ao horrível ferimento que recebera nos arredores de Boulogne durante a campanha contra os ingleses, desfrutava de acesso livre ao rei e na maioria dos dias os dois jogavam tênis, o esporte favorito de Henrique. Francisco foi admitido no Conselho Privado, nomeado mestre de caça real e pouco depois o rei o nomeou duque d'Aumale. O título de duque equivalia em hierarquia ao do mais antigo príncipe de sangue, Antônio de Bourbon, uma medida que iria causar infindáveis rusgas de protocolo com os Bourbon a respeito da precedência. O irmão de Francisco, Carlos, que era arcebispo de Reims desde os nove anos, também recebeu um assento no conselho e um barrete vermelho de cardeal a tempo para a coroação do novo rei.

Os irmãos compunham uma equipe brilhante, e Carlos, um homem de inteligência extraordinária, recebeu aclamação universal por seu aguçado senso político e diplomático, até mesmo de seus inimigos. Seu tio Jean, também cardeal, sentava-se no conselho junto com seus sobrinhos. A irmã deles, Maria de Guise, que se casara com o rei Jaime V da Escócia, enviuvara em 1542 e governara o reino como regente de sua filha bebê Maria, rainha da Escócia. Diana, ansiosa para forjar uma conexão mais próxima com a família Guise, cujas fortunas em expansão pareciam impossíveis de deter, casou Louise, uma de suas duas filhas, com outro dos irmãos de Francisco, chamado Cláudio, marquês de Mayenne. Ao patrocinar os Guise desse modo, ela assegurava que iriam prover uma contrapartida ao condestável. Assim, desde o início ficou claro que os jovens príncipes da Lorena exerceriam grande influência no reinado de Henrique.

O rei não omitiu os Saint-André, *père et fils,* quando distribuiu cargos e posições importantes a seus amigos, e deu a ambos assentos no conselho. Jacques de Saint-André, companheiro íntimo de juventude de Henrique, foi nomeado marechal da França e recebeu o cargo de *grand chamberlain*, o que significava que dormia na câmara do rei. Esse acesso único à pessoa de sua majestade deu a Saint-André muito poder e prestígio, pois as pessoas recorriam a ele para promover seus interesses ou conseguir uma audiência com o rei. Além disso, recebeu o governo de Lyon, Bourbonnais e Auvergne. Henrique também premiou o pai com o governo de Bresse. O Saint-André mais jovem ficara ambicioso, dissoluto e egoísta ao longo dos anos, desde que criara um vínculo com Henrique como duque de Orléans, e ocupava seus pensamentos basicamente em como enriquecer, raramente se dando ao trabalho de promover sua família. Os Bourbon, mais antigos príncipes de sangue depois do próprio filho de Henrique, viam sua posição sendo usurpada. Não ficaram totalmente excluídos da distribuição de favores, mas seus assentos no conselho eram migalhas em comparação com as riquezas e honrarias que haviam sido colhidas pelo círculo íntimo de Henrique.

Sem dúvida, a pessoa que mais se beneficiou da ascensão de Henrique foi sua amante, Diana de Poitiers. Conforme o poder de Diana aumentava, a sua reputação decrescia. "O honrado nome dela [foi manchado] finalmente [...], não por depravação, mas por avareza [...] era a identidade dela [...] a menção ao seu nome, conotava apenas a fortuna que havia amealhado".[6] A maneira pela qual Henrique descaradamente cobria sua amante de joias, honrarias, propriedades e cargos não podia deixar de ser notada por todos. Embora já tivesse recebido a maioria das propriedades e joias que haviam pertencido a madame d'Étampes, o mais suntuoso presente ainda estava por vir. Henrique agora autorizava-a a receber um imposto cobrado de todos os detentores de cargos do país sempre que um novo rei ascendia ao trono. Além disso, concedeu-lhe o direito a todas as propriedades da França conhecidas como *"les terres vagues",* terras para as quais não havia títulos claros ou cujos donos haviam morrido sem deixar herdeiro (o que incluía propriedades confiscadas dos hereges). Henrique tornara Diana rica além das expectativas dela mesma. Deu-lhe o Château de Chenonceau, passando por cima do fato de que era propriedade inalienável da Coroa. Esse lindo castelo no vale do Loire era considerado uma joia, e Catarina, que pensou que poderia ficar com ele, não se conteve e protestou veementemente com Henrique, mas sem resultado. Uma velha lei foi desenterrada, cobrando um imposto sobre todos os sinos de igreja do reino, e este também foi abocanhado pela insaciável amante.

Tendo recebido esses e muitos outros presentes e privilégios de seu amante, Diana mantinha um controle estrito do progresso de sua fortuna. Todo dia seu administrador lhe fazia um relato das rendas auferidas, rendas devidas, compensações, propriedades vagas e assim por diante. Henrique dava a impressão de estar tão enfeitiçado por sua amante que parecia não perceber a inveja e o ódio dirigidos a ela. Pelo resto de seu reinado, ele continuou a cumulá-la de riquezas, cargos e honrarias, e também à sua família e seus apoiadores. Um contemporâneo escreveu sobre Diana e outros do círculo íntimo do rei: "Nada escapava aos seus apetites ambiciosos, assim como uma mosca não escapa de uma andorinha. Cargos, dignidades, dioceses, todos os bons bocados eram agarrados avidamente".[7]

Quanto à própria rainha, Henrique não se esquecera dela, mas era contemplada com uma escassa porção se comparada à destinada à Madame, como Diana agora preferia ser chamada. Henrique deu-lhe uma pensão de 200 mil libras e o direito de nomear um mestre em cada corporação, algo que ela já desfrutava sob o rei Francisco. Como Diana gastava imensas quantias para fazer melhorias em seus *châteaux* de Anet e Chenonceau, Henrique permitiu que Catarina reformasse o Château des Tournelles, onde ela gostava de ficar em Paris. O Louvre destinava-se para a residência real parisiense do casal, mas as obras em andamento para transformar a velha fortaleza medieval num palácio renascentista deixavam-no impossível de ser usado. Como Catarina queixava-se de não ter uma propriedade rural adequada onde pudesse receber o marido, foi-lhe dado também o Château de Montceaux-en-Brie, perto de Meaux.

O melhor presente que Catarina recebeu pela coroação do rei foi ver seus dois queridos primos, os Strozzi, elevados a cargos importantes. Exilados de Florença sob o regime do autoritário duque Alexandre de Médici, os Strozzi viviam como *fuoriusciti* – nome dado aos exilados italianos – na corte da França.*

Os quatro irmãos agora viram-se recompensados por Henrique, que desejava fazer algo para satisfazer a esposa. Eles queriam muito voltar para

---

* Embora a maioria dos Strozzi tivessem partido durante o governo de Alexandre, Cosimo de Médici exilou e matou outros membros da família.

casa e destronar o arrivista governador de Florença, tirando-lhe assim o total controle que tinha sobre as magistraturas da república, e Henrique decidiu promover os outros dois irmãos mais velhos dentro da hierarquia militar. O mais velho, Piero, foi promovido a capitão-general da Infantaria italiana. E Leone, o segundo irmão, foi feito capitão-general das Galeras do Levante. Isso daria aos dois Strozzi mais velhos, quando chegasse a hora, importantes papéis em qualquer futura campanha pelo poder em Florença. O terceiro irmão, Lorenzo, tornou-se bispo de Béziers, e o mais novo, Roberto, continuou como banqueiro, embora agora fosse encarregado de negociar empréstimos e levantar fundos para a Coroa quando necessário, um cargo potencialmente muito lucrativo.

Catarina gostava mais de Piero entre todos os irmãos, e Henrique também sentia grande afeto por ele, chegando a torná-lo *"gentilhomme ordinaire de la chambre"*. Piero era uma figura um pouco arrogante, mas de muita expressão na corte. Combinava sua inteligência e erudição raras com uma coragem física e uma determinação que ninguém detia. Homem de contrastes, escrevia delicados poemas, mas também gostava de armar brincadeiras bastante violentas e perigosas, do tipo que Henrique sempre apreciara. Era baixinho e muito vaidoso. Para disfarçar sua pouca estatura, usava saltos altos e, na esperança de esconder que sua cabeça era pequena demais em relação ao corpo, ostentava chapéus altos, enfeitados e decorados em excesso. Piero traduziu César do latim para o grego, e entretinha seus ouvintes com suas histórias, mas sabia-se que quando confrontado era capaz de vinganças mortais. Até mesmo Diana, os Guise e Saint-André achavam a companhia dele irresistível.

Catarina sempre tivera uma *entourage* italiana desde o tempo do seu casamento, mas, ao se tornar rainha, seu grupo de seguidores – florentinos e de outras origens – aumentou. Ela viu-se como o ponto de reunião de seus compatriotas exilados, que nela colocavam suas esperanças políticas, chamando-a de Rainha Italiana da França. De início, o novo reino pouco fez no sentido de oferecer-lhes algo. O embaixador imperial relatou ao seu mestre: "Uma corrente infindável de italianos veio à nova corte oferecer seus serviços, mas não estão sendo colocados na lista de contemplados".[8] Catarina, orgulhosa de seu país de origem, importava seus vestidos da Itália, promovia artistas e artesãos italianos, e aos poucos sua influência e sentido de estilo e pompa passaram a estar presentes na corte. Seu *maître d'hôtel*, o poeta florentino Luigi Alamanni, era também um líder dos *fuoriusciti*. Nem todos os exilados eram artistas, soldados, mercadores ou refugiados políticos; o grupo também compreendia um considerável número de banqueiros. Iriam se transformar no braço forte dos apoiadores de Catarina, conforme o reinado seguiu adiante, especialmente quando o rei necessitava de empréstimos para suas expedições militares à península. Pois logo ficou óbvio que Henrique, assim como o pai antes dele, achava irresistível o chamado daquele canto de sereia da Itália e de seus ricos territórios.

A rainha forjou uma de suas amizades femininas mais íntimas com Maria-Catarina Gondi, a esposa francesa de Antonio Gondi, um mercador florentino que vivia exilado na França. Elas haviam se conhecido em Lyon logo após o casamento de Catarina com Henrique, quando a família real fazia a viagem de volta de Marselha a Paris. Madame Gondi era muito prática e aconselhou Catarina em tudo, desde a gravidez e cuidar de crianças até questões de dinheiro. Mais tarde, a rainha iria recompensar essa notável mulher e a família dela dando-lhe a responsabilidade por suas finanças pessoais e tornando-a administradora geral de seus projetos e obras de construção, entre outros assuntos. Com efeito, Catarina escolheu madame Gondi como sua tesoureira, um cargo muito incomum para uma mulher no século XVI. Mais importante que tudo, a relação entre as duas foi talvez uma das poucas amizades verdadeiras de Catarina. Para sobreviver às intrigas do reinado anterior e manter um fio de dignidade como rainha diante dos incontáveis triunfos de Diana, Catarina precisava parecer indiferente, altiva e silenciosa. Maria-Catarina Gondi poderia ser considerada uma das poucas pessoas às quais a rainha revelou suas verdadeiras aflições.

Outro notável apoiador da rainha foi Gaspard de Saulx, *seigneur* de Tavannes, um soldado tão feio quanto corajoso. Veterano das guerras italianas, Tavannes desprezava Diana e seus aduladores, e admirava a paciência e dignidade de Catarina diante das intermináveis humilhações que ela suportava. Um dia, após uma desfeita particularmente pungente de Madame a Catarina, o enfurecido Tavannes decidiu agir e anunciou à rainha que iria tirar uma fatia do nariz de Diana. Esperava que, ao desfigurá-la permanentemente, o rei perderia interesse por sua amante. Felizmente, Catarina dissuadiu Tavannes desse ato primitivo e extremo. Do mesmo modo, o parente e grande amigo da rainha, o duque de Nemours, abordou-a, oferecendo-se para atirar ácido no rosto de Diana. Esse projeto foi também abandonado quando a rainha disse preferir uma via mais "paciente". Esses dois homens e outros da *entou-*

rage dela identificaram em Catarina as qualidades que outros tão manifestamente falharam em perceber.

Em 23 de maio de 1547, Francisco foi enterrado em Saint-Denis. Henrique decidira fazer um enterro triplo e trouxe os corpos de seus dois irmãos – que não haviam recebido cerimônias de Estado – para acompanharem o do pai. Organizou um funeral épico para o falecido rei e os dois príncipes, que custou mais de meio milhão de *écus*. Enquanto a esplêndida e solene procissão passava por Paris rumo a Saint-Denis, ele assistiu ao cortejo de uma janela na rua Saint-Jacques, de frente para parte do trajeto. Henrique teve que permanecer incógnito até depois dos enterros, quando seria oficialmente proclamado rei. À medida que os esplêndidos ataúdes, coroados pelas tradicionais efígies, passavam diante de sua janela, Henrique ficou "muito comovido e profundamente pesaroso, chegando às lágrimas".

M. de Vieilleville, um dos acompanhantes do rei naquele dia, tentou animar sua majestade dizendo-lhe que, em vez de prantear seu pai, deveria tentar imitar as virtudes e a força do falecido rei. Isso teve pouco efeito. Tentando uma abordagem diferente, Vieilleville anunciou que em trezentos anos nunca houvera um príncipe da França mais pernicioso que Carlos, o irmão de Henrique. E para rematar: "Ele nunca o amou ou lhe devotou estima".[9] Henrique teimosamente continuou a chorar até que por fim Vieilleville, a essa altura já ardorosamente envolvido no tema, contou que anos atrás, após um acidente de barco no qual se temia que Henrique e seu irmão mais velho tivessem se afogado, o príncipe Carlos ficara em êxtase. Seu júbilo foi frustrado quando chegou a notícia de que os dois garotos mais velhos haviam sobrevivido, e nesse ponto ele observou contrariado a um amigo: "Eu desisto de Deus; nunca serei nada além de uma nulidade".[10] Por fim, depois de mais histórias nessa mesma linha, o rei pareceu se animar e assistiu ao resto da procissão com uma atitude passiva, chegando a comentar quando o caixão de Carlos passou: "Vejam, eis a nulidade que lidera a vanguarda da minha felicidade!".[11]

Com o velho rei agora enterrado, e antes de sua própria *sacre* em Reims, Henrique, por pressão de Diana, decidira pôr fim a uma briga que tivera origem nas velhas rivalidades da corte de Francisco. Um jovem nobre, Guy Chabot, barão de Jarnac, amigo da duquesa d'Étampes, havia sido cruelmente difamado por Henrique e seus amigos nos últimos anos do reinado de Francisco. Quando Jarnac se sentiu obrigado por questões de dignidade a tomar satisfações, o delfim foi impedido de lutar um duelo devido à sua alta posição. Para resolver o assunto, um dos amigos de Henrique, Francisco de Vivonne, *seigneur* de La Châtaigneraie, um soldado experiente que havia lutado ao lado do rei e era também um espadachim virtuoso, apresentou-se para duelar em nome do delfim. Deveria ser um duelo de vida ou morte, mas Francisco recusara permissão para que fosse realizado e o assunto ficara pendente, especialmente porque a óbvia inferioridade física de Jarnac significava que não seria páreo para La Châtaigneraie. Este último tinha ótima constituição física, além de ser um renomado lutador e atleta; recebera seu treino marcial sob a orientação de um grande mestre em Roma e já havia vencido outros duelos. Um dos segredos de suas façanhas era, segundo ele afirmava, ter sido alimentado na infância com pó de ouro, aço e ferro adicionados à comida. Jarnac, por outro lado, era um jovem agradável, alto mas frágil, de natureza gentil, bem diferente do fanfarrão La Châtaigneraie.

No início do novo reinado, La Châtaigneraie pediu autorização para o duelo; de novo, de vida ou morte. Jarnac escreveu ao rei que aceitou a sugestão. Henrique, que reverenciava o código de honra dos cavaleiros medievais, ficou encantado com a solicitação. O duelo logo foi percebido como uma luta simbólica entre as duas velhas facções; La Châtaigneraie representando Diana e o novo rei, e Jarnac defendendo d'Étampes e Francisco. Várias outras questões haviam surgido desde que a disputa tivera início, e embora a maior parte da corte, que desejava agradar ao rei, apoiasse La Châtaigneraie, havia alguns, principalmente aqueles que estavam cansados da influência de Diana, que apoiavam Jarnac.

A corte inteira fervilhava de excitação, eram feitas apostas e os dois protagonistas preparavam-se para o desafio. Poucas pessoas se dispunham a apostar na sobrevivência de Jarnac – as probabilidades contra ele eram monumentais. Circulavam também rumores de que o primo de Catarina, Piero Strozzi, que era tão cioso da própria honra que se dispunha a lutar diante das menores ofensas, decidira ajudar o jovem Jarnac dando-lhe secretamente algumas dicas, concebidas de maneira engenhosa e específica, para destruir La Châtaigneraie. Com a ajuda do grande mestre italiano dos duelos Caize, Jarnac trabalhou duro para se preparar, e embora Catarina desejasse ver o desconforto de Diana, não podia dar a impressão de estar apoiando o inimigo de sua rival. Como seria de esperar, Strozzi decidiu assumir a tarefa de preparar Jarnac, sem envolver a rainha.

No dia do duelo, 10 de julho de 1547, uma campina em Saint-Germain-en-Laye foi preparada com uma arena e tribunas para os espectadores. Estandartes coloridos tremulavam e havia tendas montadas para os duelistas. Todos os toques da tradição medieval estavam em evidência. La Châtaigneraie, muito seguro de seu sucesso, ordenara um grande banquete com longas mesas, para o qual convidara a corte inteira para celebrar sua vitória. Contrastando com isso, a preparação de Jarnac consistira em passar semanas treinando com assiduidade e fazendo peregrinações a igrejas e abadias, rezando e considerando o que tinha pela frente. Os dois contendores compareceram à missa antes do início do duelo, e a atitude devota de Jarnac recebeu muitos comentários favoráveis. La Châtaigneraie simplesmente olhava ao redor com expressão de tédio, deixando óbvio que "temia seu inimigo não mais que um leão teme um cão".[12]

Quando os dois contendores entraram na arena, observados com atenção por uma enorme multidão, o rei assumiu seu lugar entre Catarina e sua amante. Uma massa de parisienses havia chegado para ver o espetáculo, assim como alguns membros da pequena aristocracia rural, que viam Jarnac como uma vítima da indevida influência de Diana; esperavam que ele desferisse um golpe em nome de sua classe. Às sete da noite, depois das infindáveis cerimônias que acompanhavam a tradição medieval, os dois homens foram andando um na direção do outro. Châtaigneraie desferiu um terrível golpe em Jarnac, que, em vez de apará-lo com a espada, protegeu-se com seu escudo gigante e antiquado e arremeteu contra seu agressor com uma pequena adaga, golpeando-o duas vezes atrás do joelho e cortando seus tendões. La Châtaigneraie caiu no chão, com sangue brotando de suas feridas incapacitantes. Estava vencido. Um grito imenso veio da multidão, já que Jarnac derrotara talvez o maior *bretteur* do reino em questão de segundos. Jarnac, que estava tão perplexo quanto seu oponente com o desfecho dos eventos, aproximou-se de La Châtaigneraie e, embora tivesse o direito de matá-lo, pediu apenas que sua honra fosse restaurada. La Châtaigneraie recusou-se a fazê-lo, esforçando-se para se manter em pé e continuar a lutar, mas desabou. Diante disso, Jarnac foi até onde sentava Henrique e ofereceu seu oponente ao rei, que estava tão chocado com a conclusão do embate que mal pareceu ouvir a solicitação de Jarnac – pronunciada com nobre humildade – para que sua honra fosse restaurada e o rei "aceitasse" La Châtaigneraie. Henrique continuava em silêncio, enquanto Jarnac, temendo que seu oponente vencido morresse antes que a questão fosse resolvida, ficava cada vez mais insistente. Por fim, depois de ir de novo examinar seu adversário, Jarnac gritou para a multidão reunida: "Senhor, veja! Ele está morrendo! Pelo amor de Deus, aceite sua vida de minhas mãos".[13] Após mais algumas demoras, Henrique foi impelido a agir por Montmorency, que viu o rei correndo risco de opróbio ao se comportar de maneira tão desastrada, e o fez restaurar formalmente a honra de Jarnac. Por centenas de anos a partir de então o famoso e legítimo golpe que havia levado o azarão à vitória ficou conhecido como *"Le coup de Jarnac"*. O rei e Diana ficaram furiosos com sua humilhação pública, pois haviam se identificado totalmente com La Châtaigneraie, e ambos foram embora rapidamente. A massa de Paris precipitou-se sobre o banquete que o campeão do rei havia tão prematuramente preparado. "As sopas e as entradas foram devoradas por uma infinidade de harpias, as bandejas de prata e os belos aparadores [...] foram quebrados ou levados embora, em meio a uma indescritível desordem [...], e a sobremesa consistiu em centenas de golpes [vindos] dos capitães e arqueiros da guarda."[14]

O dia terminou num caos completo. Quanto a La Châtaigneraie, que teve sua ferida enfaixada e foi avisado de que sobreviveria, este nem se importava mais com isso, já que perdera a honra; e, arrancando as bandagens, passou a sangrar até a morte, cheio de raiva e humilhação. Muito se comentou mais tarde a respeito da derrota de La Châtaigneraie, vista como um mau presságio para o rei no início de seu reinado. Pessoalmente, Henrique saiu muito mal do episódio, por ter se comportado como uma criança petulante, e não como um monarca generoso. Para Catarina, o fiasco foi fonte de secreta satisfação ao ver sua rival publicamente humilhada. Como pós-escrito a esse drama, Henrique decidiu proibir o combate judicial como método de resolver disputas.

Houve pouco tempo para refletir sobre o desfecho do duelo, pois a coroação do rei iria ter lugar em 26 de julho. Seguindo a tradição, seria realizada na catedral de Reims. Henrique fez sua entrada oficial na cidade no dia anterior. Com uma despesa ruidosa para o reino, a cidade havia sido transformada. Espetáculos encantadores com ninfas nuas e homens vestidos de sátiros receberam o rei pelas ruas brilhantemente decoradas. Catarina, a poucos meses de dar à luz e sentada junto a uma janela com suntuosa decoração, observou a passagem do marido. Ao passar, ele a saudou *"fort honorablement"*, e quando se aproximou do lugar em que Diana estava sentada com algumas outras damas saudou-as com perceptível entusiasmo. No dia da coroação, foi atribuído a Catarina, a essa altura bem volumosa, um lugar numa tribuna de onde era possível ver a sagrada união entre Deus, o rei e a França. Embora não tivesse naquele dia um papel específico a desempenhar, a rainha deve ter ficado magoada ao ver a túnica de Henrique quando este entrou na catedral: estava bordada com as letras H e D entrelaçadas. Apesar disso, Catarina viu com orgulho o marido desempenhar seu papel no antigo ritual, com distinção, devoção e nobreza. De fato, ele rezou tão longamente e com tamanha devoção que Diana depois perguntou-lhe o que havia rezado. Ele respondeu que pedira a Deus para tornar seu reinado longo se fosse bom para a França, e curto se ele se revelasse um mau rei.

Muito do juramento da coroação foi dedicado a explicitar promessas relacionadas com defender a Igreja Cristã, suas leis e privilégios. Ele prometeu proteger "o povo cristão a mim subordinado" e mais adiante no juramento a "expulsar todos os hereges". As qualidades sacerdotais do reinado do monarca francês eram tão vitais que elementos da *sacre*, como a coroação foi chamada, o tornavam "mais sacerdote do que leigo".[15] As conveniências políticas haviam alterado o conteúdo da cerimônia conforme as necessidades foram mudando ao longo dos séculos, mas "uma constante histórica pelo menos era clara: o envolvimento da monarquia francesa com a Igreja Católica. A linguagem e os símbolos da missa de coroação francesa iam bem além das usuais nuances eclesiásticas de outros monarcas da cristandade ocidental".[16] Henrique VIII desfrutou do título de "Defensor da Fé", o rei espanhol tinha a denominação de "Monarca Católico", mas o rei francês ostentava a grande distinção do "mais antigo e mais respeitável título: *Rex christianissmus*, o 'mais cristão dos reis'".[17] Quando Henrique viu seu santificado papel ser mais tarde desafiado pelos defensores da Reforma, o casamento ritual entre Deus, o rei e o país fez dele o primeiro entre os soldados cujo sagrado dever era expulsar os heréticos de suas terras. Assim que a coroa de Carlos Magno foi colocada na cabeça do rei, o grito de "*Vivat rex in æternum!*" foi proferido por todos os presentes. Imensas quantidades de moedas de ouro e prata, especialmente cunhadas para a ocasião, foram então lançadas ao ar para o povo, aos gritos de "*largesse*", em meio ao clamor de trombetas e ensurdecedoras saudações.

Henrique era um homem transformado em relação aos dias em que um embaixador escrevera, cinco anos antes, que ele nunca era visto rindo. Embora sua personalidade permanecesse essencialmente inalterada, as melancólicas restrições emocionais de sua estada na Espanha pareciam finalmente banidas. O mesmo embaixador, Matteo Dandolo, que viera representando Veneza na coroação, agora relatava: "Devo assegurar-lhes que ele se tornou alegre, que tem uma tez rubicunda, e que goza de perfeita saúde [...] seu corpo é bem-proporcionado, tendendo mais para alto". Ele prosseguiu relatando que Henrique era "muito afeiçoado ao tênis" e à caça ao cervo. Dandolo acrescentou: "Pessoalmente, é muito corajoso, intrépido e realizador".[18]

Em 12 de novembro de 1547, Catarina deu à luz sua filha Cláudia em Fontainebleau. Irritada com o apelido "Mademoiselle d'Anet" dado a Cláudia, por ter nascido no esplêndido palácio de Diana, a rainha odiava que o mundo soubesse de sua dependência da favorita, "que à noite atrai [o rei] para aquela cama, onde nenhum desejo o arranca". Foi relatado nos primeiros meses do reinado que a dependência total do rei em relação a Diana levava-o a ir até ela após sua refeição do meio-dia para discutir todos os negócios de Estado tratados de manhã. Jean de Saint-Mauris, o enviado imperial, escreveu esse relato a respeito do comportamento do rei e da necessidade que ele tinha dela: "O rei permite ser conduzido e aprova tudo o que [Diana] e seus nobres aconselham [...] Ele continua a submeter-se cada vez mais ao jugo dela e se tornou inteiramente seu súdito e escravo".[19] Numa ocasião, Henrique chegou de fato a escrever à sua amante: "Suplico a ti que mantenhas em memória aquele que conheceu apenas um Deus e uma amiga, e que continues com a certeza que não deves nunca envergonhar-te de dar a mim o nome de teu Servo. Deixa que este seja meu nome para sempre".[20]

Muito se escreveu a respeito da influência de Diana, embora haja pouca evidência concreta disso. Somente em algumas poucas ocasiões específicas ela realmente envolveu-se com a política de fato, em questões externas ou internas, embora estas quase sem exceção fossem alimentadas pelo autointeresse. Sua real força estava em questões de favorecimento e de manutenção do equilíbrio de poder entre os favoritos do rei. O próprio Saint-Mauris relatou também que o comportamento do rei ficara bem mais descuidado em relação à reputação de Diana. Usando o nome em código de Silvius que ele dera a ela, Saint-Mauris conta: "Após o jantar, ele visita a dita Silvius [...] e mesmo com embaixadores e outras pessoas importantes, ele senta-se no colo dela, com um violão na mão, e toca enquanto pergunta com frequência ao condestável e a Aumale se a referida Silvius não preservou toda a sua beleza, tocando de vez em quando seus seios e olhando para ela com atenção, como um homem que está enfeitiçado por seu amor. E a referida Silvius declara que um dia terá rugas, no que não se equivoca".²¹ Lorenzo Contarini, o embaixador veneziano, escreveu sobre a crescente exasperação de Catarina: "Desde o início do novo reinado, a rainha não conseguia suportar ver tanto amor e favorecimento sendo concedidos pelo rei à duquesa [que Diana em breve iria se tornar], mas atendendo às insistentes súplicas do rei, ela resignava-se a suportar a situação com paciência. A rainha até tem contato com a duquesa, que, por sua parte, trata bem a rainha, e com frequência é ela que o exorta a dormir com sua esposa."²²

Muitos anos mais tarde, já idosa, Catarina escreveu a um de seus enviados, M. de Bellièvre, que estava tentando resolver os problemas conjugais de sua filha Margot com Henrique de Navarra. Trata-se de um dos poucos documentos nos quais ela menciona os desafios que enfrentou na vida como parte do triângulo conjugal. "Se eu tratasse bem madame de Valentinois [Diana], era o rei que eu na realidade entretinha, e além de tudo sempre fiz questão que soubesse que estava agindo absolutamente contra a minha vontade; pois nunca uma mulher que ame o marido conseguirá amar a meretriz dele. Porque não há como chamá-la de outra forma, embora a palavra nos soe horrível."²³ Numa veia mais patética, ela admitiu seus sentimentos, depois de ficar viúva, em uma carta à sua filha Isabel, então rainha da Espanha. Escrevendo a respeito de Diana e sobre como havia tolerado a situação, explicou: "Eu o amava muito, eu sempre tinha medo". O medo foi a principal razão de Catarina manter silêncio. Amava o marido com tanta verdade que os termos que ele impunha, por duros que fossem, tinham que ser suportados para poder ficar perto dele; em termos realistas, sabia não ter alternativa. Como um cão fiel, a rainha acompanhava seu marido por toda parte. "Ela o segue o quanto consegue, sem um pensamento de fadiga", notou Soranzo, o embaixador veneziano.

Uma fonte de consolo para Catarina era o conforto que ela encontrava em seu fascínio pela astrologia. Ela de algum modo conseguiu uma fórmula de coexistência fácil entre sua religião e a crença no poder dos astros. A rainha tinha ainda um talento genuíno para a astronomia, a ciência, a física e a matemática, todas elas complementando seu encanto pelos céus e sua suposta influência sobre a vida dos seres humanos. Tinha livros com páginas de bronze e discos que giravam para facilitar uma rápida análise de suas leituras de eventos celestes. Na realidade, durante a vida de Catarina, houve uma grande atividade nos céus, geralmente em épocas de conflitos.

Cometas, eclipses e outros fenômenos incomuns foram considerados indicações que eventos importantes estavam prestes a ocorrer. Dois notáveis membros italianos de seu séquito eram os irmãos Ruggieri, Tommaso e, mais importante, Cosimo, este conhecido como um mago florentino. Os Ruggieri, renomados astrólogos, também praticavam a necromancia e a magia negra. A família havia muito tempo era protegida dos Médici, e os ancestrais de Catarina, Lorenzo e Cosimo de Médici, haviam sido padrinhos dos filhos de Ruggieri, "*l'Ancien*".

Cosimo era sem dúvida o mais sinistro dos dois irmãos, e ao longo dos anos Catarina iria recorrer várias vezes aos seus talentos. Ela o admirava e temia ao mesmo tempo, sempre tomando cuidado para não o irritar. Entre os muitos rumores a respeito de suas práticas assustadoras, dizia-se que havia roubado um bebê judeu, decapitado-o e, pelo emprego de seus tenebrosos poderes, interrogado sua cabeça cortada sobre segredos que iriam aumentar seu poder. Embora o uso de talismãs e relíquias sagradas ainda fosse lugar-comum para pessoas do supersticioso século XVI, havia boatos de que a rainha possuía um talismã (um dos muitos de sua imensa coleção) feito de sangue humano, do sangue de um bode e de metais afins ao seu mapa astral.

O persistente fascínio da rainha pela astrologia e pela necromancia era excepcional mesmo para a época, e mais tarde contribuiu muito para a má reputação que a história e muitos de seus contemporâneos ajudaram a consolidar. Tampouco lhe fez bem à imagem o seu *parfumier*, o italiano *maître* René, que se tornou muito temido por suas poções e pós, e pelas lendárias luvas envenenadas e *rouges* com os quais supostamente teria levado muitas pessoas à morte quando serviu Catarina em sua viuvez. A rainha mostrava intenso interesse por pessoas com dons proféticos, e dizia-se que ela própria era dotada de "segunda visão". Várias pessoas que lhe eram próximas afirmavam que ela acordava de seu sono gritando e profetizando a morte inesperada de um ente querido; até sua filha Margot testemunhou a mãe prevendo com precisão uma morte a partir de um sonho.[24]

Em abril de 1548, depois de passar oito meses em Fontainebleau, Henrique, Catarina e a corte saíram do *château*. O rei agora tinha assuntos importantes a tratar, como preservar sua cabeça de ponte na Itália e manter boas relações com o papa Paulo III, dos Farnese. Os Farnese estavam brigados com o imperador, e Henrique decidiu aproveitar ao máximo essa brecha para dar a impressão de apoiar os interesses daquela família. O neto do papa, Orazio

Farnese, fora trazido à corte francesa e, para vincular as duas dinastias, Henrique prometera dar-lhe sua filha ilegítima Diana da França em casamento. Antes, em 1545, o filho do papa, Pier Luigi Farnese, fora agraciado por seu pai com os ducados de Parma e Piacenza. Isso foi uma grande provocação para o imperador, para quem Parma e Piacenza eram parte do ducado de Milão e, portanto, território imperial. Além disso, o imperador queria ter forte presença militar para proteger seus interesses no norte da Itália.* Logo depois da coroação de Henrique, chegou a notícia que agentes imperiais haviam assassinado Pier Luigi. Henrique recebeu urgentes súplicas do papa, pedindo ajuda para vingar o assassinato de seu filho. Henrique estava sempre inclinado a guerrear, mas Montmorency, com seu perfil pessimista e cheio de maus presságios em relação a essa perspectiva, aconselhou prudência. Quando Henrique viu que não teria nem os venezianos nem os turcos como aliados para o empreendimento militar proposto, decidiu aproveitar a oportunidade para demonstrar sua solidariedade aos Farnese fazendo uma viagem ao Piemonte, cuja maior parte era controlada pela França. Viajou com uma brilhante escolta de seus mais importantes e glamorosos nobres, determinado a causar ótima impressão nos italianos.

Henrique criou um conselho de cinco membros para governar durante sua ausência, e nomeou Catarina regente, antes de se despedir dela em Mâcon. Esse foi o primeiro sinal importante do respeito que tinha por ela, por sua lealdade e capacidade, embora os reais poderes políticos de Catarina fossem limitados. Aceitando o conselho de Montmorency, de ser pródigo em todas as suas interações na Itália, Henrique causou esplêndida impressão nos piemonteses. Saldou velhas dívidas francesas, repatriou soldados franceses incapacitados e deu-lhes uma pensão conhecida como *"ung donne"*.[25] Foi o primeiro monarca a recompensar formalmente soldados feridos em combate por seu país, e seus sucessores mantiveram a tradição. Tinha uma visão esclarecida quanto aos cuidados com os veteranos, e um de seus comandantes, Blaise de Monluc, referiu-se a ele como o melhor rei que os soldados já tiveram.

---

* Além da questão milanesa, o imperador tinha outros interesses em relação aos Farnese. Sua filha ilegítima, viúva do duque Alexandre de Médici, o "meio-irmão" assassinado de Catarina, casara-se com o irmão de Orazio Farnese, Otávio, a quem o imperador prometera Parma.

Henrique na realidade fez uma pequena mas importante conquista territorial nessa viagem à Itália: o marquesado de Saluzzo. Essa diminuta faixa de terra deu aos franceses um crucial acesso direto à península italiana. Houve um evento adicional importante na visita de Henrique ao Piemonte e que elevou a posição da família Guise. Enquanto Henrique e seus homens estavam em Turim, muitos personagens de destaque foram até lá prestar homenagens ao novo rei francês. Entre eles, Ercole d'Este, duque de Ferrara. Sua duquesa era Renée da França, filha do rei Luís XII, predecessor de Francisco I. O casal tinha uma filha chamada Ana, e queriam casá-la com Francisco de Guise, duque d'Aumale. O rei deu seu consentimento, e os Guise ficaram exultantes; como haviam feito com frequência no passado, estavam aumentando seu poder por meio de um casamento prestigioso e ficavam agora mais unidos do que nunca à família real francesa.

Catarina (que mais uma vez estava grávida), juntamente com o Conselho Governante, viu-se de repente diante de sérias dificuldades na ausência de Henrique, quando revoltas e levantes começaram a eclodir devido ao imposto do sal, *"la gabelle"*. Henrique soube das dificuldades e voltou à França em 7 de setembro de 1548, encerrando o curto período de regência de Catarina. Eram necessárias medidas duras para sufocar os rebeldes, e o rei enviou Montmorency a Guiena e Francisco d'Aumale ao vale do Loire para cuidarem das operações. Naturalmente, o casamento de d'Aumale com Ana d'Este teve que ser adiado até que a rebelião fosse contida.

Ao chegar a Toulouse, Montmorency foi impiedoso em sua brutal represália contra os rebeldes, que já haviam voltado à ordem e pediram clemência. Ele torturou e executou mais de 150 pessoas no decorrer do processo. Os condenados, principalmente os líderes, foram despedaçados na roda, dependurados, empalados e esquartejados. Ele quis aplicar uma punição exemplar ao populacho local na problemática área de Bordeaux, onde houvera um problema similar poucos anos antes. Sugeriu remover ou exterminar os habitantes da cidade de Bordeaux e substituí-los por uma população mais submissa, trazida de outra parte da França. Numa atitude louvável, Henrique recusou-se a dar aval a essa ideia, mas os abomináveis métodos de punição do condestável não impediram que a imagem do rei ficasse maculada nesse episódio, o único levante sério de seu breve reinado.

Logo após retornar da Itália, Henrique fez sua entrada triunfal (*joyeuse entrée*) como novo monarca na cidade de Lyon. Essa antiga e importante tradição transformara-se ao longo dos anos num recurso do rei para estabelecer relações com uma cidade poderosa. O monarca nomeava novos funcionários e membros do clero para cargos vagos; a visita também era uma oportunidade para perdoar criminosos, ouvir as reclamações do povo e rever os impostos de algum grupo em particular. O aspecto mais significativo da *joyeuse entrée* era que o rei recebia da cidade um ato formal de fidelidade. Em retribuição, reconhecia os direitos da cidade e de suas autoridades. A demonstração luxuosa e extraordinária que era oferecida como boas-vindas ao monarca, paga pela própria cidade, deu origem a uma acirrada competição entre as cidades maiores. Como era de se esperar, Saint-André, amigo de Henrique e governador de Lyon – que depois de Paris era a cidade mais importante do país –, fez todos os esforços para impressionar sua majestade com uma brilhante celebração. A importância de Lyon advinha especialmente de ser o maior poder financeiro da França, e muitos de seus mais ilustres cidadãos eram financistas italianos exilados, que haviam feito da cidade seu novo centro de negócios.

Catarina, Henrique e Diana viajaram numa enorme gôndola pelo rio Ródano até La Vaise, onde a comitiva real parou, antes de entrar em Lyon. Foi erguido para eles um soberbo pavilhão na forma de um pequeno castelo. Em 23 de setembro de 1548, Henrique fez sua entrada oficial na cidade, acompanhado por sua amante; a entrada oficial de Catarina só aconteceu no dia seguinte. Querendo agradar o rei ao prestar honras a Diana, os cidadãos e seu governador trataram a real amante aquele dia como se fosse ela a rainha da França. Magníficas alusões a Henrique e à sua amante eram vistas por toda parte. A deusa Diana foi o tema predominante representado pelos reverentes burgueses para honrar a amante do rei. Alusões às glórias dos imperadores romanos da Antiguidade, tão admirados por Henrique, foram a oferenda dirigida a ele. Ao entrar na cidade, paramentada para parecer a Roma Antiga, o rei foi cumprimentado por 160 homens vestidos como legionários romanos. O grupo então entrou numa floresta artificial, de onde emergiu um grupo de ninfas liderado por uma jovem beldade, carregando um arco e flecha de prata, representando a deusa da caça. A linda garota aproximou-se do rei conduzindo um leão mecânico por uma corrente de prata e seda negra, simbolizando a cidade de Lyon. Saudando o rei em versos em nome da cidade, ela simbolicamente ofereceu-lhe as chaves.

Entre as muitas maravilhas e espetáculos, foi realizada uma batalha simulada entre doze homens vestidos como gladiadores, que lutaram com pesadas espadas empunhadas com as duas mãos, encantando Henrique de tal modo que ele pediu para que fosse reencenada uma semana mais tarde. Conforme o séquito avançava pela cidade, surgiam janelas e arcos triunfais e obeliscos decorados com o monograma que Henrique e Diana haviam criado para eles. Foram feitas todas as alusões possíveis à sabedoria e grandeza de Henrique, comparáveis às de um imperador romano, e também a Diana, como casta deusa, com sua benigna influência representada em várias poses alegóricas. As cores dominantes na decoração eram o preto e o branco dos dois amantes. Tempo atrás, elas haviam sido o emblema do luto de Diana; agora, as cores tornavam-se o símbolo de seu triunfo.

Catarina fez sua entrada no dia seguinte. Era tarde e escurecia quando a rainha e seu séquito surgiram. As más línguas disseram que o rei quisera que a rainha chegasse no escuro "para que a feiura dela não fosse notada". Qualquer que tenha sido a razão da demora, a rainha chegou de maneira majestosa. Sentada numa liteira aberta junto de sua cunhada Margarida, Catarina vestiu-se de modo a causar uma impressão duradoura no povo da cidade, já que havia muitos italianos presentes. Da cabeça aos pés, seu vestido era coberto de reluzentes diamantes. Atrás dela, numa atitude discreta e reservada, em contraste com o dia anterior, vinha Diana num palafrém.

O pessoal da cidade mostrou flexibilidade e alterou o que foi possível para honrar a rainha. O leão voltou a ser trazido, como no dia anterior, mas para Catarina seu peito abriu-se mecanicamente e revelou um coração decorado com o brasão dela. A decoração em preto e branco foi sempre que possível alterada para a cor de Catarina, o verde. Para espanto de muitos e humilhação da rainha, os dignitários da cidade, ao prestarem homenagens ao rei, beijavam primeiro a mão dele e depois a de Diana, e só então a mão de Catarina, no mais flagrante ultraje a ela. Saint-André havia cumprido bem seu papel e persuadira seus aduladores em Lyon a satisfazerem o rei honrando sua amante.

Catarina teve pelo menos o consolo de ver o nível hierárquico de Diana impor certa distância entre as duas mulheres em sua localização nas festas oficiais e cerimônias públicas. Mas mesmo esse pequeno conforto foi removido quando Diana decidiu que não estava mais satisfeita em ser apenas a viúva de nobre nascimento de um alto oficial. Sentia que agora precisava de uma posição que refletisse claramente seu *status* na corte. Em Lyon, em 8 de outubro de 1548, Diana de Poitiers foi feita duquesa de Valentinois, um ducado com o qual a família dela tinha antigos laços, mas que havia sido entregue a César

Bórgia pelo rei Luís xii. Henrique garantia que Diana recebesse bens suficientes para manter seu título com dignidade, fazendo-os crescer ainda mais. E a elevação também significava que Diana tinha agora o direito de caminhar logo atrás das princesas de sangue. A duquesa mudou seu brasão de armas para ilustrar sua nova posição, e o rei anunciou que a partir de então Diana seria uma das damas de companhia da rainha.

A corte seguiu para o norte até Moulins, para o casamento de 21 de outubro de 1548 da prima de Henrique, Joana de Navarra, filha de sua tia Margarida (casada com o rei de Navarra), com Antônio de Bourbon, o mais velho dos príncipes de sangue depois dos próprios filhos de Henrique. No montanhoso reino de Navarra, Margarida ficara distante da corte de Henrique desde a morte de seu adorado irmão Francisco. Ela e o marido haviam tentado se opor bravamente ao casamento que Henrique propusera para sua filha Joana. Preferindo em vez dele um partido bem melhor para a filha, esperavam que ela pudesse se casar com o rei Felipe da Espanha. Mas Henrique não poderia permitir que Navarra caísse nas mãos dos Habsburgo e insistiu no casamento com um Bourbon.

Joana, uma jovem independente e dinâmica, ficou exultante com esse desfecho forçado, já que achava Antônio de Bourbon muito atraente. Tempos antes, quando se discutia sobre os possíveis maridos para a princesa, Henrique sugerira Francisco de Guise, duque d'Aumale, como uma possibilidade. Joana retorquira que não iria desposá-lo, porque nesse caso a filha de Diana de Poitiers se tornaria sua cunhada.* Enfurecido com esse insulto, Henrique deixou claro qual era sua preferência e o casamento entre Joana d'Albret e Antônio de Bourbon teve lugar sem nenhuma pompa. Para o casamento de seu amigo Francisco, duque d'Aumales, com Ana d'Este, realizado em 4 de dezembro em SaintGermain-en-Laye, Henrique ordenou um evento suntuoso, sem se preocupar com as enormes despesas.

Cinco dias depois, para não ficar atrás, Montmorency casou seu sobrinho, Francisco d'Andelot, com uma das moças mais ricas do reino – Cláudia de Rieux –, numa cerimônia de igual esplendor. O único outro evento digno de nota daquele outono foi o retorno da rainha Leonor para os Países Bai-

---

* Louise, a filha de Diana de Poitiers, era casada com o irmão de Francisco de Guise, o marquês de Mayenne, e Joana não queria laços de família com a amante do rei.

xos, para viver sob os cuidados de seu irmão, o imperador. Henrique sempre tratara muito bem a sua madrasta, mas ela não lamentou sair da França agora que o marido estava morto. Ainda viveu mais dez anos, morreu na Espanha em 1558.

Enquanto a corte se trasladava de um *château* a outro, caçando e banqueteando-se durante o Natal e o Ano-Novo, Catarina continuava em Saint-Germain, na última fase de sua quarta gravidez. Em 3 de fevereiro, às quatro da manhã, com o rei ao seu lado, Catarina deu à luz um menino. O nome escolhido foi Luís, que, como pedia a tradição para o segundo filho de um rei da França, recebeu o título de duque de Orléans. O batismo de Luís teve lugar em maio, e em 8 de junho Catarina e Henrique chegaram a Saint-Denis para os preparativos de sua coroação, dali a dois dias.

Na noite anterior à cerimônia, o casal real visitou a catedral. Foram recebidos pelo cardeal de Bourbon, irmão de Antônio, e inspecionaram todos os arranjos. A abadia foi suntuosamente preparada e um pequeno camarote foi construído para o rei, de onde ele podia assistir aos procedimentos oculto da congregação. O trono da rainha, elevado sobre uma plataforma coberta de tecido de ouro, era ricamente decorado com iniciais bordadas também a ouro sobre um fundo de veludo verde; veludo azul cobria os degraus, com balaustradas de ambos os lados, que levavam até a plataforma. Tribunas com dezenove fileiras de altura haviam sido erguidas na capela-mor. Os príncipes deviam sentar-se à direita e os cavaleiros da Ordem de Saint-Michel, à esquerda. Abaixo dos assentos dos príncipes ficavam os dos capitães da guarda, e em frente a eles haviam sido reservados lugares para as damas e os cavalheiros que tomavam parte da cerimônia. Por último, ficavam os assentos dos demais convidados e cortesãos.

Em 10 de junho, a manhã da sua coroação, Catarina levantou ao raiar do dia; o processo de se vestir e se preparar demandava tempo. Pouco antes das onze horas estava pronta e, ao dar a hora, os dois jovens cardeais de Vendôme e Guise lideraram uma imensa procissão de príncipes e princesas para irem buscá-la. Seu corpete reluzia com grandes diamantes, rubis, esmeraldas e pérolas. Seu vestido de veludo verde-azulado, com a cor parecendo mudar de leve conforme a luz, era bordado com *fleurs-de-lys* em fios de ouro, assim como seu manto real, debruado de arminho. Suas roupas haviam sido feitas para dar-lhe plenitude e comprimento, o que realçava seu efeito já magnífico. Conduzida por duzentos cavalheiros da Casa Real, todos vestidos com seus mais ricos trajes cerimoniais, o séquito avançou até a abadia, seguido pelos cavaleiros da ordem real. Arautos em armas carregavam pesadas clavas de ouro; atrás deles seguia o condestável, segurando seu bastão dourado de grão-mestre. Depois do condestável vinha a rainha, flanqueada pelos dois cardeais. Os dois príncipes de sangue mais velhos carregavam o manto dela pelos lados, enquanto a ponta dele era sustentada pelas duquesas de Montpensier, a mais jovem e a mais velha, e pela princesa de la Roche sur Yon.[26] Trombetas anunciaram a chegada da rainha. O longo cortejo de damas atrás dela foi liderado por Margarida, irmã de Henrique. Diana estava na terceira fileira entre as princesas mais velhas, e a cauda de seu vestido era sustentada pelo filho do condestável, Henrique Damville de Montmorency. Atrás dela seguia sua homônima, a filha de onze anos de Henrique, Diana da França, conhecida como "Madame Bastarda". As mulheres da procissão estavam vestidas de veludo incrustado de joias e com peças de arminho, para combinar com a rainha, além de diademas que indicavam seu grau hierárquico. Diana e as outras viúvas de alto escalão distinguiam-se das demais, pois só elas não usavam paramentos adornados. A mais velha das damas da rainha seguia por último. E ricamente enfeitada, já que como *dame d'honneur* tinha um importante papel no cerimonial do dia, vinha a irmã mais velha de Diana, Françoise, esposa de Robert IV de la Marck, príncipe de Sedan. Robert de la Marck havia sido nomeado marechal da França com a ascensão de Henrique e ganhara assento no conselho do rei.*

Depois de se ajoelhar diante do altar principal e de beijar um relicário, a rainha sentou em seu trono e as princesas e demais damas foram até seus lugares predeterminados. Na mais alta tribuna à direita da rainha estavam Diana e a filha dela, Louise de Mayenne, casada com o irmão de Francisco, duque d'Aumale. À esquerda de Catarina sentava-se Diana da França e, perto dela, Françoise de la Marck. Após as orações iniciais, Catarina desceu de seu trono e ajoelhou-se diante do altar para a unção, realizada pelo cardeal de Bourbon. Ele espalhou o santo óleo pela testa e pelo peito de Catarina, depois colocou-lhe o anel no dedo, que significava seu casamento com o reino da França, e por fim o cetro numa mão e a *"main de justice"* na outra. Finalmente, a grande coroa, trazida por Antônio de Bourbon (o duque de Vendô-

---

* Em 1552, Robert de la Marck recebeu o ducado de Bouillon.

me) e pelo conde d'Enghien, foi acomodada na cabeça dela. Era tão pesada que uma coroa mais leve tomou seu lugar quase imediatamente. Essa outra era "pequena e toda ela incrustada de diamantes, rubis, pérolas, de grande excelência e valor".[27] Em suma, um espetáculo magnífico.

Após a coroação, a rainha, acompanhada pelas princesas de sangue, dirigiu-se ao seu trono. Luís, príncipe de Condé, irmão mais novo de Antônio de Bourbon, colocou então a pesada coroa cerimonial sobre um pequeno banco, muito mal posicionado, como se fosse uma oferenda, aos pés da irmã mais velha de Diana, Françoise. Foi rezada a missa, após o que Françoise de la Marck supervisionou o cerimonial das oferendas dispostas sobre o altar. Catarina liderou a procissão de quatro princesas carregando os sagrados obséquios. Diana, como parte dessa procissão, caminhou até o altar de forma serena, quase santificada, demorando-se com passos lentos e majestosos diante do camarote do rei. Sua "fingida modéstia" não passou despercebida.

Catarina havia se portado na longa cerimônia com perfeita graça e imponência, mas Diana também triunfara. Ao elevá-la ao *status* de duquesa, o rei dera-lhe uma posição que lhe permitia sentar entre as princesas de fato importantes e assistir às duas filhas dela tendo papéis centrais na cerimônia. Ele deve ter ficado satisfeito por ser capaz de honrar sua amante tão enfaticamente na coroação de sua mulher. A cerimônia foi se encaminhando para o final e o grito de *"largesse!"* soou depois que a procissão saiu da abadia e o tesoureiro da rainha lançou ouro e prata para a multidão.

Apesar do destaque de Diana naquele dia, Catarina teve a extrema satisfação de saber que ela era agora, por direito, a ungida rainha da França. Não mais uma insignificante florentina, Catarina estava casada com o reino da França, e fora ordenada por Deus para liderar o povo francês caso o soberano estivesse impedido. Por maiores que fossem a elegância e a falsa humildade de Diana, era Catarina quem usava a coroa. A "sensação de honra e reverência" por ser a rainha de Henrique transformara completamente sua figura de matrona sem graça, a ponto de os cortesãos, normalmente críticos, concordarem: "Em público, ela era completamente dona de sua dignidade e desempenhava suas funções cerimoniais e sociais com uma autoridade muito natural e despretensiosa". Eles "não conseguiam lembrar de uma rainha, desde Ana da Bretanha, tão perfeitamente à altura de sua posição".[28]

Em 16 de junho, Henrique fez sua entrada oficial em Paris. A capital gastara enormes somas, empregando os mais famosos artistas da época: Jean

Goujon, Filiberto de l'Orme e Jean Cousin estavam entre os encarregados da decoração da cidade. A ênfase recaía principalmente num tema ao mesmo tempo gaulês e clássico, que exaltava Hércules como o gaulês original, com Henrique "designado como Hércules". Ronsard celebrou a *entrée* em versos enquanto os cidadãos presenteavam seu soberano com uma série de grandiosos espetáculos que, segundo o consenso geral, superaram até os de Lyon.[29] Para grande satisfação de Catarina, havia poucas alusões a Diana nas decorações e nos *tableaux* apresentados a suas majestades. A entrada da rainha teve lugar em 18 de junho. Os banquetes e festividades prosseguiram por quase um mês. A corte instalou-se no Château des Tournelles enquanto a capital celebrava. Para o prazer do rei, um torneio e uma simulação de batalha foram realizados no rio Sena. A única perturbação foram as costumeiras discussões entre os nobres a respeito dos lugares a eles destinados na mesa do banquete na noite da *entrée* de Henrique.

No entanto, o terrível espectro da divergência religiosa projetou uma sombra nas festividades de Paris naquele mês. O rei solicitara que um dos hereges presos na cidade fosse trazido à sua presença, para que ele pudesse questionar o homem pessoalmente. Um humilde alfaiate foi selecionado pela razão de ter uma aparência tão deplorável e irrelevante que as autoridades esperavam que fosse emudecer ao ver-se diante de seu rei. Isso reduziria o risco de que a enorme bondade de Henrique fosse despertada por alguma eloquência que pudesse levá-lo a ser clemente. O desgraçado do homem foi devidamente levado à presença do rei e, quando falou de sua fé e de suas crenças, produziu um grande efeito naqueles que se reuniam em torno de Henrique. Diana, cujo ódio aos protestantes era equivalente ao que eles sentiam por ela e por sua posição de amante do rei, tentou fisgar o piedoso prisioneiro com suas perguntas. Surpreendentemente, isso só fez encorajar uma resposta sincera e inspirada do homem: "Madame, fique satisfeita em ter corrompido a França, e não misture sua vulgaridade com uma coisa tão sagrada como a verdade de Deus".[30] Henrique, enfurecido com a resposta corajosa, disse que queria presenciar pessoalmente a execução do herege na fogueira. Três outros homens condenados por heresia também foram escolhidos para morrer com ele.

Assim, em 4 de julho, na rua Saint-Antoine, Henrique assistiu da janela os feixes de lenhas serem acesos debaixo dos prisioneiros. Em geral, demorava até uns 45 minutos para o fogo queimar um homem amarrado à estaca, e lentamente as chamas começaram a subir em torno do alfaiate e seus correligionários. Em vez de gritar em agonia, o homem olhava fixamente para Henrique, e não tirou mais os olhos do rei até perder a consciência. Henrique jurou nunca mais assistir a uma execução na fogueira, e nas semanas seguintes teve dificuldades para pegar no sono, pois as imagens do alfaiate na hora da morte continuavam a assediá-lo. Mesmo assim, levou adiante a sua política obstinada contra a heresia e seus proponentes, pois considerava-os um anátema a ele e à sua abordagem rigorosa da religião. Na época em que Catarina ficou encarregada de comandar o país, tais métodos de reprimir a nova crença não iriam mais se mostrar eficazes.

V
A CRESCENTE IMPORTÂNCIA DE CATARINA
O rei honra-a e confia nela

1548-1559

Quase um ano antes da coroação de Catarina, um jovem personagem muito importante havia chegado à França, à procura de refúgio. Em agosto de 1548, durante uma curta ausência de Henrique na Itália, Maria, rainha da Escócia, aos cinco anos de idade, fugia de seu conturbado reino. A jovem rainha viera a convite de Henrique, após as urgentes súplicas de seus tios, os irmãos Guise. A irmã deles, a viúva rainha-mãe, Maria de Guise, ao ver-se cada vez mais atacada por invasores ingleses, havia mandado a filha embora para a segurança da corte francesa.

Desde seu nascimento, Maria era objeto de uma planejada aliança de casamento com o filho de Henrique VIII, agora rei Eduardo VI da Inglaterra, mas os franceses não queriam a Inglaterra e a Escócia unidas. Os escoceses, sempre temerosos do que chamavam de "abraço de urso inglês", decidiram em vez disso aliar sua pequena rainha em casamento com o filho mais velho de Henrique e Catarina, o delfim Francisco. Henrique concordou em trazer Maria para a corte francesa e, se fosse necessário, lutar pela herança dela. O projeto não agradou a todos; Diana e o condestável sentiam-se desconfortáveis com o prestígio adicional que a presença de Maria traria para a família Guise. Mas os opositores franceses à união mantiveram-se quietos, e quando os ingleses ameaçaram arrasar os escoceses militarmente, Henrique enviou o primo de Catarina, Leone Strozzi, com quinze galés transportando uma força armada para auxiliá-los. Ele conseguiu capturar o castelo de Saint Andrews e entre os prisioneiros estava o exaltado reformador protestante John Knox, que foi condenado às galés, algo que deve ter feito crescer ainda mais seu furioso ódio pela rainha.

Em setembro de 1547, a vida da rainha e de sua mãe corriam perigo, pois o reino estava à beira de ser "irremediavelmente perdido e totalmente arruinado". Henrique, ansioso em evitar "tamanha ferida no início de seu reinado", iniciou conversações sérias a respeito de transferir Maria para a França.[1] Na visão de Knox, Maria havia sido "desse modo vendida ao diabo" e despachada para a França "a fim de que em sua juventude tivesse que provar dessa bebida, que permaneceria com ela pelo resto da vida, como uma praga para este reino e para a sua destruição final".[2]

Acertadas as formalidades, Maria chegou a Roscoff na Bretanha em 13 de agosto de 1548, depois de se safar por pouco das investidas de navios ingleses e de terríveis tempestades. Além das quatro jovens assistentes que trouxe com ela, que compartilhavam o nome da rainha e ficaram conhecidas como as "quatro Marias", vinha em seu séquito também sua governanta, Janet Fleming, filha bastarda do rei Jaime IV da Escócia.* Lady Fleming era uma viúva loira muito atraente, de trinta e poucos anos, com uma tez branca impecável. Embora os franceses não se cansassem de elogiar a aparência e os modos de Maria, acharam os demais membros de seu séquito (exceto lady Fleming) malcheirosos, sujos e bárbaros. Os escoceses, pouco familiarizados com os refinamentos da França renascentista, pareciam fora de lugar, e viam com desconfiança todos aqueles ornamentos e sofisticações da corte. Como se esperassem uma emboscada ou ataque a qualquer momento, os homens viviam o tempo todo com as mãos próximas de suas armas. No entanto, a maioria dos assistentes de Maria não permaneceu em solo francês por muito tempo. Sua avó, Antoinette de Guise, embora de início encantada com a neta, empenhou-se em apagar todos os vestígios do reino primitivo de sua jovem rainha, para que ela pudesse adotar os modos de seu novo país. Após uma tranquila viagem pelo norte da França, Maria chegou a Saint-Germain em meados de outubro de 1548, juntando-se ali aos seus principescos "irmãos e irmãs".

Quando Henrique viu pela primeira vez a jovem rainha da Escócia, declarou-a "a criança mais perfeita que já conhecera", e a partir daí Maria des-

---

* As quatro Marias eram Maria Seton, Maria Livingstone, Maria Beaton e Maria Fleming.

frutaria de uma parte do corre-corre de atenções dispensado às crianças reais. Catarina e Henrique eram pais dedicados pelos padrões da época. Não só Catarina passava horas escrevendo cartas ao *gouverneur* de seus filhos, com ordens detalhadas e solicitando informações, como Henrique se envolvia tanto quanto a esposa. Também havia um fluxo constante de instruções de Diana para d'Humières, que às vezes devia se sentir intimidado ao ver outro real *laquey* (mensageiro) com sua pesada bolsa de cartas. Houve um típico exemplo dessa triplicidade de instruções de Catarina, Henrique e Diana nove meses após o nascimento de Carlos-Maximiliano. Em 15 de maio de 1551, Catarina escreveu a madame d'Humières a respeito da ama de leite de seu filho, dizendo que "o leite dela não é bom o suficiente".3 Cinco dias depois, Diana escreveu sobre a mesma ama de leite: "Ouvi dizer que o leite dela não é bom e deixa o bebê irritado".4 Três dias mais tarde, Henrique escreveu, também a respeito da ama de leite, dizendo: "Você precisa se certificar de que ela tenha alimentado mais de uma criança antes, para que possamos estar seguros que seu leite é de boa qualidade".5

Embora Catarina tivesse demonstrado amplamente sua capacidade de ter filhos, apenas Margot herdara a saúde robusta da mãe. O delfim tinha saúde frágil desde que nascera e as duas meninas, Elisabeth e Cláudia, viviam acometidas pelos pequenos males da infância. O rei e a rainha temiam a peste e outras doenças contagiosas, e as crianças com frequência eram trasladadas e isoladas de qualquer probabilidade de infecção nos meses de verão, quando os surtos de peste eram comuns. Por exemplo, em 1546, Catarina providenciou que as crianças fossem levadas "a um pavilhão perto da água, onde estarão mais bem acomodadas".6 Depois que o delfim contraiu varíola e não estava ainda *bien guary* (bem recuperado), o rei ordenou a d'Humières: "Fique de olho nele para qualquer coisa que precise e me mantenha sempre informado sobre a saúde de minha filha".7 Catarina adorava retratos de seus filhos, e sempre pedia que fossem pintados novos quadros deles. "Vou adorar", escreveu ela a d'Humières, "que se façam retratos de todas as crianças [...] e que sejam mandados a mim, sem demora, assim que ficarem prontos."8

Maria não poderia ter vindo a um lugar mais acolhedor. Além da bondade do rei e da rainha em relação às crianças reais, entre as quais ela agora estava incluída, desfrutava da zelosa proteção da sua família Guise. Afinal, traria a eles e à sua Casa um glorioso futuro ao se tornar rainha da França. Maria tinha um relacionamento particularmente estreito com Francisco, duque d'Aumale, e seu irmão Carlos, que logo se tornaria cardeal de Lorena. Sua avó Antoinette mantinha-se bem informada sobre os progressos de Maria e logo recebeu a gratificante notícia de que o francês da menina, uma novidade para ela quando chegou a Roscoff, estava indo muito bem. Os cortesãos achavam a língua escocesa nativa de Maria tão horrorosa que não acreditavam que sons tão feios pudessem sair de sua linda boca, e, embora não tivesse esquecido totalmente o escocês, pelo resto da vida a primeira língua de Maria seria o francês, assim como seus hábitos.

A respeito da questão da hierarquia, Henrique escreveu as seguintes instruções: "Em resposta à sua pergunta sobre a posição que desejo que minha filha, a rainha da Escócia, ocupe [...] é minha intenção que ela tenha precedência sobre minhas filhas. Pois o casamento dela com meu filho está decidido e acertado; e, além disso, é uma rainha coroada. E é meu desejo que seja honrada e servida como tal".[9] Diana escreveu para d'Humières, em nome de Henrique, que "o referido senhor deseja que madame Ysabal [Elisabeth] e a rainha da Escócia se alojem juntas; portanto, você irá selecionar a melhor câmara [...] pois é o desejo do referido senhor que elas conheçam uma à outra".[10] Maria compareceu ao casamento de seu tio Francisco com Ana d'Este, celebrado em dezembro de 1548, e Henrique teve grande prazer em escrever a Maria de Guise e contar como o delfim de quatro anos e sua prometida esposa de cinco dançaram juntos no banquete real. Henrique escrevia com frequência a Maria para contar-lhe "novidades sobre nossa pequena família [...] para que você possa experimentar melhor um pouco do prazer que sinto constantemente". As cartas dele, cheias de detalhes tocantes, parecem mais as de um patriarca vitoriano sentimental do que de um rei renascentista.

Um homem que assistiu à dança do pequeno casal com muito menos satisfação foi o embaixador inglês. O par encarnava um acordo entre os dois tradicionais inimigos da Inglaterra. Logo após o casamento de Guise em Paris, na primavera de 1549, os ingleses foram expulsos da Escócia, e Henrique decidiu que era hora de recapturar Boulogne das mãos da Inglaterra. No caso de uma guerra contra o imperador, a cidade teria grande valor estratégico, e, além disso, Henrique não via com bons olhos a ideia de pagar a imensa soma que se acumularia no prazo de cinco anos, quando os ingleses deveriam devolver a cidade aos franceses. No início do verão, o condestável reuniu um grande exército perto de Ardres, instalado no interior entre Calais e Boulogne. Em 8 de agosto de 1549, Henrique declarou guerra à Inglaterra e deixou Catarina em Compiègne, viajando para o norte para liderar o ataque à cidade, muito bem fortificada. Após escaramuças improdutivas, a luta continuou de modo esporádico até o início do ano seguinte, quando as conversações de paz começaram. Em 24 de março de 1550, a paz foi assinada e, a um custo de 400 mil *écus*, Boulogne, nas mãos dos ingleses desde 1544, foi devolvida à França.

A política de paz, conduzida em grande parte pelo condestável, resultou numa aliança entre os dois países, que seria selada com o eventual casamento do filho do rei Eduardo VI da Inglaterra com a filha mais velha de Henrique, Elisabeth. Montmorency viu seus esforços recompensados quando Henrique elevou seu baronato a ducado em 1551, mesmo ano em que o tratado completo foi assinado. Boulogne não representou um grande triunfo militar, mas foi um lance sensato de Henrique, que precisava de paz com a Inglaterra para poder dar toda atenção aos crescentes problemas com o Império. A situação na Itália continuava indefinida. Em novembro de 1549, o papa Paulo III, alvo de seguidas abordagens por parte de Henrique, havia morrido, e fora substituído por Júlio III, homem pacífico sem ambições dinásticas pessoais. Acreditando ingenuamente que poderia acertar as coisas entre os Habsburgo e a França, um de seus primeiros atos como papa desencadeou sem querer uma guerra entre ambos, dessa vez tendo Parma como foco.

Pouco antes da morte de Paulo III, Henrique e Catarina sofreram uma tragédia pessoal. Em 24 de outubro de 1549, seu filho Luís de apenas nove meses morreu de repente em Mantes. Henrique foi às pressas buscar a esposa no vale do Loire e a maior parte do inverno foi passada em Blois. Apenas um mês depois de perder o filho, Catarina anunciou estar grávida de novo. A primavera seguinte assistiu a mudanças importantes na corte após a morte de Cláudio, primeiro duque de Guise, seguida pouco tempo depois pelo falecimento de seu irmão, o cardeal João de Lorena. Isso colocou os dois irmãos, Francisco e Carlos, à frente da família. Eles se tornaram segundo duque de Guise e cardeal de Lorena, respectivamente, e iriam levar sua dinastia a alturas e profundidades jamais sonhadas.

Em 27 de junho de 1550, em Saint-Germain, a rainha deu à luz seu quinto filho, um menino, Carlos-Maximiliano (mais tarde Carlos IX). Henrique foi a Saint-Germain no fim de maio e assistiu ao nascimento, como costumava fazer. Felizmente para a rainha, Diana não estava presente com suas cansativas atenções, pois sofrera uma queda de cavalo em Romorantin e fraturara a perna. Decidira ficar em seu fabuloso palácio em Anet, onde além de se recuperar cuidava de seus negócios, querendo sempre obter mais títulos de propriedades.

Catarina ficou em Saint-Germain, recuperando-se do nascimento do filho enquanto o rei dava a impressão, até mesmo para os seus padrões, de estar dedicando um tempo incomum aos filhos na creche real. Durante a longa estadia de Henrique ali, os irmãos Guise, que mantinham estrita observação sobre a sua preciosa sobrinha, ouviram rumores de que Montmorency – seu principal rival em relação ao rei – havia sido visto cheio de atenções para com lady Fleming, a governanta de Maria. Ao verem que fazia visitas frequentes para "cortejá-la", muitos acreditaram que o condestável "estava indo longe demais com a dama". Os Guise não demoraram a informar Diana, com a desculpa de que a sobrinha deles corria o risco de ser desonrada pelo romance do condestável com a governanta. As instruções da favorita foram claras: deu ao duque de Guise e ao seu irmão, o cardeal de Lorena, uma chave com a qual poderiam entrar no apartamento da dama e pegar o condestável em flagrante. No entanto, consternados, descobriram que não era Montmorency que fazia amor com a beldade dos escoceses, mas o próprio rei. Montmorency, notando os olhares intensos de Henrique para lady Fleming, decidira estimular um romance, que ele esperava que fosse capaz de desbancar a própria Diana.

Segundo o embaixador de Ferrara, os Guise relataram tudo a Diana, que, ainda recuperando-se da queda, fez a viagem até Saint-Germain e ficou aquela noite postada insolentemente do lado de fora da porta de lady Fleming. Disse aos irmãos que ficassem de fora e não comentassem nada com ninguém. Após curta espera, Diana viu o rei e o condestável saindo dos aposentos de Fleming. Plantou-se então bem à frente de Henrique e gritou: "Senhor, de onde vindes? Como podeis trair vossos dedicados amigos e servidores, os Guise, a sobrinha deles, a rainha e vosso filho, o delfim! Ele irá se casar com a criança que tem essa mulher por governanta! Quanto a mim, nada digo, pois amo-vos honradamente – como sempre o fiz". Henrique, que imaginava Diana ainda em Anet e estava chocado demais para pensar com clareza, balbuciou apenas que estivera conversando com a governanta "e que não havia nada de mal nisso". Sua desculpa esfarrapada confirmou tudo, e Diana, sentindo a oportunidade de colocar seu rival Montmorency em maus lençóis, passou a cobri-lo de insultos. Acusou-o de trair os Guise, assim como ao rei, estimulando uma ligação que os desonrava, pois agora "a sobrinha deles estava sendo criada por uma simples puta". Finalmente, ela disse ao condestável

– e como deve ter desfrutado do momento – que não desejava mais vê-lo "em seu caminho, e que nunca mais lhe dirigisse uma única palavra no futuro". Henrique fez uma patética tentativa de apaziguar sua incandescente amante, mas, vendo que apenas a tornava mais furiosa, implorou que não mencionasse isso aos Guise. E foi assim que essa farsa francesa prosseguiu, com Diana prometendo fielmente manter segredo sobre o assunto com os próprios homens que a haviam avisado, e o condestável caído em "desgraça", o que convinha perfeitamente a Diana, já que se recusava a compartilhar Henrique com Montmorency, tanto quanto este a compartilhá-lo com ela.[11] A partir de então, até os últimos meses do reinado de Henrique, Diana usou toda a sua influência junto ao rei para favorecer os Guise.

Quanto a Catarina, desempenhou com perfeição seu papel na pantomima. Ao mesmo tempo que bancava a esposa ultrajada, desfrutava o fato de Diana ter experimentado um pouco da humilhação que ela suportava havia quase quinze anos. E as coisas tampouco terminaram ali, pois o rei continuou tendo encontros secretos com lady Fleming e acabou engravidando-a; na realidade, ela e a rainha viram-se esperando filhos mais ou menos na mesma época. Fleming comportou-se de modo escandaloso, anunciando em seu precário francês o seu estado a quem quisesse ouvir. Brantôme cita-a dizendo: "Deus seja louvado. Carrego um filho do rei na barriga, e me sinto muito honrada e feliz com isso", acrescentando que o "licor" real devia possuir propriedades mágicas, pois nunca se sentira tão bem.[12]

Como tudo na corte francesa, as aventuras amorosas reais seguiam certas regras tácitas. Por isso o descaramento de Fleming e sua vulgar declaração de que o rei era seu amante e pai de seu filho significavam que aquele jogo de refinado fingimento precisava ser abandonado. Por uma única vez, Catarina e Diana trabalharam juntas em harmonia para tornar a vida do rei tão insuportável que ele acabou mandando lady Fleming embora. Quando o filho dela, um menino, nasceu, o rei reconheceu a criança e deu-lhe o nome de Henrique, *chevalier* de Angoulême. Ele foi criado com as outras crianças reais e acabou se tornando grão prior da França. À parte sua habilidade em escrever versos líricos, ficou famoso por sua extrema crueldade, particularmente durante o Massacre da Noite de São Bartolomeu, e acabou sendo morto em um duelo em 1586. Henrique teve outro bastardo real, nascido em 1558. A mãe da criança, Nicole de Savigny, era casada, e talvez tenha sido por isso que o rei não legitimou o menino, que mesmo assim recebeu o nome de Henrique e o título de Saint-Rémy, que era o do marido traído. Muitos anos depois, Henrique III deu a esse seu meio-irmão um pagamento de 30 mil *écus* e o direito de usar três *fleurs-de-lys* de ouro em seu brasão de armas.*

Anos após o caso Fleming, Catarina mencionou-o numa carta ao seu genro, Henrique de Navarra, que mantinha uma aventura ostensiva com uma das damas de sua esposa, Margot. Ela demitira a mulher por sua desavergonhada exposição da relação, e Henrique ficara furioso. A mensagem de Catarina tem particular interesse porque são pouquíssimas as cartas que sobreviveram nas quais ela menciona Diana de Poitiers, duquesa de Valentinois. Repreendendo Henrique de Navarra, ela escreveu:

> Você não é, estou certa, o primeiro marido que se mostra ingênuo e pouco prudente em tais questões, mas creio que é o primeiro, e único, que, após uma aventura dessa natureza ousa usar tal tipo de linguagem com a esposa. Tive a honra de casar com o rei, meu senhor e seu soberano, mas a coisa que mais o incomodava no mundo era descobrir que eu sabia de notícias dessa espécie; e quando madame de Flamin [sic] engravidou, ele achou muito adequado que ela fosse mandada embora, e nunca demonstrou irritação, nem pronunciou uma palavra raivosa a respeito. Quanto a madame de Valentinois, ela, como madame d'Étampes, comportou-se de maneira perfeitamente honorável; mas se alguém tivesse feito estardalhaço e escândalo, ele teria ficado muito desgostoso se eu mantivesse essa pessoa perto de mim.[13]

O filho que Catarina carregava enquanto "La Flamin" estava grávida nasceu em 19 de setembro de 1551. Na realidade, o nascimento ocorreu vinte minutos após a meia-noite do dia 19, embora seu aniversário fosse sempre celebrado em 18 de setembro e essa fosse tida como a data oficial. Esse bebê, chamado Eduardo-Alexandre, mais tarde conhecido como Henrique, duque de Anjou, e depois como Henrique III, era o filho que ela viria a amar mais que os outros, e ao qual dedicou uma obsessiva devoção com o passar do tempo. Seu nascimento coincidiu com a retomada das hostilidades contra Carlos V e com o desfavor em que caíram os queridos primos de Catarina, os Strozzi.

---

* Há uma interessante conexão posterior com a família real francesa, pois foi a condessa de la Motte-Valois, uma descendente desse filho bastardo de Henrique II, que desempenhou um papel central no famoso escândalo do colar de diamantes de Maria Antonieta, o *collier de la reine*.

Embora Henrique tivesse sempre se preocupado com sua vida doméstica, o ódio intenso que nutria por seu antigo capturador, o imperador, encontrava uma grande oportunidade para se expressar. Henrique foi também incentivado a agir pelos Guise e por Catarina, cujos latentes sentimentos políticos e patrióticos se inflamaram, já que o assunto dizia respeito à sua terra natal.

Henrique iniciara seu reinado deliberadamente ofendendo o imperador. Como Carlos v era também conde de Flandres, e nessa condição tecnicamente vassalo do rei da França, Henrique exigiu que Carlos viesse à sua coroação para prestar-lhe fidelidade. Essa impertinência enfureceu o imperador, e ele respondeu que ficaria encantado em comparecer, mas só se fosse à frente de 50 mil homens para dar a Henrique uma lição de boas maneiras. Logo depois, quando o rei preparava-se para tomar Boulogne, Carlos enviou-lhe uma mensagem dizendo que, caso fosse adiante, ele iria até lá para "tratá-lo como um moleque". Henrique replicou chamando o imperador de "velho caduco". Ao mesmo tempo que trocava insultos com seu inimigo, o rei dedicou-se a organizar o exército e sua defesa. Com a eleição de Júlio III, a questão de Parma voltou à tona quando o novo papa apoiou o pedido de Carlos para que Otávio Farnese lhe devolvesse a cidade. Farnese apelou a Henrique que, incentivado pelos Guise e por Catarina, assinou um tratado em maio de 1551, prometendo ajudar a família a preservar seu ducado.

Catarina viu a intervenção militar na península como uma oportunidade de reclamar seu direito à herança de Cosimo de Médici, duque de Florença e vassalo do imperador. A ideia de se apoderar do patrimônio a que tinha direito a esposa inspirou Henrique, que esperava restabelecer uma república nominal ali, supervisionada pelos Strozzi e dependente da França, ou colocar um de seus filhos no trono ducal. Era claro que alguma provisão deveria ser feita para o número sempre crescente de varões Valois na creche. Os Guise interessavam-se sempre mais por conquistas italianas que pelas inglesas, pois seus ancestrais "os imaginavam como reis de Nápoles, da Sicília e de Jerusalém, por meio de sua linhagem dos duques de Anjou".[14] Embora caiba dizer que os olhos de Henrique estavam em geral voltados para o norte da Itália e para as "possessões" de sua esposa na Toscana, ele não deixava de ver com simpatia os interesses dos Guise mais ao sul.

Júlio III declarou Otávio Farnese um rebelde e oficialmente privou-o do direito ao ducado de Parma, exigindo que o devolvesse ao imperador. Quando eclodiu a guerra entre Parma e os Estados Papais em junho de 1551, ambos os lados foram apoiados por suas superpotências rivais. Entre os soldados enviados da França estava Piero Strozzi. Os assuntos militares seguiram inverno adentro sem definição, e nem a França nem o Império haviam declarado guerra oficialmente um ao outro. Tecnicamente, estavam apenas envolvidos na conflagração como aliados das duas partes principais, os Estados Papais e a família Farnese. Mas bastaria o menor pretexto para que ambos partissem abertamente para a guerra.

Como os franceses não haviam conseguido nenhum avanço conclusivo e o papa anunciasse seu desejo de iniciar conversações de paz, os esforços militares na Itália foram ficando impopulares. Montmorency, sentindo que chegara o seu momento, denunciou os italianos da corte que haviam encorajado Henrique a se envolver numa luta sem sentido. Esse era na verdade um ataque velado aos Strozzi, aos Guise e, é claro, à própria Catarina. Dois dias antes de Catarina dar à luz o duque de Anjou, ocorreu um incidente misterioso envolvendo o primo dela, Leone Strozzi. Estacionado em Marselha, ele fugira para Malta levando duas galés francesas junto, depois de mandar matar um de seus subordinados – conhecido como Il Corso. Ao que parece, o homem vinha tramando contra ele. Ao abandonar seu posto, Strozzi ficou vulnerável a acusações de traição, assassinato e deserção. A consequente desonra ameaçou não só o resto de sua família, mas a própria rainha, que sempre promovera seus primos. Pouco se sabe sobre o que de fato aconteceu e quais haviam sido os motivos dos protagonistas, mas Catarina entendeu perfeitamente que a família inteira corria o risco de ter sua honra e posição impugnadas pela fuga de Leone. Arrastando-se de sua cama pouco antes do parto, agiu com presteza para diminuir o dano; colocando-se à mercê do rei, conseguiu também persuadir o condestável a ajudá-la, mostrando-se tão ultrajada quanto ele.

Em seu estado de terror, escreveu a Montmorency dizendo que era *la plus, la plus ennuyée* (a mais, a mais atormentada), e acrescentou: "Peço a Deus que ele tenha se afogado [...] se pelo menos Deus o tivesse levado deste mundo antes que fugisse, mas acredito que irá reconhecer seu erro e que não irá mais se demorar neste mundo, o que seria a melhor notícia que eu poderia ter, pois estou certa que ele assim não agiria de má-fé".[15] Infelizmente, Leone não teve a delicadeza de se afogar ou de se matar, ao contrário, segundo ela soube mais tarde, chegara são e salvo a Malta. Isso a fez escrever outra carta emocionada a Montmorency, dizendo que seu *grant ennuyé et de plesyr* aumentavam dia a dia, e que Leone deveria ser levado ao rei para se explicar.[16] Catarina também escreveu uma nervosa arenga ao marido: "Peço que me perdoe se incomodo você com uma carta tão longa, e que me escuse, considerando o pesar que sinto por ver uma pessoa de quem lhe falei tão bem, e que representa o que representa para mim, faltar com você num momento em que eu esperava que pudesse servi-lo muito bem, e a única coisa que poderia me consolar seria saber que Deus o afogou".[17] Seus inflamados protestos contra o primo e as súplicas a Henrique e ao condestável devem ter produzido efeito, pois Leone foi autorizado a voltar para a corte dois anos mais tarde e, graças a Catarina, a reputação de Piero não foi afetada pelo escândalo.

Além de ver os primos poupados de uma situação potencialmente desastrosa, Catarina tinha outra razão para se sentir mais feliz. Fazia algum tempo que Henrique vinha demonstrando grande ternura e afeto por ela. A nítida mudança no comportamento do rei foi logo percebida pela corte. Um observador escreveu: "O rei visita a rainha e a trata com tanto afeto e atenção que desperta perplexidade". É provável que tenha sido uma combinação de razões a causa da crescente estima de Henrique pela esposa: ela lhe dera seis filhos, não fazia exigências e era leal. Diana, agora com 51 anos, provavelmente nunca fora muito interessada em sexo, e estava cada vez menos disposta para as frequentes atenções altamente atléticas do rei. Que coisa melhor do que mandá-lo para o lado da esposa, onde o rei poderia se irritar, mas onde ficaria relativamente a salvo de outros predadores? Henrique também começou a procurar os conselhos políticos de Catarina, particularmente na última metade de seu reinado, à medida que a situação internacional ficava mais tensa. Ela agora entrava na sua segunda regência como chefe do conselho de governo, já que Henrique partia de novo para a guerra contra o imperador.

Em 15 de janeiro de 1552, Henrique assinou o Tratado de Chambord, em apoio aos príncipes alemães luteranos indispostos com o jugo político e religioso de Carlos. A França interveio resolutamente com promessas de ajuda, e em fevereiro de 1552 Henrique declarou guerra ao imperador, anunciando que ele mesmo estaria no comando das tropas como "Defensor das Liberdades Alemãs". Em troca, receberia a administração como "vicário imperial" de Toul, Metz, Verdun (conhecidos como os Três Bispados) e Cambrai. Essas cidades de fala francesa, de importância estratégica na fronteira nordeste da França, eram uma aquisição-chave, e o projeto foi entusiasticamente recebido pelo povo francês.

Quando Catarina soube de sua segunda regência, ficou em êxtase ao ver que Henrique colocava muita confiança nela. Mas sua alegria virou consternação e em seguida decepção, quando descobriu que os poderes dela seriam compartilhados com um dos amigos de Diana, Jean Bertrand, o Guardião dos Selos, com quem deveria dividir o cargo de presidente do conselho de governo. Depois de ler o documento que promulgava o conselho, ela observou: "Em alguns pontos, me é concedida grande autoridade, mas em outros muito pouca, e se esse poder tivesse sido moldado na plena forma em que o rei indicara, eu teria tido o cuidado de usá-lo com parcimônia".[18] Quando esse tímido protesto não despertou nenhuma resposta, Catarina – cuja principal responsabilidade seria, na realidade, agir como intendente-geral para recrutar soldados em caso de necessidade – foi reclamar com Montmorency. Impassível, o condestável deu uma resposta seca: "Você não deve incorrer em nenhum gasto nem ordenar nenhum desembolso adicional de dinheiro sem dizer a ele [Henrique] primeiro e conhecer a sua vontade".[19] Exasperada, Catarina insistiu para que o *brevet* descrevendo seus poderes não fosse publicado, pois ele "rebaixava em vez de aumentar a autoridade e estima que ela acreditava desfrutar, tendo a honra de ser quem era para o rei".[20] Catarina conseguiu levar a melhor, e o rei ordenou que o documento fosse modificado.

Um mês após a partida de Henrique na expedição alemã, Catarina adoeceu gravemente de febre escarlatina. Diana cuidou dela com dedicação em Joinville-en-Champagne, e, assim que se recuperou, Catarina deixou de lado quaisquer ressentimentos com a limitação de seus poderes e passou a cumprir seus deveres com tal brio que quase levou seus colegas conselheiros à loucura. Ela escreveu com orgulho ao condestável, numa de suas muitas cartas: "Se cada um fizer sua parte e aquilo que promete, logo estarei senhora de tudo, pois não estudo outra coisa o dia todo, e emprego a maior parte do tempo dos […] membros do conselho nessa questão, por receio de que possa haver algum erro, embora seja difícil, quando os assuntos são tão urgentes e precipitados, evitar alguma confusão e desordem, mas espero […] você ficará satisfeito; no mínimo, pode contar comigo para pressionar e impulsionar".[21] Encontrando finalmente uma via para expressar seus talentos, Catarina fez o máximo para satisfazer Henrique, que pela primeira vez pedia algo a ela. Sempre vigilante, ouviu falar de alguns pregadores que expressavam ideias de insubordinação em Paris. Escrevendo imediatamente para avisar o governador da cidade, recomendou que os pregadores fossem apreendidos sem alarde e substituídos por homens que falassem bem das políticas do rei. Os pregadores, escreveu ela, "não têm nada melhor a fazer do que incitar o povo à rebelião [...] a arrogância deles é tão grande diante da bondade, prudência e religiosidade de seu príncipe [...] que sob a cor de seu zelo e devoção podem levar o povo à revolta".[22] O cardeal de Lorena advertiu que prender os pregadores seria apenas exacerbar um problema relativamente menor, mas Catarina ainda não tinha experiência para saber como lidar com os críticos do regime.

Trabalhando duro em benefício de Henrique, Catarina descobriu que gostava do poder inerente ao seu *status* e dos recursos até então inexplorados que ela tinha à mão no exercício desse poder. No final de junho, Henrique e seus exércitos voltaram, depois da bem-sucedida ocupação dos novos territórios, quase sem baixas. A partir de agora, até pouco antes do final de seu reinado, Henrique, Catarina e a França iriam desfrutar apenas de breves momentos de alívio das consequências de sua inimizade com os Habsburgo e os Valois. O campo de batalha de seus confrontos quase contínuos seriam a Itália e a fronteira nordeste entre a França e o Sacro Império Romano.

Em novembro de 1552, o imperador, armado com uma imensa força e determinado a não permitir que Henrique mantivesse seus prestigiosos ganhos no nordeste, sitiou Metz. Seguiu-se um feroz bombardeio da cidade durante seis semanas, cuja defesa foi liderada por Francisco de Guise. Embora ele tivesse apenas 6 mil homens e um punhado de canhões, Guise, ajudado por Piero Strozzi e Jean de Saint-Rémy (um excelente oficial de artilharia e especialista em fortificações), dedicou-se a melhorar as lamentáveis defesas da cidade. A liderança de Guise foi tão inspiradora, pois ele mesmo trabalhava com uma pá junto com seus homens na reconstrução de muros vitais, que ele conseguiu persuadir os cidadãos a ajudarem na demolição das próprias casas e igrejas para fortificar a cidade. Vieilleville escreveu a respeito do papel de Guise: "Não foi visto perdendo uma única hora", e seus esforços foram recompensados, já que a cidade resistiu até o rigoroso inverno dizimar os soldados de Carlos. Os soldados imperiais morriam às dezenas todos os dias; disenteria, tifo, fome e frio eram os aliados da França em Metz. Quando Carlos levantou o sítio em janeiro de 1553, Guise mostrou um espírito humanitário raro nas guerras do século XVI ao se aventurar fora da cidade e organizar ajuda humanitária aos soldados inimigos doentes e agonizantes. Sua reputação por ter salvado Metz com defesas tão frágeis já era agora a de um herói que desafia obstáculos quase impossíveis de superar; e tal espírito de caridade para com os adversários derrotados acrescentou ainda maior brilho ao seu nome.²³

Enquanto o problema de Metz era resolvido satisfatoriamente, surgiu uma oportunidade para a França quando a cidade-Estado toscana de Siena rebelou-se contra o Império. Em julho de 1552, aos gritos de guerra de "Francia! Francia!", os sieneses rebelaram-se contra a guarnição espanhola estacionada ali havia doze longos anos. Os revoltosos pediam para ficar sob a proteção de Henrique, que precisou de pouco estímulo para aceitar a oferta. Siena constituía um trampolim perfeito para desferir ataques tanto contra Florença – onde eles esperavam que um levante popular da cidade os auxiliasse – como contra os Estados Papais. Catarina ficou exultante; a situação era muito promissora para a derrubada de Cosimo e a "libertação" de Florença. Sem perder tempo, Henrique enviou o cardeal d'Este como seu representante a Siena, com uma "escolta" de aproximadamente 5 mil homens, que na realidade constituía um pequeno exército.

Catarina, que apoiava com energia apaixonada a campanha italiana, ficou temerosa quando a filha bastarda de Henrique, Diana da França, casou-se com Orazio Farnese em fevereiro de 1553. Sua preocupação era que as atenções de Henrique pudessem de novo favorecer os projetos dos Farnese à custa das ambições florentinas dela. Furiosa e às lágrimas, Catarina foi ter com o rei enquanto este concedia audiência ao embaixador da Toscana; declarou que ninguém demonstrava a menor consideração por ela ou por Florença. Mas não tinha motivo para se preocupar; o rei estava mais do que a par dos direitos matrimoniais dele em relação àquela cidade. O episódio marca um passo adiante na crescente importância de Catarina para Henrique e em sua conquista de autoconfiança; uma explosão dessas, partindo da rainha, teria sido impensável alguns anos antes. Quanto a Diana da França, casada pouco após a vitória em Metz, ela enviuvou meses depois. Seu marido Orazio morreu lutando pela França contra as tropas imperiais em Hesdin, uma fortaleza francesa perto de Boulogne que havia caído nas mãos do Império. Com a viuvez, a filha natural de Henrique tornava-se agora um troféu tentador para os membros que compunham seu ambicioso círculo.

Pouco antes do breve casamento de sua filha com Farnese, Henrique substituíra d'Este em Siena por Piero Strozzi, que ali chegou em 2 de janeiro de 1554. Com apoio financeiro dos *fuoriusciti,* ele iria liderar um ataque a Florença e colocar a Toscana sob controle francês. Catarina correu para levantar dinheiro entre os financistas italianos, e ela mesma contribuiu com 100 mil *écus* de suas posses ao hipotecar propriedades no Auvergne, herdadas da mãe. Ela também contou com o relutante apoio do condestável. Esse feito, de não pouca importância, deveu-se em grande parte ao ciúme de Montmorency das glórias militares obtidas por Francisco de Guise. Catarina, além de suas atividades em favor da campanha na Toscana, teve concedida em Reims a sua terceira regência, já que Henrique partia para lutar contra as tropas imperiais agora estacionadas na Picardia.

A chegada em maio de 1554 do exército de Carlos v para sitiar Siena e a invasão de território florentino por parte de Strozzi foram desastrosas para a França. Strozzi sofreu grande derrota na batalha de Marciano em 2 de agosto de 1554, mas acabou conseguindo chegar a Siena, apesar de gravemente ferido. Catarina enfureceu-se com a covardia dos soldados italianos e despachou o valete de Piero para que fosse encontrar seu mestre e cuidar dele. Seguiu-se um longo e duro sítio de Siena pelas forças imperiais e florentinas, até que a cidade caiu em abril de 1555. A essa altura, o irmão de Piero, Leone, que voltara a contar com as graças do rei após o fiasco de Malta e recebera o comando das galés no Mediterrâneo, havia sido morto em combate. A notícia da morte de Leone foi, por ordens expressas de Henrique, ocultada de Catarina por alguns dias, devido ao iminente nascimento do filho deles. O rei de início sentiu muito por Strozzi ter perdido o irmão, e nomeou-o marechal da França, mas quando Siena caiu, Henrique finalmente perdeu a paciência com o primo favorito de Catarina por sua corajosa mas ineficaz ação na Itália.[24] Quando Piero conseguiu fugir e voltar à França, foi recebido com tal *froideur* por Henrique que Catarina aconselhou o primo a ficar longe da vista do rei.

Mesmo antes de Siena cair, Henrique já sondava as possibilidades de uma paz com Cosimo de Médici, ao mesmo tempo que garantia a Catarina que não iria abandonar a campanha. A rainha escreveu aos exilados e aliados italianos insistindo para que não perdessem as esperanças, prometendo que o rei não iria virar-lhes as costas. Seus esforços incansáveis revelaram-se inúteis, pois as constantes lutas no norte e na Itália começaram a fatigar ambos os protagonistas. Algumas mudanças dramáticas no cenário internacional também ganhavam força. Em 8 de julho de 1553, Eduardo vi da Inglaterra morreu e foi sucedido por sua meia-irmã Maria Tudor. Carlos v, doente e sofrendo de uma gota incapacitante e de hemorroidas, havia visto seu sonho (e pesadelo da França) realizado quando sua sobrinha, a nova rainha da Inglaterra, casara-se com seu filho Felipe da Espanha. Depois de falhar em reconquistar Metz em 1553, Carlos observou que para ele era claro que "não tinha mais homens de verdade ao seu lado e que deveria recolher-se a um mosteiro".²⁵ Começou, então, a preparar a transmissão do manto a seu filho. Seu império, difícil de controlar e quase falido, deixara-o em péssimo estado, mas ele queria um acordo com a França antes de se retirar de vez dos assuntos públicos. Os franceses também estavam numa situação financeira precária, e as pessoas foram rapidamente se desencantando com aquelas guerras intermináveis. Tanto Montmorency quanto Diana de Poitiers tinham suas razões prementes para que se chegasse a um acordo, já que tanto o filho do condestável, Francisco, quanto o genro de Diana, Robert de la Marck, haviam sido aprisionados durante as hostilidades. Estavam esperando ser resgatados quando as conversações de paz informais tiveram início em Marck, perto de Calais, em maio de 1555.

Porém, uma tentação muito sedutora se apresentava diante de Henrique, e ela chegou até a dispersá-lo de suas conversações de paz. Após a morte de Júlio III, em 23 de março de 1555, e a de seu sucessor Marcelo II (que vestiu a tiara por apenas 21 dias), foi eleito um papa abertamente hostil ao Império. Paulo IV (Gianpietro Carafa) sucedeu Marcelo II em 23 de maio; ele odiava o imperador e nutria fantásticas ambições para os seus sobrinhos. Seu favorito, o cardeal Carlo Carafa, era um personagem particularmente detestável. Antes um cruel mercenário, agora mascarado de príncipe da Igreja, Carafa recebeu o cargo de secretário de Estado de sua santidade, o ministro de maior *status* do papado. O novo regime de Roma fez sedutoras ofertas aos franceses de uma aliança na qual cada um apoiaria as reivindicações do outro.

Catarina incentivava Henrique a não deixar escapar essa oportunidade; com o apoio do papa, argumentava ela, dificilmente suas ambições italianas iriam falhar. A maioria da corte apoiava essa visão, especialmente os Guise. Nápoles era uma parte crucial das tentadoras promessas que Paulo IV havia feito a Henrique. Ficou combinado que o papa entregaria Nápoles a Carlos-Maximiliano, segundo filho de Henrique, e Milão iria para Eduardo-Alexandre, seu terceiro filho homem. Guise esperava tornar-se regente de Nápoles durante a minoridade de Carlos-Maximiliano. Além disso, o papa comprometeu-se a apoiar a derrubada de Cosimo de Médici, o que seria de formidável ajuda a Catarina e lhe permitiria promover a volta dos *fuoriusciti*. O embaixador veneziano, Michele Soranzo, escreveu, confirmando a crescente importância de Catarina: "A rainha terá todos os méritos caso Florença seja libertada".²⁶ Da mesma forma, Diana recebera a promessa de uma boa compensação, portanto também se alinhou aos partidários da guerra. Praticamente, a única voz discordante nesse coro dos ambiciosos foi a do condestável. Ele argumentava que Paulo IV não tinha como cumprir suas promessas, que o tesouro papal estava vazio e que o pontífice carecia de aliados na Itália. Mas todas as pessoas que importavam ignoraram os sombrios augúrios de Montmorency, e a aliança franco-papal foi assinada em 15 de dezembro de 1555. Poucos meses mais tarde, o odioso cardeal Carafa chegou à França, ostensivamente para a "sagrada tarefa da paz", mas na realidade com as mais belicosas intenções.

O tratado assustou Felipe da Espanha, ainda inexperiente e governando sem seu pai para guiá-lo. Carlos abdicara em janeiro de 1556 e esfacelara o Império. Felipe era agora rei da Espanha, duque de Milão, rei de Nápoles e soberano dos Países Baixos; Fernando, irmão de Carlos, foi eleito mais tarde naquele mesmo ano imperador do Sacro Império. Depois de muitas bravatas e ameaças temerárias, Henrique e Felipe assinaram o Tratado de Vaucelles, uma trégua de cinco anos, em fevereiro de 1556. Como a França acabara de se aliar ao papado e Felipe havia sido recentemente excomungado por não ter concedido ao cardeal Carafa a Sé de Nápoles, é muito improvável que as partes envolvidas vissem realmente o acordo como uma oportunidade de tomar fôlego antes de reiniciar as hostilidades. Felipe sentia-se, porém, tão aflito com os eventos que escreveu pedindo ao pai para "ajudá-lo e socorrê-lo", acrescentando que seus inimigos iriam se "portar de modo diferente" se soubessem que Carlos estava ali para aconselhá-lo. Apesar dessa súplica, Felipe logo demonstrou que estava à altura dos desafios que Henrique agora o obrigava a enfrentar, naquilo que se revelou o auge militar de seu reinado.

Depois de ter dado à luz um menino, Hércules, nos últimos dias do cerco de Siena, ainda em março de 1555, Catarina fez a sua última oferenda maternal à França e deu à luz duas meninas gêmeas, Joana e Vitória, em 24 de junho de 1556. Ela dera a Henrique dez filhos em doze anos, mas a chegada dessas gêmeas quase custou a vida de Catarina. Depois que o primeiro bebê nasceu, o segundo não conseguia sair, e a rainha começou a ficar debilitada. Para salvar sua vida, foi preciso quebrar as pernas do bebê ainda não nascido, talvez já morto ou agonizante, para que o útero fosse removido. O bebê que sobreviveu, num arroubo otimista, foi chamado de Vitória, nome que logo soaria vazio naquele ano em que Henrique sofreria a pior derrota militar de seu reinado. De qualquer modo, Vitória morreu algumas semanas depois.

Em 15 de setembro de 1556, o duque de Alba, vice-rei de Felipe em Nápoles, desferiu um ataque à região da Campânia, provocado pelo papa, que queria fazer eclodir uma guerra a fim de forçar a França a apoiá-lo rapidamente. Mas a inesperada velocidade com que Alba se aproximava de Roma aterrorizou Paulo IV, que pediu a ajuda de Henrique ao ver os soldados imperiais mais uma vez ameaçarem a Cidade Eterna. Henrique despachou Francisco de Guise que, além de resgatar o papa, tentou tomar Nápoles. Catarina imediatamente entrou em ação, e levantou dinheiro e reuniu homens entre os exilados para ajudar na expedição de Guise. O duque e seus aliados italianos, d'Este e o cardeal Carafa, encontraram-se em fevereiro de 1557, e ficaram discutindo quais deveriam ser seus objetivos de campanha, cada um empenhado em defender os próprios interesses. Irritado com seus caóticos aliados e rechaçado em sua tentativa de tomar Florença, Guise marchou para o sul até Nápoles, mas ainda lhe faltavam apoio, fundos e homens. Ao saber que o pérfido papa estava negociando um acordo de paz em separado com Alba, Piero Strozzi levou dois sobrinhos-netos de Carafa com ele de volta à França, como reféns. Quando chegou a Senlis, onde Henrique e Catarina o aguardavam, a rainha, que estava jantando quando o ouviu chegar, quebrou todos os protocolos e correu para abraçar o primo. O rei e a rainha passaram o resto da noite tentando fazer planos para a campanha junto com Strozzi, agora reabilitado aos olhos do rei, antes que ele voltasse para a confusão de sua terra natal.

Enquanto Guise se debatia com o labirinto de obstáculos na Itália, Emanuel-Filiberto de Saboia, aliado de Felipe, invadia o norte da França. Montmorency e seu exército postaram-se diante dele em Saint-Quentin, na Picardia. Essa fortaleza vital, a cerca de 130 quilômetros de Paris, fica perto da foz do rio Somme em seu curso em direção à fronteira nordeste da França com o Império. Em 10 de agosto de 1557, teve início a batalha, e o condestável sofreu uma derrota catastrófica. Embora a própria Saint-Quentin não tivesse caído, ficou totalmente cercada, e o exército francês terminou derrotado. Montmorency foi aprisionado e os nobres que não foram mortos seguiram para o cativeiro com ele. Entre eles estavam algumas das figuras mais importantes da França, várias delas do círculo íntimo de Henrique.

A cerca de setenta quilômetros dali, sozinho em Compiègne, Henrique recebeu a notícia com serenidade. Catarina, que havia sido colocada mais uma vez como regente, já estava em Paris, uma cidade tomada pelo pânico, com as pessoas fugindo do inimigo, que agora não tinha nada para barrar seu avanço até a capital. A rainha, demonstrando compostura e força exemplares, ajudou a acalmar a população aterrorizada. Henrique, separado de seu usual círculo de conselheiros e sozinho, exceto pela companhia de dois secretários que redigiam suas orientações mais importantes, expediu duas ordens vitais. Sabendo da habilidade da esposa para arregimentar apoio, disse-lhe para arrecadar dinheiro dos parisienses, pois sem isso não haveria esperança de conseguir mais soldados. Também ordenou o retorno imediato de Francisco de Guise, seu melhor soldado, da Itália.

Catarina e sua cunhada Margarida foram até o Bureau de Ville (a prefeitura de Paris) em 13 de agosto de 1557. As duas mulheres e suas assistentes foram de preto, pois Catarina quis assegurar um clima sombrio. Em seu primeiro importante discurso público, dirigiu-se com um talento consumado àquela plateia hostil e assustada. Em vez de ordenar que ajudassem seu rei, apelou a eles pedindo apoio, lisonjeando-os com sua fala humilde. Pouco habituados a esse tom gentil da parte de um soberano, os "bons burgueses" de Paris pediram que a rainha se retirasse enquanto debatiam o assunto. Ela teve que aguardar apenas alguns instantes, e ao voltar se deparou com um voto unânime de que iriam reunir homens e dinheiro da "própria cidade e seus subúrbios, sem exceção, no valor de 300 mil libras". Catarina agradeceu com lágrimas nos olhos e a voz trêmula de emoção.

Em 29 de agosto, a cidade de Saint-Quentin caiu, apesar das confiantes declarações do sobrinho de Montmorency, o almirante Gaspard de Coligny, de que iria resistir pelo menos por dez semanas (na França, "almirante" era um posto que originalmente se aplicava a comandantes marítimos, mas vinha sendo usado fazia tempos também para oficiais do exército). Henrique achava que Felipe não ousaria avançar sobre Paris tendo atrás de si a guarnição ainda não capturada. A queda de Saint-Quentin aumentou o pânico, já que o caminho para Paris agora ficava livre. Ele expediu ordens para que itens preciosos e relíquias sagradas fossem levados embora da cidade para evitar seu saque, e que as pessoas, caso tivessem condições, fugissem.

O retorno de Guise da Itália animou a todos. Em seu primeiro encontro, o duque ajoelhou-se diante do rei. "Ele foi recebido por sua majestade tão amorosamente, e com tantos abraços, que parecia incapaz de se separar dele."[27] Guise veio com alguns dos melhores soldados da França, entre eles Monluc e Piero Strozzi. Foi nomeado tenente-general do reino, e seu irmão, o cardeal de Lorena, assumiu muitas das responsabilidades do capturado

Montmorency. Felipe, que mal acreditava ter sido capaz de vencer em Saint-Quentin, poderia ter seguido adiante até Paris. Em vez disso, ficou vagando por ali, tomando cidades indefesas, e começou a liberar alguns de seus soldados, sem imaginar que os franceses seriam capazes de se recuperar rapidamente. Seu pai, o ex-imperador, em seu retiro na Espanha, não cansava de perguntar: "Ele ainda está em Paris?". Talvez Felipe temesse superestimar suas forças ao seguir até a capital e acabar tendo a mesma sorte que o pai já experimentara ali: "Poderia entrar na França comendo faisão e sair comendo apenas raízes".[28] Com a campanha concluída e equivocadamente esperando que os franceses não fossem criar nenhum problema sério por um tempo considerável, Felipe voltou a Bruxelas.

Henrique então decidiu tomar um curso de ação que iria vingar a humilhação de Saint-Quentin e remover o último espinho inglês que restava na França desde a Guerra dos Trinta Anos. Iria recapturar Calais, havia tanto tempo em mãos inimigas. Essa cabeça de ponte estrangeira era especialmente cara à mulher de Felipe, a rainha Maria da Inglaterra, e como um bônus adicional sua perda iria, portanto, ferir também o rei espanhol profundamente. Era uma manobra ousada e inesperada. A cidade era tida como inexpugnável e o tempo para uma expedição como essa era desfavorável; até mesmo Guise mostrou-se cético em relação ao plano. Strozzi foi enviado para examinar as fortificações e, após relatar suas impressões ao rei, Henrique decidiu seguir adiante; achava que o elemento surpresa seria decisivo e ignorou as recomendações de cautela de seus comandantes. Guise iria liderar a força que atacaria a cidade, cujo estandarte acima do portão de entrada ostentava a infeliz previsão: "Só poderão os franceses Calais tomar quando ferro e chumbo qual cortiça puderem flutuar".[29] Após um brilhante ataque, o comandante da guarnição rendeu-se em 8 de janeiro de 1558. Henrique e Catarina estavam no meio de um banquete de casamento no Château des Tournelles, em Paris, quando receberam a notícia da vitória. A alegria do povo era incontrolável. Henrique partiu para o *front*, levando consigo o delfim e deixando Catarina encarregada dos assuntos do governo na sua ausência.

Piero Strozzi destacara-se particularmente durante o ataque, lutando com grande coragem. Seus audazes e inúteis fracassos passados foram esquecidos, e ele recebeu honrarias e recompensas do rei. Catarina sentiu-se vingada pelo apoio que sempre dera ao primo. O herói daquela hora, Francisco de Guise, recebeu a maior recompensa de todas: Henrique concordou que fosse celebrado o casamento entre a sobrinha dele, Maria, rainha da Escócia, e o delfim Francisco. Catarina levou todas as crianças reais a Paris para o luxuoso casamento, realizado em 24 de abril de 1558. Montmorency, ainda preso, tentara evitar essa última aliança entre a Casa de Guise e a Coroa. Ele sugerira a Henrique que a irmã de Felipe se tornasse noiva do delfim, e que Elisabeth da França ficasse comprometida a se casar com don Carlos, o filho de Felipe, cada vez mais louco. Embora Henrique tivesse considerado essa possibilidade, mesmo assim decidiu levar adiante o plano original, entre outras coisas porque a proposta do condestável não tivera boa acolhida dos espanhóis e a vitória de Calais precisava ser bem recompensada.

O próprio Guise supervisionou os detalhes das celebrações. Foi dada especial atenção para garantir que as pessoas comuns do povo pudessem ver a deslumbrante beleza da noiva de quinze anos e do noivo de catorze. O delfim, com seu rosto bochechudo, ar doentio, um nariz que não parava de pingar, ao lado de sua adorável jovem esposa, bem mais alta que ele, não era uma figura muito atraente. Decretou-se que o casal, a partir de então, seria conhecido como a rainha-delfina e o rei-delfim, para lembrar o povo que o delfim Francisco era também rei da Escócia. Entre os fantásticos entretenimentos preparados para o casamento estava um banquete, no qual foram apresentados doze cavalos artificiais cobertos de tecidos de ouro e prata, para serem cavalgados pelos príncipes e pelas crianças pequenas dos Guise. Os reluzentes cavalos puxavam carruagens onde cantores cintilando de joias entretinham os convidados com música. Estes eram seguidos por seis barcos com velas prateadas, que pareciam flutuar pelo piso do salão de baile; a bordo estavam sentados os cavalheiros que iriam escolher as damas. Francisco convidou sua mãe para se juntar a ele e Henrique tirou sua nova nora.[30]

Em 13 de maio de 1558, uma manifestação de protestantes que durou vários dias foi um presságio do conflito religioso que estava por vir, quando 4 mil reformadores fizeram uma marcha no Pré-aux-clercs em Paris. Para ultraje da população em geral, foram vistos no meio da multidão vários nobres, e os manifestantes, cantando salmos, eram liderados por Antônio de Bourbon a cavalo. Em 18 de maio, Henrique reagiu publicando um decreto que proibia manifestações e rezas cantadas em público. Nove meses antes, uma multidão furiosa invadira uma reunião de calvinistas na rua Saint-Jacques e 132 pessoas foram presas, entre elas algumas mulheres nobres. Henrique estava indignado com a contaminação da nobreza pelo movimento da Reforma; para ele, isso era uma depravação grosseira e totalmente incompreensível. Embora tivesse expedido o Édito de Compiègne em julho de 1557 contra os reformadores calvinistas – poupando os luteranos, pois muitos de seus aliados, mercenários e banqueiros, eram alemães luteranos –, ele fora impedido de colocar a lei em vigor pela resistência dentro do reino e pelas contínuas hostilidades internacionais.

Calvino operava de Genebra e havia criado uma organização de proselitismo muito mais eficaz que a dos primeiros protestantes; seus agentes passaram a entrar na França para difundir a nova doutrina. Entre as medidas repressivas estava a pena de morte, sem direito a apelação, para pregadores e para aqueles que viessem de Genebra distribuindo literatura protestante. Isso também abrangia qualquer pessoa que fomentasse a agitação religiosa. Ao mesmo tempo, Henrique solicitara ao papa permissão para criar uma inquisição francesa. Três cardeais foram escolhidos para liderar esse organismo: Lorena, Bourbon (o irmão de Antônio) e o sobrinho de Montmorency, Châtillon. O cardeal de Lorena era o líder de fato da Inquisição francesa, mas Henrique teve dificuldades com os magistrados, que eram um obstáculo à autoridade dos inquisidores. Foram concedidos poderes adicionais aos tribunais seculares, para que pudessem agir contra os calvinistas, mas o andamento era retardado pela confusão a respeito de qual dos órgãos legais tinha a jurisdição para aplicar as novas e duras medidas. Uma coisa ficava clara, porém: a fim de deter aquele câncer em seu reino, Henrique precisava de paz para implementar o édito e travar sua guerra contra a heresia.

Em Thionville, em 20 de junho, Guise recapturou a cidade que estivera em poder de Felipe, embora o triunfo militar trouxesse uma tragédia pessoal para Catarina. Seu adorado Piero Strozzi foi morto por um tiro de um arcabuzeiro enquanto desferia um ataque à fortaleza. Ele teve uma morte quase tão pouco convencional quanto sua vida. Quando Guise viu seu amigo e companheiro mortalmente ferido, segurou o agonizante Strozzi nos braços dizendo: "Reze a Jesus para ser recebido por ele". Ao que Strozzi retrucou: "Que Jesus? Pelo amor de Deus, não tente me converter agora. Eu renuncio a Deus, minha festa terminou [*ma fête est finie*]". O devoto duque, chocado com esse acesso, redobrou seus esforços e implorou a Strozzi que pedisse perdão a Deus, pois estaria diante d'Ele naquele mesmo dia, ao que Strozzi respondeu: "Mas pelo amor de Deus! Eu vou para onde estão todos os outros que morreram nos últimos 6 mil anos", e com isso o italiano deu o último suspiro deixando Guise muito aflito.[31] Catarina e

Henrique ficaram arrasados e fizeram o possível para cuidar do bem-estar da viúva e do filho de Strozzi.

A prisão continuada de Montmorency era uma fonte de profunda aflição para Henrique. Diana também lamentava a perda do equilíbrio que ele proporcionava, ao contrabalançar o peso da Casa de Guise. O embaixador veneziano escreveu a respeito dessa mudança: "No momento há uma ruptura aberta e uma inimizade entre ela e o cardeal de Lorena, já que ela é tão unida ao condestável que ambos são uma só e mesma coisa".[32] Uma função útil que o condestável pôde desempenhar em seu cativeiro em Ghent foi travar discussões informais sobre a paz. Afinal, ninguém conhecia melhor a mente de seu mestre do que ele. Felipe tinha escassez de dinheiro, sabia que Henrique precisava de paz tanto quanto ele, e achou bem-vinda a presença de Montmorency. O condestável inquietava-se ao pensar no que poderia estar acontecendo na corte sem ele por lá, apesar das cartas manuscritas que recebia de Henrique, cheias de amor e de tentativas de tranquilizá-lo. Diana fez o mesmo que Henrique e acrescentou suas palavras de alento em uma carta ao velho homem. Saint-André também havia sido aprisionado, assim como o sobrinho do condestável, Coligny.

O rei começou a mostrar sua insatisfação com os Guise, que agora não tinham mais nenhum empecilho em promover os próprios interesses. Ele culpou o duque por tê-lo convencido a entrar na última guerra com a Itália, e declarou abertamente estar exasperado com as ilimitadas ambições da família. A irritação de Henrique devia-se em grande parte à situação difícil em que se encontrava e pela qual era em última instância responsável, embora os Guise fossem o grupo mais óbvio para receberem a culpa. Catarina, por sua vez, continuou firme em sua defesa dos Guise e da campanha na Itália. Estava tão contrariada com as concessões, com receio de que comprometessem as esperanças francesas na Itália para sempre, que pela primeira vez em seu casamento decidiu se afastar de Henrique por três meses inteiros. Só voltou a se juntar ao marido em outubro de 1558, pouco antes da volta do condestável, que recebera uma liberdade condicional de Felipe.

O encontro de Henrique com seu velho mentor em 10 de outubro de 1558 foi patético e comovente. Henrique ficara inquieto o dia todo à espera do condestável; então, decidiu sair e cavalgar, na esperança de divisar sua chegada. Finalmente, Montmorency apareceu sozinho, a cavalo. Os dois homens se abraçaram como pai e filho. Para grande alívio do condestável, mencionaram apenas de passagem o assunto do desastre de Saint-Quentin, o espantoso fracasso militar de Montmorency, de proporções do de Pavia, e então passaram a denegrir os Guise, sua cobiça, agressividade militar e ambições. O condestável dormiu na câmara contígua ao rei, e Henrique ficou inconsolável quando Montmorency teve que voltar ao cativeiro dois dias mais tarde.

Depois de acirradíssimas discussões e de mudar de ideia pelo menos uma vez, Henrique concordou em assinar o tratado de paz, cujos méritos têm sido acaloradamente debatidos desde então. Os termos mais importantes do Tratado de Cateau-Cambrésis determinavam, de maneira geral, que a França manteria Calais por oito anos, após o que teria que pagar uma indenização, ou devolvê-la. Foram também mantidos Três Bispados – Toul, Metz e Verdun. Todas as posições francesas na Toscana foram cedidas ao duque de Mântua ou ao duque de Florença, Cosimo de Médici. Os direitos da Espanha a Milão e a Nápoles foram reconhecidos, e Bresse, Saboia e Piemonte foram devolvidos ao duque de Saboia. A única possessão francesa que restou na Itália foi o marquesado de Saluzzo, além de cinco fortalezas no Piemonte, entre elas Turim.[33] Duas alianças de casamento foram acertadas em apoio ao tratado. A filha mais velha de Henrique e Catarina, Elisabeth, deveria se casar com Felipe da Espanha, viúvo desde a morte de Maria Tudor em 17 de novembro de 1558. Enquanto isso, o duque de Saboia concordou em aceitar como noiva a irmã de Henrique, Margarida. Em resumo, Henrique estava entregando ganhos e extensas possessões na Itália em troca de território e poder na fronteira nordeste de seu reino, embora não tenha sido assim, de modo algum, que seus súditos perceberam o tratado na época. Hoje, a visão de que Cateau-Cambrésis "foi um recuo estratégico que tornou a França menos vulnerável" é uma das mais amplamente aceitas.[34]

Catarina ficou chocada quando soube do tratado. Caindo de joelhos diante do marido, implorou que ele não o ratificasse. Ela denunciou o condestável, dizendo: "Ele só nos produziu dano", ao que Henrique replicou: "Todo o dano foi feito por aqueles que me aconselharam a romper a Trégua de Vaucelles".[35] Guise anunciou ao próprio rei que preferiria ter a cabeça decepada do que "dizer que o tratado havia sido honroso ou vantajoso para sua majestade". Alguns meses mais tarde, repetiu sua convicção a Henrique: "Juro-vos, senhor, que é danoso tomar essa via. Pois se vós não fizésseis outra coisa a não ser perder durante os próximos trinta anos, não iríeis perder tanto quanto agora numa única tacada".[36] O duque abandonou a corte desgostoso no Natal de 1558. Os mais altos comandantes militares de Henrique ficaram incrédulos com o tratado; seus sentimentos eram compartilhados por muitos. Catarina achou que boa parte da culpa poderia ser atribuída a Diana. Quando esta última entrou nos aposentos onde a rainha lia, perguntou-lhe educadamente do que tratava o livro. Dizem que a rainha respondeu: "Estou lendo as crônicas da França, e vendo que de tempos em tempos, em cada período, os assuntos dos reis têm sido governados por putas".

Os Guise desfrutaram de um momento de glória quando Cláudia, a filha de Henrique e Catarina, casou-se com o jovem duque Carlos de Lorena. Houve uma cerimônia esplêndida na Notre-Dame em 22 de janeiro de 1559. Alguns dias mais tarde, Montmorency selou seu pacto com Diana casando seu filho Henrique com a neta dela, Antoinette de la Marck. Catarina acompanhou o marido nas celebrações realizadas no Château de Écouen, do condestável. Antes, em 1558, o rei havia honrado o condestável ao casar a sua filha ilegítima Diana, viúva, com o filho mais velho dele, Francisco. Montmorency ficou muito comovido ao ver-se como um aliado tão próximo da família real. Muito querida de seus meio-irmãos e irmãs reais, a nova nora do condestável era não apenas linda e agradável, mas, de todos os filhos dele, era quem herdara os melhores traços do pai.

O impopular Tratado de Cateau-Cambrésis foi oficialmente ratificado em 3 de abril. Agora Henrique podia concentrar-se em eliminar a "praga protestante" de seu reino. Em 10 de junho, pouco antes dos dois casamentos acertados no tratado, de sua irmã Margarida e de sua filha Elisabeth, Henrique apareceu sem aviso num *mercuriale*, um exame trimestral de membros do judiciário, muitos dos quais eram suspeitos de inclinações heréticas. Os magistrados não puderam esconder seu espanto ao ver o rei chegar, trazendo com ele o cardeal de Lorena, o condestável e outros nobres. O rei começou dizendo que, agora que o país estava em paz, os heréticos deviam ser levados a julgamento e punidos de acordo com a lei. Ele então pediu que os homens reunidos prosseguissem com sua reunião. O que ele ouviu deixou-o estupefato. Alguns conselheiros, especialmente Anne du Bourg, criticaram os ricos eclesiásticos que ignoravam seu rebanho. O cardeal permaneceu em silêncio, mas Montmorency interrompeu bruscamente a insolência de Du Bourg. O magistrado, impassível, foi em frente denunciando a morte de hereges na fogueira: "Não é pouca coisa condenar aqueles que em meio às chamas invocam o nome de Jesus Cristo. Como assim! Crimes que mereceriam a morte – blasfêmia, adultério, orgias horríveis [...] são cometidos todos os dias com impunidade [...] enquanto todos os dias novas torturas são concebidas para homens cujo único crime é o de, à luz das Escrituras, terem descoberto as corrupções da Igreja de Roma".37 Furioso, o rei ordenou a prisão de Du Bourg e de outros quatro conselheiros, assim que a sessão se encerrou. Embora os outros fossem soltos, Du Bourg foi julgado e condenado à morte. Henrique havia tomado o discurso como um insulto pessoal à sua relação com sua amante.

Embora Diana ainda dominasse sua vida privada, os apetites sexuais de Henrique eram agora saciados com maior frequência por discretas relações com cortesãs, que ele encontrava em segredo, disfarçando-se com uma capa e cobrindo o rosto. Seu valete, Griffon, montava guarda fora da câmara onde o rei recebia aquelas *belles inconnues*. Sua amante de 59 anos fazia vista grossa para as saídas românticas do rei, e Catarina se incomodava com elas muito menos do que com a continuada preeminência de Diana. O veneziano Giovanni Capello (também um enviado à corte francesa) produziu um retrato da rainha quando ela completou quarenta anos. As vestes dela eram sempre magníficas e seus modos os de uma rainha, embora ele tenha sido um pouco rude ao qualificá-la dizendo que não poderia ser considerada bonita, exceto "quando cobria o rosto com um véu". E ele continuou: "Sua boca é grande demais e seus olhos muito saltados e sem o brilho da beleza, mas é uma mulher de aspecto muito distinto, com uma figura bem moldada, uma bela pele e mãos de formato refinado; suas maneiras são charmosas, e ela tem sempre um sorriso agradável ou umas poucas e bem escolhidas palavras para cada um de seus convidados".38 O embaixador veneziano, Michele Soranzo, descreveu Catarina num despacho em 1558: "A rainha Catarina tem um rosto extremamente grande, embora seu corpo seja proporcional. É muito generosa, particularmente com os italianos. É amada por todos e mais do que ninguém ama o rei, a quem acompanha sempre, superando todas as fadigas. O rei a honra, e confia nela [...] o fato de ela ter-lhe dado dez filhos conta muito para esse seu apego por ela".39

As crianças eram a alegria de Henrique, e ele era um pai bondoso e dedicado. Brincava com elas e acompanhava seus progressos com orgulho. Catarina, emocionalmente tolhida pela ascendência de Diana dentro da creche real, era uma mãe visceralmente protetora e dedicada, preocupada com saúde, educação e criação, mas padecia de uma falta de habilidade para ser mais próxima de seus filhos, como Henrique o era. Depois que ele morreu, porém, ela iria oferecer amor irrestrito a um dos filhos, seu favorito, Eduardo-Alexandre, mais tarde duque de Anjou, que ela chamava de *"chers yeux"* (meus preciosos olhos). O fato de descobrir que muitos dos pequenos tesouros da maternidade, como os apelidos que ela e o rei inventaram para sua prole, eram também usados pela amante dele maculava a magia de tais tesouros aos olhos dela. A impressão era que nada pertencia a Catarina sem que houvesse a presença corruptora de Diana. Embora a rainha instilasse nas crianças reverência, respeito e um desejo de agradar, era para o pai que elas se voltavam em busca de afeto.

O casal dirigia uma corte notória por seu relativo decoro. Ao contrário do pai dele, Henrique insistia em que seus cortesãos mantivessem uma aparência de respeitabilidade, e se algum jovem tentava tomar liberdades com uma das suas *filles d'honneur*, Catarina protegia ferozmente a virtude e a reputação de suas damas. Muitos pretendentes que exageravam em seu ardor eram obrigados a esfriar sua paixão afastando-se da corte, até que a fúria da rainha se aplacasse. Igualmente, quando Catarina descobria que alguma de suas jovens havia abandonado a dignidade, sua ira podia ser aterradora. Uma garota sem sorte, mademoiselle de Rohan, estava adormecida com seu amante quando despertou ao ouvir pessoas entrando em seu quarto. Abriu os olhos e viu a rainha, Diana e a mulher do condestável em pé ao lado da cama. Ultrajada, a rainha exclamou: "Como você me envergonha!", e as indignadas matronas conduziram a jovem diante do rei, do condestável e do cardeal de Lorena, que apoiou a exigência de Catarina para que a garota, que estava grávida, fosse expulsa da corte.[40] Anos mais tarde, o decoro que a rainha esperava de suas *filles d'honneur* iria se tornar bem mais flexível, já que ela precisava de suas qualidades de sedução para levar adiante seus projetos políticos.

Catarina ainda adorava caçar, e gastava uma fortuna com cavalos e estábulos. Brantôme escreveu a respeito: "Era uma amazona muito boa e destemida, montava com facilidade, e foi a primeira a colocar sua perna por cima de um cabeçote de sela [...] até passar dos sessenta anos, adorava cavalgar, e depois que sua fraqueza a impediu, sentiu muita falta. Era um de seus maiores prazeres, cavalgar longe e rápido, embora tivesse caído várias vezes".[41] Quando saía para cavalgar, costumava carregar um arco para a eventualidade de encontrar alguma caça, e usava-o com bastante destreza. Talvez a outra razão pela qual adorasse caçar era que isso lhe oferecia a rara oportunidade de ficar com seu marido sem Diana por perto. Apesar de todas as conexões alegóricas que a favorita gostava de fazer entre ela e a deusa da caça, Diana só cavalgava de manhã como exercício, e, apesar de usar uma máscara de proteção (prática comum na época), não queria correr o risco de adquirir a tez bronzeada de uma caçadora.

Nos dias de caçada, a rainha reunia um *cercle* em seus aposentos, aos quais Henrique comparecia pontualmente. O condestável, Diana e os Guise também faziam questão de aparecer nessas reuniões tranquilas, durante as quais não se tocava música nem se oferecia nenhum outro entretenimento. Esses encontros eram a maneira que Catarina encontrava para conhecer melhor os cortesãos. Por volta de três da tarde, o *cercle* geralmente se encerrava e os cortesãos iam praticar jogos como o críquete ou ver o rei e seus nobres enfrentar-se em algum torneio, ou jogar tênis. Ao anoitecer, após o jantar, a rainha promovia outra reunião, embora essa fosse mais animada, tendo música e dança. Henrique também começara a tornar um hábito gastar uma hora ou mais sozinho com a esposa antes de ir para a cama, o que ele fazia por volta das dez, na maioria das vezes.[42]

Agora com as tensões em alta entre os Guise e os Montmorency, e entre Diana e a rainha, aproximava-se a data para as celebrações dos casamentos que iriam selar a paz. Diana, aliada pelos casamentos de suas filhas e netas a ambas as facções, sentia-se garantida por esses vínculos. O mais importante de tudo era que ainda contava com a completa e segura devoção de Henrique por ela. Mas as divisões criadas pela nova religião haviam permeado até esse círculo mais íntimo ao rei. O sobrinho de Montmorency, d'Andelot, abraçara a nova fé, e havia rumores de que o irmão dele, Gaspard, almirante de Coligny, também se convertera durante seu cativeiro, embora não tivesse ainda manifestado abertamente suas crenças. O rei preferia ignorar essas transgressões quando elas afetavam os que eram mais próximos de seu coração, mas isso só aumentava as dificuldades. A linha entre heresia e sedição traiçoeira era — já nesse momento — bastante tênue.

Catarina teve a grande alegria de ver sua filha Elisabeth, de catorze anos — que ganhara popularmente o apelido de Isabel da Paz —, casar-se por procuração com Felipe da Espanha. O sangue de mercadores dos Médici iria agora se misturar ao sangue azul dos Habsburgo, a maior dinastia da Europa. O peito de matrona de Catarina sentiu que qualquer mácula de suas origens seria apagada por essa gloriosa conexão. Mas era evidente a intranquilidade dela pelos torneios que seriam realizados para celebrar o casamento. Henrique não se sentira bem durante todo o verão, sofrendo de vertigens, e mostrava sinais de tensão desde a derrota de Saint-Quentin. O sono da rainha foi horrivelmente perturbado na noite de 29 de junho, véspera do dia marcado para Henrique participar do torneio: ela sonhou que ele jazia ferido, o rosto ensanguentado. Suas súplicas para que não tomasse parte da justa não foram ouvidas e ela no dia seguinte o viu cair, mortalmente ferido, em seu combate contra Gabriel de Montgomery. Nos dez dias seguintes, ela manteve vigília ao lado do marido agonizante, que expirou finalmente em 10 de julho de 1559. Sua dor foi atravessada apenas pela consciência de que ela deveria agora zelar pela segurança do futuro de seus filhos e fazer tudo o que estivesse ao seu alcance para manter viva a memória de Henrique e seu legado. Embora Henrique tivesse pertencido apenas nominalmente a Catarina durante seu tempo de vida, ela agora iria torná-lo seu para sempre.

Os favoritos de seu falecido marido, sedentos de poder e que já manobravam para conseguir posições, ameaçariam seu posto se ela desse oportunidade. Os Guise, que meses antes quase haviam caído em desgraça por se oporem à paz do Tratado de Cateau-Cambrésis, viam sua hora chegar. Eles apoiavam o novo rei, Francisco II, e a sobrinha deles, Maria, agora rainha da França, e decidiram tirá-los do Château des Tournelles para evitar qualquer intervenção de seus inimigos. Montmorency, privado dos poderes que havia desfrutado, apenas pôde assistir aos novos governantes de fato da França partirem para o palácio do Louvre, deixando-o para trás, junto com seu grupo. Diana saiu de Paris, temendo por sua vida e fortuna.

Catarina, controlando sua agonia, decidiu não correr o risco de permanecer junto ao corpo do falecido marido, como ditava a tradição. Decidiu emprestar sua trágica presença aos Guise, na manobra deles que foi chamada de "fuga para o poder", e, na posição de mãe do rei de apenas quinze anos, faria de si mesma um elemento indispensável aos planos da família para ele e o conselho de governo que a França agora exigia. Era claro para todos que o rapaz, adoentado, não tinha maturidade para reinar sozinho. Um brincalhão chamou a morte de Henrique e a ascensão de seu filho de "a véspera dos três reis", alusão a Francisco II, Francisco de Guise e Carlos, cardeal de Lorena. Mas a França não poderia ser governada por um triunvirato como esse por muito tempo, e Catarina decidiu que faria seu filho triunfar na disputa de poder que se apresentava.

PARTE DOIS

VI

UMA PARCERIA DIFÍCIL

Daí provêm minhas lágrimas e minha dor

1559-1560

A morte repentina do rei Henrique II da França trouxe a certeza de uma nova ordem. Com uma passividade pesarosa, que mascarava a sua absoluta determinação de ter um papel central na facção governante dos Guise, Catarina, apesar de sua trágica perda, certificou-se de não ser separada de seu filho mais velho, o novo rei, Francisco II. Enquanto muitos favoritos do velho regime preparavam-se para uma grande mudança de *status*, Catarina sabia que ela conferia legitimidade à família Guise, tão próxima do trono do filho dela. Ainda teria de descobrir quanta influência seria capaz de exercer para proteger o filho e o reino.

A comitiva da realeza mudou-se para o palácio do Louvre em 11 de junho de 1559, e com esse ato simples os Guise deram seu *coup d'état* sem derramar uma gota de sangue. Ao se instalar nos melhores aposentos, o novo regime mostrava não ter perdido tempo em abocanhar os espólios iniciais de sua impressionante vitória. O duque de Guise ficou com os aposentos de Diana de Poitiers, e seu irmão, o cardeal, com os de Montmorency. Catarina cobrira as paredes e o piso de seu quarto com seda preta. Com a luz do dia impedida de entrar, as duas vacilantes velas acesas aumentavam o tom sombrio. Trajando preto, com apenas um pequeno colar branco de arminho para realçar o efeito, Catarina era descrita pelos observadores como imóvel em sua angústia. Estava exaurida pela tensão dos últimos dez dias, e mal cumprimentava os dignitários estrangeiros que vinham prestar as condolências. Muitos confessaram que haviam se comovido até as lágrimas com a visão de Catarina em profunda desolação. A nova rainha costumava ficar em pé atrás da sua sogra para ajudá-la naquelas difíceis entrevistas. Usando seu vestido de casamento branco-lírio (o tom tradicional do luto dos reis), Maria respondia em nome de Catarina, agradecendo os visitantes, e sempre que possível arrumava uma maneira de encaixar uma referência elogiosa aos seus tios e à habilidade deles em ajudar o novo rei a conduzir a França com segurança.

O legado de Henrique a seus herdeiros e viúva estava impregnado de riscos, pois eles agora tinham pouco mais que seu nome Valois para sustentá-los. Os monarcas medievais eram julgados de acordo com a autoridade moral que fossem capazes de projetar e com a lealdade que pudessem obter, e, sob esses aspectos, Francisco II não poderia ter um início pior para o seu reinado. Seu pai chegara ao trono como um adulto maduro, com as qualidades pessoais exigidas de um rei bem-sucedido. Havia buscado o conselho de Montmorency e dos Guise, mas não se deixara controlar por nenhum deles. A sua morte transformou a competição por influência numa disputa por supremacia.

A recente guerra de Henrique deixara a França dilapidada por dívidas; era inevitável um corte rigoroso nos gastos para que o país recuperasse a prosperidade econômica. Tais sacrifícios estavam destinados a testar no grau mais extremo a lealdade ao novo e jovem rei. Havia um grande número de soldados retornando da Itália, furiosos não só pelos soldos atrasados como pela assinatura do Tratado de Cateau-Cambrésis. E eles é que iriam abastecer a infantaria das guerras religiosas travadas a seguir. A principal razão para serem leais ao Estado – seu amor por Henrique – havia morrido com ele.

Enquanto isso, aquilo que o Estado encarava como heresia protestante estava crescendo; a dura política de Henrique de repressão não poderia ser imposta com o mesmo grau de confiança pelo regime que se iniciava. Na arena internacional também havia problemas à espreita, com o ressurgimento da Espanha sob Felipe II, ao sul, e, do outro lado do canal, uma Inglaterra reunificada sob a recém-coroada rainha Elizabeth I. No entanto, mais grave do que quaisquer dos problemas econômicos, religiosos ou diplomáticos da França era a potencialmente desastrosa rivalidade entre as facções que haviam se aglutinado em torno das famílias Guise e Montmorency. Se nos anos anteriores Henrique II havia provido um fulcro entre esses dois grupos rivais, assegurando um equilíbrio entre eles, agora havia o perigo iminente de o monarca ficar identificado com apenas um dos lados. Tendo sua sobrinha como rainha da França, os Guise estavam triunfando.

Montmorency chegou um dia após a família real ter se mudado para o Louvre. Ele se ofereceu, junto com seu clã, ao novo rei, que declinou numa fala nervosa cuidadosamente ensaiada por seus tios. Francisco agradeceu ao condestável seu longo tempo de serviço, acrescentando: "Estamos ansiosos para oferecer consolo à vossa idade avançada, que não mais é adequada a suportar os esforços e provações a meu serviço".[1] Após encerrar-se o diálogo educado, os selos do cargo foram entregues. Montmorency, efetivamente demitido por seus rivais, foi encontrar Catarina para se despedir. Após uma fala curta a respeito dos perigos que ela e sua família enfrentavam nas mãos dos Guise, a rainha-mãe desabou, e chorando prometeu que iria fazer tudo o que estivesse a seu alcance para proteger as propriedades e prerrogativas dele. O condestável nunca simpatizara com a rainha, e ela sempre tivera ciúmes do poder que ele detinha sobre o seu falecido marido. Ela nunca o perdoara por ele ter apoiado o repúdio a ela durante seus anos de infertilidade, nem pela Paz de Cateau-Cambrésis, mas Catarina sabia que poderia um dia precisar dos préstimos do bravo velho patriota, e estava determinada a não se indispor com ele. Ele permaneceria à distância, pronto para vir em seu auxílio, se a situação exigisse.

Montmorency continuou como condestável da França, embora este fosse agora um título vazio, com os Guise no controle do governo e do exército. Catarina ocultou seus verdadeiros sentimentos a respeito do soldado. Em troca do cargo de grão-mestre, concedido a Francisco de Guise, fez com que seu filho mais velho, Francisco de Montmorency, que era casado com Diana, a filha natural de Henrique, fosse nomeado marechal da França. Ela escreveu ao condestável confirmando que, em razão da pronta cooperação dele em devolver *"la grant mestrise"* ("a grande maestria"), ela iria *"fayst depeche la marichausye a votre fyls"* ("assegurar a pronta nomeação de seu filho como marechal").[2] Catarina garantiu ainda ao general a manutenção do governo de Languedoc. De qualquer modo, teria sido praticamente impossível arrebatar dos Montmorency esse vasto território no sul da França, solidamente de posse da família. Seus sobrinhos, Coligny, um almirante da França, Francisco d'Andelot, coronel-general da Infantaria, e o cardeal Ôdet de Châtillon, todos mantiveram seus cargos. Em grande parte graças à diplomacia de Catarina, o velho guerreiro saiu de Paris pacificamente "com tamanho séquito, que a comitiva do rei pareceu pequena em comparação". Uma potencial fonte de atrito havia sido removida, pelo menos momentaneamente.

De quem se podia prever problemas era do primeiro príncipe de sangue, Antônio de Bourbon, que, devido ao seu *status*, era quem deveria chefiar o conselho regente. Catarina e os Guise conseguiram tornar Bourbon ineficaz por meio de uma combinação de mensagens lisonjeiras, promessas e pela pura indolência do próprio Antônio. Apesar de instado pelo condestável, de partida, e por seu próprio irmão, Luís de Condé, a seguir para Paris o mais rápido possível e reivindicar o lugar que tinha por direito, Bourbon – que estava na Guiena, sudoeste da França, na época da repentina morte de Henrique – foi atravessando lentamente a França até Paris. Os Guise haviam-lhe prometido uma calorosa recepção e um papel no governo, mas, na época em que ele finalmente chegou, encontrou apenas o descaso à sua espera. O rei, que por costume deveria receber um visitante ilustre indo ao encontro dele, como por acaso, saíra para caçar, e não haviam sido reservados aposentos para o príncipe em Saint-Germain, onde a corte fora aguardar a sua chegada. Tanto Catarina quanto os Guise temiam-no, pois era uma figura crucial para dar legitimidade aos membros da nobreza insatisfeitos, que não viam futuro para eles sob o novo regime. Bourbon manifestara adesão à causa protestante, especialmente ao comparecer ao evento público em Pré-aux-clercs, em 1558, e isso fez dele o líder natural dos partidários da Reforma – algo insólito, por sua condição de irmão do cardeal. A família Bourbon, apesar de ser a mais elevada na França depois dos Valois, vinha sofrendo havia muito tempo por causa da traição do condestável de Bourbon no reinado de Francisco I. A incapacidade de Antônio de Bourbon de se relacionar com os favoritos de Henrique enfurecera o falecido rei, que o tratava com escassa consideração, muitas vezes ignorando ostensivamente seu *status*.

O principal interesse na vida de Bourbon era recuperar o pequeno reinado de Navarra, que havia sido dividido ao meio pelos espanhóis na década de 1500. Hesitante e irremediavelmente entregue à preguiça e aos prazeres, animava-se como por milagre à menor menção de recuperar aqueles territórios, que eram dele em razão de seu casamento com a prima de Henrique, Jeanne d'Albret. De resto, mostrava ser um líder que não despertava simpatia, rodeado por maus conselheiros. Além disso, era incapaz de tomar qualquer decisão, especialmente boas decisões. Quando chegou a Saint-Germain, foi colocado sob forte vigilância pelos Guise, que temiam que pudesse recorrer à força. E ali estava ele, confrontado e controlado por Catarina e pelos Guise; o desdém público com que o tratavam, e sua complacente aceitação do tratamento que lhe era conferido, enfraqueceram-no diante de seus seguidores.

Catarina, que viu Bourbon aceitar os insultos, comentou que ele havia sido "reduzido à condição de criado de quarto". Foi-lhe oferecido um lugar no conselho essencialmente pró-forma, onde ele era superado em número pelos Guise e outros grupos, incluindo as duas rainhas e os filhos mais novos de Catarina. Juntos, garantiriam que a voz de Bourbon não fosse ouvida, caso ele ousasse alguma vez falar. Quando Catarina mais tarde ofereceu designá-lo como acompanhante da sua filha Elisabeth à Espanha, onde iria unir-se ao rei Felipe, Bourbon aceitou, pois isso lhe dava a oportunidade – ou assim imaginava ele – de tratar com a Espanha a questão de Navarra. No entanto, ao aceitar fazer a longa viagem e ficar afastado da corte, Antônio de Bourbon na realidade neutralizou a si mesmo como um contendor pelo poder. Com isso, Catarina e os Guise livravam-se, momentaneamente, de outro potencial oponente.

Quem não representava mais qualquer ameaça era a favorita de Henrique. Quase imediatamente após a morte de seu amante, e sabendo que seu reinado estava encerrado, Diana de Poitiers devolveu todas as joias que eram propriedade inalienável da Coroa a Catarina e ao novo rei. Típico de sua meticulosidade e de seu rigor metódico, fez acompanhar as joias que Henrique lhe dera de uma lista extensa e detalhada. Temendo por sua vida, enviou também uma carta implorando perdão por quaisquer erros passados que pudesse ter cometido contra a rainha, e oferecia retoricamente à rainha-mãe a sua vida e seus bens. Catarina, talvez relembrando a máxima de Francisco I de que a vingança é a marca de um rei fraco e a magnanimidade um sinal de sua força, se mostrou desinteressada em perseguir Diana. Mas ela estava por trás da carta escrita por seu filho, Francisco, a Diana. De acordo com o diplomata veneziano Giovanni Michiel em seu relatório de 12 de julho de 1559: "O rei ordenou que seja informado a madame de Valentinois que, devido à sua má influência junto ao rei, seu pai, ela merece uma severa punição; mas que, fazendo uso de sua real clemência, ele não quer perturbá-la mais ainda".[3]

A rainha-mãe contentou-se em banir Diana da corte e incluiu nessa interdição a filha dela, Françoise de la Marck, duquesa de Bouillon. Catarina não pôde estender o banimento à outra filha de Diana, pois ela era casada com o irmão mais novo de Francisco de Guise, agora duque d'Aumale. Portanto, a política de Diana de casar uma de suas filhas com alguém da família Guise surtira efeito. Isso também significava que as fabulosas propriedades e riquezas pertencentes a Diana de Poitiers continuavam mais ou menos intactas, já que os Guise sabiam que metade dos bens dela iriam (via Louise d'Aumale) ser incorporados à fortuna deles após a sua morte.

Havia uma das propriedades da amante que a rainha-mãe cobiçava mais do que qualquer outra: o encantador Château de Chenonceau. Diana conseguira, por falsos meios e com o apoio do rei Henrique, comprar a propriedade da Coroa; Catarina agora via que a maneira mais simples de obtê-la era oferecer a Diana seu próprio castelo em Chaumont em troca do menos valioso mas muito mais encantador Chenonceau. Diana não estava em posição de recusar. Investira muito dinheiro e tempo decorando e ampliando o castelo. Agora Catarina decidia torná-lo ainda mais bonito e gastou dinheiro nos jardins, criando cachoeiras, recintos para animais exóticos, aviários para aves raras e plantando amoreiras para bichos-da-seda.[4] Também fez acréscimos importantes ao próprio edifício, que fica junto ao rio Cher, sobre o qual Diana mandara construir uma ponte para cruzá-lo. Catarina estava determinada a apagar a memória da rival e a aumentar o esplendor do castelo, o que incluiu acrescentar dois andares de longas galerias na ponte que cruza o rio. O delicado palácio ainda está em pé hoje, com as águas do Cher correndo por baixo de seus graciosos aposentos sobre a ponte.

Diana retirou-se para as suas outras propriedades, e passou a maior parte dos dias que lhe restavam em Anet, fazendo boas obras e assegurando que sua família herdasse sua vasta riqueza quando de sua morte em 1566. Com tanto dinheiro da Coroa gasto em criar a sua obra-prima renascentista, ela teve sorte de não lhe terem confiscado Anet. Um cavalheiro florentino que viajava por ali no final da década de 1550 escreveu "que a casa dourada de Nero não foi tão custosa nem tão bela".[5] Catarina mais tarde contratou muitos dos mestres artesãos que Diana e Henrique haviam usado em Anet em seus projetos de construção. Também se livrou dos criados de Diana que a haviam atormentado durante suas primeiras regências. Depois da morte de Henrique, ela e a favorita do falecido marido nunca mais se encontraram.

Por mais que a vingança pudesse lhe trazer satisfação, Catarina tinha muitas coisas em mente para se preocupar. O novo rei estava longe de ser forte, e, embora mostrasse respeito e amor filial pela mãe, ela precisava protegê-lo da influência excessiva dos Guise e de sua jovem esposa, que ele adorava. O rapaz mostrou pouco interesse em governar o país, e passava a maior parte do tempo caçando freneticamente, ou envolvido em outras atividades ao ar livre, para as quais seu físico frágil era pouco dotado. Sua saúde foi uma preocupação sempre presente. Ainda vivia sujeito a fraquezas e tonturas, seu nariz escorria constantemente e ele tinha problemas de respiração, sequelas de infecções nas vias respiratórias contraídas na infância.[6] Fato mais significativo para Maria e os Guise, Francisco, ao que se sabe, sofria de uma anomalia que impediu seus testículos de descerem na puberdade, o que talvez o tenha deixado incapaz de gerar filhos, ou (dependendo de qual fosse a causa) até mesmo de fazer sexo.

Apesar de suas óbvias limitações, Francisco comportava-se desde a infância de maneira a não deixar ninguém esquecer sua posição. Talvez as próprias enfermidades o levassem a querer agir com extrema dignidade, mas isso só servia para fazê-lo parecer pomposo. Gostava de ostentar e vestir-se de maneira vistosa, com roupas muito requintadas, mas essas estratégias, em vez de melhorar sua aparência e fazê-lo parecer mais glamoroso, produziam um efeito patético. As fragilidades de seu corpo deixavam-no frustrado, e era comum ele ter acessos de raiva e chiliques por causa de obstáculos colocados por sua má saúde. Fisicamente tímido, exceto quando estava caçando, parecia mais do que feliz em deixar que os outros cuidassem das horríveis dificuldades de conduzir o reino. O grande conselho oficial só se reuniu com todos os membros uma vez em 1560; o poder real ficava nas mãos dos Guise e de Catarina, que faziam reuniões secretas, nos aposentos do rei ou nos de sua mãe. Francisco de Guise encarregou-se de todos os assuntos militares e seu irmão, o cardeal de Lorena, ficou com a pasta dos assuntos domésticos e externos.

O funeral de Henrique II teve lugar entre 11 e 13 de agosto de 1559. O falecido rei foi enterrado com seus predecessores em Saint-Denis, onde Catarina havia sido coroada rainha apenas doze anos antes. Em 18 de setembro, o jovem rei, de veludo preto, foi coroado em Reims. O clima chuvoso não ajudou a aliviar o tom triste da ocasião, que necessariamente foi contido por causa da imprevista e violenta morte de Henrique. Maria, já coroada rainha da Escócia, não poderia ser coroada duas vezes; no entanto, as pretensões dela à Coroa inglesa foram muito bem observadas pelo embaixador inglês, Throckmorton, que relatou que os franceses haviam colocado os "brasões de armas da Inglaterra, da França e da Escócia reunidos bem à mostra sobre o portal".[7] Esse gesto deliberadamente provocativo foi registrado pela rainha inglesa. Maria baseou sua pretensão ao trono da Inglaterra na validade questionável do casamento de Henrique VIII com Ana Bolena e na consequente bastardia de Elizabeth aos olhos da Igreja Católica. Se Elizabeth fosse ilegítima, não poderia governar e o trono, portanto, pertencia em tese a Maria.

Francisco buscou garantir que sua mãe ficasse bem provida, e em 15 de agosto de 1559 expediu cartas patente que concediam a Catarina "o mais opulento pagamento já feito a uma rainha viúva". Fixou sua pensão anual em 70 mil libras, e entre outras propriedades e terras deu a ela os *châteaux* de Villers-Cotterêts e de Montceaux, além do ducado d'Alençon. O rei deu ainda à mãe o direito a metade de todos os pagamentos agora devidos pela confirmação de cargos, feudos e privilégios no início do novo reinado.[8] Confirmando a importância de Catarina, a partir de então todos os atos oficiais do jovem rei começavam com as palavras: "Sendo esta a vontade da rainha, senhora minha mãe, e eu também aprovando toda a opinião por ela sustentada, tenho o prazer de ordenar que [...]". Maria comentou em carta à sua mãe na Escócia: "Acredito que se o rei filho dela não lhe fosse tão obediente a ponto de não fazer nada a não ser o que ela deseja, ela morreria logo, o que seria o maior infortúnio que poderia acontecer a esse pobre país e a todos nós".[9] E caso alguém precisasse ser lembrado da perda que ela sofrera, a rainha-mãe adotou um novo emblema pessoal em substituição ao seu alegre arco-íris. A partir de então, seu emblema retratava uma lança partida com as palavras "*Lacrymae hinc, hinc dolor*" ("Daí provêm minhas lágrimas e minha dor"). Pelo resto da vida ela também se recusou a tratar de negócios às sextas-feiras, o dia do acidente de Henrique.

Catarina enquanto isso tratava a nova rainha com deferência e respeito. Ela entregou as joias da Coroa a Maria, e entre as fabulosas pedras preciosas acrescentou peças de seu acervo pessoal. Ela era calculadamente correta em seu trato com a nora e sempre se dirigiu a ela com cordialidade. Dizem que Maria, de modo imprudente, assumia uma atitude esnobe em relação a Catarina, por ela ter origens menos elevadas que as suas. Atribui-se a ela o famoso comentário de que Catarina era apenas a filha de um comerciante florentino. Se Catarina chegou a ouvir esses comentários, preferiu ignorá-los. Mas não os esqueceria. Além disso, a rainha-mãe parecia mais majestosa e distante do que nunca em suas severas vestes pretas e na sua dignidade de viúva.

Muito se falou da rivalidade entre as duas mulheres, ou pelo menos do ciúme de Catarina. Histórias fantásticas sobre seu desejo de se livrar de Maria – existe até a sugestão de que a rainha-mãe teria planejado envenenar o próprio filho para remover a jovem de sua poderosa posição – são mera ficção romântica. Embora Catarina possa ter tido a propensão de minimizar a influência de sua nora sobre o jovem rei, sempre pareceu bondosa e afável com Maria, pelo menos enquanto seu filho viveu. Em Blois, durante o primeiro inverno após a morte de Henrique, as duas rainhas podiam ser vistas com frequência lado a lado, às vezes ouvindo juntas o sermão diário na sala de refeições que compartilhavam ou na capela. Também recebiam ambas os visitantes em muitas ocasiões. E costumavam ficar juntas quando Francisco saía para suas frenéticas caçadas. É possível que Maria tenha aprendido a gostar de intrigas com sua sogra, se bem que, como sua trajetória posterior mostra, ela se revelaria nessa arte uma aluna aplicada, mas de desempenho fraco. As considerações maternais de Catarina também teriam tido um papel importante na relação entre ambas; enquanto a garota fizesse o filho dela feliz, o próprio bem-estar de Maria seria do interesse de Catarina.

Obrigada a ter papel ativo nos negócios de Estado, a rainha-mãe foi aos poucos assimilando sua terrível perda. Ela respondeu diligentemente às inúmeras cartas de monarcas e príncipes estrangeiros que escreviam enviando condolências pela trágica morte do seu marido. Em uma carta a Elizabeth I da Inglaterra, Catarina dirigiu-se a ela como "A mais elevada e excelente princesa, nossa verdadeira amiga, boa irmã e prima, a rainha da Inglaterra". Agradecendo a Elizabeth pelas "sábias e bondosas palavras de consolo", ela escreveu: "A perda [...] do falecido rei [...] é tão recente e tão assustadora e traz tamanha dor, pesar e desespero que temos necessidade da ajuda de Deus, que nos visita nessa nossa aflição, dando-nos força para suportá-la".[10] Nos meses imediatamente após a morte de Henrique, um visitante descreveu o pesar de Catarina assim: "A rainha chorou tanto que nos leva às lágrimas".[11] Maria escreveu à sua mãe na Escócia: "Ela ainda está tão perturbada e sofreu tanto durante a enfermidade do falecido rei que, com tantas preocupações que isso lhe causou, tememos que possa contrair uma doença grave".[12]

Não muito depois de essa carta ter sido escrita, surgiu uma intrigante lenda sobre o uso do oculto por parte de Catarina. Diz a tradição que, durante a última visita da rainha-mãe ao Château de Chaumont, antes de entregá-lo a Diana de Poitiers, ela quis saber o destino dos filhos e da dinastia. Chamando Cosimo de Ruggieri, seu astrólogo e especialista em magia negra, pediu que ele usasse toda a sua habilidade para prever o futuro. De acordo com o marechal de Retz, filho de Catarina Gondi, uma amiga íntima de Catarina,

Ruggieri fez surgir um espelho num quarto escuro do castelo. Tal objeto, que aparentemente possuía poderes similares ao do espelho da história da Branca de Neve, transformou-se numa câmara mágica, onde cada um dos filhos de Catarina, exceto Hércules, apareceu, um por vez. Ruggieri disse à rainha que o número de vezes que os rostos circulassem o espelho corresponderia ao número de anos que cada um deles iria reinar. Primeiro surgiu o rei Francisco: seu rosto, discernível de maneira muito tênue, circulou o espelho apenas uma vez. Ele foi seguido por Carlos-Maximiliano (mais tarde Carlos IX), que pareceu circular catorze vezes; depois o rosto fantasmal de Eduardo-Alexandre (futuro Henrique III) deu quinze voltas. Em seguida, conta-se que apareceu um lampejo mostrando o duque de Guise cruzando a superfície do espelho, seguido pelo filho de Antônio de Bourbon, Henrique, príncipe de Navarra. Ele seria o herdeiro legal do trono caso a linhagem dos Valois se extinguisse. Sua imagem orbitou o espelho 22 vezes. Catarina, que desde aquelas precisas previsões sobre a morte de Henrique não precisava de muita persuasão para se convencer que as previsões de seus feiticeiros e astrólogos eram seguras, não deve ter se sentido amparada pelo que viu. Há diferentes relatos da época sobre esse bizarro episódio de Catarina com o espelho encantado, mas é impossível dizer o quanto ele foi bem-sucedido. Quando Diana tomou posse do castelo, encontrou um considerável número de indícios, incluindo pentáculos desenhados no piso e outras sinistras indicações de que a rainha-mãe havia usado o local para suas práticas ocultas. A antiga favorita, que de qualquer modo já não gostava de Chaumont, nunca mais voltou para lá.

Desde os primeiros dias do reinado de seu filho mais velho, Catarina sabiamente deixou que os holofotes políticos se concentrassem nos irmãos Guise, mantendo para si a imagem emocionalmente densa de uma mulher golpeada pelo destino, com filhos pequenos órfãos de pai, e como figura materna do reino. Sabia que, conforme o país fosse envolvido pelas crises após a morte de Henrique, as medidas severas exigidas para lidar com isso iriam de modo quase inevitável tornar os irmãos muito impopulares. Como não estava disposta a ficar maculada por seus métodos e crenças, manteve-se à distância, deixando que os outros tentassem imaginar quais seriam suas posições em relação às questões políticas. Mesmo que os Guise fossem bem-sucedidos, iriam indispor alguns elementos vitais da sociedade com suas visões religiosas extremistas, com sua impetuosa ambição e o crescente número de inimigos. Catarina achava improvável que eles acabassem triunfando. Se Henrique tivesse sobrevivido, seus problemas mais prementes seriam a falência iminente de seu reino e a reforma religiosa que ameaçava dividir a França. Com Henrique vivo, a presença de um monarca forte assegurava um controle sobre seus nobres rivais e mantinha intacta a hierarquia social essencial. Mas com seu desaparecimento não existia mais a quase mística figura de um rei ungido e poderoso, por quem os nobres pudessem se juntar e esquecer as diferenças.

Catarina só podia assistir ao cardeal de Lorena debater-se com a abalada economia da França. Quando Francisco II assumiu o trono, a dívida pública estava por volta de 40 milhões de libras, fruto principalmente das guerras na Itália e no norte da França. Os ganhos da Casa Real provinham de impostos que não chegavam a 10 mil libras anuais. Para piorar, metade da dívida precisava ser saldada imediatamente. Os Guise, que haviam começado o novo reinado com opulentos presentes aos seus vários vassalos e clientes, e reembolsando as próprias dívidas, o que não passou despercebido nem melhorou a sua popularidade, agora precisavam encontrar uma solução. Em vez de aumentar os impostos, o cardeal decidiu cortar as despesas de forma drástica, o que ele fez de um modo extremamente arbitrário. Os juros que a Casa Real deveria pagar sobre empréstimos foram simplesmente ignorados; as pensões foram congeladas; magistrados e outras autoridades tiveram seus salários suspensos. Os soldados franceses, muitos deles ainda voltando da Itália, foram desmobilizados sem receber o que lhes era devido. Tinham todas as razões para se sentirem traídos pelos políticos que haviam simplesmente devolvido aqueles territórios conquistados a muito custo. Esses homens desiludidos, agora receptivos a ideias de rebelião, iriam formar as fileiras dos exércitos em luta nas guerras civis que eclodiriam em seguida. O regime era intolerante a críticas; protestos contra suas medidas eram revidados com punições rápidas.[13] O cardeal de Lorena, até então versado apenas no resguardado mundo da diplomacia de salão, logo seria visto lamentando: "Sei que sou odiado".

A questão religiosa também ficava mais aguda conforme o regime impunha medidas cada vez mais duras aos protestantes. Acreditava-se que Catarina tinha uma visão moderada da questão religiosa; com certeza, ela gostava muito de sua cunhada, Margarida, a nova duquesa de Saboia, e outras de seu círculo íntimo com simpatias protestantes, mas que não eram ativistas da Reforma. Muitos defendiam uma linha mais branda no tratamento dos hereges. A rainha-mãe recebeu apelos de ajuda de personalidades protestantes para que intercedesse por eles; ela disse ao pastor protestante François Morel que tentaria amenizar a perseguição contra os reformadores desde que eles, por sua vez, "não realizassem reuniões e que cada um vivesse isso secretamente e sem escândalo".[14] Ela foi incapaz, porém, de tentar salvar Anne du Bourg, sentenciado à morte pouco antes do falecimento de Henrique. Du Bourg apresentou uma defesa eloquente, sabendo que seria inútil, mas destacaria o drama dos calvinistas e faria dele um mártir. Em 23 de dezembro de 1559, foi morto por estrangulamento e depois queimado na Place du Greve. Imprudente, Morel escreveu uma carta inflamada a Catarina dizendo que "Deus não permitiria que tal injustiça passasse impune [...] e assim como Deus começara punindo o falecido rei, ela deveria entender que o braço d'Ele estava ainda erguido para completar Sua vingança e golpearia tanto ela quanto seus filhos".[15] Esta era a pior maneira de tentar ganhar o apoio de Catarina; ela via tais ameaças como insultos traiçoeiros; além do mais, argumentou que sua oferta de ajuda partia de seu desejo de evitar derramamento de sangue e que não tinha qualquer relação "com a verdade ou a falsidade da doutrina deles".[16]

Os Guise continuaram com sua cruel política de perseguição, que para Catarina só serviria para desencadear uma conflagração que talvez pudesse ser evitada. Até o cardeal, o mandante das novas leis draconianas contra os hereges, declarou a Throckmorton: "Ninguém odeia os extremos mais do que eu". Embora incapaz de salvar Anne du Bourg, ou de aliviar o drama dos reformadores, Catarina manteve, sim, contato com alguns calvinistas por meio de seus amigos moderados ou protestantes. Naquele momento, porém, estava de mãos atadas. E sendo Catarina incapaz de ajudar, os desesperados calvinistas procuraram liderança e proteção em outra parte. Antônio de Bourbon provava não ser nada além de patético. Seu irmão, Luís de Condé, no entanto, era uma figura mais inspiradora, e começou a atrair a atenção como um ponto natural de reunião. Condé estava tão frustrado com seu irmão quanto os outros calvinistas, e, movido por ambições pessoais, orgulho familiar, alguma convicção religiosa e a pobreza decorrente de ser um segundo filho, achou que a causa religiosa poderia prover-lhe uma excelente plataforma. O principal problema de Condé, como potencial líder da oposição, era que lhe faltava a legitimidade que seu irmão possuía como primeiro príncipe de sangue, que lhe dava o direito de chefiar o que era efetivamente um conselho de regência.

O envolvimento militar da França contra os ingleses na Escócia foi outra razão da crescente impopularidade dos Guise. Quando Francisco se tornou rei da França, já era rei da Escócia, em virtude de seu casamento com Maria Stuart, e ele reivindicara, com a esposa, o trono da Inglaterra. Para indignação da rainha Elizabeth I, o brasão de armas do casal real, incorporando os da Escócia, França e Inglaterra, ousava agora expressar essa pretensão. Em setembro de 1559, Maria de Guise, a regente da Escócia, viu-se de novo enfrentando rebeliões, fomentadas por dissensões religiosas e reivindicações políticas. Elizabeth fez o que pôde para apoiar os rebeldes no norte. Maria só conseguiu ser salva da catástrofe pela chegada de soldados franceses, no que ficou conhecido como "A Guerra da Insígnia", nome que derivava da incorporação feita por Maria e Francisco do brasão de armas inglês ao seu próprio.[17] Catarina, cujas ambições não coincidiam com as dos Guise no que se referia à Escócia, tinha o receio de que a França não fosse capaz de bancar aventuras estrangeiras e precisasse trazer seus soldados de volta para casa. Ela via a campanha inteira como um desastre em potencial.

Enquanto isso, a saúde de Francisco continuava uma preocupação séria. No outono de 1559, seus surtos de tontura eram frequentes. Quando ele sentia perder a consciência, movimentava freneticamente os membros numa tentativa de não desmaiar. Sua pele ficava manchada e o rosto inchava mais que o normal e se cobria de furúnculos e póstulas. Embora tivesse crescido bastante em altura desde que se tornara rei, isso parecia ter minado ainda mais suas forças. Na tentativa de desafiar sua fraqueza de algum modo, a caça se tornou uma crescente obsessão. Por fim, ele caiu doente com um abscesso no ouvido. A dor lancinante quase o enlouquecia. Catarina chamou médicos que aconselharam levar o rei para se recuperar na tranquilidade do vale do Loire. Ela decidiu levá-lo para Blois, para passar o inverno e o começo da primavera. A rainha Maria também tinha problemas de saúde e sofria de desmaios. Seus males eram menores, mas a debilitavam. Não admira que a família Guise se sentisse ansiosa em relação ao futuro da dinastia Valois-Guise, pois as perspectivas de um bebê saudável – ainda mais tendo em vista a deformidade das "partes íntimas" de Francisco – não eram promissoras.

No início do outono de 1559, Maria confundiu um surto usual de saúde frágil e desmaios com os primeiros sinais de gravidez. Esperançosa, passou a usar uma túnica, a veste usual da época para uma mulher grávida, mas logo desistiu, quando viu que se tratava de uma falsa gravidez. Era impossível manter em segredo a precária saúde do casal real; além dos sinais físicos flagrantemente óbvios de que não eram fortes, a vida no século XVI permitia pouca ou nenhuma privacidade, e os rumores sobre seus vários problemas logo se espalharam. Quanto mais elevada a classe social, menor a privacidade; portanto, um monarca raramente tinha um momento a sós, e era bastante comum que desempenhasse os atos de higiene pessoal na presença de criados e cortesãos privilegiados. Criados costumavam ser pagos para espionar seus senhores reais; relatos sobre as condições da roupa de cama e outros detalhes íntimos podiam ser muito valiosos para um embaixador ou um alto cortesão.

Além das apreensões em relação ao filho doente, Catarina teve que enfrentar a dor de se separar de suas duas filhas, Elisabeth e Cláudia, e de sua cunhada, Margarida, duquesa de Saboia, todas agora casadas. Cláudia, duquesa de Lorena, deixou a França primeiro. No reinado de Henrique II, o marido da duquesa, Carlos III de Lorena, havia passado muito tempo na corte francesa, onde ficara retido como garantia de que o ducado se comportaria bem. Carlos e Cláudia tiveram um casamento feliz, e como seu Estado ficava na fronteira leste entre a França e o Império, o casal pôde fazer visitas frequentes a Catarina, trazendo mais tarde seus netos consigo. Catarina também fez várias visitas a Lorena e alguns de seus momentos mais felizes *en familie*, eventos raros na vida da rainha-mãe, foram passados ali. O duque Carlos era bom e atencioso, e nutria um afeto sincero pela sua sogra.

Em 18 de novembro de 1559, desmanchando-se em lágrimas, Margarida de Saboia foi embora de Blois. Catarina lamentou a partida da irmã de Henrique. Não só sentiria falta da companhia da amiga íntima, mas também de seus conselhos sensatos. No tempo que passou com Catarina após a morte de Henrique, ela ofereceu-lhe o tão necessário conforto, e também conversara muito com ela sobre os reformadores protestantes, sugerindo clemência e compreensão em relação ao seu drama. Margarida teria forte impacto nas políticas religiosas de Catarina por meio de Michel de L'Hôpital, um culto advogado e humanista. Como Catarina, ele acreditava fortemente que um acordo entre o Estado e os reformadores só poderia ser alcançado por meios pacíficos. Ao se tornar chanceler em maio de 1560, De L'Hôpital ajudou a moldar a atitude da rainha-mãe em relação aos protestantes franceses nos primeiros momentos do conflito religioso que ganhava força.

No mesmo dia em que Margarida de Saboia partiu para Nice para se juntar ao marido, Catarina e seu séquito saíram de Blois para acompanhar a filha dela Elisabeth na primeira parte de sua viagem ao encontro do marido, Felipe II. Em meio a grandes preparativos, malas e outros arranjos, Catarina retardou o máximo que pôde a partida da filha, mas em 18 de novembro de 1559 a comitiva real e o grande comboio de bagagem de Elisabeth partiram de Blois. Uma semana mais tarde, chegaram a Châtellerault, onde a rainha-mãe e as crianças reais mais novas despediram-se da nova rainha da Espanha, de apenas catorze anos. Catarina chorava de maneira tão lastimosa que comoveu até os mais rabugentos. Após o adeus final, Elisabeth, magra, de expressão cansada, ainda não casadoura mas madura para a sua idade, partiu com compostura, porém pouco animada para encontrar seu marido, duas vezes viúvo e vinte anos mais velho que ela. Catarina manteria uma farta correspondência com essa filha mais velha. Tais cartas, cheias de conselhos, instruções e fragmentos sobre o que acontecia na corte, dão raros vislumbres de como funcionava o coração e a mente da rainha-mãe. Impossibilitada de demonstrar seu afeto com ternura física, ela mais que compensou isso nessas cartas. Muitas delas, escritas em sua caligrafia quase indecifrável, são uma torrente de fofocas misturadas com notícias. A escrita em francês de Catarina continuou sendo fonética, com uma ortografia caótica, mas nelas o leitor tem a impressão de estar ouvindo sua fala.

Felipe declarou sua "completa felicidade" ao encontrar sua noiva em 30 de janeiro de 1560, em Guadalajara, na Espanha. Elisabeth logo escreveu à mãe anunciando que era a garota mais feliz do mundo por ter um marido como aquele. Embora a jovem tivesse uma disposição alegre e positiva, é difícil imaginar como Felipe teria evocado tamanho entusiasmo em sua noiva. Taciturno, seco e pedante, o rei espanhol era movido pelo dever e pela fria convicção de que seu papel era salvar o mundo da heresia, alguém que achava que nenhum detalhe era pequeno demais que não merecesse exame, ponderação e deliberação. Com o passar dos anos, Catarina, cuja vida era nutrida por uma tortuosa combinação de preocupações maternas e dinásticas, mostrou ser um anátema incompreensível para Felipe. De momento, porém, em parte graças aos bons ofícios de Elisabeth de Espanha, a relação entre a França e aquele país desfrutou de um curto período sem precedentes de quase afetuosidade. Felipe também manteve a promessa feita a Henrique II, quando este agonizava, de que colocaria a França sob sua proteção. O rei espanhol não gostava de ver seu vizinho afundado em hereges, que podiam infectar seu próprio reino, e isso incrementou as relações cordiais entre os dois países.

Em fevereiro de 1560, rumores de um complô contra os Guise e seu regime começaram a surgir em Paris e chegar a Blois. Os reformadores e outras pessoas hostis à administração, em número crescente, voltavam-se para a vigorosa figura de Luís de Condé, buscando ajuda para tomar ações diretas contra os Guise. Queriam prender os irmãos, julgá-los e "libertar" o rei, ao qual juravam lealdade. Condé, 29 anos, que se tornara protestante por influência da mulher, Eléanore du Roye, era um homem baixinho, enérgico, corajoso e decidido. Não querendo envolver-se diretamente no complô, esse príncipe confiou a um nobre menor de Périgord, o *seigneur* de la Renaudie, a preparação dos detalhes. La Renaudie, que havia sido cliente dos Guise, era ressentido com eles e tinha um passado duvidoso, que o obrigara a fugir para Genebra, onde se convertera ao calvinismo. O próprio Calvino não queria ter nada com ele, mas La Renaudie recebera apoio de Théodore de Bèze, o mais próximo auxiliar de Calvino. Após uma reunião em 1º de fevereiro de 1560, em Nantes, próximo ao porto de Hugues, os conspiradores definiram que iriam capturar os Guise e pedir ao rei que julgasse seus ministros por corrupção. Depois disso, esperavam ser possível corrigir outros males do reino estabelecendo uma regência Bourbon. La Renaudie enviou quinhentos agentes em segredo para recrutar mercenários, sem revelar quem era o seu chefe. Soldados estrangeiros foram arregimentados, e o conspirador também pediu ajuda à rainha Elizabeth da Inglaterra. Algumas fontes dizem que a rainha forneceu um pouco de dinheiro, outros que ela deu apenas seu apoio moral. A reunião dos conspiradores em Hugues deu origem ao nome "huguenotes", termo posteriormente usado para indicar os protestantes franceses. De início, concordaram que o golpe deveria ser dado em 10 de março, embora mais tarde fosse alterado para o dia 16.

Infelizmente, à medida que os rumores do golpe se espalharam, perdeu-se o essencial elemento surpresa. Eram muitos os informantes e agentes provocadores, tornando quase impossível manter em segredo um empreendimento desse porte, mesmo tendo sido observada a maior discrição possível. No caso em questão, houve uma profusão de vazamentos de praticamente todas as partes. Católicos ingleses, ao saberem, advertiram o cardeal de Lorena; um príncipe alemão confirmou a história ao bispo de Arras. Como para selar a sorte de seu próprio complô, La Renaudie teve a imprudência de gabar-se do próprio envolvimento e da iminente queda de seus inimigos. Contou seus planos a um advogado parisiense simpatizante dos huguenotes, na casa de quem estava hospedado, dando inclusive os detalhes. O advogado, aterrorizado ante a perspectiva de ser acusado de traição, relatou o que sabia ao cardeal. Como os rumores eram confirmados por fontes diversas, os Guise e Catarina ficaram alarmados. Convencido que a rainha Elizabeth da Inglaterra estava por trás da trama, como retaliação pelo envolvimento francês na Escócia, e que a força dos rebeldes poderia ser maior que o relatado, Francisco de Guise pôs-se a planejar a melhor maneira de frustrar o levante e derrotar o inimigo. Catarina escreveu à duquesa de Guise: "Fomos advertidos de que há homens marchando de todas as direções para Blois [...] o rei, meu filho, ficou muito incomodado com isso e ordenou que esses homens voltassem a suas casas".[18] Ela prosseguiu dizendo que a política dela seria agir como se nada estivesse acontecendo, mas Francisco de Guise tinha outros planos. Como Blois era considerado um alvo fácil, em 21 de fevereiro de 1560 o duque ordenou a imediata remoção do rei e da corte para a vizinha fortaleza de Amboise. Essa imensa fortaleza medieval iria revelar-se difícil de tomar, em particular pelo fato de os defensores terem recebido um alerta muito detalhado com antecedência.

Catarina argumentou com os Guise que, longe de ser um complô inglês, parecia mais provável que viesse de inimigos do regime dentro da França. Com o apoio de Coligny, trazido como um possível refém e também por sua competência militar, a rainha-mãe insistiu na tese de atenuar as medidas brutais contra os protestantes, o que poderia até evitar o levante. Apesar de no início ter ficado abalado com a notícia da planejada insurreição e com a crescente impopularidade do regime, Francisco de Guise recuperou seu costumeiro sangue-frio. Protegido pelos muros da fortaleza, passou a enviar grupos de busca atrás de novos sinais de soldados rebeldes. Enquanto isso, Catarina continuava a pressionar para que fosse feita uma declaração que acalmasse os huguenotes. Os esforços urgentes da rainha-mãe resultaram no Édito de Amboise, oferecendo anistia a todos os crimes religiosos passados, exceto a incitação a tomar parte na rebelião. Isso, no entanto, não era uma *permissão* à liberdade de culto. Como resultado, alguns dias mais tarde alguns prisioneiros religiosos foram libertados. A identificação de Catarina com essa iniciativa pacífica levou os protestantes a acreditar que ela iria tratá-los com maior leniência que os irmãos de Lorena. Nada disso, porém, alterou o fato de que a área rural ao redor escondia unidades armadas de soldados hostis, preparando-se para atacar o castelo.

De momento, reinava na imensa fortaleza uma estranha calma. Os negócios na corte continuaram normalmente, exceto pelas indagações ansiosas por notícias, cochichadas entre os cortesãos. Enquanto isso, La Renaudie ocupava-se em posicionar seus homens em volta da cidade de Amboise, confiante ainda no sucesso de seu plano. A família real e os principais nobres aguardavam o primeiro ataque, mas esperavam que seus soldados encontrassem os rebeldes primeiro. Na atmosfera de tensão crescente, com falsos alarmes, o clima de suspeita era cada vez mais forte. Chegou a notícia por meio de um informante estrangeiro de que o líder do levante era um "grande príncipe". Tentando imaginar quem poderia estar envolvido entre os principais nobres da corte, Catarina nomeou Condé, que acabara de chegar e cujas simpatias pelos protestantes não era segredo, como chefe do corpo da guarda do rei. Embora esse posto fosse considerado uma grande honraria, era também uma forma sutil de detenção, já que ele não teria mais liberdade de movimentos. Condé, no entanto, fingiu serenidade.

Em 6 de março, um grupo de cerca de quinze homens foi capturado nos bosques em torno de Amboise. Eles davam a impressão de estar aliviados por terem sido pegos e pareciam confusos a respeito do complô e de seu papel nele. Um capitão da guarda veio confessar à rainha-mãe que tentara tomar parte no complô, e descreveu o plano para isolar os aposentos do rei e separá-lo dos Guise. Foram localizados pequenos grupos desorganizados de homens, aparentemente pessoas simples, interessadas apenas em falar diretamente com o rei sobre a nova religião. Por fim, em 15 e 16 de março, os principais capitães dos rebeldes foram apanhados. O próprio La Renaudie foi descoberto nos bosques em 19 de março e morto por um tiro de arcabuz. Forças maiores, mais entocadas na região, deram meia-volta ao saber do fracasso do empreendimento, e aqueles que apareceram foram facilmente dominados. Habitantes do local e soldados enviados por Guise não só repeliram os frágeis esforços dos rebeldes remanescentes como os perseguiram pelos campos, matando-os ali mesmo ou capturando-os para um julgamento sumário. O duque, vencedor, queria a punição dos rebeldes para enviar uma mensagem a ser difundida por todo o reino a fim de demover novas tentativas. Os rebeldes de mais baixa extração foram costurados dentro de sacos e atirados no rio Loire para se afogarem, ou enforcados num balcão alto, à vista de todos na cidade. As ameias mostraram ser patíbulos muito práticos, e, durante os dez dias seguintes, corpos em decomposição balançavam no alto do castelo. Contrariando sua posterior fama de sanguinária, Catarina tentou interceder pela vida de pelo menos um dos oficiais, mas os Guise a ignoraram. Até

Ana d'Este, esposa de Francisco de Guise, veio até a rainha-mãe chorando por causa das "crueldades e desumanidade" da represália.

O *grand finale* foi a execução dos líderes do complô. Foram erguidas arquibancadas no grande pátio de Amboise. A plateia era composta principalmente pela corte e seus distintos visitantes. O rei, sua mãe e o irmão mais novo, Carlos-Maximiliano, com apenas dez anos, assistiram juntos à decapitação no cepo de 52 nobres rebeldes. Condé sentou ao lado da família real. Não foi encontrada nenhuma prova de sua cumplicidade e ele permaneceu impassível enquanto assistia aos homens morrendo bravamente, e comentou apenas: "Se os franceses sabem como montar uma rebelião, sabem também como morrer". Alguns afirmam que os homens condenados cantavam salmos enquanto aguardavam sua vez de se ajoelhar junto ao cepo, e que o som ia se tornando mais fraco conforme as cabeças no cesto iam se empilhando. Montado a cavalo perto do cadafalso, Francisco de Guise presidia à morte de cada um dos traidores. Catarina continuou ereta e firme ao longo de todo o sangrento espetáculo, e quem quer que mostrasse repúdio diante da visão recebia um olhar furioso de desaprovação da rainha-mãe. Para ela, aquele desfile brutal não era uma solução de longo prazo, era o desfecho necessário que devia resultar da traição, especialmente porque o monarca era o filho dela. Embora os revoltosos sustentassem que eram leais ao rei, haviam colocado em risco tanto a sua pessoa quanto a paz do reino. Para ela, portanto, o derramamento de sangue era apenas um ritual necessário. O que Catarina queria agora era compreender exatamente o que levara homens a colocar em risco a própria vida e o trono de seu filho.

Assim que terminaram as execuções, ela iniciou uma investigação. As respostas eram claras: havia dois tipos de huguenotes, os que genuinamente seguiam a nova religião e outros que não se dispunham a ser governados pelo regime "ilegal" dos Guise. Estes seriam apaziguados se os de Lorena e seus fantoches fossem substituídos por um conselho adequado, com os príncipes Bourbon de sangue em seu comando. Catarina buscou ter conversas diretas com esses protestantes, mas compreensivelmente soube de suas queixas apenas por escrito. A guerra de propaganda estava sendo travada por todo o reino, e Catarina viu-se também como alvo, junto com os Guise. Os panfletos que circulavam pela França a definiam como uma puta que havia parido um filho leproso (alguns acreditavam que Francisco II tinha lepra). Agitação e aberto desrespeito às leis religiosas difundiram-se por todo o país, com os pontos mais problemáticos nas regiões do delfinado, Guiena e Provença. Mais preocupante ainda era o fato de que os reformadores estavam ficando organizados e armados. A Conspiração de Amboise e as perversas represálias que se seguiram a ela proporcionaram uma arma de propaganda aos huguenotes, que apelaram a príncipes protestantes estrangeiros pedindo ajuda. Também fortaleceram a resolução daqueles que se opunham ao regime e levaram à conquista de novos adeptos, muitos deles da nobreza, que tinham condições de treinar e organizar os reformadores numa força de combate.

Mesmo a iniciativa da própria Catarina, o Édito de Romorantin de maio de 1560, estabelecendo que apenas as cortes eclesiásticas poderiam tratar de casos religiosos, mostrou-se impossível de ser promulgado ou posto em vigor. A Igreja não tinha mais a autoridade de ordenar a pena de morte e, em termos gerais, o édito visava apenas driblar as duras leis religiosas de Henrique II. Coligny, o sobrinho do condestável, que havia empreendido averiguações em nome da rainha-mãe, aconselhou que a única maneira de salvar o reino do caos era convocar uma reunião de todo o conselho. Com a concordância de Catarina, o conselho se reuniu em Fontainebleau em 21 de agosto de 1560. Ao mesmo tempo, ela insistiu que fosse feita a paz com a Inglaterra e que a França deveria evitar ter papel ativo nos problemas da Escócia, argumentando que o reino não podia mais bancar nem mesmo os menores custos com a guerra no norte. Apesar da eventual remoção de soldados franceses e ingleses da Escócia, Maria e Francisco recusaram-se a abrir mão de suas reivindicações ao trono de Elizabeth e continuaram mantendo unidas no brasão as suas armas às da Inglaterra. Francisco, por influência de Maria e dos tios dela, recusou-se a ratificar o Tratado de Edimburgo (como foi chamado o tratado de paz), mas Catarina havia alcançado seus principais objetivos: paz com a Inglaterra e fim da hemorragia de homens e dinheiro para a Escócia. E desfrutou da satisfação adicional de ver as ambições da família Guise não mais sustentadas à custa da França.

Maria suportara meses muito difíceis: não só tivera que assistir à retirada do apoio militar francês de seu reino escocês, como sofrera a perda de sua amada mãe, Maria de Guise, morta de hidropisia em 11 de junho de 1560 após longo padecimento da doença. John Knox, contente com o falecimento da rainha regente e com seu terrível sofrimento, escreveu: "Sua barriga e suas repulsivas pernas [...] incharam, e continuaram inchando até que Deus realizou o julgamento dela".[19] Ele escrevera antes que a coroa sobre a cabeça da rainha era "uma visão que dava a impressão [...] de terem colocado uma sela no lombo de uma vaca rebelde".[20] Maria desmaiou quando o cardeal de Lorena deu-lhe a notícia da morte da mãe. A rainha, que passava "de uma agonia a outra", foi confortada por Catarina, ela mesma tão afetada por uma perda recente. Muito preocupada com a reunião a ser realizada em Fontainebleau, as energias de Catarina estavam focadas em preservar a paz dentro da França, agora que o assunto com os escoceses estava resolvido.

Infelizmente, dois membros importantes do conselho – Antônio de Bourbon e seu irmão Luís de Condé – boicotaram as sessões em Fontainebleau. Condé escapara da acusação de estar envolvido na Conspiração de Amboise, mas, depois que seus papéis e pertences foram revistados, ficou muito apreensivo com sua segurança pessoal e fugiu para o sul, para se juntar ao irmão e ficar fora do alcance dos Guise. Catarina, a essa altura, contava com o apoio de Michel de L'Hôpital, que se tornara chanceler em maio de 1560 e cujo desejo de uma solução pacífica era complementado por seu slogan *"Un Roi, une Loi, une Foi"* ("Um rei, uma lei, uma fé"). Ele considerava em última análise impossível que as duas religiões coexistissem pacificamente na França, mas se opunha com veemência a medidas violentas e opressivas, que apenas serviam para fortalecer a determinação dos huguenotes. Essa opinião estava muito mais em sintonia com a de Catarina. Ela sabia que deveria agir com extrema cautela, pois, embora tentasse se libertar da mão de ferro dos Guise, não desejava livrar-se deles totalmente. A rainha-mãe queria poder contê-los, o que lhe daria maior liberdade para conduzir os negócios do filho. Se minasse em excesso o poder dos de Lorena, estes poderiam ser removidos de vez, e tanto seu poderio militar quanto seus muitos seguidores eram importantes demais para que ela pensasse em tê-los na oposição. Substituir os Guise pelos príncipes Bourbon significaria o caos, entre outras coisas porque, como príncipes de sangue, sua proximidade do trono francês representava um potencial perigo para seus próprios filhos. Catarina considerava a opção de recorrer a Montmorency ainda mais repulsiva: não só desgostava dele pessoalmente como temia a sua força.

A rainha-mãe abriu as sessões em Fontainebleau em 21 de agosto de 1560 com um discurso pedindo aos conselheiros a adoção de uma política por meio da qual o rei pudesse "conservar seu cetro, seus súditos tivessem alívio do seu sofrimento e os descontentes encontrassem contentamento, se isso fosse possível".[21] O novo chanceler tomou a palavra depois de Catarina e falou longamente sobre o reino enfermo e sobre uma possível cura. Os irmãos Guise então fizeram o relato de suas áreas de responsabilidade. Depois que a discussão foi aberta para incluir os demais conselheiros, Coligny apresentou duas petições, uma à rainha-mãe e outra ao rei, solicitando que os reformadores tivessem permissão de praticar sua fé em paz até que uma reunião do conselho geral decidisse o resultado final das questões religiosas. O documento continha um pedido para que Catarina se tornasse uma nova Ester e conduzisse o povo de Deus da opressão à salvação.[22] Um relato sobre a assembleia (que menciona apenas uma petição) registra que Guise rejeitou-a com desdém, dizendo que não era assinada. Coligny replicou que ele poderia facilmente conseguir 10 mil assinaturas, ao que o duque disse que responderia com uma de 100 mil assinaturas em sangue e que cavalgaria à frente dos homens cujos nomes estivessem nela.

Jean de Monluc, que apoiava a rainha-mãe, falou em seguida. Ele endossou a visão de Catarina ao questionar como alguém poderia justificar a brutalidade usada para atacar os reformadores, "que eram tão tementes a Deus e que reverenciavam seu rei". Ele foi adiante e sugeriu que com uma abordagem mais branda o país poderia se acalmar, e que então não haveria necessidade de nenhuma mudança drástica no governo. Após dias de discussões, ficou acertado que os Estados-Gerais seriam convocados para uma reunião em Fontainebleau em 10 de dezembro de 1560, seguida por uma reunião geral do clero um mês depois para avaliar os problemas religiosos na França e examinar abusos dentro da Igreja francesa. Tal conselho religioso fora de seu controle assustou o papa Pio IV, receoso de que pudesse ser um avanço no caminho de um cisma da Igreja gálica. No geral, os membros do conselho elogiaram Catarina por sua moderação em lidar com os reformadores, e, embora os Guise tivessem saído da reunião castigados, seus poderes foram mantidos intactos. Os reformadores tinham esperança de poder eventualmente seguir sua crença em liberdade, ou pelo menos sem opressão. A reunião de Fontainebleau pode ser considerada uma vitória para Catarina e elevou muito seu prestígio entre os conselheiros de ambos os lados. Também foi uma demonstração do quanto havia amadurecido politicamente.

Havia, porém, quem encarasse as deliberações com pouco otimismo, e continuasse acreditando que deviam ser tomadas ações diretas para remover os Guise e dar aos Bourbon o lugar que lhes cabia por direito à frente do conselho. A sua notável ausência enviava uma clara mensagem ao país de que havia muitos que encaravam o regime dos Guise como essencialmente ilegal. Antônio de Bourbon convocou uma reunião em Nérac na mesma época da reunião de Catarina, e houve conversas acaloradas entre ele e um número crescente de nobres insatisfeitos que agora o apoiavam. Alguns acreditavam que Montmorency era simpático aos esforços dos Bourbon, embora ele tivesse a cautela de não se envolver diretamente em comportamentos insubordinados. Em novembro de 1560, havia preparativos em andamento por parte dos huguenotes para um confronto militar, e, apesar de todas as esperanças de Catarina após a assembleia de Fontainebleau, os que militavam do lado dos reformadores não ficaram pacificados com o ritmo lento das providências para a realização de outras reuniões. Acreditavam que apenas com a força militar se livrariam dos príncipes estrangeiros e libertariam o legítimo rei da França da perniciosa influência deles. Os distúrbios eclodiram no outono de 1560, quando forças huguenotes atacaram cidades importantes no sul e sudoeste da França. Catarina pediu ajuda de Felipe da Espanha e do duque de Saboia. A guerra civil parecia iminente.

Numa manobra ousada em que ela esperava sobrepujar Antônio de Bourbon, a rainha-mãe transmitiu uma ordem em nome do rei, convocando-o à corte em Orléans. Ele deveria trazer consigo seu irmão Condé, para uma explicação relativa às suas recentes atividades, particularmente na arregimentação ilegal de soldados. Catarina orientou o mensageiro enviado a Bourbon para que informasse aos irmãos, de modo sutil, que havia sido o próprio condestável quem revelara os preparativos militares de Condé. Isso era inteiramente falso, mas a artimanha produziu o efeito desejado, minando a confiança entre Bourbon e os "condestabilistas". E também forçava o príncipe a encarar um desafio direto. Intimidado, ele decidiu a contragosto que, em vez de pegar em armas, iria com seu irmão mais novo até a corte para se explicar. Os dois viajaram então até Orléans, e Condé foi preso assim que chegou.

Prender um príncipe de sangue era uma manobra arriscada, e Catarina certamente não desejava ver Condé receber uma sentença de morte por seus crimes. Sabia muito bem que os Guise, atropelando o direito de Condé de ser julgado por seus pares, colocariam seus aliados no tribunal especial a fim de se livrar do problemático príncipe rapidamente, incitando assim seus seguidores a uma rebelião imediata. Portanto, a morte de Condé iria também eliminar todas as esperanças de uma solução pacífica. O julgamento foi iniciado em 13 de novembro de 1560, e no dia 26 Condé foi declarado culpado da acusação de *lèse-majesté* e condenado a ser executado em 10 de dezembro. Dois dos apoiadores de Catarina no tribunal, De L'Hôpital e Du Mortier, recusaram-se a assinar o documento, adiando o cumprimento da pena.

Quando o impasse parecia inevitável, o rei caiu gravemente doente. Ainda convalescendo de um episódio de desmaio sofrido em 9 de novembro, o rei, uma semana depois – após uma caçada num dia extremamente frio –, desmaiou de novo, queixando-se de uma dor no ouvido esquerdo. No dia seguinte, porém, compareceu a uma missa em Saint-Aignan, Orléans, onde, como era costume, tocou os escrofulosos. O pobre rapaz parecia tão mal que é difícil acreditar que as pessoas doentes que ele tocou pusessem muita fé em seus poderes "curativos"; talvez até temessem contrair outras infecções. Os rumores de que o rei padecia de lepra encontravam respaldo em sua pele machucada e de coloração roxa. Na mesma tarde, na hora das vésperas, ele desmaiou pela segunda vez em dois dias. Os médicos o examinaram e detectaram uma fístula no seu ouvido esquerdo, causa de terríveis dores. Foram impotentes para aliviar a agonia do rei, e seu rosto ganhou um aspecto terrível, avermelhado e com manchas. O corpo de Francisco estava em colapso; até mesmo seu hálito fétido refletia sua decomposição interna.

Catarina e os Guise tinham acesso ao quarto do rei, isolado da corte, e por um tempo a gravidade de sua condição permaneceu um segredo bem guardado. Para complicar ainda mais as coisas, membros dos Estados-Gerais convocados para a reunião de 10 de dezembro – a data marcada para a execução de Condé – estavam chegando a Fontainebleau para os preparativos da sessão inaugural. Era preciso evitar a todo custo que ficassem cientes do estado do rei. Enquanto isso, o ouvido infeccionado causava um inchaço em volta, conforme a sepsia se espalhava. A descarga fétida do abscesso de Francisco parecia irritar ainda mais sua pele, aumentando os furúnculos e intensificando a coloração. Enquanto ele permanecia imóvel em agonia, os médicos alertaram a rainha-mãe para que esperasse o pior. Embora sempre tivesse sido consciente da fragilidade do filho, e fosse avisada tanto pelos médicos quanto por seus videntes que ele iria morrer jovem – Nostradamus previra que o filho mais velho de Catarina morreria antes de completar dezoito anos –, a rainha-mãe observava impotente o sofrimento de Francisco, que por fim ficou incapaz até de falar. Ela escreveu a sua cunhada Margarida, a nova duquesa de Saboia:

> Não sei como iniciar esta carta, quando penso nos terríveis problemas e aflições que aprouve a Deus nos enviar, depois de tantos infortúnios e tanta infelicidade, assistindo à terrível e extrema dor que o rei, meu filho, está sofrendo. Tenho ainda esperança de que Nosso Pai Celestial não me faça sofrer a agonia de tirá-lo de mim [...]. Este reino não pode ser salvo a não ser que Deus o tome em Suas mãos.[23]

Os traços de preocupação no rosto dos Guise e seus seguidores por fim não puderam mais ser disfarçados, e se espalharam os rumores de que o rei estava em estado desesperador. Os seguidores de Condé agarraram-se à esperança de que sua execução pudesse ser suspensa se o rei morresse. Catarina enquanto isso teve que avaliar o provável desfecho da situação caso Francisco falecesse. Carlos-Maximiliano, o herdeiro, tinha apenas dez anos, e seria declarado legalmente menor de idade, levando à instalação de uma regência para governar até que completasse quinze anos. Os Estados-Gerais provavelmente votariam por uma regência Bourbon, na qual Catarina teria muito menos poder que o que desfrutara junto com os Guise. Sabia que precisava agir depressa para evitar uma votação. Catarina mostrou então ter-se tornado uma manipuladora política consumada. Como o rei se recuperara um pouco, ao ter seu abscesso lancetado pelos médicos com a liberação de uma grande quantidade de pus pela boca e narinas, a rainha-mãe decidiu fazer seu lance.

Ela convocou o irmão de Condé, Antônio de Bourbon, à sua presença. Ali, diante dos Guise, Catarina acusou furiosamente Bourbon de tramar a incitação de uma rebelião, e reprovou-o por seu comportamento conspirador. Com medo de acabar sendo condenado à morte como o irmão, Bourbon perdeu completamente a cabeça e, apesar de afirmar vigorosamente sua inocência, ofereceu – como sinal de boa-fé – ceder seu direito à regência para Catarina. Ela o fez então assinar um documento e em troca prometeu torná-lo tenente-general se Carlos ascendesse ao trono. Os Guise – que agora temiam por sua própria segurança por terem condenado Condé sem o devido processo legal – foram compensados por Catarina, que fez o rei moribundo confirmar a farsa de que havia sido ele, e não os Guise, que ordenara a prisão e julgamento de Condé. Catarina então pediu que os irmãos e Bourbon se abraçassem, como sinal de reconciliação. Empregou esse gesto absolutamente sem sentido como parte de uma fórmula para "reconciliar" os inimigos dela, e isso coroou seu triunfo. Com a brilhante jogada de colocar os seus dois rivais um contra o outro, Catarina emergiu como a suprema força.

A leve melhora de Francisco revelou-se uma falsa aurora, e Catarina, que havia ficado a maior parte do tempo ao lado de sua cama com Maria, exceto quando dedicada às suas necessárias manobras políticas, assumiu de novo seu lugar junto ao filho. Remédios repugnantes só fizeram exacerbar o sofrimento do rapaz. A popular panaceia, o ruibarbo, mostrou-se tão ineficiente para evitar que o abscesso se espalhasse até o cérebro do rei quanto as orações conduzidas pelas mulheres e crianças da realeza numa procissão pelas igrejas de Orléans. Em 5 de dezembro de 1560, após um reinado de apenas dezesseis meses, o rei Francisco II da França deu seu último suspiro.

Com uma ação rápida e decidida, Catarina assumiu o comando da Casa Real. No dia seguinte à morte de Francisco, pediu de volta as joias da Coroa de sua viúva e depois deixou a enlutada jovem sentada em seu quarto coberto de panos pretos. Ninguém pode negar o tormento que Catarina sofreu com a perda do filho, mas ela agora precisava imediatamente de toda a concentração para assegurar a própria posição e a de seu filho de dez anos, o novo rei. Depois de ordenar que todo o acesso ao palácio fosse barrado, a rainha-mãe convocou uma reunião de um conselho privado, na qual declarou Carlos-Maximiliano rei da França, a partir de então conhecido como Carlos IX. Ela abriu a reunião dizendo: "Como aprouve a Deus privar-me de meu filho mais velho, não pretendo me abandonar ao desespero, e sim submeter-me à vontade divina e assistir e servir ao rei, meu segundo filho, na escassa medida de minha experiência". Ela então declarou sua intenção de governar até que o filho alcançasse a maioridade: "Decidi, portanto, mantê-lo ao meu lado e governar o Estado, como uma mãe devotada deve fazer. Como assumi esse dever, desejo que toda correspondência seja endereçada em primeiro lugar a mim; deverei abri-la na presença de vocês e em particular na do rei de Navarra, que irá ocupar o primeiro lugar no conselho como parente mais próximo do rei [...] tal é o meu desejo. Se algum de vocês desejar falar, que o faça". Antônio de Bourbon, rei de Navarra, deu seu assentimento, e os outros formalmente também, como ela sabia que o fariam.

Mais cedo, no dia seguinte à morte de Francisco, o duque de Guise e seus homens, que haviam passado a noite velando o corpo do falecido rei, vieram expressar lealdade à rainha-mãe e ao filho dela. Também presente estava a rainha Maria, as crianças reais mais jovens, o cardeal de Lorena, Antônio de

Bourbon e outros cortesãos favorecidos. Era uma oportunidade importante tanto para os Guise quanto para Bourbon colocarem no falecido rei a culpa pelos erros passados e com isso limparem o caminho futuro. A rainha-mãe ouviu suas falas, nas quais admitiam seus erros, embora afirmando terem agido exclusivamente por ordens expressas do rei Francisco. Sempre que o duque fazia uma pausa, Catarina assentia lentamente e respondia baixinho, num tom de voz pesaroso: "É verdade, é verdade, o que vocês fizeram foi seguir as ordens de meu filho". Bourbon então passou a isentar-se de culpa por malfeitos passados, alegando que desejara apenas o bem do reino. O cardeal também prometeu agir nos melhores interesses da rainha-mãe e do filho dela, o novo rei. Nenhum dos protagonistas se afastou do roteiro pré-arranjado por Catarina em suas tramas dos dias anteriores. É difícil superestimar a satisfação que a rainha-mãe deve ter sentido com essas declarações de lealdade e as humildes ofertas de serviço, vindo daqueles que tinham não só se colocado acima dela por tanto tempo, mas que a haviam também com frequência ignorado. Sabia que as suas declarações eram apenas isso, palavras, mas por enquanto era só do que ela precisava, enquanto consolidava seu domínio do poder.

Não querendo perder tempo, já que os Estados-Gerais – que não sabiam que Bourbon cedera a Catarina seus direitos à regência – estavam se reunindo, Catarina convocou um *conseil privé* em 21 de dezembro. Tendo neutralizado tanto os Guise quanto os Bourbon, fez-se proclamar governadora do reino, com isso passando a desfrutar efetivamente de todos os poderes de um monarca. Assim como os Guise haviam feito após a morte de Henrique, ela apresentou às pessoas um *fait accompli*. Num país em que o monarca havia mudado duas vezes em dezessete meses, Catarina, a matriarca real vestida de luto, tornara-se uma figura familiar reconfortante e até passara a representar a continuidade. Por fim, aos 41 anos, ela atingia o pináculo do poder natural e da ascendência. Os perigos que a França enfrentava não haviam diminuído, mas finalmente ela podia agora tentar lidar com eles a seu modo.

VII

"*GOUVERNANTE DE FRANCE*"

Sou quem eu sou a fim de preservar seus irmãos e o reino deles

1560-1562

Em razão de uma série de acidentes dinásticos e de sua hábil manipulação das oportunidades, Catarina de Médici, a rainha da França, viúva herdeira italiana de 41 anos, via-se agora, *de jure* assim como *de facto,* governante do reino. Seu maior desejo era trazer de volta os gloriosos dias de Francisco I e Henrique II. Para isso, precisava reparar um reino dividido.

Catarina começou a criar símbolos nacionais de autoridade que refletissem sua nova posição. Para a sua condição de nova monarca, mandou criar um imenso selo especial como *"Gouvernante de France"*. Ele retratava Catarina em pé, segurando o cetro na mão direita e erguendo a esquerda com o indicador apontado para cima num gesto de comando. Sobre a cabeça, assentava-se uma coroa com seus véus de viúva destacados. Em volta da borda, a seguinte legenda estava inscrita: "Catarina pela graça de Deus, Rainha da França, Mãe do Rei". A expressão "mãe do rei" implicava um *status* diferente e mais importante que o de rainha-mãe e que o de todas as rainhas regentes da França. Catarina começava estabelecendo um papel novo e único para si mesma, e seus poderes eram superiores aos de uma regente. Era de fato a monarca absoluta da França.

Com ela desde o início do reinado de Carlos IX, Michel de L'Hôpital foi oficialmente confirmado chanceler de Catarina em março de 1561. Esse homem culto, com experiência jurídica, ajudou Catarina a desenvolver intelectualmente algumas ideias que ela até então alcançara por seus instintos às vezes primitivos, viscerais. As suas soluções parcialmente equacionadas com base no senso comum ganhavam agora um acabamento refinado. Embora sua capacidade inata de compreender o que cada situação exigia tivesse se revelado suficientemente segura até então, De L'Hôpital traduzia a vontade da rainha-mãe de uma forma que podia ser convertida em política pelo aparato do Estado. Ele também ajudou a rainha-mãe na apresentação de suas agendas. Por meio de De L'Hôpital, ela adquiriu um refinamento e compostura que com frequência deixavam seus ouvintes surpresos e impressionados.

Catarina concedeu a Bourbon o prêmio que havia comprado sua aquiescência, nomeando-o tenente-general da França, e libertou seu irmão Condé em 8 de março de 1561. Mas quando Bourbon sugeriu, numa das primeiras reuniões do conselho privado, que, se a rainha-mãe caísse doente, ele seria automaticamente colocado no cargo, a resposta enfática de Catarina triturou suas aspirações: "Meu irmão, tudo o que posso dizer é que nunca ficarei doente a ponto de não poder supervisionar o que quer que afete o serviço do rei, meu filho. Devo então pedir que retire a sua solicitação. O caso que prevê nunca deverá ocorrer". Talvez ela temesse que alguma "enfermidade florentina" – o epíteto popular para veneno – pudesse um dia afligi-la, caso essa via ficasse disponível a Bourbon. Catarina agora abria todos os despachos diante do rei, que não assinava nada sem que ela antes tivesse lido e aprovado, e uma carta dela sempre acompanhava qualquer ordem ou carta de Carlos. Presidindo o conselho do rei, todas as decisões políticas, tanto domésticas quanto estrangeiras, eram dela, que podia decidir sobre as compensações e os benefícios que o monarca podia conceder. Como Carlos tinha apenas dez anos e continuaria menor por mais quatro, os planos da rainha-mãe eram projetados para uma longa estada no poder.

Catarina, apesar de sua aparência física pouco favorecida, que à primeira vista sugeria uma mulher de origem camponesa, conseguia transmitir a dignidade que a posição exigia. Seu rosto tinha agora uma expressão mais severa, o grande nariz e os olhos saltados pareciam mais pronunciados. Seu cabelo castanho-claro quase não se via por baixo de seus véus, e sua pele amorenada ainda era suave. A cintura aumentara, mas suas pernas continuavam bem modeladas e, como de hábito, as suas mãos eram sempre elogiadas por sua beleza. Sabia portar-se com extrema elegância, embora, quando inspirada e empenhada em seu trabalho, fosse igualmente capaz de assumir uma postura sólida e enérgica. "Enquanto anda ou come, está sempre conversando de negócios com as pessoas", escreveu o embaixador veneziano. "E não se limita apenas à política, mas reflete sobre outras questões tão numerosas que não sei como é capaz de manter interesse em assuntos tão variados." Catarina adorava andar rápido enquanto conversava com seus ministros. Era também muito glutona. "O apetite dela é enorme", notou o embaixador, "ela já é uma mulher robusta." A indigestão, resultado de comer em excesso, às vezes comprometia a constituição de Catarina, que de resto era notável.

Majestosa e séria quando a situação exigia, em outras ocasiões seu agudo senso de humor fazia com que Catarina fosse a primeira a explodir em gargalhadas. Também gostava de comédias e de palhaços, mas podia com a mesma facilidade ir às lágrimas diante de algo sentimental. Continuava tendo grande prazer na caça. "Ela ama exercitar-se em longas caminhadas e também cavalgadas, é muito ativa, caça com o rei, seu filho, e segue a presa bosque adentro com rara coragem."[1] Essa mulher de contradições apaixonadas e extremas cumpria a façanha extraordinária de combinar a aparência de uma matrona italiana com os modos e o porte de uma rainha francesa.

Nos primeiros dias após a morte de Francisco, Catarina escreveu à sua filha, a rainha Isabel da Espanha. A magnitude da crise na França não escapava à rainha-mãe:

> *Madame ma fille,* o portador lhe contará várias coisas, o que me dispensa de lhe escrever uma longa carta, tudo o que posso dizer é que você não precisa se preocupar com nada, e pode estar certa de que devo me conduzir de tal maneira que Deus e o mundo terão motivos para ficar satisfeitos comigo, já que meu principal objetivo é honrar a Deus em tudo e manter minha autoridade, não por mim, mas para a preservação deste reino e o bem-estar de todos os seus irmãos, que amo como provenientes da mesma fonte de onde você veio.

Ela então acrescentou um pequeno vislumbre de sua infelicidade passada, e de seus medos e isolamento atuais:

> *Ma fille, m'amie,* encomende-se a Deus, pois você tem me visto tão feliz quanto está agora, sem conhecer pesar algum, exceto o de não ter sido amada o quanto desejaria ter sido pelo rei seu pai, que me honrou mais do que mereço, mas o amava tanto que vivia sempre com medo, como você sabe; e Deus, não satisfeito em tirá-lo de mim, privou-me de seu irmão, que você sabe o quanto eu o amava, e me deixou com três filhos pequenos e um reino dividido, onde não há um

homem em quem possa confiar, que não seja guiado por paixões pessoais. Portanto, *m'amie*, pense em mim e tome-me como exemplo, para não confiar muito no amor que seu marido sente por você, e nas honras e facilidades de que você desfruta, a ponto de negligenciar rezar a Ele, que pode continuar a manter suas bênçãos, ou, se Lhe aprouver, pode colocá-la na minha posição; preferiria morrer a vê-la assim, por medo que você não conseguisse suportar tantos tormentos como os que tive, e ainda tenho, que sem a ajuda d'Ele, certamente não teria conseguido suportar.

Essa carta é excepcional pela maneira como Catarina abre seu coração à sua jovem filha. Segundo alguns argumentam, ela é uma prova de que Catarina não desejava o poder que detinha então. Seja qual for a verdade, ela certamente protegia o poder com zelo, de qualquer um que pudesse ameaçá-lo, e com o tempo viria a assegurar sua posição com crescente vigor, embora seus motivos – pelo menos no início – tivessem origem na necessidade. Como ela assinalou, a quem mais poderia confiar a monumental tarefa de governar a França? Essa parte emergente de Catarina vinha de uma mulher que havia vivido nos bastidores por tempo demais. Nascera no meio do esplendor mercantil, adquirindo desde o berço gosto pelo luxo e por hábitos caros. Considerava a glória decorrente de sua posição uma gratificação da qual deveria desfrutar, embora esse claramente não fosse um tempo de gastar, mas de grande contenção. Para dar o tom, fez economias pontuais, mas imensamente simbólicas, na condução da Casa Real.

Diante do premente pesadelo financeiro que continuava a atormentar a França, Catarina precisava do endosso dos Estados-Gerais à sua posição, e que eles apoiassem sua desesperada necessidade de arrecadar dinheiro. Apesar da morte de Francisco II, ficara acertado que a assembleia deveria continuar se reunindo, e Catarina passara os dias que antecederam a reunião fortalecendo seus poderes. Guise estava ainda disponível com seu pequeno exército; Bourbon continuava mostrando-se dócil; foram enviadas cartas às províncias e às potências estrangeiras anunciando os novos poderes de Catarina e o papel subordinado concedido a Bourbon. A chegada do condestável com quatrocentos homens armados sugeria que ele poderia causar dificuldades, especialmente quando Catarina confirmou que Guise permaneceria no comando do exército, mas Montmorency entendeu bem que, com a mudança do regime, ele e sua família podiam ter a expectativa de prosperar mais do que haviam feito sob Francisco II e os Guise. Não iriam ganhar nada causando agitação; ele precisava que a transição de poder fosse primeiro confirmada. Desse modo, Catarina conseguiu se apresentar com um *front* pelo menos superficialmente unido diante dos Estados-Gerais quando eles finalmente se reuniram.

O propósito histórico dos Estados-Gerais era "apresentar reclamações ao rei e votar o orçamento", mas eram convocados muito raramente e com relutância.* Era essencial para a rainha-mãe apresentar as facções dos Guise, dos Bourbon e de Montmorency como leais e harmoniosas – por mais que isso projetasse um quadro improvável. Quando sentaram com Catarina e os filhos dela na cerimônia de abertura, essa sua unidade, apesar de incongruente, fortaleceu a imagem de Catarina como a de uma governante competente e enviou aos representantes dos Estados-Gerais potencialmente problemáticos a mensagem de que ela contava com o apoio dos nobres mais poderosos do país. Em seu discurso aos deputados, De L'Hôpital deixou claro que a rainha-mãe encarava as decisões da Coroa como finais e acima de qualquer discussão. E que ela tampouco iria ouvir reivindicações ancoradas no passado.

Ficou evidente para os deputados que haviam sido chamados não para uma consulta genuína, mas para aliviar o drama do tesouro. Se as guerras e presentes de Henrique haviam dilapidado o patrimônio do rei Francisco II, o curto reinado de seu filho deixou Catarina olhando para um tesouro vazio. Mesmo o recurso usual de levantar dinheiro com a venda de cargos – embora corrupto – havia se diluído a tal ponto que não podia mais contribuir com algo substancial. Arrancar dinheiro do campesinato durante as guerras de Henrique II deixara o setor tão empobrecido que os Estados estavam agora sendo convocados para recuperar o erário. Isso invocava o fantasma da parceria entre os Estados e a Coroa, pois, quando a monarquia não era mais capaz de financiar seu governo, deixava de ser independente. O chanceler passou a pedir que os Estados ajudassem a comprar de volta as propriedades alienadas da Coroa, os cargos e outras fontes usuais de rendas reais que haviam sido dilapidadas. Dos três setores que compunham os Estados-Gerais (nobreza, clero e comuns), apenas o clero se sentiu realmente vulnerável, já que suas

---

* Vale a pena notar que Francisco I nunca convocou uma reunião dos Estados-Gerais durante o seu reinado.

riquezas continuavam mais ou menos intactas. Mas com certeza era o Estado mais difícil de pilhar. Na realidade, o chanceler estava pedindo que os Estados-Gerais levantassem fundos e recursos para devolver à Coroa sua independência deles mesmos. Após todos os floreios legais e declarações de lealdade, o que ficava exposto cruamente era que se tratava de uma solicitação audaciosa.

Como nenhum dos três Estados oferecia uma solução, De L'Hôpital pediu que considerassem a proposta que faria em seguida. Sua recomendação era que se elevassem as *tailles* (o único imposto direto da Coroa, cujo fardo recaía sobre o campesinato, já que nobres e clero eram isentos) durante seis anos e que o clero comprasse de volta os arrendamentos e receitas que a Coroa havia sido obrigada a vender. A única sugestão oferecida pelos Estados podia ser mais bem descrita como desprovida de imaginação: a Coroa deveria cortar seus gastos. Catarina diligentemente cortou o número de criados e cargos, diminuiu o valor de pensões e salários e anunciou em tom triunfal uma economia de 2,3 milhões de libras. No entanto, em vez de parabenizar a rainha-mãe por seus esforços, os deputados apenas observaram que, se havia sido possível poupar com facilidade essa soma, por que não fazer cortes mais significativos?

Um contemporâneo escreveu sobre as medidas de Catarina: "O maior dos subsídios é a drástica economia que a corte impõe a si mesma em todas as coisas". De L'Hôpital recebeu instruções da rainha-mãe para que dispensasse os deputados, que deveriam voltar com uma resposta em maio. Embora a questão financeira tivesse ficado sem solução, Catarina e De L'Hôpital congratularam-se pela reforma do sistema judiciário que havia avançado. Numa tentativa de aliviar os terríveis abusos que aconteciam no judiciário, os magistrados a partir de agora teriam que ser eleitos, e várias outras medidas foram acordadas para proteger o campesinato e evitar abusos principalmente por parte da nobreza e da Igreja. Foi adotada uma unificação de pesos e medidas e aboliram-se os impostos cobrados para se deslocar bens de uma parte a outra dentro da França. E foi tomada outra decisão notável, decretando que os Estados-Gerais deveriam reunir-se pelo menos uma vez a cada cinco anos.

Quanto à religião, o chanceler declarou achar impossível esperar um acordo entre pessoas de diferentes fés, o que confirmaria seu axioma: "Uma fé, uma lei, um rei!". Acrescentou: "Não vamos inovar de modo leviano. Vamos deliberar a longo prazo e previamente nos instruir [...] se um homem tiver permissão de adotar uma nova religião à sua escolha, o perigo é que acabarão existindo tantas religiões quanto famílias e indivíduos. Você pode afirmar que a sua religião é melhor, e eu defenderei a minha; o que seria mais razoável, que eu seguisse a sua ou você a minha?".[2] Apesar de toda a sua ortodoxia, o discurso de De L'Hôpital mesmo assim destacou a clara ruptura de Catarina com os métodos de perseguição violenta dos Guise. "A espada de nada vale contra o espírito, a não ser fazer perder corpo e alma", disse ele. "A delicadeza irá conseguir mais que o rigor."[3] Ele falou sobre a necessidade de uma assembleia geral do conselho da Igreja para chegar à raiz das questões religiosas e deixou claro que um conselho seria convocado para esse fim num futuro próximo.

Uma vez mais, os protestantes interpretaram mal essa medida de tolerância, como se fosse um gesto de apoio da rainha-mãe. Infelizmente, em decorrência disso ficaram ainda mais insolentes em sua prática aberta da nova religião e aumentaram os medos dos católicos ao danificar propriedades da Igreja, destruir estátuas sagradas e cometer outros atos sacrílegos. Isso acentuava o desconforto de Catarina. Embora ansiosa para chegar a uma conciliação com os reformadores mais moderados e evitar os piores abusos da Igreja, as crenças deles *per se* não lhe diziam respeito; ela queria apenas uma maneira de contornar os muitos obstáculos arraigados que separavam os dois grupos religiosos. Catarina teria continuado como uma moderada religiosa se acreditasse que isso preservaria a coroa de seu filho e a unidade do reino. Sua moderação estava em direta proporção ao que ela entendia ser politicamente conveniente; o que fosse além disso não lhe interessava. Infelizmente, os protestantes pareciam cegos a esse fato essencial.

Ocorreu então um breve e perigoso episódio, quando Antônio de Bourbon, inflamado por seus apoiadores dos Estados-Gerais, fez uma patética investida de arrematar a regência da qual antes abrira mão de modo indiferente. Primeiro, exigiu que Francisco de Guise fosse expulso da corte. Catarina ficou furiosa e exigiu uma explicação. Montmorency e seus sobrinhos declararam que iriam sair com Bourbon se ela não expulsasse Guise, o que ela não tinha intenção de fazer, entre outras coisas por ser ele ainda o comandante-chefe do exército. Catarina convocou o condestável para uma visita ao rei. O garotinho, ensaiado pela mãe, pediu que o condestável permanecesse na corte. A lealdade à Coroa havia sido tão profundamente cultivada no velho homem que ele abriu mão de abandonar o menino. Bourbon, vendo que teria de partir sozinho, perdeu as estribeiras, como era usual. Por fim, desistindo de sua reivindicação à regência, foi oficialmente confirmado tenente-general do reino; Condé recebeu o perdão pleno e foi-lhe prometido "tudo o que o fizesse conservar a honra de um príncipe de sangue", incluindo assento no conselho do rei.4 Com isso, os que estavam abaixo desistiram de qualquer oposição à supremacia de Catarina. Quando a reunião dos Estados se dispersou, Catarina viu ratificada sua posição como *"gouvernante"*, embora não tenha conseguido nenhuma verba. Apesar de toda a glória de sua posição, a ausência de fundos tornava isso vazio.

Catarina havia superado a reunião dos Estados-Gerais, mas sabia muito bem que a unidade do reino como algo garantido por seus nobres mais poderosos ainda estava distante. De Fontainebleau, onde ela e a corte haviam ido passar a Páscoa, escreveu a respeito da assembleia numa carta confusa ao embaixador da Espanha:

> Considerando o quanto é difícil que essa farsa seja representada com tantos personagens sem que alguém faça o papel de vilão, e que a diversidade das mentes dos homens, movidos por tantas paixões, das quais o mundo está tão repleto, seja algo a ser temido, especialmente porque uma mudança tão repentina e imprevista não pode, receio eu, ser aceita de vez por todos, e acima de tudo por aqueles que ultimamente ocuparam aqui os primeiros lugares [...].5

Ela prosseguiu congratulando a si mesma pela maneira como lidara com Antônio de Bourbon: "A posição que o rei de Navarra [Bourbon] detém aqui está abaixo da minha e sob a minha autoridade, e não tenho feito nada por ele ou pelos demais príncipes de sangue [...] exceto por força da necessidade, mas consegui sobrepujá-lo de tal modo que posso dispor dele e fazer com ele o que quiser". Mas será que Catarina podia contar com um homem que, segundo comentou um observador, "é frívolo o suficiente para usar anéis em seus dedos e brincos como uma mulher, apesar de sua idade e de seus cabelos brancos?", acrescentando: "Numa questão importante, segue o conselho de seus bajuladores e de pessoas levianas [...] e posso atestar que no que se refere à religião não demonstrou nem firmeza nem sabedoria".6

Montmorency, embora exultante ao ver o poder sendo arrancado de seus inimigos, os Guise, era um católico tradicional tanto quanto eles, e temia que as aberturas de Catarina em relação à nova fé fossem apenas os primeiros passos para conceder-lhes total liberdade de culto. Tampouco sentiu-se à vontade com o Édito de Romarantin (registrado em 28 de janeiro de 1561), que Catarina tentara impor no ano anterior e que havia sido alterado para suavizar ainda mais a situação dos protestantes. Sob os seus termos, prisioneiros religiosos haviam sido soltos e, exceto os líderes sobreviventes, mesmo aqueles que haviam tomado parte da Conspiração de Amboise haviam recebido perdão. Isso desagradou seu genro, Felipe da Espanha, que escrevera anteriormente, em janeiro, instruindo seu emissário a transmitir a seguinte mensagem a Catarina:

> Em relação aos assuntos de religião, você deve falar com a rainha Catarina de maneira bem clara e franca, exortando-a de nossa parte a ter o maior cuidado e vigilância: ela nunca deverá permitir que as inovações que têm brotado no reino dela façam maiores progressos; e não deve favorecer de modo algum ou admitir em seu círculo íntimo ninguém que não seja tão firme em sua fé como deveria ser.[7]

Catarina respondeu com um argumento que acreditava ser capaz de tranquilizar o ansioso Felipe. "Quanto à religião, os exemplos que temos visto há vários anos nos ensinaram que, para curar um mal de tão longa duração, um remédio só não é suficiente [...] devemos variar nossas medicações. Há uns vinte ou trinta anos, temos tentado [...] arrancar essa infecção pela raiz, e aprendemos que a violência serve apenas para aumentá-la e multiplicá-la, porque, por meio das duras penalidades que têm sido impostas constantemente neste reino, um número infinito de pessoas pobres tem sido confirmado nessa crença [...] pois ficou provado que isso as fortalece." Ela continuou, de maneira insincera: "Fui aconselhada por todos os príncipes de sangue e por outros príncipes e senhores do conselho a considerar os tempos em que vivemos, e nos quais somos obrigados às vezes a dissimular várias coisas que em outras épocas não teríamos que suportar, e por essa razão seguir um curso mais brando nessa questão [...] [isso] pode nos preservar de problemas que estamos apenas começando a superar". Ela pediu ao seu embaixador na Espanha, Sebastien de l'Aubespine, que explicasse tudo isso ao rei, "de modo que ele evite conceber uma opinião pior a respeito de minhas ações até que as tenha examinado como deve fazê-lo; pois tem que levar em conta que a situação aqui não é a mesma da Espanha".[8] Felipe, homem incapaz de compreender palavras que implicassem meias-tintas, ou de agir com cautela quando se referia aos outros (podia ser pragmático quando isso convinha aos interesses da Espanha),* continuou extremamente preocupado. Achava que Catarina seria incapaz de lidar com as questões religiosas tão metodicamente quanto ele e, se necessário, tão brutalmente.

Conforme a política religiosa moderada de Catarina começou a fazer efeito, uma improvável aliança surgiu entre antigos inimigos. Montmorency e os Guise se uniram ao marechal de Saint-André e em 7 de abril de 1561 formaram o que ficou conhecido como triunvirato. Seu objetivo declarado era preservar a fé católica na França e, uma vez que isso estivesse assegurado, levar a guerra santa contra o protestantismo ao resto da Europa. É mais do que provável que tivessem também um objetivo encoberto: tirar de Catarina a hegemonia política. E contavam com o apoio não só de Felipe da Espanha, mas do papado e do Império também. Os triúnviros consideravam Antônio de Bourbon essencial ao seu sucesso na França, e seguiu-se uma batalha para tirá-lo de seu morno protestantismo, enquanto Catarina tentava por seu lado atraí-lo para o caminho político por ela proposto. Chegou a sugerir que Felipe poderia devolver a Navarra espanhola ao reino dos Bourbon, algo que Felipe não tinha a menor intenção de fazer. Esse homem de parca inteligência, em geral ignorado e subestimado durante toda a sua vida, sentia-se perturbado por toda a atenção que agora recebia dos maiores poderes da França e do exterior. Mais ou menos da mesma maneira pela qual os huguenotes haviam causado problemas em várias partes do reino, agora eram os apoiadores do triunvirato que surgiam para espalhar a desordem e atacar abertamente os protestantes.

Depois da Páscoa, durante a qual o duque de Guise e Saint-André reuniram-se em ostensivos jantares com Montmorency para celebrar a inauguração de seu triunvirato, os três homens deixaram a corte sem permissão e anunciaram que não iriam mais voltar. Catarina escreveu uma carta à sua filha na Espanha desancando os Guise. Afinal, não haviam eles lhe roubado o marido? Não haviam colocado o filho contra ela? Apesar desses crimes, escreveu ela: "Decidi que vou preservá-los de qualquer dano, mas também que [...] não iria mais misturar suas disputas com as minhas, sabendo que teriam nomeado a si mesmos, se tivessem como, e que teriam me excluído, como sempre fa-

---

* Durante doze anos, Felipe ajudou a impedir a excomunhão de Elizabeth I, pois fazer isso atendia aos seus interesses.

zem quando há [...] lucros e honrarias em jogo; pois não têm nada além disso em seus corações".[9] Seu ressentimento crescia à medida que descrevia como eles a apresentavam de maneira distorcida a Felipe "e ao país como um todo [...] fazendo crer que eu não era uma boa cristã, para que todos suspeitassem de mim e obrigar-me a não confiar em ninguém exceto neles, dizendo-me que todos eram meus inimigos [...]. Tenho descoberto exatamente o contrário, que eu era odiada apenas por favorecê-los [...]. Portanto, *ma fille, m'amie*, não deixe que seu marido, o rei, acredite em inverdades. Não tenho intenção de mudar minha vida ou minha religião ou seja lá o que for. Sou quem eu sou a fim de preservar seus irmãos e o reino deles".[10] Mas apesar do discurso inflamado, Catarina sabia que em última instância estaria condenada sem o apoio tanto dos Guise quanto do condestável.

Furiosa por ver os triúnviros apoiados por Felipe e promovendo agitações contra ela, Catarina decidiu estreitar os vínculos do rei espanhol com a família Valois. Ela já culpava os Guise por causarem conflitos com sua violência e recusa em seguir a política dela de clemência então, quando ouviu mais tarde rumores de conversas sobre casamento entre Felipe e os Guise propondo a união de Maria, rainha da Escócia, com o filho e herdeiro de Felipe, don Carlos, ficou lívida. As atenções que o embaixador da Espanha, Chantonnay, dispensava à viúva rainha da Escócia eram notadas por todos. Throckmorton relatou a Elizabeth da Inglaterra: "A Casa de Guise usa de todos os meios para conseguir aprovação para o casamento entre o príncipe da Espanha e a rainha da Escócia".[11]

Catarina, que não havia sido oficialmente informada dessas conversações sobre o casamento, manteve uma aparência de amabilidade em relação à sua nora, mas escreveu em código para Isabel na Espanha que qualquer influência que ela pudesse ter deveria ser usada para evitar uma união entre "o cavalheiro" (nome em código que Catarina adotou para Maria) e don Carlos. Maria, que já havia encarnado as esperanças dos Guise na França, agora ameaçava, na febril imaginação de Catarina, sua própria filha. Se Maria se tornasse a esposa do infante espanhol e Felipe morresse jovem, Elisabeth sofreria o mesmo destino de Catarina, e seria posta de lado pela rainha dos Escoceses.[12] A ameaça adicional que Catarina via diante dela, caso a união se concretizasse, era o massivo apoio espanhol que os Guise iriam receber, talvez pondo em risco o futuro dela e dos filhos, e o da própria França. Felipe, porém, temendo as complicações internacionais – Elizabeth da Inglaterra desaprovava essa união tanto quanto Catarina –, decidiu não insistir, e, em abril de 1561, o projeto foi posto de lado.

A perspectiva de um grandioso casamento para um de seus filhos sempre despertava em Catarina atenção e energia concentradas. Ela imediatamente propôs uma solução, oferecendo Margot, sua filha mais nova, ao rei don Carlos, em lugar da rainha da Escócia. Don Carlos era um rapaz baixinho, frágil e epiléptico, que pesava menos de quarenta quilos, e tinha as costas curvadas e os ombros tortos. Sofrera grave dano cerebral ao cair de cabeça por uma escadaria de pedra, enquanto perseguia uma criada que ele gostava particularmente de flagelar. A queda quase o matara. Os médicos de Felipe realizaram uma operação para salvar-lhe a vida e abriram um orifício no crânio de don Carlos para aliviar a pressão que se avolumara em seu cérebro. A operação pareceu um sucesso, mas como medida adicional Felipe colocou na cama de seu filho o cadáver ressequido de um piedoso monge franciscano, insistindo que havia sido aquele "aroma de santidade" e não o trabalho dos médicos que salvara a vida do infante. Embora don Carlos se recuperasse parcialmente no aspecto físico, o acidente o deixara propenso a surtos de sadismo, que evoluíram para uma mania homicida. Impedido de aproveitar as oportunidades para matar seres humanos, buscou algum alívio assando coelhos vivos e torturando cavalos pelo prazer de ouvi-los relinchar. Era, portanto, pouco recomendável como marido, exceto, é claro, pela imensa herança a que teria direito com a morte do pai.

Talvez felizmente para Margot, Felipe, que já sentia a tensão de ter Catarina como sogra, nada fez para incentivar os planos dela de se tornar sogra de seu filho maluco. Na mesma época, outro boato de casamento chegou aos ouvidos de Catarina. Os tios de Maria estavam em conversações com o imperador Fernando da Áustria a respeito de uma possível aliança com o filho dele, o arquiduque Carlos. A rainha-mãe mandou uma carta urgente para o seu embaixador em Viena: "O rei deseja que você use todo o seu talento para descobrir o que puder a respeito do que está sendo falado e feito quanto à proposta de casamento entre a rainha da Escócia, minha filha, e o príncipe Carlos. Use todos os meios à sua disposição para descobrir qual é a real situação desse assunto".[13] Instruiu-o a enviar-lhe em código qualquer notícia sobre a questão, para que ela, "estando de sobreaviso, como preciso estar, isso irá me ajudar a definir seja qual for o remédio que eu julgue necessário".[14]

Catarina estava impaciente para se livrar da atraente mas problemática jovem que, como outra rainha viúva, seria um incômodo político, assim como uma despesa para a França. Segundo seu contrato original de casamento, Maria tinha o direito de escolher entre permanecer na França ou voltar para a Escócia. Tinha propriedades suficientes na França para se manter com um bom estilo de vida, e o fato de ser viúva de Francisco dava-lhe condições de viver numa esfera social condizente com seu elevado nível. Ter a charmosa e bonita jovem viúva na corte era motivo de uma vaga irritação, que Catarina preferiria não ter. Maria, que encerrara seu período de luto em março, parecia inclinada a fazer um corajoso retorno ao seu país de origem; o quanto seria bem recebida ali só o tempo poderia dizer. Fez um *tour* de despedida por seus parentes preparando-se para a partida. Problemas de saúde impediram-na de comparecer à coroação de seu cunhado, mas em 14 de agosto ela saiu da França, lar de sua feliz juventude, para sempre. Quando se afastava de barco das praias da França, foi ouvida murmurando suas proféticas palavras: "*Adieu France, adieu France, adieu donc, ma chère France* [...] *Je pense ne vous revoir jamais plus*" ("Adeus, França, adeus, França, adeus então, minha amada França [...] Acho que nunca mais irei vê-la").[15]

Em 15 de maio de 1561, teve lugar a coroação de Carlos IX em Reims. Houve pouca pompa ou esplendor; a realidade econômica fez-se sentir até mesmo nesse evento, com expressão perceptivelmente reduzida, já que em geral constituía um monumento à imponência real. Na realidade, não fosse o papa ter insistido para que o duque de Guise e seus cotriúnviros comparecessem, argumentando que se não viessem o rei iria automaticamente cair sob a influência do protestantismo, os homens mais poderosos da França teriam todos se ausentado. A sisuda presença deles sugeria fortemente lealdade ao trono, mas não ao seu presente ocupante. Embora Catarina tivesse perguntado ao condestável se o filho favorito dela, Eduardo-Alexandre, ou Monsieur – como o filho mais velho do rei era conhecido – podia ocupar o lugar dele como líder dos pares e Montmorency tivesse negado, mesmo assim Catarina colocou seu segundo filho junto ao rei durante toda a cerimônia. O cardeal de Lorena proferiu palavras graves ao coroar o pequeno garoto, que na realidade teve a coroa colocada em sua cabeça por seu irmão, Monsieur. Lorena lembrou Carlos, e os participantes da cerimônia de fé reformista, que "aquele que aconselhasse o rei a mudar de religião estaria ao mesmo tempo arrancando a coroa de sua cabeça".

O garotinho chorou de fadiga sob o peso da coroa. Ele compunha uma imagem patética, uma encarnação física da atual fragilidade da monarquia. Críticas abertas a Catarina também puderam ser ouvidas; o duque de Guise a acusara em voz alta de "beber água de duas fontes" pela tolerância dela aos reformadores. O duque e seus parceiros triúnviros, Montmorency e Saint-André, representavam uma séria ameaça a Catarina, pois eles controlavam o exército francês. Desde a criação do supostamente secreto triunvirato, seus líderes haviam se comportado com hostilidade aberta em relação à rainha-mãe. Mas nem as provocações e impertinências "daqueles que costumavam se portar como se fossem reis" foram capazes de desviar Catarina de seu curso. Ela ainda acreditava que a moderação religiosa iria curar a França, e com certeza tinha estômago para ignorar as crescentes atitudes ameaçadoras dos "superpoderosos súditos" de seu filho.

Imediatamente após a coroação, Catarina tentou trazer o condestável e os Guise de volta para o lado do rei. Primeiro, fez uma visita ao cardeal de Reims, e depois anunciou ao condestável que iria passar uma noite com ele em Chantilly, fazendo um comentário pungente, mas em tom de gracejo, de que, se ela ficasse mais tempo do que isso, "você iria nos colocar da porta para fora". Em seguida, insistiu que Francisco de Guise viesse a Paris para liderar a grande procissão da Fête-Dieu e com isso "defender a honra de Deus". Era a única razão pela qual ele iria comparecer e ela sabia disso. Ele respondeu: "Como é uma questão que envolve a honra de Deus, irei, e, seja o que for que venha a se abater sobre mim, disponho-me a morrer, pois não poderia morrer em circunstâncias melhores". Ele, portanto, liderou a procissão junto com o rei e Bourbon pelas ruas de Paris, lotadas e em festa. Paris, a mais católica das cidades francesas, havia sido presenteada com uma frente unida; a rainha-mãe mais uma vez aplicara uma cobertura cosmética e temporária para disfarçar a ferida que se espalhava.

Catarina sabia que Felipe apoiava o triunvirato, e numa cena extraordinária ainda viu-se recebendo ameaças de Chantonnay, embaixador da Espanha. Ele disse que, como punição pela clemência dela em relação aos protestantes, seria banida para o seu Château de Chenonceau. Querendo um encontro com seu genro, ela escreveu ao seu embaixador na Espanha dizendo que seu encontro "era a coisa que ela mais desejava no mundo, pelo fruto que renderia".[16] Catarina queria ser capaz de mostrar ao mundo "que o referido rei católico tomou meu filho sob sua tutela e proteção".[17] Se, de um lado, ela fazia todos os esforços para ganhar o apoio de Felipe, por outro, Catarina comportava-se com notável tolerância em relação ao acesso de seus filhos à literatura protestante, e comentava-se até que seu filho Eduardo-Alexandre havia parado de frequentar a missa e cantava salmos protestantes para a irmã, Margot, enquanto arrancava o livro de orações da mão dela. Isso dificilmente comporia a imagem de uma rigorosa mãe católica, que ela deveria expor a Felipe. Havia muitos rumores de que Eduardo-Alexandre já mostrava sinais de ser huguenote. Segundo as fofocas, ele se autodenominava *"un petit huguenot"*. Dizia-se que zombava das estátuas de santos – tinha nove anos –, que certa vez arrancara com uma mordida o nariz de uma estátua de são Paulo, e que também exortava sua irmã Margot a "mudar minha religião e que iria atirar na fogueira meu livro das horas". Um dia, enquanto Catarina estava em audiência com o núncio papal, o rei, seu primo Henrique de Navarra e um grupo de amigos fantasiados de cardeais, bispos e abades irromperam pelos aposentos da rainha-mãe montando um burrico. Catarina não conseguiu aguentar e teve um acesso de riso, desculpando o comportamento das crianças como uma mera travessura infantil. O núncio, horrorizado, reportou tudo a Roma.

Margot lembrou que a corte estava "infestada de hereges" após a coroação do irmão. Ela declarara em suas memórias que Catarina finalmente reagiu para proteger os filhos dela dentro da fé católica e proibiu-os de ler literatura protestante, mandando instruí-los de novo "na verdadeira, sagrada e antiga religião, da qual ela mesma jamais se afastara".[18] O imprudente excesso de liberdade aparentemente desfrutado pelas crianças reais, pelo menos superficialmente, enviara uma mensagem errônea aos calvinistas em Genebra, que viam crescer dia a dia suas esperanças de uma conversão real. Théodore de Bèze, o lugar-tenente de Calvino, escreveu ao seu mestre: "Esta rainha, nossa rainha, está mais receptiva a nós do que jamais esteve. Que bom se aprouvesse a Deus que eu pudesse escrever secretamente a seus três filhos, dos quais tanto me contaram fontes de confiança. São tão adiantados para a sua idade que não se poderia esperar algo melhor".[19] Catarina nunca poderia ter considerado o flerte de seus filhos com o protestantismo algo além de uma curiosidade de juventude; ela achava inconcebível que algum de seus filhos pudesse se converter. Mas começou a compreender que as aparências tinham que ser rigorosamente mantidas e que ela deveria permanecer acima de qualquer suspeita de heresia, já que havia várias facções circulando ameaçadoramente à sua volta e dos filhos. Trabalhando horas a fio, enviando despachos para toda a França, sua coragem e persistência eram evidentes nesses primeiros dias em que a revolta e a hostilidade estavam em lenta fervura. "Como mãe, Catarina mantém o rei perto, não permite que ninguém além dela durma com ele na sua câmara, e nunca o deixa", relatou o embaixador veneziano.[20]

O reino estava cada vez mais agitado pelas questões religiosas, e as políticas conciliatórias de Catarina pareciam não produzir efeito, a não ser o de fazê-la parecer fraca tanto para os protestantes, que pediam cada vez mais concessões, quanto para os católicos, cada vez mais beligerantes em relação a ela e aos reformadores. De L'Hôpital, após uma série de reuniões com especialistas tanto em leis quanto em religião, não conseguia encontrar uma solução. O *Cour des Pairs* foi convocado, e incluía os príncipes, todas as câmaras do Parlamento e o conselho do rei. A palavra "*Parlement*" na França do século XVI significava "o complexo judiciário inteiro, que incluía o *Parlement* de Paris e as seis cortes provinciais de Rouen, Bordeaux, Toulouse, Aix, Grenoble e Dijon [...] ou podia referir-se também apenas ao *Parlement* de Paris", que considerava a si mesmo como "o tribunal soberano do reino inteiro e encarava os *Parlements* provinciais como meras ramificações de seu tribunal".[21] Durante duas semanas eles se reuniram, e isso resultou numa proibição de "conventículos e assembleias", ou seja, de todas as reuniões e encontros religiosos protestantes. Catarina e seu chanceler ignoraram essas disposições e uma vez mais trilharam um caminho intermediário.

Em 30 de julho, foi anunciado um édito que oferecia anistia a todas as ofensas religiosas desde a morte de Henrique II, com a condição de que no futuro aquelas pessoas levassem "vidas pacíficas e católicas".[22] Uma vez mais, tratava-se de uma pausa temporária. A reunião do conselho da Igreja que havia sido prometida nos Estados-Gerais iria realizar-se dali a um mês, e Catarina estava otimista, achando que uma solução mais do que razoável poderia ser encontrada. Para ela, o Deus Todo-Poderoso devia ser invocado como um protetor, não como um vingador. Não era fanática em questões religiosas, exceto quando seus filhos e seu direito de nascença estavam envolvidos. A missa católica combinava com Catarina, era um hábito de toda a vida, que ela achava reconfortante, quase como se fosse mais um talismã para protegê-la contra o mal. Infelizmente, não foi capaz de entender que as candentes questões não eram pequenas diferenças doutrinárias entre cristãos, mas uma profunda rejeição por parte dos reformadores das duas verdades fundamentais sobre as quais estava assentada a Igreja Católica, isto é, a eucaristia e a autoridade doutrinária do papado.

O papa Pio IV mostrou-se alarmado com a ideia de uma conferência marcada para acontecer em Poissy no final de agosto; no mínimo, ela iria minar sua autoridade e praticamente dava um reconhecimento formal aos protestantes franceses por meio de sua inclusão. O Concílio de Trento – a assembleia geral da Igreja Católica originalmente criada para combater a Reforma e inaugurar a Contrarreforma – havia sido novamente convocado, e este, dizia o papa, deveria ser o único local oficial para discussões a respeito da Igreja. Catarina, com receio de que Trento chegasse tarde demais e que de qualquer modo se mostrasse ineficaz para os seus propósitos, levou adiante sua própria agenda. Embora se argumentasse que a iniciativa para a conferência programada não cabia a ela, pois havia sido ordenada oficialmente pelos Estados-Gerais no início do novo reinado, a rainha-mãe colocou sua formidável energia para assegurar que o colóquio de Poissy fosse adiante. O papa, incapaz de evitar que a reunião acontecesse, enviou o cardeal de Ferrara como seu representante especial. Suas instruções eram claras: reprimir a agenda na medida do possível e evitar outras concessões aos protestantes. Enquanto isso, Catarina fez saber que todos os seus súditos seriam bem-vindos para expressar suas visões.

Pouco antes dessa conferência da Igreja, os Estados-Gerais se reuniram em 27 de agosto. A reunião marcada para maio havia sido adiada por causa da coroação. O resultado do encontro, que fora convocado para lidar com as dificuldades financeiras da Coroa, resultou na concessão de dinheiro para controlar os problemas financeiros do rei. A maior parte dos fundos provinha da Igreja, que, temendo que lhe fossem feitas demandas ainda maiores, ofereceu 1,5 milhão de libras ao longo de seis anos, "para o resgate de propriedades reais e de impostos indiretos que haviam sido alienados".[23] Outros 7,5 milhões de libras seriam disponibilizados para saldar as dívidas do rei. A ajuda financeira prometida foi um imenso alívio para a rainha-mãe. Com um problema resolvido, ela passou para o seguinte.

Théodore de Bèze, que havia sido convidado à conferência de Poissy para representar os calvinistas, chegou em 23 de agosto a Saint-Germain, onde foi recebido por Catarina nos aposentos de Antônio de Bourbon. De Bèze, um nobre muito culto, foi considerado o menos provocador entre os calvinistas. Inteligente e sofisticado, compreendeu a importância de se mostrar razoável, embora dedicado à sua causa. O fanatismo não iria favorecer seus objetivos em Poissy. O cardeal de Lorena estava também presente e os dois tiveram uma discussão cortês e breve sobre a eucaristia. Lorena perguntou a Bèze o que ele entendia pelas palavras "Este é meu corpo". De Bèze respondeu que "entendia isso como uma presença real mas sacramental".[24] Lorena então perguntou se ele acreditava "que nós nos comunicamos de modo verdadeiro e substancial com o corpo e o sangue de Jesus". O cardeal recebeu de Bèze a resposta cautelosa e qualificada que ele acreditava nisso "espiritualmente e pela fé".[25] O encontro terminou com as mais cordiais manifestações de ambos os lados, e o cardeal dizendo: "Estou muito feliz por tê-lo visto e ouvido, e intimo-o em nome de Deus a dialogar comigo, a fim de que eu possa entender suas razões e o senhor as minhas, e verá que não sou tão mau como querem me fazer parecer".[26] O comentário triunfal de Catarina, dizendo a Lorena que os reformadores "não têm nenhuma outra opinião a não ser esta com a qual você concorda", foi um pouco prematuro, como os dias seguintes iriam logo mostrar.

O colóquio de Poissy – como passou a ser chamado – foi inaugurado num refeitório do convento dominicano dessa cidade, não longe de Paris. Sentados numa plataforma elevada estavam Catarina e os filhos dela, os príncipes de sangue e o conselho do rei. De cada lado da longa sala sentavam-se os prelados, doutores em teologia, cardeais e ministros que iriam participar do debate e ouvir os argumentos. O duque de Guise trouxe o escasso número de representantes do protestantismo sob guarda, e colocou-os atrás de uma barreira baixa, como para evitar que contaminassem os demais presentes. No que se refere à disposição dos assentos, ela não revelou tato, nem foi auspiciosa. De Bèze abriu com um gracioso discurso e então passou direto para o ponto central da questão. Embalados por sua eloquência, seus ouvintes ouviram-no discorrer sobre o tema da eucaristia. Ele então proferiu as palavras fatais sobre a hóstia: "Seu corpo está tão distante do pão e do vinho quanto os céus estão da terra". Um silêncio de horror foi seguido por um grande alvoroço, com gritos de "Blasfêmia!" e "Escândalo!". O cardeal de Tournon rodeou a plataforma onde estava a rainha-mãe e começou a gritar: "Como pode tolerar tais horrores e blasfêmias sendo proferidos diante de seus filhos que estão ainda em tenra idade?". Catarina replicou que ela e seus filhos iriam "viver e morrer como católicos". O jesuíta geral, Diego Lainez, advertiu a rainha-mãe que o reino estaria condenado se ela não banisse os hereges. Com as palavras de

Bèze, as esperanças de Catarina de uma conciliação doutrinal foram por água abaixo. Após mais alguns dias que apenas exacerbaram a divisão e o ódio, o colóquio de Poissy foi encerrado em 13 de outubro de 1561.

Apesar de toda a acrimônia em Poissy, Catarina continuou benevolente com os protestantes. A explicação, afora o pragmatismo da rainha e sua esperança de unidade com base no diálogo racional, pode ser atribuída também em parte à conduta da hierarquia huguenote. Enquanto os triúnviros e a Espanha a intimidavam e ameaçavam, os líderes e nobres protestantes tratavam a rainha-mãe com grande respeito, chamando-a de "nossa rainha" e fazendo infindáveis declarações de lealdade, como súditos franceses, ao rei, à Coroa e à própria Catarina. Sua inteligente política de apelar a ela como sua governante e protetora, exaltando sua sabedoria e visão presciente, fez com que ganhassem muito terreno. Isso era particularmente verdadeiro à medida que os líderes católicos se mostravam muitas vezes ausentes da corte, amuados em suas propriedades rurais, e quando se dignavam a aparecer, eram com frequência insuportavelmente rudes com a rainha-mãe. Na ausência do herói de guerra Guise e de outros ícones católicos, os brilhantes líderes huguenotes, como o carismático almirante Gaspard de Coligny, que havia sido publicamente rejeitado pelo tio Montmorency por sua mudança de religião, seu irmão d'Andelot e Luís de Condé, tinham agora o palco só para eles. Mostraram-se irresistíveis para muitos, e De Bèze recebeu o gentil convite de permanecer na corte; na realidade, Catarina permitiu que pregasse ao crescente número de convertidos ao protestantismo, entre eles alguns dos nobres e mulheres mais importantes do país.

Mais uma vez os Guise retiraram-se em sinal de protesto. Ao mesmo tempo que o faziam, tentavam sequestrar o adorado filho de Catarina, Eduardo-Alexandre. O menino havia sido abordado por vários membros do clã Guise, que pediam que fosse com eles e morasse com sua irmã, Cláudia, duquesa de Lorena, ou então com a tia, Margarida de Saboia. O príncipe ouviu suas propostas e foi imediatamente contar à mãe. Relatou que o duque de Nemours, que havia sido amigo de Catarina mas agora apoiava os Guise, o visitara em seu quarto e perguntara: "De que religião você é? Você é huguenote? Sim ou não?". O menino, assustado, respondeu: "Sou da mesma religião que a minha mãe". Nemours insistira então que o príncipe, como suposto herdeiro, estaria muito melhor fora da França, na segurança de Lorena ou de Saboia, já que Condé e Bourbon tramavam tomar o trono.

Nemours terminou advertindo o príncipe: "Cuide de não falar nada disso com sua mãe, e se alguém lhe perguntar o que foi que andei falando com você, diga que eu estava apenas entretendo-o com historinhas engraçadas".[27] Catarina também veio a saber que Henrique, filho mais velho do duque de Guise, em várias ocasiões tentara Eduardo-Alexandre a vir com eles dizendo: "Você será muito feliz. Vai ter muito mais liberdade [...] não pode imaginar quantos prazeres teremos ali". Henrique de Guise disse também ao príncipe que iriam buscá-lo no meio da noite e ele teria que descer por uma janela até uma carruagem. E que antes que alguém pudesse descobrir sua ausência, Eduardo-Alexandre já estaria em Lorena.

Essa ameaça aos filhos de Catarina, e principalmente ao seu amado segundo filho, foi um golpe em seu coração. Bonito e alto para sua idade, Eduardo-Alexandre parecia ter herdado mais traços italianos que franceses, e se interessava menos por exercícios físicos e mais pela leitura e pelas artes do que era habitual nos Valois. Com mãos longas e graciosas como as da mãe, tinha um rosto bonito e corpo bem-proporcionado. Era para ela a coisa mais preciosa do mundo. Catarina decidira de momento fingir que sabia do plano o tempo inteiro e que o filho lhe contara tudo desde o início, embora Guise negasse ter qualquer conhecimento da trama. Ficou chocada quando o embaixador Chantonnay veio falar-lhe em nome de Felipe, que não fizera parte do plano de abdução. Disse que o rei da Espanha achava prudente que as crianças reais fossem levadas a um local seguro em vista dos problemas que certamente iriam afetar o reino. A resposta de Catarina foi rápida: se tivesse que se separar de seus filhos para a segurança deles, iria colocá-los nas mãos do rei da Espanha, e de mais ninguém. Catarina então tentou prender Nemours, mas ele fugiu para Saboia, enviando um emissário para explicar que o plano não passava de uma fantasia. Mais tarde, por *raisons d'état*, Catarina decidiu deixar o assunto morrer, e, em 9 de junho de 1562, Nemours voltou à corte. Como de costume, porém, Catarina não esqueceu essa iniquidade.

No final do outono de 1561, monges estavam sendo mortos e igrejas pilhadas no sudoeste da França, onde os huguenotes dominavam. Como represália, os católicos parisienses revidaram e atacaram reuniões de huguenotes. Na tentativa de manter separadas as partes em conflito, os protestantes foram proibidos de realizar cultos dentro dos muros da cidade e de modo algum aos domingos e em feriados católicos.[28] De Bèze escreveu a Calvino dizendo que tinha permissão secreta para os protestantes se encontrarem em segurança e aguardava um édito que "nos dê condições melhores e mais seguras".[29] Catarina estava fazendo uma última e brava tentativa de unir as duas fés. Ao tentar evitar que os clérigos franceses comparecessem ao Concílio de Trento, lutava heroicamente por uma conciliação. Perseguiu seu sonho de unidade durante os últimos dias de 1561, mas só podia ser uma quimera; seu pragmatismo e, nesse caso, sua falta de imaginação impediram-na fatalmente de enxergar as paixões com que homens e mulheres se apegavam às suas crenças espirituais.

O último esforço de Catarina para achar uma solução pacífica foi seu édito de janeiro. No discurso de abertura de L'Hôpital antes da reunião para discuti-lo, ele expôs a visão que partilhava com a rainha-mãe. Afirmando que a assembleia não havia sido convocada para decidir qual era a melhor religião mas apenas a melhor maneira de restaurar o Estado, disse que era possível ser um cidadão sem ser cristão; na realidade, até mesmo um excomungado poderia ser um cidadão. O debate e a votação tiveram lugar em 15 de janeiro de 1562. Com efeito, o édito reconheceu e legalizou a religião protestante na França, que até então havia sido proibida. Ao conferir aos protestantes um reconhecimento mesmo que mínimo, Catarina agora dava-lhes o direito à cidadania, ainda que fosse uma cidadania francamente de segunda classe. A partir de então, teriam permissão de praticar sua religião, mas apenas fora dos muros da cidade. Encerrando o conselho com um discurso eloquente, no qual expôs sua visão e suas esperanças, Catarina reafirmou que "ela e seus filhos e o conselho do rei desejavam viver na fé católica e na obediência a Roma".[30] Os católicos ficaram furiosos com o édito e o *Parlement* recusou ratificá-lo. Até Isabel escreveu da Espanha dizendo sem meias-palavras que sua mãe deveria ou declarar-se de forma inequívoca em favor dos católicos e receber o apoio da Espanha, ou passar para o lado dos protestantes, e nesse caso poderia esperar ter a Espanha como inimiga. Finalmente, Catarina enviou seus delegados para o Concílio de Trento e argumentou que o édito deveria ser visto como uma medida temporária até que o concílio deliberasse.

Antônio de Bourbon, que com a sua costumeira oscilação de propósitos vinha nos últimos meses frequentando não só a missa como também cultos protestantes, por fim renunciou à nova religião e se juntou aos triúnviros. Os espanhóis e as forças católicas haviam-lhe oferecido miríades de tronos, territórios e até a mão de Maria Stuart. Essas lisonjas eram vazias de substância, mas transformaram aquele homem fraco e confuso num defensor ardoroso do catolicismo, e ele passou a denunciar com veemência o recente édito e a declarar sua intenção de "viver em íntima amizade com os Guise". Sua esposa, Jeanne d'Albret, rainha de Navarra, embora simpatizante de longa data, somente agora abraçara oficialmente a religião protestante. Jeanne ficou desesperada com o marido, que ela amava apaixonadamente, por submetê-la àquela humilhação pública. Quando Catarina pediu-lhe para induzir seus correligionários a adotarem um comportamento mais moderado, a rainha de Navarra – cujo filho de oito anos seria o sucessor dos filhos de Catarina caso eles morressem sem descendência – replicou; "Madame, se eu tivesse meu filho e todos os reinos do mundo em minhas mãos, preferiria atirá-los ao fundo do mar que perder minha salvação".[31] Calvino ficou furioso com o comportamento de Bourbon: "Esse desgraçado está completamente perdido e decidiu levar-nos todos à perdição com ele".[32] Como tanto os protestantes quanto os católicos continuaram a promover agitações, e não tendo o édito conseguido nada além de incomodar as duas partes, Luís de Condé assumiu firmemente o lugar negligenciado pelo irmão como líder oficial dos huguenotes. Enquanto isso, Catarina conseguiu por fim obrigar o *Parlement* a promulgar o édito, embora a maioria dos católicos pedisse a sua revogação.

Decidindo que era hora de apresentar uma imagem impecável de suas próprias convicções religiosas, Catarina resolveu silenciar seus críticos e dar mostras de seu inabalável catolicismo. A esperança de que ela pudesse se converter havia sido alimentada por alguns protestantes. Embora de modo imprudente tivesse dado a impressão de que estava aberta a ouvir os novos ensinamentos, ela ingenuamente supôs que seria considerada acima de qualquer suspeita. Mudar sua fé, que consistia num amálgama de superstição, hábito e genuíno amor pelos ritos e rituais católicos, era algo impensável e que não a atraía. Quando Chantonnay criticara a rainha-mãe pelo tipo de *"nourriture"* (neste caso ele se referia à criação, não à alimentação) que ela dispensava ao rei e a seus irmãos e a liberdade que lhes dava de "dizer o que quisessem em matéria de religião", Catarina foi incisiva em sua resposta: "Isso não lhe diz respeito, diz respeito apenas a mim". A rainha-mãe acrescentou que sabia muito bem que o embaixador ouvira mentiras a respeito dela e de suas ações, e que, se ela descobrisse quem havia dito essas inverdades, "iria fazê-los entender o quanto era insensato referir-se de modo tão irreverente à sua rainha". Mesmo assim, sua posição frágil – que em certos aspectos havia sido minada por seu próprio comportamento ingenuamente ambíguo – obrigou-a a escrever uma carta para aplacar os ânimos de Felipe. Suas explicações eram as mesmas de sempre: "os tempos em que vivemos" a haviam impedido de agir como ela idealmente gostaria. Catarina passou então a comparecer ostensivamente à missa com os filhos, e a todas as procissões religiosas, observando as regras determinadas por sua Igreja. Além disso, ordenou às suas damas que se portassem de maneira irretocável em relação à religião, advertindo-as que seriam banidas da corte se não o fizessem. Os sobrinhos do condestável, Coligny e D'Andelot, foram embora de Fontainebleau em 22 de fevereiro, após uma furiosa briga com seu tio Montmorency, que comentou estar arrependido de tê-los "elevado a uma posição tão alta".

O duque de Guise estava visitando as propriedades da família na região da Champagne no início de 1562, e num domingo, 1º de março, cavalgava com uma escolta armada para assistir à missa. Ao passar pela pequena cidade de Vassy, pertencente à sua sobrinha Maria Stuart, ouviu cantos que vinham de um celeiro dentro dos muros da cidade. Um culto protestante estava sendo realizado ali, o que, de acordo com os termos do novo édito, era claramente ilegal. O duque foi à missa numa igreja não muito distante do celeiro. As vozes que entoavam os salmos podiam ser ouvidas claramente, filtrando-se pelas paredes da igreja, o que foi aumentando sua irritação. Não se sabe bem quem provocou a luta que se seguiu – a versão oficial do duque fala de um "lamentável acidente" –, mas os ânimos ferveram e desembocaram numa violenta luta entre os huguenotes e os homens de Guise, resultando em 74 protestantes mortos e mais de cem feridos. Entre as baixas havia mulheres e crianças. O próprio Guise recebeu um corte no rosto e alguns de seus homens também foram feridos. O incidente ficou conhecido como o "Massacre de Vassy", e foi a centelha que desencadeou o que viria a ser chamado de Guerras de Religião da França.

VIII

A PRIMEIRA GUERRA RELIGIOSA

Minha coragem é tão grande quanto a de vocês

1559-1560

A notícia do Massacre de Vassy reverberou pelo reino, entre outras coisas por ter sido saudado como "uma grande vitória" por muitos católicos. Francisco, duque de Guise, evitando com cautela contingentes armados de huguenotes enviados para interceptá-lo e matá-lo, foi para Paris à frente de 3 mil homens. Recebido às portas da cidade pelo condestável, cavalgaram juntos em triunfo pela cidade. Exaltado nas ruas como herói, o duque recebeu ofertas de ajuda de *infini peuple* (inúmeras pessoas), entre elas o poderoso preboste dos comerciantes, para lutar contra os huguenotes. Com muito tato, respondeu que iria levar o assunto à rainha-mãe e a Antônio de Bourbon, tenente-general da França, e que se contentaria em servi-los honrosamente no que quer que julgassem adequado. Quando o duque chegou a Paris, Condé já estava na cidade com mil huguenotes armados.

Em Saint-Germain, quando soube da notícia do massacre em Vassy, Catarina fez uma derradeira tentativa de impedir que eclodisse uma guerra aberta na capital. Instruiu o irmão de Condé, o cardeal de Bourbon, governador de Paris, para que mandasse Guise e Condé saírem da cidade imediatamente, levando seus homens. Sabendo que estava seguro, Guise não se moveu, mas Condé acertadamente temeu por sua vida e saiu de Paris em 23 de março de 1562. A rainha-mãe enviara-lhe quatro cartas emotivas nas duas últimas semanas, pedindo que não abandonasse nem a ela nem a paz da França. Numa delas, escreveu: "Vejo tanta coisa que me causa dor, que, se não fosse a confiança que tenho em Deus e a certeza de que você irá me ajudar a preservar esse reino e servirá o rei, meu filho, eu me sentiria ainda pior. Espero que possamos remediar tudo com o seu bom conselho e ajuda".[1] Mesmo nas horas mais favoráveis, Condé raramente se deixava levar pelas lisonjas de Catarina; o príncipe agora considerava que era hora de se armar e lutar pelo que acreditava. Os apelos dela foram em vão.

Catarina e a corte haviam-se mudado para Fontainebleau quando Guise chegara em 26 de março com mil cavalarianos. Afirmando ter receio de que os huguenotes pudessem tomar a família real como refém, disse que viera escoltá-los de volta a Paris, onde estariam seguros. Catarina não concordou, mas, quando o duque insistiu que o rei e os filhos dela estavam correndo sérios riscos, ela capitulou, chorando, e deixou o castelo no dia seguinte. Catarina entendeu muito bem que, uma vez que estivesse de posse do rei, a facção católica liderada por Guise ficaria *de facto* também do lado da lei. Em 2 de abril, Condé, depois de juntar forças com Coligny e seus homens, tomou Orléans, onde ergueram o estandarte huguenote. Num levante local, Rouen caiu em seguida. Esse foi um golpe especialmente duro no orgulho de Guise, pois a cidade ficava no coração dos territórios normandos da família. Em 8 de abril, Condé divulgou um manifesto declarando seus objetivos e os dos seus seguidores huguenotes. Proclamando sua lealdade ao rei e à família real, declararam ter intenção apenas de libertá-los dos Guise, que acusavam de violar as leis. Também pediram que a sua recém-conquistada liberdade de culto fosse garantida pela lei.

Catarina – teimosamente determinada a não abrir mão de seu contato com Condé – viajou a Toury em 9 de junho, onde se encontrou com o líder rebelde. Afável e amistosa, beijou-o na boca – o cumprimento apropriado entre membros da família real. Cada uma dessas figuras importantes viera acompanhada de uma escolta de cem homens. Os soldados de Catarina, em púrpura real, contrastavam muito com Condé e seus homens de branco, que a partir de então se tornaria a cor adotada pelos exércitos huguenotes. Catarina, perplexa com a escolha deles, já que o branco era para o luto mas também implicava pobreza e simplicidade, perguntou a Condé: "*Monsieur*, por que seus homens vestem branco como se fossem moleiros?". Ele respondeu: "Para mostrar, madame, que eles podem ganhar de seus burros".[2] Enquanto os dois conversavam, os homens de suas escoltas aguardavam, e um cavalariano huguenote escreveu mais tarde: "Eu tinha uma dezena de amigos do outro lado, e cada um deles era para mim tão querido como um irmão, a ponto de eles pedirem permissão ao seu oficial [para conversar conosco]. Logo as duas linhas separadas de púrpura e branco se misturaram, e, quando chegou a hora de separarmo-nos, muitos de nós tínhamos lágrimas nos olhos".³

Apesar de seus esforços, Catarina não obteve nada do encontro, exceto a promessa de um encontro futuro. Este teve lugar algumas semanas mais tarde, quando ela se reuniu com outros líderes huguenotes. Enquanto essas conversas inúteis eram mantidas e Catarina tentava estabelecer uma posição em última instância insustentável em relação à disputa, os dois lados apelavam para o exterior procurando ajuda. Os huguenotes voltaram-se para Genebra, para os príncipes alemães protestantes e para a rainha Elizabeth da Inglaterra. Originalmente, Elizabeth oferecera-se como mediadora entre os dois lados, mas o inevitável caos para o qual se encaminhava a França tentou-a a ter um envolvimento maior, não por quaisquer motivos piedosos, mas sim por causa dos espólios. Com Maria no trono da Escócia, ela também não desejava ver os Guise dominando a França de novo. Os delegados de Condé chegaram à Inglaterra e em 20 de setembro de 1562 assinaram o Tratado de Hampton Court. Em troca de Le Havre, que mais tarde seria substituída por Calais – a verdadeira meta da rainha –, ela enviou 6 mil homens para Le Havre, onde começaram a melhorar as fortificações.

Enquanto isso, Catarina e os triúnviros haviam enviado seus apelos de ajuda. Num primeiro momento, foi lançado um pesado imposto sobre os nobres franceses, o que rendeu 300 mil *écus*. Felipe da Espanha celebrou que a França finalmente estivesse empreendendo uma guerra santa contra os huguenotes, e despachou 10 mil soldados de infantaria e 3 mil cavalarianos. Catarina também levantou dinheiro junto ao papado, Florença e Veneza. Mercenários suíços e outros soldados estrangeiros foram contratados para reforçar o exército real, bem organizado por Guise. Os primeiros dias do que acabou ficando conhecido como a Primeira Guerra de Religião foram marcados por uma perversidade particular em atrocidades localizadas, cometidas pelos dois lados para resolver velhas rixas. Em Sens, monges tiveram suas gargantas cortadas; duzentos protestantes foram afogados em Tours, e em Angers o duque de Montpensier decapitava os infelizes huguenotes que conseguia capturar. Gente exaltada de ambos os lados cometia ultrajes que exacerbavam ódios já profundos. O coração de Francisco II foi tirado de sua urna em Saint-Denis e queimado; outros túmulos reais também foram profanados. As intensas lutas no sul da França deixaram a área devastada. Após resultados iniciais espetaculares obtidos pelos protestantes na Guiena, Blaise de Monluc, um dos mais renomados soldados de Henrique II, conseguiu uma considerável vitória ali, embora o Languedoc estivesse quase todo nas mãos dos huguenotes.

Os realistas tomaram Poitiers e Bourges, avançando pela Normandia com o objetivo de recapturar Rouen, cuja defesa era liderada por Gabriel de Montgomery, o jovem nobre cuja lança havia sido a causa involuntária da morte de Henrique II. Catarina execrava Montgomery, embora Henrique tivesse pessoalmente isentado-o de culpa e declarado como um de seus desejos antes de morrer que ele não fosse perseguido ou processado pelo que havia sido um acidente. Nada disso teve qualquer peso para a rainha-mãe; Montgomery tinha que ser punido. Ela julgava-o responsável pelos problemas atuais do reino, pois, se Henrique estivesse vivo, a França não teria sofrido todas aquelas torturantes provações. Cheia de ódio pelo homem que havia "assassinado" seu marido, ficou obcecada em levá-lo a julgamento por seu "regicídio". Apesar de ela ter uma imerecida reputação histórica de vingativa, este é um dos pouquíssimos exemplos em que Catarina de fato buscou uma *vendetta* pessoal.

Em meados de outubro, durante o bombardeio de Rouen, a rainha-mãe veio até o forte Sainte-Catherine, no alto da cidade, para saber do progresso dos exércitos de seu filho. Trouxera o rei com ela para encorajar os soldados, mas manteve-o abrigado e seguro. Ouvindo os especialistas militares discutindo suas estratégias, ela parecia mais um rei em campanha do que uma rainha de 43 anos. Animada e envolvida, andava pelos bastiões observando seus canhões disparando sobre os rebeldes. Tanto Guise quanto Montmorency advertiram-na para não se expor ao perigo, mas ela riu dos receios deles, dizendo: "Minha coragem é tão grande quanto a de vocês". Eles não exageravam os riscos que ela corria. Quando Antônio de Bourbon, ocupando uma das posições avançadas dos realistas, precisou se afastar um pouco de seus homens até uns arbustos para se aliviar, foi atingido no ombro esquerdo por um tiro de arcabuz. Guise, que encontrou Bourbon estendido no chão, mandou levá-lo até os cirurgiões. À primeira vista, a ferida não parecia mortal, mesmo assim deve ter sido uma dor excruciante, com os médicos cortando e escavando à procura da bala, que não foi encontrada. Ambroise Paré, que atendera Henrique II em seu leito de morte, ficou alarmado. Ele escreveu mais tarde: "*Monsieur* de la Roche-sur-Yon, que amava muito o rei de Navarra, chamou-me de lado e perguntou se a ferida era fatal. Eu disse que era [...]. Ele perguntou aos outros [cirurgiões] [...] que responderam estar esperançosos de que o rei, seu mestre, se recuperaria, e isso deu ao príncipe muita alegria".4

Catarina chegou ao leito de Bourbon trazendo consigo Guise e o irmão de Antônio, o cardeal de Bourbon, enquanto médicos e cirurgiões em volta dele mantinham o otimismo. Ambroise Paré, porém, continuou pessimista, e mais tarde escreveu: "Até ver sinais de uma boa recuperação, eu não mudaria minha opinião". Enquanto as consultas médicas seguiam adiante, os realistas souberam com alegria da retomada de Rouen. Bourbon pediu para ser carregado até a cidade por uma brecha na Porte Saint-Hilaire, e então as paredes de seu quarto foram derrubadas e os soldados vitoriosos o carregaram para dentro da cidade. Uma vez instalado ali, o diagnóstico de Paré se mostrou correto, já que a ferida começava a gangrenar. O cirurgião relembra o sofrimento de Bourbon: "Foi preciso abrir seu braço, de onde veio um cheiro tão fétido que muitas pessoas, incapazes de suportá-lo, deixaram o quarto". Infelizmente, não havia pus acompanhando o odor pútrido e o paciente passou a delirar conforme a febre aumentava. Ele pediu para ser tirado do ar insalubre de Rouen e levado rio Sena acima por uma galé. Com seu fim se aproximando, Bourbon comportou-se na morte com a mesma indecisão que mostrara em vida. Tanto católicos quanto protestantes, ansiosos para promover a salvação de seu príncipe, o rodearam, discutindo a respeito de sua alma. Em 9 de novembro ele se confessou com um padre católico, mas no dia seguinte, recuperando a consciência, declarou: "Desejo viver e morrer *en l'opinion d'Auguste*' (isto é, como um luterano). Na noite de 17 de novembro, um mês depois de ter sido ferido, a morte, única coisa da qual Bourbon poderia estar certo, finalmente o levou. Suas últimas palavras foram para o seu valete italiano, ao qual era muito afeiçoado; segurando a barba do homem, disse, ofegante: "Sirva bem meu filho e certifique-se de que ele sirva ao rei".

O falecimento de Antônio tornou o seu filho de oito anos, Henrique, primeiro príncipe de sangue e herdeiro do trono da França depois dos filhos de Catarina. Henrique deixou a corte e foi se juntar à mãe, Jeanne d'Albret, rainha de Navarra, onde sob sua fanática influência tornou-se um seguidor de Calvino. Se Antônio de Bourbon havia sido irritante para a rainha-mãe como alguém não confiável, embora maleável, o filho dele Henrique, ao crescer, iria se transformar, quando provocado, num adversário muito mais sagaz. Mais do que tudo, Catarina temia o que o garoto representava; vaticinado por seus videntes como eventual governante da França depois de seus filhos, Henrique encarnava seu pior pesadelo.

Uma das alegrias que Catarina esperava ter com a recaptura de Rouen esquivou-se dela. Gabriel de Montgomery, com um punhado de homens, escapou a bordo de um navio antes que a cidade fosse tomada. Num frenesi de vingança, 4 mil rebeldes foram passados pelo fio da espada por soldados realistas, embora Guise tentasse refrear os piores excessos e mantivesse alguns dos prisioneiros mais valiosos para pedir resgate. Mas a rainha estava preocupada com problemas mais prementes. Embora os realistas tivessem ganhado novo impulso, surgiu um perigo repentino e real quando Condé e seu exército deixaram Orléans e marcharam em direção a Paris. Guise, que planejara tomar Le Havre, abandonou seu projeto e partiu a toda velocidade com seu exército para chegar à capital antes dos huguenotes. Guise ganhou a corrida e Condé desviou-se em direção às tropas inglesas na Normandia, planejando unir forças com elas antes que qualquer grande confronto se consumasse. Mas foi interceptado pelo exército de Montmorency, que bloqueava o caminho para o norte, e travou-se então a batalha de Dreux, em 19 de dezembro de 1562.

Ao descrever os momentos iniciais desta que foi a primeira grande batalha da guerra, François de la Noue, um cavaleiro e soldado huguenote, escreveu: "Cada um de nós pensava consigo mesmo que os homens que vinham na sua direção eram ou seus companheiros, seus parentes ou amigos, e que na hora seguinte estariam se matando. O pensamento nos enchia de horror, mas mantivemos nossa coragem".[5] Uma estonteante carga de cavalaria liderada por Coligny quase venceu essa batalha decisiva, mas Guise, com mais homens, havia mantido soldados na reserva e finalmente prevaleceu. Saint-André, um dos triúnviros e amigo íntimo de Henrique II, foi morto em combate, e Montmorency viu-se de novo como prisioneiro de guerra, assim como Condé. Isso deixou Guise no comando do exército do rei e como único triúnviro ainda em circulação. Enquanto isso, Coligny assumiu o comando das forças huguenotes. Catarina viu na vitória de Dreux uma chance de iniciar conversações de paz, mas, estando a opinião pública contra ela, Guise partiu para Orléans, submetendo-a a um cerco.

Ao anoitecer do dia 18 de fevereiro de 1563, o duque de Guise inspecionou o progresso do cerco e fez uma avaliação da disposição de suas tropas em Orléans. Voltando ao acampamento enquanto a noite caía, foi precedido por um jovem chamado Poltrot de Méré e por um de seus pajens. Poltrot era um rapaz de vinte anos, "baixo de estatura e com a pele amarelada". Mais tarde vazou a informação de que La Renaudie, o autor da Conspiração de Amboise, era seu parente distante. De Méré, originalmente espião para os huguenotes, havia sido contratado como contraespião por Guise. Segundo alguns afirmam, recebera ordens de matar Francisco de Guise de seu mestre original, almirante de Coligny. Naquela noite, viu que o duque não usava sua costumeira cota de malha. Postando-se à margem do caminho perto de um posto de sentinela, o futuro assassino escondeu-se atrás de alguns arbustos enquanto o duque passava a cavalo. Guise não viu seu agressor sair do mato denso e atirar nele pelas costas. Atingido pelo disparo, o duque caiu no chão, e, quando a busca do culpado começou, Poltrot de Méré já havia abandonado o acampamento montado num cavalo veloz.

Catarina estava em Blois quando soube da notícia. Suas emoções, além do choque, poderiam ser mais bem descritas como uma mistura de desespero, por perder "o mais capaz e valoroso ministro [que o filho dela] poderia jamais ter", com a satisfação de ver-se dali a pouco livre do poderoso jugo do duque. Sabendo que a morte de Guise iria comprometer de modo quase irreparável as chances de uma paz verdadeira e duradoura, a rainha-mãe decidiu que o crime deveria ser adequadamente examinado e seu perpetrador punido de modo exemplar. Sinceramente chocada com o fato de Guise ter sido abatido dessa maneira covarde, escreveu a Ana d'Este, a mulher do duque: "Embora tenham me assegurado que a ferida não é fatal, estou tão perturbada que não sei o que fazer. Mas quero me munir de todos os favores e de todo o poder que possuo no mundo para vingar esse crime, e estou certa de que Deus irá perdoar tudo o que fizer para alcançar esse fim".[6] Assim que pôde, Catarina partiu de Blois até o acampamento do duque, onde sentou-se ao lado da cama dele.

Poltrot de Méré, enquanto isso, havia sido capturado e trazido de volta ao acampamento. Uma olhada naquela criatura imbecil bastava para que todos percebessem que não se tratava de obra de um homem esperto, mas de um semi-idiota possivelmente a mando de outros, ou querendo apenas deixar sua marca na história. O jovem, gaguejando, confessou que seguia ordens de Coligny, que lhe oferecera 100 *écus* para matar o duque. Catarina escreveu à sua cunhada, Margarida de Saboia, que Coligny e De Bèze haviam persuadido o rapaz de que, se ele levasse adiante o plano, iria direto para o céu […] ele também me contou que tinha ordens de manter meus filhos e a mim sob vigilância e me advertiu do infinito ódio que o almirante tem por mim e que eu preciso ter o máximo cuidado. Aí está, madame, este homem de bem [Coligny], que diz não fazer nada a não ser pela religião, e que tenta matar a todos nós. Soube que no decorrer desta guerra ele espera conseguir matar meus filhos e se livrar de meus melhores homens.[7]

Questionado pela rainha-mãe, Poltrot mais tarde entrou em contradição e retirou as acusações sobre o envolvimento de Coligny no ataque. Não obstante, aquele homem, mais famoso por sua moral rigorosa do que por sua coragem e competência militar, viu-se maculado pela acusação original, que era a que os Guise com certeza acreditavam ser a verdadeira. Catarina, por outro lado, não fazia objeção a que Coligny perdesse sua estatura moral, mas em última instância desejava paz entre as famílias mais influentes da França. De momento, a ambiguidade lhe era conveniente; um Coligny manchado e comprometido seria mais fácil de controlar.

Como costumava ser o caso, os prognósticos animadores dos cirurgiões revelaram-se otimistas em excesso, e Francisco de Guise – herói de guerra, gênio militar e líder católico carismático – morreu em 24 de fevereiro de 1563. Em 19 de março, o Estado concedeu-lhe um funeral quase real; o cortejo era composto por 22 arautos da cidade tocando sinos, cidadãos importantes carregando tochas e representantes da Igreja e da nobreza, todos em procissão por Paris. Uma grande tropa de milicianos armados acompanhava-os. Milhares de pessoas enlutadas alinhavam-se pelas ruas. O assassinato de Francisco de Guise desencadeou uma sangrenta luta entre sua família e a de Coligny – os Châtillon –, que iria culminar na morte de dezenas de milhares de pessoas nove anos mais tarde.

Coligny respondeu às acusações à distância, e o fez com tamanha franqueza e contrariando de tal modo o linguajar floreado da época, que sua honestidade quase o incriminava. Admitindo que tivera notícia de vários complôs para matar Guise ou membros de sua família mesmo antes de Vassy, e afirmando ter advertido o duque por meio da duquesa de Guise, prosseguiu dizendo que desde o massacre encarava Guise e sua família como inimigos do rei e do reino. Acrescentou que vários complôs haviam sido descobertos, instigados pelo duque, para assassinar tanto Condé quanto ele próprio. Além disso, na presente situação em que os dois homens guerreavam em lados opostos, ele não se sentiu obrigado a avisar Guise de quaisquer ameaças à vida dele. Coligny prosseguiu dizendo que, embora nunca tivesse instigado ativamente quaisquer planos de assassinar o duque, havia sim contratado Poltrot de Méré como seu espião. Disse ainda que este seria a última pessoa a quem ele confiaria uma tarefa tão delicada quanto a de matar o líder da oposição, embora, em seu último contato, De Méré tivesse comentado como seria fácil realizar o serviço. Coligny terminou suplicando que Poltrot fosse mantido vivo para testemunhar em qualquer investigação legal, já que era o único homem que poderia limpar seu nome.

Como não era do interesse de Catarina ter o assunto esclarecido por julgamento, Poltrot de Méré foi devidamente executado e esquartejado diante de uma grande multidão na Place de Grève em Paris, em 18 de março. O povo, inflamado pela perda de seu herói, arrancava pedaços do corpo de Poltrot e os arrastava pelas ruas de Paris. A verdade, talvez mais complexa e que dificilmente envolveria diretamente Coligny, morreu com Poltrot. Em carta a Catarina enviada junto com a sua declaração, essa "ingênua franqueza" de Coligny selou para sempre a inimizade Châtillon-Guise. Em sua explicação, o almirante concluiu: "Embora ele fosse totalmente inocente, mesmo assim encarava a morte do duque como o maior benefício que poderia ter ocorrido ao reino, à Igreja de Deus e, particularmente, a toda a sua Casa".[8]

Quase inevitavelmente, a longa e turbulenta relação de Catarina com os Guise deixou uma nuvem de suspeita pairando também sobre ela. A rainha-mãe supostamente teria comentado com seu leal confidente, o marechal de Tavannes: "Os Guise desejavam tornar-se eles mesmos reis, mas eu os detive em Orléans".[9] Conta-se também que ela teria dito a Condé: "A morte de Guise libertou-a da prisão assim como ela havia libertado o príncipe; assim como ele havia sido prisioneiro do duque, ela também fora sua prisioneira dadas as forças com as quais Guise havia rodeado a ela e o rei".[10] O embaixador veneziano registrou o comentário da rainha-mãe de que, "se *monsieur* de Guise tivesse morrido antes, a paz teria sido alcançada mais rapidamente".[11] É bastante seguro dizer que Catarina não teve nada a ver com a morte do duque de Guise, embora a sorte a tivesse acompanhado ao libertá-la do homem que mais se opunha a um acordo com os huguenotes. Catarina era agora, com a ausência dele, líder do grupo católico, enquanto Coligny e Condé, também por ausência, tornavam-se líderes dos huguenotes. Era claro para a rainha-mãe que a maioria do seu povo professava a fé católica e que ela deveria procurar um acordo de paz que evitasse a difusão da religião da Reforma.

Usando os dois cativos, Condé e Montmorency, como *pourparleurs* [porta-vozes] de seus respectivos grupos, suas conversas resultaram no Édito de Amboise, em 19 de março de 1563. Seus termos refletiam o crescimento do protestantismo dentro da nobreza, e as concessões aos nobres protestantes foram bem maiores do que aos fiéis de baixa extração. Garantia-se a liberdade de consciência a todos os huguenotes, embora seus locais e direitos de culto favorecessem a nobreza. Em termos gerais, um nobre poderia realizar cultos em seus territórios, enquanto os menos favorecidos ficavam restritos a cultos dentro de suas casas. Paris e arredores foram considerados locais proibidos, embora os huguenotes tivessem permissão de realizar cultos em qualquer cidade que tivessem tomado antes de 7 de março. Nenhum dos dois grupos recebeu bem o édito, e os adeptos do princípio "a culpa é do mensageiro" atiravam lama nos arautos da cidade que vinham anunciar em voz alta os seus termos. Para agravar o tom geral de insatisfação, Calvino condenou Condé como um "infeliz que, por vaidade, traiu seu Deus".

A retomada de Le Havre tornou-se então o próximo objetivo de Catarina. Isso teria o propósito adicional de unir os dois grupos oponentes contra os ingleses. A rainha Elizabeth recebeu uma mensagem de Condé e Coligny pedindo-lhe que desistisse da cidade. Ela respondeu que era sua por direito, como compensação pela perda de Calais, e que manteria Le Havre "apesar de toda a França".[12] Catarina convocou soldados huguenotes e católicos para se juntarem sob o estandarte real e expulsar o estrangeiro do solo francês. De novo com uma causa comum, Montmorency e Condé sitiaram Le Havre, e para a fúria de Elizabeth conseguiram expulsar os ingleses em 23 de julho de 1563. Os soldados de Elizabeth – temendo mais a epidemia de peste que grassava dentro da cidade do que o fogo de canhões a que estavam submetidos – tornaram a vitória fácil. Compreensivelmente, Elizabeth nunca encararia os huguenotes a não ser com ressentimento, depois do que considerou uma traição da parte deles. Catarina prendeu também sir Nicholas Throckmorton, o embaixador inglês, por tratar com os huguenotes, e então ela e a rainha inglesa acabaram negociando os termos de paz sob o Tratado de Troyes (12 de abril de 1564), que reconheceu oficialmente a soberania francesa sobre Calais em troca de 120 mil coroas.

Apesar da Paz de Amboise, nenhum dos lados da guerra civil francesa desarmou-se completamente. Inabalável, Catarina promoveu a paz na corte, esperando que se estendesse a todo o reino. Condé reconciliou-se com a rainha-mãe em Paris quando ela e o rei se tornaram os convidados do príncipe para a festa de Corpus Christi. Quando os dois apareceram juntos em público, houve pouca reação, se bem que no dia seguinte uma pequena multidão atacou a princesa de Condé em sua carruagem quando viajava para Vincennes, e um de seus homens, um huguenote chamado Couppe, foi morto no combate. Condé imediatamente acusou a família Guise de vingança, mas Catarina apaziguou o príncipe e tentou usar medidas para acalmar os principais nobres da corte. Para apaziguar os nobres, decidiu empregar os mesmos princípios que haviam sido usados antes por seu reverenciado sogro, Francisco I, cujo dito havia sido: "Duas coisas são vitais para os franceses: amar seu rei e viver em paz; divirta-os e mantenha-os fisicamente ativos".

Catarina decidiu que sua corte seria preenchida agora por agradáveis prazeres, bailes, mascaradas e atrações esplêndidas, que iriam fazer com que os lordes feudais, tanto huguenotes quanto católicos, convivessem em paz. Ao manter os *grands seigneurs* ocupados divertindo-se, esperava que fossem demovidos de tentar matar uns aos outros ou de montar complôs para destronar seu filho. Para isso, e abandonando sua política anterior em relação à Casa Real, a rainha-mãe agora de bom grado passou a se valer dos encantos das mais adoráveis jovens da alta estirpe. Essas jovens beldades ficaram conhecidas como o "esquadrão voador", cujo número (segundo as diferentes fontes e os diversos períodos) variava entre oitenta e trezentos. Catarina insistia para que se vestissem "como deusas", com tecidos de seda e ouro em todas as ocasiões. Brantôme descreveu as mulheres, provavelmente exagerando sua conduta virtuosa, como "moças muito bonitas e educadas, com as quais era possível conversar todos os dias na antecâmara da rainha". Ele prossegue dizendo que as mulheres ofereciam apenas as diversões mais inocentes e castas aos cavalheiros, e que aqueles "que ignorassem isso eram banidos".

Jeanne d'Albret, rainha de Navarra, escandalizada com a vida libertina da corte, resumiu o assunto de maneira bem mais precisa: "Não são os homens que convidam as mulheres, mas elas que convidam os homens". Catarina cuidava apenas para que seu esquadrão voador desse a impressão de portar-se com decoro em público, mas privadamente elas eram livres para fazer o que quisessem, "desde que tivessem a sensatez, a capacidade e o conhecimento para evitar o inchaço no estômago". Uma certa Isabelle de Limeuil, *dame d'honneur* da rainha-mãe, começou um romance apaixonado com Condé. Não habituado aos refinamentos da vida cortesã e às tentações que ela oferecia, o príncipe soldado ficou totalmente enfeitiçado por Isabelle. Um desdobramento disso, que agradou à rainha-mãe, foi que Condé, muito influenciado por Isabelle, parou de frequentar o culto protestante na corte. Algum tempo depois, a descuidada jovem ficou grávida e acabou tendo o filho. Ela mandou o bebê a Condé numa pequena cesta, e Catarina, que logo descobriu, ficou furiosa e mandou trancar Isabelle num convento, até que ela recuperasse o bom senso e as graças da rainha.

Os elaborados espetáculos, os entretenimentos exuberantes e luxuosos, e a atração física do esquadrão voador passaram a ser então a marca do governo de Catarina, e tornaram a corte famosa por seu esplendor. Brantôme chamava-a de "um verdadeiro paraíso na Terra". A rainha-mãe, sempre vestindo o preto do luto, fazia um forte e majestoso contraste em meio à pompa e às cores de seu entorno. Utilizava com habilidade seus pontos fortes, particularmente seu "charme maduro", adquirido naqueles longos anos de aprendizagem no poder. Catarina podia ser espirituosa e estranhamente atraente; mesmo seus mais severos críticos na corte às vezes apreciavam suas qualidades. Mas, no mesmo instante em que sentiam ter apreendido sua essência, esta se lhes escapava, e ela voltava a parecer quimérica e desconcertante como sempre. Um observador da rainha-mãe nesses anos destacou sua "humanidade", "boa vontade" e "paciência para lidar com cada um conforme seu nível".[13] Também elogiou sua "infatigável constância em receber todo tipo de pessoas, ouvir o que diziam e tratá-las com tanta cortesia que seria impossível pedir maior consideração".[14]

Apesar de seus esforços, os dias de Catarina ainda pareciam ocupados com as queixas de ambos os lados da Primeira Guerra de Religião, cada lado acusando o outro de não observar a Paz de Amboise. Ela buscava examinar cada queixa de maneira calma e com a determinação de resolver as disputas com tato e eficiência. Foi ficando tão exasperada com os contínuos protestos de Coligny que por fim escreveu-lhe dizendo que, se os protestantes continuassem a agitar e violar a lei, promoveria retaliações "sem levar em conta pessoas, religião ou qualquer outra consideração a não ser a paz do Estado". Catarina, como árbitro, era indômita em sua ingrata tarefa. O desejo de vingança, fruto inevitável da guerra civil, parecia endêmico; assassinatos por encomenda viraram lugar-comum e foram apelidados de "vingança à italiana". Por fim, vendo que eram necessárias medidas drásticas, a rainha-mãe adotou uma linha de ação política inspirada e audaciosa. Decidiu declarar a maioridade do rei, que tinha treze anos.

Embora a idade legal da maioridade para um rei da França tivesse sido estipulada em catorze anos por Carlos v da França, Catarina decidiu que o garoto deveria ser declarado maior de idade um ano antes. Sabia que um monarca atrai mais lealdade que um regente. A manobra articulava-se numa aposta de que, embora o rei fosse ainda um menino, os tradicionais sentimentos dos nobres, de fidelidade e obediência ao seu monarca, iriam se fortalecer, e então a ordem poderia ser restaurada. A própria Catarina continuaria a governar de fato, mas a mudança, essencialmente de aparência, poderia trazer a paz que ela desejava com tanta urgência. Em 17 de agosto de 1563, portanto, numa grande cerimônia no *Parlement* de Rouen – o *Parlement* de Paris foi descartado como local porque seus membros estavam furiosos com o que consideravam um truque de prestidigitação de Catarina –, Carlos foi declarado maior de idade. Apesar da argumentação do *Parlement* de Paris contra a declaração, Catarina insistiu, dizendo que já houvera várias exceções à idade da maioridade "quando a situação no reino exigia".

Presentes à cerimônia estavam Montmorency, os príncipes de sangue, conselheiros reais, muitos nobres poderosos e os marechais da França. Tanto o cardeal de Lorena, irmão de Francisco de Guise, como o cardeal de Châtillon, irmão de Coligny, compareceram. Apesar do ódio recíproco entre as duas famílias, os dois pareciam unidos em favor do rei. O garoto, alto para a sua idade, mas com físico franzino e saúde frágil, declarou solenemente que não iria mais tolerar "a desobediência que até agora tem sido demonstrada a mim". Catarina então colocou oficialmente o governo da França nas mãos de Carlos. Depois de ter seus poderes proclamados, ele desceu até onde estava Catarina. Quando a rainha-mãe se aproximou do rei, ele levantou-se do trono e fez um gesto que não deixou dúvidas sobre quem governaria de fato a França. Depois que Catarina dedicou uma reverência profunda ao seu soberano, o menino beijou a mãe de modo filial, segurando sua capa de veludo, e anunciou que entregava a ela "o poder de comandar", declarando "que ela continuaria a governar e comandar tanto quanto e até mais do que antes". Os altos nobres foram um atrás do outro prestar-lhe homenagem, beijando a mão do rei e fazendo profundas reverências.

Num documento que redigiu para o filho nessa época, a rainha-mãe definiu os quatro pontos que julgava essenciais para que o governo fosse bem-sucedido. O rei deve exercer liderança e ser acessível e central em relação a tudo o que ocorre na corte. A chave para a harmonia e para manter o controle dos assuntos era "restaurar o adequado funcionamento da corte".[15] Ela deve ser a atração central da vida francesa e girar em torno do rei. Catarina enfatizou que era importante o rei manter uma rotina regular. E, dentro dela, deveria priorizar os assuntos públicos e atender às "expectativas" dos nobres; também destacou sua determinação de eliminar a corrupção dos funcionários da corte e fazer com que os negócios fossem conduzidos com adequação e presteza. Os funcionários costumavam deixar pendentes os assuntos urgentes, por semanas ou meses, fomentando a impressão de que o rei era uma figura distante e indiferente. Catarina insistiu que Carlos estivesse pessoalmente disponível a todos que viessem apresentar queixas: "Tenha o cuidado de falar com eles sempre que se apresentarem em sua câmara. Vi isso sendo feito na época de seu avô e de seu pai, e, quando eles terminavam de falar sobre seus negócios, eram incentivados a falar sobre suas famílias e seus assuntos pessoais".[16]

Ela também aconselhou o rei a exercer controle sobre todas as questões de patronagem. Se tivesse firme controle dos assuntos relativos a cargos disponíveis, a cargos vacantes e a concessões, controlaria não apenas a corte, mas as províncias, eliminando a corrupção contra a Coroa e conquistando a lealdade de todos. Aqui ela citava a história de Luís XII, que carregava sempre com ele uma lista dos cargos vacantes. Francisco I pagava figuras importantes das províncias para o manterem a par nos mínimos detalhes sobre cargos vacantes e processos em andamento. As guarnições locais, cuja importância Francisco sempre enfatizava, não eram apenas para a defesa local, mas constituíam um útil "centro de reuniões cavalheirescas para que os magnatas locais satisfizessem [...] seu *esprit de pis faire* (desejo de criar problemas)".[17] Ela também recomendou a Carlos "dar atenção aos mercadores e à burguesia urbana".[18] Esse testamento político não trata de muitos elementos importantes exigidos de um governante bem-sucedido, como conselhos sobre assuntos financeiros ou militares, mas acredita-se que o original tinha duas partes, das quais se conservou apenas uma.

Catarina habilmente vinculou a ratificação da Paz de Amboise à proclamação da maioridade do rei. Isso gerou grande ressentimento no grupo ultracatólico, cujos ânimos continuavam exaltados. Quase logo após a declaração de sua maioridade, Carlos foi confrontado com as exigências do clã dos Guise de que o assassinato do duque fosse levado a julgamento. Na tentativa de dar relevo à sua causa, eles fizeram uma reaparição de impacto na corte, vestidos todos no mais rigoroso luto. Em janeiro de 1564, o rei, com surpreendente maturidade, fez um pronunciamento oficial dizendo que o caso ficaria suspenso por três anos, em nome dos interesses da paz. Nesse meio-tempo, nenhum dos grupos deveria perseguir suas *vendettas* pessoais. Catarina, provavelmente a mentora dessa sábia decisão, exaltou a grande sabedoria do filho, chamando-o de "o novo Salomão" e declarando: "O rei, meu filho, por sua própria vontade, sem que ninguém o estimulasse a isso, expediu um decreto tão benéfico que todo o conselho concordou que foi Deus quem falou pela sua boca". No entanto, nada mudou, é claro, e os assassinatos e tentativas de homicídio continuaram. Um dos mais valentes e leais soldados de Catarina, o capitão Chaury, foi morto por um bando de huguenotes em Paris, mas a rainha-mãe decidiu não ir atrás dos assassinos por receio de acirrar ainda mais as paixões. Houve também na época rumores de uma tentativa de tirar a vida da própria Catarina. Com certeza, foram feitas duas tentativas de matar D'Andelot, irmão de Coligny, que podem ser rastreadas até o duque D'Aumale, o irmão do falecido duque de Guise. D'Andelot conseguiu frustrar os assassinos, escapando por pouco das duas tentativas.

Embora Catarina esperasse que Carlos atraísse obediência como maior de idade, seus traços anêmicos, o corpo franzino e uma marca de nascença que o desfigurava, entre o nariz e o lábio superior, sugeriam pouco da majestade que o pai e o avô possuíam em abundância. Mais tarde, ele deixou crescer um bigode que cobria a tal marca, mas era conhecido por muitos como "*le roi morveux*" (rei pirralho, ou rei pretensioso). O embaixador veneziano, Giovanni Michiel, descreveu o garoto um pouco mais favoravelmente como "uma criança admirável, com belos olhos, movimentos graciosos, embora não seja robusto. Prefere exercícios físicos que são violentos demais para a sua saúde, já que sofre de dificuldades respiratórias".[19] Catarina empreendeu a dura tarefa de criar um rei a partir de Carlos; felizmente, ela entendia muito bem o sentido da majestade. Embora a matéria-prima dificilmente pudesse ser menos promissora, mesmo assim ela abordou seu projeto com total determinação. Carlos "comia e bebia muito moderadamente" – e no mundo do Renascimento tardio, de excessos masculinos, essa frugalidade geralmente era vista como algo pouco viril. Ele mostrava pouco interesse por bailes, pelas diversões da corte ou mulheres, embora procurasse se destacar nas atividades marciais. Acima de tudo, adorava a caçada em todas as suas modalidades.

Como seu falecido irmão Francisco II, Carlos parecia entregar-se totalmente ao frenesi da caça. Embora frágil e de saúde delicada, forçava seus limites ao máximo. Todos notavam que ele tinha dificuldades para recuperar o fôlego, e, conforme os anos passavam e ia ficando mais fraco a cada crise debilitante, aos poucos essas enfermidades foram transtornando seu corpo e sua mente. Com o passar do tempo, seus surtos tornaram-se tão violentos que os cortesãos temiam com razão pela própria vida. Mais tarde, acabou acometido por ataques de completa demência, mas, ainda aos treze anos, o menino, essencialmente bom e de coração generoso, já era tomado por alguns ataques incontroláveis de agressividade. O prazer com a caça estava para Carlos em um interesse anormal e mórbido em "matar", algo que o deixava excitado e transfigurado. Uma vez eviscerou sua presa ensanguentada com as próprias mãos. Tudo isso contrastava com os encantadores poemas que escrevia quando se sentia inspirado e com o fato de também apreciar música, especialmente a trompa, que tocava bem.

Catarina, disposta a incutir em Carlos e em todos os seus filhos uma boa apreciação das artes, tão amadas pelo avô deles Francisco I e por seus ancestrais Médici, providenciara que tivessem aulas de pintura, desenho, poesia e entalhe em madeira. O jovem rei demonstrou talento genuíno nessas atividades. Duas de suas *épêtres* [epístolas] eram dirigidas a Pierre de Ronsard, o grande poeta francês, e foram publicadas nas distinguidas obras do literato.* Catarina assegurava que seus filhos recebessem uma instrução adequada a reis, sob a supervisão dos mais cultos homens da época. Jacques Amyot, o famoso tradutor de Plutarco, supervisionava a formação intelectual dos meninos. Entre outros temas, eles aprendiam latim, grego e

---

* Pierre de Ronsard (1524-1585) serviu a corte e acompanhou Maria de Guise à Escócia, onde ficou por três anos. Além de poesia, escreveu reflexões políticas sobre as primeiras guerras religiosas e sobre o Massacre da Noite de São Bartolomeu. É particularmente lembrado por sua tentativa de promover o uso da língua francesa na literatura em lugar do classicismo formal da Idade Média. Durante sua vida, desfrutou de fama e sucesso por sua obra e foi honrado por Francisco I, Henrique II e Carlos IX. A reversão para a forma clássica após sua morte significa que foi esquecido e desacreditado, até que o movimento romântico do século XIX redescobriu sua obra e deu-lhe o reconhecimento que desfruta ainda hoje.

história, e todas as crianças falavam fluentemente italiano. Carlos mostrava grande respeito e afeto por sua mãe, embora a evidente preferência dela por Monsieur, seu irmão Eduardo-Alexandre, causasse muita rivalidade e ciúme entre os dois.

Aos treze anos, Eduardo-Alexandre ostentava o título de duque de Orléans como o mais velho dos irmãos do rei, mas ficou mais conhecido na história antes de ascender ao trono como duque de Anjou (ducado concedido pelo irmão em 1564). Como teve seu nome mudado para Henrique no rito religioso da confirmação, daqui em diante vou me referir a ele como Henrique, duque de Anjou. Era uma criança delicada, embora cheia de vivacidade, com uma pele clara e, a exemplo de muitos dos Valois, com um espírito brincalhão, adorando pregar peças nos outros. Não lhe faltava coragem, mas não tinha a tradicional paixão pela caça da família, embora adorasse a esgrima, na qual mostrava notável elegância. Mas seu acentuado interesse por vestimentas, roupas e tecidos elaborados, joias, cãezinhos de colo e brinquedos acabou despertando certa preocupação. Elegante e sofisticado demais para a sua idade em questões de gosto, sua valorização da beleza foi se tornando obsessiva conforme crescia. Suas vestes estilosas e suas mãos longas e elegantes com dedos afilados eram típicas dos Médici, assim como seus modos impecáveis e sua habilidade para encantar e seduzir qualquer um – quando queria. Henrique era bonito e tinha um corpo bem modelado, mas uma fístula supurante entre o olho direito e o nariz comprometia o belo rosto. Essa fístula talvez fosse um sinal precoce de tuberculose.

Margot, cabelos escuros, rosto bonito e alta para a sua idade, era uma criança afável e estudiosa. Fisicamente, continuou gozando de boa saúde e tinha a mente muito inquisitiva; gostava de aprender e recebeu ótima educação, incluindo o aprendizado do latim. Margot adorava ler e ainda nova destacava-se nas danças elaboradas, que na época eram parte muito importante do ritual da corte. A dança não era só uma diversão ou uma oportunidade de flertar; alguns dos passos e saltos mais enérgicos também constituíam um método sutil de avaliar a energia da mulher, seu potencial físico e geral como uma futura esposa e geradora de filhos. Mesmo assim, continuava sendo a criança menos favorecida por sua mãe; Catarina parecia ressentir-se da boa saúde de sua filha, como se de algum modo tivesse impedido os filhos homens de terem uma constituição mais forte. O mais novo, Hércules, podia de fato ser chamado de raspa do tacho dos Valois. Nascera uma criança atraente e adorável, mas aos oito anos um severo surto de varíola deixou-o horrivelmente transformado. "Seu rosto era inteiro esburacado, o nariz inchado e disforme, e os olhos injetados de sangue, de modo que, de agradável e bonito, tornou-se o homem mais feio que se possa imaginar."[20] Como se não bastasse, suas pernas e suas costas eram retorcidas, e à medida que cresceu sua pele ficou escura, manchada, e sua altura era apenas um pouco maior que a dos anões da corte. Com frequência, adotava uma expressão meio abobalhada, a boca sempre aberta, apesar de os olhos terem um ar sorrateiro. Depois da doença, o menino nascido com uma natureza expansiva tornou-se amargurado pela maldição que recaiu em sua aparência e pelo nome que por ironia só o fazia parecer ainda mais ridículo. Chegou então à idade adulta como um esperto maquinador, que a toda hora causava problemas a Catarina. Desde cedo, Margot assumiu uma atitude protetora em relação ao irmão menor, o que só servia para irritar a mãe ainda mais. Felizmente para Hércules, na mesma hora em que seu irmão teve o nome mudado na confirmação para Henrique, ele ganhou o nome de Francisco, o mesmo do falecido irmão e do avô (a partir de agora, irei me referir a Hércules como Francisco, duque d'Alençon).

As crianças reais eram cercadas por todo o esplendor exigido pelo desejo atávico de Catarina de uma volta aos dias de glória da corte de Francisco I. Não importavam a condição das finanças reais nem os ocasionais "cortes" orçamentários da rainha-mãe, o cenário da *mise-en-scène* de Catarina e das crianças reais precisava ser exuberante. Além disso, quando se tratava de ostentação real, a prodigalidade era habitual na monarquia francesa. Catarina, uma perdulária por natureza, estava sempre empenhada em bancar a grandiosidade que insistia em manter. No reinado de Francisco I, as pessoas de todas as classes na corte chegavam a 10 mil — apenas 25 cidades francesas na época podiam ostentar uma população desse porte — e esse número não diminuiu de modo significativo durante o governo de Catarina.[21] Com cerca de sessenta diferentes tipos de funcionários — de carregadores de pão, toneleiros, assadores, porteiros, trinchadores e capelães até bibliotecários —, restavam muitos postos medievais que não eram mais relevantes, mas mesmo assim eram mantidos em nome da tradição.[22] Catarina gostava do cerimonial e manteve os antigos costumes da corte, por mais anacrônicos ou dispendiosos que tivessem se tornado. Legiões de criados eram exigidas para manter Catarina e seus filhos.

Como rei, Carlos tinha aposentos separados dos da rainha-mãe, que ocupavam centenas de pessoas, desde nobres a simples criados, e o número alcançava os milhares se fossem incluídas todas as residências reais espalhadas pela França. Carregadores, valetes, lacaios, criados e guardas suíços eram de um nível mais alto. Empregavam-se exércitos de secretários, enfermeiros, médicos, tutores e *gouvernantes* para as crianças, e só as cozinhas requeriam um grande número de pessoas para alimentar a multidão de gente que trabalhava ou vivia na corte. Havia também, como em todas as demais áreas da vida real, um sistema hierárquico: o rei era alimentado pela *cuisine de bouche* e todos os demais pela *cuisine commun*. Os fornecedores das cozinhas reais estavam sempre atarefados providenciando os produtos necessários para dar de comer a milhares de funcionários. A comida era dividida em três seções: *panéterie*, *échansonnerie* e *fruiterie* (pão, vinho e frutas).[23] Uma das principais razões pelas quais a corte precisava ser trasladada de um castelo a outro, em geral depois de um ou dois meses, era a falta de comida disponível após uma estada em determinada área. As condições de higiene eram outra razão forte para o traslado. Após várias semanas no mesmo lugar, especialmente no verão, o fedor e a sujeira ficavam insuportáveis, e o risco de doenças aumentava. A corte também se mudava para encontrar novas áreas onde pudesse obter caça fresca. Quando o rei deixava um *château* para se alojar em outra de suas residências, a maioria dos móveis e adereços acompanhava a caravana. O castelo deixado para trás ficava praticamente vazio quando a família real se mudava.

Catarina sempre fazia gastos prodigiosos com seus amados cavalos, e, agora que controlava o tesouro, não economizava quando se tratava de construir estábulos e adquirir novos cavalos. Alguns diziam que, conforme ela engordava, causava a morte precoce de muitos de seus cavalos por exigir demais deles. Era preciso um grande séquito para manter o altíssimo padrão das instalações equestres de Catarina. Na folha de pagamento real, figuravam uma *gouvernante* e muitos cavalariços e auxiliares de estábulo. Tinha sua própria fazenda de criação de cavalos e participava com interesse do programa de criação ali desenvolvido. Qualquer um que lhe desse de presente um excelente garanhão ou uma égua de raça encontrava um caminho seguro para o coração da rainha. Amava os animais, especialmente cachorros e pássaros, embora seu zoológico particular contivesse também algumas criaturas particularmente exóticas. Além dos leões que mantinha em Amboise, havia um grande número de ursos, dos quais a rainha gostava muito; eles eram mantidos com mordaças e conduzidos por anéis no nariz. No país das maravilhas que Catarina criou à sua volta, os ursos acabavam fazendo parte da sua escolta quando ela viajava; atrás de sua liteira, vigiados de perto por seu guardador, os grandes animais seguiam obedientes com seu passo pesado atrás da rainha-mãe.[24]

Catarina tinha um grande fascínio por anões. Reservou um alojamento para a sua trupe; eles tinham seus criados, seus boticários, suas arrumadeiras, seus tutores e assim por diante. A rainha-mãe mantinha seus anões muito bem trajados, com peles e roupas de finos brocados. Entre seus favoritos estavam "Catherine La Jardinière", "O Mouro", "O Turco", "O anão Marvile" e "August Romanesque", que andava com espada e adaga. Havia até um anão monge. Catarina tinha também dois bufões favoritos, ambos poloneses, apelidados de "Le grand Polacre" e "Le petit Polacron". Todos recebiam dela algum dinheiro, e ela casou dois de seus favoritos numa esplêndida cerimônia em miniatura. Catarina La Jardinière era a anã mais amada pela rainha-mãe, que levava essa pequena companhia consigo praticamente a toda parte. Catarina tinha outras duas companhias constantes; uma delas era um macaco de rabo bem comprido, que ela dizia trazer boa sorte, a outra, um papagaio verde que viveu até os trinta anos.[25]

Como parte de seu plano para educar o rei, Catarina vinha concebendo desde a declaração de maioridade de Carlos um projeto impressionante. Se desse certo, seria seu golpe de mestre. Numa iniciativa extraordinária, declarou que iria levar o jovem rei para uma grande viagem por todo o seu reino, apresentando-o às pessoas. Com isso, esperava ressuscitar o laço místico entre o monarca e o povo. Levaria o esplendor da monarquia aos lugares mais pobres do reino, assim como às suas maiores cidades. Francisco I mostrara a ela o que representava para o povo comum das províncias da França um encontro com o rei. Ao trazer de volta seus dois filhos reféns da Espanha, levara-os para uma viagem triunfal de agradecimento ao povo por ter pagado o enorme resgate. Como noiva, Catarina fora testemunha da viagem do rei e sua corte para o norte, de Marselha a Paris, e compreendeu o imenso capital político que um gesto magnificente como esse pode trazer.

O planejamento exigido para transportar milhares de pessoas pelas toscas estradas da França era equivalente às complexidades de organizar uma campanha militar. A intenção era levar todo o aparato de governo junto, já que, segundo a tradição, a capital da França ficava localizada onde a pessoa do rei estivesse. Ao fazer essa grande andança real, Catarina esperava não só melhorar o prestígio de Carlos junto ao povo da França, mas também ajudar a sanar as profundas feridas deixadas pela guerra civil. Esse brilhante *coup de théâtre* exigiria 28 meses de viagens, comparecer a cerimônias, banquetes e apresentações, e, em última instância, esperava ela, traria paz à França ao inspirar amor e lealdade ao rei. Carlos terminaria conhecendo seu país melhor do que qualquer outro monarca francês antes ou depois dele. A rainha-mãe tinha outra boa razão política para realizar essa assombrosa viagem: ela decidira encontrar seu genro, Felipe II, na fronteira franco-espanhola. Cara a cara, tinha certeza de que poderia operar sua mágica, e, com seu apoio e o país dela em paz, acreditava que a França se encaminharia para um futuro brilhante.

IX

A GRANDE VIAGEM

Como você ficou espanhola, minha filha

1564-1566

Catarina nomeou o condestável como encarregado geral da viagem real, que partiu de Paris para Fontainebleau em 24 de janeiro de 1564. Eles só voltariam em maio de 1566. Milhares de membros da corte e seus criados compunham essa grande caravana real. Entre as figuras essenciais do grupo estavam o conselho do rei, a fim de que todos os assuntos do governo pudessem ser conduzidos em viagem, e os embaixadores estrangeiros. Catarina esperava que esses últimos relatassem a seus vários governos o esplendor da comitiva dela, com isso refutando a noção amplamente aceita de que a França estava à beira da falência. A Casa Real viajava com seus assistentes habituais, damas e cavaleiros – incluindo o esquadrão voador –, tutores, padres, cinco médicos, cinco oficiais de cozinha, cinco *sommeliers*, além de cozinheiros, músicos, carregadores, cavalariços, batedores de caça e nove indispensáveis anões, que, é claro, viajavam em suas carruagens em miniatura.

O número de cavalos e de mulas exigido para transportar pessoas e bagagem – particularmente os baús com tachas de ouro da família real – era fenomenal. Neles o grupo carregava de tudo, desde mobília e utensílios de cozinha a roupas e trajes para todas as festas, banquetes, *joyeuses entrées* e mascaradas que haviam sido planejados. Arcos triunfais portáteis, que podiam ser erigidos com facilidade quando necessário, eram também transportados, além de elaboradas balsas reais para quando o cortejo real seguisse pelas águas. Era como uma cidade em movimento. Catarina trazia consigo itens tão diversos quanto lençóis de seda, bacias de prata, pratos de ouro para os banquetes, sua escrivaninha, registros, papéis, dinheiro, chapéus, além de seus tocadores de alaúde e lira. Quando fazia mau tempo ou surgia a necessidade, ela escolhia viajar ou numa liteira puxada a cavalo ou numa grande e desajeitada carruagem, levada por seis cavalos, de modo que pudesse decidir assuntos de Estado durante a viagem. Os assentos eram revestidos de veludo verde e almofadas, e as crianças quase sempre sentavam-se com ela nessa carruagem, tão espaçosa que parecia um pequeno quarto. Infelizmente, esses grandes veículos promoviam enjoo de viagem, portanto, quando o tempo e o trabalho permitiam, a rainha-mãe, que vinha com seis dos seus melhores cavalos, cavalgava com o restante dos nobres. Sempre que possível, a família real viajava de barcaça. Para proteção, havia quatro companhias de *gens d'armes,* uma companhia de cavalaria leve e uma unidade da guarda francesa, cujo comandante era Filippo Strozzi, um primo em segundo grau da rainha-mãe.

A corte fez uma curta parada em Saint-Maur, perto de Vincennes – um pequeno *château* que Catarina planejava reconstruir ao voltar –, e depois seguiram para Fontainebleau, onde passariam a Quaresma. Enquanto estavam em Saint-Maur, o cardeal de Lorena voltou do Concílio de Trento. Após dezoito anos de espasmódicas deliberações sobre a reforma da Igreja Católica, o conselho deu sua tardia resposta ao movimento da Reforma por meio de uma série de mudanças fundamentais, hoje conhecidas como Contrarreforma. O cardeal trouxe consigo os Decretos Tridentinos – as decisões do Concílio de Trento – ordenados pelo papado. O concílio deixou clara de uma vez por todas a impossibilidade de reconciliar catolicismo e protestantismo, e consolidou o cisma da fé cristã. A partir da volta de Lorena, Catarina sabia que a pressão dos católicos mais extremistas aumentaria, e portanto recebeu o cardeal com frieza.

Em 31 de janeiro, a comitiva partiu para Fontainebleau, onde Catarina ordenou que cada um dos nobres mais importantes promovesse uma recepção ou um baile. Tanto o condestável como o cardeal de Bourbon deram jantares em seus alojamentos, e no *Dimanche Gras* Catarina ofereceu um banquete na granja leiteira de Fontainebleau, que ficava um pouco afastada do palácio, perto de uma campina. Os cortesãos vestiram-se como pastores ou pastoras para essa *fête champêtre,* uma precursora das festas do Petit Trianon promovidas por Maria Antonieta quase dois séculos depois. Todos acharam aquele dia um tremendo sucesso, com os nobres desfrutando uma tarde de simplicidade pastoral, apesar do inverno. Ao anoitecer, os convidados assistiram a uma comédia no grande salão de baile, seguida por um baile no qual trezentas "beldades vestidas em tecidos de ouro e prata" apresentaram uma dança especialmente coreografada. Henrique de Anjou deu seu banquete no dia seguinte, após o que foi encenada uma batalha simulada entre doze jovens cavaleiros. No *Mardi Gras*, a atração foi um castelo encantado, no qual seis jovens eram mantidas presas por demônios e guardadas por um gigante e um anão. Seus libertadores então surgiram, liderados pelos quatro marechais da França. Seis grupos de homens vieram reclamar as donzelas cativas. Ao som de um sino, Condé liderou os defensores que saíram do castelo para lutar uma magnífica batalha simulada, e as ninfas seminuas foram resgatadas por seus galantes. As crianças reais também desempenhavam seus papéis nas festividades, apresentando uma pastoral escrita por Ronsard.

Quando os dias festivos terminaram, o cardeal de Lorena, decidido a ganhar o controle do conselho do rei, tentou aprovar as deliberações do Concílio de Trento. Essencialmente, os Decretos Tridentinos ameaçavam os direitos reais da Coroa francesa sobre a Igreja. Com o apoio de Catarina, De L'Hôpital opôs-se vigorosamente aos decretos, enfurecendo o cardeal, que o acusou de ser um cripto-huguenote. Fica claro a partir dos documentos que sobreviveram que os vigorosos esforços para implementar o Édito de Amboise foram iniciados pela rainha-mãe, que acompanhava de perto os vários casos em que o documento havia sido ignorado. Sem o apoio dela, De L'Hôpital não teria sido capaz de agir, pois não contava com a confiança de nenhum dos dois grupos.

Catarina ressentiu-se muito das tentativas do papado de impor seu domínio em assuntos que eram, na opinião dela, estritamente da alçada da Coroa. Sua atitude ficou ainda mais firme quando Jeanne d'Albret, rainha de Navarra, recebeu uma intimação de Roma sob a acusação de heresia. Enfurecida por Pio IV ter ousado ameaçar uma soberana, e ainda por cima uma soberana com muitas terras e propriedades na França, Catarina disse a ela que o papa não tinha licença para mandar em príncipes estrangeiros ou dispor de suas propriedades. O conceito todo era um anátema para a rainha-mãe, para quem os direitos da Coroa constituíam quase uma religião por si mesmos. Ela protegeu a rainha de Navarra e Pio julgou mais sábio deixar a questão de lado. "Coloco-me inteiramente sob as asas de sua poderosa proteção", Jeanne escreveu agradecendo. "Irei encontrá-la onde estiver e beijar seus pés com alegria maior do que beijaria os do papa."[1]

Em 13 de março de 1564, a caravana real partiu, chegando na noite de 14 de março a Sens, palco dois anos antes de um terrível massacre de protestantes. A corte fez sua primeira parada. Dois dias após sua chegada, Carlos deparou com uma porca e sua ninhada de leitõezinhos. Pegou um para acariciar, e então a porca reagiu e atacou-o. Furioso, Carlos matou a porca de maneira brutal. Esse episódio violento e infeliz foi testemunhado por Claude Haton, um cronista eclesiástico da corte francesa, que o considerou um exemplo da propensão do rei a surtos maníacos de agressividade.

A corte chegou a Troyes em 23 de março e teve uma recepção exótica, com pessoas vestidas como selvagens e sátiros, cavalgando bodes, mulas e "unicórnios". A acolhida era uma alusão à exploração francesa das Américas, onde a França fundara colônias na Flórida e no Brasil; na realidade, o almirante Coligny enviara três expedições ali recentemente. Em sua estadia em Troyes, Carlos tocou os pés dos escrofulosos e lavou os pés de treze crianças pobres. Depois, serviu-os no jantar, o que ele quando criança havia visto o pai fazer em Fontainebleau. Catarina enquanto isso fez o mesmo para treze mulheres mendicantes.

A Páscoa teve também as usuais demonstrações de piedade e devoção, enquanto os membros protestantes da corte celebravam a quatro léguas da cidade. Os huguenotes realizaram umas poucas manifestações pacíficas, mas não houve problemas, e a maior parte dos vinte dias em que a corte se alojou em Troyes foi muito agradável, com banquetes, desfiles e outros prazeres. Também foi finalmente assinada a paz com Elizabeth da Inglaterra, a respeito de Calais e Le Havre. Como detalhe sutil, a rainha-mãe escolhera essa cidade em particular para a assinatura, pois fora ali, 140 anos antes, que a França capitulara diante da Inglaterra no ignominioso Tratado de Troyes da Guerra dos Cem Anos. Sir Nicholas Throckmorton ficou aliviado ao assinar o tratado por Elizabeth, e Catarina parecia especialmente de boa vontade e alegre naquele dia. De Troyes, a rainha-mãe escreveu a Coligny para tranquilizá-lo em relação à vigência do Édito de Paz de Amboise. Ela afirmou: "Uma das principais razões pelas quais o rei, meu senhor e meu filho, empreendeu essas viagens é para mostrar sua intenção sobre esse assunto de modo bem claro, por onde ele passar, para que ninguém tenha qualquer pretexto ou ocasião de contestá-lo".[2]

Em Bar-le-Duc, no início de maio, houve uma celebração familiar que Catarina aguardava com muita expectativa. Seu primeiro neto, Henrique, o rebento de sua filha Cláudia e de seu genro Carlos, duque e duquesa de Lorena, ia ser batizado. A rainha-mãe, Carlos e Felipe II foram os padrinhos do bebê. Catarina estava muito feliz por rever sua filha Cláudia, e satisfeita com o nome escolhido para o seu neto. Em cada aldeia ou cidade em que a caravana real parava, o rei e sua mãe ouviam as reclamações locais, tentando garantir a observação do édito. O rei repreendia severamente aqueles que desrespeitavam seu decreto, e ameaçava tomar medidas duras contra quem lhe desobedecesse. A comitiva então seguiu para o sul até Dijon, governada por Gaspard de Saulx, *seigneur* de Tavannes, soldado refinado, fiel a Catarina. O espetáculo que ele preparou para entreter a corte carecia da usual delicadeza poética, e não tinha ninfas e faunos versejando e exaltando as virtudes de seu rei, como na maioria das cidades que visitavam. Em vez disso, Tavannes concebera um "ataque" simulado a uma fortaleza, para entreter a comitiva real. Fez-se um silêncio de expectativa entre os presentes à espera do início da celebração, e então houve disparos de verdade, ensurdecedores, de quatro imensos canhões, que de repente explodiram a fortaleza, fazendo tremer o chão em volta deles. Catarina, que não se perturbara com o bombardeio em Rouen, ficou trêmula com o tributo militar excessivamente entusiasmado do marechal. Teve tempo de se recuperar no estágio seguinte da viagem, que incluiu um passeio tranquilo de barco até Mâcon.

Antes da *entrée joyeuse* do rei em 3 de junho, alguns seguidores huguenotes de Jeanne d'Albret, rainha de Navarra, insultaram e tumultuaram a procissão de Corpus Christi que foi realizada na cidade. Catarina, irritada, ordenou que a procissão fosse reproduzida em 8 de junho. Dessa vez, os huguenotes tiraram o chapéu e postaram-se respeitosamente para assistir ao espetáculo; o embaixador espanhol observou esse comportamento contido com muita satisfação. Em Lyon, em 24 de junho, a fim de evitar outras complicações desse tipo, o rei decretou que durante sua passagem pelo reino os cultos protestantes deveriam ser suspensos, exceto para batismos e casamentos.

Lyon era uma cidade cosmopolita particularmente importante, rica em comércio e com uma significativa população estrangeira. Muitos alemães e italianos viviam ali. Como ficava perto de Genebra, havia caído sob o domínio protestante durante a Primeira Guerra de Religião, embora os católicos expulsos já tivessem retornado. Como a cidade tinha excelentes fortificações, Montmorency teve a precaução de instalar seus soldados em pontos-chave, tomando a artilharia e os fortes antes da chegada da família real. Ignorando rumores de que os protestantes planejavam se rebelar e matar o rei, Carlos fez sua entrada na cidade em 13 de junho. Catarina chorou muito ao ver sua amada cunhada, Margarida de Saboia, e o marido dela, Emanuel-Filiberto, que então se juntaram à corte. O duque fez jus ao seu apelido de cabeça-dura, passando imediatamente a importunar insistentemente a rainha a respeito da devolução de duas fortalezas, Pinerolo e Savigliano, que haviam sido perdidas para a França muitos anos atrás. Catarina reagiu concedendo-lhe a capitania honorária de uma companhia francesa, não exatamente o que ele esperava obter. Alfonso d'Este, duque de Ferrara, também chegou para prestar seus respeitos ao jovem rei e ver o que poderia obter para si; na realidade, ao longo de toda a viagem, peticionários de todas as camadas da sociedade apresentaram-se diante do rei e da rainha-mãe.

Para demonstrar a recém-conseguida harmonia religiosa, as crianças fizeram uma procissão simbólica pela cidade. Protestantes e católicas caminharam lado a lado. Então foi a vez dos contingentes estrangeiros celebrarem a chegada de Carlos. Cada grupo usava seus trajes locais e cores tradicionais. Os florentinos vestiam púrpura; os genoveses, veludo preto, e os alemães, seda preta. Conforme passavam em procissão, notaram que o rei parecia uma criança triste e séria para a sua idade, vestido de verde, com um chapéu de pena branca. Ao lado dele sentava-se seu irmão Henrique de Anjou, com aparência vistosa, num gibão carmesim bordado com fios de prata, impecavelmente trajado como sempre. Lyon havia sido transformada, com arcos triunfais e colunas imitando as da Antiguidade, que ostentavam inscrições de versos exaltando o rei. Catarina notou com satisfação que os humilhantes H e D entrelaçados, de Henrique e Diana, não estavam mais em evidência pela cidade, substituídos pelas armas dos Médici ao lado das da França. Durante a estada da corte, a rainha-mãe visitou lojas de mercadorias exóticas, sedas e outros deleites, mas sua farra de gastança teve que ser interrompida por causa de um surto repentino de peste. O medo de contágio fez a corte inteira e seus seguidores seguirem viagem; embora normalmente fossem lentos para preparar a partida, dessa vez a saída foi notável por sua singular presteza. A peste seguiu seu curso e matou mais de 20 mil lioneses em poucos dias.

Numa breve parada em Crémieu – a leste de Lyons – a caminho do Roussillon, onde deveriam ficar com o cardeal de Tournon, Catarina marotamente enviou uma mensagem a Montmorency dizendo que havia ocorrido uma grande mudança na programação da viagem e que ela partira para Barcelona.

Isso colocou o velho homem em pânico, até ele descobrir que se tratava de uma brincadeira da rainha. Catarina escreveu ao embaixador dela na Espanha dizendo-lhe para relatar a história à sua filha, a rainha, "para que possa dar boas risadas".³ Foi aqui que De L'Hôpital expediu um édito para restringir a crescente independência das cidades reais. No futuro, deveriam ser apresentadas ao rei duas listas de candidatos a cargos municipais, e então ele faria sua escolha. Este foi um passo importante para recuperar a autoridade sobre as cidades provinciais, onde o controle real havia sido praticamente perdido, o que permitia a formação de partidos e ligas.

Também em Crémieu, Jeanne d'Albret pediu permissão para se retirar aos seus territórios em Béarn, na fronteira com a Espanha, e levar o filho consigo. Catarina recusou terminantemente o pedido da rainha de Navarra. Em vez disso, deu-lhe 150 mil libras e mandou-a para Vendôme. Quanto a Henrique, o adorado filho de Jeanne, Catarina declarou que o colocaria sob seus cuidados. Queria o menino ao seu lado como refém contra os fanáticos planos futuros da rainha huguenote. Jeanne tornara-se uma adepta tão rigorosa da nova fé que seu filho, embora devotado à mãe, ficou aliviado por permanecer no circo real ao lado de seus jovens companheiros de jogos, longe dos sermões da mãe. Ao longo dos últimos meses de verão, a caravana passou por Roman, Valence, Montelimar, Orange e Avignon. A comitiva era tão extensa que muitas vezes a vanguarda chegava ao destino antes que a retaguarda tivesse deixado o anterior. Para alarme de Catarina, o rei pegou um resfriado, que evoluiu para uma bronquite; seus pulmões enfermos eram uma preocupação constante, mas o clima do sul acelerou sua recuperação.

A rainha-mãe fez então uma visita a Nostradamus em Salon, na Provença. Era uma entrevista que ela provavelmente ansiava realizar e ao mesmo tempo temia. Catarina tinha grande respeito pelas predições do grande adivinho e místico. Infelizmente, pouco antes da chegada da comitiva real a Salon-de-Crau, houve um surto de peste e a maioria fugiu da cidade. Catarina não concordou em evitar o local ou cancelar a entrevista. Assim, Carlos ordenou que as pessoas voltassem para dar ao rei a devida recepção, senão seriam punidas. A população local, pelo visto, temia mais a ira real que a peste, já que compareceu para assistir à entrada de sua majestade na cidade. A família real chegou no meio da tarde de 17 de outubro. Carlos estava "sentado num cavalo africano, com arreios de veludo preto com grandes adornos e franjas de ouro. Sua pessoa veio envolta num manto de púrpura de Tiro, enfeitada com galões prateados. Usava uma ametista numa orelha e uma safira na outra".4

Ficou acertado que a rainha-mãe encontraria Nostradamus sem alarde, e ele sugeriu "deslocar-se e encontrar sua majestade longe do vulgo". Sofrendo de gota, o homem idoso caminhou até o *château* para encontrar o rei e a rainha-mãe. Movendo-se lentamente, com uma bengala de bambu numa mão e o chapéu de veludo na outra, apresentou-se à comitiva real. Depois de saudar o rei com muita propriedade em latim, uma longa conversação teve lugar, na qual o profeta vaticinou que Carlos não morreria antes do condestável; isso dificilmente poderia ser muito comemorado, pois Montmorency já estava na casa dos seus setenta anos. Catarina deu a Nostradamus duzentos *écus* e tornou-o conselheiro real e médico do rei.

Não era a primeira vez que se encontravam; o primeiro encontro ocorrera em Blois em 1560, quando, a pedido de Catarina, Nostradamus preparou o horóscopo de Henrique de Anjou, e predisse que ele seria um dia rei da França. Essa profecia pareceu alegrar muito a rainha-mãe. Menos agradável foi o interesse que Nostradamus demonstrou em sua visita por um jovem pajem do séquito do rei francês. Ele insistiu em ver o menino que, quando chamado, saiu correndo aterrorizado. O pajem era Henrique de Navarra. Na manhã seguinte, no seu *lever,* Henrique notou que seus criados demoravam para lhe trazer a roupa. Ele tremeu, pois lembrou de outras vezes em que essa história se repetira, e não tremia de frio mas de medo de ser de novo açoitado por alguma má ação. Na realidade, os criados deixaram de levar-lhe a roupa para que Nostradamus, que já estava na câmara, pudesse inspecionar o corpo do garoto, particularmente seus sinais de nascença. Isso era prática comum, como a leitura de mãos. O ancião, certo de que Henrique (que nessa época era apenas o sexto na linha de sucessão ao trono) seria um dia rei, declarou com convicção aos criados presentes: "Este seu senhor será um dia rei da França e de Navarra".5

Em Aix-en-Provence, o rei repreendeu o *Parlement* por negar-se a ratificar o Édito de Amboise. Ele também substituiu seus membros por uma comissão de parlamentares parisienses e suspendeu os magistrados locais. Em seguida, deu-se a descoberta de uma parte do reino de Carlos que parecia um paraíso para a prole de Catarina. Pela primeira vez na vida, as crianças reais experimentavam o sol e a beleza do Mediterrâneo. Ficaram encantadas com as frutas e cheiros, a lavanda, o tomilho, e o mar. Viram as laranjeiras – importadas da China via Portugal em 1548 – e as palmeiras, outra importação recente, que cresciam nesse lugar estranho e fascinante. Para Catarina, era um retorno a uma paisagem e clima similares àqueles onde fora criada, e ficou feliz em ver seus filhos desfrutarem de todas aquelas novidades. Em Brignoles, garotas locais saudaram o rei vestindo os trajes provençais tradicionais; dançaram a *volta* e a *martingale*. Sua saudação simples e entusiasmada alegrou a rainha-mãe e seus filhos mais do que qualquer dos arcos triunfais e declamações em latim que já haviam ouvido tantas vezes durante a viagem. O sucesso da visita como um todo foi tal que Catarina decidiu comprar uma grande propriedade perto de Hyères e encher o parque com laranjeiras. Para a festa de Toussaint, a comitiva real acampou junto ao mar. Que memórias teriam vindo à mente da rainha-mãe ao ver de novo, depois de mais de trinta anos, o trecho de litoral pelo qual passara havia tanto tempo, como uma noiva de catorze anos? Em Toulon, Carlos e seu irmão foram para o mar em galés oferecidas por René de Lorena, marquês d'Elbeuf.

Em 6 de novembro o povo de Marselha deu à comitiva real a mais calorosa recepção que já haviam recebido. Até o embaixador espanhol, um ferrenho realista e católico, ficou impressionado, não sem uma ponta de inveja, com a fidelidade da cidade. Carlos e sua família compareceram à grande missa de Ação de Graças, que o jovem companheiro Henrique de Navarra não pôde assistir devido à sua religião. Obrigado a ficar à porta da igreja, ele aguardava pacientemente o final da missa. Carlos provocou Henrique por ele não entrar e, incapaz de fazer seu amigo colocar os pés dentro da igreja, tirou-lhe o chapéu e atirou-o lá dentro. Seu truque produziu o efeito desejado, e Henrique, num impulso, saltou dentro da igreja para pegar seu chapéu de veludo. Também foram organizadas expedições ao mar e um piquenique ao Château d'If. Vendo, porém, que o mar não estava muito propício, Catarina decidiu mudar o plano e a festa foi realizada numa enseada protegida. Ali, Carlos decidiu que teria lugar uma batalha naval improvisada. Vários cortesãos, inclusive ele, representaram os turcos, e os outros, os cristãos. Isso levou a um relatório contundente do embaixador espanhol. Como era possível que um rei da França fizesse o papel de infiel? Tudo isso foi devidamente registrado e enviado a Felipe em Madrid.

Depois de outras andanças, seguiu-se uma estada de quase um mês em Arles, por causa da cheia do rio Ródano. Finalmente, em 7 de dezembro, a comitiva partiu para Montpellier, onde deveriam passar o Natal. A cidade era o coração das terras de Montmorency e governada pelo segundo filho do condestável (e de longe o mais capaz), Damville de Montmorency, que após a guerra retomara com brutalidade as igrejas ocupadas pelos protestantes e restabelecera os católicos na região. Se a Provença havia sido calorosa e acolhedora, o Languedoc, com seu contingente substancial de protestantes comprometidos, ofereceu uma recepção bem mais fria e às vezes até ofensiva. Durante essa parte da viagem, Catarina descobriu que haviam sido formadas no local algumas ligas católicas durante os tumultos, e que agora começavam a se tornar um problema bem enraizado e grave. As ligas eram ilegais, mas, sob o disfarce de associações de comércio e outras fachadas desse tipo, reuniam uma variedade de pessoas, inclusive nobres; portanto, as autoridades locais temiam eliminá-las, pois isso poderia provocar uma reação violenta. A rainha-mãe sabia que essas associações representavam justamente as fraternidades ilegais, que alegavam fidelidade à Coroa mas ao mesmo tempo preparavam-se com zelo para atender aos seus fins de intolerância.

Para agravar os problemas, logo após o Natal, Catarina recebeu a notícia da ocorrência de sérios problemas em Paris. O marechal de Montmorency, filho mais velho do condestável, tivera uma briga com o cardeal de Lorena quando este trouxe consigo uma tropa de escolta para a cidade. Como escoltas armadas eram proibidas, Francisco, marechal de Montmorency – governador de Paris –, fora obrigado a usar seus próprios homens para dispersar a tropa do cardeal. Ao saber disso, a família Guise enviara reforços ao irmão deles, e Coligny reagira mandando quinhentos soldados para a capital para conter a manobra dos Guise. Por fim, os homens de Coligny saíram de Paris pacificamente, mas uma nova eclosão da guerra civil havia sido evitada por pouco. O comportamento fanfarrão e autoritário do marechal de Montmorency geralmente irritava a todos, e sua bravata e abuso do poder na ausência do rei já faziam prever problemas. Também chegaram notícias de que Condé estava reforçando as guarnições na Picardia, o que deixou a rainha-mãe muito preocupada, mas, para espanto do embaixador espanhol, ela não foi além de enviar repreensões por escrito e manter-se informada a respeito de ulteriores desdobramentos.

A comitiva mudava de composição o tempo todo, pois alguns de seus nobres mais poderosos viajavam para suas propriedades para resolver seus negócios, juntando-se de novo à caravana real quando podiam. Isso tornava mais difícil ficar de olho nos mais problemáticos entre eles. Em contraposição aos momentos políticos problemáticos, havia também muitas demonstrações comoventes de amor pelo rei. Um dia, logo após o Natal, quando a comitiva passava por uma pequena aldeia chamada Leucate, uma anciã "de oitenta anos ou mais" soube, para o seu total espanto, que o esplêndido comboio que passava ali era o do rei. Ela pediu permissão para se aproximar, Carlos fez-lhe sinal para que avançasse e então, "caindo de joelhos e lançando as mãos para o alto, ela disse em seu dialeto local as seguintes palavras, que foram traduzidas para o francês: 'Ele, que estou feliz por ver hoje e que nunca esperei poder ver; seja muito bem-vindo, meu rei, meu filho; suplico que me dê um beijo, pois é impossível que possa vê-lo de novo algum dia'".[6] Beijada pelo rei, a velha camponesa, a essa altura em lágrimas, observou a partida da comitiva com sua simples devoção e seu inabalável amor pelo monarca agora redobrados. Era esse precisamente o tipo de encontro que Catarina esperava ver, e não só impressionar nobres e gente da cidade, mas também aqueles que trabalhavam nos campos, para quem a segunda vinda de Cristo teria sido tão surpreendente quanto a chegada de seu próprio soberano.

Em Carcassonne, palco de algumas das mais terríveis violências durante os conflitos religiosos, pesadas nevascas atrasaram a partida. Enquanto as crianças faziam guerras de bolas de neve, a rainha soube da história de um carrasco local, de crueldade insuperável, mesmo naqueles tempos pavorosos. Enquanto queimava cinco pessoas vivas, ele arrancara o fígado de uma delas para comê-lo à vista da própria vítima agonizante, e em seguida serrara o membro de outra pobre alma que ainda não havia morrido.

Durante a estada de sete semanas da corte em Toulouse, de 1º de fevereiro a 18 de março, os dois príncipes, Henrique de Anjou e seu irmão mais novo Alençon, foram confirmados. Como a educação deles prosseguira durante a demorada viagem pela França, e sua estada em Toulouse seria longa, Anjou e seu amigo Henrique de Clermont haviam recebido um quarto adicional para fazerem suas lições, no mesmo edifício onde se alojavam. Quartos grandes foram divididos, resultando em outros menores e temporários, que desse modo proviam espaços privativos para os membros da família. Um dia, eles tiveram uma lição que certamente não estava no currículo de Catarina. Ouvindo um ruído no quarto vizinho, os dois estudantes levantaram-se e espiaram por uma fresta na parede. Clermont relatou o que viram a Brantôme.

> [Havia] duas mulheres muitos encorpadas, com as saias enroladas para cima e a roupa de baixo [*callessons*] abaixada, e uma estava deitada em cima da outra [...] elas se

esfregavam, com forte pressão, em suma, seus movimentos eram muito intensos, com uma lascívia que lembrava a dos homens. Depois de uma hora mais ou menos dessa atividade, tendo ficado muito acaloradas e cansadas, deitaram, o rosto vermelho e bastante banhadas em suor, embora fizesse muito frio, pois não conseguiam mais continuar e precisavam descansar.7

Clermont acrescentou que esse espetáculo grotescamente sensual aconteceu regularmente pelo resto do tempo em que a corte estava ali, e que tanto ele quanto Anjou gostavam de vê-lo sempre que possível.

Enquanto essa iniciação bastante primitiva acontecia, Catarina embarcara numa extravagância de gastos (mesmo para os padrões dela) como preparação para a parte mais excitante da viagem oficial, o encontro com sua filha Isabel da Espanha, marcado para junho de 1565. Catarina havia tomado emprestados 700 mil *écus*, a maior parte deles do banco Gondi, para deslumbrar os espanhóis. As economias correspondentes que promoveu consistiram em cortar as pensões do desafortunado duque de Ferrara e do conde Palatino do Reno. Além de comprar joias, sedas e outros mimos para a filha e o séquito espanhol, Catarina também em sua animação adotou vestes espanholas. Havia seis anos, a rainha-mãe vinha solicitando um encontro com Felipe, e havia seis anos ele a evitara. Para Felipe, Catarina, que ele ao que parece apelidara de "Madame La Serpente", era uma mulher cujas palavras nasciam apenas das próprias conveniências; suas meias-medidas e sua incapacidade de viver de acordo com princípios firmes e inabaláveis eram para ele um anátema completo. Ele se defendia permanecendo escondido. Catarina ganhara a reputação de se manifestar de modo esquivo e obscuro, especialmente quando ele esperava que ela fosse explícita em questões religiosas. Felipe decidiu, portanto, que seria melhor permanecer invisível, para não ser enganado pelo charme manipulador e pelas promessas vãs dela. Ele teria concordado com a observação de um inglês sobre Catarina de que "Ela tinha inteligência demais para uma mulher, e pouquíssima honestidade para uma rainha". Outro contemporâneo afirmou a respeito de Catarina que "Ela mente mesmo quando está dizendo a verdade".

O Édito de Amboise de Catarina não agradara a Felipe, e algum tempo depois de iniciada a grande viagem ele informou que, por não ser habitual um soberano sair de suas fronteiras para encontrar outros monarcas, um encontro entre eles ficava impossibilitado. No entanto, ele permitiria que sua esposa fizesse a viagem até Bayonne, onde havia um lugar conveniente na fronteira. Seria um encontro puramente familiar. Ao saber que Felipe se recusava a vê-la, Catarina ficou arrasada, mas, quando a reunião com a sua filha foi confirmada, teve um grande ataque de riso e perdera a compostura a tal ponto que acabara em lágrimas.

Por volta de 1º de abril, a comitiva chegou a Bordeaux, capital da Guiena. Em 12 de abril, Carlos realizou um *Lit de Justice* durante o qual o chanceler de L'Hôpital falou seriamente com os magistrados locais sobre a inabalável intenção do rei de fazer respeitar o Édito de Amboise. "Toda essa desordem decorre do desprezo demonstrado por vocês pelo rei e suas ordenações", disse aos magistrados, "a quem vocês nem temem nem obedecem, exceto a seu bel-prazer." Onde quer que o édito tivesse sido pouco observado ou não aplicado, Carlos ordenou que fosse respeitado.

Em 3 de maio, a comitiva saiu de Bordeaux. A caravana rumava para o clímax pessoal de Catarina na viagem, o encontro com a filha em Bayonne. Ela tinha muitos preparativos a concluir para a elaborada recepção à comitiva espanhola. Em 8 de maio, em Mont de Marsan, Catarina ficou sabendo, para seu desalento, que Felipe decidira não mais enviar Isabel. O soberano ficara particularmente desgostoso com o encontro entre Catarina e um emissário do sultão da Turquia, e soubera também, por meio de seus espiões, que uma expedição francesa à Flórida estava sendo organizada por Catarina partindo de Dieppe. Os espanhóis eram muito ciosos de suas descobertas no Novo Mundo, e não viam com bons olhos qualquer ameaça de outra nação interferir nas terras que estavam saqueando de maneira tão exaustiva. Quaisquer últimas esperanças que Catarina pudesse ter de Felipe comparecer ao encontro estavam agora perdidas, embora sua filha tivesse finalmente recebido permissão de encontrar a mãe. Infelizmente, Felipe decidiu enviar também o severo e feroz duque de Alba como seu representante pessoal, esperando que ele tivesse uma conversa séria com a rainha-mãe sobre os contatos dela com os infiéis, as concessões aos protestantes franceses e as reivindicações de terras na Flórida. Três semanas mais tarde, em 30 de maio, enquanto a corte permanecia em Dax, Catarina partiu para Bayonne incógnita. Precisava de tempo para se preparar para a chegada da filha, marcada para 14 de junho. Enquanto isso, Henrique de Anjou saía de Vitoria, na Espanha, de onde iria trazer sua irmã.

No escaldante verão, numa balsa no meio do rio Bidassoa, Isabel de Espanha, vinte anos, abraçou afetuosamente seu irmão Carlos, ainda um garoto de apenas quinze anos. O calor era tão forte que seis soldados caíram mortos depois de ficarem horas em pé sob o sol com suas armaduras. Ao chegar à margem francesa do rio, cena de tantos momentos de emoção nos últimos cinquenta anos, Isabel cavalgou escoltada por um imenso contingente dos mais altos nobres da França, exceto por aqueles sabidamente huguenotes. Felipe fizera disso uma precondição para que sua esposa não fosse contagiada pelo contato com hereges, e o argumento de Catarina de que isso iria indispor Condé e seus seguidores e despertar suspeitas desnecessárias não comoveu o rei espanhol. Assim, sem Condé, ou qualquer outra influência supostamente perniciosa para recebê-la, a rainha francesa da Espanha entrou cavalgando em Saint-Jean de Luz. Catarina estivera ali esperando por mais de duas horas com mal disfarçada impaciência. Mãe e filha se beijaram e choraram ao se encontrar, e então Isabel virou-se rapidamente para Margot e Francisco (com doze e dez anos, respectivamente), seus dois irmãos mais novos. Fazia seis anos que não se viam. Durante o jantar familiar daquela noite, após uma altercação entre as duas rainhas sobre quem deveria ocupar o lugar de honra, que Catarina venceu – reforçando a uma Isabel enrubescida que ela não deveria esquecer sua excepcional posição como rainha da Espanha –, a rainha-mãe pareceu muito comovida em ter sua filha por perto de novo. Em 15 de junho, Isabel fez uma magnífica entrada oficial em Bayonne. A cidade foi iluminada com tochas e ela montou um refinado palafrém cinza que lhe foi presenteado por Carlos; seu arreio guarnecido de pedras preciosas no valor de 400 mil ducados havia sido presente de Felipe.

Catarina achou Isabel muito mudada desde que deixara seu país natal em 1559. A filha se tornara mais espanhola do que francesa e adquirira muitas das elaboradas formalidades de sua terra de adoção. Quando falava, era com as palavras do marido, que ela amava, e anos de doutrinação nas mãos do velho homem – que finalmente encontrara a verdadeira felicidade com Isabel, sua terceira esposa – haviam feito com que sua jovem mente pensasse como a dele. Assim, após os primeiros abraços impulsivos e demonstrações de carinho, Isabel ficou mais formal e contida. Embora as duas tentassem resgatar a intimidade dos velhos tempos, não era mais possível. Isabel tornara-se a porta-voz de Felipe, e, após um longo e inútil esforço de implorar à sua mãe para que visse as coisas com bom senso, ela recebeu uma pronta resposta de Catarina: "Quer dizer que o seu marido suspeita de mim? Você sabe que essa suspeita irá nos levar direto para a guerra?".[18] Isabel replicou: "O que a leva a supor, madame, que o rei suspeita de sua majestade?".[19] A rainha-mãe observou friamente: "Como você ficou espanhola, minha filha". Além de Isabel e Alba, Felipe enviara um novo embaixador em substituição ao seu embaixador na França, Chantonnay; era Francês, duque de Álava. Felipe esperava que, com a remoção de Chantonnay, cuja relação com a rainha-mãe muitas vezes ficara abaixo do cordial, além de marcada pelas frequentes censuras que este lhe fazia, pelas ameaças veladas e por seu apoio aos triúnviros, o novo homem poderia ajudar a trazer Catarina firmemente para o campo católico.

Uma das principais razões pelas quais a rainha-mãe queria um encontro com a filha e o genro era para promover outros casamentos entre os Valois e os Habsburgo. Alba, não acostumado a lidar com uma mulher, especialmente uma que empregava todos os recursos e artifícios para lisonjear e convencer ardilosamente seu interlocutor, viu-se desconcertado pelas complexas artimanhas de Catarina. A crença ingênua dela no poder das uniões dinásticas e, segundo alguns, o desejo fundamentalmente burguês de ver seus filhos mais novos bem casados, não era o que o duque de Alba esperava. A antiga ideia de uma união entre Margot e don Carlos foi ressuscitada, e depois Catarina, entusiasmada, fez uma nova proposta, que Henrique de Anjou se casasse com Joana, a viúva do rei de Portugal e irmã de Felipe. O fato de Joana ter o dobro da idade de Henrique e de don Carlos ser um maníaco homicida e à beira de viver trancado numa cela – o pai dele estoicamente já instalava ferrolhos na porta – não preocupavam minimamente Catarina. Pego de surpresa e sem familiaridade com a política matrimonial, Alba foi ficando mais rude e marcial.

Nas conversas que se seguiram, o duque continuou tentando levar a discussão de volta para os assuntos que tanto preocupavam seu mestre em Madrid. Ele denunciou a política da rainha-mãe de tolerância, sugerindo medidas extremas e violentas que certamente careciam de sutileza, mas que, ele prometia, iriam resolver o difícil problema do seu reino para sempre. Execuções, expulsões, tortura, uma revogação do Édito de Amboise; a mensagem dele era de perseguição, não de pacificação. Ele mesmo iria em breve testar essas soluções como regente de Felipe nos Países Baixos, mas, apesar de todo o esmero brutal, seus métodos não tiveram melhor resultado que os de Catarina. Alba também fez a ameaça velada de que, se a rainha-mãe não conseguisse conter o crescimento do protestantismo dentro do reino de seu filho, Felipe teria que lidar ele mesmo com a ameaça dos hereges tão perto de suas fronteiras. Catarina, que detestava *ultimata* e ameaças, permaneceu majestosamente indiferente. Como rainha da França, deu a ele explicações e justificativas para a política dela de pacificação, mas todas elas caíram em ouvidos surdos. Exasperado com a mente ágil de Catarina e com seu fluxo verbal apaixonado, o duque desistiu, exausto. A rainha-mãe esperava com infundado otimismo que os fabulosos entretenimentos que organizara para deslumbrar os visitantes dessem nova vida às conversações.

Entre trocas de presentes, condecorações, balés, justas e batalhas simuladas, o *spectacle* no rio Bidassoa é considerado uma das mais famosas obras de arte efêmeras de Catarina. Depois de um piquenique à beira d'água, com todos os participantes vestidos como pastores e pastoras, Carlos fez sua entrada numa balsa decorada como uma fortaleza flutuante. Enquanto os outros participantes surgiam em suas balsas suntuosamente decoradas, apareceu uma gigantesca baleia artificial que foi atacada por "pescadores". De repente, uma colossal tartaruga artificial foi vista nadando na direção deles; em cima, seis tritões em pé tocavam cornetas. Os dois deuses marinhos, Netuno e Árion, vieram então à tona; o primeiro, em sua carruagem puxada por três cavalos marinhos, e o último carregado por golfinhos. A fantasia artística espetacular terminou com três sereias glorificando a França e a Espanha com seus cantos. Catarina, mais do que ninguém, inaugurou esse tipo de entretenimento fantástico, pelo qual monarcas franceses posteriores ficaram também conhecidos. Um espectador escreveu: "Estrangeiros de todas as nações eram agora obrigados a reconhecer que nessas coisas a França havia superado, com aqueles desfiles, bravatas, glórias e magnificências, todas as demais nações e inclusive ela própria". Catarina acreditava que, com essas fabulosas demonstrações de riqueza, poder e unidade que reinavam em sua corte, ela finalmente conseguiria mostrar aos espanhóis que, longe de estar arruinada, a França continuava sendo uma potência gloriosa. Não só isso, tinha certeza que o resultado da viagem iria assegurar a paz e a estabilidade internas, permitindo que seu país adotivo crescesse forte de novo.

O verdadeiro resultado mostrou ser bem diferente; os espanhóis não ficaram impressionados com as suntuosas demonstrações dos franceses, e até se mostraram mais receosos a respeito de Madame La Serpente do que estavam ao chegar. A própria aparência surrada deles havia sido julgada ofensiva pelos cortesãos de Catarina, embora isso se devesse mais à triste condição das finanças do Estado espanhol. Felipe já chegara à falência uma vez, e seu tesouro estava perigosamente dilapidado. Apesar de todas as conversas, não houve nenhuma promessa da rainha-mãe sobre seu tratamento dos hereges, e ela tampouco iria apoiar os Decretos Tridentinos. Além disso, também tencionava manter seu apoio à paz do Édito de Amboise (conhecido como Édito da Pacificação). Para os espanhóis, a excursão toda havia sido em grande parte inútil. Em 2 de julho de 1565, Catarina e as crianças deram um choroso adeus a Isabel. Nunca mais se encontrariam.

Para a rainha-mãe e sua família, houve pelo menos a alegria de ver Isabel, e, embora não se tivesse chegado a um acordo entre os dois soberanos, já que nenhum dos lados tinha como bancar mais uma guerra, a disposição cordial havia sido mantida e evitara-se o conflito. No entanto, um dos pontos cruciais que a rainha-mãe claramente falhara em compreender era que, ao banir os huguenotes da visita espanhola, e ter confraternizado entusiasticamente com Alba, o homem mais temido e odiado pelos protestantes na Europa, estes passaram a acreditar que havia sido concluído um pacto entre os dois para exterminá-los. Por muitos anos essa calúnia se difundiu e foi atribuída à rainha-mãe, ainda mais após o Massacre da Noite de São Bartolomeu, quando os huguenotes apontaram para o encontro em Bayonne como a época e lugar em que a sua quase extinção havia sido arquitetada a sangue-frio. Portanto, a política de Catarina, de tolerância e pacificação, nunca chegou a ser estabelecida, já que nem católicos nem protestantes confiavam mais nela.

Quanto aos casamentos propostos entre os Habsburgo e os Valois, Catarina não obteve um pingo de incentivo dos espanhóis. Margot de todo modo teria enviuvado logo se tivesse casado com o enlouquecido don Carlos, pois ele morreu três anos mais tarde, a essa altura, insano. Depois de desenvolver um amor obsessivo por sua gentil madrasta Isabel, irmã de Margot, e de revelar segredos de Estado a quem quisesse ouvir, ele tentara fugir para a Alemanha. Felipe então o encarcerou de novo, e ele morreu seis meses depois, em julho de 1568. Rumores de que havia sido morto por Felipe não passam de uma ficção romântica; uma explicação mais plausível é que o infante morreu de pneumonia como resultado de seu bizarro hábito de dormir totalmente nu sobre um imenso bloco de gelo nos meses de verão, a fim de se manter fresco.

Com o auge da marcha real superado, a viagem, embora ainda longa, a partir de agora encaminhava-se para casa. Catarina encontrou-se com Jeanne d'Albret, que tivera permissão para voltar de Vendôme e vir até a comitiva em Nérac (capital do ducado de Albret). Aqui, Catarina provou que ainda lhe faltava compreender a profundidade com que as pessoas sustentam suas crenças religiosas, ao insistir para que Jeanne renunciasse ao protestantismo e retomasse a fé católica. Jeanne aproveitou essa oportunidade para apresentar Henrique aos huguenotes mais importantes, e ele passou um tempo com seu tio Condé. Deixando o filho da rainha de Navarra com a mãe até que ambos recebessem ordens de se juntar à corte em Blois, a marcha prosseguiu. Viajando pelo oeste da França, a comitiva deparou com algumas dificuldades, pois o rei e sua família eram muitas vezes insultados e assediados por reformadores inflamados. Blaise de Monluc providenciou um contingente maior de soldados para acompanhar a família real por essa região hostil.

Em Jarnac, perto de Cognac, em 21 de agosto, Catarina teve o grande prazer de encontrar Guy Chabot de Jarnac, o homem que vencera o duelo com La Châtaigneraie, o campeão de Diana de Poitiers e Henrique, no início do reinado de Henrique. Em novembro, a corte estava em Angers, de onde a família real subiu de barco pelo Loire, parando em Tours, Chenonceau e Blois. Em 21 de dezembro de 1565 chegaram a Moulins, o coração das terras dos Bourbon, e instalaram-se no castelo local, a antiga sede do traiçoeiro condestável de Bourbon. Uma assembleia de notáveis fora convocada a fim de concluir um enorme programa de reformas do judiciário e da administração. Entre as principais figuras ali reunidas estavam os sobrinhos de Montmorency e a maior parte da família Guise. Os dois clãs não se viam havia mais de um ano. Depois que Carlos isentou oficialmente Coligny de qualquer participação no assassinato do duque, Catarina expressou sua usual prescrição de reconciliação: solicitou que as duas partes principais, o cardeal de Lorena e o almirante de Coligny, se beijassem. Eles o fizeram, embora seja discutível o quanto houve de sinceridade no gesto.

Em 6 de janeiro de 1566, antes que a assembleia fosse oficialmente inaugurada, chegaram da Flórida notícias de terríveis atrocidades – soldados espanhóis haviam massacrado colonos franceses, a maioria deles protestantes. Os franceses chegaram primeiro àquele território virgem e reivindicaram sua posse em nome de seu rei, mas não calcularam que Felipe ficaria furioso ao ver uma colônia de hereges franceses perto de território espanhol. Ele enviou uma força de 26 mil homens, que atacaram os seiscentos colonos e as quatro companhias de soldados franceses com fúria sanguinária. A maior parte dos colonos, homens, mulheres e crianças, havia sido degolada. Só um punhado conseguiu escapar. Em Moulins houve grande indignação e, segundo o embaixador espanhol Álava, "Sua majestade rugia como uma leoa" diante da queles lúgubres informes. Ela condenou os espanhóis, dizendo que eram mais selvagens que os infiéis turcos. Mas pouco poderia fazer. Fraca demais para obter sucesso se pedisse reparações a Felipe, teve que se contentar com a colocação de colunas de mármore com inscrições dos nomes das vítimas no forte Coligny, único acampamento francês que sobreviveu na Flórida.

Michel de L'Hôpital abriu a assembleia de notáveis e, num discurso brilhante, descreveu o propósito do encontro. O judiciário francês exigia regulamentação e submissão a um controle mais efetivo da Coroa. A atual confusão a respeito de jurisdições, as leis contraditórias, abusos de poder e corrupção deviam-se a várias fatores – entre eles os conflitos religiosos – e precisavam ser combatidos com firmeza, disse ele. As 86 cláusulas do que viria a ser a Ordenação de Moulins, de fevereiro de 1566, eram a obra-prima de L'Hôpital; as reformas do governo e do judiciário que elas exigiam devolveram autoridade à Coroa. Infelizmente, as guerras civis que vieram em seguida evitaram que fossem devidamente implementadas, mas os historiadores concordam que serviram "como base de futuras tentativas de reformar o governo da França".[10]

Por fim, em 1º de maio de 1566, a peregrinação real voltou a Paris, depois de 829 dias, dos quais uma quarta parte despendida viajando, e o restante em estadas pelos *châteaux*, acampamentos junto ao mar, palácios, abadias, aldeias, cidades e vilas. A fabulosa viagem concebida por Catarina como uma magnífica tentativa de trazer a concórdia e a harmonia ao reino do filho, assolado por guerras, cobrira perto de 5 mil quilômetros, por montanhas, rios e planícies do sul. Haviam superado nevascas, inundações, pragas e calor sufocante. Essa mulher indômita e imaginativa mostrara o seu filho ao povo e o povo ao seu rei. Tinha todas as razões para abrigar uma sensação de triunfo pessoal em seu retorno à capital, e para acreditar – como de fato o fizera – que havia agora uma perspectiva real de paz duradoura. Só não contava com a paixão que a causa da religião podia despertar entre os homens.

X

O FIM DA CONCILIAÇÃO

A maior maldade do mundo

1566-1570

No verão de 1566, uma dramática eclosão de violência nos Países Baixos espanhóis – mais tarde chamada de "fúria iconoclasta" – causou um imenso aumento da tensão e da desconfiança entre huguenotes e católicos na França. O levante nos Países Baixos começara como um protesto da nobreza contra as duras novas leis e restrições impostas a ela pela regente Margarete de Parma, meia-irmã de Felipe II. A luta logo envolveu os calvinistas flamengos, contra quem Felipe decidiu então tomar medidas drásticas. Essa intranquilidade religiosa e civil tão próxima da fronteira da França era um perigo que Catarina não podia deixar de considerar. Os espanhóis eram muito impopulares na França na época, devido ao massacre de colonos na Flórida, e a rainha-mãe promoveu uma fúnebre procissão das viúvas das vítimas pelas ruas de Paris no início daquele verão, sentindo que isso poderia servir como um *aide-mémoire* para manter vivo o sentimento nacional de indignação.

Catarina não resistiu e decidiu alfinetar o fracasso das políticas rigorosas e intransigentes de Felipe nos Países Baixos, escrevendo a ele em tom presunçoso: "Tome a nós como exemplo, pois já demonstramos de maneira suficiente, às próprias custas, como outros países deveriam governar a si mesmos".[1] A seguir, acreditando equivocadamente que os espanhóis estivessem inclinados a uma abordagem mais conciliadora, talvez similar à dela, escreveu ao seu embaixador na Espanha: "Fico maravilhosamente satisfeita em ver que eles agora aplaudem e aprovam na sua própria experiência aquilo que antes tão prontamente criticavam em nós". Essa alegre autoexaltação mostrou ser prematura; ela não sabia disso na época, mas Felipe planejava enviar em breve um exército aos Países Baixos justamente para aumentar a repressão e impor uma terrível retaliação aos protestantes flamengos.

Os calvinistas franceses estavam desfrutando por um breve período dos favores de Catarina e de Carlos na corte. O rei passara a gostar particularmente de Gaspard de Coligny, que aos poucos se tornara mentor e amigo de Carlos, assim como Montmorency, tio de Coligny, havia sido antes de Henrique II, e Condé também fez uma breve aparição na corte. Os Guise uma vez mais se retiraram, pois não conseguiam tolerar a ascendência de seus inimigos mortais. Estavam particularmente indispostos com o irmão de Coligny, o cardeal de Châtillon, agora um protestante e recém-casado, que continuava a desfrutar de elevadas rendas dos muitos benefícios que tinha na Igreja. Somente o rei poderia anular isso, mas Catarina impediu que ele tomasse qualquer medida contra Châtillon ou os muitos outros prelados convertidos, que ainda auferiam grandes somas da Igreja. Ela não queria provocar os huguenotes enquanto houvesse paz na França, por precária que fosse; por outro lado, parecia não se dar conta de estar enraivecendo até mesmo os católicos moderados.

Os huguenotes naturalmente tiraram todo partido desse momento de aparentes concessões reais e começaram a fazer pressão em favor da causa de seus correligionários nos Países Baixos, cujo clamor por ajuda tornava-se cada vez mais urgente. Coligny, oferecendo assistência militar huguenote, defendia vigorosamente que os interesses franceses seriam favorecidos se eles ajudassem a expulsar a Espanha dos Países Baixos vizinhos, sugerindo até que Carlos poderia gostar de acrescentar aqueles territórios à França. Catarina prontamente encerrou essa discussão. A última coisa que queria era irritar Felipe; além disso, precisava da ajuda dele para mais um projeto matrimonial: queria casar o rei com uma das filhas do imperador Habsburgo Maximiliano. Imaginou equivocadamente que Felipe poderia se sentir grato por ela ter ido contra os planos de Coligny e, em retribuição, subscreveria seu projeto marital. Um vínculo adicional se formara entre as duas dinastias quando Isabel, depois de sofrer vários abortos, dera à luz em 12 de agosto de 1567 uma filha, a infanta de Espanha.

Fortalecido por seu bom relacionamento com o rei, Coligny, com sua *entourage,* continuou a agitar e pedir ação nos Países Baixos. Carlos – instigado pela mãe – encerrou o assunto com uma repreensão severa ao almirante, anunciando por fim que desejava manter boas relações com seu cunhado, o rei Felipe. Ele não tinha ideia, mas tais relações iriam sofrer agora um duro teste. Seguro da intenção francesa de não auxiliar os rebeldes flamengos, Felipe então declarou que em breve partiria da Espanha no comando de um grande exército rumo aos Países Baixos. Algumas semanas depois, seu embaixador, o duque de Álava, pediu uma audiência com o rei e a rainha-mãe. Ele entregou a solicitação de seu mestre para desembarcar com suas forças em Fréjus, no sul da França. Dali, Felipe propôs um trajeto para o norte atravessando o leste da França até Flandres. Catarina, abalada com a ideia de permitir que cerca de 20 mil soldados espanhóis seguissem por toda a extensão francesa, recusou terminantemente. A relativa calma religiosa no país estava precariamente no seu melhor momento; a presença de um grande número de soldados espanhóis em solo francês "iria atear fogo ao reino". O convite subsequente dos espanhóis para que os franceses se juntassem a eles na campanha contra o protestantismo também foi recusado de maneira taxativa. Com essa negativa, Felipe buscou uma rota diferente, embora menos conveniente, para chegar aos seus territórios do norte via Saboia, Milão e Lorena.

O exército espanhol marchou inexoravelmente em direção a Flandres, mas Felipe decidira não liderar suas tropas ele mesmo, colocando o duque de Alba à frente e, ao mesmo tempo, substituindo Margarete como regente dos Países Baixos. O duque tinha ordens de reprimir e se necessário exterminar os rebeldes sem misericórdia. A presença de uma força espanhola desse porte em sua fronteira norte representava um perigo crítico para a França; por isso, em meio a grande ansiedade do conselho, Catarina e Carlos passaram imediatamente a inspecionar suas defesas no norte. Como precaução adicional, Carlos contratou 6 mil mercenários suíços, além de reforçar as guarnições do Piemonte, Champagne e dos Três Bispados.* Felipe encarou essas medidas de segurança como ultrajantes. Álava protestou junto à rainha-mãe: "O rei não tem necessidade desse exército".[2] Catarina, conhecendo a reputação de ferocidade dos soldados espanhóis, ficou também indignada por não ter sido informada dos planos de seu genro. Ela ordenou que o embaixador francês em Madrid lhe explicasse a situação, e fez a seguinte pergunta retórica: "Será que é razoável em meio a toda a violenta turbulência, espalhada por toda parte,

---

* Toul, Metz e Verdun.

que devamos ficar à mercê de qualquer um que deseje nos provocar dano?".[3] Num gesto típico para manter Felipe seguro da sua boa vontade, enviou suprimentos de grãos aos exércitos dele. Catarina tinha razões para temer predadores estrangeiros potenciais. Maximiliano, imperador do Sacro Império Romano, desfrutando de um breve respiro de sua guerra contra os turcos, poderia também ver nisso uma oportunidade propícia para atacar uma fragilizada França, e a rainha Elizabeth acabara de mandar Thomas Norris como enviado especial à corte francesa para exigir a devolução de Calais. Catarina formulou a resposta intransigente de Carlos: "Como a própria rainha rompeu a paz ao tomar Le Havre, deve abrir mão de Calais e ficar satisfeita em manter os limites naturais de seu reino".

Ao mesmo tempo, no verão de 1567, os huguenotes estavam cada vez mais convencidos de que havia um plano secreto entre a Espanha e Catarina para usar mercenários contra eles. Isso ficou exacerbado quando Carlos não dispensou os 6 mil soldados, embora o risco de invasão tivesse cessado com a chegada de Alba e seu exército aos Países Baixos. Foram relatados violentos ataques de protestantes contra católicos nas províncias. Os principais huguenotes na corte sentiram ventos gelados quando Catarina retirou-lhes seu apoio e fez o possível para mostrar que estava absolutamente disposta a sufocar o comportamento selvagem dos reformadores que atacavam católicos. Em Pamiers, perto de Toulouse, houve um ataque particularmente brutal de protestantes, que mataram monges e expulsaram cidadãos católicos. A rainha-mãe comentou que a conduta deles não era melhor que a dos turcos. Os protestantes ficaram igualmente horrorizados com os relatos das atrocidades de Alba que chegavam dos Países Baixos. Ele instalara o que é hoje conhecido como Tribunal de Sangue, que supervisionava a matança de centenas de rebeldes e calvinistas. Gravuras na Hatfield House, onde Elizabeth I soube da notícia de sua ascensão ao trono inglês em 1558, mostram essas horrendas execuções em massa.[4]

A prisão de dois destacados nobres rebeldes, os condes Egmont e Horne, executados em junho de 1568, provou que Alba e seu regime de terror não tinham intenção de abrir exceções para a alta nobreza. Na realidade, as prisões de Egmont e Horne deixaram os huguenotes distintos ao sul da fronteira ainda mais apreensivos. Teriam eles o mesmo destino? Eles protestaram de novo contra a presença de soldados suíços, argumentando que não conseguiriam garantir a paz do seu próprio lado se os mercenários continuassem na França.

Catarina prometeu a Condé que iria pessoalmente supervisionar a estreita adesão ao Édito de Amboise e punir quem quer que se posicionasse acima da lei, embora não dissesse nada a respeito dos soldados.

Insatisfeito, Coligny pediu uma explicação de seu tio sobre os mercenários. O condestável replicou: "O rei pagou por eles; ele quer ver como seu dinheiro está sendo usado". Essa resposta simples era a pura verdade, e ficou evidente quando Catarina promoveu uma revista militar para a diversão de seu filho. A corte estava instalada em Montceaux, a sudeste de Paris, e os suíços fizeram um desfile para entretê-la. Os protestantes deram pouca importância a isso, achando que se tratava de uma mera demonstração de força para mantê-los complacentes. Mas o pânico foi crescendo, ainda mais quando circulou um rumor de que Catarina tivera uma reunião secreta em Montceaux dando a ordem de prender os líderes huguenotes, cuja vida, portanto, estaria correndo perigo iminente. Diante dessa agitação de rumores e contrarrumores, eles começaram a se armar e se preparar para o confronto. Seu plano era simples: deveriam primeiro capturar Catarina, Carlos, Anjou e também o líder da facção dos Guise desde que o irmão dele morrera, o cardeal de Lorena. Várias cidades grandes seriam tomadas como fortalezas pelos huguenotes, recrutando-se soldados para fazer os mercenários suíços "em pedaços".

Perto do Château de Vallery, de Condé, os líderes huguenotes conceberam seu plano em detalhes. Enquanto isso, Catarina, que não ordenara nenhum tipo de ataque contra eles, desfrutava prazerosamente de sua estada em Montceaux no belo clima do início de outono, alegremente imaginando que tudo corria bem. Mas em 18 de setembro teve a notícia de que os huguenotes preparavam-se para a guerra; também foram avistados cerca de 1.500 soldados perto de Châtillon. Ela enviou Artus de Cossé, um de seus comandantes militares, para examinar os despachos e escreveu a Forqueveaux, o enviado francês a Madrid, dizendo: "foi só um pequeno susto, mas já passou". Determinada a curtir sua estada caçando e descansando em *"sa belle maison de Montceaux"*, um *château* pouco protegido, ela assegurou ao lugar-tenente do rei no delfinado que "tudo está em paz agora, graças a Deus, como seria de esperar".5 Enquanto Catarina deixava seu pensamento ser influenciado mais por seus desejos e menos por sua intuição, os protestantes faziam os últimos ajustes em seus planos. Mais advertências sobre ataques iminentes chegaram dos espanhóis de Bruxelas, mas ela também decidiu descartá-las, julgando que fossem tentativas de assustá-la. O condestável, que ainda acreditava que sua rede de informações era tão boa quanto fora no princípio, robusteceu a confiança dela ao declarar que não era possível que nem mesmo cem cavaleiros se reunissem "sem que eu soubesse disso na mesma hora". Infelizmente, os dias em que os alardes de Montmorency podiam ser verdadeiros já haviam ficado para trás. Ouviam-se até conversas presunçosas a respeito de considerar "uma ofensa grave difundir falsos alarmes".[6]

Os rumores cresciam, os avistamentos de soldados foram confirmados e continuavam chegando mensagens advertindo que eles estavam bem perto, junto a Rozay-en-Brie. Catarina não podia mais ignorar a terrível realidade: seu sonho se evaporara. Em 26 de setembro de 1567, a corte mudou-se para a relativa segurança da cidadela da vizinha Meaux. Ela enviou uma convocação imediata aos soldados suíços aquartelados no Château-Thierry. Chegaram notícias de que Péronne, Melun e outras cidades haviam sido atacadas pelos huguenotes. E podia-se esperar algo pior, pois tropas inimigas haviam sido localizadas na maioria das estradas que chegavam a Meaux. Incapaz de compreender o que havia provocado o levante huguenote, Catarina declarou estar "perplexa" e que "não conseguia ver o motivo" daquilo que chamou de "infame empresa", e que ficou conhecida como a *Surprise de Meaux*.

Às três horas da manhã de 27 de setembro, os soldados suíços chegaram, e Catarina, aceitando o conselho dos Guise contra os do condestável e de L'Hôpital, decidiu ir às pressas para Paris, preferindo correr o risco da fuga a ser sitiada em Meaux. No centro de uma formação de soldados em quadrado, rodeada por uma "floresta de lanças suíças", a rainha-mãe e o rei, sua família e os nobres mais importantes partiram para a capital. Aterrorizado, o restante da corte seguiu o êxodo da melhor maneira que conseguiu. Cavalarianos rebeldes acossaram e atacaram a comitiva várias vezes no início dessa arriscada jornada, mas os suíços repeliram com sucesso todos os ataques. Por fim, ficou decidido que Catarina, o rei e as crianças reais deveriam se adiantar em carruagens mais leves, com uma pequena guarda, até Paris, onde chegaram às quatro da madrugada, seguidos depois pelo restante da comitiva. Por seu aspecto, os cortesãos compunham um espetáculo nada edificante ao entrar na cidade, desgrenhados, aterrorizados e exaustos, muitos deles tendo feito o trajeto a pé. Ao longo de toda a corrida até Paris, Catarina vira Carlos chorando de raiva e prometendo que a partir daquele dia "nunca iria permitir que ninguém o assustasse de novo, e jurou perseguir os culpados até suas casas e suas camas. Decidiu dali em diante aplicar a lei a todos, os grandes e os pequenos".7

Frustrados pela fuga bem-sucedida de sua presa real, os rebeldes huguenotes postaram-se fora de Paris em Saint-Denis, e prepararam-se para sitiar a cidade. Também bloquearam os suprimentos que desciam pelo rio Sena. Ansiosa para ganhar tempo e decidir seu próximo movimento, Catarina mandou De L'Hôpital até Condé. Precisava descobrir os objetivos dos rebeldes. O príncipe, ao ser-lhe oferecida total anistia em troca de dispersar e desarmar seus homens, respondeu com desdém que isso não era suficiente e, apresentando-se como um herói do povo oprimido, exigiu que o rei dispersasse e desarmasse seus exércitos totalmente. Insistiu na total restauração do Édito de Amboise, na imediata convocação dos Estados-Gerais e numa redução geral dos impostos. O povo francês, declarou ele, estava sofrendo e pagando pela ambição de estrangeiros e "italianos" numa época em que o reino nem sequer estava em guerra. Esse último ponto só podia ser interpretado como um ataque direto e pessoal a Catarina, ao custoso esplendor de sua corte e aos empréstimos de banqueiros italianos que sustentavam seu erário vazio.

Relata-se que, numa reunião no conselho do rei, Catarina teria se dirigido ao seu antigo mentor, Michel de L'Hôpital, que oferecia sugestões para uma reconciliação dos dois lados, e dito com raiva: "Foi você com seus conselhos que nos colocou nessa situação!". À medida que os parisienses começaram a sentir os efeitos do bloqueio, não havia outra solução a não ser combater a infame e não provocada traição dos rebeldes, que ela chamou de "a maior maldade do mundo". O rei reuniu um exército enquanto a mãe enviava apelos de ajuda a seu "primo" Cosimo, duque de Florença. Felipe da Espanha e o papa Pio V também receberam solicitações de ajuda da parte dela. Agora, vendo esmagada de vez a sua teimosa crença numa paz que na realidade nunca existira, os dias de uma Catarina esclarecida e conciliadora apaixonada estavam finalmente encerrados.

Numa carta à Espanha, ela lamentava-se: "Vocês podem imaginar com que dor vejo o reino voltando aos problemas e aflições das quais tanto lutei para livrá-lo". As conversações entre os dois lados não avançavam, e os parisienses eram obrigados a suportar a fome. Em 7 de outubro de 1567, o arauto do rei, seguindo uma antiga tradição, foi enviado a Saint-Denis para pedir que Coligny, D'Andelot e Condé depusessem armas e se entregassem. Os três líderes huguenotes responderam que ainda eram leais ao seu rei e queriam apenas livrar o país das suas presentes dificuldades. O tempo de negociar havia se exaurido; em 10 de novembro, o condestável, de 64 anos, partiu a cavalo de Paris à frente do exército real de 16 mil homens. Carlos fizera uma impetuosa tentativa de liderar ele mesmo um corpo de soldados, mas havia sido contido por Montmorency que, segurando as rédeas do cavalo do rei, disse: "Senhor, não é assim que sua majestade deve colocar em risco sua pessoa; ela é importante demais para nós e precisaríamos de pelo menos 10 mil cavalarianos para acompanhá-lo".[8] Frustrado, Carlos voltou atrás e às três da tarde teve início a batalha do lado de fora da Porte Saint-Denis.

Uma avassaladora e corajosa carga de cavalaria de Condé quase conseguiu a vitória, mas foi repelida pelos soldados reais, e ao anoitecer o exército huguenote abandonou o campo de batalha. Durante os combates, o condestável recebeu uma ferida mortal: depois de resistir a vários golpes no rosto e na cabeça, um tiro de arcabuz nas costas deixou-o agonizante. Carregado de volta para a cidade e depois de muito sofrimento, o bravo ancião morreu em 12 de novembro. Catarina e o rei ordenaram um funeral com tamanhas honrarias que quase podia ser confundido com um enterro real. Montmorency foi finalmente colocado para descansar em Saint-Denis, perto do túmulo de Henrique II, o rei que ele amara e servira fielmente.

Tendo perdido o condestável, Catarina, cega para a reação pública e para o senso comum, anunciou que seu adorado filho Henrique de Anjou havia sido nomeado tenente-general e agora comandava o exército. Com apenas dezesseis anos, até então mimado e rodeado pela rainha-mãe e suas damas, vivendo uma vida cercada de cuidados para proteger sua saúde, com quartos especialmente aquecidos, livres de correntes de ar e com todos os seus desejos atendidos, ele dificilmente se apresentava como um líder militar que inspirasse confiança, assim como os homens que ela escolheu como seus assessores militares. Eram o duque de Nemours (recém-casado com a viúva duquesa de Guise), o duque de Montpensier, cujo fanatismo católico era diretamente proporcional à sua falta de experiência militar, e Artus de Cossé, o secretário real das Finanças. O delicado estado do tesouro fazia duvidar das suas capacidades estratégicas e militares, se bem que, ao torná-lo um marechal da França, esperava-se que talvez encontrasse a inspiração que até então lhe faltara. Para complicar as coisas, a relação entre Cossé e Montpensier podia, na melhor das hipóteses, ser descrita como de intensa antipatia recíproca. As nomeações de Catarina refletiam considerações políticas, mais do que propriamente militares. Deixar a condução da guerra por conta de uma comissão é sempre arriscado, mas quando essa comissão é composta por gente inadequada e em litígio, e liderada por um fraco adolescente, o risco é quase suicida.

Condé havia se retirado para leste e acabou juntando forças com um grande contingente de *Reiters* alemães (soldados de aluguel dos príncipes protestantes), que tinham vindo em sua ajuda. Pouco antes do Natal de 1567, Catarina convocou Álava e pediu que a acompanhasse numa caminhada pelos jardins das Tulherias, onde se iniciara a construção de um novo palácio. Catarina desculpou a incompetência militar de seu filho colocando a culpa em sua juventude, mas Álava replicou sem concessões. Por que culpar a juventude do filho, perguntou ele, quando ela havia escolhido idiotas como seus comandantes? Cossé era um zé-ninguém, Nemours estava apaixonado demais para pensar em guerra e Montpensier, um idiota. Álava defendeu enfaticamente que a rainha-mãe nomeasse Tavannes, um grande e leal soldado, que não iria se esquivar de cumprir seu dever. Em janeiro de 1568, Catarina partiu para o quartel-general dos Anjou em Châlons-sur-Marne. A desordem no acampamento era notória; se não tivesse sido pelas discussões entre dois altos oficiais, que haviam preferido resolver uma questão privada entre eles antes de pegar em armas, os *Reiters* alemães talvez pudessem ter sido impedidos de se juntar ao inimigo. Além disso, vendo os chefes do exército incapazes de chegar a um acordo quanto a um curso de ação, a rainha constatou que o filho e seus comandantes estavam no meio de um caos sem esperança. Ela, portanto, colocou Tavannes chefiando a vanguarda do exército e ficou decidido que eles iriam até Troyes tentar evitar que os huguenotes capturassem as regiões mais importantes do interior da França.

A visita de Catarina escondia uma missão secreta, pois ela também planejara encontrar Châtillon, que representava os rebeldes, para tentar descobrir uma fórmula que pusesse fim à guerra. Ela voltou a Paris em 15 de janeiro de 1568, e Châtillon seguiu-a dois dias depois sob um salvo-conduto real secreto, instalando-se no Château de Vincennes, logo à saída da cidade. Mas já havia de algum modo vazado a informação que Catarina estava em conversações com rebeldes huguenotes. Os parisienses, dos quais se arrancara dinheiro para ajudar a pagar soldados e que sentiam agudamente os efeitos do bloqueio feito pelos rebeldes, ficaram atônitos ao saber que Catarina considerava algo que não fosse a eliminação total do inimigo. Carlos recebera dinheiro dos cidadãos e de Felipe II para prosseguir na guerra. Andando com Carlos uma noite pela rua Saint-Denis, a rainha-mãe ergueu seu *touret de nez* para dizer algo ao filho, quando uma voz irada da multidão ameaçadora gritou: "Senhor! Não acredite nela, pois nunca lhe diz a verdade!". Seguiu-se uma pequena confusão, com os guardas reais batendo nos manifestantes. Catarina não obstante continuou suas conversas com Châtillon e os assessores dele, acobertada pela noite. Seus esforços foram infrutíferos e tudo se encerrou sem nenhum acordo.

Apesar do inverno rigorosíssimo de 1567-1568, os huguenotes e os *Reiters* fizeram substanciais avanços, alcançando Auxerre, e marchando em seguida para tomar Beauce. Diante do espetacular avanço dos protestantes, Anjou foi obrigado a recuar suas forças até Nogent-sur-Seine, e Paris uma vez mais ficou vulnerável ao inimigo. Carlos, já furioso com o comando militar do irmão e sua incompetência, declarou que ele mesmo iria liderar o exército real até a vitória, mas Catarina não permitiu que o rei se expusesse a qualquer perigo. Condé conseguiu chegar a Chartres no final de fevereiro e sitiou a cidade, mas sua campanha se deteve ali, devido à falta de dinheiro e de suprimentos. Durante a guerra, ambos os lados haviam pilhado a área rural, deixando a terra devastada e os camponeses numa condição precária; agora, não restava mais nada para comer. Condé enviou um apelo urgente ao rei pedindo conversações, que ele atendeu e resultou na Paz de Longjumeau, assinada em 22-23 de março de 1568.

Como era usual, o tratado de paz desagradou a ambos os lados. O rei concordou em pagar os *Reiters* alemães para tirá-los do solo francês, o Édito de Amboise foi restabelecido sem restrições, e em troca os huguenotes tiveram ordens de devolver as cidades que haviam tomado durante a curta e caótica Segunda Guerra de Religião. O perigo que Condé ignorava, mas que alarmou Coligny, era que Carlos iria manter seu exército intacto, deixando os protestantes vulneráveis a um novo ataque. Nos meses seguintes à assim chamada paz, as lutas e os problemas continuaram e foram considerados por alguns como piores do que os da própria curta guerra. Os protestantes recusaram-se a sair das cidades que haviam tomado; mataram padres, queimaram igrejas, destruíram estátuas religiosas e profanaram relíquias. Católicos reagiram prontamente assassinando protestantes. A barbárie de ambos os lados continuou crescendo; em apenas um dos muitos horríveis incidentes, um padre capturado por protestantes enfurecidos foi retalhado, estendido no chão e teve suas feridas repetidas vezes cobertas por vinagre e sal. Ele demorou oito dias para morrer.

Com a escalada da violência, ficou claro que a Paz de Longjumeau mal poderia ser considerada uma trégua. Um historiador protestante afirmou que morreram mais huguenotes durante o período que sucedeu à segunda guerra civil do que nas duas primeiras guerras juntas.[9] No final de abril de 1568, quando Catarina convocou o conselho do rei, não sabia mais o que fazer. Em 28 de abril, caiu gravemente doente, com febre alta, encefalites lancinantes, vômitos e dores do lado direito. Em 10 de maio, quando Catarina começou a sangrar pelo nariz e pela boca, o conselho iniciou discussões a respeito do que fazer caso ela morresse. Nessas reuniões urgentes, Carlos ficara perdido, sem a mãe para guiá-lo. Como sempre, Lorena pressionou para que se aplicassem as mais rigorosas medidas de repressão e punição aos huguenotes. De L'Hôpital, também como seria de esperar, achava melhor a conciliação. Quando todas as esperanças pareciam perdidas, a febre de Catarina cedeu. Embora a doença e o suor voltassem quando anoitecia – seus lençóis precisavam ser trocados quatro ou cinco vezes por noite –, ela conseguia realizar algum trabalho durante o dia. Em 24 de maio, sentou-se apoiada na cama e ditou cartas, enviando uma a Coligny sobre o roubo do dinheiro destinado a pagar a partida dos *Reiters*. A quase total paralisia de Carlos na ausência de sua mãe ao lado dele havia sido uma alarmante amostra do que poderia ser esperado caso Catarina morresse.

A respeito do surto de assassinatos políticos que se seguiram ao Tratado de Longjumeau, um comentarista observou:

> Desde que a França adotou os assassinatos à italiana, e se difundiu o costume de contratar assassinos para cortar a garganta de alguém, como quem contrata um pedreiro ou um carpinteiro, seria quase uma novidade transcorrerem vários dias sem que se cometesse algum crime desse tipo, e antes um homem talvez não ouvisse falar de um assassinato mais de dez vezes em toda a sua vida. Sabemos que era costume antigo na França, e observado mais religiosamente do que em qualquer outro lugar, sempre atacar um inimigo abertamente, nunca pegá-lo desarmado ou em algum outro tipo de desvantagem, adverti-lo sempre e dar-lhe tempo de se afastar, e também julgar injusto que duas pessoas atacassem outra sozinha. Ouvi dizer que os italianos zombam muito de todas essas coisas.[10]

A culpa disso era com frequência atribuída, embora injustamente, à rainha Médici e aos hábitos italianos que ela importara. Havia uma sensação geral de que a ordem social estava se deteriorando; o que começara como uma querela religiosa descambava para um anárquico e depravado vale-tudo.

Catarina recebeu uma carta sombria de Coligny: "Devo lembrar a vossa majestade o que já disse antes, que as convicções religiosas não são removidas pelo fogo, nem pela espada, e que aqueles que podem colocar sua vida a serviço de Deus consideram-se muito afortunados".[11] Catarina, sem se impressionar, respondeu: "O rei deseja que seja feita justiça a todos os seus súditos sem discriminação [...] Acredito que a vontade dele iria produzir maior efeito se as armas não estivessem nas mãos daqueles que não deveriam tê-las, e sim nas dele, e é por isso que todos resistem e impedem que ele seja obedecido".[12] Ao mesmo tempo que essas cartas eram trocadas, Condé recuou com uma grande força para a Picardia, e supõe-se que tenha jurado: "Enquanto o cardeal de Lorena continuar na corte, não haverá paz. Eu irei pegá-lo e manchar sua roupa de vermelho com seu próprio sangue". A atmosfera de mau humor e inquietude fazia com que Catarina e Carlos fossem a qualquer lugar com uma forte escolta. Falando durante uma audiência com Giovanni Correro, embaixador de Veneza, ela cochichou: "Quem sabe [...] mesmo nesta sala pode haver gente que gostaria de ver mortes, e que nos mataria com as próprias mãos. Mas Deus não permitiria isso, pois nossa causa é a Dele e da cristandade".[13] Ela também comentou com ele que, segundo as previsões astrológicas, a sorte mudava a cada sete anos, e, como seus infortúnios haviam começado sete anos atrás, acreditava que seu destino poderia agora melhorar com os astros.

Algumas semanas após essa conversa, soldados protestantes franceses, liderados pelo *sieur* de Cocqueville, cruzaram a Picardia rumo a Flandres para se unir às forças de seus correligionários holandeses. Catarina despachou o marechal de Cossé para interceptar os rebeldes, que foram pegos a tempo. Cocqueville foi sumariamente executado e sua cabeça enviada de volta a Paris, onde foi exibida espetada numa lança. Os membros holandeses do exército rebelde não tiveram sorte muito melhor, entregues pelos franceses como prisioneiros a Alba, de quem podiam esperar apenas tortura e morte. Catarina estava incomumente sanguínea – em ambos os sentidos – a respeito do destino dos demais rebeldes franceses capturados: "Acho que alguns deles devem ser punidos com execução e o resto enviado às galés".[14] Ao ouvir a notícia da decapitação pública dos condes Egmont e Horne em junho (o último, um primo de Coligny), Catarina observou ao embaixador espanhol que considerava isso uma "santa decisão" e esperava ser capaz de seguir o mesmo exemplo na França com um líder dos huguenotes.[15] E foi assim que, em 29 de julho de 1568, Catarina ordenou que Tavannes e seus homens capturassem Condé. Ela queria *cette tête si chère* (esta cabeça tão valiosa).

Uma informação antecipada sobre as intenções da rainha-mãe chegou a Condé e Coligny por meio de uma mensagem, onde se lia "A presa está na armadilha, ela quer que a caçada comece". Os dois partiram no final de agosto de Noyers com as respectivas famílias e seguidores para a fortaleza de La Rochelle, no litoral sudoeste da França. Conforme atravessavam o país em direção ao seu refúgio, o número da comitiva huguenote de homens, mulheres e crianças cresceu, até ser saudada como uma moderna "Fuga para o Egito do povo eleito por Deus". O almirante escreveu de modo lírico para a rainha-mãe e o rei sobre o assunto, mas enfatizou que pessoas desarmadas fugindo para um refúgio seguro dificilmente poderiam caracterizar uma rebelião. No início de 1567, Jeanne d'Albret havia fugido da França para seu próprio principado de Béarn, com seu filho Henrique de Navarra, sem a permissão de Catarina, que por isso a chamou de "a mulher mais desavergonhada do mundo". Desse modo, ela ultrapassara os limites. Em 24 de setembro, Jeanne e seu filho Henrique de quinze anos encontraram-se com o grupo, e quatro dias depois os líderes do movimento huguenote entraram em La Rochelle à frente de seus seguidores. Jeanne trouxera consigo reforços substanciais e imediatamente colocou-os para trabalhar no fortalecimento da cidade contra o esperado massacre realista. Ela enviou mensagem a Catarina dizendo que esta era uma luta "a serviço de meu Deus e de minha verdadeira fé", "a serviço de meu rei e da observância do Édito de Pacificação", e que não era nada além do seu "direito de sangue".[16]

À medida que a situação econômica da França se deteriorava e o ódio nascido das duas guerras de religião se extravasava, o número de huguenotes cresceu. A organização eficiente de Calvino, com seus agentes infiltrados na França, combinada com a imprensa protestante, difundira a mensagem dos reformadores por todo o país a pessoas cada vez mais receptivas, de todas as classes. Os princípios doutrinários de Calvino estavam a essa altura entretecidos com as complexas agendas políticas conflitantes, que nasciam não só das diferentes facções poderosas dentro do próprio reino, mas também do medo de que a Espanha pudesse se unir aos ultracatólicos franceses e tentar aniquilar de vez os protestantes. Os holandeses eram um exemplo claro de como os espanhóis suprimiam dissidentes religiosos.

Ao receber a notícia da fuga dos líderes huguenotes e da comparação por eles feita com a fuga dos seguidores de Moisés da tirania faraônica, Catarina (particularmente irada pela referência bíblica) escreveu que agora seu único intento era "derrubá-los, derrotá-los e destruí-los antes que eles possam [...] fazer algo pior".[17] Desde o início de agosto, ela vinha sofrendo não só com o horrível espetáculo do reino mergulhando na anarquia, mas também com a combalida saúde do rei. Recolhida com mais de 10 mil homens para protegê-los no Château de Madrid, no Bois de Boulogne, Catarina cuidava do filho acometido de febre e via-o ficar cada dia mais fraco. Embora não soubesse, o filho estava nos últimos estágios da tuberculose, e os surtos da doença iriam se tornar cada vez mais frequentes e graves. Enquanto cuidava dele, recebeu a notícia de que Pio V autorizara recolher uma taxa especial do clero francês para subsidiar a guerra que se avizinhava. Isso provocou a cisão final entre ela e seu moderado chanceler Michel de L'Hôpital. Ele argumentou que, ao permitir que a ordem prosperasse, Catarina só poderia esperar provocar ainda mais os protestantes. Ela estava irritada com a contínua política dele de apaziguamento, e o chanceler – em outra época guia e mesmo mentor de Catarina – viu-se isolado no conselho e por fim desacreditado. Em 19 de setembro de 1568, ele recusou selar as ordens que vinham das bulas papais e permitiam a transferência de propriedades da Igreja como preparação para a guerra, o que fez o cardeal de Lorena perder totalmente sua usual compostura e ser fisicamente contido para não agredir De L'Hôpital. Dias mais tarde, o chanceler retirou-se do conselho, alegando idade avançada, e foi para as suas propriedades, entregando os selos de seu cargo antes de partir.

Em meados de agosto de 1568, o rei iniciava uma lenta recuperação, e voltou ao conselho, frágil e magro. A própria Catarina caiu doente, com problemas estomacais. A vida toda ela sofrera de complicações gástricas, embora seja provável que fossem em grande parte devidas à gula. Em uma ocasião, ela quase morreu por ter comido muito *cibreo,* um de seus pratos florentinos prediletos, um irresistível cozido feito de moela, testículos, miúdos e cristas de galo.[18] Depois que o filho e ela se recuperaram, a família real saiu do Château de Madrid e foi para o seu amado castelo em Saint-Maur, bem perto de Paris. A atmosfera ali era sombria, já que o conselho se preparava para a guerra. Anjou estava impaciente, aguardando o momento de conduzir seu exército à vitória. Carlos, que invejosamente desejava conduzir ele mesmo seus exércitos, tocava melancólicas melodias em sua trompa, parando de vez em quando para cuspir seus escarros tuberculosos manchados de sangue. Catarina, enquanto isso, elaborava seu primeiro documento contra os huguenotes, que ficaria conhecido como Declaração de Saint-Maur. Ficavam revogadas as concessões contidas no Édito de Amboise e proibida a prática de qualquer religião na França que não fosse o catolicismo.

Catarina mergulhou em preocupações quando o rei caiu doente de novo. Surgira uma infecção em seu braço, depois de mais uma ineficiente e rotineira sangria, e se desenvolveu um imenso abscesso, fazendo-o uma vez mais apresentar febres altas. Os médicos temiam que ele não sobreviveria. Aterrorizado com a possibilidade de ficar com o braço inválido, o jovem rei pediu que a mãe e seus irmãos ficassem ao seu lado em Saint-Maur. Por toda Paris foram rezadas orações e missas para a sua recuperação. Desafiando as opiniões médicas, Carlos recuperou-se o suficiente para liderar a procissão, que tradicionalmente precedia as expedições militares. Ela culminou em Saint-Denis, onde o rei simbolicamente colocou sua coroa e cetro sob a proteção divina até que a guerra fosse vencida.

O duque de Anjou, mais uma vez nomeado tenente-general, partiu para Étampes, onde Catarina o encontrou. Depois de apaziguar as usuais discussões acaloradas entre os comandantes, ela voltou a Paris para supervisionar as questões relacionadas com os suprimentos para o exército. Esse trabalho, com o qual já estava familiarizada desde a época em que foi uma espécie de superintendente-geral para as forças de seu marido, despertou pungentes recordações. Os franceses lutavam então contra um inimigo estrangeiro; agora lutavam entre eles. Nenhum detalhe era pequeno demais para a atenção da rainha-mãe, embora muitas questões pessoais pudessem distraí-la. Sua filha Isabel esperava um bebê, e, embora estivesse apenas no quarto mês e meio de gravidez, havia aumentado demais de peso. Em 18 de outubro de 1568, Catarina escreveu a Felipe suplicando que se certificasse de que Isabel "coma apenas duas refeições por dia, e apenas pão entre as refeições". Ela não sabia, mas, quando escrevia essa carta, sua filha já estava morta havia duas semanas.[19]

Um dia após o mensageiro sair de Paris rumo à Espanha com as instruções de Catarina, chegou ali outro mensageiro com a triste notícia do falecimento de Isabel. Ela morrera ao meio-dia de 3 de outubro após um parto prematuro; o bebê, uma menina ainda não totalmente formada, morreu na mesma hora. O boletim oficial, tipicamente pomposo, declarava que a rainha falecera "da maneira mais cristã [...] vestida com o hábito de são Francisco, precedida no paraíso pela filha que havia carregado, que recebera a abençoada água do sagrado batismo".[20]

A notícia chegara antes aos cardeais de Lorena e de Bourbon, que decidiram esperar até de manhã – o mensageiro chegara no final da tarde – para contar ao rei e à sua mãe. Quando deram a triste notícia a Carlos, ele foi imediatamente comunicar à mãe antes que ela a ouvisse acidentalmente da boca de algum cortesão. Aqueles que assistiram ao choque da rainha-mãe disseram que foi algo terrível de se ver. Ela se afastou de seus conselheiros e assistentes sem dizer nada, com o rosto transformado em uma máscara impassível enquanto se dirigia sozinha para sua capela privada.

Paradoxalmente, ela e Isabel só haviam se tornado íntimas depois que a filha foi para a Espanha. Catarina então escrevia com frequência à jovem rainha, contando-lhe de suas alegrias e problemas. Catarina em geral não tinha pendor para a intimidade com os filhos, exceto quando estavam longe; só então se sentia capaz de liberar suas emoções e expressar seu amor. Para espanto de todos, horas depois de ter recebido a terrível notícia, a rainha reapareceu diante do conselho, relativamente recomposta, para prometer que iria, apesar da trágica perda, dedicar-se à santa tarefa de dar sequência à guerra contra os huguenotes. Ela seguiu adiante e impressionou o conselho ainda mais ao declarar que, se o inimigo acreditava que a morte de Isabel iria enfraquecer os laços entre a França e a Espanha, ficaria muito desapontado. "O rei Felipe certamente irá se casar de novo. Tenho apenas um desejo, o de que minha filha Marguerite [Margot] assuma o lugar da irmã dela."[21] Catarina reprimiu sua genuína desolação pela morte de Isabel, pois o dever dela para com o falecido marido, seus filhos e a França sempre vinha antes de seus sentimentos. Sem dúvida ficara arrasada ao perder a amada filha, com quem tinha um relacionamento íntimo, embora por carta, mas esse autocontrole – negando a si mesma o direito de desabar de tristeza – era para salvaguardar uma causa maior: o futuro da dinastia Valois.

Agora liberado da conexão familiar com Catarina, Felipe, que amara Isabel e se sentiu abalado por perdê-la, mesmo assim deixou claro que um casamento com Margot estava fora de questão. Ele desprezava Catarina pela maneira como ela lidara com os hereges; e desdenhava as mornas concessões do governo francês, pelas quais considerava a rainha-mãe totalmente responsável. Queria ser deixado em paz em seu luto e que não se tocasse mais no assunto de uma união com a sua cunhada. Logo depois surgiram conversas de um casamento de Felipe com a filha mais velha do imperador do Sacro Império Romano, Ana. Ao mesmo tempo, os espanhóis sugeriam que Carlos se casasse com a irmã mais nova, Elisabeth, enquanto Margot se casaria com o rei de Portugal. Alarmada, Catarina escreveu ao seu embaixador em Madrid, Fourquevaux, dizendo que apenas um casamento entre Margot e Felipe poderia manter a íntima união entre França e Espanha. Tudo isso acontecia no mesmo momento em que o cardeal de Guise estava em Madrid apresentando suas condolências ao pesaroso Felipe. Felizmente, Catarina conseguiu superar sua obsessão em fazer arranjos de casamento para seus filhos e achou melhor desistir por enquanto dessa batalha matrimonial, percebendo a grotesca falta de tato. Ao final de sua carta a Fourquevaux, ordenou que a queimasse assim que terminasse de lê-la, uma instrução que em geral assegurava que a correspondência seria cuidadosamente arquivada.

Em 24 de outubro, foi rezada uma missa em memória à rainha da Espanha. Carlos quebrou a tradição segundo a qual o monarca não deve comparecer a nenhuma dessas cerimônias e ficou, de roupa violeta, ao lado da mãe, que trajava os costumeiros véus negros. A dor da rainha-mãe e o pesar do rei eram tão evidentes que comoveu a todos. Mas o tempo para prantear talvez fosse um luxo muito caro, já que o futuro do catolicismo na França e possivelmente o da própria Casa de Valois estavam em risco. Catarina levantava dinheiro de todas as fontes possíveis; não poupou a si mesma e, como muitas vezes já fizera, usou os próprios bens em favor da causa. Até penhorou joias que haviam sido deixadas a ela por seu ilegítimo "irmão", Alexandre, assassinado muitos anos atrás. Cosimo de Médici, duque de Florença, ambicionando repatriar as joias, pechinchou a respeito de seu valor. Rodeada por senhores feudais que pensavam apenas nos próprios interesses, por um exército liderado por seu inexperiente filho de dezessete anos e por um rei enfraquecido demais para viver por muito mais tempo, Catarina, como seria de esperar, sentia-se exaurida.

Um inverno duro evitou qualquer manobra militar decisiva. Uma batalha teve que ser abandonada antes de começar porque as condições do gelo impediam a cavalaria de se mover para novas posições. A espera trouxe as conversações de paz e a conciliação de volta à pauta do conselho, mas Catarina reagiu com vigor a essas sugestões. Dessa vez, a vitória teria que ser decisiva. Álava encontrou-a chorosa e cansada quando chegou a Saint-Maur para uma audiência. Ela acabara de voltar de uma reunião do conselho, que se estendera bem mais que o usual e a obrigara a perder a missa, algo que ela raramente se permitia. "Devo mesmo parecer cansada, já que tenho que carregar o fardo inteiro do governo sozinha." Ela continuou: "Você ficaria muito surpreso se soubesse o que acabou de acontecer. Não sei mais em quem confiar. Aqueles que eu acreditava totalmente dedicados a serviço do rei, meu filho, viraram as costas e estão se opondo à vontade dele [...] Estou escandalizada com a conduta dos membros do conselho; todos querem que eu faça a paz".[22] Em outro momento de autocomiseração, ela mais tarde referiu-se à boa sorte de Elizabeth da Inglaterra, porque "todos os súditos têm a mesma religião da rainha; na França a situação é bem outra".[23] Elizabeth teria ficado muito feliz se o comentário de Catarina correspondesse à verdade, mas de qualquer modo isso expressa bem o estado de espírito da rainha-mãe na época.

Catarina continuou seu trabalho, e chegou a pagar o protestante príncipe de Orange, que trouxera uma grande força em ajuda aos huguenotes, para que saísse da França. Isso despertou furiosos protestos do embaixador espanhol, embora para o governo tivesse produzido o efeito desejado, já que um número substancial de soldados inimigos partiu do reino. Em Joinville, sede da família Guise, ela teve tempo de lidar com assuntos familiares e pediu à viúva duquesa de Lorena para entrar em contato com o imperador e ajudá-la a obter o consentimento dele para um casamento entre Carlos e a filha dele, Ana. Esperou uma resposta do imperador Maximiliano enquanto esteve em Metz, em 22 de fevereiro de 1569, para inspecionar o trabalho nas fortificações, visitar a cidadela e andar pelos bastiões. Também fez uma visita a um hospital – sempre algo perigoso – e logo após caiu doente, com febre alta e dores do lado direito do corpo.

Justo quando Catarina jazia incapacitada e febril, Anjou estava prestes a travar sua primeira batalha importante. Na noite anterior, Catarina adormeceu em meio a delírios. Acreditando que a mãe estivesse morrendo, Margot, Carlos, Francisco e o duque e a duquesa de Lorena reuniram-se em volta da cama dela. Margot escreveu em suas memórias: "Ela gritou, ainda adormecida, como se estivesse vendo a batalha de Jarnac, 'Veja como correm! Meu filho é vitorioso. Ah! Meu Deus! Pegue meu filho, ele está no chão! Veja, veja, entre os soldados, veja entre os soldados, o príncipe de Condé está morto!'".[24] No dia seguinte, o rei, que já estava dormindo, foi acordado para receber a notícia da vitória em Jarnac. Ele acordou sua mãe ainda de camisola para lhe contar da batalha. Ocorrera do jeito que ela havia sonhado. Catarina não conseguia conter sua alegria; Anjou, seu filho favorito, havia saído vitorioso e vingado. Te-Déuns foram cantados e sinos de igreja soaram por toda Metz, e a rainha-mãe começou a se recuperar lentamente.

A batalha de Jarnac, cidade situada perto de Cognac, foi notável não só por ter sido uma vitória dos realistas contra os huguenotes, mas pela morte de seu líder Luís de Condé. O exército real, embora nominalmente liderado pelo duque de Anjou, era de fato comandado pelo confiável marechal de Tavannes, indicado por Catarina. Em 13 de março de 1569, depois que os realistas finalmente conseguiram envolver Coligny e seus homens em combate, Condé – que machucara sua perna na noite anterior – recebeu uma convocação urgente de levar ajuda a Coligny. Segundo o relato de sua morte feito pelo soldado e erudito huguenote Agrippa d'Aubigné, Condé montou seu cavalo de maneira desajeitada e quebrou a perna já machucada com tal gravidade que o osso perfurou a lateral de sua bota. Apesar disso, gritou: "Enfrentar o perigo por Cristo é uma bênção", acrescentando: "Bravos e nobres franceses, chegou a hora que estávamos esperando!".[25] Então, galopou até a frente da esplêndida mas desesperançada carga de cavalaria.

Coligny já enviara uma contraordem para o seu pedido de ajuda, mas a notícia não chegou a tempo até Condé. Quando seu cavalo foi morto, o príncipe não conseguiu mais ficar em pé, devido ao peso de sua armadura e à dor no membro fraturado. Ao se render e levantar a viseira do elmo, os dois soldados a quem ele se rendeu, chamados D'Argens e M. de Saint-Jean, reconheceram-no. D'Argens havia lutado em Angoulême com Condé, onde o príncipe salvara sua vida. Saint-Jean o conhecia de vista. Eles o aconselharam a manter a viseira abaixada se prezasse sua segurança. A guarda do duque de Anjou, liderada pelo capitão Montesquiou, aproximou-se, identificou o príncipe e gritou: "Vamos matá-lo! Vamos matá-lo!". Ao ouvir isso, Condé virou-se e disse: "Você não tem como me salvar, D'Argens". Nesse instante, Montesquiou atirou na nuca de Condé, e a bala saiu por seu olho direito.

Anjou saboreou a morte de seu principesco parente. Seus homens ataram o corpo de Condé a uma mula e o fizeram desfilar por ali aos gritos e zombarias, entoando uma cantoria: "Ele que a missa odeia, na mula amarrado passeia". Tal comportamento estava a mundos de distância das tradições cavalheirescas que haviam sido tão valorizadas pelo pai dele. Em radical contraste com isso, quando Francisco, duque de Guise, aprisionara Condé após a batalha de

Dreux, convidara-o a ficar com ele e os dois jantaram juntos. Agora, quando perguntaram a Anjou o que fazer com um bando de outros prisioneiros que estavam ali perto, conta-se que teria ordenado: "Matem-nos!". A tarefa ficou a cargo dos mercenários suíços. Tal conduta no campo de batalha demonstra claramente como as usuais cortesias e tradições de comportamento cavalheiresco haviam sido totalmente substituídas pela paixão por vingança, como resultado dos terríveis atos que cada lado cometera contra o outro desde a Primeira Guerra de Religião. É um truísmo afirmar que guerras civis e guerras de religião tendem a produzir as piores atrocidades; portanto, as das guerras civis francesas por motivos religiosos só poderiam ser muito mais medonhas.

Anjou fez uma breve visita à sua família e orgulhosamente anunciou sua vitória a Carlos, que olhava fervendo de ciúmes para a "glória" de seu irmão no campo de batalha. Henrique, fazendo um trocadilho com a cidade de Meaux, onde Condé tentara sequestrar a família real, anunciou ao seu irmão: "*Monseigneur*, venceste a batalha. O príncipe de Condé está morto. Eu vi seu corpo. Ah, o infeliz havia nos causado *tant de maux* [tantos males]".

O almirante de Coligny – que até então havia sido o verdadeiro comandante estratégico e militar dos huguenotes por trás de Condé, que era mera figura de proa com o brilho da legitimidade real – agora estava sozinho à frente do grupo, tanto em questões de política como de inspiração e estratégia militar. Ele tornou-se o protetor dos dois príncipes huguenotes órfãos de pai, Henrique de Navarra, o primeiro príncipe de sangue, de dezesseis anos, e o filho de Condé, de quinze anos, também chamado Henrique. Jeanne d'Albret apresentou os dois garotos aos soldados huguenotes, que saudaram os príncipes como seus líderes nominais, apoiados por seu herói militar, o sábio, corajoso e moralmente brilhante Gaspard de Coligny. Os católicos sabiam que ele representava um inimigo formidável. Não maculado por escândalos, cobiça ou qualquer dos vícios usuais, era um líder que inspirava quase veneração entre seus seguidores huguenotes.

Quando Anjou fez sua curta visita à corte, teve o cuidado especial de lisonjear Margot, a filha mais nova de Catarina, que só viera morar ali com o irmão Francisco no ano anterior. Desde que saíra da creche real em Amboise, ela ficara muito próxima de Carlos e ele a adorava. Ela sabia como acalmar os ataques de fúria do irmão e logo se tornou sua companheira e amiga.

O solitário rei havia encontrado alguém com quem compartilhar seus segredos. Diferentemente de Catarina, que mal dirigia uma palavra a Margot;

parecia se ressentir de sua evidente saúde, do seu lindo rosto e espírito alegre, e só falava com a filha para lhe dar ordens ou repreendê-la. Em suas memórias, a princesa lembra que tremia quando era chamada pela mãe. Anjou decidiu que deveria fazer bom uso de Margot – ainda inocente e confiável – para ajudá-lo a manter o comando do exército, já que o rei falava abertamente em liderar as tropas ele mesmo. Queria que ela o mantivesse a par de quaisquer desdobramentos importantes enquanto ele estivesse fora em campanha.

Margot se sentiu extasiada em contar com a confiança de seu glamoroso irmão, que lhe revelou que ela sempre fora sua irmã favorita. Essa proximidade deveria agora ser colocada em favor deles: "Foi boa na nossa infância", ele dizia a ela, "mas agora não somos mais crianças".[26] Ele acrescentou: "Não conheço ninguém tão bem preparada quanto você, que eu considero minha segunda natureza. Você tem todos as qualidades necessárias: bom julgamento, inteligência e lealdade".[27] Ele insistia em que ela devia estar presente no *lever* e *coucher* da mãe sempre que possível, e acompanhá-la onde quer que fosse, sabendo bem que todas as decisões políticas importantes eram tomadas ali. Anjou confidenciou-lhe que "ele preferiria uma morte cruel do que perder o comando do exército", e prometeu que ela iria conseguir a aprovação da mãe se o auxiliasse dessa maneira. Ele incentivou-a dizendo: "Esqueça sua timidez e fale com ela de modo confiante [...] Será uma grande alegria e honra para você ser amada por ela. Você fará muito por si mesma e por mim; e então será a você, depois de Deus, que irei dever a preservação da minha boa sorte [...]".[28] Ele também alimentou em Margot a esperança de que Catarina passaria a tratá-la de uma maneira muito diferente se ela seguisse as instruções de Anjou.

Pouco depois, Catarina conversou com Margot sobre tudo o que Anjou lhe havia dito e contado: "Seu irmão me falou da conversa que vocês dois tiveram, ele já não a vê mais como uma criança. Será um grande prazer para mim conversar com você como eu faria com seu irmão. Aproxime-se de mim, não tenha medo de falar comigo livremente, eu desejo isso".[29] Margot mais tarde relembrou: "Essa linguagem era nova para mim, pois até então eu havia vivido sem objetivo, sem pensar em nada a não ser em dançar e caçar [...] pois ainda não era crescida o suficiente para tal ambição e havia sido criada com tamanho medo da minha mãe que não só não tinha coragem de lhe falar, como morria de medo quando ela olhava para mim, pois temia ter feito alguma coisa que a desagradara". Agora ela sentia "uma felicidade tão grande que parecia que todos os prazeres que eu conhecera até então haviam sido uma mera sombra deste, e eu olhava para o passado com desdém". Era a iniciação da desafortunada princesa nas intrigas políticas e da corte, uma inclinação para a qual ela logo desenvolveu quase tanto talento quanto sua ex-cunhada Maria, rainha da Escócia.

Em 7 de abril de 1569, o embaixador espanhol foi recebido em audiência pela rainha-mãe, ainda acamada. A conversa que teve lugar naquele dia deu origem à fama posterior de Catarina como "A Rainha Negra" – uma ardilosa envenenadora e assassina. O embaixador relatou sua sugestão à rainha-mãe de que chegara a hora de *la sonoria*. Essa expressão significa "os sinos da morte", embora nesse contexto ele provavelmente se referisse ao assassinato do chefe dos rebeldes, Coligny, do irmão dele D'Andelot e do destacado nobre protestante Francisco III de La Rochefoucauld. Catarina teria respondido que havia pensado nessa mesma solução sete anos antes, no início dos problemas. Acrescentou que não havia passado um dia sem que se arrependesse de não ter tomado essa medida extrema na época. No entanto, apenas três dias antes havia colocado um preço considerável para as cabeças – vivas ou mortas – de Coligny, D'Andelot e La Rochefoucauld. As ofertas de 50 mil *écus* por Coligny, 20 mil por D'Andelot e 30 mil por La Rochefoucauld eram suficientemente vultosas para atrair potenciais assassinos.

Em 7 de maio de 1569, D'Andelot morreu em Saintes, provavelmente envenenado, já que Coligny e La Rochefoucauld caíram gravemente doentes na mesma época. Coligny estava tão doente que passaram a circular rumores de sua morte; fraco demais para conseguir andar, foi carregado de liteira para poder vir a público desmentir tais rumores. Quando Catarina soube da notícia, escreveu a Fourquevaux: "Regozijamo-nos imensamente com a notícia da morte de D'Andelot [...] Espero que Deus possa dar aos outros o tratamento que merecem".[30] O cardeal de Châtillon, irmão sobrevivente de Coligny, fugiu para a Inglaterra, e de lá escreveu a Frederico III, o eleitor palatino, denunciando a rainha-mãe como responsável por vingar-se, prerrogativa tradicional do Todo-Poderoso. Ele acusou Catarina de envenenar seu irmão, D'Andelot, e explicou que não só a autópsia revelara isso, mas que um jovem florentino, que assumira a responsabilidade por esses crimes, havia ainda se vangloriado de ter feito com que o almirante e seu irmão tomassem também a beberagem. Châtillon afirmou que o italiano estava naquele momento cobrando do rei sua recompensa.

Circulava também um boato de uma maçã envenenada, que a rainha-mãe supostamente teria enviado de presente a Condé no início dos conflitos religiosos. Quando a maçã chegou pelas mãos do tristemente famoso *parfumier* de Catarina, *maître* René, o médico do príncipe, Le Cros, por acaso estava presente. Suspeitando, pegou a maçã e segurou-a à altura do nariz para sentir-lhe o cheiro. Na mesma hora, suas narinas ficaram vermelhas e inflamadas. Colocou então uma lasca da fruta misturada à comida do cão, e assim que este comeu o primeiro bocado caiu morto. Não se sabe se essa história é verdadeira, mas podemos estar certos de que a essa altura Catarina havia recorrido a algumas práticas sinistras e extremamente incomuns para matar seus inimigos.

Álava reportou à Espanha que em janeiro Catarina havia sido abordada por um feiticeiro italiano que trabalhava num local sórdido conhecido como "*vallée de misère*", no Quai de Mégisserie, em Paris. Ele prometeu livrar a rainha-mãe de seus principais inimigos. A sugestão dele era lançar feitiços letais sobre Condé, Coligny e D'Andelot. Um artesão em metal chegou de Estrasburgo para fundir três efígies de bronze das vítimas. Tinham a altura e porte dos três homens e foram fundidas em pé, com o rosto voltado para cima. Todas tinham cabelos bem longos, ajeitados para ficarem em pé nas pontas. Um conjunto complexo de parafusos implantados nas efígies permitia que os membros se movessem e o peito e a cabeça se abrissem. Todo dia, trancado em sua horrenda oficina, o italiano calculava o horóscopo de suas três vítimas e ajustava os parafusos. O certo é que, quando morreram, tanto Condé quanto D'Andelot tinham no corpo estranhas marcas que não pareciam ter relação com as causas aparentes de suas doenças. À época, achou-se que o veneno teria feito as antigas feridas de D'Andelot ressurgirem; as marcas de Condé deixaram desconcertados todos os que as viram. Mas, quaisquer que fossem os poderes sobrenaturais do feiticeiro de Catarina, Coligny parecia protegido e continuou a causar problemas ao reino. Em julho, diante das queixas da rainha-mãe, o italiano culpou seu fracasso em matar o almirante à estrela dele, que no momento estava muito elevada e poderosa, acrescentando que precisaria de nada menos que dezessete daquelas efígies de Coligny para conseguir o resultado pretendido.

Em agosto, chegou a Felipe outro relato de Álava sobre uma nova tentativa contra a vida de Coligny. Ele encontrara um alemão que estivera recentemente no acampamento de Coligny e, depois de se jactar do quanto conhecia a rotina diária do almirante, mencionou um complô para matá-lo. Quando Álava falou sobre isso com o rei e sua mãe, eles pediram que implorasse ao alemão para que se mantivesse em silêncio, e disseram apenas ao embaixador que aguardasse boas notícias. Sir Henrique Norris, o embaixador inglês, também escreveu a respeito de um alemão chamado Hajiz, que fora pago para envenenar o almirante. Semanas mais tarde, protestantes franceses prenderam um certo Dominique d'Albe. Viajando com um *laissez-passer* de Anjou, ele mesmo assim alegou estar a serviço de Coligny, e uma revista em seus pertences revelou um sachê de pós escondido em suas roupas, que se constatou ser um veneno. D'Albe foi julgado e enforcado em 20 de setembro de 1569.[31] Há poucas dúvidas de que Catarina fazia grandes esforços para se livrar de Coligny por quaisquer meios, mas sem sucesso.

Anjou e o conselho de guerra agora precisavam desesperadamente da presença de Catarina. Os huguenotes tinham apoio de vários príncipes protestantes alemães e de seus exércitos. O duque da Baviera, o duque de Zweibrücken e o príncipe flamengo Luís de Nassau estavam enfrentando um exército realista de católicos franceses, mercenários suíços, valões financiados pela Espanha, italianos de Roma e da Toscana, e soldados liderados pelo margrave de Baden e pelo conde Ernst de Mansfelt. Os dois lados estavam numericamente equilibrados no verão de 1569, com uma pequena vantagem para os realistas. Apesar disso, os soldados realistas sentiam que a sua vitória em Jarnac havia sido desperdiçada e lamentavam o fato de os príncipes protestantes estrangeiros terem conseguido juntar forças graças a erros estúpidos dos comandantes de Carlos. Infelizmente, o duque de Zweibrücken, um corpulento *bon viveur*, morreu antes de ter o prazer de ver seus soldados se unirem aos aliados protestantes. O marechal de Tavannes disse que a causa da morte fora ter tomado o "vinho de Avalon", um vinho ao que parece envenenado por um médico de aldeia, capturado pelos homens do duque. O mais provável, porém, é que tivesse morrido simplesmente por beber demais. Catarina, sempre pronta a ver a mão de Deus em tudo, regozijou-se com a morte do inimigo e escreveu ao rei: "Está vendo, filho, como Deus o ajuda mais do que a qualquer homem, e mata seu inimigo sem nem sequer desferir um golpe?".[32] No verão de 1569, Catarina viajou até o *front*, assistiu a pequenas escaramuças, passou em revista as tropas, ajudou a arregimentar mais homens e no geral fortaleceu a determinação e o ânimo da liderança dos realistas.

Em julho de 1569, o rei aprovou um édito confiscando todas as propriedades e bens dos huguenotes, e em 13 de setembro Coligny foi condenado à morte *in absentia* pelo crime de lesa-majestade. A execução teria lugar na Place de Grève, quando ele fosse por fim capturado. Despojado de todas as honrarias, títulos e propriedades, o almirante sofreu o imediato confisco e venda de seus bens e propriedades. Enquanto não era preso, porém, a multidão teve que se contentar com uma efígie dependurada na Place de Grève. O homem em carne e osso mostrava-se muito esquivo e difícil de capturar ou matar. Os huguenotes, tendo em geral desfrutado de uma vantagem ao longo do verão, decidiram, apesar das reservas originais de Coligny, sitiar Poitiers em 14 de julho. Por meio de espertas táticas diversionistas, em 5 de setembro, Anjou conseguiu desfazer o cerco. Apesar da pouca idade, estava aprendendo depressa a arte da guerra.

Em 3 de outubro de 1569, aconselhado por Tavannes, Anjou travou batalha com o inimigo em Moncontour, a noroeste de Poitiers. Os huguenotes usavam sobrecasacas brancas – com faixas amarelas e vermelhas no braço em memória do falecido duque de Zweibrücken. Os homens do rei lutavam com as tradicionais sobrecasacas com a cruz branca dos cruzados e as faixas vermelhas reais nos ombros. Antes da ação, Tavannes subiu até um ponto de onde pudesse ver a disposição do exército inimigo. Tal era sua confiança que ao voltar declarou a Anjou: "*Monseigneur*, com a ajuda de Deus, vamos derrotá-los. Nunca mais pego em armas se hoje lutarmos e não vencermos. Vamos marchar! Em nome de Deus!".[33]

Por volta de três da tarde, Montpensier recebeu a ordem de atacar. Os soldados suíços, como era seu costume, beijaram o chão e uma clarinada deu o sinal para que se preparassem. Alertado, o exército huguenote respondeu cantando salmos enquanto também se aprontava. Durante a ação, Tavannes habilmente rodeou Coligny e obrigou-o a mudar a disposição de suas tropas. Apesar de uma brava carga de cavalaria, as forças huguenotes não conseguiram romper a linha realista e o almirante, gravemente ferido por um tiro no rosto, passou o comando a Luís de Nassau. O príncipe reuniu uma vez mais a cavalaria huguenote e lançou um último ataque desesperado às tropas reais. No meio do combate, Anjou foi derrubado do cavalo; sua guarda pessoal, liderada por François de Carnavalet, cercou-o enquanto ele montava de novo, e no final os cavaleiros inimigos foram forçados a abandonar o campo de batalha. No final da tarde, em meio à névoa, podiam ser ouvidos os gritos de muitos soldados huguenotes deixados para trás, implorando por suas vidas, gritando que eram "*bons papistes*" antes de serem degolados. Imagina-se que até 15 mil soldados protestantes franceses tenham sidos mortos naquela noite. Muitas velhas rixas foram acertadas.

Coligny e o ainda substancial exército huguenote – sua cavalaria continuou praticamente intacta, embora tivessem perdido a maior parte da infantaria – retiraram-se, mantendo uma série de fortalezas que iriam bloquear a aproximação a La Rochelle. A primeira era Saint-Jeand'Angély, a sudeste da cidadela huguenote. Coligny continuou mais ao sul para se recuperar e recrutar reforços, com os quais esperava voltar logo. Tavannes sensatamente insistiu para uma perseguição e destruição imediata dos huguenotes, mas a chegada do rei, ansioso para compartilhar e participar da glória militar de Anjou, fez mudar a tática. Carlos insistiu que as fortalezas fossem tomadas, em vez de se passar ao largo por elas. Assim, à medida que chegava o segundo inverno da guerra, não havia perspectiva de um final próximo dos combates.

Em 9 de outubro, logo após a batalha de Moncontour, um amigo próximo e veterano capitão de Coligny, chamado *seigneur* de Mouy, foi alvejado pelas costas e morto por Carlos de Louviers, *seigneur* de Maurevert. Esse jovem nobre, originalmente um cliente da família Guise, ascendera à liderança huguenote apresentando-se como uma vítima de seus antigos patrões, e fora muito ajudado pela calorosa recepção de De Mouy, que fora seu tutor. O objetivo de Maurevert havia sido assassinar o almirante, mas, como não surgira a oportunidade, decidira assassinar De Mouy em seu lugar. Maurevert apresentou-se, orgulhoso, no acampamento realista, onde não foi visto com bons olhos por ter atirado pelas costas em seu antigo tutor; mas Anjou recebeu-o com satisfação. O rei ordenou conferir um "presente honorário" ao assassino, e ele foi agraciado com nada menos que o *collier* da Ordem de Saint-Michel. Maurevert passaria mais tarde à história como "*le tueur du roi*" (o assassino do rei).

O cerco a Saint-Jean-d'Angély revelou-se longo e difícil. As finanças reais estavam precárias e o moral entre os homens era baixo. Os huguenotes, ao contrário, pareciam desafiadoramente animados apesar da derrota em Moncontour. Como era seu hábito, Catarina iniciou conversações de paz durante o sítio. A discórdia entre os realistas crescia, conforme a rivalidade latente entre o rei e Anjou ficava quase fora do controle, e Catarina tinha, além disso, que administrar os ciúmes entre Monluc e Damville de Montmorency, seus dois comandantes do sul.³⁴ Exausta, escreveu ao seu embaixador em Madri: "Por favor, faça o rei católico, meu bom filho, entender que a extrema necessidade nos obrigou a tomar o caminho da pacificação em lugar da força".³⁵ A notícia, é claro, chocou Felipe, que colocou todos os obstáculos possíveis a essa ideia de Catarina.

Jeanne d'Albret teve papel destacado nas conversações de paz, mas avaliava as abordagens dos realistas com cautela e desconfiança, e escreveu que "Uma paz feita de neve neste inverno, que irá derreter no calor do próximo verão", não valeria o esforço. Ela rejeitou a oferta de paz de Catarina, insistindo que a total liberdade de culto devia fazer parte de qualquer acordo duradouro. E ainda apelou à rainha-mãe: "Não consigo convencer a mim mesma, depois de ter tido a honra de conhecer intimamente os sentimentos de vossa majestade, que possa desejar ver-nos reduzidos a tal extremo ou impedidos de professar qualquer religião [...] Chegamos à determinação de preferir morrer, todos nós, antes de abandonar nosso Deus, e iremos mantê-la a não ser que nos seja permitido cultuá-lo publicamente".³⁶

Durante as conversações em abril de 1570 entre o cunhado de Coligny, Carlos de Téligny, e o conselho, o rei ficou tão furioso com as novas exigências dos protestantes que, com uma mão em sua adaga e a outra com o punho fechado, avançou em direção ao atônito emissário, que foi salvo de ser apunhalado pela rápida reação daqueles que estavam em volta de Carlos IX. Coligny, enquanto isso, continuava a desfrutar de um progresso militar em direção a Paris. Catarina sentiu-se atacada quando Jeanne d'Albret acusou o cardeal de Lorena, segundo ele de "negro coração", de sabotar as perspectivas de paz, afirmando que espiões a serviço dele haviam sido pegos com evidências de terem contratado três assassinos para matar seu filho Henrique de Navarra, o sobrinho dela Henrique de Condé e Coligny. Parece muito improvável que o cardeal tivesse agido sem a concordância de Catarina. Jeanne, porém, absteve-se de acusar a rainha-mãe de cumplicidade no suposto complô. Felipe da Espanha acabou empurrando Catarina ainda mais em direção à paz e afastando-a da influência espanhola ao se casar com a filha mais velha do imperador, Ana, que a rainha-mãe considerava uma ótima noiva para Carlos. Não contente com isso, Felipe também pressionou fortemente os portugueses para que impedissem o jovem rei dom Sebastião de se casar com Margot.

O casamento de Margot foi um dos pontos de destaque nas conversações de paz, mas não com uma união com dom Sebastião. O noivo proposto agora era Henrique de Navarra, o príncipe Bourbon. Isso uniria o ramo mais antigo e o mais novo da família real e também seria um raio de esperança para uma futura paz no reino. Afinal, o casamento de Elizabeth de York com Henrique Tudor havia finalmente colocado um fim nas Guerras das Rosas inglesas, e talvez o mesmo remédio funcionasse na França. A união entre Henrique e Margot oferecia ainda a intrigante possibilidade de que, se Henrique de Bourbon herdasse o trono da França, o sangue das dinastias dos Valois e dos Médici continuaria a viver e governar por meio da descendência dele com Margot. O cardeal de Lorena, porém, tinha outros planos. De forma um pouco irreal, ele defendia um casamento entre Margot e seu jovem sobrinho Henrique, duque de Guise; e também alimentava agora remotas esperanças de um casamento de sua sobrinha Maria, rainha da Escócia, com Carlos ou com o irmão dele, Anjou. Desde a fuga de Maria para a Inglaterra e sua efetiva prisão em 1568, esse plano havia sofrido um considerável revés; consequentemente, ele via a união do jovem duque com Margot como seu empreendimento matrimonial mais promissor.

Os planos do cardeal floresceram graças à genuína atração de Margot, de dezessete anos, por Henrique de Guise. O casal flertou e trocou cartas, mas infelizmente para eles a correspondência caiu em mãos erradas. Anjou, cuja sensibilidade quase felina havia despertado suas suspeitas de uma crescente proximidade entre o casal, soube da troca. Sentiu-se pessoalmente traído ao ver seu relacionamento íntimo com Margot comprometido por seu amigo e concorrente Guise. Como fazia muito pouco tempo que fizera dela sua confidente na corte, a sensação de afronta foi imensa. Com rapidez e más intenções, ele transmitiu a notícia – provavelmente enfeitando-a com acréscimos de sua lavra – ao seu irmão, que ele sabia ter um afeto muito grande por Margot. Segundo o relato divertido que Álava fez a Felipe em Madrid, em 25 de junho de 1570, às cinco da manhã Carlos apareceu no quarto de sua mãe apenas de camisola, esbravejando a respeito do romance clandestino da irmã. Algumas fontes dizem que Henrique de Guise escapou por pouco de ser pego na cama da princesa, e só se salvou ao fugir descendo por uma janela, mas isso é improvável, já que deflorar a irmã virgem do rei teria constituído alta traição, e Guise não teria corrido o risco de uma sentença de morte, apesar de suas enormes ambições.

A fúria de Catarina era prodigiosa, e ela chamou Margot na mesma hora ao seu quarto acompanhada de sua governanta. Quando a menina, aterrorizada, foi trazida à presença da mãe e do rei, os dois avançaram, batendo na menina e arrancando-lhe tufos de cabelo. Margot tentava desesperadamente se defender, e sua camisola ficou em farrapos. Após um tempo, a fúria dos dois arrefeceu, e Carlos e Catarina deixaram a infeliz menina sozinha, espancada e maltrapilha. Carlos enviou ordens a seu irmão bastardo Angoulême para que Guise fosse morto. Catarina, compreendendo que Margot não deveria ser vista naquela condição chocante, deu-lhe outra camisola, e passou mais de uma hora tentando pentear seu cabelo e esconder as marcas dos golpes. Guise foi alertado sobre o que havia acontecido e deu um jeito de se safar fazendo o anúncio imediato de seu noivado com Catarina de Clèves, a recém-enviuvada princesa de Porcien.

Houve profundas repercussões políticas desses dramas familiares. Os sonhos de Catarina de que Margot e seus filhos fizessem casamentos dignos de sua dinastia e posição eram um dos ingredientes que moviam seu desejo de paz. A família Guise, ao cair em desgraça por quase ter arruinado a reputação da filha dela, sabiamente abandonou a corte e foi para suas propriedades. Essa fortuita ausência do belicoso cardeal de Lorena facilitou a conclusão das conversações. Em 29 de julho, Coligny aumentou as perspectivas de um acordo ao escrever para Catarina: "Se sua majestade examinar todas as minhas ações desde que me conheceu até hoje, irá admitir que sou bem diferente do retrato que tem sido pintado de mim. Peço, madame, que acredite que não possui um servo mais dedicado do que eu tenho sido e desejado ser".[37] Catarina enviou um convite a Coligny para que viesse até a corte, mas ele declinou. Dias mais tarde, em 5 de agosto, o conselho do rei reuniu-se três vezes, e o terceiro encontro só terminou às onze da noite.

Catarina trabalhou incansavelmente para encontrar uma solução aceitável para todos. O resultado foi o Tratado de Saint-Germain, de 8 de agosto de 1570. Seus principais termos eram em grande parte um reflexo da Paz de Amboise de 1563: permitia liberdade de consciência e liberdade de culto, com restrições quanto aos locais. La Rochelle, Cognac, Montauban e La Charité foram garantidos como *places de sûreté*; além disso, os bens e propriedades tomados durante a guerra civil deveriam ser devolvidos. Não deveria haver discriminação contra os huguenotes quanto ao acesso às universidades, escolas ou hospitais, aos quais deveriam ter livre entrada, como qualquer cidadão. De novo, ambos os lados receberam esse tratado com pouco entusiasmo. Os católicos reclamaram dizendo que cediam mais do que o necessário, enquanto os protestantes achavam que não era o suficiente.

Carlos ordenou solenemente que seus conselheiros jurassem adesão aos termos do tratado, e Catarina escreveu: "Fico contente por meu filho ter agora idade suficiente para ver que está sendo mais obedecido do que no passado", tendo, porém, o cuidado de acrescentar: "irei ajudá-lo com meus conselhos e com todo o meu poder; irei auxiliá-lo a impor os termos que ele definiu, já que sempre desejei ver o reino recuperar o estado em que estava sob seus reais predecessores".[38] A rainha-mãe sublinhava sua determinação de continuar mantendo as rédeas do poder, apesar da crescente maturidade de Carlos e do seu desejo de formular suas opiniões de modo independente. Embora fisicamente frágil e vítima de surtos de má saúde, começara a ganhar autoconfiança como homem e rei.

O Tratado de Saint-Germain ainda é tema de controvérsia. É difícil dizer quanta fé Catarina de fato colocava na paz e nas suas concessões. Fica claro no comportamento dela desde a "*Surprise de Meaux*" que estava pronta a tomar as medidas que julgasse necessárias para se livrar de seus inimigos, incluindo seu "real direito de execução sumária", e também a ir ao outro extremo de recorrer aos alegados poderes da magia negra. Após três guerras civis cada vez mais violentas, aprendera pela experiência que as duas religiões não podiam coexistir pacificamente na França. Também aprendera que seus melhores esforços para a conciliação haviam apenas despertado desconfiança, tanto de católicos quanto de protestantes.

A guerra só trouxera ruína para a França, e a paz só fora conseguida à custa da exaustão de ambos os lados, e não de alguma vitória indiscutível. É provável que Catarina – florentina até a medula – tivesse entendido que a paz, embora temporária, poderia lhe dar tempo de formar uma política para o futuro. Com isso em mente, ela apresentaria sua habitual face conciliatória enquanto observava com cuidado as futuras oportunidades de curar as feridas do reino e trazê-lo de volta ao total controle da Casa de Valois. Catarina sempre encarou o tempo como seu aliado. O Tratado de Saint-Germain provou que estava certa.

XI

O CASAMENTO DE MARGOT É ACERTADO

*Preferiria vê-lo virar huguenote do que
colocando a própria vida em risco desse jeito*

1570-1572

Depois de assinado o Tratado de Saint-Germain, a rainha-mãe pôde dedicar-se ao seu passatempo favorito, o de acertar magníficos casamentos para seus filhos. Apesar da raiva de Felipe pelo que ele considerava a capitulação de Saint-Germain – que o levou à presunçosa declaração típica dele de que "O rei e a rainha vão acabar perdendo tudo, mas pelo menos contarei com a satisfação de tê-los sempre auxiliado com nossos conselhos" –, ele não colocou mais obstáculos ao casamento entre Carlos e Elisabeth, a filha mais nova do imperador. Agora Felipe abençoava a aliança proposta entre Margot e o rei Sebastião de Portugal, e incentivava a retomada das negociações. Infelizmente, o rei português, que havia sido criado agarrado às saias de sua dominadora avó, parecia apenas interessado em ler Tomás de Aquino – carregava sempre um volume do teólogo num cinto amarrado à sua esbelta cintura.

Alto, magro, loiro, o rei nunca ousava ir a nenhum lugar sem seus dois companheiros constantes, dois monges da ordem dos teatinos, empenhados em preservar a inocência de seu rei. Se alguém tentava se aproximar, ele corria e se escondia com esses dois amados clérigos, até que o visitante fosse embora. Para indignação de Catarina, esse monge fracassado declarou não ter ficado impressionado com a supressão dos huguenotes na França e que preferia esperar para ver como a questão iria evoluir antes de tomar qualquer decisão matrimonial. Felipe esperava que essas duas alianças com Portugal e com os Habsburgo ajudassem a manter a problemática Catarina e sua prole mais firmes no campo ultracatólico. Como seria de se imaginar, esses planos causaram inquietação entre os protestantes, que também apresentaram sugestões. Um casamento entre Henrique de Navarra e Margot já havia sido considerado por breve tempo nos primeiros estágios das recentes negociações de paz; na realidade, alguns diziam que a união fazia parte de uma cláusula secreta do tratado. Enquanto o futuro nupcial de Margot era avaliado, ela encantava os cavalheiros da corte com seu bom humor e jovial beleza, enlouquecendo não só o duque de Guise, mas também, inadvertidamente como ela mais tarde afirmou, seus próprios irmãos.[1]

Agora, uma noiva fulgurante e tentadora foi proposta a Anjou. O cardeal de Châtillon e o *vidame* de Chartres – um alto membro da família Bourbon e protestante – haviam fugido da França e viviam na corte inglesa. Eles confirmaram que a rainha Elizabeth da Inglaterra estaria disposta a discutir um possível casamento com o filho favorito de Catarina. Catarina apressou-se em deixar de lado qualquer menção à diferença de idade entre eles – na época, Elizabeth tinha 37 anos e Anjou, dezenove – e também o espinhoso assunto da religião. Casamento com uma herege não era um problema que não pudesse ser facilmente superado pelo ambicioso seio materno de Catarina (mesmo porque se tratava da rainha da Inglaterra). Ainda fervilhavam na mente da rainha-mãe as possibilidades que a união oferecia quando Anjou pôs um rude fim aos devaneios maternos. Colocando-se de maneira inesperada num alto patamar moral, disse à mãe achar inaceitável ter uma herege ilegítima como esposa, soberana ou não, muito menos uma que já tivera um número tão grande de admiradores. A relação de Elizabeth com o conde de Leicester dera margem a infindáveis piadas irreverentes na corte francesa, e Anjou deixou claro que não concordaria em casar com, segundo as próprias palavras, uma "*putain publique*" (uma puta pública). Também se referiu ao que lady Cobham, uma das damas da rainha, havia chamado de "disparidade de idades"; ele zombava ainda do fato de Elizabeth mancar, pelo que ouvira dizer, devido a uma veia varicosa, e a chamava de "velha senhora com uma perna doente".[2] Essas e outras observações impertinentes acabaram chegando aos ouvidos da rainha inglesa, que, enfurecida, a partir de então dançava com um vigor particularmente atlético quando o embaixador francês estava presente.

Elizabeth, de qualquer modo, queria apenas embarcar numa longa corte diplomática, que iria colocar a Espanha num frenesi de preocupação e terminaria com ela preservando sua "madura virgindade". Então desfiou o seu ritual troca de retratos, cartas e conversas com emissários especiais durante todo um ano. Carlos, que teria adorado ver seu irmão exilado na Inglaterra, denunciou a meticulosidade de Anjou, mencionando a imensa pensão que era paga secretamente ao seu irmão pela Igreja: "Você fala de sua consciência, mas há outro motivo que não cita – a grande soma de dinheiro – para mantê-lo aqui como o defensor da causa católica. Deixe-me dizer que não reconheço outro defensor a não ser eu mesmo [...] quanto aos que se intrometem nessas intrigas, vou cortar-lhes as asinhas se necessário".[3] Carlos não conseguia suportar a reputação que seu irmão conquistara no campo de batalha como herói da causa católica, enquanto ele tinha que aguentar o ódio por ter concluído tratados de paz impopulares.

Depois de Jarnac e Moncontour, os poetas da corte ocuparam-se em louvar o rei como o exterminador de heréticos e o cruzado moderno. Ele recusou irritado esses florilégios, referindo-se a eles como "um monte de mentiras e lisonjas. Ainda não fiz nada digno de nota. Guardem suas belas frases [...] para o meu irmão. Ele todo dia oferece temas novos para as suas musas".[4] Em outra ocasião, foi visto dizendo: "Minha mãe o ama tanto que ela rouba a honra que me é devida para conferi-la a ele. Eu gostaria que pudéssemos nos alternar reinando, ou pelo menos que eu pudesse ficar no lugar dele seis meses".[5] O rei mostrava-se cada vez mais hostil e descontrolado em relação a Anjou, e Catarina temeu que um dia pudesse fazer mal ao irmão. Embora a mãe tivesse feito apelos e derramado "lágrimas desconsoladas", Anjou recusou-se a tratar do casamento com Elizabeth. Catarina, sem o menor constrangimento, acabou trocando-o como noivo por seu irmão mais novo, o corcunda com marcas de varíola de quinze anos de idade, Francisco, duque d'Alençon, como possível marido para a rainha da Inglaterra. Elizabeth, também sem o menor constrangimento, retomou o ritual de casamento com todas as correspondentes preliminares diplomáticas.

Em 25 de novembro de 1570, a noiva de Carlos, Elisabeth da Áustria, chegou a Mézières, pequena cidade fronteiriça no limite do império do pai. O noivo e seu irmão Anjou já haviam saudado a jovem arquiduquesa em Sedan, onde ela fora acompanhada por uma imensa *entourage* de nobres alemães. Catarina, determinada a promover um casamento esplêndido, ignorou o depauperado tesouro devastado pela guerra e arrumou dinheiro com o clero e por meio de um imposto especial sobre a venda de tecidos em todo o reino. Uma multidão entusiasmada saudou Elisabeth quando ela entrou em Mézières numa carruagem dourada, cor-de-rosa e branca. Ficaram encantados com a linda princesa loira de pele branca, com a beleza realçada por sua impressionante inocência e ingenuidade. Carlos misturou-se incógnito à multidão e observou sua noiva passar.

Sem que Elisabeth soubesse, Carlos tinha uma amante em Paris chamada Marie Touchet, filha de um burguês protestante de ascendência flamenga. Ele se apaixonara por Marie desde seu primeiro encontro em Orléans em 1569, e tinham levado adiante um romance secreto durante vários meses naquele verão. Um retrato dela feito por Clouet mostra uma garota de cabelo ruivo e lindo rosto arredondado. Carlos confiara seu segredo a Margot e pediu que ela incluísse Marie em seu círculo doméstico como uma de suas damas. Enquanto os cortesãos se divertiam nas noites de verão, os membros da guarda pessoal do rei, a um sinal dele, começavam a tocar pandeiros e gaitas para criar um ambiente ruidoso, permitindo-lhe ir ao encontro de sua amante. Um dia, deu a ela um pedaço de papel onde escrevera "*Je charme tout*". Marie perguntou o que isso significava e Margot explicou que ele havia criado um anagrama com o nome dela. Quando a corte voltou a Paris, Catarina descobriu o relacionamento e, depois de fazer averiguações a respeito, aprovou a ligação com aquela garota do campo, que não nutria aspirações de controlar Carlos ou afastá-lo dela. A amante do rei estava a um mundo de distância de Diana de Poitiers. Na realidade, mostrou ser uma influência benigna, e deu-lhe um menino, a quem puseram o nome do pai, e que ficou para sempre conhecido como "Petit Charles". Ele se tornou um dos netos favoritos de Catarina e anos mais tarde ganhou o título de duque de Angoulême. Petit Charles foi notável entre os descendentes de Catarina por sua longevidade. Tendo herdado claramente a constituição forte da mãe, sobreviveu já bem entrado o reinado de Luís XIV. Sempre consciente de ser o filho de um rei, Petit Charles mesmo assim teve o cuidado de não incomodar Luís, que se portava de maneira cortês com ele, mas que, compreensivelmente, considerava Angoulême uma insignificante relíquia do passado.

Quando Carlos recebeu um primeiro retrato de Elisabeth da Áustria, seu comentário lacônico foi: "Pelo menos ela não vai me dar dor de cabeça". Mas vê-la então tão viçosa e inocente comoveu-o. Rodeado de cortesãs maquiadas e sofisticadas, ele se dispôs a preservar a doçura dela. Para marcar a feliz ocasião do casamento de seu filho, Catarina fez um gesto sem precedentes e deixou de lado seu habitual vestido preto para a cerimônia, usando um outro de brocado de ouro e renda, com cintilações de diamantes e pérolas. Quando Carlos contemplou sua noiva aproximando-se dele para a Missa Nupcial, pareceu completamente fulminado pela beleza dela. Usava um vestido prateado bordado de pérolas, com uma capa púrpura cobrindo os ombros decorada com a *fleur-de-lys* e sobre a cabeça uma coroa cravejada de esmeraldas, rubis e diamantes. Mesmo as nobres francesas mais críticas teriam que admitir que aquela menina ingênua parecia arrebatadora. Na manhã seguinte ao casamento, a noiva, que pouco falava francês, parecia completamente enlevada pelo marido, e a partir desse dia dedicou-se à felicidade dele. Preocupada que os modos libertinos da corte pudessem chocar a inocente jovem rainha, Catarina tomou todos os cuidados para poupá-la o máximo possível de ver muita coisa, pelo menos num primeiro momento.

Elisabeth era uma garota devota e consciensiosa, que tivera uma criação rigorosa em Viena. Ia à missa duas vezes ao dia e passava muitas horas em oração. Seu primeiro, e nem de longe o último, choque foi ver membros do esquadrão voador de Catarina na missa recebendo a comunhão entre acessos de risadinhas. Carlos viu que a chegada da esposa pouco alterou sua rotina. Seu romance com Marie Touchet continuou sem interrupções. Ansioso para que a esposa se sentisse à vontade, delicadamente ensinou-lhe os costumes franceses. Ele amava suas duas mulheres e elas compartilhavam entre si o atendimento das necessidades dele. Anjou, incapaz de resistir à tentação de provocar e perturbar o irmão, também decidiu assumir a tarefa de iniciar Elisabeth nos modos da corte e cobria-a de atenções, flertando com ela diante do irmão enfurecido. Anjou adotara recentemente o hábito de usar grandes brincos pingentes, sempre feitos de pedras preciosas ou pérolas, e então Carlos revidou perfurando as orelhas de cinquenta de seus companheiros de caça com uma agulha e ordenando que dali em diante usassem argolas de ouro em seus lóbulos. Mas com a mesma rapidez mudou de ideia, e ordenou que removessem aqueles ridículos enfeites. Anjou adorava fazer Carlos cair nesse tipo de rivalidade, para mostrar ao rei que ele era um homem superior e que a única coisa que lhe faltava era uma coroa. Nenhum dos dois sabia que ele iria acabar ostentando duas.

Durante as celebrações do casamento, Catarina e Carlos mantiveram conversas sigilosas com o núncio apostólico, Fabio Frangipani. Havia muitos rumores de que a rainha-mãe garantira ao núncio que a recém-chegada princesa de Condé recebera uma calorosa acolhida, como prelúdio para atrair outros huguenotes a voltarem à corte. Muitos achavam que a meta final era atrair Coligny e os dois jovens príncipes Bourbon, Condé e Navarra, para a rede de Catarina, para deixá-los ali imobilizados. O arcebispo de Sens, Nicolas de Pellevé, dissera ao núncio que o Édito de Saint-Germain só fora concluído para dar ao rei e à rainha-mãe a chance de se livrar dos soldados que lutavam a favor dos rebeldes, acalmar os receios dos protestantes e depois matar seus chefes. Ele acrescentou que havia homens já infiltrados no alto-comando dos huguenotes com ordens de matar os principais oficiais por meio de envenenamento ou do aço.

Com o rei ausente em expedições de caça, Catarina e sua nora receberam visitas de congratulações de embaixadores e príncipes estrangeiros. O principal tema dos notáveis visitantes era um plano para vencer os infiéis turcos e formar uma aliança para lutar uma guerra santa. Catarina e Carlos resistiram aos persistentes pedidos para que se juntassem a uma liga contra os turcos, que tradicionalmente eram pró-franceses; em segredo, os franceses enviaram um emissário ao sultão com um presente de doze falcões muito preciosos, que ele apreciou imensamente.

Nos preparativos para a majestosa entrada oficial da nova rainha em Paris, Catarina empenhara-se freneticamente em conseguir dinheiro de onde fosse possível; até hipotecou e penhorou de novo suas posses a fim de assegurar um evento espetacular. Em janeiro de 1571, pouco antes de sua *entrée,* Elisabeth caiu doente de bronquite no Château de Madrid, no Bois de Boulogne, e Catarina e o rei cuidaram dela com esmero. Num grande esforço para entreter sua esposa adoentada, Carlos providenciou palhaços e dançarinos para diverti-la. Assim que ela se recuperou, o rei, Elisabeth, Margot e Catarina decidiram se divertir um pouco em meio à multidão de Paris. Disfarçados de burgueses, foram buscar um pouco de agito numa feira em Saint-Germain. Carlos disfarçou-se de cocheiro, usando um grande chapéu para esconder o rosto. Quando localizou um de seus cortesãos cavalgando pela rua, atingiu seu amigo no ombro com uma chicotada. Furioso, o homem virou-se e xingou o insolente cocheiro, mas, bem na hora em que ia agredi-lo, Carlos tirou o chapéu e todos do grupo – em especial o nobre, muito aliviado e com um sorriso provavelmente um pouco tenso – gargalharam em aprovação. Era apenas uma daquelas brincadeiras pesadas que os reis podiam permitir-se impunemente. Tendo desfrutado muito daquela sua visita incógnito à feira, Carlos decidiu ir de novo, só que dessa vez pegou emprestadas as vestes de um monge carmelita e liderou uma procissão de amigos, também vestidos do mesmo jeito. Álava, escandalizado, relatou o comportamento sacrílego a Felipe, com certeza exagerando-o.

Enquanto Carlos e seus companheiros se divertiam, Catarina tentava convencer Jeanne d'Albret e o filho a se mudarem de La Rochelle para Paris. Em janeiro a rainha-mãe escrevera a Jeanne dizendo que ela e o rei se dispunham a "cuidar dos assuntos do príncipe de Navarra, que o rei e eu desejamos infinitamente ver aqui com você".[6] A resposta de Jeanne foi direto ao ponto: "Não estou colhendo os frutos do seu édito na maioria das minhas fortalezas, Lectoure, Villemur, Pamiers [...] julgue a partir disso o quanto está sendo obedecida".[7] Como o rei de Portugal continuava desinteressado numa aliança por meio do casamento com Margot, a mente de Catarina voltava-se cada vez mais para a ideia de casá-la com Henrique de Navarra. A consanguinidade do casal e o fato de que ele era o líder nominal do grupo huguenote — o inimigo de ontem — não pareciam problema para Catarina. Para conseguir essa união, porém, ela teria que contar não apenas com o apoio de Jeanne, mas também com uma dispensa especial do papa.

Para a rainha de Navarra, os obstáculos ao casamento eram enormes. Ela não confiava em Catarina e em suas maquinações; sentia repulsa pelo comportamento da corte que Catarina presidia e receio de que pudesse corromper seu filho, que vinha revelando-se absolutamente fraco no que dizia respeito aos pecados da carne. Como membro comprometido da nova religião, não queria ver seu amado Henrique cair nas mãos dos papistas e talvez um dia renunciar à sua fé. Catarina, ela também uma mãe ambiciosa, sabia que seu principal trunfo era trabalhar em cima das aspirações de Jeanne em relação a Henrique. Como primeiro príncipe de sangue, ele estava em posição crucial para unificar os ramos jovem e veterano da família. Por ora, porém, era claro que nem Jeanne nem Henrique viriam a Paris num futuro próximo, portanto a rainha-mãe não iria contar com a presença deles nas celebrações da coroação de Elisabeth e em sua *entrée*.

Em 6 de março de 1571, Carlos fez sua entrada formal na capital. Como tanto a noiva quanto o noivo diziam descender de Carlos Magno, esse tema foi muito representado. Frâncio e Faramundo — os míticos criadores das nações francesa e alemã — foram também glorificados e retratados em magníficas esculturas. Catarina lançou mão de alguns dos maiores artistas e artesãos da época para garantir o esplendor que desejava que o povo admirasse. Encarregou Pierre de Ronsard de celebrar em verso o casamento; Niccolò dell'Abbate, discípulo de Primaticcio, pintou o rei e a rainha; e o alemão Pilon, o escultor que havia cinzelado a magnífica urna de mármore que guardava o coração de Henrique II, recebeu a encomenda de criar esculturas, arcos triunfais temporários e outras estruturas para as festividades.[8]

Catarina foi retratada como uma deusa da Antiguidade, segurando um mapa da França; espalhados em volta havia símbolos da paz, como a lira, uma espada partida e dois corações entrelaçados. Era uma saudação a Catarina como promotora da paz. Também rodeavam a sua estátua outras quatro figuras da Antiguidade: uma delas estava entre as favoritas de Catarina, a rainha Artemísia, esposa do sátrapa da Cária, o rei Mausolo. Ela gostava de ser associada a Artemísia devido à lenda de sua dedicação conjugal, tanto como esposa quanto como viúva. Segundo essa antiga lenda, após a cremação de Mausolo, Artemísia pegou as cinzas, as diluiu no vinho e bebeu a mistura numa cerimônia. Isso simbolizou sua devoção e fidelidade, já que seu corpo se tornara um túmulo vivo para o marido. Ela também mandou erguer para ele um túmulo de verdade em Halicarnasso, tão magnífico que originou o termo "mausoléu", e que foi considerado uma das sete maravilhas do mundo antigo. Beber as cinzas do rei também legitimava Artemísia publicamente como regente, e ela continuou a reinar em nome dele por três anos em meados do século IV a.C. Em 1562, logo após a morte de Francisco II, quando Catarina efetivamente se tornou regente da França, ela encomendou a Nicolas Houel a criação de uma história de Artemísia ilustrada por Antoine Caron, que fez parte da iconografia de seu reino e de seu direito de servir como regente.[*]

O cortejo de Carlos fez uma parada na catedral de Notre-Dame, onde foi realizada uma *oraison* seguida por um imenso banquete. Em 11 de março, Carlos fez um discurso no *Parlement* de Paris, no qual prestou eloquente homenagem à sua mãe. Disse aos seus ouvintes:

> Depois de Deus, a rainha minha mãe é a pessoa a quem mais devo. Seu carinho por mim e por meu povo, seu trabalho incansável, energia e sabedoria, garantiram tão bem a condução dos assuntos de Estado, durante um tempo em que,

---

[*] Artemísia tornou-se um protótipo para as futuras regências femininas de Maria de Médici (1610-1620) e Ana da Áustria (1643-1660).

devido à minha idade, fui incapaz de assumi-los, que mesmo as tempestades da guerra civil não conseguiram trazer danos ao meu reino.[10]

Esse tributo, é claro, havia sido orquestrado, como todo o resto na celebração, pela própria rainha-mãe, e continha também uma mensagem velada de que ela iria continuar a tomar conta dos negócios de Estado, embora se mantendo sempre com polidez e tato alguns passos atrás do filho. Apesar da menção do rei ao sucesso de sua mãe em proteger o reino durante as guerras civis, a prevista mas notória ausência dos príncipes huguenotes e de muitos outros nobres entocados em La Rochelle foi devidamente notada.

Em 25 de março de 1571, Elisabeth foi coroada em Saint-Denis, assim como Catarina havia sido vinte anos antes. A sua entrada oficial em Paris deu-se quatro dias depois. Celebrando o tema da amizade franco-germânica, a nova rainha passou sob arcos com brasões de águias imperiais e da *fleur-de-lys*. Boa parte da decoração e das construções para a entrada do rei algumas semanas antes havia sido reconstruída. Também foi criada uma estátua de Catarina colocando uma coroa de *fleur-de-lys* na cabeça de sua nora, e um arco encimado por uma estátua de Henrique II ostentava a inscrição "Protetor das Liberdade Germânicas", que aludia ao seu assim chamado "Passeio pelo Reno" de 1552. Elisabeth encantou a multidão em sua liteira de tecido prateado. Vestia um manto debruado de arminho, ornado com pedras preciosas e decorado com *fleur-de-lys*. Sua fabulosa coroa de ouro, coberta por muitas pérolas, realçava com perfeição sua beleza loira, despertando grande fascínio no povo. Ladeada por seus cunhados Anjou e Alençon, que vinham quase tão cobertos de joias quanto ela, e seguida por uma esplêndida *entourage*, a nova rainha encantou Paris.

Enquanto as festividades na capital pregavam a paz, um melancólico casamento tinha lugar em La Rochelle. Em meio a cantos de salmos, Coligny, trajando preto, casava-se com mademoiselle d'Entremonts. Apesar da total falta de adornos preferida pelos calvinistas mesmo nos eventos mais felizes, as núpcias do almirante foram tingidas de uma tristeza imprevista com a notícia da morte em Canterbury de seu último irmão sobrevivente, o cardeal Ôdet de Châtillon. Coligny sentiu profundamente essa perda; ele era agora o último dos três irmãos Châtillon, e a rainha Elizabeth sabia o bastante sobre os abomináveis métodos empregados por seus primos continentais para mandar prender todos os que faziam parte da Casa de Châtillon, trancando os criados em masmorras enquanto solicitava uma autópsia. Os rumores de envenenamento ganharam força quando os médicos abriram o corpo do cardeal: "Seu fígado e pulmões estavam podres e a mucosa do estômago tão carcomida que a pele tinha um tom pálido". Alguns meses mais tarde, um jovem foi preso por espionar em La Rochelle. Antes de sua execução, confessou ter envenenado o cardeal. É difícil ver a mão de Catarina nesse crime, já que Châtillon propiciava um canal de negociação com Elizabeth na corte inglesa. Além disso, matar o irmão de Coligny dificilmente beneficiaria seu mais recente projeto de casar Margot com Henrique de Navarra. É mais provável que, se de fato houve um assassinato, ele tenha sido perpetrado por um agente jesuíta trabalhando com a bênção do papa para matar líderes protestantes, ou talvez por um assassino contratado pelos Guise, que levavam adiante sua *vendetta* contra Coligny e sua família para vingar o assassinato do duque Francisco.

Carlos havia algum tempo mostrava-se irrequieto, e agora fazia tentativas cada vez mais sérias de se libertar da dominação da sua mãe em assuntos de Estado. Até então, mostrara pouco interesse em qualquer coisa exceto caçadas, e sentia-se à vontade deixando Catarina carregar os fardos do governo, dos quais ela parecia gostar. Surgiu então uma oportunidade para Carlos decidir sobre a política externa francesa e ganhar o que ele mais cobiçava – a glória militar. Muitos protestantes flamengos haviam se refugiado dos espanhóis em La Rochelle, e vinham usando o porto como base de onde frequentemente lançavam ataques a navios da Espanha. No início de 1571, Guilherme de Orange, seu líder rebelde, tentou organizar uma invasão da Holanda a partir da Alemanha, a fim de libertar os Países Baixos. Enquanto Orange tentava montar uma coalizão de inimigos da Espanha, seu irmão, Luís de Nassau, continuou em La Rochelle, onde estava desde o final da Terceira Guerra de Religião. Era essencial para os seus planos que a França apoiasse qualquer movimento contra a Espanha, e Carlos viu uma guerra na Holanda contra Felipe II como uma oportunidade cintilante de liderar soldados franceses em combate.

Catarina sabia que, se elogiasse o plano da boca para fora e lhe desse algum apoio, teria uma chance real de conseguir aprovação de Coligny e Jeanne d'Albret para o casamento entre Henrique e Margot, que agora se tornara sua principal preocupação. Correr o risco de uma guerra contra a Espanha colocava um preço terrivelmente alto nessa união, mas Catarina esperava contornar as dificuldades e obter o que mais desejava ao ser vista como uma aliada dos rebeldes flamengos sem uma ruptura com o seu poderoso ex-genro. Ela compreendia que uma guerra com a Espanha seria um desastre, mas por enquanto usaria os planos em seu proveito.

Carlos encontrou um aliado inesperado para o seu empreendimento holandês em seu parente distante Cosimo de Médici. Para fúria do imperador Maximiliano e de Felipe II, Cosimo, ex-duque de Florença, havia sido nomeado grão-duque da Toscana pelo papa Pio V em 1569. Os dois potentados Habsburgo argumentaram que o papa não tinha direito de elevar Cosimo a essa posição, pois consideravam Florença tecnicamente sob a suserania imperial. Isso despertou tamanha rixa – para grande satisfação de Catarina, que, apesar das aparências e da necessidade que tivera das tropas dele na última guerra civil, detestava seu primo arrivista e suas pretensões – que Cosimo sentiu que poderia ser atacado ou deposto pelos Habsburgo enfurecidos.* Procurando aliados para a eventualidade de uma crise, Cosimo trouxe Carlos para o seu campo. Os dois acertaram uma aliança entre Toscana e França contra a Espanha. Isso não proporcionou nenhum conforto a Catarina, que via com maus olhos a total falta de experiência de seu filho em assuntos externos, com sua ação espalhafatosa na sutil arte da diplomacia europeia. Nas tratativas de Carlos, o sigilo praticamente inexistia, e a finesse, o maior trunfo de Catarina, também estava ausente.

Em 11 de junho de 1571, o estabanado rei escreveu com grande alarde a Petrucci, embaixador de Cosimo: "*La reine, ma mère, est trop timide*". Na realidade, ele esperava avançar nos assuntos a tal ponto que Catarina seria obrigada a apoiar sua estratégia. Cosimo percebeu que Carlos poderia revelar-se um estorvo sem a ajuda de sua mãe, e recomendou que procurasse o conselho e a aprovação dela, assim como o de seu sogro. Sem se deixar intimidar, Carlos continuou a oferecer apoio aos protestantes flamengos, e dois encontros secretos para avançar em seus planos foram realizados em julho de 1571 com Luís de Nassau, o primeiro deles em Lumigny e o segundo em Fon-

---

* Numa deliberada tentativa de lembrar a Cosimo que ela era a rainha da França, e para criar uma sutil mas nítida distância entre ela e um homem que considerava um "campônio simplório", Catarina costumava escrever a seu parente distante em francês, dirigindo-se a ele como "*Mon Cousin*". Por sua vez, Elizabeth I da Inglaterra escrevia a Cosimo em italiano e até italianizava o nome de seu palácio em Richmond para *Mi Castello di Riccamonte*.

tainebleau, durante o qual Nassau se escondeu numa portaria para escapar da detenção. As discussões teriam incluído uma redistribuição geral dos Países Baixos, e como recompensa Carlos poderia esperar expandir os territórios da França. Nassau também garantiu a ele que seria recebido entusiasticamente como um libertador se sua guerra contra a Espanha fosse bem-sucedida.

Difícil dizer com segurança o quanto Catarina sabia a essa altura sobre os planos contra o poder da Espanha na Holanda, mas devia saber o suficiente para temer as intenções beligerantes do filho. Tudo o que tentara conseguir desde a morte do marido sugeria uma oposição dela a um conflito armado contra uma potência estrangeira como a Espanha. Seus objetivos sempre haviam sido simples: paz e prosperidade dentro da França, obediência ao rei, alianças de casamento gloriosas para seus filhos, e uma volta aos dias de uma monarquia francesa poderosa como havia sido sob seu falecido marido e o rei Francisco I. Ela era bem capaz de simular um desejo de conflito lançando mão de artimanhas para enganar os Estados vizinhos, mas uma guerra aberta com um país estrangeiro era um risco que Catarina jamais iria assumir, a não ser que fosse obrigada. Como um historiador escreveu sobre a rainha-mãe, seu "temor de uma guerra com a Espanha e o consequente esforço dela para preservar o Tratado de Cateau-Cambrésis eram a estrela-guia de sua carreira política".[11] Era muito mais de seu agrado usar a Holanda apenas como um projeto por meio do qual poderia fazer os huguenotes confiarem nela e promover assim seus planos de casamento para Henrique e Margot. Em julho de 1571, ela escreveu a Cosimo pedindo que interviesse junto ao papa. Ela queria que Pio entendesse que uma eventual volta de Coligny à corte francesa seria benéfica para a paz da França. Sabendo que ela acabaria tendo que solicitar a dispensa papal para um casamento entre Henrique e Margot, acrescentou que talvez mais tarde pudesse precisar igualmente da ajuda de Cosimo. O apoio inglês para quaisquer hostilidades futuras contra a Espanha também era essencial, portanto ela retomou as conversas de casamento entre Anjou e Elizabeth, mas elas logo fracassaram. Caso essas conversas infrutíferas tivessem produzido algum resultado, é possível que, com os ingleses como aliados, Catarina tivesse emprestado todo o seu apoio a uma guerra nos Países Baixos.

Álava, que tinha ouvido o suficiente para suspeitar de problemas na Holanda, fez um protesto oficial dizendo que o desfecho mais provável das maquinações do rei com os rebeldes seria uma guerra com a Espanha. Carlos respondeu que se recusava a ser intimidado a respeito do que considerava os melhores interesses da França, ou, na verdade, sobre quaisquer planos seus de política externa. Álava queixou-se a Catarina, que talvez não soubesse da extensão dos planos, mas não obstante ela seguiu a mesma linha do filho, já que estava indisposta com Álava, que havia meses escrevia relatórios inflamados a Felipe criticando-a.

Depois de vários convites ignorados, em 12 de setembro de 1571, Gaspard de Coligny chegou para se juntar à corte em Blois. Veio com o amparo de um salvo-conduto assinado pelo rei, por Anjou e Catarina, e promessas de discutir uma solução para as frequentes brechas na Paz de Saint-Germain. Finalmente, Catarina viu um lampejo de esperança para o casamento de Margot. Sua esperança estendia-se agora a muitas outras coisas, e precisava ter Coligny na corte a fim de tentar desmantelar o mini-Estado armado de La Rochelle, onde Jeanne, seu filho e outros importantes huguenotes viviam sob suas próprias leis. Eles estavam geograficamente dentro da França, mas não faziam parte dela politicamente. Para Carlos, a presença de Coligny representava um passo adiante em direção à guerra na Holanda, pois ele não podia esperar lançar-se em tal empresa sem o total entendimento e harmonia com o almirante. Coligny pediu que sua visita não fosse oficial e que o recebessem informalmente. Muitos de seus companheiros em La Rochelle haviam implorado que não fosse, temendo riscos à sua vida, se não por causa da rainha-mãe, com certeza então partindo dos Guise e outros ultracatólicos. Consciente de suas responsabilidades como líder e do desastroso efeito que sua morte teria, Coligny acreditava mesmo assim que devia ver o rei. Blois, "a capital da paz", havia sido escolhida especialmente para a reunião, em lugar de Paris, onde ele correria mais perigo.

Ao chegar, o almirante encontrou Catarina acamada com febre, e então o rei recebeu-o no quarto dela. A *informalidade formal* que havia sido preferida em lugar da etiqueta correta para o encontro foi seguida à risca. Depois de observar seu filho e Coligny conversando, Catarina pediu que o almirante se aproximasse para beijá-la. Conta-se que Carlos então teria brincado: "Agora temos você, *mon père*, não vamos permitir que vá embora quando quiser". Mas com a guerra ainda recente e a profunda desconfiança, houve uma pausa eloquente, que expressava o quanto aquela intimidade havia se tornado estranha a todos eles. Catarina conversou um pouco com o almirante e então ele foi visitar Anjou, que, apesar de tampouco estar bem de saúde, recebeu-o com cortesia. Nas cinco semanas que Coligny passou em Blois, Carlos cobriu-o de presentes, confidências e amizade. Ele recebeu 100 mil libras de compensação por suas perdas pessoais durante a guerra e o valor de um ano de rendimentos, 160 mil liras, equivalente à soma que teria sido a renda de seu irmão dos benefícios da Igreja. Todas as suas propriedades e os bens que puderam ser resgatados foram-lhe devolvidos. Concederam-lhe também uma escolta de cinquenta nobres onde quer que fosse, um privilégio normalmente reservado apenas aos príncipes.

Em 3 de outubro, Catarina recebeu carta de Cosimo anunciando que decidira se juntar à Santa Aliança contra os turcos. Vendo isso como uma oportunidade de cair nas graças de seus senhores imperiais, decidiu agarrá-la. Também deixou claro que os franceses não mais teriam seu apoio para seus planos nos Países Baixos. Este era justamente o tipo de obstáculo para a empresa que Catarina esperava ver surgir, e foi complementado pela sensacional vitória naval da aliança sobre os turcos em Lepanto, em 7 de outubro. A relutância de Catarina em envolver-se num conflito contra a Espanha estava amplamente justificada por esses eventos, e ela logo despachou instruções a Fourquevaux em Madri para que se congratulasse com Felipe por sua santa vitória contra os infiéis. Ela assegurou ao rei espanhol que desejava apenas a paz entre ambos e que não importava o quanto o comportamento dela pudesse parecer questionável; afirmava que estivera apenas monitorando os eventos para assegurar que a influência dela e seu desejo de paz pudessem ser estendidos a ambos os países.

Quando Carlos soube da vitória sobre os turcos – a notícia só chegou à França em novembro –, ele estava com o embaixador veneziano Contarini. Veneza fizera parte da Santa Aliança contra os turcos, e Carlos, em um estado de febril excitação, foi informado que muitos navios dos infiéis haviam sido destruídos na batalha. Mais tarde, um membro de seu conselho lembrou-o que, como muitos dos navios turcos eram na realidade emprestados da França, ele estava celebrando a perda de seus próprios navios e a queda de seu aliado no Mediterrâneo. Esse lembrete preocupante reduziu seu entusiasmo. Para compensar as perdas, a construção de navios foi acelerada em Marselha, onde os relatórios davam conta que cem galés estavam sendo feitas. Apesar de Lepanto, a atmosfera na corte era sombria e tensa, já que o grupo de Carlos que apoiava a guerra parecia disposto a levar adiante os planos de atacar a Holanda. Álava começou a ficar cada vez mais paranoico quanto à própria segurança, e seus medos amplificaram sua histeria quando ele foi acusado de escrever uma carta à Espanha na qual delatava o rei por embebedar-se todas as noites, e afirmava que Catarina havia dado à luz sete vezes bebês cujo pai era o falecido cardeal de Châtillon, ao mesmo tempo que ela mantinha também um caso com o cardeal de Lorena.

Quando Carlos enviou uma delegação ao embaixador com sua mensagem de congratulações pela vitória em Lepanto, Álava, certo de que sua vida corria perigo e de que o rei enviara um assassino para matá-lo, decidiu sair da França imediatamente. Foi relatado que fugira para a Holanda "disfarçado de papagaio", com uma máscara cobrindo-lhe o rosto.[12] Se de fato a intenção do embaixador era passar inadvertido, estranha-se que tenha escolhido um disfarce como esse. Esse episódio cômico revelou-se um tremendo tônico para a saúde de Catarina, que sofria de dor ciática, febre e catarro, além de se tornar uma grande piada na corte.

Em 20 de outubro, Jacqueline d'Entremonts, esposa de Coligny havia menos de um ano, foi recebida em Blois pelo rei e pela rainha-mãe. Foram muito amáveis com a jovem, dispensando-lhe todas as atenções. O fato de a terem convidado e a tratado tão bem deixou muito satisfeito seu marido de cinquenta anos, e a cada dia Carlos sentia gostar mais do velho homem – e de novo foi traçado o paralelo entre Henrique II e sua relação com o tio de Coligny, Montmorency. Como gesto de cortesia, Coligny acompanhou a rainha-mãe à missa, embora ele não tirasse o chapéu e se recusasse a curvar-se para receber a hóstia. Carlos ordenara que aquele que violasse os termos da Paz de Saint-Germain deveria ser responsabilizado com rigor, e chegou a mandar remover a Cruz de Gastines, um monumento à supremacia católica na rua Saint-Denis. Sob o recente tratado de paz, qualquer referência simbólica às guerras religiosas deveria ser retirada, mas os parisienses até então haviam se recusado a tirar a cruz de lá. Quando ela foi finalmente levada por uma escolta armada, a multidão reagiu com fúria.

As pessoas da corte seguiram o exemplo do rei – especialmente tendo em conta que a família Guise estava ausente e caída em desgraça –, e a maioria fazia de tudo para demonstrar cortesia com Coligny. Mas Paris e outras áreas ferrenhamente católicas recusaram-se a aceitar a política do seu soberano, e sua insatisfação logo se mostraria difícil de conter. A atitude da nova rainha refletia os verdadeiros sentimentos das pessoas, e também sua inexperiência na arte da diplomacia. Quando Coligny foi formalmente apresentado a ela, o grisalho guerreiro fez uma reverência, deu um passo à frente, ajoelhou-se apoiado num dos joelhos e estendeu o braço para beijar a mão da rainha. Elisabeth, para quem o almirante era a encarnação de Satanás, afastou-se horrorizada para evitar ser tocada por aquele corrupto herege. Naturalmente, o incidente provocou risinhos e comentários dos cortesãos; para eles, a prática de esconder seus verdadeiros sentimentos era não só muito natural, mas com frequência crucial para a sua sobrevivência.

Um dia, já ao final da estada de Coligny, Catarina pediu que fosse visitá-la. Ela desejava apenas concluir o casamento entre a filha dela e Henrique, disse a rainha-mãe, e não poderia fazer isso sem encontrar-se com Jeanne, que recusava expor-se ao perigo numa corte que ela de qualquer modo via como um antro de iniquidade. O almirante disse a Catarina que entendia os medos de Jeanne em relação à própria segurança. A isso Catarina respondeu: "Somos velhos demais, o senhor e eu, para que um engane o outro [...] Ela tem menos razões de suspeitar do que o senhor, porque não poderia achar que o rei, ao tentar casar a irmã dele com o filho dela, tivesse a intenção de prejudicá-la".[13] Coligny pressionou a rainha-mãe para que apoiasse a expedição contra os espanhóis na Holanda, e Catarina prometeu que com o apoio dele ao casamento de Margot ela iria dar total atenção ao assunto. Mas apenas depois que o casamento fosse consumado. O quanto ele alimentou expectativas em relação a essa promessa é impossível dizer, mas a crescente influência que o almirante tinha sobre Carlos deu-lhe maior confiança de que seus planos para a Holanda pudessem prosperar, com ou sem a aprovação da rainha-mãe. Mas, de novo, alguém tentava interpor-se entre Catarina e um de seus filhos. E essa ameaça uma vez mais iria se concretizar.

Antes da chegada de Coligny a Blois, em setembro de 1571, Catarina enviara o marechal de Cossé com uma carta do rei a Jeanne, pedindo que ela e Henrique o acompanhassem. Quando Cossé chegou a Béarn, descobriu que a rainha de Navarra acabara de partir para a estação balneária de Eaux-Chaudes; sentia-se adoentada havia algum tempo e esperava recuperar suas forças. O marechal Biron foi depois de Cossé e encontrou a rainha ainda mal de saúde em Nérac, em 10 de dezembro. Ele relatou a Catarina que muitos dos principais assessores dela aconselhavam-na a não aceitar um casamento com um Valois. Jeanne tampouco simpatizava com tal projeto, mas achava cada vez mais difícil resistir. Catarina poderia chantageá-la, pois tinha o poder de incitar o papa, que por motivos óbvios opunha-se ao casamento e poderia declarar Henrique de Navarra ilegítimo. Ele era filho do segundo casamento de Jeanne, que tinha "validade questionável".[14] Caso o papa exercesse seu poder, Henrique perderia imediatamente sua posição de primeiro príncipe de sangue, e com isso seus direitos ao trono da França caso os filhos de Catarina morressem sem deixar herdeiro masculino. Jeanne, portanto, acabou vencida pelo cansaço e decidiu concordar com os planos de Catarina, embora impondo algumas condições. Guiena deveria fazer parte do dote de Margot; as cidades que pertenciam a Jeanne, ocupadas agora por soldados do rei, deveriam ser devolvidas a ela, que afirmou que só viria se pudesse negociar a sós com Catarina. Em janeiro de 1572, a fortaleza de Lectoure — uma das precondições de Jeanne para aceitar o encontro com a rainha-mãe — foi-lhe devolvida, e então ela partiu, finalmente, para o seu inevitável encontro com Catarina.

Ao mesmo tempo que Jeanne se preparava para encontrar a rainha-mãe, uma conspiração para assassinar Elizabeth da Inglaterra fora descoberta. Conhecida como Conspiração de Ridolfi, o complô, apoiado pela Espanha e por Roma para colocar Maria, rainha da Escócia, no trono inglês, tendo o duque de Norfolk como consorte, quase foi bem-sucedido. Catarina contou ao embaixador inglês que dois italianos haviam sido contratados por Álava e que ela enviara mensagens urgentes advertindo a rainha do grande perigo que corria. Carlos, que antes protegia e era afeiçoado à sua ex-cunhada, achou que ela tinha passado dos limites com esse complô. Seu único comentário a respeito da situação desesperada na qual Maria agora se encontrava foi premonitório: "Ah, a tonta nunca vai parar até perder a cabeça. Eles vão executá-la. Mas a culpa é dela, por ter sido insensata".[15] Como consequência, o complô despertou um desejo da Inglaterra de se aproximar dos inimigos da Espanha, dos quais o mais poderoso era a França. Elizabeth dera a entender que, embora Anjou não fosse mais um possível candidato ao casamento, seu irmão mais novo poderia servir muito bem. Francisco, duque d'Alençon, o garoto que Álava costumava chamar de "*le petit voyou vicieux*" (o pequeno canalha maldoso), era um pretendente potencial sem o menor atrativo, mas mesmo assim as conversações foram iniciadas. Elas incluíam um acordo pelo qual os dois países se comprometiam a defender-se mutuamente caso um deles fosse atacado por um inimigo comum.

Carlos fez pressão por uma aliança com a Inglaterra, ansioso para se livrar do irmão menor que detestava. Anjou tampouco gostava dele e nem Catarina mostrava algum afeto particular por D'Alençon. Margot era a única que defendia o jovem dentro da família. Aquele namorico anterior com

Guise, fosse ele inocente ou não, destruíra o vínculo profundo, talvez pouco natural, entre Margot e Anjou, que morrera de ciúmes do admirador de sua irmã e agora procurava sempre causar problemas a ela. Carlos também se sentira igualmente traído no incidente com Guise e não desfrutava mais da confiança de Margot. Às vezes se falavam, mas em geral ela tinha medo dos seus golpes, especialmente depois da surra que lhe dera. Os dois irmãos comportavam-se como namorados desprezados, ambos eram capazes de machucá-la e ambos tinham ciúmes das atenções que ela dispensava ao irmão mais novo deles.

O enviado da rainha Elizabeth, sir Thomas Smith, chegou à França em dezembro de 1571. Ele recomendou D'Alençon como marido em vez de Anjou, escrevendo à rainha que o primeiro não era "tão obstinado e prepotente, tão papista e (se me permite dizer) tão estúpido e incontrolável como uma mula como o seu irmão. Era dos dois o mais moderado, o mais flexível e o mais tratável".[16] Smith também relatou que para "ter filhos" Alençon era de longe melhor escolha, por ser "mais apto que o outro".[17] Isso presumivelmente incluía uma referência sutil à ambígua orientação sexual de Anjou, embora a ideia de qualquer um dos príncipes Valois ser pai de um filho de Elizabeth fosse um pouco cômica. Catarina achou melhor não ignorar o óbvio e mencionou o problema da baixa estatura do filho e de sua pele horrível, mas acrescentou de modo tranquilizador que o rapaz de dezesseis anos, embora "não fosse alto", mostrava sinais de uma barba cada vez mais espessa que iria dissimular sua pele horrenda. Smith observou que marcas de varíola eram de qualquer modo algo de pouca importância num homem, e citou o ilustre precedente do rei Pepino, "*le Bref*" ("o Curto"), que apesar de chegar apenas à cintura de sua esposa, a rainha Bertha, foi pai do grande Carlos Magno, primeiro imperador do Sacro Império Romano.

Sem se impressionar com as recomendações de seu enviado, Gloriana* sabia que aos 38 anos estava perdendo seus atrativos quase tão rápido quanto perdia seu cabelo. Apesar de a rainha usar perucas e outros artifícios, Smith ressaltou a lorde Burghley, um dos principais conselheiros de Elizabeth: "Quanto mais cabeluda é na frente [na testa], mais careca fica atrás".[18] De

---

* Um dos apelidos da rainha Elizabeth da Inglaterra, personagem do poema "A rainha das fadas", poema alegórico de Edmund Spenser. (N. T.)

fato, era inegável que Elizabeth estava perdendo a *fraîcheur* que já possuíra. A rainha concordou no prosseguimento das conversações; elas resultaram num pacto defensivo e comercial, o Tratado de Blois, assinado entre a Inglaterra e a França em 29 de abril de 1572. Quanto às conversações sobre casamento, ela deixou que se estendessem sem solução por enquanto.

O valor de Elizabeth como aliada foi questionado quando os franceses descobriram que ela também abrira discussões secretas com o duque de Alba, apenas um mês antes de assinar o Tratado de Blois, a fim de restaurar as relações comerciais entre a Inglaterra e a Holanda espanhola. Elas haviam sido suspensas em 1569 e isso vinha custando caro aos dois países. Embora os ingleses tivessem encontrado outras saídas em Hamburgo, as associações tradicionais e comerciais com a Holanda eram mutuamente lucrativas e preferíveis. Por volta de 1572, o trânsito marítimo espanhol sofreu graves interrupções devido a constantes ataques dos corsários de Guilherme de Orange. Os "*Gueux de Mer*" ("Mendigos do Mar"), como eram conhecidos, vagavam à vontade pelo Canal da Mancha, capturando ou afundando grande número de navios inimigos com suas cargas, buscando depois refúgio em La Rochelle e em vários portos ingleses. A fim de chegar a um acordo com Alba, Elizabeth já ordenara em fevereiro de 1572 que todos os navios rebeldes saíssem dos portos ingleses. Sua expulsão desencadeou uma cadeia imprevista de eventos que iria inflamar a já grave situação dos Países Baixos e estimular os protestantes franceses a acreditar na última possibilidade de uma invasão bem-sucedida para expulsar os espanhóis de vez.

Os Mendigos do Mar haviam zarpado, mas foram obrigados por uma tempestade a baixar âncora em Brille, na Holanda. Por acaso, a guarnição espanhola partira recentemente para sufocar uma rebelião em Utrecht, e os Mendigos do Mar – uma força militar e naval altamente organizada – capturaram o porto. Em pouco tempo, controlavam a maior parte da Zelândia. Então, um grande número de refugiados que estava na Inglaterra e em La Rochelle correu para se juntar a eles, estimulado por forças clandestinas especiais da Inglaterra e outros Estados simpáticos. Em 30 de abril, um dia após a assinatura do Tratado de Blois, os ingleses anunciaram a retomada das relações comerciais com Flandres. Elizabeth, que não desejava o triunfo nem da França nem da Espanha, seguiu sua própria estratégia de manter os espanhóis atados à Holanda, os franceses tentados a intervir e Felipe incapaz de se concentrar em invadir praias inglesas heréticas.

No início da primavera de 1572, houve um desdobramento que encheu Catarina de uma feliz expectativa, como havia tempos não experimentara. O rei da Polônia, Sigismundo Augusto II, acabara de enviuvar e sua saúde era precária. Como não tinha planos de se casar de novo e não dispunha de herdeiro legítimo, o trono da Polônia ficaria vago com sua morte. Conta-se que foi um dos anões preferidos de Catarina, um polonês de nome Krassowski, quem contou à sua dona que o rei polonês estava morrendo, comentando: "Madame, logo haverá um trono para os Valois". Ela embarcou nesse sonho de uma coroa distante e decidiu que seu adorado Anjou deveria ser eleito sucessor de Sigismundo Augusto. Para garantir uma posição privilegiada a Anjou quando o rei morresse, enviou Jean de Balagny – o filho natural de seu confiável bispo de Valence, Jean de Monluc – numa missão de reconhecimento à Polônia, para relatar as condições locais e descobrir quem precisaria ser comprado, intimidado ou seduzido. Sigismundo também acabara de perder uma de suas irmãs, a esposa do *vovoid* [governador] da Transilvânia, e vassalo do sultão da Turquia, aliado dos franceses. Para cair nas graças de Sigismundo, Catarina ofereceu a recém-descartada amante de Anjou, a arrebatadora Renée de Rieux, *demoiselle* de Châteauneuf, como noiva para o enlutado *vovoid*, em seu reino nas montanhas. A fim de conseguir a permissão do sultão para a união, Carlos escreveu ao seu embaixador em Constantinopla descrevendo os maravilhosos atributos da ex-amante do irmão: "Mademoiselle de Châteauneuf é uma moça belíssima e virtuosa, originária da Casa da Bretanha e, portanto, minha parente".[19] Não sabemos como ela deve ter se sentido ao ser dispensada por Anjou em favor de Maria de Clèves, irmã da nova duquesa de Guise, e depois oferecida como mercadoria ao pouco refinado *vovoid*. Tendo feito tudo o que era possível de momento para colocar o plano polonês em ação, Catarina voltou então de novo sua atenção ao projeto mais imediato, o casamento Navarra-Valois.

Depois de receber muitas cartas de Catarina, assegurando a Jeanne que se ela viesse à corte como sua convidada não estaria correndo nenhum risco, a rainha de Navarra não conseguiu mais resistir e escreveu de volta: "Madame, a senhora diz que deseja ver-nos, e que não irá nos causar dano. Perdoe-me se sinto vontade de sorrir ao ler suas cartas. A senhora tranquiliza medos que nunca tive. Não creio, como reza o dito, que a senhora coma criancinhas [...]".[20] Em janeiro de 1572, Jeanne partiu para a corte francesa em Blois. Empreendeu sua viagem de três semanas numa carruagem tão grande que parecia uma casa. No meio dela, uma estufa mantinha os ocupantes aquecidos, e colchões e almofadas aliviavam os terríveis solavancos do veículo. Chegando perto de seu destino, pediram que aguardasse em Tours. A presença em Blois do delegado e sobrinho do papa Pio v, cardeal Alexandrini, que viera especificamente para protestar contra o casamento de Navarra, ao qual seu tio se opunha radicalmente, significava que Jeanne teria que aguardar perto da corte. A primeira missão do cardeal havia sido visitar o rei Sebastião de Portugal. Depois de reter os sempre presentes monges teatinos no mosteiro de Coimbra, ele fez um longo discurso ao rei e quase o manteve prisioneiro ali até finalmente extrair dele a promessa de que iria casar-se com Margot. Com a oferta do casamento português no bolso, Alexandrini chegou à corte francesa em 7 de fevereiro de 1572. Na esperança de que Catarina e Carlos transbordassem de gratidão com o casamento português proposto, incluiu a exigência que a França se juntasse à Santa Aliança de Lepanto contra os turcos.

O cardeal ficaria desapontado em relação a ambos os pontos. Para evitar perder tempo e para sondar Jeanne quanto a potenciais obstáculos que ainda estivessem impedindo o casamento, Catarina convidou-a ao vizinho castelo de Chenonceau, onde as duas finalmente se encontraram em 15 de fevereiro de 1572. Foram examinadas com cuidado as questões religiosas envolvidas no casamento em geral e na cerimônia em particular, com Jeanne sendo aconselhada pelos ministros protestantes que vieram com ela. Por fim, Alexandrini foi embora; sua missão havia sido um completo fracasso. Recusando todos os presentes protocolares ao partir, saiu rapidamente em sua carruagem, muito mal-humorado, de volta para Roma. Coincidentemente, cruzou com a carruagem de Jeanne d'Albret quando passava pelo *château*. Alexandrini diplomaticamente fez de conta que não sabia que a ocupante do veículo era a herege rainha de Navarra e evitou assim ter que cumprimentá-la.

O rei recebeu Jeanne em Blois em 2 de março de 1572. Estava adoentada e cansada, mas foi movida pela sua determinação de ver as conversações sobre casamento resolvidas. Dividida entre seus escrúpulos religiosos e suas ambições maternas, ela esforçou-se para conciliar o que era visivelmente inconciliável. Jeanne tivera muitos receios de vir até a libertina corte francesa, menos por questões de segurança ou de cair nas maquinações florentinas de Catarina – sabia que era um alvo disso –, e mais pelo receio de, como uma importante princesa francesa e soberana de seu próprio reino, ter se tornado insípida e provinciana. Suspeitava até que poderia se tornar motivo de riso no sofisticado caldeirão da corte. Filha de Margarida de Valois, que era irmã de Francisco I, ela herdara Navarra do pai e se casara – por amor – com o primeiro príncipe de sangue, Antônio de Bourbon. Os Bourbon haviam sofrido muitos reveses desde a traição do velho condestável de Bourbon em 1523. Henrique II praticamente o ignorara durante seu reinado, e esse seu marido, um paspalho mulherengo, permitira ser consistentemente passado para trás e marginalizado. Jeanne era uma soberana inteligente e corajosa, correta e moralmente inatacável, embora houvesse uma fragilidade emocional em seu orgulho feminino e em seu receio de ser esnobada e julgada como uma mulher simplória do campo.

A partir do momento em que chegou a Chenonceau, as cartas de Jeanne a Henrique tornaram-se carregadas de ansiedade e queixas. Em 21 de fevereiro ela escreveu:

> Peço que não saia de Béarn até receber notícias minhas [...] é evidente que ela [Catarina] pensa que tudo o que digo é apenas a minha opinião, e que você pensa de modo diferente [...]. Quando me escrever da próxima vez, por favor, mencione na carta para eu lembrar de tudo o que você tem me dito e especialmente peça que eu sonde Madame [Margot] a respeito das questões religiosas, enfatizando que essa é a única coisa que o tem refreado, de modo que, quando eu lhe mostrar a carta, ela acredite que é esse o seu desejo. Garanto a você que me sinto muito desconfortável, pois eles se opõem a mim fortemente e tenho precisado de toda a paciência do mundo.[21]

A primeira impressão que Jeanne teve de Margot foi encorajadora, conforme ela escreveu a Henrique:

> Devo dizer-lhe que madame Marguerite [Margot] me dispensou todas as honras e hospitalidade possíveis e disse com franqueza o quanto gosta de você. Se abraçar nossa religião, posso dizer que somos as pessoas mais afortunadas do mundo [...] Por outro lado, se ela permanecer obstinada em sua fé, e dizem que é muito devota dela, então esse casamento será a ruína de nossos amigos e de nosso país [...]. Portanto, meu filho, se alguma vez você pediu algo a Deus – peça-lhe isso agora.[22]

A irmã de Henrique, de dez anos, havia acompanhado a mãe à corte e acrescentou um pós-escrito: "*Monsieur*, eu vi madame Marguerite [Margot], achei-a muito bonita, e desejo que você possa vê-la [...] ela me deu um lindo cachorrinho de presente, que eu estou adorando...".[23]

A legendária beleza de Margot é descrita por Brantôme pouco antes de seu casamento, na Páscoa de 1572, quando a viu numa procissão durante as festividades:

> Era tão linda que nunca ninguém deve ter visto pessoa tão adorável no mundo. Além da beleza de seu rosto e de seu corpo bem torneado, estava vestida de maneira soberba, com joias de valor fantástico ornando seu traje. Seu rosto adorável brilhava com uma pele de um branco impecável, e seu cabelo estava guarnecido por grandes pérolas brancas, pedras preciosas e diamantes extremamente raros em formato de estrela – seria possível dizer que sua beleza natural e o brilho de suas joias competiam com um céu noturno cheio de estrelas, para usar uma imagem.

Mesmo levando em conta as lisonjas de praxe à família real e a costumeira hipérbole de Brantôme, Margot era sem dúvida uma verdadeira beleza do século XVI, embora seus traços talvez não fossem agradar hoje tanto quanto na época. Suas maçãs do rosto altas, a pele branca e os lábios carnudos são atributos atemporais, mas seu nariz não era tão delicado quanto os demais traços, e seu rosto redondo também sugeria as bochechas um pouco rechonchudas demais e o queixo duplo que viria a aparecer com os anos. Uma olhada na mãe confirmava essa herança. Mas tinha um porte de rainha, dançava muito bem e ostentava um ar altivo; observando seus retratos, é possível notar que era uma jovem sedutora e espirituosa, tão afamada pela beleza quanto por sua inata elegância. Sabia exatamente como se mostrar a fim de destacar o que mais a favorecia.

Conforme as negociações avançavam e o "catarro" de Jeanne causava surtos de tosse cada vez mais frequentes e fatigantes, ela passou a se preocupar mais com a libertinagem da corte, temendo que afetasse seu filho. Também tinha receio de que ele aparentasse uma figura provinciana e não principesca entre aqueles cortesãos aparatosos. Ela escreveu: "Suplico que você tenha três coisas em mente; cultive a graça, fale de maneira assertiva, especialmente quando for colocado de lado, e lembre-se de que será julgado pelas primeiras impressões". Ela até acrescentou uma dica de moda: "Habitue-se a usar o cabelo penteado para trás, e não da maneira que é usado em Nérac; recomendo essa última moda, é mais do meu agrado".²⁴ E começou a ver Margot por um ângulo menos favorável:

> Quanto à beleza de madame Marguerite [Margot], considero que tem uma bela figura; no rosto, há muitos acréscimos artificiais, isso me incomoda, vai fazer-lhe mal, mas a pintura é tão comum nessa corte quanto na Espanha [...]. Não gostaria que você vivesse aqui por nada do mundo. Desejo que você se case e saia desse ambiente depravado com sua esposa. Já imaginava que fosse assim, mas superou minhas expectativas. Aqui não são os homens que solicitam as mulheres, mas elas que solicitam os homens.²⁵

Jeanne prosseguiu queixando-se de terem-lhe negado acesso a conversas privadas com Margot, e que a única pessoa com a qual ela podia conversar livremente era Catarina, "que me fustiga". O duque de Anjou não era melhor:

> Monsieur tenta me convencer em privado com uma mistura de zombaria e desprezo [...]. Percebendo que nada conseguem, fazem de tudo para provocar uma decisão apressada em vez de proceder logicamente. Reclamei com a rainha, mas tudo o que ela faz é zombar de mim [...]. Trata-me de uma maneira tão vergonhosa que você poderia dizer que a minha paciência ultrapassa a da própria Griselda [...]. [Margot] é linda, discreta e graciosa, mas cresceu na atmosfera mais perversa e corrupta que se possa imaginar. Não vejo como alguém conseguiria escapar desse veneno.²⁶

Jeanne não havia parado para avaliar o que Margot, por baixo da sua aparência afável, achava de fato da união proposta com seu filho. Depois do delicado charme de Henrique de Guise e do verniz dos flertes com outros cortesãos, a ideia de se casar com Navarra lhe parecia odiosa. Na sua avaliação, faltava-lhe refinamento, ele quase nunca tomava banho, usava roupas fora de moda e seu hálito era famoso pelo cheiro de alho. Para Margot, porém, a principal consideração era que o plano havia sido concebido por sua mãe e tinha total apoio de seus irmãos mais velhos, pelos quais ela, como sempre, se sentia usada; mas, incapaz de se opor aos desejos deles, qualquer ideia de escapar disso mostrava-se inútil. Era uma noiva tão reticente quanto seu noivo Henrique.

Os dois lados continuaram negociando as questões religiosas. Jeanne receava – provavelmente com razão – que tivessem feito orifícios nas paredes de seus aposentos para espioná-la. "Não sei como estou conseguindo suportar", lamentou-se; "eles me arranham, espetam-me alfinetes, eles me bajulam, arrancam as unhas dos meus dedos."[27] Conforme o tempo corria e Jeanne se recusava a ceder nos pontos religiosos, mesmo seus nobres protestantes começaram a se desesperar com a sua obstinação. De repente, o rei decidiu encurtar a conversa e, embora não tivesse ainda recebido a dispensa papal, concedeu a Jeanne tudo o que ela pedira. Concordou que Henrique não precisaria entrar na catedral de Notre-Dame para a Missa Nupcial e que um substituto poderia ficar lá em pé no lugar dele. Mas insistiu para que Henrique viesse a Paris pessoalmente para o casamento com Margot. Em 11 de abril de 1572, o contrato de casamento foi devidamente assinado. Algumas semanas mais tarde, Jeanne, exausta, foi até Vendôme para descansar. Henrique havia sido convidado a ir até lá para encontrá-la, mas adoeceu e adiou a viagem. Quando se recuperou, sua mãe, que tinha muita coisa a providenciar antes do casamento, já voltara a Paris. Precisava comprar presentes para sua futura nora e roupas finas para o filho.

Jeanne de Navarra deve ter ficado assustada com algumas cenas que presenciou em sua estada em Blois, não só da libertina corte francesa em geral, como do comportamento dos irmãos de Margot em particular. Os banquetes e bailes de máscaras devem ter oferecido oportunidades para todos os tipos de licenciosidades. Carlos, muito mais criança do que rei, imitava um cavalo, com uma sela às costas e dando pinotes de quatro, o rosto coberto de fuligem. Anjou, todo perfumado e coberto de joias, vestido com as mais fabulosas criações de seus alfaiates, parecia mais uma cortesã que um cortesão. Essas presepadas todas eram assistidas por Catarina, que parecia ignorar os excessos dos filhos – cujo ódio recíproco entre os dois continuava vivo – e achava que era melhor vê-los debochando de si mesmos do que se degolando.

Quando Jeanne partiu para a capital, parecia arrasada pela doença; mesmo assim, determinara-se a preservar uma aparência real; assim, em sua viagem a Paris foi mais ornada de pérolas do que de costume. Ao chegar, hospedou-se na casa de um parente Bourbon, o *vidame* de Chartres.* Como Catarina não

---

* *Vidame* era um cargo da época, uma espécie de advogado eclesiástico. (N. T.)

estava na capital, encarregou o duque de Retz – Alberto Gondi – de cuidar da rainha de Navarra. Durante o mês de maio de 1572, Jeanne tentou bravamente ignorar sua saúde precária e ficou aguardando a chegada do filho. Em 4 de junho, foi obrigada a ficar de cama, e dois dias depois reescreveu seu testamento. Coligny, que chegara recentemente à corte, soube da condição desesperadora da rainha e instalou-se na cabeceira da cama dela no dia 8 de junho. Lá permaneceu ao lado do capelão de Jeanne, Merlin, orando e lendo as Escrituras para ela, enquanto ela perdia e recuperava a consciência. Jeanne nunca mais viu seu amado filho, e morreu em 9 de junho, com apenas 44 anos. A autópsia revelou que havia morrido de tuberculose e de um abscesso no seio direito. Após o Massacre da Noite de São Bartolomeu, previsivelmente surgiu o rumor de que Catarina dera cabo da cansativa rainha, que fora um tormento para ela. A história que circulou era que *maître* René, o *parfumier* florentino da rainha-mãe, recebera ordens de presentear Jeanne com um par de luvas tingidas com veneno. Na realidade, Catarina não teria nada a ganhar matando a rainha de Navarra; seus objetivos haviam sido alcançados com a assinatura do contrato de casamento, embora sem dúvida a morte de Jeanne tenha sido um duro golpe para os huguenotes.

Um assassinato que, provavelmente, pode ser atribuído a Catarina nessa época foi o de um jovem chamado Philibert Le Vayer, *sieur* de Lignerolles. Em 1570, Anjou vinha causando muita inquietação em Catarina com seus modos afeminados e sua falta geral de interesse por mulheres (com algumas notáveis exceções, como sua irmã Margot). Catarina fazia de tudo para estimular no filho a simples luxúria masculina. Até organizava bacanais onde, segundo se dizia, compareciam garotas lindas e nuas. Ao que parece o único efeito que isso produzia nele era a total indiferença, quando não um imenso tédio. Por outro lado, vivia rodeado por um círculo de jovens nobres de aparência extravagante, que ficaram conhecidos como seus *mignons*. Eles acompanhavam de modo servil as atividades e paixões do príncipe, e ele por sua vez os protegia e mimava. Catarina odiava aquele pequeno bando de meninos, e assim que emergia algum favorito em particular fazia o possível para desbancá-lo. Um dos membros desse bando era Lignerolles, que tinha conexões estreitas com os espanhóis e se tornara indispensável a Anjou. Lignerolles, no entanto, diferia dos outros. Esse *mignon* estimulava um lado do duque que expressava o oposto de seu caráter normalmente epicurista, um lado que mais tarde cresceria e acabaria dominando-o.

Henrique tinha uma curiosa inclinação para o fanatismo religioso, e Lignerolles fez o que pôde para estimular isso. Anjou ficou enfeitiçado por esse incomum favorito, que incentivou-o a práticas devocionais e ascéticas tão extremas que ele acabou adoecendo. Orações, jejuns, peregrinação e autoflagelação substituíram a sua usual licenciosidade, e ficou perceptível até um certo afastamento dele de sua mãe. A delicada constituição de Anjou logo se ressentiu das intensas devoções, e um cortesão entreouviu Catarina dizendo que o rosto de Henrique "está pálido demais, e eu preferiria vê-lo virando huguenote do que pondo a vida em risco desse jeito". O amor de Catarina por Anjou era tão cego quanto visceral; qualquer um que ela acreditasse estar ameaçando o bem-estar do filho e a proximidade dos dois corria o risco de provocar uma reação fatal. Quando Lignerolles foi encontrado morto numa viela perto do Louvre, ninguém se deu ao trabalho de procurar o assassino; parecia que todos haviam entendido muito bem quem era o mandante. Por ora, Anjou voltara a seus passatempos normais, mas seu fanatismo latente iria reviver no futuro e fazer-lhe muito mal dali a alguns anos.

Em 13 de maio, foi eleito um novo papa, Gregório XIII, que se mostrou muito mais tratável e moderado que seu predecessor. Catarina assegurou-lhe que a união com Navarra era a única maneira de evitar que o rei fosse levado a uma guerra contra a Espanha e também de manter a paz dentro da França. Ela solicitou uma dispensa especial para realizar o casamento entre Henrique e Margot, apesar da dicotomia religiosa e da consanguinidade *à troisième degré*. Catarina era sem dúvida sincera em seu desejo de paz com os espanhóis, mas o relacionamento da França com a Espanha estava sendo agora comprometido por um incidente perigoso e altamente explosivo, que tinha todas as marcas do almirante de Coligny tentando forçar sua agenda de intervenção militar na Holanda.

Em 17 de julho de 1572, uma expedição militar huguenote de 5 mil soldados liderados por Jean de Hangest, *seigneur* de Genlis, cruzou a fronteira da França e entrou na Holanda espanhola, onde foram emboscados perto de Mons por soldados espanhóis, que haviam sido alertados do ataque com antecedência. Genlis e François de la Noue, um capitão protestante, vinham numa missão para salvar Luís de Nassau, que havia atacado Mons e Valenciennes, com o apoio do dinheiro e de homens de Carlos. O sucesso inicial logo se transformou em fracasso, e os espanhóis agora tinham Nassau e seus homens sitiados na fortaleza de Mons. Ao mesmo tempo, o príncipe Guilherme de Orange, irmão de Nassau, planejava uma invasão a partir da Alemanha. Havia semanas circulavam na corte francesa rumores sobre o plano de resgate de Genlis. Armeiros parisienses foram vistos trabalhando todos os dias e varando noites, e desde meados de junho grandes levas de homens armados tinham deixado Paris rumo ao norte. Alguns afirmavam que o rei recebera Genlis pessoalmente em Paris, em 23 de junho, ou perto disso. Carlos, porém, alegou ignorar totalmente o ataque, embora seja difícil de acreditar, já que os espanhóis foram suficientemente informados para evitar que tivesse sucesso. É mais provável que Genlis tenha contado com a ajuda clandestina de Coligny e com o apoio tácito do rei.

A força huguenote foi dizimada, e apenas umas poucas centenas de homens conseguiram escapar. Um dos sobreviventes foi o próprio Genlis, que infelizmente trazia com ele uma carta altamente comprometedora, escrita por Carlos, na qual ele encorajava os huguenotes franceses em sua atividade rebelde na Holanda. A incursão de uma força armada em território espanhol podia facilmente ser vista como um ato de guerra dos franceses, e Carlos rapidamente procurou eximir-se disso, parabenizando Felipe por seu sucesso em derrotar a expedição. Catarina, furiosa por seu filho ter apoiado, mesmo acobertadamente, uma missão tão estúpida, exigiu que ele fizesse uma declaração pública denunciando a expedição de Genlis, e afirmando que seu objetivo era viver em harmonia com seus vizinhos. Acreditando que a crise imediata havia sido evitada, Catarina saiu da capital para cuidar de sua filha Cláudia da Lorena em Châlons, onde fora levada, doente, a caminho de Paris, para o casamento de Margot. Catarina falhara em compreender que, no tocante a Coligny, a expedição de Genlis representava pouco mais que um grupo avançado de uma força francesa maior que ele planejava liderar, e, assim que a rainha-mãe saiu de Paris, o almirante redobrou seus esforços para fazer com que Carlos declarasse guerra à Espanha.

Catarina foi logo alertada sobre as atividades belicosas do almirante e correu de volta a Paris na noite de 4 de agosto para tentar evitar a catástrofe. Incandescente de raiva, repreendeu o rei por permitir ser conduzido pelos mesmos homens que já haviam tentado sequestrá-lo, e contra os quais estivera em guerra apenas alguns meses antes. Disse-lhe para não cair na armadilha de iniciar uma guerra contra a Espanha, que logo deixaria a monarquia à mercê dos protestantes. Ao mesmo tempo, Coligny fazia de tudo para convencer Carlos de que não havia um minuto a perder, e que ele devia levar adiante seu plano e atacar a Holanda. Carlos viu-se dividido entre seu mentor e sua mãe. A certa altura, Catarina chegou a pedir permissão ao filho para retirar-se imediatamente, junto com Anjou, para as propriedades da família em Auvergne – alguns observadores relataram que ela desejava voltar para seu local de nascimento, Florença. Ali iria passar os restantes dias, teria declarado, em vez de assistir a seu incansável trabalho pela preservação da monarquia ser arruinado.

Nas reuniões do conselho de emergência em 9 e 10 de agosto, todos os presentes, incluindo Anjou, os duques de Nevers e Montpensier, os marechais Cossé e Tavannes, votaram pela paz, e a única voz discordante foi a de Coligny. Conta-se que, diante do resultado da votação, ele teria feito uma sinistra advertência à vitoriosa rainha-mãe: "Madame, se o rei decide não entrar numa guerra, que Deus o poupe de outra da qual não conseguirá se desvencilhar. Não tenho como me opor a sua majestade, mas tenho certeza de que a senhora terá a ocasião de se arrepender". A intenção clara de Coligny foi fazer uma advertência portentosa, mas com ameaça tão mal velada, Coligny sem saber proferira sua sentença de morte.

XII

O MASSACRE

Então matem todos! Matem todos eles!

Agosto de 1572

Catarina então se preparava para tomar medidas drásticas, visando proteger tanto o trono de seu filho quanto a paz do reino. Os tumultos que se seguiram, em agosto de 1572, mancharam seu nome por mais de 430 anos, criando a lenda da Rainha Negra. Tragicamente, ela não é lembrada por suas esclarecidas e frequentes tentativas de conciliação entre protestantes e católicos, mas pelo caótico banho de sangue conhecido como Massacre da Noite de São Bartolomeu.

Após as tensas reuniões do conselho no domingo, 10 de agosto 1572, Catarina preparou-se para a sua viagem até o Château de Montceaux, onde estava sua filha Cláudia, recuperando-se de sua doença. Carlos ainda acreditava que a mãe tinha mesmo a intenção de deixar a corte, apesar da vitória dela sobre Coligny. Pouco tempo depois da partida dela, segundo as memórias de Tavannes – que na realidade foram escritas por seu filho mais de vinte anos depois –, o rei parecia mais assustado com "os prováveis desígnios de sua mãe e de seu irmão do que com a ação dos huguenotes; pois sua majestade sabia muito bem do poder que eles exerciam sobre seu reino".[1] Mesmo assim, Carlos humildemente beijou a mão de Catarina e suplicou que não o abandonasse, jurando que no futuro iria acolher seus conselhos fielmente. Quando viu que ela de fato saíra de Paris, recusou-se a comer e ficou desolado, mas em seguida decidiu tomar o único curso de ação realista que se abria à sua frente.

Carlos correu até Montceaux e ali continuou a pressionar a rainha-mãe, para que reconsiderasse sua "aposentadoria" da vida pública. Junto com Anjou e os homens de confiança de seu irmão – Tavannes e Retz –, fizeram uma reunião na qual, segundo lembra Tavannes, "a deslealdade, a audácia, as bravatas, as ameaças e violências dos huguenotes foram aumentadas e exageradas por tal infinidade de meias verdades e artifícios, que sua majestade deixou de considerá-los amigos do rei e passou a encará-los como inimigos".² Carlos ainda hesitou, tentando agarrar-se à miragem de uma glória militar sobre a Espanha. Ele "vacilou muito", mas eles tinham agora a esperança de que "a paixão do rei por Coligny" tivesse terminado. Insuflaram no rei com tamanha intensidade a desconfiança, a apreensão e a dúvida em relação ao seu mentor, que Catarina e seus conselheiros mais próximos acreditaram que o almirante nunca mais seria visto por Carlos da mesma maneira.

Toda aquela encenação fora conduzida com exímia precisão, uma marca de Catarina. Assim que recuperou a posse de seu filho mais velho, ela orquestrou muito bem a reconciliação e o perdão ao pródigo rei. Com cenas que "misturavam violência e ternas repreensões [...] a questão terminou do jeito que Catarina pretendia, com a rainha recebendo de seu filho uma proibição formal de abandonar o conselho. Ao mesmo tempo, o duque de Anjou foi colocado diante do rei por sua mãe para receber um fraternal abraço".³ Segundo Tavannes, foi então que a rainha-mãe e Anjou decidiram dar o próximo passo lógico, a fim de "se livrarem de todos os receios futuros de que Carlos pudesse de novo convocar o almirante". Decidiram que Coligny devia morrer, "embora esse desígnio não fosse comunicado ao rei".⁴ A decisão de Catarina de livrar a França de Coligny não surgiu de uma ânsia de vingança contra um poderoso adversário que tivesse causado a ela muita dor e contribuído para dividir a nação, mas como um pré-requisito para a volta de uma sensação nacional de bem-estar. Não houve nada de febril nos seus preparativos; eram urgentes, mas apenas em razão do grande risco de uma guerra com a Espanha, que Coligny promovia com enorme assiduidade. Ela partiu para a eliminação de seu adversário com o mesmo senso prático impassível que demonstrara até então em todos os assuntos de Estado. A morte de Coligny passava a ser agora, no seu entender, uma necessidade, e ela estava preparada para fazer o que fosse preciso para alcançar essa meta.

Conforme a farsa em Montceaux seguia seu curso, Coligny comparecia ao casamento de Henrique de Condé com Maria de Clèves. Durante as celebrações, foi abordado várias vezes por seus seguidores implorando que não voltasse a Paris, onde temiam que sua vida corresse risco. Insistiram para que pegasse em armas. Ele respondeu aos seus pedidos simplesmente com o tipo de comentário nobre que sempre moldara sua reputação: "Eu preferiria ser arrastado pela lama por Paris do que ver uma guerra civil nesta terra de novo".5 Do casamento de Condé, ele foi visitar suas propriedades em Châtillon antes de voltar à cidade. Em Paris, o número de advertências e ameaças multiplicou-se, mas ele descartou-as dizendo que estava "farto de medos" e acrescentando que "um homem jamais teria paz se desse atenção a todo alarme". Além disso, declarou que, "o que quer que acontecesse, ele já tinha vivido o bastante".6 Seu lugar era Paris, para o abominável casamento de seu *protégé*, Henrique, rei de Navarra.

Aos cinquenta anos, Coligny, o senhor da guerra, o estadista, o líder huguenote e o confidente do rei, tornara-se a caricatura de um herói bíblico. Liderando seu "povo eleito" até La Rochelle, onde governava um mini-Estado, independente financeiramente graças aos saques de corsários, a única coisa que ele precisava fazer era ampliar seus domínios. Passara a acreditar que por nascimento e por méritos era o homem que deveria ajudar um rei fraco e cativo a governar a França. Suas vestes sóbrias, sua atitude contida e suas manifestações devotas faziam com que fosse amado, mas não amável. Reverenciado por seu povo por sua quase teatral rejeição de tudo, exceto os mais elevados fins e princípios, Coligny chegara a acreditar que o único caminho possível era o seu. Não punha fé em discussões ou debates, continuava teimosamente seguindo o caminho que escolhera. Não se tratava mais de dedicação à sua religião ou ao seu país, mas de uma soberba arrogância. Sua tão exaltada integridade, a pedra de toque de sua reputação, era agora pouco mais que uma fantástica vaidade movendo sua implacável ambição pessoal.

Em muitos aspectos, o almirante era parecido com os Guise, seus desprezados inimigos mortais. Essas duas grandes entidades feudais desejavam poder e supremacia, eram ambas capazes de ordenar a morte de centenas de pessoas em nome de Deus, e tanto o falecido Francisco de Guise quanto o almirante eram destacados comandantes militares. A diferença essencial entre Coligny e os Guise era que os de Lorena não dissimulavam suas ambições. Seu brilho principesco, suas gloriosas reputações de cavalaria e sua inabalável defesa do catolicismo simplesmente tornavam-nos mais sedutores como líderes populares aos olhos do povo. Mas quando não eram contidos, tanto Coligny quanto os Guise representavam uma ameaça à França.

Henrique de Navarra comparecera ao funeral da sua mãe em Vendôme em 1º de julho e estava em Paris desde 8 de julho. Apesar da morte de Jeanne, adiar o casamento era algo fora de questão. Os planos para o casamento do mais alto huguenote real da França com sua exaltada princesa católica estavam avançados demais e havia muitos interesses envolvidos para considerar mesmo que fosse um pequeno adiamento. O cardeal de Bourbon e o duque de Montpensier receberam-no em sua chegada ao Palaiseau, à frente de oitocentos cavalarianos bem armados, todos vestidos de preto, embora alguns relatos registrem que Henrique chegou com uma escolta de apenas oitenta homens. No entanto, qualquer que fosse o porte de sua escolta, pela primeira vez como adulto (tinha dezoito anos então), Henrique não mais contava com a sempre presente proteção de sua mãe. Passara muitos anos quando menino e adolescente na corte de Catarina e aprendera a amar a poesia italiana com a própria rainha-mãe, e a adotar muitas das atitudes próprias de um jovem príncipe renascentista. Admirava particularmente as histórias românticas de cavalaria e coragem marcial dos trovadores. Ao voltar para a mãe, que abominava esses refinamentos, fora obrigado a lidar com uma vida mais frugal, e a trocar Dante e Tasso pelas leituras muito menos melodiosas de Calvino e Bèze.

Chegar à corte dos Valois e à rede de intrigas e maquinações que enlaçava todos que ali viviam deve ter sido intimidante para alguém habituado a falar com franqueza, a ter uma vida simples e a aguentar as repreensões maternas. Henrique se lembrava o suficiente daqueles primeiros dias vivendo sob a guarda de Catarina e, embora muita coisa tivesse mudado, ele precisaria agora de um guia para percorrer aquele labirinto que tinha diante de si. Contava com seu tio, o cardeal de Bourbon, e talvez com sua noiva, embora não tivesse grandes expectativas em relação a esta última.

Henrique com certeza não era um Adônis, alto e loiro, comparável ao jovem duque de Guise, mas tinha muitas qualidades atraentes. Media um metro e setenta e cinco, tinha uma testa alta, cabelo escuro farto, pele clara e um nariz proeminente – um traço característico dos Bourbon. Acostumado a passar muito do seu tempo cavalgando, desenvolvera um físico musculoso e mostrava uma natureza animada, extrovertida, generosa. Aquele menino travesso crescera e se tornara um homem sincero e direto. Henrique tinha um charme particular que derivava dessa sua franqueza, masculinidade e magnanimidade. Seus atributos físicos eram complementados por seu intelecto; não era, como muitos cortesãos gostavam de afirmar, um camponês dos Pireneus incapaz de se expressar. Apesar de sua paixão pelo alho e de sua aversão ao banho, era capaz de brincar e conversar com aqueles que o rodeavam sem perder a compostura exigida pela sua posição. Combinava o fato de ser um homem e um rei com uma surpreendente *finesse* social. Um pouco a contragosto, Carlos sempre gostara de Navarra; não tinha como não simpatizar com ele. Henrique participara de ações militares, e fora um companheiro forte e bom. O rei achava um alívio tê-lo por perto, em vez de aguentar as ridículas afetações do próprio irmão Anjou.

Conforme passavam os dias que antecediam o casamento, o calor em Paris ficava cada vez mais opressivo, as ruas estavam empoeiradas e a cidade sufocava com a chegada de estranhos de todas as partes do país. A maioria dos huguenotes hospedava-se em pousadas e tabernas. Muitos camponeses das províncias, a maioria sem alojamento adequado, vinham participar das festividades e assistir ao grande espetáculo de sua princesa casando com o rei de Navarra. Devido à seca e a uma colheita fraca na área rural próxima, havia também um grande número de trabalhadores dos níveis mais baixos congestionando agora os acessos a Paris, na expectativa de encontrar algo para comer nos grandes banquetes que seriam oferecidos. Igrejas, conventos e outros edifícios haviam sido franqueados ao público para a ocasião especial, a fim de abrigar o inesperado influxo de pessoas, mas muitas tinham que se virar dormindo amontoadas pelas ruas.

Começaram a chegar os primeiros protestantes, mas a cidade ultracatólica parecia pacífica, o que surpreendeu os huguenotes que esperavam enfrentar um ódio latente. Um deles escreveu: "Aquele populacho, sempre descrito como muito terrível, o que mais gostava era de viver em paz, se os grandes, em sua ambição e deslealdade, não explorassem sua excitabilidade".[7] Em meados do mês, porém, os púlpitos começaram a ganhar vida com um clamor de desaprovação ao casamento. As pregações, inflamadas de ódio, dirigidas principalmente contra os protestantes e a família real, deram origem a uma série de rumores infundados que corriam das congregações para as multidões reunidas nas ruas. Os ânimos se exaltavam, enquanto batedores de carteiras e prostitutas encontravam campo propício às suas ações e mendigos detinham os transeuntes. A atmosfera ia ficando mais tensa nas ruas de Paris, não a Paris que conhecemos hoje, com seus amplos *boulevards*, mas uma cidade medieval de ruas estreitas e sinuosas, que se abriam às vezes em grandes praças, ou então se tornavam mais estreitas ainda, levando a becos sem saída.

Catarina voltou a essa cidade quente, irritante e pululante, em 15 de agosto. Quase à sua chegada, viu-se confrontada com uma urgente exigência do duque de Alba, pedindo uma explicação para a presença de nada menos do que 3 mil soldados huguenotes perto da fronteira, nos arredores de Mons. Uma vez mais ela havia sido enganada. Como logo descobriu, o almirante continuara arregimentando soldados, apesar da decisão do conselho, e naquele momento estava reunindo uma força de 12 mil arcabuzeiros e 2 mil cavalarianos. E tampouco era segredo que um grande número de cavalheiros huguenotes que estavam em Paris para o casamento pretendia partir para a Holanda assim que as celebrações se encerrassem. A intenção última do almirante era liderar uma força mista de católicos e protestantes para lutar na Holanda contra a Espanha, acreditando que isso iria eliminar qualquer risco de uma guerra civil na França.

O rei, que durante meses dera acesso sem paralelo ao seu "padre confessor", permitindo que entrasse em seu quarto a qualquer hora do dia ou da noite, que se sentasse com ele a portas fechadas por horas a fio, agora se sentia muito confuso e fraco para arrancar o controle de volta de Coligny. Na verdade, talvez não soubesse mais o que queria. Coligny falava com ele homem a homem, tratava-o como um rei, e oferecia um contraponto confortável à sua mãe e a Anjou. Catarina ia ficando com medo de que fosse tarde demais para acionar sua armadilha. Será que Coligny planejava sequestrar o rei e mandá-la para o exílio? Talvez ela acabasse mesmo tendo que se recolher às suas propriedades em Auvergne.

Hoje é impossível saber com exatidão quando e como o plano para assassinar o almirante Coligny foi arquitetado, mas o fato de a família Guise estar em Paris para o casamento propiciou os cúmplices de que Catarina precisava. O próprio relato de Anjou deve ser tratado com alguma reserva, embora haja muita coisa nele inegavelmente verdadeira. Ao que parece, quando Anjou estava solitário e arrependido em Cracóvia, dois anos mais tarde, teria conversado com um membro importante de seu círculo próximo, talvez seu médico Miron ou um de seus criados de quarto, M. de Souve, que registrou a versão dos eventos de seu senhor. Nela o duque declarou:

> Tínhamos certeza, a partir da atitude ameaçadora do rei, que o almirante havia inspirado sua majestade com uma opinião ruim e sinistra da rainha, minha mãe, e de mim mesmo, e então resolvemos nos livrar dele, e chamar em nosso auxílio madame de Nemours, a quem achamos que podíamos revelar nosso projeto, pelo ódio mortal que sabíamos que ela nutria pelo almirante.[8]

Alguns relatos indicam que Ana d'Este, duquesa de Nemours, estava presente em Montceaux, e fazia parte do complô para matar o homem que ela acreditava ter assassinado seu primeiro marido, Francisco, duque de Guise, cuja memória ela mantivera tão viva quanto seu desejo de vingança. A duquesa e a rainha-mãe haviam passado um bom tempo juntas desde o final de julho, mas ninguém estranhou esse fato até os eventos de 22-24 de agosto, já que as duas mulheres eram muito amigas.

Não importa quando foi que ocorreu realmente o fatídico encontro entre Catarina e a duquesa, é evidente que, em algum ponto do início de agosto, a rainha-mãe secretamente revogou a proibição real que impedia os Guise de realizarem sua vingança. Como retribuição, ela recebeu uma promessa de ajuda da matriarca do clã dos Guise e de sua enorme clientela, parte dela agora em Paris para o casamento. O total sigilo era essencial nessa época de complôs e rumores de complôs, e da família Guise participavam do plano apenas a duquesa, seu ex-cunhado, o duque d'Aumale, e Henrique, o jovem duque de Guise. O mais notável ausente de Paris durante aqueles fatídicos dias era o cardeal de Lorena. Desde que a família caíra em desgraça por causa do "romance" entre Henrique de Guise e Margot, ele decidira viajar a Roma. Contrariado com o desfecho da última guerra civil, antes de sua partida havia se queixado com o duque de Alba a respeito de Catarina: "Ela é tão dissimulada que, quando diz uma coisa, está pensando em outra, e seu único objetivo é mandar, que é o que ela faz. Quanto ao resto, não se importa com nada".[9] Mas agora os poderes de dissimulação de Catarina seriam submetidos a um teste decisivo. Se o seu plano falhasse, ela e sua família corriam o risco de serem mortos pelos milhares de huguenotes armados presentes na cidade.

Segundo as recordações de Anjou, assim que a cumplicidade da duquesa de Nemours foi assegurada, faltava apenas encontrar um assassino. O primeiro candidato da rainha-mãe e de seu filho fora "um certo capitão da Gasconha", que eles rejeitaram por ser excessivamente "volátil e frívolo para o nosso propósito". O inacreditável é que os dois disseram ao candidato descartado que as suas tratativas todas haviam sido apenas uma brincadeira e que ele deveria esquecer o assunto. Anjou e Catarina finalmente decidiram empregar ninguém menos do que Carlos de Louviers de Maurevert, o nobre que atirara em De Mouy, o amado companheiro de Coligny, durante a terceira guerra civil, e que fora condecorado pelo rei. Sabiam que ele conseguia manter a frieza e que não tivera escrúpulos em atirar em De Mouy, seu antigo tutor, pelas costas.

O relato de Anjou registra que Maurevert constituía "um instrumento mais adequado para alcançar nossos desígnios [...]. Portanto, sem perder tempo, o convocamos, e depois de revelarmos logo nosso desígnio para animá-lo mais a aceitar a empreitada, dissemos-lhe que, se prezava a própria segurança, não deveria recusar tornar-se nosso agente".[10] Desse modo, os dois claramente aludem ao perigo mortal que Maurevert correria se chegasse a cair nas mãos de Coligny. Após muita discussão, eles "em seguida buscaram definir a melhor maneira de executar o plano, e não acharam expediente melhor que o sugerido por madame de Nemours, que propôs que o tiro deveria ser disparado da janela da casa onde Villemur – um antigo preceptor do duque de Guise – se alojava, um ponto de localização muito adequado à nossa missão".[11]

A sugestão de Catarina de usar os Guise foi muito bem calculada e brilhante. Com certeza os huguenotes exigiriam vingança após a morte do almirante, mas ela e o rei estariam acima de qualquer suspeita. A casa de onde Maurevert iria atirar no almirante era sabidamente pertencente aos Guise. Na realidade, a duquesa de Nemours havia morado ali por um tempo. Os protestantes iriam culpar os Guise, e encarar o assassinato apenas como uma continuação da sangrenta rixa entre os Châtillon e os de Lorena. Os Guise, por seu lado, estavam totalmente motivados pela ideia de finalmente realizarem sua vingança, e contavam com a proteção real de Catarina. Assim, os objetivos da rainha-mãe provavelmente eram dois: a primeira consideração era matar Coligny, mas, se os Guise caíssem presa da vingança dos protestantes, ela poderia também alcançar sua meta última, a queda de ambas as casas, que desde a morte de Henrique II vinham ameaçando o Estado com suas imperiosas tentativas de controlar a monarquia.

No entanto, antes da execução de Coligny – pois era assim que Catarina via a questão –, o casamento destinado a simbolizar a harmonia religiosa e nacional deveria ser realizado. Em 16 de agosto, o cardeal de Bourbon presidiu a cerimônia de noivado no Louvre. O casamento propriamente dito seria celebrado dois dias depois, embora a dispensa papal ainda não tivesse chegado. Isso podia ser atribuído em larga medida à firme intervenção do cardeal de Lorena, que quase não fizera outra coisa desde que chegara a Roma a não ser dizer a todos no Vaticano que se dignassem a ouvir que Catarina era uma mulher perigosa e falsa. Ignorando a malícia dele, a rainha-mãe havia-lhe pedido que intercedesse junto ao papa Gregório XIII, geralmente imparcial. A resposta arrogante que recebeu de Lorena foi que ele estava em Roma tratando de "negócios estritamente privados" e que, portanto, não teria como ajudar. Até a chegada do cardeal, o embaixador francês estivera a ponto de conseguir a dispensa, mas, quando se espalhou essa conversa sobre as maldades de Catarina, as negociações foram suspensas e a dispensa foi mais tarde negada.

O cardeal de Bourbon, embora fosse favorável à união entre seu sobrinho e Margot, teve um ataque de escrúpulos e recusou-se a conduzir a cerimônia sem a necessária permissão. Por fim, Catarina foi ficando impaciente com Bourbon e decidiu enganá-lo. Mostrou-lhe uma carta falsa, supostamente do embaixador francês em Roma, comunicando que a dispensa havia sido acordada e que os documentos estariam chegando em seguida por mensageiro. Ela então ordenou que as fronteiras perto de Lyon fossem fechadas até a conclusão da cerimônia, para garantir que não chegasse nenhuma notícia de Roma contradizendo a armação. O cardeal caiu no engodo e concordou em oficiar as núpcias.

A essa altura, a cidade estremecia de tensão religiosa e política. Circulava o boato de que Coligny queria partir logo após a cerimônia, já que sua esposa estava para dar à luz a qualquer momento e queria fazer-lhe uma breve visita antes de sua expedição à Holanda. O rei também aguardava o nascimento de seu primeiro filho com Elisabeth da Áustria, que ficara em Fontainebleau na paz do campo. Carlos decidiu que iria sair daquela cidade explosiva assim que possível e decretou que todas as atividades oficiais fossem suspensas durante as festividades, que estavam previstas para terminar no domingo, 24 de agosto. A corte sairia então de Paris em 26 de agosto.

Na manhã de 18 de agosto de 1572, a noiva de dezenove anos preparava-se para a cerimônia. Passara a noite no palácio episcopal ao lado da catedral de Notre-Dame. No período que antecedera o casamento, demonstrara pouca animação com o que tinha à frente. Quando Catarina perguntara à sua filha em abril se ela concordava em se casar com Henrique de Navarra – não exatamente uma pergunta, mas um pedido de um assentimento formal –, Margot mais tarde relembrou sua resposta: "Eu não tinha nenhum desejo, nenhuma escolha, a não ser a dela, e pedi que tivesse em mente minha forte fé católica". Assustava-a a ideia de abandonar a brilhante corte francesa e ir morar em Nérac, no meio daquela austeridade huguenote toda. Aquela jovem espontânea, criada em meio a diversões, flertes e moda, temia que o reino do marido fosse enterrá-la viva. Com Jeanne morta, no entanto, aumentaram um pouco as esperanças de Margot de que seria capaz de encantar os austeros súditos de Henrique e introduzir alguma alegria em suas vidas. Conhecendo bem e temendo sua mãe como temia, Margot não alimentava ilusões a respeito dos perigos que corria como esposa de Henrique. Se houvesse mais conflitos religiosos, o lado de seu marido não confiaria nela, e sua própria desconfiada família – uma vez que ela não fosse mais útil para eles – iria considerá-la igualmente maculada. Portanto, seria exilada deles se a paz que esse casamento pretendia cimentar não vingasse. Embora tivesse pouco afeto pela mãe e por seus irmãos mais velhos, mesmo assim temia ser abandonada por eles.

Na segunda-feira, 18 de agosto, Margot, num suntuoso vestido cintilante de pedras preciosas, ostentando na cabeça uma coroa brilhante com bordas de arminho, e com um manto azul que se estendia por nove metros, carregado por três princesas, tornou-se rainha de Navarra. Ela relembrou o quanto parecia esplêndida naquela dia *"moi habillée à la royale"*, usando "todas as joias da Coroa". Acompanhada por seus irmãos, um de cada lado, o rei Carlos IX e o duque de Anjou, a noiva caminhou pela plataforma especialmente erguida na parte externa da Notre-Dame, onde a primeira parte da cerimônia seria realizada. Margot "persistiu até o último momento em sua atitude de silenciosa depreciação da aliança: se não oferecia resistência, tampouco manifestava assentimento".[12] Quando subiu os degraus da plataforma com seus irmãos, Henrique de Navarra caminhou até ela, vindo da outra extremidade, acompanhado por Henrique de Condé e seus nobres, incluindo o almirante de Coligny. Um dos relatos sobre o casamento descreve Anjou, Alençon, o rei e Henrique de Navarra todos vestidos com o mesmo tom claro de seda, coberto por bordados em prata. Anjou, incapaz de resistir a ornar ainda mais seu traje, acrescentara um *toquet* com plumas, guarnecido por trinta imensas pérolas. A rainha-mãe, como havia feito para o casamento de Carlos, dispensou seu preto usual e vestiu uma roupa de brocado, cor púrpura profundo. A não ser pela fanfarra de clarins anunciando a chegada do casal e da família real, a multidão assistiu à primeira parte do casamento em silêncio. O casal ajoelhou-se diante do cardeal de Bourbon. Henrique, ao ser perguntado se aceitava Margot como esposa, respondeu com um claro sim. O cardeal perguntou a Margot se ela concordava em ter Henrique como esposo, mas a princesa permaneceu em silêncio. O cardeal perguntou uma segunda vez, mas ainda assim não obteve resposta. Por fim, o rei, compreensivelmente exasperado por esse joguinho, aproximou-se por trás da irmã e bruscamente empurrou-lhe a cabeça como se ela assentisse. Depois, voltou com passo decidido para seu assento e com isso ela se tornou esposa de Henrique. Embora Margot sempre negasse essa versão dos acontecimentos, como registrada pelo historiador Davila e outros, ele mais tarde se tornou um dos fatores cruciais que lhe permitiram anular o casamento sob a alegação de que não teria dado seu consentimento de livre vontade. Navarra então conduziu Margot até Anjou, que havia sido escolhido para atuar como representante do noivo na catedral, para assistir à missa com o resto da família real.

Durante a missa, Navarra e Coligny passearam pela plataforma, conversando à vista da multidão. Quando a missa terminou, Henrique foi buscar sua noiva e levou-a, seguido pelo grupo real, até o palácio episcopal, para o esplêndido banquete de comemoração do casamento. O jovem nobre e historiador Jacques-Auguste de Thou entrou na catedral na hora em que o grupo estava saindo e viu-se em pé ao lado do almirante, que conversava com Henrique Damville de Montmorency, o segundo filho do falecido condestável, bem debaixo dos estandartes huguenotes capturados das batalhas de Moncontour e Jarnac. De Thou relembrou as palavras do almirante, enquanto apontava com tristeza para as trágicas lembranças das derrotas huguenotes, que afirmou: "Em pouco tempo, esses estandartes serão removidos e em seu lugar haverá outros mais agradáveis aos nossos olhos!". Ele sem dúvida aludia à sua esperança de capturar os estandartes espanhóis da guerra que ainda acreditava que seria iniciada em breve contra a Holanda. Essa conversa foi entreouvida e repetida por muitas pessoas.

Salviati, o núncio apostólico e parente de Catarina, escreveu que o almirante, em vista da clara rejeição da guerra por parte do conselho, "leva sua presunção longe demais, e que eles irão repreendê-lo por isso. Percebo que não irão tolerá-lo mais".[13] Foi realizado um baile magnífico na Salle Voutée do Louvre, seguido pelo banquete no palácio episcopal. Foram carregadas até a *salle* imensas rochas artificiais, pintadas de prata para parecerem montanhas, sobre as quais se sentaram o rei e os príncipes mais importantes. Tanto Henrique de Guise como Coligny compareceram às celebrações, mas Guise desculpou-se e pediu ao rei permissão para se retirar mais cedo. Coligny foi embora logo depois. Seguiram-se quatro dias de festas e magníficos *spectacles*, e a obra-prima da rainha-mãe seria apresentada no quinto dia, 22 de agosto. Catarina decidira que esse seria o momento de atacar.

As festividades, surpreendentemente, transcorreram num clima ameno, tendo em vista a tensão que se acumulara pouco antes do casamento. Em 19 de agosto, Anjou ofereceu um almoço e um baile; na noite seguinte, a corte compareceu a um magnífico baile de máscaras oferecido pelo rei, no qual foi apresentada uma *pantomime tournoi* em homenagem à sua irmã. Um observador escreveu: "Num dos lados da sala era mostrado o paraíso, defendido por três cavaleiros, o rei, D'Anjou e D'Alençon. Do lado oposto, havia um inferno, no qual um grande número de demônios e diabretes fazia algazarra e maluquices. Uma grande roda com muitos sininhos dependurados estava virada para o referido inferno. As duas regiões estavam separadas por um rio que corria entre elas, no qual flutuava um barco guiado por Caronte, o barqueiro do inferno".[14] Ninfas enfeitavam os Campos Elíseos, e quando o rei de Navarra apareceu, liderando seus homens, todos com armadura e uniformes especialmente confeccionados para a peça, o rei e seus irmãos impediram sua entrada no paraíso e os enviaram a um sulfuroso inferno, enquanto angélicas ninfas dançavam um balé. O fantástico espetáculo terminou numa grande batalha simulada, com o rei e seus irmãos resgatando Navarra e seus companheiros de sua prisão mefistofélica. Em suma, o tema era reconciliação e fraternidade. Para resgatar os prisioneiros do inferno, lanças eram partidas, num inconsciente lembrete da morte do pai do rei. A noite terminou com uma impressionante queima de fogos de artifício, que por pouco não se tornou mais impressionante ainda que o pretendido quando uma centelha caiu entre os fogos ainda não utilizados. O tema da *pantomime* podia parecer muito próximo da realidade, dadas as circunstâncias políticas predominantes, mas o céu e o inferno, o bem e o mal, eram assuntos comuns nos entretenimentos de uma corte renascentista.

Pela maior parte do tempo, o almirante de Coligny, que se alojara no Hôtel de Béthizy, esteve bem pouco presente aos entretenimentos do casamento. Ele escreveu a sua esposa na noite de 18 de agosto:

M'amie [...] hoje foi celebrado o casamento de Madame, a irmã do rei, com o rei de Navarra. Haverá agora três ou quatro dias de celebrações, bailes de máscaras e combates. Depois disso, o rei garantiu e prometeu que irá me conceder algum tempo para lidar com várias queixas a respeito de violações no édito provenientes de todo o reino. Se eu não pensasse em nada exceto em minha própria felicidade, preferiria voltar para vê-la a ficar nesta corte, por várias razões que irei depois lhe contar. Mas é preciso cuidar do povo antes de cuidar de si mesmo.

Ele acrescentou um pós-escrito: "Conte-me como vai indo o homenzinho, ou a mulherzinha. Três dias atrás, tive um ataque de cólica, em parte vento, em parte cascalho, mas, graças a Deus, durou apenas oito ou dez horas, e hoje já não sinto mais seus efeitos, graças a Deus, e prometo a você que não devo ficar muito em evidência durante essas festas e combates dos próximos dias".[15]

Um relato desse período fatídico afirma que, em 20 de agosto, o rei – ignorando o plano de sua mãe – disse a Coligny que "não confiava" nos Guise e ordenara que uma companhia de 1.200 arcabuzeiros fosse trazida à cidade e posicionada em vários pontos-chave. Em 21 de agosto, último dia das celebrações, uma *"course à bagues"* (combate com lanças) teve lugar no grande pátio do Louvre, seguida por um baile, que se estendeu até de manhã cedo. No mesmo dia, o almirante recebeu uma informação cifrada da mulher de um de seus tenentes sobre um complô sendo incubado contra "os da religião". Outros oficiais huguenotes já o haviam abordado também nos últimos quatro dias, advertindo-o de algum "esquema maldoso". Ele ouviu essas advertências vagas, mas, de acordo com seu costume, seguiu adiante normalmente. Alguns huguenotes – incluindo seu primo Montmorency – haviam achado prudente sair da cidade e fizeram isso quase logo após o casamento, mas Coligny permaneceu, preso às próprias maquinações.[16]

Em 21 de agosto, o almirante, impaciente e ansioso para que Carlos lhe desse a última sanção para a expedição aos Países Baixos, teria requisitado uma audiência com o rei. Carlos, cujo entusiasmo já vacilante pelo projeto havia esfriado bastante com a chegada da mãe, começara a evitar Coligny. Covarde demais para encará-lo e exausto do cabo de guerra entre o almirante e sua mãe, descartou tratar de qualquer assunto sério dizendo: "*Mon père*, peço que me permita quatro ou cinco dias de prazer, e depois prometo, palavra de rei, darei atenção a vós e aos de vossa religião".[17] O almirante, furioso por ter sido contrariado, teria ameaçado sair de Paris, e também feito o comentário imprudente de que sua repentina partida poderia levar a uma guerra civil e não a uma guerra no exterior. Ao ouvir isso, há relatos de que Anjou teria movido contingentes de soldados até vários pontos-chave da cidade com a plausível explicação de que ficariam ali meramente para impedir quaisquer confusões entre as facções dos Guise, dos Châtillon e dos Montmorency.

O que ocorreu em seguida tem sido tema de especulação há mais de quatrocentos anos. Uma coisa é certa: Catarina desempenhou um papel importante na cadeia de eventos que iria culminar no mais sangrento massacre da história francesa, inigualado até a Revolução Francesa. Mais tarde naquela noite, enquanto se densenrolava a última das farras do casamento, a rainha-mãe teria promovido uma reunião em que participaram Anjou, Guise, seu tio d'Aumale, o duque de Nemours e o marechal de Tavannes, e na qual examinaram os detalhes do plano para a manhã seguinte. Enquanto os conspiradores conversavam, o assassino Maurevert foi introduzido na casa de Villemur, no claustro de Saint-Germain-l'Auxerrois, por *monsieur* de Chailly, o mordomo do duque d'Aumale. A casa ficava exatamente no trajeto que o almirante teria que fazer de manhã para ir e voltar da reunião do conselho no palácio do Louvre.

Na manhã de sexta-feira, 22 de agosto, terminado o recesso do governo para as celebrações do casamento, o almirante Gaspard de Coligny deixou seus alojamentos na rua de Béthizy – hoje o número 144 da rua de Rivoli – para uma reunião do conselho que deveria começar às noves horas. Ele viera a fim de pressionar pela intervenção militar dos franceses em Flandres, mas para sua frustração encontrou Anjou presidindo a reunião, já que o rei acordara tarde. Anjou deixou a reunião cedo, e, quando os assuntos já haviam sido concluídos, o almirante cruzou com o rei, que ia com Téligny e o duque de Guise jogar uma partida de tênis. Carlos pediu que Coligny se juntasse a eles para uma partida, mas o almirante recusou. Eles se separaram por volta de onze horas, e Coligny saiu do Louvre e fez a curta caminhada para casa, enquanto lia um documento. Quando passava perto da janela onde Maurevert estava escondido, um dos cadarços de seus sapatos se soltou e ele abaixou-se para amarrá-lo. Ao fazer isso, soou um disparo. A bala quebrou seu braço esquerdo e quase arrancou o dedo indicador da sua mão direita. Se não tivesse se abaixado naquela hora exata, teria sido mortalmente ferido.

Seguiu-se uma grande confusão. Depois de se certificarem que o almirante não havia sido ferido mortalmente, vários de seus homens entraram correndo no edifício de onde saíra o disparo. Encontraram um arcabuz fumegante atrás de uma janela gradeada, mas o fracassado assassino já havia fugido por uma porta dos fundos, onde deixara um cavalo à sua espera. Dois oficiais huguenotes, Séré e Saint-Aubin, partiram atrás dele. Dois criados encontrados na casa foram detidos. Coligny, desmaiando por causa da dor e do choque, e receando outros ataques, fez seus homens carregarem-no rapidamente de volta ao Hôtel de Béthizy. Catarina acabara de sentar-se para comer com o duque de Anjou quando a notícia da tentativa fracassada de matar o almirante chegou a ela. Diego de Zúñiga, o embaixador espanhol, estava por acaso por ali e observou o rosto impassível da rainha-mãe enquanto recebia a notícia. Mal sabia ela que as palavras cochichadas ao seu ouvido confirmavam que enfrentaria agora a situação mais perigosa de sua vida. Sem deixar transparecer nada, Catarina e Anjou levantaram-se em silêncio da mesa e foram para os seus aposentos privados.

Carlos estava discutindo na quadra de tênis a respeito da validade de um ponto quando recebeu a notícia sobre o ocorrido por dois capitães huguenotes, Armand de Piles e François de Monniens, que Coligny despachara imediatamente para o rei. Atirando a raquete no chão com raiva, gritou: "Será que nunca vão me deixar em paz? Mais confusão! Mais confusão!", e dirigiu-se furioso para seus aposentos. Em seguida, seu cunhado Navarra, Condé e outros importantes huguenotes apareceram para confrontá-lo, pedindo justiça. Enviando Ambroise Paré, o famoso cirurgião que tentara salvar seu pai em 1559, para atender Coligny, o rei fez três declarações importantes para mostrar sua boa vontade. Prometeu uma investigação a fundo do crime, dizendo que os culpados, quem quer que fossem, iriam responder perante a justiça. Proibiu os cidadãos de Paris de pegarem em armas, e ordenou que a área em volta do almirante fosse liberada de católicos, de modo que ele ficasse rodeado apenas por seus próprios homens. O duque de Guise sabiamente decidiu sair do Louvre e foi para o *hôtel* de sua família, enquanto o rei ficava ocupado em expedir ordens.

A cena no quarto de Coligny era caótica. Segundo uma *fidèle témoin* (uma testemunha confiável), Paré chegara rapidamente e se dedicara às feridas do almirante. Operando primeiro o dedo que pendia, teve que fazer três horríveis tentativas até conseguir finalmente cortar o dedo fora, "pois as tesouras não estavam bem afiadas", e então foi cuidar do braço ferido.[18] Foram feitas duas incisões profundas e a bala felizmente foi extraída sem necessidade de intermináveis explorações. Os homens de Coligny, amontoados em volta de sua cama, suspiravam e choravam. Seu líder, mantendo sua característica compostura heroica, conseguia não só reprimir o mais leve gemido, mas ainda encontrava palavras de conforto para seus desolados amigos. Conforme a notícia da tentativa de assassinato se espalhou pela cidade, o número de huguenotes preocupados e indignados que chegava ao Hôtel de Béthizy cresceu tão rapidamente que ficou quase impossível entrar ou sair da casa.

Naquela tarde, o rei visitou o convalescente Coligny. A rainha-mãe e Anjou acompanharam-no, determinados a não ficar para trás, e com eles vieram Navarra, Condé, Retz, Tavannes e Nevers. Todos, exceto o rei, Navarra e Condé, foram empurrados ameaçadoramente pela multidão raivosa, tanto dentro do *hôtel* quanto na rua. Uma vez no quarto do almirante, curvado sobre a vítima, o rei jurou vingar-se pelo ultrajante crime: "*Mon père! Par le mort de Dieu!* Tu tens a ferida e eu tenho a dor. Abrirei mão da minha própria salvação se não vingar esse crime contra ti". O seu ultraje, suas juras e lágrimas foram imitados e ampliados pela rainha-mãe e por Anjou, que com heroica hipocrisia esforçavam-se para superar o rei em suas declarações de aflição e determinação de ver os autores daquele ultraje nas mãos da justiça. As palavras proferidas com veemência por Carlos dificilmente devem ter inspirado alegria em Anjou ou em sua mãe, nem é provável que o "ultraje" do casal tenha convencido a multidão ameaçadora de huguenotes que os cercava, e menos ainda a própria vítima.

O rei ordenou que a investigação sobre o crime começasse imediatamente e fosse liderada pelo *premier président* do *Parlement* de Thou e pelo amigo do almirante, o chanceler Cavaignes. Coligny pediu que o rei chegasse bem perto para que ele pudesse falar-lhe em privado, e então Carlos fez sinal para Catarina e Anjou se afastarem da cama. Anjou relembrou:

> Então nos afastamos da cama e ficamos em pé no meio do quarto, durante esse colóquio privado, o que nos despertou grande suspeita e desconforto. Além disso, vimo-nos rodeados por mais de duzentos [...] partidários do Almirante [...]. Todos eles tinham uma expressão conturbada, e mostraram por seus gestos e sinais o quanto estavam indignados; alguns cochichavam, outros não diziam nada, mas ficavam passando à nossa frente e por trás, e omitiam prestar-nos a honra

e reverência que nos era devida, como se suspeitassem de termos sido os causadores da ferida no almirante [...] A rainha, minha mãe, reconheceu que nunca havia se visto numa posição mais crítica.[19]

Catarina, no frenesi de impedir que Coligny passasse ao rei alguma informação que a comprometesse e a Anjou, interrompeu a conversa para exclamar solicitamente que o almirante devia estar cansado e que o rei o fatigava ainda mais. Carlos retirou-se com relutância e ofereceu levar o almirante ao Louvre, onde ficaria mais seguro. Coligny replicou que se sentia suficientemente seguro com a proteção que o rei lhe oferecera. Catarina e Carlos pediram para examinar a bala empapada de sangue extraída do braço do almirante, ao que a rainha-mãe teria declarado: "Estou feliz por ela ter sido extraída, pois, quando o duque de Guise foi morto, os médicos declararam que sua vida teria sido salva se tivessem sido capazes de encontrar a bala". Essa observação era pertinente, mas também fora de hora, pois, embora tivesse alguma poesia mencionar a morte de Francisco, duque de Guise, ela deve ter criado certo mal-estar – a última coisa que Catarina precisava naquele momento.

Assim que a comitiva real foi embora, os huguenotes e seu líder fizeram uma reunião para decidir o melhor curso de ação. Muitos queriam que o almirante fosse retirado de Paris imediatamente, mas Téligny, Navarra e Condé acharam que isso seria um terrível insulto ao rei. Carlos nada sabia a respeito do complô da mãe e evidentemente conseguira convencer aquela pequena plateia huguenote da sinceridade de sua boa vontade em fazer a visita. Coligny concordou em ficar em Paris. Téligny, homem de sua confiança, sugeriu então trasladar o almirante ao Louvre, mas os demais se opuseram frontalmente, não só por questões de segurança, mas porque Paré declarara que o almirante não tinha condições de ser removido para parte alguma. Nenhum dos apoiadores do almirante sabia que entre eles havia um dos espiões de Catarina, Antoine de Bouchevannes. Ele relatou que, apesar da insistente argumentação de muitos dos capitães de Coligny para tirá-lo da cidade, abrindo caminho à força se necessário, o almirante decidira permanecer em Paris. A rainha-mãe sabia, porém, que eles poderiam mudar de ideia a qualquer momento. Vários importantes membros do grupo, entre eles o *vidame* Bourbon de Chartres e Gabriel, duque de Montgomery – o oficial que matara acidentalmente Henrique II na justa –, já haviam decidido o traslado para o outro lado do rio, até o *faubourg* Saint-Germain, de onde seria mais fácil fugir, caso fosse necessário.

Anjou relembrou mais tarde que na carruagem, voltando para o Louvre, sua mãe levara a conversa para o assunto que mais a preocupava: o que o almirante teria dito a Carlos? O rei, que até então estivera sentado num silêncio raivoso, explodiu e respondeu que Coligny o advertira de que seu papel de rei fora-lhe usurpado por sua mãe e seu irmão. Outros relatos dão conta de que Coligny comunicara ao rei que, apesar de sua frágil condição, iria continuar em Paris para prosseguir com o projeto da Holanda e assegurar a observância do Édito de Saint-Germain. Seja lá o que tenha acontecido na carruagem, o rei com certeza chegou ao Louvre furioso, o que deixou Catarina e Anjou bastante apreensivos. Naquela mesma tarde, Carlos enviou comunicados a vários embaixadores seus pela Europa. A La Mothe-Fénélon, na Inglaterra, escreveu: "Por favor, avise a rainha da Inglaterra que pretendo conseguir e assegurar que seja feita justiça de maneira que se torne um exemplo a todos do meu reino [...]. Também desejo dizer-lhe que esse perverso feito deriva da animosidade entre as casas de Châtillon e Guise, e que devo ordenar-lhes que não envolvam meus súditos em suas questões particulares".[20]

Seria uma noite agitada para Catarina e o duque de Anjou. Este mais tarde relembrou com alguma hipocrisia que, "magoados e ofendidos pela linguagem do almirante e pela fé que o rei parecia depositar nele [...] ficamos tão desconcertados que não víamos solução para o momento, e nos separamos adiando o assunto para o dia seguinte". Sabendo que era apenas uma questão de tempo para que as evidências levassem aos Guise, Catarina devia estar certa de que, se não fizesse nada, seu papel na questão logo seria descoberto. Não só Coligny sobrevivera, mas, após a explosão que o rei tivera na carruagem, parecia que ele, mais do que nunca, estava no controle. Anjou relembra de ter ido aos aposentos da mãe de manhã e encontrá-la acordada; não dormira. Buscando desesperadamente uma solução, os dois compreenderam que era imperiosa a necessidade de "acabar com o almirante do jeito que fosse possível. E como não podíamos mais usar um estratagema, tinha que ser feito abertamente, mas para esse propósito era preciso trazer o rei para o lado da nossa resolução. Decidimos procurá-lo em seus aposentos após o almoço [...]".[21]

Na tarde de sábado, 23 de agosto, os dois criados que haviam sido presos na casa de Villemur foram interrogados. Isso levou à prisão de Chailly, que deixara Maurevert entrar na casa na noite anterior à tentativa de assassinato. O homem que trouxera o cavalo usado na fuga até o local também fora sido localizado e ficou logo esclarecido que o animal viera dos estábulos dos Guise. Os dois capitães que haviam ido atrás do atirador após o ataque seguiram seu rastro até a propriedade rural de Chailly, mas o rastro se perdeu. Afirmaram, porém, que o aspirante a assassino só poderia ser Maurevert.

O homem, já considerado abominável por eles por ter atirado em Mouy, era conhecido cliente dos Guise. Decidido a prevenir qualquer reação intempestiva do rei, e acompanhado por seu tio D'Aumale, Henrique de Guise foi à presença de Carlos e pediu-lhe permissão para sair da cidade. O rei replicou: "Você pode ir para o inferno se quiser, mas eu preciso saber onde encontrá-lo se precisar". O duque saiu pela Porte Saint-Antoine, antes de voltar à segurança do Hôtel de Guise.[22] Como um defensor da causa católica, sabia que estaria mais seguro em Paris do que em qualquer outro lugar.

As lojas já fechavam as portas e o povo ficava cada vez mais intranquilo com a atitude insolente e ameaçadora dos huguenotes. Os parisienses não haviam esquecido a fome que tinham passado durante o cerco de 1567. O calor, a celebração do casamento e a multidão pelas ruas despertaram esse ressentimento havia tanto tempo contido contra os protestantes, que além de tudo era exacerbado pela visão de tantos huguenotes vestidos de preto por toda a cidade. Por que, perguntavam-se eles, o seu rei permitiu-se rodear por eles? Os padres passaram a denunciar com maior ímpeto a proteção do rei aos hereges, e Catarina não foi poupada de seus insultos.

A atmosfera ia ficando crítica. Desde o dia do ataque ao almirante, muitos católicos começaram discretamente a se armar para um ataque dos huguenotes, a maioria dos quais vinha bem equipada para a sua pretendida "cruzada" nos Países Baixos. Bem tarde da noite no dia 23 de agosto, após uma reunião no Louvre, o preboste dos comerciantes e vários magistrados ordenaram que milicianos liderados por seus capitães se reunissem no Hôtel de Ville. Receberam ordens estritas de não provocar confusão; estavam ali apenas para evitar saques e danos se a multidão se descontrolasse. Um emissário escreveu, antevendo os fatos: "A não ser que essa grande fúria se dissolva, não vamos demorar a ter notícia de alguma imensa loucura". O embaixador espanhol informou Felipe II: "É de se esperar que o patife [Coligny] viva, porque, se viver, suspeitando que o rei tentou assassiná-lo, irá abandonar seus planos contra sua majestade e irá dirigi-los contra o homem que consentiu com essa tentativa de eliminá-lo. Se morrer, receio que aqueles que sobreviverem irão fazer mais do que aquilo que o rei venha a permitir ou ordenar".[23] Ele prosseguiu, referindo-se a Catarina: "Ela mandou avisar que não pode falar comigo agora por receio de que eu seja visto entrando no palácio, e que não escreve sequer a sua majestade por receio de que aquilo que ela deseja seja descoberto, pois as cartas podem ser interceptadas, mas irá logo falar comigo ou escrever".[24]

Assim como era palpável a tensão nas ruas, também os sentimentos em volta do palácio do Louvre cresciam em intensidade. Houve conflitos entre a escolta huguenote, os homens de Condé e Navarra, e os guardas reais. Téligny foi até o palácio entregar a Carlos o pedido de Coligny, para que fosse enviado um destacamento dos soldados pessoais do rei para protegê-lo em seus alojamentos. Anjou, que estava ali presente, ofereceu uma guarda de cinquenta arcabuzeiros comandada pelo capitão de Cosseins, um cliente dos Guise. Téligny sabia muito bem que Cosseins era inimigo declarado do almirante, mas temeu contrariar o rei, que pareceu gostar da sugestão e confirmou a ordem do irmão. Havia um trânsito constante entre o Louvre e o Hôtel de Béthizy: Margot foi visitar o almirante que, embora enfraquecido, parecia ter recuperado um pouco de sua velha força. Depois de ficar um tempo enviando notícias a seus seguidores nas províncias, dizendo estar vivo e relativamente bem, permitiu que um grupo de ansiosos estudantes alemães fizesse uma visita ao seu herói. Um deles relembrou que ele lhes falara "de modo afável, e parecia certo de que nada iria acontecer com ele sem a aprovação do Todo-Poderoso".[25] O rei enviara mensageiros ao longo de todo o dia, para ter notícia de alguma melhora na condição do almirante, e indagara se ele precisava de algo para deixá-lo mais confortável. A ansiedade dos huguenotes cresceu quando viram que as autoridades percorriam pousadas e pensões para saber quantos deles estavam hospedados, e compilavam listas de nomes de protestantes. Talvez fosse apenas uma medida de precaução, mas os homens do almirante ficaram intranquilos.

Na tarde de 23 de agosto, Catarina convocara uma reunião de seu círculo íntimo, Retz, Tavannes, Nevers e o chanceler Birague, num desesperado "conselho de guerra", a fim de definir o que fazer agora que a tentativa de assassinato falhara. Segundo as memórias do marechal de Tavannes, ela decidira fazer a reunião nos jardins das Tulherias, onde poderiam discutir seus prementes problemas enquanto caminhavam, e decidir se era o caso ou não de lançar um ataque preventivo contra os huguenotes. Ali não seriam entreouvidos. Como

Tavannes relembrou: "Como um atentado contra o almirante causaria uma guerra, ela e o restante de nós concordamos que seria aconselhável provocar uma batalha em Paris".[26] Eles terminariam o trabalho que Maurevert realizara tão mal, só que dessa vez suas vítimas incluiriam não apenas o almirante, mas também seus mais altos nobres e capitães huguenotes, que de uma maneira tão conveniente estavam alojados com o almirante ou próximos a ele na cidade. Isso iria decapitar o movimento rebelde e, esperavam eles, evitaria uma quarta guerra civil em larga escala. Todos concordaram que essa oportunidade não iria se apresentar de novo. Havia também sinais de preocupação de que, se não agissem logo, os huguenotes poderiam atacar primeiro. Isso porque, quando caminharam por trás dos muros do jardim da rainha-mãe, o próprio Brantôme relatou ter ouvido violentas ofensas vindas dos protestantes do outro lado, que gritavam: "Nós atacaremos de volta e iremos matar!".

Fora dos *hôtels* de Guise e D'Aumale, as mesmas cenas foram vistas, só que ali os huguenotes, vestindo armadura, marchavam indo e voltando, como se patrulhassem os muros das duas fortalezas dos Guise.[27] A evidência mais chocante de que a situação estava fugindo ao controle aconteceu durante o *souper* [jantar oferecido aos pobres] da rainha-mãe, que ela, apesar da agitação, decidiu realizar como de costume. Com o máximo desprezo pela sua pessoa real, o barão de Pardaillan Ségur, um huguenote da Gasconha, aproximou-se da mesa de Catarina e proclamou bem alto que os da nova religião não iriam descansar até que fosse feita justiça com os criminosos responsáveis pelo ataque ao almirante. Se houvesse alguma dúvida na cabeça de Catarina, essa ameaça pública e aberta dava-lhe a certeza de que seu plano deveria seguir adiante sem demora. Nas memórias de Margot, escritas muitos anos após esses acontecimentos, ela confirma que as ameaças de Pardaillan "expuseram as más intenções dos huguenotes de atacar tanto o rei quanto ela [Catarina] naquela mesma noite".

A fim de agir com toda autoridade legal e ganhar o apoio do rei, Catarina enfrentava agora a desagradável tarefa de informá-lo de que o enganara aquele tempo todo. Precisava contar ao filho que não eram apenas os Guise que haviam planejado matar Coligny, mas que ela e Anjou estavam envolvidos também desde o início. A rainha-mãe escolheu Retz para a tarefa de dar a notícia ao rei, pois sabia que era alguém de quem Carlos gostava e em quem depositava confiança; só depois que o filho tivesse assimilado o choque e a terrível verdade é que ela falaria com ele.

Por volta das nove da noite de 23 de agosto, Retz foi até o rei no escritório dele, onde revelou que sua mãe e seu irmão haviam sido cúmplices do ataque a Coligny. Além disso, segundo o relato de Margot, ele advertiu o rei de que ele e a família real enfrentavam agora o mais grave perigo. Explicou que os huguenotes planejavam "capturar não só o duque de Guise, mas também a rainha sua mãe e seu irmão. Eles também acreditavam que o próprio rei dera consentimento ao ataque ao almirante e, portanto, haviam decidido rebelar-se naquela mesma noite contra eles e contra outros por todo o reino".[28]

Carlos não conseguia acreditar no que ouvia, e esforçava-se para assimilar o que havia sido feito. Pior ainda, encontrava-se agora na posição mais perigosa possível, sem ter ideia de como proceder para a própria defesa e a de seu reino. "Muito hábil foi Catarina em desempenhar seu papel; mas com uma habilidade ainda mais sutil ela consumou a derrubada final daqueles que ousavam desafiar seu poder", escreveu um historiador, já que a rainha-mãe, seguida por Anjou, Nevers, Tavannes e Birague, entrou em seguida no quarto do rei para convencê-lo do que devia ser feito.[29] Catarina começou expondo as antigas afrontas cometidas pelo almirante, especialmente a *"Surprise de Meaux"*, e o assassinato do capitão Charry, seu amigo e leal servidor, morto numa *vendetta* que, segundo alguns, fora ordenada por Coligny. Francisco, duque de Guise, podia também ser incluído entre as muitas vítimas desse homem mau, disseram eles. Ela citou todos os anos de problemas no reino causados pelos huguenotes. Quanto à guerra proposta contra a Espanha, como ousava o almirante agir contra Felipe e em desafio à autoridade do rei e de seu conselho? Cifras – que sem dúvida haviam sido exageradas para alarmá-lo – foram fornecidas a Carlos por Bouchevannes, seu espião no Hôtel de Béthizy, sobre o grande número de soldados huguenotes já dentro de Paris, e que vinham em direção à cidade.

De início, o rei gritou que era tudo mentira e que "o almirante me ama como se eu fosse seu filho. Nunca faria nada para me prejudicar". Mas o discurso de sua mãe e as afirmações consternadas daqueles que a apoiavam dobraram seu ânimo e drenaram sua resistência. Sentindo que havia sido traído pelo amigo, começou a ouvir Catarina enquanto ela expunha seu plano de matar todos os mais importantes huguenotes em Paris, a começar pelo almirante. Os príncipes Bourbon de sangue deveriam ser mantidos vivos e obrigados a abjurar a fé protestante sob pena de serem executados. Convencido finalmente, o jovem, doente e instável rei teria pronunciado o grito imortalizado pelo qual é mais lembrado: "Então matem todos! Matem todos eles!". É quase certo que com isso ele se referia a todos aqueles de uma lista preparada por Catarina e não, como se tem afirmado muitas vezes, a todos os huguenotes da França. Um massacre terrível não iria resolver nada, mas matar uns poucos escolhidos poderia eliminar o alto-comando dos hereges. O rei preparou e aprovou a lista daqueles a serem executados; queria acima de tudo que isso fosse uma medida legal do Estado. Embora essa lista nunca tenha aparecido, isso dificilmente seria de admirar, considerando o quanto as informações que ela continha eram sensíveis.

Obtida a aprovação monárquica de Carlos, o plano tinha que ser colocado em ação imediatamente. Despachos urgentes foram redigidos e enviados. O duque de Guise ficou com o encargo de levar seus homens até o Hôtel de Béthizy e ali matar o almirante. Le Charron, o preboste dos comerciantes, foi convocado e disse que naquele preciso momento forças huguenotes marchavam sobre a cidade. As ordens que recebeu eram de reunir seus milicianos, fechar os portões da cidade e guardar todas as demais possíveis saídas. Balsas ligadas por correntes foram estendidas ao largo do Sena para evitar fugas pelo rio. Para proteger as casas dos milicianos, em cada uma delas foi colocado um guarda armado, usando uma braçadeira branca no braço direito, com uma tocha acesa. A burguesia católica recebeu armas para a autoproteção e foram colocados canhões diante do Hôtel de Ville. A escolta real do próprio rei e os soldados pessoais dos Guise iriam empreender a matança, liderados por Guise, Aumale, Nevers, Tavannes e Angoulême, filho ilegítimo de Henrique II.

Ficou acertado que o sinal para o início do ataque – o assassinato de Coligny – seria o sino do Palais de Justice, que iria tocar às três da manhã. De fato, o sino de Saint-Germain-l'Auxerrois soou cerca de um minuto antes e então os assassinatos tiveram início. As memórias de Tavannes descrevem um momento de dúvida em Catarina, pouco antes que o sino mortal soasse. É mais provável que tudo o que Tavannes tenha testemunhado seja uma mulher tomada por um momento de medo de que o plano pudesse falhar. Assim como a morte de Coligny, a lista de homens condenados não lhe causava o menor remorso pessoal, e ela encarou-a como uma medida prática, que exigia uma mão firme e a decisão de vê-la cumprida. Firmeza e decisão eram duas qualidades que ela tinha de sobra quando se tratava de proteger a dinastia dos Valois.

Os homens de Guise não demoraram a chegar ao Hôtel de Béthizy, que ficava a poucos minutos de caminhada do Louvre. Guise, adotando o velho lema de que, se quer um serviço bem-feito, faça você mesmo, liderou pessoalmente o destacamento. De Cosseins, o capitão da guarda posicionada ali pelo rei um dia antes e homem devotado ao duque de Guise, chamou em voz alta, dizendo que havia um mensageiro do rei que precisava falar urgentemente com o almirante. O fiel mordomo de Coligny destravou a porta, sendo então de imediato apunhalado por De Cosseins. Um dos guardas suíços do almirante conseguiu subir ao andar de cima e, usando uma cômoda, improvisou uma barricada diante da porta dele. Assim que ouviu a confusão, o almirante compreendeu que era o seu fim. Ele pediu seu robe e que Merlin, o capelão, rezasse com ele. Ambroise Paré, que estava também presente, voltou-se para o almirante e disse: "*Monseigneur*, é Deus que o chama para junto dele, as portas foram arrombadas, e não há meios aqui para a nossa proteção".[30] O almirante teria respondido: "Há muito tempo venho me preparando para a morte, salvem-se vocês, pois não terão como me salvar. Encomendo minha alma à misericórdia divina".[31] Sem medo, o almirante aguardou o inevitável, enquanto Téligny subia para o telhado, para ser morto por um disparo feito do pátio. Paré e os outros foram poupados.

Empurrando o obstáculo de lado, os guardas suíços de Anjou seguiram De Cosseins escada acima, onde ficaram frente a frente com a guarda suíça de Navarra. Não trocaram tiros. Em vez disso, De Cosseins chamou seus guardas, dois dos homens de Guise, para arrombar a porta do quarto de Coligny, entrando com suas espadas desembainhadas. Um deles perguntou-lhe: "Você é o almirante?". "Sou", respondeu ele, e com um olhar de desdém acrescentou: "Eu pelo menos devia ser morto por um cavalheiro e não por esse patife", e nessa hora o tal patife enfiou a espada no peito do almirante e depois golpeou-o na cabeça. Em seguida, atiraram seu corpo pela janela. Alguns dizem que estava ainda vivo, pois notaram que seus dedos tentaram por um momento se agarrar ao parapeito, antes de cair no pátio, perto do duque de Guise e de Angoulême. Guise olhou para o rosto ensanguentado do cadáver a seus pés e então murmurou: "*Ma foi*! É ele!". Dando ao cadáver um chute de satisfação, virou-se e foi embora a cavalo com Angoulême.[32]

No Louvre, onde tantos nobres huguenotes haviam se alojado para o casamento, as matanças também começaram. Um pouco antes, na noite do dia 23, Margot estivera nos aposentos privados da mãe junto com a irmã dela,

Cláudia, duquesa de Lorena. Ela já tivera alguns vislumbres de estranhos preparativos sendo feitos, que indicavam problemas, embora em suas memórias tenha escrito: "Quanto a mim, ninguém me contou nada a respeito disso". Ela já se sentia vítima do que mais temia: além de excluída pelos protestantes que rodeavam seu marido, agora era a própria família dela que a tratava como suspeita. Era impossível ignorar os cochichos e a febril atividade à sua volta, embora ela fosse tratada com frieza por ambos os lados. Em suas memórias, ela relembra aquela terrível noite:

> Os huguenotes suspeitavam de mim porque eu era católica, e os católicos porque eu me casara com o rei de Navarra, então ninguém me contou nada até aquela noite. Eu estava no *coucher* da rainha, minha mãe, sentada num baú com minha irmã [a duquesa] de Lorena, que se encontrava muito deprimida, e então minha mãe notou minha presença e disse para eu ir deitar. Enquanto eu fazia minha reverência, minha irmã me pegou pela manga e me deteve. Ela começou a chorar e disse: "*Mon Dieu*, minha irmã, você não deve ir". Isso me assustou muito. Minha mãe, percebendo, chamou minha irmã e falou com ela rispidamente, proibindo-a de me contar alguma coisa. Minha irmã disse que não era certo me mandar embora daquele jeito para ser sacrificada e que, se eles descobrissem alguma coisa, sem dúvida iriam vingar-se em mim. Minha mãe respondeu que, com a ajuda de Deus, nada iria acontecer comigo, mas que de qualquer modo eu deveria ir, para não despertar suspeitas. Eu podia ver que algo estava sendo discutido, mas não conseguia entender o sentido das palavras. Ela ordenou de novo, muito brava, que me retirasse. Minha irmã, desmanchando-se em lágrimas, deu-me boa noite, sem ousar dizer mais nada; e eu saí do quarto perplexa e confusa, com medo mas sem saber de quê. Assim que cheguei ao meu quarto, rezei minhas orações, implorando a Deus que me pusesse sob a Sua proteção e me guardasse contra algo ou alguém que eu nem sabia do que se tratava.[33]

Se Catarina tivesse impedido a filha de voltar para os aposentos dos protestantes naquela noite, isso poderia tê-los alertado sobre o complô. Portanto, ela teve a permissão de ir para aquilo que a mãe sabia muito bem que iria virar um sepulcro. O fato de a rainha-mãe ter priorizado seus planos em lugar do bem-estar da filha era um indício do total compromisso dela com o sucesso da operação.

Henrique de Navarra realizou em seus aposentos no palácio uma reunião urgente com seu grupo de nobres sobre os preocupantes sinais de que algum tipo de ataque iminente estava sendo preparado. Estava inquieto e decidiu que iria falar com o rei na manhã seguinte, logo cedo. Quando Margot chegou,

> O rei, meu marido, que estava na cama, mandou dizer que eu deveria me recolher, o que fiz. Vi que a cama dele estava rodeada por uns trinta ou quarenta huguenotes, que eram estranhos para mim até então, já que eu era casada havia poucos dias. Vararam a noite conversando a respeito do acidente com o almirante, e decidiram ir falar com o rei assim que clareasse o dia, para exigir justiça.[34]

Margot iria descansar pouco naquela noite, pois, quando seu marido levantou com os primeiros raios do sol, pois não conseguira pegar no sono, decidiu jogar tênis enquanto esperava o rei acordar. Henrique havia dado apenas alguns passos fora de seus aposentos quando ele e seus companheiros foram detidos por guardas com ordens do rei. Separado de seus homens – a elite do grupo protestante, muitos dos quais ele nunca mais iria ver –, Henrique foi levado com seu primo, o príncipe de Condé, até um quarto, com ordens do rei para que ficasse ali, para sua própria segurança.

Enquanto estava ali trancado com seu primo, seus companheiros iam sendo assassinados, vítimas fáceis, presos numa armadilha no coração da cidadela do inimigo. Nançay, capitão da guarda real, liderou seus homens, que deram início à sua horrenda tarefa. A maior parte dos huguenotes dormia quando a matança começou. Arrastados de suas camas, iam sendo degolados antes que tivessem a chance de reagir. Em meio ao barulho de gritos e do terror que ressoava por todas as passagens, escadarias e pelos confusos labirintos de corredores do palácio, que havia sido em grande parte reformado, os sobreviventes corriam em desespero, tentando se esconder das equipes de assassinos. Sem encontrar lugar para se esconder, muitos foram caçados no grande pátio do Louvre. Ali, esperando por eles, estavam os arqueiros do rei, que empurraram aqueles homens e mulheres aterrorizados para as alabardas dos guardas suíços, que os abateram com cruel eficiência.

Margot acabara de pegar no sono na cama do seu marido quando ouviu alguém batendo e chutando a porta desesperado, gritando: "Navarra! Navarra!". A velha *nourrice* (ama de leite) de Margot, achando que fosse o próprio Navarra, correu para destrancar a porta, e viu que se tratava de *monsieur* de Leran, um dos cavalheiros do príncipe. Margot ficou horrorizada ao vê-lo:

> Ferido no cotovelo por uma espada e na mão por uma alabarda, vinha perseguido por quatro arqueiros, que vieram atrás dele assim que entrou no quarto. Para se salvar, ele mergulhou na minha cama, e eu, com aquele homem me segurando, rolei pelo corredor e ele atrás de mim, ainda abraçado ao meu corpo. Eu não sabia quem ele era nem se estava querendo me violentar, nem se era ele ou eu que os arqueiros perseguiam. Nós dois gritávamos, igualmente aterrorizados. Mas por fim, com a graça de Deus, *monsieur* de Nançay, o capitão dos guardas, chegou. Ao me ver naquela situação, embora com pena de mim, não pôde deixar de rir, e [...] poupou a vida daquele pobre homem que estava agarrado a mim. Eu o coloquei no meu quarto e ordenei que cuidassem de suas feridas, e lá o mantive até que se recuperasse. Enquanto eu trocava minha roupa manchada de sangue, *monsieur* de Nançay contou-me o que estava acontecendo e me garantiu que o rei meu marido estava no quarto do rei e não iria sofrer nenhum dano. Cobri-me com um robe, e ele me levou ao apartamento da minha irmã, madame de Lorena, onde cheguei mais morta do que viva. Quando entrei na antecâmara, cuja porta estava escancarada, um cavalheiro chamado Bourse, correndo dos arqueiros que estavam no seu encalço, foi atingido por uma alabarda a menos de dois metros de mim. Caí quase sem sentidos nos braços de *monsieur* de Nançay e [...] tão logo me recuperei, corri até o pequeno quarto onde minha irmã dormia.[35]

Segundo o relato de Margot, ela depois interveio em favor de dois dos homens de seu marido, seu *valet de chambre,* Jean d'Armagnac, e Jean de Miossens, primeiro gentil-homem de Henrique de Navarra. Eles imploraram a ela que os salvasse, e ela então ajoelhou-se diante do rei e da rainha-mãe, que relutantemente concordaram em poupar suas vidas.

Quando amanheceu, no dia do feriado de são Bartolomeu, restavam apenas uns poucos importantes huguenotes que não haviam sido mortos no Louvre ou em torno dele, o almirante tendo sido um dos primeiros. A flor do movimento protestante francês, muitos deles soldados experientes – incluindo Pardaillan, Piles e outros que haviam conseguido triunfos em batalha –, foi eliminada, assim como grandes figuras da nobreza, como La Rochefoucauld, morto em sua cama pelo irmão de Chicot, bufão do rei. Tampouco houve misericórdia para aqueles pobres desgraçados que dormiam em alojamentos humildes ou nas ruas. Facilmente identificáveis por suas roupas em preto e branco, foram poucos os protestantes que escaparam entre os que haviam vindo a Paris, alguns com esposa e filhos, para experimentar a emoção de assistir a um casamento real. Sem que fizessem parte de nenhuma lista daqueles condenados a morrer, esses inocentes foram vítimas do massacre indiscriminado que se seguiu. Seus agressores, quer fossem milicianos, soldados ou parisienses movidos pelo ódio, atacaram os detestados hereges, homens, mulheres e crianças. Mulheres grávidas foram evisceradas e tiveram suas placentas arrancadas. Cestos cheios de crianças pequenas mortas ou agonizantes foram atirados ao Sena. A maior parte das vítimas estava sem roupa, arrancada como parte da pilhagem. Quase todos haviam morrido degolados, e muitos dos homens tinham sido mutilados e estripados.

Embora para ouvidos modernos isso soe horripilante, Zúñiga escreveu ao seu mestre Felipe II em tom alegre: "Enquanto escrevo, eles estão matando todos, desnudando-os, arrastando-os pelas ruas, saqueando suas casas, e não poupam nem sequer as crianças. Louvado seja Deus que converteu os príncipes franceses à Sua causa! Que Ele possa inspirar seu coração para que continuem como começaram!".[36] A maior parte dos relatos diplomáticos escritos na época transmite descrições contraditórias e muitas vezes traz informações falsas, refletindo a confusão e o caos da situação para aqueles que estavam dentro dela. À medida que a desvairada chacina ampliava seu âmbito, velhas rixas podiam ser convenientemente dirimidas, acobertadas pelo confuso e sangrento caos. Mais tarde constatou-se que vários burgueses católicos parisienses haviam sofrido o mesmo destino dos protestantes; muitas dívidas financeiras foram anuladas com a morte de credores naquela noite. Lá estava a oportunidade de roubar um vizinho, matar um inimigo pessoal, ou talvez livrar-se de uma esposa chata sem risco de ser descoberto, em meio àquela carnificina insana, aparentemente incontrolável. Bibliotecas foram incendiadas, e o tempo todo padres e pregadores incentivaram o banho de sangue. Corria o boato de que o Todo-Poderoso enviara aos parisienses um sinal especial de sua aprovação, por meio do milagroso florescimento de um espinheiro seco junto à estátua da Virgem no Cimetière des Innocents.

As "execuções" autorizadas haviam sido, na medida do possível, concluídas por volta das cinco da manhã do domingo, 24 de agosto. Para uma confirmação da eficiência de seus assassinos delegados, o rei e a rainha-mãe não precisariam olhar além do pátio de seu palácio, cheio de grotescas pilhas de cadáveres mutilados. À tarde, Carlos, consternado com os relatos da desenfreada carnificina nas ruas de sua capital, ordenou que a matança fosse suspensa. Sua ordem não foi acatada, e a violência prosseguiu por mais três dias. Os cidadãos de Paris, em sua maioria, haviam ficado em casa, distantes da violência, trancados ou com tábuas pregadas às portas e janelas. Foi a massa que reinou nas ruas durante aqueles sangrentos dias do final de agosto de 1572.

A violência logo se espalhou pelas províncias, apesar do despacho do rei no dia 24 anunciando ter havido um sangrento confronto entre as casas de Guise e Châtillon e que as autoridades responsáveis deviam manter o controle em suas localidades. Em 25 de agosto, o primeiro despacho não era mais digno de crédito, e o rei expediu nova declaração, dizendo que os huguenotes tinham premeditado um ataque contra o rei, que havia sido frustrado. Segundo suas primeiras ordens, deveria ser mantido o mais rigoroso controle para evitar que a violência se espalhasse, mas as ordens que se seguiram, tanto do rei quanto do seu conselho, não eram coerentes, nem sequer compreensíveis.

Os mal-entendidos aumentaram a confusão. De qualquer modo, em muitas regiões, já era tarde demais; as chamas do ódio espalharam-se pelo país e muitas cidades provinciais seguiram o exemplo da capital, com orgias de matanças. Em outubro de 1572, o tumulto finalmente atingiu o sul da França, onde se manifestou a derradeira crueldade desatada no dia de são Bartolomeu.

Os felizes huguenotes que haviam tido a precaução de subir o rio até Saint-Germain – entre eles o *vidame* de Chartres, o duque de Montgomery e o barão de Pardaillan, pai do homem que havia ousadamente ameaçado Catarina em sua sopa pública de caridade no dia 23 de agosto – haviam tido notícia da confusão perto do Louvre e de início acharam que se tratava apenas de uma briga de rua. Quando viram seus camaradas que haviam conseguido fugir do palácio tentando atravessar o rio e sendo alvejados, os *seigneurs* protestantes perceberam o que estava em curso e fugiram da cidade às pressas. Por volta de cinco da manhã, Guise e Angoulême partiram atrás deles, mas, como receberam as chaves erradas da Porte de Bussy, os poucos líderes protestantes sobreviventes tiveram tempo de conseguir uma boa vantagem. Depois de persegui-los por uns vinte quilômetros, desistiram da caçada. Apenas um punhado de huguenotes importantes havia conseguido fugir, mas cada um deles carregava as sementes para iniciar uma nova guerra civil.

XIII

OS ÚLTIMOS ANOS DE CARLOS IX

É muita maldade! É muita maldade!

1572-1574

Enquanto os assassinatos continuavam do lado de fora, a família real permanecia, ansiosa e assustada, dentro do Louvre. Por uns três dias, não ousaram sair, temendo ataques. Havia momentos de calma nas ruas, mas que volta e meia eram seguidos por um repentino novo surto de violência. Se um assalto ao palácio houvesse ocorrido, teria sido singularmente difícil protegê-lo em sua condição atual, a meio caminho da transição de fortaleza medieval para palácio barroco. Horrorizados com a sanguinária caçada humana que haviam assistido no próprio palácio e do que puderam ver das janelas, os membros da família real tinham ficado mesmo assim estranhamente isolados no meio daquele banho de sangue. Catarina já fora obrigada outras vezes a adequar suas políticas à medida que os acontecimentos se desenrolavam, e a navegar pelas dificuldades conforme surgiam, mas nunca sua vontade fora tão completamente submergida e seus poderes de aço tão circunscritos como naqueles desastrosos dias.

O destino do corpo de Coligny, primeira e mais importante vítima do Massacre da Noite de São Bartolomeu, expressava bem o ódio fanático que tomara conta da cidade. O cadáver foi castrado e, conforme a multidão o arrastou pelas ruas, pedaços dele foram sendo cortados, até que o atiraram no Sena. O que restou do corpo foi mais tarde tirado da água e dependurado pelos pés no patíbulo de Montfaucon, onde durante a última guerra civil havia sido dependurada apenas sua efígie. Segundo Agrippa d'Aubigné e Brantôme, a cabeça decapitada foi presenteada a Catarina, que mandou embalsamá-la e enviá-la a Roma como presente para o papa.* Alguns dias depois que a violência diminuiu – e mesmo assim sob a capa da escuridão –, François de Montmorency enviou um pequeno grupo de homens para recolher os restos mortais do tio e levá-los a Chantilly para um enterro cristão.

O primeiro e único pensamento de Catarina não foi nos inocentes mortos, e sim em como manter o rei em seu trono depois de tamanha calamidade. Antes que fosse possível reunir informações confiáveis, ela só podia tentar adivinhar as repercussões. A completa perda de controle por parte do rei sobre o que deveria ser uma leva limitada de execuções legais mostrou o quanto era escassa a autoridade dele e o quanto a massa possuía um poder formidável. A rainha-mãe também entendeu que o massacre, originalmente movido por paixões religiosas, havia rapidamente fugido ao controle e se tornado um levante popular desesperadamente raivoso, de pessoas que sentiam pouco ou nenhum medo de uma represália real. Alguns historiadores até encararam o evento como um presságio do que aconteceria em 1789. Embora seja impossível dizer com alguma precisão quantas pessoas morreram naquela que mais tarde foi chamada de "Temporada de São Bartolomeu" em Paris e na sua sequência nas províncias, a maioria dos especialistas acredita que o número de baixas por todo o país pode ter chegado a 20 mil ou 30 mil. Só em Paris, acredita-se que tenham perdido a vida entre 2 mil e 3 mil pessoas. Os huguenotes registrados em Paris totalizaram apenas cerca de oitocentos, embora houvesse muitos que eram pobres demais para constarem de alguma lista ou registro, e portanto o número provavelmente foi bem mais alto. Além desses, devem ser computados ainda uns mil parisienses mortos que não eram huguenotes. Alguns morreram quando uma vítima protestante conseguia revidar, embora muitos tenham talvez sido vítimas de criminosos motivados pela cobiça. É possível, portanto, argumentar que uma alta porcentagem das demais centenas seja daqueles que foram assassinados como resultado de uma insatisfação geral, com "aqueles que possuíam algo" sendo mortos "pelos despossuídos".

O duque de Guise, assustado com a escala do banho de sangue que encontrou ao voltar à cidade depois de perseguir Montgomery e o *vidame* de Chartres, tentou acalmar a multidão. Mas mesmo ele, o herói católico de

---

* Outras fontes dizem que a cabeça de Coligny estava destinada originalmente ao duque de Alba, como um presente.

Paris, não pôde fazer nada. Guise, já avaliando como seu papel seria percebido, tomara medidas para proteger sua reputação, e também a sua alma, defendendo protestantes nas ruas e dando-lhes abrigo no Hôtel de Guise. Ele argumentou que a morte do almirante havia restaurado a honra de sua família e que ele procurara apenas a morte daqueles que estavam na lista do rei. Vendo que os nomes dos autores e perpetradores daquela enormidade ficariam manchados para sempre, não demorou a se distanciar do rei, ainda mais que Catarina já vinha atribuindo a Guise um papel destacado no massacre. Ele propôs que Carlos fizesse uma declaração pública dizendo que as execuções originais haviam sido feitas por ordens do soberano. Isso iria contradizer a primeira declaração real, de que os horrores haviam se originado de uma rixa de sangue entre as casas de Guise e Châtillon, e que a carnificina que se seguiu fora perpetrada por bandidos e criminosos.

Na terça-feira, 26 de agosto, antes de ter recuperado um controle adequado da cidade, Carlos promoveu um *Lit de Justice* especial, ao qual compareceram seus irmãos e Henrique de Navarra, no qual apresentou uma cuidadosa lista das ofensas e crimes cometidos por Coligny e seus rebeldes contra ele e a Coroa ao longo dos últimos anos. Também mencionou as várias concessões que havia feito aos huguenotes. Em retribuição a toda a sua bondade, paciência e generosidade, afirmou que o almirante e seu grupo haviam planejado matá-lo e à sua família. Acrescentou que o duque de Guise agira apenas a partir de sua real autoridade. Por fim, fez a seguinte declaração: "Desejo que seja do conhecimento geral que as severas execuções dos últimos dias foram realizadas por minha expressa ordem, a fim de evitar os resultados dessa abominável conspiração". Quando lhe perguntaram se o rei desejava que suas palavras passassem a fazer parte dos registros do *Parlement*, ele respondeu: "Eu desejo". Os parlamentares então passaram a elogiar o rei por sua magnífica defesa do trono contra os pérfidos rebeldes, mas na realidade louvavam aquela fórmula conveniente, que servia para proteger a eles todos.

A França exigira uma explicação oficial, e Carlos dera uma. O historiador Jacques-Auguste de Thou, cujo pai era o presidente do *Parlement* e fora encarregado pelo rei de investigar o atentado original à vida de Coligny, escreveu que era "deplorável ver pessoas respeitáveis por sua devoção, por seu conhecimento e sua integridade [...] elogiando, mesmo contra seus sentimentos [...] um ato que elas no fundo do coração abominavam [...] mas partindo da falsa convicção de que as circunstâncias atuais e o bem do Estado exigiam que falassem do modo que o faziam".[1] Antes que a sessão terminasse, pediram ao rei que restabelecesse a ordem na cidade. Ele declarou que era o que desejava acima de tudo. No curto trajeto de volta ao Louvre, um protestante sobrevivente, imaginando passar despercebido, juntou-se ao grande número de pessoas que caminhavam com o rei, mas um daqueles que faziam parte do bando à margem da lei, imiscuído entre as demais pessoas, notou o infeliz e apunhalou-o até a morte. "Peço a Deus que este seja o último", murmurou Carlos enquanto seguia em direção ao palácio.

Além dos mortos, Catarina logo percebeu que as verdadeiras vítimas do Massacre da Noite de São Bartolomeu haviam sido a monarquia e ela própria. Depois de suportar a desconfiança dos protestantes, apesar de seus éditos favorecendo vários direitos deles e dando-lhes algum reconhecimento, ela soube que agora teria que conviver com sua eterna inimizade. Depois de 24 de agosto, os huguenotes tinham todas as razões para acreditar no que os pregadores e panfleteiros diziam: que era ela em última instância a responsável pelo premeditado e terrível massacre. Para eles, o casamento real fora apenas uma armadilha diversionista engendrada pela maquiavélica rainha-mãe, talvez com o apoio da Espanha, para capturar e exterminar seus irmãos e irmãs. Com o massacre, ficou também impossível para os huguenotes manter a lealdade ao trono. Uma vez que Carlos admitira oficialmente a responsabilidade por ordenar o assassínio dos seus líderes, os protestantes comuns sabiam que não poderiam mais prestar-lhe obediência.

À medida que a notícia se espalhava por todas as cortes da Europa, Catarina viu-se como o foco das atenções enquanto governante católica. Quando a notícia chegou a Felipe II em 7 de setembro, o embaixador francês relatou que um grande sorriso dominou a expressão do soberano, e que, para espanto adicional de quem o observava, Felipe dançou uma pequena giga de satisfação, algo "muito contrário ao seu temperamento e costume". Em seguida, foi ao mosteiro de São Jerônimo para agradecer ao Todo-Poderoso por ter livrado a França de tantos hereges. Catarina e Carlos desfrutaram do raro e breve raio de aprovação emanado de Madrid. O papa soube da notícia pelo próprio cardeal de Lorena, ansioso para ganhar o máximo possível de pontos para a sua família. Foi cunhada uma medalha especial para comemorar a gloriosa derrota dos protestantes e Te-Déuns foram cantados em Roma. O embaixador francês foi rápido em publicar uma curta versão dos eventos do massacre sob pseudônimo, dando todos os créditos ao rei e intitulando a obra de *O estratagema de Carlos IX.*

O cardeal Flavio Orsini, novo núncio apostólico, que estava de partida para a França, levou com ele uma mensagem de fartos elogios e agradecimentos do papa Gregório ao rei francês. Infelizmente, quando Carlos e Catarina começavam a deleitar-se com a inesperada guinada dos acontecimentos, a verdadeira natureza acidental do massacre chegou aos ouvidos tanto do papa quanto de Felipe da Espanha. O massacre não só fora uma explosão imprevista da massa em Paris, como o assassinato de Coligny – embora ordenado por Catarina – tivera motivação política, e não religiosa. Em vez de uma cruzada religiosa nacional orquestrada pela rainha-mãe e seu filho, o que havia ocorrido fora uma caótica corrente de eventos desencadeada por um assassinato em grande parte secular. O papa enviou um mensageiro para deter Orsini em sua viagem e ordenar que não transmitisse mais aquela mensagem de congratulações ao rei e à sua mãe.

Catarina, percebendo que não podia mais reivindicar os louros que haviam se apresentado tão tentadoramente ao seu alcance, escreveu a Felipe contando-lhe que, embora não tivesse premeditado o massacre, conseguira frustrar um complô huguenote para matar o rei e a família real. Espantosamente, também achou que o momento era adequado para apresentar outro de seus planos de casamento, sugerindo que a filha mais velha de Felipe, e também sua neta, Isabella Clara Eugenia, poderia casar-se com o tio dela, o duque de Anjou, a fim de "incrementar a amizade entre as duas Coroas". Felipe deu a sua costumeira resposta negativa. Laços mais estreitos com a França e a rainha-mãe eram uma ideia odiosa para ele.

Para agradar seu sogro, o imperador, Carlos instruiu seu embaixador em Viena a difundir a história de que havia sido obrigado a agir por ter descoberto um grande complô huguenote. No entanto, Maximiliano II preferiu endossar a tese de que se tratara de um massacre premeditado. Suas razões para acreditar nisso eram egoístas, e não uma humilde busca da verdade. Ele cobiçava o trono vago da Polônia para um de seus dois filhos, os arquiduques Ernest e Albert, em detrimento do duque de Anjou. O rei Sigismundo Augusto havia morrido em 7 de julho de 1572, e Maximiliano sabia que a candidatura de Anjou – e dos franceses em geral – estava coberta de opróbrio aos olhos de muitos eleitores poloneses luteranos, cujo apoio era crucial para a eleição ao trono. A fim de reforçar essa tese, Maximiliano até empregou sua equipe de eruditos para descrever com maiores detalhes o papel iníquo desempenhado por Anjou e sua família nos horrores de agosto de 1572.

Arnaud du Ferrier, embaixador de Catarina em Veneza, fez um relato de franqueza brutal a respeito de como os eventos haviam sido percebidos naquele bastião do capitalismo pragmático:

> Madame, a verdade certa e indubitável é que os massacres que ocorreram por todo o reino da França, não só contra o almirante e outros importantes líderes da religião, mas contra muitas pessoas pobres e inocentes, comoveram e alteraram aqui tão profundamente o sentimento daqueles que têm amizade pela sua Coroa, apesar de serem todos católicos, que não conseguem mais se satisfazer com qualquer escusa, e atribuem tudo o que foi feito exclusivamente à senhora e a *monsieur* d'Anjou.[2]

A resposta da rainha-mãe, em nome dela e de seu filho, continha pouca contrição e muitas justificativas: "Lamentamos profundamente que, no meio do tumulto, várias outras pessoas pertencentes à religião tenham sido mortas por católicos, que vinham sendo vítimas das infinitas aflições, pilhagens, mortes e outras ofensas que lhes haviam sido infligidas".[3]

Em todas as cortes protestantes da Europa, a reação ao massacre foi de choque e de franca indignação. Há a lenda de que, quando Elizabeth da Inglaterra, depois de muitos adiamentos, finalmente recebeu o embaixador francês, ela e sua corte vestiram luto por seus correligionários. Não há menção a isso na correspondência subsequente do embaixador, mas a atitude da rainha pode ser mais bem descrita como muito hostil quando recebeu La Mothe-Fénélon em audiência em Woodstock, onde ela estava caçando quando a terrível notícia chegou. Elizabeth temia que o massacre representasse apenas o primeiro passo de um grande projeto contra o protestantismo, e sua tese tinha o apoio de Burghley e de seu mestre espião, sir Francis Walsingham, que estava em Paris na época e por pouco não perdeu a vida. A crescente proximidade com a França havia gerado grande expectativa, mas agora, como afirmou Walsingham: "Acho menos perigoso tê-los como inimigos que como amigos".[4] La Mothe-Fénélon não fez nenhuma tentativa de justificar o massacre, mas explicou à rainha que seu senhor havia descoberto um complô huguenote contra ele e a família real, e tomara as medidas necessárias para proteger seu reino e seu trono. A morte de tantos súditos do rei havia sido um infeliz acidente. Elizabeth sentiu algum alívio com o relato, mas não ficou totalmente convencida. Após o encontro, ela continuou a ordenar medidas defensivas contra uma invasão estrangeira, mas sentia-se mais inclinada a crer que não se tratava do primeiro passo de uma campanha contra ela e outros príncipes protestantes desferida pelas potências católicas. O embaixador fez grandes esforços para assegurar a Elizabeth que o rei desejava apenas estreitar os laços com a Inglaterra, o que era verdade.

Após apenas alguns meses, a paranoia amainou, embora permanecesse a sensação de que a França devia ser tratada como um aliado não confiável, e Elizabeth passou a fazer o possível para manter a França e a Espanha ocupadas com os problemas que enfrentavam em seus reinos, apoiando sutilmente os protestantes de vez em quando dentro dos dois países. Por mais que esse tipo de intervenção acobertada fosse contra suas convicções fundamentais, Elizabeth era vista, mesmo não tendo essa intenção, como uma defensora internacional do protestantismo. Sua política predileta era dar seu apoio apenas quando julgava haver um risco real de completa eliminação do protestantismo em algum país estrangeiro. Mesmo nesse caso, ela sancionava ajuda apenas de acordo com o mérito de cada caso. Com certeza era contrária a provocar as superpotências católicas em nome de alguma causa que ela não considerasse primordialmente inglesa. Não parecia ter havido um dano persistente na relação de Elizabeth com a família real francesa, já que a rainha concordara em ser madrinha da filha de Carlos, Isabella, nascida em 27 de outubro de 1572. E até as esporádicas conversas sobre o casamento de Alençon foram retomadas.

Os príncipes alemães luteranos e os calvinistas suíços ficaram horrorizados com a notícia do massacre. Catarina prontamente instruiu seu embaixador a garantir-lhes que o assassinato de Coligny e seus companheiros não tivera causas religiosas, mas fora reação a um complô que visava eliminar o rei. Quanto ao massacre, não houvera premeditação, afirmava o embaixador. A Alemanha havia tempos era uma fonte de soldados para os exércitos franceses e oferecia um útil contraponto à Espanha; perder a amizade deles teria graves consequências. Como Elizabeth da Inglaterra, os príncipes protestantes temiam um ataque católico conjunto contra os da nova religião e ordenaram medidas defensivas. A economia revelou-se um bálsamo útil, ajudando a remover obstáculos para a retomada das relações diplomáticas normais entre os Estados alemães e a França. Os *Reiters* alemães constituíram uma fonte importante de renda para seus governantes, que no passado haviam contado com o inestimável apoio francês contra os Habsburgo.

Houve até um clamor de protesto farisaico por parte do tzar Ivã IV da Rússia, que criticou a França por sua barbárie. Isso soou um pouco ridículo vindo do homem que ganhara da história o merecido apelido de "O Terrível" por sua selvagem repressão aos boiardos na década de 1560, e que apenas dois anos antes do Massacre da Noite de São Bartolomeu arrasara a cidade livre de Novgorod. Nem a idade atenuou Ivã, que num acesso de fúria matou acidentalmente seu filho mais velho em 1581. É provável que a falsa delicadeza tivesse a ver com sua ambição pelo trono vago da Polônia.

Ainda prisioneiros, Navarra e Condé só estariam seguros enquanto Catarina e a política real achassem importante que permanecessem vivos. Em suas memórias, Margot afirma que, uma semana após o massacre, Catarina e seus conselheiros "perceberam que não haviam alcançado seu principal objetivo, e que, como odiavam menos os huguenotes que os príncipes de sangue, estavam impacientes com o fato de o rei, meu marido, e o príncipe de Condé terem sobrevivido. E sabendo que, por ele ser meu marido, ninguém ousaria atacá-lo, conceberam outro estratagema". Catarina teria abordado Margot no *lever* dela pedindo à filha que "jurasse contar-lhe a verdade, e me perguntou se o rei, meu marido, era homem, acrescentando que, se não fosse, ela teria como conseguir meu divórcio. Supliquei que acreditasse em mim quando eu dizia não entender o que ela queria dizer [...] e que, como ela me fizera casar, eu queria continuar assim; pois suspeitava que o desejo dela era me separar do meu marido a fim de fazer-lhe mal".[5]

Apesar de sua posição precária, ambos estavam vivos. Ao serem levados aos aposentos do rei em 24 de agosto, este lhes assegurara: "Meu irmão e meu primo, não tenham medo e não se preocupem com aquilo que ouvirem, se eu convoquei vocês foi para a sua própria segurança". Navarra e Condé abjuraram a nova religião e assistiram à sua primeira missa no dia seguinte. Navarra mostrou-se sereno, mas Condé, assim como seu pai, era incapaz de fazer como seu primo e fingir um espírito dócil de cooperação. Em vez disso, ameaçou Carlos, dizendo que tinha quinhentos homens vindo em sua ajuda para vingar aquelas atrocidades. Carlos, enfurecido, pegou sua adaga e ameaçou Condé. Em seguida, voltou-se para Navarra dizendo: "Quanto a você, mostre-me alguma boa vontade e irei tratá-lo bem". O retorno dos dois príncipes à Igreja católica era essencial para Catarina.

Porque até isso se concretizar eles eram, agora mais do que nunca, os legítimos líderes dos huguenotes.

Em 29 de setembro, um mês após o assassinato de vários de seus amigos próximos e de conselheiros seus, Henrique de Navarra e o príncipe de Condé foram oficialmente recebidos de volta à Igreja romana na catedral de Notre-Dame, durante missa celebrando a Ordem de Saint-Michel, com a maioria da corte presente, incluindo vários embaixadores estrangeiros. Catarina queria o maior número possível de testemunhas importantes nesse evento. Enquanto os jovens príncipes curvavam a cabeça e faziam o sinal da cruz diante do altar principal, Catarina, fugindo às suas características, perdeu a compostura real e explodiu em surtos de gargalhadas. Virando-se para os embaixadores sentados de ambos os lados dela, zombou das tentativas dos jovens príncipes de se mostrarem devotos. Talvez fosse uma descarga nervosa de alívio, após a tensão das semanas anteriores, ou então uma tentativa calculada de chamar a atenção para a hipocrisia dos príncipes ao abraçarem a fé de seus inimigos por uma questão de *force majeure.*

As próprias palavras de Henrique emprestam um conteúdo emocional à gaiatice prematura e imprudente da rainha-mãe. Muitos anos depois, ele escreveu sobre a angústia que sentiu na época:

> Aqueles que me acompanhavam a Paris e foram massacrados não haviam saído de suas casas durante a confusão [...]. Você pode imaginar o arrependimento que isso me causou, ver aqueles que haviam vindo porque eu lhes dera minha palavra de honra, sem contar com nenhuma outra garantia a não ser aquela que o rei me dera [...] assegurando-me que iria me acolher como seu irmão. Minha tristeza foi tamanha que, se tivesse sido capaz de comprar a vida deles dando a minha própria, teria feito isso. Eu os vi sendo mortos até na minha própria cama, e fui deixado sozinho, privado de amigos.[6]

Embora Henrique não tivesse a intenção de ser irônico, na Casa de Valois ser tratado como irmão era deixar sua vida nas mãos deles.

Apesar do seu sofrimento, Navarra manteve uma atitude pública de perplexo distanciamento. Os assassinos de seus amigos tornaram-se seus companheiros mais próximos; embora ainda prisioneiro da corte, mostrava-se amável e bom companheiro, e não deixava transparecer minimamente seus verdadeiros sentimentos. Ele fez uma apologia oficial do papa em 3 de outubro de 1572, e poucos dias depois, em 16 de outubro, veio a mais humilhante concessão de todas, quando restaurou seu principado de Béarn ao catolicismo. Diferentemente da ostensiva truculência de Condé, Henrique estava determinado a sobreviver e empregou a mesma submissão e docilidade que sua sogra florentina tivera que adotar tempos atrás.

No final de outubro de 1572, a "Temporada de São Bartolomeu" estava encerrada, embora suas repercussões históricas mal começassem. Ela não só se tornou sinônimo de opressão, tirania, crueldade e poder arbitrário, como suas reverberações iriam assombrar a reputação de Catarina ao longo da história. Tendo ficado tão completamente à mercê dos eventos de São Bartolomeu, Catarina sentiu alívio ao ver que o reino parecia relativamente sob controle e que as relações com as potências estrangeiras voltavam ao normal. No entanto, não percebeu que se tratava apenas de uma aparência de normalidade. Seu persistente apetite por aparências era agora uma perigosa ameaça à sua capacidade de compreender que deveria tomar medidas drásticas para evitar que o massacre se tornasse uma arma que seus inimigos poderiam moldar e usar contra ela. Por falta de um esforço coordenado para apresentar um relato coerente e plausível de suas ações, Catarina permitiu que a lenda da "Rainha Negra" ganhasse corpo e predominasse ao longo dos anos. Um historiador do século XIX, Jules Michelet, chegou a apelidá-la de "O Verme do Túmulo da Itália". Ao longo dos anos, panfletistas distorceram ainda mais os fatos a respeito da rainha-mãe, criando uma colcha de retalhos de relatos conflitantes, mas quase sempre condenatórios.

O reinado de Carlos IX era tão dominado por sua mãe, devido à juventude dele, à sua precária saúde e falta de capacidade, que é lembrado quase exclusivamente pelo Massacre da Noite de São Bartolomeu. O jovem rei permanece para a história como uma figura opaca, exceto como vítima-vilã do massacre, filho de sua perversa mãe italiana. *O príncipe*, de Maquiavel, dedicado ao pai de Catarina, Lorenzo II de Médici, ficou conhecido como o "manual dos tiranos", havendo um rumor de que os filhos de Catarina carregavam um volume da obra com eles o tempo todo.[7] As vívidas lendas sobre Catarina surgiram de sua trágica falta de habilidade em lidar com a crise e as consequências dela. Os huguenotes acreditavam que os assassinatos haviam sido planejados já na reunião em Bayonne entre o duque de Alba e "*La Nouvelle Jezebel*", como os panfletistas a chamavam, onde os dois teriam planejado friamente o massacre dos protestantes franceses.

Apesar de os huguenotes terem perdido quase todos os seus líderes, novos homens entraram em cena para assumir e reorganizar sua resistência. Incitados por seus pastores, os protestantes tornaram-se mais zelosos do que nunca. Cidades do sul da França de forte controle huguenote, como Nîmes, Montauban, Privas e Sancerre, trancaram seus portões e prepararam-se para se defender de outras agressões católicas. A mais problemática de todas era o porto de La Rochelle, no litoral ocidental da França. Os cidadãos, que haviam reunido uma força de cerca de 1.500 homens, desafiaram o regime quando, não muito depois de São Bartolomeu, o marechal Biron – um católico moderado que havia salvado muitos protestantes do massacre – chegou a La Rochelle para assumir como governador, e seus habitantes negaram-lhe entrada na cidade. Eles buscaram a ajuda de Elizabeth da Inglaterra, chamando-a de "sua princesa soberana natural para toda a eternidade". Em novembro de 1572, Carlos e Catarina estavam decididos a retomar esse bastião huguenote e ordenaram que Biron sitiasse a cidade. La Rochelle tinha mais de cinquenta pastores, que convocaram todos os cidadãos, mulheres inclusive, a montar a defesa mais forte possível. Anjou, que só assumiu o comando no início de 1573, chegou à frente de um exército estranhamente variado, cujos comandantes estavam quase todos em desacordo entre si.

Desde o massacre, a força de Anjou compreendia agora católicos reconvertidos, alguns poucos protestantes realistas e senhores feudais rivais. Trazia com ele Navarra, Condé e seu irmão, Alençon, que estava furioso porque, apesar de ser irmão do rei, não recebera nenhum papel militar importante e reclamava disso sempre. O exército realista incluía muitos altos oficiais que viram sua lealdade à Coroa estremecida com os eventos de agosto de 1572. Os mais destacados eram os primos de Coligny, os filhos do velho condestável, o mais velho Francisco, marechal de Montmorency, e seu irmão Henrique Damville de Montmorency, governador do Languedoc. Receosos de uma futura dominação dos Guise, pois o duque e seu tio D'Aumale haviam acompanhado Anjou, decidiram juntar-se à força diante de La Rochelle, trazendo com eles alguns membros menores da família, como Carlos de Montmorency-Méru (filho mais jovem do falecido condestável e genro do marechal de Cossé) e Francisco, visconde de Turenne (marido de Eleonora, irmã de Montmorency). Turenne e Montmorency-Méru começaram a fazer parte da facção que se agrupava em torno do choramingento duque d'Alençon. Enquanto isso, a cidade resistia aos ataques do exército e oferecia uma valente defesa, repelindo os ataques e os bombardeios. As mulheres de La Rochelle, em pé nos bastiões da cidade e expostas ao fogo dos realistas, atacavam os soldados logo abaixo com rochas e pedras.

Anjou tinha que enfrentar não só as pedras atiradas pelas mulheres, a fanática defesa de La Rochelle, as constantes rixas do seu disparatado grupo de veteranos comandantes e um inverno particularmente duro no campo, mas também a realidade de que poderia em breve tornar-se rei da Polônia. A perspectiva, antes distante e com algum brilho, agora deixava de se mostrar tão atraente. Tavannes contribuíra para isso descrevendo o reino que Anjou tinha no horizonte como "um deserto que não vale nada, não tão grande quanto dizem e onde as pessoas são bestiais". Catarina retrucou que o marechal talvez preferisse "permanecer no seu próprio monte de estrume", e prosseguiu em sua firme determinação de ver uma coroa na cabeça de seu adorado filho, colocando o máximo de verniz possível para ornar essa perspectiva.[8] "Os poloneses são altamente civilizados e inteligentes", escreveu ela, acrescentando que "é um reino extenso e bom, que poderia lhe render 150 mil libras, com as quais ele poderia fazer o que quisesse".[9] Explicando que ela não suportaria ter que se separar dele a não ser que fosse para o seu próprio bem, lembrou ao filho: "Já demonstrei a você de sobra que gostaria muito mais de vê-lo ganhar reputação e grandeza do que tê-lo a meu lado [...]. Não sou uma dessas mães que querem os filhos apenas para si. Amo você porque vejo-o e desejo vê-lo sobressair em grandeza e reputação e honraria".[10] Essa última declaração era absolutamente verdadeira; nenhuma mãe na história fizera mais para promover os filhos, não importando qual fosse o custo para ela, para eles e para o seu tempo.

Ignorando a relutância cada vez maior de Henrique, Catarina fazia tudo o que podia para apoiar Jean de Monluc, bispo de Valence, seu enviado especial à Polônia para a eleição, a fim de que ganhasse o voto em favor de Anjou. Um grande diplomata, Monluc enfrentara um problema quase insuperável depois de São Bartolomeu, que ele em particular considerava "uma estupidez colossal". O papel de Anjou no massacre havia sido amplificado por seu rival, o arquiduque Habsburgo; o lado do imperador pintava Anjou não só como um assassino católico fanático, mas também como um efeminado, e argumentava que uma figura mais marcial seria melhor à Polônia. Em questões religiosas, os poloneses eram singularmente tolerantes e não iriam permitir que um monarca fanático, fosse ele protestante ou católico, prejudicasse sua exemplar harmonia religiosa. Por sorte, os outros candidatos à Coroa tampouco pareciam particularmente atraentes aos poloneses, que também temiam a dominação por parte dos Estados vizinhos. Isso atrapalhou bastante as perspectivas do filho do imperador Maximiliano II, Ernest. Um rei Habsburgo quase com certeza iria envolver a Polônia nas constantes guerras do Império contra os turcos. A candidatura do próprio Ivã, o Terrível, foi igualmente rejeitada pelos poloneses, como seria de esperar, pelo medo justificado que era despertado por suas ambições e seus métodos de alcançá-las. Os candidatos protestantes eram Albert-Frederick, duque da Prússia, e o filho de nove anos do rei João III da Suécia, Sigismundo. Mas os eleitores protestantes eram minoria; portanto, esses dois candidatos não teriam suficiente apoio para vencer.

Carlos estava tão ansioso quanto Catarina para ver Anjou eleito rei da Polônia, embora por motivos bem diferentes. A ideia de ter seu irmão despachado para a Polônia era tratada com tamanha generosidade fraternal pelo rei que impressionou os poloneses. Entre os incentivos, eram concedidos fundos suficientes para construir uma frota polonesa. Carlos prometeu também negociar um tratado entre a Polônia e o sultão, amigo de longa data da França, mas tradicional adversário da Polônia; além disso, concordou em vir em seu auxílio caso fossem atacados pela Rússia. A renda do ducado de Anjou e as outras propriedades do príncipe foram prometidas para saldar as dívidas da Polônia. Tendo chegado na mesma época do Massacre da Noite de São Bartolomeu, Monluc coordenou uma campanha brilhante, mesmo com todo o dilúvio de propaganda antifrancesa. Em 5 de abril de 1573, 40 mil nobres reuniram-se na planície de Kamien, ao sul de Varsóvia, para a eleição de seu novo rei. Monluc lançou mão de todas as artimanhas possíveis, incluindo fingir uma doença que lhe permitiu adiar para o dia seguinte sua fala aos delegados em favor de Anjou, dando-lhe mais tempo para examinar, dissecar e sabotar as propostas imperiais para o arquiduque, feitas mais cedo naquele dia.

No seu magistral discurso, Monluc descreveu a excelente e nobre linhagem de Henrique de Anjou, a antiga amizade entre a França e a Polônia, as refinadas qualidades do candidato, estendendo-se em sua virtude, sabedoria e coragem. As promessas francesas de ajuda monetária, militar e diplomática foram apresentadas em detalhes. Monluc encerrou seu longo discurso com um toque de gênio, acrescentando uma nota de sentimento familiar. Henrique iria deixar sua casa e sua família na França, mas encontraria uma nova casa e uma nova família como pai e rei dos poloneses. Seu discurso foi saudado com um exaltado entusiasmo. Monluc tivera também a precaução de traduzir para o polonês mil cópias do seu discurso e distribuí-las. Antes que as deliberações prosseguissem, Monluc foi obrigado a prometer em nome de Anjou que iria honrar os *Pacta Conventa* e o *Articuli Henriciani,* que definiam os poderes do rei, protegiam os privilégios dos nobres e garantiam liberdade de culto. Em 11 de maio de 1573, ao final de uma longa campanha, aos gritos de "*Gallum! Gallum!*", Henrique foi oficialmente eleito rei da Polônia.

Henrique recebeu a notícia em 29 de maio, quando estava diante da obstinada cidade de La Rochelle. A essa altura, o fatídico cerco e os ataques fracassados já haviam custado a vida de 22 mil homens do exército francês e de dois de seus mais importantes comandantes: tanto o marechal de Tavannes quanto o duque d'Aumale haviam sido mortos. Tavannes foi uma perda particularmente dolorosa para a rainha-mãe; havia-lhe prestado um longo e fiel serviço. Os soldados estavam amotinados e Anjou sentia que sua própria vida corria perigo. A notícia da Polônia foi claramente o *deus ex machina* que possibilitou à Coroa uma desculpa para procurar uma solução pacífica e fazer um acordo com os obstinados rochellianos. Ficou acertado então que ambos os lados poderiam manter suas armas e sua honra. O Édito de Boulogne permitiu aos huguenotes liberdade de consciência em todo o reino e de culto em La Rochelle, Nîmes e Montauban.

Catarina ficou extasiada com a notícia da eleição de Anjou, que ela ao que parece recebeu por meio de seu anão polonês, Krassowski, uma hora depois da chegada da confirmação oficial. Ele foi à presença da rainha-mãe, fez uma profunda reverência e disse: "Vim saudar a mãe do rei da Polônia". Ela chorou de alegria e – com alguma dose de razão – encarou a eleição de seu amado filho ao trono polonês como uma vitória pessoal. Carlos partilhou do extremo bom humor da mãe; comprar os votos para a Coroa da Polônia esgotara seu já comprometido tesouro, mas ele considerou que cada *écu* havia sido bem aplicado. Ansioso para acelerar a partida do novo rei, em 1º de junho de 1573 autorizou a viagem de seu irmão e, para aumentar sua própria felicidade, deu a Henrique 4 mil soldados gascões, para levá-lo ao novo reino (os gascões – provenientes de uma parte fortemente huguenote da França – eram soldados bravos mas problemáticos, que vinham sendo um espinho na vida de Carlos por sua relutância em aceitar a autoridade dele).

De início, Henrique ficou eufórico com a notícia; a Polônia podia ser um país desconhecido e distante, mas agora ele era um rei por direito próprio.

Em 17 de junho, uma delegação de nobres poloneses chegou a La Rochelle para saudar seu rei. O cerco foi oficialmente suspenso nove dias mais tarde, o que deu aos poloneses uma demonstração apta e muito oportuna de como os franceses estavam dispostos a entrar em acordo com seus súditos protestantes rebeldes. A agenda de Anjou agora ficava apertada, e Catarina, como sempre, encarregou-se de organizar as magníficas recepções e *entrées* que deveriam ser concedidas ao seu amado filho como soberano.

Em 24 de julho, Anjou fez sua *entrée* em Orléans, e depois foi logo para o Château de Madrid. Ali, no Bois de Boulogne, recebeu as várias delegações de embaixadores estrangeiros e autoridades, que vieram congratulá-lo no início de agosto de 1573. As ausências notadas nessa fila de apoiadores foram as dos espanhóis, portugueses e representantes imperiais – estes últimos ainda ressentidos com sua derrota na eleição. A felicidade de Catarina era completa enquanto observava seu filho – o filho que ela sentira ter nascido para ser rei – recebendo presentes, discursos e condecorações dos representantes de outros soberanos, seus pares. Henrique desfrutou daquela agitação, e ainda havia mais por vir. A embaixada oficial polonesa, composta por doze homens, incluindo católicos e protestantes, iniciara a viagem até seu novo rei. Acompanhando os embaixadores, vinham 250 nobres poloneses, entre clérigos, senadores e outros importantes senhores feudais, representando a Dieta [Parlamento polonês]. Os doze delegados poloneses trouxeram consigo não só a declaração oficial da eleição de Henrique, mas também os acordos acertados por Monluc em nome do rei, definindo seus novos poderes. Os eleitores haviam também recebido a promessa de que Henrique iria desposar a irmã do falecido rei, Anna Jagellona, uma perspectiva pela qual ele sentiu tão pouca atração que, enquanto duraram essas distrações na França, decidiu não pensar no assunto.

Em 19 de agosto de 1573, o povo de Paris assistiu a um raro e extraordinário espetáculo: a entrada oficial na cidade dos enviados poloneses. Sua chegada foi anunciada por uma ensurdecedora salva disparada por 1.500 arcabuzes, e o comitê de recepção incluía o duque de Guise, seus irmãos e outros dignitários. Quinze carruagens polonesas, cada uma puxada por sete ou oito cavalos montados por pajens, traziam as autoridades visitantes. Os parisienses, em geral indiferentes e difíceis de impressionar, deslumbraram-se com os estrangeiros de aparência extraordinária entrando em seus alojamentos no bairro Grands-Augustins. Os poloneses usavam seus trajes tradicionais – chapéus com bordas de pele ou quepes com joias, botas amplas com esporas de ferro, fabulosas cimitarras e espadas incrustadas de pedras preciosas, e aljavas cravejadas de joias e cheias de flechas às costas. Os cavalos vinham quase tão adornados quanto os poloneses; suas selas e arreios cintilavam com pedras preciosas. A multidão parisiense permaneceu singularmente silenciosa assistindo à passagem da comitiva de aspecto estranho porém majestoso, com homens de barba longa que ondeava "como o mar" e a cabeça raspada até a nuca. Rompendo com o tradicional estilo hiperbólico, a inscrição no arco triunfal sob o cortejo dizia: *Miramur cultus, Miramur Galli, Vestra Polonorum quasi semideum*".[11]

Catarina, Carlos e Elisabeth receberam seus exóticos visitantes no Louvre em 21 de agosto. Vestindo longas túnicas de brocado dourado, os poloneses, liderados pelo bispo de Poznan, apresentaram-se diante de suas majestades. Muito diferentes dos selvagens anunciados por Tavannes, os embaixadores eram extremamente cultos e falavam várias línguas – latim, italiano, alemão e um pouco de francês, "com uma pureza de sotaque como se tivessem nascido às margens do Sena, e não naquelas distantes terras banhadas pelo Vístula ou pelo Dnieper". Carlos e Henrique devem ter sentido uma ponta de remorso por seu pouco empenho em aprender latim. Depois da fala deles com Carlos, os embaixadores dirigiram-se a Catarina. Ela permaneceu em pé, com sua aparência majestosa, ouvindo as falas deles em latim. Madame Gondi, duquesa de Retz, deu a resposta, também em latim, após o que a rainha-mãe chamou o bispo de Poznan de lado e conversaram em italiano. Da família real, apenas Margot dispensara um tradutor quando ela e Navarra receberam os embaixadores alguns dias mais tarde. Era capaz de dialogar com eles "com vivacidade e modos graciosos", alternando italiano, latim e francês. Estendendo sua alva mão para ser beijada pelos delegados, causou forte impressão nos visitantes. Um deles, o empolgado palatino de Siradia, a partir de então referia-se a Margot como "aquela divina mulher". Cortesãos franceses, em grande número, com fama de muito instruídos, ficaram ruborizados e com a língua travada quando os poloneses lhes dirigiram questões em latim, incompreensível para eles.

No dia seguinte, 22 de agosto, Henrique recebeu seus novos compatriotas e súditos no Louvre. Primeiro, eles desfilaram por Paris, vestidos de maneira ainda mais suntuosa do que ao entrar na cidade. Os doze embaixadores usavam longas túnicas de tecido dourado com debrum de pele de zibelina. Era justamente o tipo de traje deslumbrante que normalmente garantiria uma calorosa recepção de Anjou, famoso por seu fascínio por joias e roupas refinadas. Agora, porém, isso servia apenas para lembrar o novo rei que estava deixando a sua amada França e indo para um país estranho, com estranhos costumes. A primeira alegria por sua elevação ao trono, as congratulações dos outros monarcas seus pares, e outros agradáveis acessórios da condição de rei começavam a esmaecer. Logo estaria partindo rumo à Polônia.

Antes da chegada dos embaixadores, Henrique fizera os agradecimentos oficiais a Monluc por seus trâmites bem-sucedidos para levá-lo ao trono, mas suas palavras de gratidão não eram sinceras. De Thou escreveu:

> *Monsieur* não estava feliz, embora escondesse seus verdadeiros sentimentos. Por honrável que fosse a dignidade a ele conferida, encarava sua aceitação como um exílio. Sentia-se ofendido com a determinação de seu irmão de bani-lo de seu reino. Esse jovem príncipe, portanto, criado no meio do luxo e do refinamento da corte francesa, via-se agora, muito contra a vontade, condenado a habitar um país como a Polônia.

Henrique não tinha como não ficar ciente da alegria que sua iminente partida daria também a Margot e ao fraternal protegido dela, Alençon. Contentes com a perspectiva da partida do "filho favorito", eles já planejavam do que poderiam apropriar-se quando ele fosse embora. O bispo de Poznan avançou para beijar a mão do rei e saudá-lo como seu novo soberano. Em seu discurso a Henrique, fez várias referências à Dieta e à assinatura pelo rei dos *Articuli Henriciani* e dos *Pacta Conventa*. Henrique achou o discurso tingido por um elemento não familiar a um príncipe francês: tinha a marca das "objeções sem cerimônia que, segundo lhe haviam dito, os magnatas poloneses faziam ao seu soberano". Algo muito desagradável aos ouvidos de um Valois.

Se os franceses acharam os embaixadores e nobres poloneses extraordinários e com aspecto estranho, só resta imaginar o que os poloneses devem ter achado de seu novo rei. Tinham diante deles um jovem com ricos trajes, elegante, magro e muito efeminado, apresentando-se perfumado, com cremes faciais e rouge. Seu cabelo curvado nas pontas, penteado para trás, era coroado por um *toquet* de diamantes. Os cachos de pérolas e os brincos com pingentes que balançavam com o movimento de sua cabeça certamente eram incomuns para eles. Com seus físicos robustos, os poloneses não devem ter deixado de notar a fragilidade de Henrique. Todos sabiam que ele sofria de torturantes enxaquecas e que tinha o estômago delicado. A fístula num dos olhos de Henrique era bem visível, assim como era evidente a fétida supuração da ferida aberta sob sua axila toda vez que ele acenava ou levantava o braço. É provável que em seu primeiro encontro ambos tenham se olhado com espanto. A *entourage* de Henrique, notável pelo número de jovens nobres de estranha aparência, também deve ter dado o que pensar aos embaixadores.

Enquanto Catarina e Monluc empreendiam a séria tarefa de ratificar os detalhes dos *Articuli* e *Conventa*, Henrique aproveitava todas as oportunidades para fazer a mãe notar sua infelicidade. Já haviam chorado juntos a iminência de sua partida, mas as ambições maternas de Catarina em relação ao seu filho favorito exigiam esse imenso sacrifício. Cega pelas esperanças que depositava nele, pareceu não atentar para outro grande perigo que espreitava.

Carlos estava visivelmente morrendo. Quando Henrique reencontrou seu irmão mais velho após os oito meses de cerco a La Rochelle, ficou tão chocado com a deterioração da saúde de Carlos que teria murmurado "ele está morto" a um dos membros do seu séquito. Como suposto herdeiro, Henrique deixaria muita coisa em jogo quando finalmente partisse para a Polônia. Embora Alençon estivesse tramando com Margot às suas custas, a presença protetora de sua mãe o tranquilizava. Ela nunca permitiria que alguém lhe usurpasse o trono francês.

Como precaução contra qualquer futura manobra de Alençon para tomar o trono, pois ele já cobiçava o cargo de tenente-general prestes a ficar vago, Catarina providenciara que Carlos reconhecesse formalmente "meu irmão, o rei da Polônia", como suposto herdeiro na reunião do conselho de 22 de agosto de 1573. Isso alegrou o ânimo deprimido de Henrique enquanto continuavam as discussões a respeito do acordo final entre os poloneses e seu rei, empreendidas por Catarina e alguns dos ministros mais capazes da França, todos cuidadosamente selecionados por ela. Preocupada com a hostilidade do Império em relação à eleição de Henrique, Catarina teve também que assegurar a segurança na viagem de Henrique e sua vasta *entourage* para que chegasse à Polônia a salvo. Com isso em mente, foram iniciadas conversações com protestantes alemães a respeito de planos para apoiar um ataque contra a Holanda espanhola. Pouco antes da partida de Henrique, Catarina chegou a prometer "envolver-se nos assuntos relativos à referida Holanda o quanto e até que ponto os príncipes protestantes desejarem".[12] As questões com os embaixadores atingiram um ponto crucial, à medida que Henrique mantinha sua teimosa recusa a assinar os acordos sobre os quais se assentava seu reinado. Um dos enviados deixou a situação absolutamente clara ao declarar com firmeza: "*Jurabis aut non regnanbis!*" ("Jurai ou não reinareis!"). O casamento proposto com Anna Jagellona, pelo qual Henrique não demonstrava interesse, foi outro obstáculo.

A princesa, como pedia a tradição, estava em Cracóvia, junto ao corpo do irmão morto, aguardando com impaciência a chegada do vistoso príncipe que ela esperava tornar-se seu marido. Uma descrição dela enviada a Henrique, tão amante da perfeição e da beleza, tornou a perspectiva um anátema para o seu refinado gosto. Ela vestia uma roupa preta coberta por uma capa de saco de aniagem, que ao que parece era uma veste de luto tradicional na Polônia, e recebeu o enviado de Henrique com muita gentileza. Ele relatou: "A princesa é de baixa estatura, e sua idade é próxima dos cinquenta anos, como é possível ler pelas feições de sua alteza". De momento, o pretendente esquivou-se elegantemente da questão alegando que o consentimento da princesa ainda não fora dado e, portanto, o assunto deveria permanecer em aberto. Em 9 de setembro de 1573, após mais discussões, Henrique jurou os artigos da *Conventa*. Ele ofereceu um banquete aos embaixadores naquela noite e no dia seguinte teve lugar a cerimônia na qual Henrique confirmou seus votos e compromissos, com Carlos prestando juramento como avalista.

No dia seguinte, no Palais de Justice, a família real francesa, nobres, dignitários e uma imensa multidão assistiram à chegada dos embaixadores para a apresentação oficial do documento que declarava a eleição de Henrique como rei da Polônia.* Dois tronos com dossel haviam sido colocados sobre uma plataforma, um deles ostentando a *fleur-delys* da França e o outro a águia branca da Polônia. Os embaixadores foram aproximando-se aos pares, até que entraram dois delegados carregando uma grande arca de prata nos ombros. O ornado objeto guardava o decreto, que eles colocaram diante de Carlos. O bispo de Poznan perguntou formalmente ao rei da França se ele dava sua real permissão para apresentar o decreto ao seu irmão. Ele então fez a Catarina a mesma pergunta e ambos deram seu assentimento. Henrique, que estava ajoelhado, rece-

---

* Embora a maior parte dos historiadores coloque essa cerimônia no Palais de Justice, o despacho de Carlos ao seu embaixador na Inglaterra descreve a cerimônia como tendo lugar na "*grande salle de mon palais du Louvre*".

beu então o acordo tão longamente discutido, seguindo-se um belo discurso antes que o documento fosse lido em voz alta.

Em 14 de setembro, Henrique fez sua entrada oficial em Paris como rei da Polônia. Para celebrar o evento, Catarina inaugurou o novo palácio dela das Tulherias com um baile que iria superar todos os outros entretenimentos oferecidos aos poloneses. Depois de abandonar e mais tarde demolir o Château des Tournelles (hoje Place des Vosges), um infeliz lembrete do seu falecido marido, em 1563 ela concebera a ideia de um palácio perto do Louvre que se estendesse até as margens do Sena. Este era o primeiro palácio que ela construíra inteiramente para si e no qual pôde satisfazer sua grande paixão pela arquitetura. Outras obras importantes em *châteaux* existentes haviam sido realizadas, por exemplo em Chenonceau, Montceaux e Saint-Maur-des-Fossés, mas Tulherias era totalmente dela, "onde nunca teria que se sentir como se fosse hóspede dos reis da França, e sim que eles eram seus hóspedes". O nome derivava, de modo pouco inspirador, da fábrica de telhas que antes ficava localizada ali. Projetado por Filiberto de l'Orme, *surintendant* de construções reais de Henrique II e seu arquiteto predileto, o palácio nunca foi concluído. Após a morte de L'Orme em 1570, Jean Bullant assumiu a encomenda, mas o trabalho ficou vários anos parado a partir de 1572, ano do massacre, provavelmente por falta de fundos. Pasquier lembra que Catarina recebeu um alerta de um de seus videntes dizendo que, se desejasse ter vida longa, deveria evitar Saint-Germain, porque pressagiava sua morte. Infelizmente, ela já encomendara a construção do Palácio das Tulherias, que ficava na paróquia de Saint-Germain-l'Auxerrois, cuja igreja dera com o seu sino o sinal para o início do massacre. Não obstante, a profundamente supersticiosa Catarina continuou a visitar as Tulherias. Embora nunca tenha feito do palácio sua residência parisiense, como era sua intenção original, usava-o para grandes banquetes e cerimônias. Também desfrutava de seus jardins, onde fazia caminhadas. Em contrapartida, fez planos para uma nova residência fora da paróquia de Saint-Germain, que supostamente pressagiava sua morte.

Em 1572, Catarina decidiu que queria uma residência perto do Louvre, mas dentro dos muros da cidade. Comprou então na paróquia de Saint-Eustache uma grande área, que incluía o Hôtel Guillart e as Filles Repenties (um convento que abrigava jovens pobres para poupá-las da vida nas ruas). Também no local pretendido ficava o Hôtel d'Albret. Depois de adquirir as várias propriedades, mandou demolir os edifícios existentes, exceto a capela das Filles Repenties. Com seu amor por jardins, certificou-se de ter adquirido espaço suficiente para um jardim que fosse não só amplo mas decorativo, incorporado às plantas do palácio dela, que ficou conhecido como "Hôtel de la Reine". Catarina empregou Jean Bullant como arquiteto desse que era seu projeto mais pessoal, e cujo aspecto mais significativo era uma coluna dórica que podia ser vista de longe, situada no centro do pátio, e que é a única parte do *hôtel* que sobrevive hoje.

A coluna, chamada La Colonne de l'Horoscope, coberta de laços de amantes e H e C entrelaçados, e de outros emblemas do amor conjugal, era ao mesmo tempo um memorial a Henrique II e, segundo se crê, um observatório astronômico. Primeira coluna alta desse tipo em Paris, era um marco de acentuada originalidade em sua época. O alto da coluna oferecia espaço suficiente para que três pessoas ao mesmo tempo observassem o céu debaixo de um domo de metal, e supõe-se ter havido ali um pequeno balcão pela parte externa, circundando esse domo, com uma balaustrada para segurança. Para chegar ao domo, subia-se uma ampla escadaria de 147 degraus, que levava finalmente a uma pequena escada de acesso a um alçapão no piso da plataforma de observação. Isso permitia não só o exame do céu por especialistas, mas também a comunicação com luzes com o Louvre. A vista panorâmica proporcionava lazer, mas também permitia advertir com antecedência a aproximação de algum perigo. Quando o *hôtel* na rua Saint-Honoré foi concluído, Catarina encheu-o de livros, coleções diversas e cobriu as paredes com retratos de sua família e de amigos. Embora nunca tenha abandonado seus aposentos no Louvre – o que significava que a Coroa tinha a despesa de manter ambas as residências com a respectiva criadagem exigida –, Catarina passou a usar seu próprio palácio cada vez mais com o passar dos anos.

Os relatos sobre o hoje destruído Hôtel de la Reine dão um intrigante vislumbre da personalidade de Catarina. Embora contasse com cinco apartamentos magníficos e com todo o esplendor associado a Catarina como rainha-mãe, ela guardava ali muitas de suas coleções pessoais, e durante a última década de sua vida transformou-o numa casa marcada por seu caráter de mulher mais do que de rainha. Mais de 35 retratos da família real francesa, a começar por Francisco I, alinhavam-se na galeria; numa das extremidades, numa grande sala, pendiam os retratos de seus ancestrais Médici, para homenagear suas origens. No meio da longa galeria havia uma grande mesa florentina de mosaico e, na outra extremidade, uma sala cheia de retratos de seus netos, sobrinhos e sobrinhas. Um grande retrato de Catarina ficava acima da lareira no centro da galeria principal. Embora essa área fosse para os retratos oficiais, o palácio todo era cheio de retratos de seus entes queridos; poucos eram de pintores de renome, mas era como se Catarina vivesse no meio de um grande álbum de fotografia das suas pessoas mais queridas.[13]

Catarina sempre foi uma colecionadora entusiasmada e eclética. Tinha sete crocodilos empalhados dependurados do teto no seu imenso *cabinet de travail*, e minerais de todo tipo espalhados por esse salão. Jogos enchiam os aparadores que se alinhavam pelas paredes: xadrez, um bilhar em miniatura e outros brinquedos podiam ser encontrados para ajudar a se distrair quando fazia mau tempo. Belas coleções de porcelana, vidros venezianos e esmaltados conviviam com lembranças do passado, objetos devocionais, bonecas com vários tipos de vestidos e quinquilharias sentimentais. Nas estantes de livros estavam seus favoritos: obras dedicadas ao seu falecido marido, fólios contendo plantas de edifícios, genealogias de seus ancestrais maternos, os condes de Boulogne, e livros com dicas sobre jogos. Eram seus favoritos e ela gostava de tê-los à mão. A própria biblioteca tinha uma importante coleção de 4.500 obras, entre elas 776 manuscritos. Alguns eram muito antigos (incluindo uns poucos papiros) e outros eram obras contemporâneas. Seus tópicos eram tão diversificados quanto as demais coleções da rainha-mãe, e seus assuntos favoritos eram história, obras clássicas, ocultismo, matemática, filosofia, direito e astronomia. Em Saint-Maur-des-Fossés, Catarina montou sua outra biblioteca, contendo quase 4 mil livros. Esses dois acervos juntos compuseram a base da atual Bibliothèque Nationale.[14]

O baile nas Tulherias foi o canto do cisne de Henrique e o *tour de force* de Catarina. Após o banquete, as mesas foram removidas para a apresentação de um balé, a cargo de seu esquadrão voador, com as jovens vestidas de ninfas. Catarina costuma ser creditada como a introdutora das primeiras formas do balé moderno e da ópera na França, que ela trouxe de Florença, ambas frequentemente apresentadas em seus suntuosos espetáculos. Brantôme escreveu:

> Apareceu uma rocha alta, que girava lentamente. No pico dessa rocha sentavam-se dezesseis belas ninfas, representando as dezesseis províncias da França. As ninfas recitavam versos melodiosos, compostos por Ronsard, celebrando as glórias do rei da Polônia e do reino da França. As ninfas então desceram e deram

presentes ao rei. Depois, dançaram juntas. A bela sequência de seus movimentos, seus gestos e os rostos e figuras extremamente adoráveis proporcionaram grande deleite aos espectadores.

Em seguida, ouviram-se as encantadoras vozes dos *castrati*, trazidos da Itália por Catarina, acompanhados pelo primeiro violinista que era ouvido na França. Carlos escreveu a La Mothe-Fénelon em Londres: "Na noite passada, a rainha minha mãe ofereceu um banquete no palácio dela, onde os cavalheiros poloneses foram tão bem tratados e tiveram tanto prazer que disseram nunca ter visto nada mais belo na vida [...] e ficaram muito felizes com as honrarias que lhes foram oferecidas".[15] Os poloneses ficaram de fato deslumbrados pela mágica beleza da corte francesa. Eles definiram as *fêtes* e a magnificência dessa corte como "incomparáveis". "Espero", brincou um cortesão cínico, "que possam dizer o mesmo de nossos exércitos."

Após a entrega de um magnífico presente da cidade de Paris – uma carruagem dourada e esmaltada puxada por dois cavalos de batalha cinza e coroada por uma efígie de Marte, deus da guerra, como um tributo ao seu príncipe, o guerreiro católico –, o inevitável não pôde mais ser adiado. O grupo real partiu para Fontainebleau, primeira etapa da viagem. Carlos estava cada vez mais irritado com a lentidão torturante da partida do irmão; ele comprara o trono de Henrique a um custo ruinoso, e agora queria saber se seu dinheiro havia sido bem gasto. Para tranquilizar a mente de Catarina, a Dieta Imperial em Frankfurt, também a um custo considerável, prometera dar passagem segura ao novo rei pelos territórios do Império. Em 10 de outubro de 1573, a comitiva chegou a Villers-Cotterêts, na estrada para Lorena, e à fronteira francesa. Aqui Catarina teve um surto de pânico e achou que Henrique não havia trazido presentes suficientes para oferecer aos vários nobres e governadores por cujas terras agora iria passar. Trazendo-o junto com ela, correu de volta a Paris, onde levantou mais meio milhão de libras, e comprou uma grande quantidade de joias para que ele as distribuísse em sua passagem.

No final de outubro, a família real foi obrigada a parar mais tempo que o pretendido em Vitry-en-Perthois, pois Carlos caíra gravemente doente. Seus médicos achavam que estivesse acometido por um tipo de varíola, embora seja bem mais provável que se tratasse dos estágios finais da tuberculose. Com febre altíssima que o deixou enfraquecido, o rei permanecia deitado com tremores, incapaz de sair da cama. Estava coberto não só de suor, mas de um líquido sanguinolento que parecia brotar de seus poros. Enquanto ele, deitado, "vomitava grande quantidade de sangue", a corte aguardava, imobilizada pela doença do rei e pelas incertezas que isso projetava na situação. O próprio Henrique mal podia acreditar em sua boa sorte; a morte do irmão não poderia ocorrer em melhor hora para ele, quando estava muito próximo de sair da França. Felipe de Cheverny, um dos altos conselheiros que fazia a viagem apenas até a fronteira, escreveu: "Muitas pessoas desejavam evitar que o rei da Polônia continuasse viagem, argumentando que a incerteza quanto à condição do rei, do jeito que estavam seus pulmões, costumava ser fatal". Alençon, por outro lado, ficou desconsolado; sua melhor chance de abocanhar a Coroa francesa só viria se Carlos morresse depois que Henrique tivesse se estabelecido em seu distante reino.

A visão de seus dois ambiciosos irmãos circundando sua cama como abutres sobre a carniça incentivou o lúcido porém desesperado rei a reunir uma força que desafiava as sombrias previsões dos médicos. Chamando pela mãe, sentou-se em sua cama de plumas empapada de suor e sangue e ordenou a imediata partida de Henrique. Catarina prometeu que seu desejo seria atendido, mas primeiro providenciou que houvesse uma despedida apropriada entre os irmãos. A rainha-mãe exigiu a composição de uma cena de adequado afeto familiar antes da partida de Henrique. Catarina, no entanto, ou não se importou, ou não enxergou a teatralidade e impostura encenada pelos irmãos diante dela. Em 12 de novembro de 1573, com seus irmãos e sua mãe em pé em volta da sua cama, Carlos deu a Henrique seu abraço de despedida. As copiosas lágrimas que os dois derramaram nesse adeus, pontuadas por um coro de fundo de soluços decorosos de Alençon, compuseram um quadro de harmonia fraternal considerado muito satisfatório pela mãe deles. Seu apetite por idealizar qualquer momento importante familiar ou político era insaciável. Alguns dos presentes, mesmo os mais cínicos, devem ter se perguntado se os dois irmãos haviam de fato sentido, mesmo que por um breve momento, uma tristeza verdadeira e profunda diante daquilo que ambos com certeza sabiam tratar-se de uma despedida final.

A rainha-mãe, Henrique e seu imenso comboio seguiram para Lorena, onde teve lugar o batismo do novo neto de Catarina, recém-nascido de sua filha Cláudia e do genro Carlos, duque e duquesa de Lorena. Catarina foi a madrinha, e o bispo de Poznan o padrinho do bebê. Em sua breve estada em Lorena, Henrique encantou-se com Louise de Vaudémont, a linda jovem loira, sobrinha do duque de Lorena, de dezenove anos. Sem afeto da família, ela aprendera a se manter à margem. Henrique sentiu-se muito atraído pela doce garota, que sempre ocupava um segundo plano. Havia outra razão de tê-la achado irresistível: era muito parecida com Maria de Clèves, a adorável esposa de seu inimigo mortal, o príncipe de Condé, pela qual ficara completamente enfeitiçado. Maria havia sido uma obsessão romântica de Henrique no ano anterior, e, embora fosse um relacionamento idealizado e platônico, fora muito intenso e sofrido. De qualquer modo, não passou despercebido que o novo rei da Polônia raramente se afastara de Louise nos poucos dias que passou na corte de sua irmã em Nancy.

Em 29 de novembro, a comitiva real chegou a Blamont, cidade de fronteira entre a Lorena e o Império. Espiões espanhóis relataram que a rainha-mãe encontrou-se ali com Luís de Nassau e com o filho de João Casimiro, o eleitor do palatinado, cujos *Reiters* haviam causado tanto dano à França na última guerra civil. Catarina já adiantara 300 mil *écus* a Nassau para ajudar a financiar sua luta contra o regime na Holanda. Agora prometia mais. Essas conversações tinham o objetivo principal de garantir a passagem segura de Henrique pela Polônia e manter uma relação cordial com as potências protestantes, caso surgissem mais problemas com os huguenotes na França. Catarina notou que Alençon era visto como um potencial elemento de união para a causa deles, que havia pouco fora privada de modo tão violento da maioria de seus líderes. Seu *status* real também emprestava uma útil legitimidade a nobres católicos mais moderados, que temiam seus fanáticos correligionários liderados pelos Guise.

Henrique e sua mãe despediram-se com muitas lágrimas em 2 de dezembro de 1573. Ela ajudara a escolher os homens que seriam seus companheiros e conselheiros mais próximos na Polônia. Entre os mais íntimos que ele levou estavam o duque de Nevers (Luís de Gonzaga de Mântua), o abade de Noailles e o duque de Mayenne (um dos Guise), Guy de Pibrac, René de Villequier, Luís du Ghast e seu médico, Marc Miron. Esses homens eram seus mais fiéis seguidores, e Catarina sabia que havia colocado a vida de seu filho em mãos dedicadas. Incapaz de suportar mais aquela cena de partir o coração, dizem que ela gritou para Henrique: "*Partez, mon fils! Partez! Vous n'y demeurerez pas longtemps!*" ("Parta meu filho! Parta! Você não irá ficar ali muito tempo!"). Com essas palavras, ele seguiu em frente naquele rigoroso clima de inverno em direção ao seu trono no exílio, deixando a mulher que o adorava, protegia e lutara por ele.

Quando Catarina reencontrou Carlos, ele havia se recuperado um pouco e desfrutava de um raro alívio de sua doença. Ela descobriu também que, em sua breve ausência, Alençon já criara alguns problemas, e que na cabeça dele não havia "nada além de guerra e tempestades". O menos amado de seus filhos ainda fazia forte pressão para obter o posto de tenente-general do reino. Carlos, que lhe prometera o posto, agora se apegava aos selos desse cargo importante que acabara de ser-lhe devolvido por Henrique. Catarina aconselhou o rei a não entregar o cargo ao seu ambicioso irmão menor, mas em 25 de janeiro de 1574 Carlos cedeu. Isso ameaçava os Guise e seus seguidores, pois desde que Henrique de Valois partira para a Polônia, levando consigo tantos bons comandantes católicos, eles se sentiam vulneráveis e ameaçados. Afirmavam ainda que Francisco de Montmorency, amigo íntimo de Alençon, tramava o assassinato do duque de Guise. No Louvre, em 16 de fevereiro, Guise atacou o suposto assassino, M. de Ventabren. Montmorency alegou inocência e disse não estar envolvido em nenhum complô contra Guise, mas, apesar da ausência de acusações formais, teve que abandonar a corte. Ao mesmo tempo, Carlos retirou sua promessa de nomear Alençon tenente-general. Os Guise, portanto, haviam alcançado seu objetivo. Como consolação para Alençon, Carlos nomeou seu irmão chefe do conselho e comandante-geral dos exércitos, o que o duque achou muito insuficiente. Carlos entregou o posto-chave ao seu moderado cunhado, o duque de Lorena, primo dos Guise, e é provável que tenha sido Catarina quem sugeriu o nome de Lorena, confiando que ele não iria abusar de seus novos poderes, algo que não poderia ser dito de seu filho mais novo.

O grupo de Alençon era formado por Navarra, Condé, os quatro irmãos Montmorency e Turenne. Eles achavam que o príncipe tinha poder suficiente para pleitear o cargo de tenente-general, e que se isso não ocorresse, todos pegariam em armas e iriam para Sedan, liderar uma força armada de huguenotes e invadir a Holanda. Alençon tinha esperança de, uma vez em Flandres, conseguir um principado. Mas o trono que mais cobiçava era o do moribundo irmão Carlos, embora Catarina se colocasse implacavelmente entre seu sonho e sua realização. Esse nanico da doentia ninhada de Catarina preparava-se agora para atacar a mãe, e determinou-se a removê-la do poder. Seus partidários começaram a distribuir uma imensa quantidade de panfletos culpando Catarina diretamente, como estrangeira e como mulher, pelo Massacre da Noite de São Bartolomeu. Apareceram também outros panfletos questionando o direito de Catarina, pela lei Sálica, de ser regente na eventual morte de Carlos, argumentando que a regência só poderia ser entregue a um homem.

O escritor calvinista François Hotman foi o principal "terrorista literário" nessa campanha. Em seu tratado *Franco Gallia* ele examinava e revia a história da monarquia francesa, concluindo que seu presente absolutismo estava muito distante da forma original em que a monarquia era eleita pela Assembleia Nacional ou pelo Parlamento. Também atacava o governo das mulheres em geral, dizendo que muitos dos tiranos mais brutais da história haviam sido mulheres. Os argumentos dos pensadores calvinistas faziam vibrar um acorde não só entre os huguenotes, mas também entre alguns altos nobres e elementos importantes da sociedade francesa, que estavam insatisfeitos com os extremismos das duas religiões. Queriam avançar por um caminho moderado que exigisse reformas da monarquia e da sociedade como um todo. Esse grupo crescente de nobres insatisfeitos e de católicos moderados logo se uniu, tornando-se uma nova força nas lutas que se seguiram. Os realistas contrataram seus escritores para dar uma resposta, e houve então uma enxurrada de panfletos de todo tipo, mas o dano essencial já estava feito. O povo francês começara a questionar alguns dos princípios políticos mais básicos sob os quais vivia. A saúde de Carlos decaía cada vez mais e, com isso, ele se tornou mais sombrio e perigoso. O embaixador veneziano escreveu:

> Ele nunca olha as pessoas nos olhos quando se dirigem a ele, fica encurvado, como o pai costumava fazer, e contrai os ombros, e tem por hábito abaixar a cabeça e semicerrar os olhos. Então de repente levanta o olhar, como se fizesse um esforço, e olha por cima da pessoa, ou baixa o olhar de novo, raramente olhando para ela diretamente. Além disso, está mais rabugento e taciturno, dizem que também se mostra vingativo e que nunca perdoa ninguém que o tenha ofendido, e teme-se que deixe de ser apenas rigoroso e se torne também cruel. De uns tempos para cá, seus pensamentos têm estado voltados para a guerra, e não tem mais nada na mente, sendo já naturalmente inclinado a isso, e sua mãe terá grande dificuldade em restringi-lo; quer conduzir a guerra pessoalmente, e é ousado e valente [...]. E é por isso que se entrega a incansáveis exercícios e esforços de todo tipo, para se fortalecer e ficar apto a suportar [...] as provações da guerra.[16]

O rei passava dias e dias caçando, e uma vez mostrou uma marca escura de nascença ou cicatriz debaixo de seu ombro a um de seus companheiros de caça e comentou que essa era uma maneira de garantir que seu corpo fosse identificado se morresse em batalha. O companheiro do rei disse para não nutrir um pensamento tão mórbido, ao que Carlos retrucou: "Você acha que eu preferiria morrer na cama e não em batalha?".

A glória militar continuava um sonho inalcançável para Carlos. As únicas batalhas que travava eram a luta cotidiana contra a saúde precária e as escaramuças com sua mãe e as ineptas maquinações de seu irmão Alençon, que, embora não fosse esperto o suficiente para representar um perigo, estava se tornando o instrumento complacente de mentes mais astutas. Tendo declarado previamente que até chegar aos 25 anos ele se permitiria *faire le fou* ("bancar o tonto"), Carlos agora decidia assumir pessoalmente o governo. Começou a culpar Catarina pelos problemas do reino, afirmando com frequência: "Madame, a senhora é a causadora de tudo! De tudo!". O embaixador veneziano prossegue descrevendo o agora tenso relacionamento entre mãe e filho: "Há pouco tempo, contaram-me que, para que ele faça determinada coisa, a mãe tem que repetir três vezes". Depois de uma das explosões iradas do rei contra Catarina, ela se queixou à sua *entourage*: "Sempre tive que lidar com um louco e nunca conseguirei fazer com que ele seja alguma coisa".[17] No final de fevereiro, o rei estava doente quase o tempo todo; muitos afirmavam que o Massacre da Noite de São Bartolomeu e o assassinato de Coligny e seus lugares-tenentes, alguns dos quais haviam sido muito próximos de Carlos, assombravam e desestabilizavam o rei. Uma vez escrevera um tributo ao grande poeta Ronsard, usando termos que agora tinham um sentido mais dramático: "Eu posso dar a morte, mas você confere imortalidade".

Este trágico rei não teria um final tranquilo. Em fevereiro de 1574, a corte fez uma estada em Saint-Germain. Alençon e seus aliados na conspiração julgaram que essa seria a hora de forçar seu pedido de permissão para iniciar a campanha na Holanda. O plano dos conspiradores, concebido por Hyacynthe Joseph de La Molle – um cortesão que se tornara amante de Margot –, consistia em fazer Alençon e Navarra fugirem da corte, onde viviam sob estrita vigilância, para partirem então para o norte com uma força de soldados huguenotes. Escolheram como ideal a noite de 23 para 24 de fevereiro, dia de Carnaval, pois a corte estaria festejando e a ausência dos príncipes poderia passar despercebida por algum tempo. Um capitão chamado Chaumont-Guitry fora escolhido para vir até o palácio buscar os dois príncipes. No entanto, ele chegou antes do combinado e essa pequena mudança nos planos mergulhou o frágil Alençon num pânico cego e lhe deu uma desculpa para não seguir adiante. Em vez disso, correu até sua mãe e confessou sua participação na conspiração. Além disso, uma tropa de soldados huguenotes havia sido localizada não muito longe de Saint-Germain, e tornou-se imperativo que a corte partisse imediatamente para Paris. Foi então reencenado um quadro que lembrava a "*Surprise de Meaux*", com os cortesãos aterrorizados fugindo, e Catarina partindo em sua carruagem, de cara amarrada, com a indesejada companhia de dois passageiros, Navarra e Alençon. O rei, em precárias condições, febril e com hemorragia, não podia ficar mais ali, e teve que ser transportado de volta a Paris. Ao saber dos iminentes problemas, conta-se que teria se queixado dizendo: "Poderiam pelo menos ter esperado minha morte", e que então murmurava a toda hora durante a agonia de sua viagem: "É muita maldade! É muita maldade!". Uma frase que poderia muito bem ser um epitáfio de seu tempo.

Em 8 de março, a corte se trasladou para o Château de Vincennes, uma fortaleza mais fácil de ser defendida. Ali, Alençon e Navarra foram questionados a respeito dos recentes eventos por Catarina, o rei e o chanceler Birague. A versão de Alençon mudava a cada vez que ele a expunha, e continha flagrantes inconsistências, embora ele claramente buscasse colocar a culpa nos Guise. Ele alegava ter sido obrigado a agir para defender-se contra o clã, que estava decidido a desacreditá-lo. Jurou que o plano consistia apenas em atacar os Guise, sem causar dano ao rei ou à mãe deles. Navarra valentemente não entregou ninguém. Birague, enquanto isso, insistia para que Catarina e o rei tratassem Alençon e Navarra como traidores e mandassem executá-los, mas ambos evitaram tomar essa medida extrema. Como punição, fizeram-nos apenas jurar lealdade à Coroa e dali em diante ficaram submetidos a constante vigilância. Nada disso impediu que o levante planejado coincidisse com a fuga de Alençon e Navarra. Montgomery voltou à França de seu esconderijo na Inglaterra e iniciou a invasão da Normandia. Os dois prisioneiros tinham certeza de que seriam condenados à morte assim que a verdadeira extensão de seus planos fosse revelada. Portanto, decidiram fazer outra tentativa de fuga. Dessa vez, confiaram sua sorte a uma mistura de homens descontentes, entre eles marinheiros, mercenários, ladrões de cavalos, arruaceiros e Pierre de Grantrye, ex-espião e mago, que afirmava ter descoberto a "pedra filosofal".

Os líderes dessa improvável fuga eram La Molle, amante de Margot, e seu amigo Annibal, conde de Coconas, amante da duquesa de Nevers, grande amiga e confidente de Margot. Esses dois cavalheiros do bando de Alençon eram perfumados dândis da corte, conhecidos por suas artimanhas, por serem bons dançarinos e amantes, mas ineptos para complôs de traição, que exigiam discrição e planejamento habilidoso. De Thoré (irmão do marechal Francisco de Montmorency) e Turenne (seu cunhado) estavam também ligados aos conspiradores. Não admira que Catarina tenha logo recebido notícia de que estava sendo armado outro plano para libertar os dois prisioneiros reais, e uma manobra preventiva do rei resultou em nada menos que cinquenta prisões entre os seguidores mais próximos de Alençon. Por azar, François de Montmorency, que não estava envolvido na trama, acabava de voltar à corte quando o plano foi descoberto. Viu-se então não só altamente comprometido como correndo iminente risco de morte.

Poucas semanas depois do seu primeiro plano de fuga ter sido frustrado, Alençon e Navarra foram presos de novo e interrogados diante do rei e da rainha-mãe. Navarra nobremente evitou incriminar outras pessoas e recusou-se a dar suas respostas ao interrogador, dirigindo-se apenas a Catarina. Ele falou sobre o desejo dela de incendiar o reino com rumores de complôs, a fim de denegrir o nome dele, e da "insinceridade e perfídia nas relações que ela mantinha com ele". Essa corajosa declaração, que ele preparara com Margot, quase certamente salvou sua vida, pois é provável que Carlos tenha acreditado em Navarra. Quando Alençon foi convocado para o interrogatório, estava no melhor de sua loquacidade, já que entregou de modo abjeto os detalhes do projeto, comprometendo-o totalmente. Para piorar as coisas, foi encontrado um boneco de cera, com uma coroa e agulhas espetadas no coração, hábil trabalho de Cosimo Ruggieri, o necromante em quem a rainha-mãe confiava, especialista em magia negra. A suposição imediata era que a figura de cera representava o rei, e que as agulhas eram parte de um feitiço lançado por Ruggieri. Catarina ficou desconcertada ao ver um homem em quem confiava tanto traí-la dessa maneira. Ruggieri aproximara-se do bando de Alençon, ficando particularmente amigo de La Molle. Em 30 de abril, os dois líderes do grupo, Coconas e La Molle, foram decapitados por traição, após o que suas cabeças embalsamadas teriam sido levadas secretamente a Margot e à duquesa de Nevers, que ficaram com elas para poder prantear seus amantes perdidos. No interrogatório, La Molle não revelou nada, e mostrou ser de caráter mais confiável que Coconas, que confessou detalhes do plano de se unirem a Condé, Thoré, Turenne e Luís de Nassau em Sedan.

Em 4 de maio, Carlos lançou uma grande investida contra os Montmorency. Devido à ausência de Thoré e Turenne, ordenou a prisão de Francisco de Montmorency e do marechal de Cossé, sogro do irmão de Montmorency, Méru, que ficaram presos na Bastilha. Também retirou o governo do Languedoc do irmão mais novo de Damville, que estava ausente. A investida sobre os Montmorency revelou-se desastrosa, já que Damville estava livre e passou a agitar a vasta clientela da família no Languedoc. Essa província era controlada pela família havia praticamente quinhentos anos, e seus membros tinham ali o *status* quase de soberanos. Para agravar as dificuldades de Catarina e Carlos, Damville contava com um grande número de soldados à sua disposição e seria necessário mais que uma revogação de seu governo para desalojá-lo. O Languedoc era uma província em grande parte protestante, e Damville logo travou conversações com os principais huguenotes. Como consequência do ataque à sua família, e na ausência dos irmãos mais velhos, ele logo se tornou o novo líder da oposição. O resultado dessas conversas com os huguenotes, com os quais ele assinou uma trégua, levou à união entre os que eram católicos moderados, como ele, e os protestantes, insatisfeitos com o massacre e com a má administração que a monarquia fazia do reino. Emergiu assim um novo grupo em conflito com a Coroa, liderado por Damville e conhecido como os *politiques*.

Os soldados comuns capturados que faziam parte do complô foram enforcados, e Catarina ponderou a respeito do problema potencialmente aterrador sobre o que fazer com Ruggieri. Não ousava confrontá-lo, mas não podia deixá-lo impune. Acabou vazando que a figura de cera com a coroa na realidade não representava o rei, e sim Margot. La Molle, desesperado para conseguir o amor da rainha de Navarra, pedira que Ruggieri lhe lançasse um feitiço, e o boneco fora criado com esse propósito. O sinistro italiano, temido e respeitado pela rainha-mãe, recebeu depois uma sentença de nove anos de trabalhos nas galés em Marselha. Mas foi apenas para salvar as aparências: ele não precisou servir esse tempo, teve em vez disso permissão de abrir uma escola de astrologia e pouco depois já estava de volta servindo Catarina em Paris.

Condé, na Picardia na época das prisões, fugiu para a Alemanha e imediatamente abjurou a fé católica. Desde o Massacre da Noite de São Bartolomeu ele se mostrara ou abertamente avesso a se relacionar, ou então insolente, ao contrário de seu primo Navarra, que nunca deixara transparecer seu ódio ou medo, vestindo uma máscara de amabilidade para sobreviver ao suplício. Catarina achava que Condé estava particularmente irritado devido à obsessão romântica e idealizada de Anjou pela esposa dele. O novo rei da Polônia escrevia à princesa todos os dias, às vezes duas vezes por dia, lá do seu reino distante, e, no final dessas longas e abundantes cartas de amor, Henrique às vezes assinava seu nome com o próprio sangue. Condé – compreensivelmente atormentado com esse apego – era visto com frequência fazendo o sinal da cruz ao menor pretexto. Por fim, Catarina perdeu a paciência e perguntou por que, de uma hora para outra, ele passou a demonstrar tanta piedade e devoção? Ele respondeu que precisava orar pelos pecados de sua esposa, que amava outro homem. Catarina tomou a princesa de Condé sob sua proteção e a partir de então ela passava a maior parte do tempo nos aposentos da rainha-mãe.

Navarra e Alençon, os dois principais elementos do complô, também temiam por suas vidas. De novo, Birague implorou que o rei e a rainha-mãe aplicassem a pena de morte, mas os dois prisioneiros foram poupados, apesar de colocados sob estrita vigilância em Vincennes. Desde o início de maio de 1574, Carlos sentia-se cada vez mais fraco. Em meados daquele mês estava em uma condição desesperadora, apesar de lúcido o tempo todo. Seu sofrimento dava pena. Conforme maio chegava ao final, não conseguia mais levantar da cama, ficava apenas transpirando e lutando para conseguir respirar, entre lençóis ensopados de sangue que precisavam ser trocados a toda hora. Brantôme conta que a esposa de Carlos, a rainha Elisabeth, tornou-se uma figura constante em sua câmara, assim como sua idosa babá. Elisabeth, em vez de sentar-se na cabeceira, postava-se ao pé da cama. Embora pouco se falassem naqueles dias, ela contemplava o marido com amor, e ele fazia o mesmo. Elisabeth chorava "lágrimas tão ternas, e tão íntimas, que mal eram notadas, a não ser porque precisava secar os olhos com frequência".

Em 29 de maio, Catarina recebeu a notícia de que seu inimigo mortal, Gabriel de Montgomery – o homem cuja lança inadvertidamente matara seu marido –, havia sido capturado em Domfront, após o colapso de sua invasão da Normandia. Ela correu até o quarto de seu filho moribundo em júbilo e anunciou a Carlos que o matador de seu pai havia sido finalmente capturado. Carlos apenas murmurou: "Madame, todos os assuntos humanos não significam mais nada para mim". Sabendo que o filho poderia morrer a qualquer momento, Catarina precisava garantir que teria como proteger o trono vago até a chegada do ausente Henrique da Polônia. Foi redigido um documento formal por ordens do rei, declarando sua mãe regente até a volta do novo rei. Navarra e Alençon foram testemunhas na assinatura desse documento, e, quando seu conteúdo foi divulgado, Catarina fez questão de deixar explícito que havia sido concebido a pedido de ambos, o que era falso, além de improvável.

Com sua posição legal agora assegurada, Catarina permaneceu ao lado do filho moribundo, que ainda não completara 24 anos. Estava pateticamente magro e ela amparava seu corpo ensanguentado nos braços procurando confortá-lo. Ele já se confessara e depois se alimentara um pouco; em seguida, "lamentou os pecados que havia cometido por fraqueza e que eram a verdadeira causa da raiva de Deus em relação a ele e ao seu povo". No início da tarde de 30 de maio de 1574, teria ocorrido um incidente que é citado em vários relatos sobre a morte do rei, mas que não há como confirmar. Carlos teria perguntado a respeito do irmão, embora Alençon estivesse naquela hora no quarto. Catarina tranquilizou-o dizendo "ele já está aqui". "Não, Madame, meu irmão [...] o rei de Navarra." Henrique então aproximou-se da cama de Carlos que lhe deu um abraço, fraco mas afetuoso. "Você perde um bom amigo, irmão [...]. Se eu tivesse acreditado em tudo o que me disseram, você não estaria vivo. Não confie [...]." A rainha-mãe ao que parece protestou: "Não diga isso, Senhor!", ao que Carlos retrucou: "Digo sim, Madame, é a verdade". Mas não revelou nada, apenas pediu a Navarra que cuidasse de sua esposa e de sua pequena filha.

Sorbin, seu padre, havia sido chamado pouco antes, e lera e rezara junto com Carlos. À tarde, ele ficou deitado junto à mãe, sentada sobre uma arca ao lado dele, chorando, a mão segurando a dele enquanto o via indo embora, ouvindo como único som no quarto o ronco de sua respiração difícil. Pouco antes das quatro da tarde, ele tentou falar pela última vez. Virou-se para a mãe e disse: *"Adieu ma mère, eh! Ma mère"*, e então mergulhou no seu último sono, com as palavras finais audíveis a todos.

Após terríveis meses de tensão, tentativas de insurreição e desesperados esforços de Catarina para impedir que Carlos cometesse equívocos políticos fatais ao tentar arrancar-lhe o controle das mãos, estava tudo encerrado. A rainha-mãe tinha agora que se preocupar em assegurar e preservar muitas coisas até a chegada de Henrique, rei da Polônia, mas permitiu-se um raro luxo e por um breve tempo rendeu-se ao seu genuíno e terrível pesar. Carlos havia sido rei desde os dez anos e ela o guiara e protegera ao longo de todo esse tempo; ele não era seu favorito, mas o amara completamente, compreendendo suas fraquezas. Apesar de todos os esforços de Carlos para adquirir autonomia, nunca fora capaz de comandar sem a mãe durante seu tempo de vida, e o Massacre da Noite de São Bartolomeu iria ligar os dois ao longo da história. Catarina, guardiã da lenda dos Valois, diria mais tarde: "Depois de Deus, ele não reconhecia ninguém exceto eu".[18]

XIV

HENRIQUE III, REI DA FRANÇA

Não há país no mundo que se iguale a este reino

1574-1576

Assim que Catarina se recompôs, após a morte de Carlos IX, ela despachou um de seus oficiais de confiança, M. de Chemerault, com uma carta a Henrique na Polônia, dizendo que ele agora era o rei da França. No dia seguinte, um segundo mensageiro partiu depois de Chemerault – por uma rota diferente – com uma carta mais longa, na qual ela expressava sua dor de ver a morte de mais um filho: "Imploro ao Todo-Poderoso que me envie a morte antes de ver isso de novo [...]. Tal era o amor dele por mim no último momento, que não queria me abandonar e implorava que trouxesse você sem demora, pedindo que eu cuidasse do reino até sua chegada e punisse os prisioneiros, que segundo ele eram a causa dos problemas do reino. Depois disso, despediu-se de mim e pediu que o beijasse, o que quase me partiu o coração".[1]

Ela descreveu a cena das últimas horas de Carlos, quando chamou seus conselheiros e guarda-costas, ordenando primeiro que obedecessem a sua mãe e depois servissem seu novo rei. Em sua dor, e com sua costumeira capacidade de atenuar quaisquer realidades desagradáveis, acrescentou que ele falara da lealdade restabelecida que Alençon e Navarra tinham em relação a ele. Escreveu também algo mais improvável ainda, dizendo que o falecido rei havia se referido a Henrique mencionando sua "bondade e que você sempre o amara e demonstrara obediência por ele, servindo-o fielmente, e que nunca lhe dera motivo algum de queixa [...]. As últimas palavras dele foram '*Eh ma mère*'. Meu único consolo é vê-lo aqui logo, em boa saúde, já que seu reino precisa da sua presença, pois, se perdesse você, mandaria que me enterrassem viva".[2]

Ela também insistiu para que ele tomasse a rota mais segura de volta à França, que seria pelo Império Habsburgo e Itália.

Catarina aconselhou que Henrique tivesse extremo cuidado ao sair da Polônia. "Quanto à sua partida, não se permita atraso de nenhum tipo." Advertindo-o para ter cuidado com tentativas de seus súditos do norte de detê-lo, sugeriu que deixasse um francês encarregado dos assuntos da Polônia até que seu irmão mais novo pudesse ser enviado, ou que os poloneses elegessem um líder deles e governassem o próprio país, supervisionados e assessorados em tudo por um comissário francês. Mais tarde, talvez, Henrique poderia enviar seu segundo filho para ser rei deles. A França pagara um alto preço pelo trono polonês e Catarina era contrária à ideia de simplesmente abrir mão dele. Imaginava que os poloneses ficariam mais que satisfeitos com essa solução, "porque assim seriam eles mesmos reis". Na realidade, embora seus súditos em tese pudessem ver com bons olhos a partida do próprio Henrique, não estavam preparados para perder um rei que trouxera o prestígio e os benefícios que vinham em estreita conexão com uma superpotência continental. Era claro que algumas negociações sérias e prolongadas teriam que ser realizadas antes que Henrique tivesse permissão de sair da Polônia.

A última parte da carta da rainha-mãe era o conselho de uma sábia estadista. Ela implorava ao filho que demonstrasse imparcialidade à sua *entourage*. Acima de tudo, insistia com ele para que não começasse a distribuir postos e cargos, favores e benefícios, pelo menos até que chegasse à França. Só então ele poderia ser devidamente orientado por ela a respeito da lealdade e bons serviços que ele recebera daqueles que estavam na França, assim como daqueles que haviam convivido com ele durante a estada polonesa. Juntos, escreveu ela, iriam examinar as listas dos mais merecedores e capazes de seus súditos e distribuiriam postos, cargos e recompensas de acordo. Ela prometeu que nada seria feito antes de sua chegada e que ela iria

> manter todos os benefícios e cargos que ficassem vagos. Devemos taxá-los, pois não sobra um *écu* para fazer todas as coisas que precisamos fazer para manter nosso reino [...]. O falecido rei, seu irmão, incumbiu-me da conservação do reino, e não vou falhar com você. Vou fazer tudo a meu alcance para entregá-lo a você unido e em paz [...] para dar-lhe algum pequeno prazer depois de todos os problemas e dificuldades que suportou [...]. A experiência que você adquiriu em sua viagem é tal que tenho certeza de que nunca houve um rei tão sábio quanto

você [...]. Eu não tive nada além de uma preocupação atrás da outra desde que você partiu: assim, acredito que sua volta irá me trazer alegrias e satisfações, e que não irei mais sofrer com problemas ou incômodos. Rezo a Deus para que seja assim e que possa vê-lo com boa saúde e logo.³

Agora a rainha-mãe ocupava-se com uma "arrumação geral da casa" para a chegada do novo rei. Depois de enviar as cartas ao seu filho e, com a ajuda do banqueiro Giovanni Battiste Gondi, tomar emprestados 100 mil *écus* para a viagem de Henrique à França, Catarina teve a precaução de deixar Vincennes quase imediatamente após a morte de Carlos. Ela mudou-se para o Louvre, onde, para a sua segurança pessoal, mandou murar todas as entradas exceto uma. Um assunto pessoal da rainha-mãe, ainda não resolvido, foi abordado sumariamente – a execução do infeliz regicida transformado em rebelde Gabriel de Montgomery, que foi decapitado e depois *écartelé* (esquartejado). Sua incansável perseguição ao homem que inadvertidamente matara seu marido é um dos pouquíssimos exemplos de Catarina exercendo vingança, apesar de sua reputação posterior.

Navarra e Alençon prontamente ratificaram oficialmente a regência de Catarina, publicada em 3 de junho de 1574. Também procurou fazer com que a tradicional permanência de quarenta dias de exposição pública do corpo e subsequente funeral de seu filho fossem tão esplêndidos como os de Francisco I. Catarina a seguir concentrou sua atenção em comprar uma trégua de dois meses – a um custo de 70 mil libras – com os rochellianos e o líder protestante La Noue em Poitou, após o que ela acreditava que Henrique estaria de volta e seria capaz de decidir por si mesmo a melhor maneira de lidar com os rebeldes hereges. Enquanto isso, François de Montmorency e o marechal de Cossé foram deixados na Bastilha, à disposição de sua majestade.

A notícia de sua ascensão ao trono francês chegou a Henrique por volta das onze horas da manhã de 15 de junho, por um mensageiro do imperador que, apesar dos guardas da porta do rei, insistiu em ver Henrique imediatamente. Após uma tremenda confusão, ele conseguiu passar a informação a sua majestade. Ele chegara uma hora antes de M. de Chemerault, apesar do tempo recorde deste último em cobrir os quase 1.300 quilômetros de Paris a Cracóvia em dezesseis dias. No mês anterior à morte de Carlos, Henrique recebera relatórios sobre o desesperado declínio e iminente falecimento do irmão. Embora esperasse a notícia, não fizera planos concretos de ação para quando finalmente acontecesse, o que era típico dele. O único preparativo tinha sido uma tentativa de seduzir os poloneses a acreditar que estava finalmente se instalando e adotando os modos de seu novo país. Não mais se escondia em seus aposentos alegando má saúde, e parou de parecer ostensivamente mal-humorado e com saudades de casa. Em seu tempo na Polônia – a fim de evitar um contato próximo com o povo – havia erguido uma barreira de protocolos que o separava deles. Isso só servira para aumentar o desejo do povo de vê-lo e o fizera parecer ainda mais distante e monárquico. Agora, quando aparecia diante de seus súditos, mostrava-se animado e sedutor. Adotou as vestes polonesas e até aprendeu algumas de suas danças tradicionais. Abstendo-se de vinho, simulou uma preferência entusiástica por cerveja – se bem que na realidade não gostasse de álcool de nenhuma espécie.

Em meados de abril, os nobres começaram a simpatizar mais com o rei. Uma questão que havia causado grande afronta a todo o país desde a sua chegada era a obstinada relutância de Henrique em demonstrar algum interesse por sua pretendida noiva – a solteirona de 48 anos, princesa Anna Jagellona. Para grande decepção dela, ele até então a evitara, e só haviam se encontrado em cerimônias oficiais. Sabendo que seus dias na Polônia estavam contados, sentiu que seria bom cortejar a ansiosa dama, num esforço para tranquilizar seus "captores" (era assim que os via) e fazê-los acreditar em sua transformação de príncipe francês em rei polonês. Pois Henrique era florentino dos pés à cabeça quando se tratava de iludir os outros.

A notícia da morte de Carlos causou grande consternação em Cracóvia. Henrique – calmo e controlado – anunciou que a Dieta deveria ser convocada para setembro e que ele entregaria o governo da França à rainha-mãe, enquanto a assembleia polonesa deliberasse como proceder. Os interesses da Polônia deveriam vir em primeiro lugar, declarou Henrique, de maneira sedutoramente tranquilizadora; afinal, a França estava nas mãos seguras e experientes de sua mãe. O rei pareceu muito sereno, e, embora alguns nobres mais desconfiados determinassem que era preciso ficar de olho nele, a crença geral era que ele se comportaria de maneira honrosa.

Por baixo dessa superfície tranquila, porém, o rei e seu séquito faziam preparativos frenéticos para partir o mais rápido possível daquele país que detestavam. Decidiram que a noite de sexta-feira, 18 de junho, seria o momento ideal para escapar. Três dias antes, Pomponne de Bellièvre, embaixador da França na Polônia, fez sua despedida oficial do rei, já que sua missão se encerrara com a morte de Carlos IX. Mas Bellièvre tinha uma missão secreta: preparar a rota de fuga para Henrique, provendo cavalos descansados nas diversas paradas de troca e pernoite, assim como outras necessidades para sua fuga. No dia 18, De Chemerault foi convocado pelo rei, que lhe entregou cartas para Catarina com a instrução de levá-las com a maior urgência possível. Deu-lhe licença de partir imediatamente. Tudo isso aconteceu diante do conselho, e parecia algo totalmente inócuo. Mas De Chemerault não estava voltando para a França, pois fora instruído a encontrar Henrique mais tarde numa pequena capela em ruínas naquela mesma noite, numa aldeia nos arredores de Cracóvia. Iria guiar o rei e seu séquito de companheiros de fuga, levando-os até a fronteira da Polônia com o Império.

O plano todo de repente correu o risco de ser descoberto pela incompetência de René de Villequier, mordomo da Casa Real, que foi visto com um grande comboio de mulas carregadas de bagagem, claramente de saída de Cracóvia. Agora as suspeitas haviam sido despertadas, e Henrique explodiu de raiva e repreendeu o tolo Villequier. A fuga, que já era arriscada, ficava então ainda mais perigosa. O comboio levava joias e outros valores, pertencentes não só a Henrique mas também à Coroa da Polônia. Por mais que prezasse essas coisas, ele valorizava mais ainda a própria vida, e não queria correr o risco de enfrentar uma massa de poloneses irados caso o plano de fuga falhasse. Começou a circular um grande rumor de que o rei planejava fugir em segredo, e o conde Tenczin, seu camareiro polonês, foi até ele consternado e declarou que "a cidade e o Senado acham deplorável a intenção do rei de partir". A resposta veio tranquila: "Um homem compreensivo como o senhor irá facilmente perceber que não é minha intenção partir. Meus nobres conhecem minha decisão, que tomei no conselho na presença deles. Quanto ao populacho, é melhor não contradizer essa fantasia deles! Pouco me importa o rumor, mas me importo muito com minha reputação".[4]

Embora a serenidade de Henrique tivesse convencido Tenczin, naquela noite havia uma grande agitação, pelo receio de que o rei estivesse de fato tramando partir. O camareiro foi comunicar a Henrique que haviam sido expedidas ordens pelo Senado de colocar guardas em volta do palácio. Se não houvesse nenhum plano, o rei teria manifestado sua indignação com essa suposição; em vez disso, permaneceu tranquilo como sempre e sugeriu que não só o Senado deveria colocar guardas nas entradas do palácio, mas ele próprio gostaria de ajudar a "tranquilizar meus bons súditos e me recolher à cama na presença de vocês todos; então, quando me virem bem adormecido, esse pânico talvez cesse". O jantar foi uma reunião muito festiva naquela noite, com o rei de ótimo humor. Finalmente, ele se recolheu ao seu quarto e, ao ser deixado sozinho, como era o costume, com o camareiro ao pé de sua cama, suas cortinas foram corridas e Henrique fingiu cair no sono. Depois de um tempo, Tenczin saiu do quarto do rei para comunicar que sua majestade de fato dormia. Em quartos vizinhos aos de Henrique, os que planejavam fugir com ele faziam os preparativos em silêncio. Assim que Henrique julgou seguro, juntou-se aos seus companheiros.

A grande arca do tesouro presa à cama de sua majestade foi esvaziada e, além de levar as próprias joias com ele, Henrique e seus favoritos encheram os bolsos com pedras preciosas polonesas, pérolas, diamantes e outras joias. Elas poderiam ser úteis se precisassem subornar alguém para passar por terras hostis. Ficaram preocupados ao saber que todas as portas e portões do palácio haviam sido trancados, mas por sorte descobriram que uma pequena passagem das cozinhas permanecera aberta e sem vigilância. Depois de quase serem descobertos várias vezes e de empregarem algumas táticas diversionistas, conseguiram sair do palácio e chegar à capela nos arredores de Cracóvia, o ponto de encontro combinado.

Parte do séquito do rei havia deixado o palácio mais cedo, fingindo para os guardas que estavam saindo para algum encontro romântico, mas nem eles nem De Chemerault foram encontrados quando Henrique chegou à capela. Felizmente, os cavalos para a sua fuga estavam amarrados ali, e, depois de esperar um tempo, concordaram que o rei não deveria demorar mais, pois sua ausência não passaria despercebida por muito tempo. Quando partiram, alguns de seus cavalheiros apareceram, mas Villequier, Pibrac, De Chemerault e os demais ainda não estavam à vista. O problema era que, com exceção de De Chemerault, ninguém do grupo sabia o caminho, nem sabiam falar a língua, mas apesar desses obstáculos partiram no escuro. Depois de se perderem na floresta e terem seu avanço retardado por um trecho pantanoso, eles conseguiram chegar a Osświecim por volta de meio-dia, onde Henrique se alegrou ao encontrar seus favoritos, Pibrac, Villequier, Quelus e os demais, aguardando ansiosamente por ele. De Chemerault também estava no grupo. Embora tivessem perdido o encontro na capela, haviam conseguido encontrar o caminho para Osświecim sem muita dificuldade.

Enquanto isso, a fuga do rei e o sumiço das joias e valores haviam sido descobertos. Foi dado o alarme em Cracóvia e um grito furioso de "Capturem o desertor perjuro!" soou nos ouvidos dos soldados da cavalaria tártara, imediatamente despachada para pegar Henrique e trazê-lo de volta para enfrentar seus súditos furiosos. Muitos deles haviam decidido juntar-se aos soldados, equipados com pedras, pedaços de pau e lanças.

Quando a exausta comitiva divisou os soldados perseguindo-os a cavalo no horizonte distante, esporearam suas montarias e finalmente cruzaram uma pequena ponte feita de tábuas, que atravessava o Vístula e levou-os em segurança da Polônia para Pless, na Silésia. Eles destruíram a ponte atirando as tábuas na água, e assim se salvaram dos furiosos soldados e da imensa multidão que se reunira para arrastar o soberano de volta em desonra, a fim de entregá-lo à justiça ou fazer algo pior. Em Pless, Bellièvre aguardava Henrique, e, embora a ideia fosse que viajassem clandestinamente, não conseguiram enganar ninguém, graças ao cumprimento exaltado com que Bellièvre recebeu seu rei. O governador de Pless aconselhou Henrique a seguir viagem com urgência, já que não queria ver-se envolvido numa guerra pela presença de sua majestade em seu território. Com isso, a comitiva partiu de novo rapidamente, e logo estavam em Viena, tendo sido localizados antes por um grupo avançado liderado por dois dos filhos do imperador, Matias e Maximiliano.

Henrique recebeu uma calorosa acolhida de Maximiliano II, da imperatriz Maria e de uma multidão entusiasmada. Seu antigo adversário na eleição para o trono polonês, o imperador, era agora a personificação de um amável anfitrião para o jovem rei, que ele – seguindo o costume do século XVI entre soberanos mais velhos e mais jovens – chamava tanto de filho quanto de irmão. Haviam escapado por pouco e com muitos riscos e, apesar de sua falta de dignidade, para não dizer falta de majestade, Henrique via-se agora como um homem livre. Escreveu à sua aflita mãe tranquilizando-a: "Sou seu filho e sempre lhe obedeci, e decido devotar-me à senhora mais do que nunca [...]. A França e a senhora valem mais do que a Polônia. Serei sempre seu devotado servidor".5

Na capital imperial, Henrique encontrou o dinheiro que a mãe lhe enviara para sua viagem de volta para casa, além de várias cartas dela. Maximiliano conversou com o rei sobre as dificuldades entre os da nova religião e os católicos na França, e aconselhou seu hóspede que ao voltar mostrasse tolerância sempre que possível e permitisse que ambas as religiões fossem praticadas em paz. Ele destacou que essa abordagem moderada havia sido bem-sucedida em seu império e que os príncipes luteranos coexistiam em concórdia com os Estados católicos. O imperador abrigava uma secreta esperança que sua filha viúva, a rainha Elisabeth da França, se casasse com Henrique, mas o novo rei abrigava a própria visão sobre o assunto. Tinha apenas uma noiva em mente, e tratava-se de Maria de Clèves, a viúva de seu parente fugitivo, Condé, mas essa informação ele guardou para si.

Em sua estada na capital imperial, Henrique recuperou-se de sua alarmante viagem e parecia em bom estado geral de saúde, exceto pelo problema usual da fístula em seu olho e do abscesso debaixo do braço. O aspecto de uma nova ferida no pé causava preocupação também, especialmente porque teimava em não sarar, mesmo após a aplicação de um novo tratamento revolucionário para o problema. O pé afetado foi colocado dentro da garganta de um touro recém-dessangrado, mas, contrariando as previsões otimistas, esse remédio inovador mostrou-se inócuo.

Mesmo tendo partido da Polônia como fugitivo, Henrique agora portava-se como um rei, e encantou o povo vienense, que lamentou que ele fosse embora. Em 11 de julho de 1574, chegou ao Estado veneziano, onde durante as boas-vindas foi presenteado com uma carruagem dourada e uma guarda de 3 mil homens, enquanto uma multidão o saudava pelas ruas. Conforme a comitiva passava de aldeia em aldeia, o número dos que a seguiam aumentava. Era tanta gente que numa das cidades, ansioso para ter um vislumbre do rei passando em seu veículo dourado, o filho de um senador pegou o lugar de outro homem que, na briga que se seguiu, matou-o a punhaladas.

Finalmente, Henrique chegou à beira da laguna, onde o aguardavam três gôndolas gloriosamente enfeitadas, cada uma de cor diferente. Henrique escolheu a que estava coberta de brocados dourados, e os gondoleiros, trajando librés amarelos com faixas azuis, ajudaram-no a subir. Quando partiram, viu-se rodeado por uma frota de 2 mil embarcações seguindo com ele, e como homenagem os jovens nobres da cidade criaram uma meia-lua de quarenta gôndolas decoradas com veludo preto que navegava em volta de Henrique. Depois de um breve tempo, ele ficou em pé no teto da sua gôndola para que a multidão que o saudava pudesse vê-lo. Até tarde daquela noite, Henrique passeou pelos canais da cidade e fez muitas perguntas sobre os diversos *palazzi* e igrejas. Em 18 de julho, depois de assistir à missa, fez sua *entrée* oficial sentado ao lado do doge Mocenigo, a bordo do navio mais magnífico que já havia visto. A vela mestra púrpura tremulava com o emblema do Leão de são Marcos, enquanto 350 escravos remaram até o Lido, onde deitaram âncora. Depois de ouvirem um Te-Déum em São Nicolau, Henrique alojou-se no Palazzo Foscari, no Grande Canal.

Os nove dias seguintes na cidade foram talvez os mais felizes e mais despreocupados da vida de Henrique. Mais italiano do que francês por natureza, ficou fascinado com as inovações e a beleza artística que encontrava por onde olhasse. Foi prestar seus respeitos a Ticiano, então com 87 anos, e conheceu também Tintoretto. Tampouco resistiu a adquirir os magníficos itens que lhe eram mostrados por afoitos mercadores e artesãos. Felizmente, Catarina lhe enviara uma soma de 30 mil *écus* para que se divertisse em Veneza, e ele ainda fez um empréstimo de outros 10 mil por sua conta. A maior parte de seu tesouro polonês foi esbanjada numa orgia de dar e gastar. Como sua mãe, Henrique não só era extravagante por natureza mas extremamente generoso, presenteando com diamantes, joias e outros itens valiosos – incluindo dinheiro – aqueles que o agradavam ou entretinham. Nunca se sentira tão feliz e queria demonstrar sua gratidão por aquele raro momento de pura alegria. Muitos venezianos foram capazes de se aposentar para o resto da vida após a visita dele.

Além de passar o dia comprando belos itens, gastou mil *écus* apenas em perfumes. Os sopradores de vidro de Murano colocaram suas gôndolas do lado de fora do *palazzo* onde estava no Grande Canal e ele assistiu fascinado a como moldavam suas fabulosas criações. Depois de visitar todo tipo de outros artesãos pelos quais Veneza é famosa, à noite Henrique ia a bailes e banquetes, onde era festejado e adorado. Aos 23 anos, o rei brilhava de um modo que nunca acontecera antes, nem se repetiria depois. Tarde da noite, o duque de Ferrara, que com o duque de Nevers encontrara Henrique em Veneza, tirou-o do *palazzo* por uma passagem secreta para explorar as outras delícias da cidade, e Henrique só voltaria depois do amanhecer, extasiado. Desejou que sua mãe estivesse em Veneza, dizendo: "Ah, como eu gostaria que a rainha minha mãe estivesse aqui para tomar parte dessa homenagem que está sendo prestada a mim e que devo exclusivamente a ela". Mesmo tendo expressado esses dignos sentimentos, ele não encontrou tempo para escrever a ela nem uma vez sequer daquele seu paraíso pessoal.

Em 27 de julho, quando sua partida não podia mais ser protelada, Henrique deu adeus à cidade, cheio de inspiração graças à arte e beleza e à vida civilizada que experimentara ali. De fato, voltou à França com muitas inovações e ideias para refinar e embelezar sua corte. Partiu depois de gastar uma soma de 43 mil *écus* e deixar uma dívida de outros 19 mil *écus*, sem contar todas as pedras preciosas que trouxera da Polônia e distribuíra indiscriminadamente. Havia sido um verdadeiro incentivo individual à vida econômica de Veneza.

A pedido de Catarina, o duque de Saboia viajara até Veneza e se juntara ali ao grupo do seu filho. Henrique adorou ver o tio, e ambos passaram boa parte do tempo juntos na cidade. O ducado de Emanuel-Filiberto fazia parte do trajeto para casa do jovem rei, e aquele estadista sagaz, vendo que Henrique era ainda inexperiente politicamente, além de viver num estado de êxtase quase o tempo todo, decidiu que iria avançar sua própria agenda, aguardando apenas o momento propício. A viagem dos dois à França levou Henrique a passar por Pádua, Ferrara e Mântua. A cada parada ele recebia cartas cada vez mais frenéticas da mãe, perguntando por ele e insistindo que voltasse, pois a turbulenta situação política da França vinha se agravando.[6] Ignorando os apelos desesperados da mãe, Henrique permaneceu doze dias na Saboia com sua tia e seu tio.[7] Foi então que Emanuel-Filiberto pediu que Henrique restituísse à Saboia as últimas cidades que restavam em poder da França no Piemonte. Ainda sob os efeitos de seus eflúvios de felicidade, o rei declarou que, como sinal de amizade e boa vontade, iria devolver Pinerolo, Savigliano e Peruza.[8]

A rigor, isso já havia sido acertado no Tratado de Cateau-Cambrésis, de 1559, mas o gesto de Henrique revelou-se muito impopular, não só em seu círculo imediato de cortesãos (que incluía o duque de Nevers, governador dos territórios franceses na Itália), mas também junto ao povo da França. Embora tivesse sido justamente o tipo de decisão que Catarina implorara que o filho não tomasse, aconselhando-o a adiar todas as grandes decisões para quando voltasse, ela pintou a situação de cor-de-rosa e não mencionou os protestos indignados dos conselheiros reais. Em troca de apoiar a promessa de territórios feita por Henrique, Catarina recebeu 4 mil soldados da Saboia, que ela precisaria para vencer os rebeldes.

Catarina viajou de Paris para encontrar o filho nos arredores de Lyon. Vinham sentados ao lado dela em sua carruagem pessoal Alençon e Navarra. Como se fossem crianças travessas, ela mantinha os dois junto dela o tempo todo. Ela saíra de Paris com muitas preocupações, mas logo as esqueceu quando – finalmente –, em 5 de setembro, abraçou em Bourgoin o seu amado

Henrique, que se ajoelhou e beijou-lhe a mão. Os dois choraram. Sentindo-se feliz ao cruzar a fronteira e entrar na França, ele pronunciara as palavras: "Não há país no mundo que se iguale a este reino". Depois dos cumprimentos ao filho, ela virou-se para o irmão dele, Alençon, e para Henrique de Navarra. Apresentando os dois jovens ao rei, ela disse: "Senhor, digne-se a receber esses dois prisioneiros, que agora entrego aos cuidados de sua majestade. Já o informei a respeito de seus caprichos e más ações. Cabe a sua majestade decretar seu destino". Henrique estendeu sua mão ao irmão que a beijou, e então cumprimentou Navarra amigavelmente e abraçou os dois. Alençon, que só se dava conta das coisas boas quando era tarde demais, aproximou-se do ouvido do rei para justificar sua traição, mas Henrique simplesmente sorriu e disse: "Que assim seja, *mes frères*; o passado está esquecido. Eu devolvo aos dois a liberdade, e peço apenas em retribuição que me deem seu amor e sua fidelidade. Se não conseguirem me amar, amem a si mesmos o suficiente para abster-se de complôs e intrigas que só irão trazer-lhes dano e que não estão à altura da dignidade de sua origem".[9] Era uma nobre tentativa de iniciar um reinado com amizade e magnanimidade.

Margot também se aproximou do irmão para cumprimentá-lo. Em suas memórias, lembra que ele olhou bem nos olhos dela. Fora informado do envolvimento que ela tivera nos complôs do irmão e do marido. Mesmo assim, abraçou-a e elogiou sua beleza. Margot, que já tivera excesso de abraços íntimos de Henrique, escreveu: "Quando o rei me apertou contra seu peito, estremeci e tremi da cabeça aos pés, com uma emoção que foi muito difícil dissimular". No dia seguinte em Lyon, na sua entrada oficial na cidade, fez um pedido especial para que Catarina sentasse ao lado dele; desejava homenageá-la por sua luta monumental para manter seu reino intacto. Mais tarde naquele dia, convocou sua primeira reunião do conselho.

***

Catarina estava com 55 anos quando seu filho favorito ascendeu ao trono que ela tão ciosamente guardava para seus filhos. Para os padrões do século XVI, tratava-se já de uma idade avançada. Com certeza estava acima do peso, apesar de não tomar bebida alcoólica. Sua capacidade de ingerir comidas substanciosas em quantidades notáveis impressionava a todos, e uma ou duas vezes quase morrera em consequência de forte indigestão. Mesmo assim, seguia ativa e alerta como sempre. Continuou a cavalgar até os sessenta e tantos anos, ainda adorava caçar – apesar de ter sofrido várias quedas graves ao longo dos anos – e preservava sua excelente pontaria. Seus interesses e ocupações mais femininos ainda estavam em vigência. Ótima costureira, como notou Brantôme, costumava passar seu tempo após o jantar num círculo de mulheres "envolvida em seus trabalhos com seda, nos quais era insuperável".

Catarina continuava receptiva e interessada em novas ideias, invenções e inovações, com uma mente ávida e investigativa. Quando o tabaco chegou do Novo Mundo, foi presenteada com uma amostra em 1560 por Jean Nicot, seu embaixador em Portugal, e informada que as folhas secas tinham que ser enroladas bem apertado e fumadas. Acreditava-se que essa planta possuía vários poderes de cura. Em vez de fumar o tabaco, porém, ela triturava suas folhas até virarem pó, e diz que assim eram muito eficazes contra dores de cabeça. Quando adotou o tabaco, foi naturalmente imitada pela corte, e depois pelo povo, que chamava o tabaco de *herbe de la reine* ou *nicotiane*, e é portanto graças a Catarina de Médici que os franceses aprenderam a gostar do tabaco. Apesar de toda a sua fama de envenenadora, essa é a única evidência de que tenha feito uso de um – embora sem saber. Assim como introduzira a montaria de lado na França muitos anos antes e popularizara o uso do garfo, sua influência permitiu que muitas novidades proliferassem. Outro item que Catarina trouxe de Florença e acabou virando moda foi o uso de ceroulas para mulheres. Ao dançar ou desmontar do cavalo, a fim de manter o recato, em vez de usar as anáguas tradicionais por baixo do vestido, usava essa antiga versão da calcinha, para evitar expor acidentalmente mais do que as suas bem torneadas pernas, sempre guarnecidas por belas meias. Suas ceroulas eram de diferentes materiais, incluindo tecidos com fio de ouro e prata, embora o uso desses últimos dificilmente pudesse representar algo além de um torturante desconforto. Essa peça de roupa foi adotada por algumas mulheres francesas, mas em geral era ignorada pelas inglesas, onde só passou a ser usada muitos anos mais tarde.

Catarina também introduziu o leque dobrável, que pendia de uma fita amarrada ao cinto e podia ter decorações muito elaboradas. Na Inglaterra seu uso foi muito disseminado. Outro item ao qual se credita a ela sua difusão, muito apreciado pelos cortesãos, é o lenço, considerado um acessório essencial na moda renascentista. Os lenços tiveram origem em Veneza e eram um item de luxo permitido apenas às classes altas. Catarina possuía uma imensa coleção de lenços decorativos, com um pequeno recorte de tecido na parte central que a pessoa segurava a fim de deixar expostas as atraentes laterais pendentes. Para higiene, utilizavam-se quadrados de linho mais simples; os lenços decorativos eram apenas para exibir.

Embora fascinada pelo "novo", quando se tratava da instituição da monarquia, Catarina mantinha uma reverência atávica pelo antigo. Tornara-se mais majestosa com o passar dos anos, e, embora seu queixo duplo e sua boca, volumosa mas determinada, estivessem mais acentuados, conseguia acariciar os ouvintes com uma voz sedutora – que a fazia parecer quase íntima com eles, mas mantendo sutilmente um limite intransponível que a colocava acima de todos os demais, exceto de seu filho, o rei. Apesar de introduzir ou incentivar muitas modas, a rainha-mãe cuidava para que sua aparência mudasse pouco, exceto no casamento de seus filhos. Desde que enviuvara, usava uma ampla camisa preta e de seus ombros pendiam enormes mangas bem largas, como asas; seu corpete preto era em ponta e, em volta da parte de trás de sua gola, via-se um colarinho preto alto, e "por cima de tudo isso descia um longo manto negro". Embora compusesse uma figura sombria, o corte e a qualidade das rendas e da costura em geral deixavam seu luto muito distante do insípido. Ela realçava sutilmente seu vestido preto (geralmente de pura lã) graças ao seu excelente corte; às vezes, usava enfeites de pele e joias, que criavam um efeito majestoso, quando a ocasião pedia. No que diz respeito à roupa de baixo, não se privava de nada: escondidas debaixo da lã preta, usava as mais finas camisas e anáguas de refinados bordados. Como era sua intenção, destacava-se das demais damas e cavalheiros, vestidos de maneira exuberante e colorida, particularmente no reinado de Henrique III. Um embaixador impressionado relatou a respeito dos cortesãos que "o mundo nunca antes havia visto algo que se igualasse a eles".

Ao contrário de sua contemporânea, Elizabeth da Inglaterra, Catarina não depilava as sobrancelhas ou a testa – uma testa alta era considerada um grande atributo de beleza –, mas usava maquiagem leve. Experimentava "novos produtos e fórmulas" e credita-se a ela a popularização do uso de vários itens entre as mulheres nobres da Europa. Catarina aplicava rouge sobre uma camada de pó de chumbo branco para deixar a pele o mais clara possível, e às vezes usava também sombra nos olhos. Não adotou as "manchas de beleza" feitas com tafetá ou veludo, como Elizabeth I, que eram colocadas no rosto para desviar o olhar de alguma imperfeição (como dentes horrivelmente descoloridos). O uso desses cosméticos primitivos, como as camadas de branqueadores da pele do rosto à base de chumbo e o mercúrio sublimado para suavizar a pele, revelou-se perigoso. Como o banho era raro, esses embelezadores venenosos ficavam depositados no rosto e se acumulavam. Até que chegava a hora em que precisavam ser "renovados" e removidos, para que o processo fosse reiniciado.

Catarina também promoveu o uso de perfumes (Florença reivindica ter tido uma das mais antigas perfumarias do mundo moderno, instalada no convento de Santa Maria Novella). Como a higiene pessoal, do modo que a conhecemos hoje, era praticamente inexistente, os odores corporais podiam ser avassaladores. Homens e mulheres usavam perfume em abundância para disfarçar o mau cheiro; até animais domésticos eram espargidos com boa quantidade de perfume. Em Grasse, que se tornara um grande centro de fabricação de luvas, aplicava-se urina no processo de tingimento; então, para remover o cheiro desagradável também se utilizava perfume. Portanto, as luvas eram perfumadas, e mesmo depois que a indústria de fabricação de luvas em Grasse foi extinta no século XVIII, a indústria do perfume que se instalara ali, segundo o modelo florentino, continuou a prosperar (existe até hoje). Essa falta de higiene pessoal e as várias camadas de roupas raramente lavadas também proporcionavam uma constante infestação por pulgas. O tafetá era usado o quanto possível, por sua suposta ação repelente.

A cor do cabelo de Catarina, naturalmente escuro, era às vezes clareada, seja por alvejantes ou pelo uso de postiços coloridos. No século XVI, o cabelo loiro era considerado ideal para a beleza. A França e a Itália faziam as melhores perucas da Europa, e o cabelo vendido em leilões públicos de cabelo com frequência vinha das freiras. Os retratos de Catarina costumam mostrá-la com o cabelo repartido ao meio, com pequenos cachinhos de cada lado do rosto espiando para fora de seu capuz francês, ou, mais tarde, do seu gorro pontudo de viúva, que cobria a maior parte de seu cabelo. Conforme envelheceu, essas mechas de cabelo provavelmente devem ter sido apliques postiços. Homens também usavam barbas falsas, embora a moda na última parte do século XVI fosse um pequeno cavanhaque. Um século antes, o duque de Lorena usara uma barba falsa que ia quase até a cintura, no funeral do duque de Borgonha.

A capacidade da rainha-mãe de trabalhar duro continuava a mesma; na realidade, Catarina crescia com os desafios que enfrentava. Conseguia trabalhar até tarde da noite depois de um banquete oficial, dava instruções a vários de seus secretários ao mesmo tempo sobre diversos assuntos e, se necessário, tocava a vida normalmente mesmo dormindo pouco. Acostumada havia muito tempo ao poder, preparava-se quando precisava entrar em terreno que não lhe era familiar; com Henrique no trono, quanta influência teria ela agora de fato? Catarina amava Henrique, mas também o temia.

Henrique era um homem adulto, e, embora fosse de longe o mais inteligente dos filhos de Catarina e tivesse ideias próprias sobre como as coisas deviam ser conduzidas, ela sabia que o filho era também propenso a uma indolência que como rei seria perigosa, caso ela não estivesse guiando-o com sua experiência a essa altura incomparável de governar o país. Seus traços mais excêntricos de personalidade também a preocupavam; sua extravagância tanto em termos materiais quanto emocionais era problemática. Ele protegia e amava seus favoritos, os belos *mignons,* com ciosa devoção, mais acentuada agora que se tornara soberano da França. E seu amor exacerbado pela esposa de Condé tampouco podia ser visto como um fenômeno totalmente heterossexual; parecia mais um fascínio obsessivo, embora provavelmente platônico, por um ídolo.

Catarina não tinha como não se preocupar com os dois lados conflitantes do temperamento do filho, o de amante sensual dos excessos e o de penitente religioso, desesperado por redenção, para quem nenhum sacrifício a Deus era suficiente. Seu gosto por roupas refinadas, mais tarde sua dedicação a desenhar vestidos para sua esposa assim como trajes para si mesmo e seus favoritos, e sua adoração por joias e outros adornos não teriam sido tolerados por seu pai. No que se refere à moral e aos costumes, Henrique II presidira uma corte que pelos padrões renascentistas era comparativamente austera. Baixou normas que incluíam o vestuário e introduzira "leis suntuárias" altamente complexas para evitar os excessos em relação às roupas, muito comuns entre os cortesãos, embora tais regulações fossem muitas vezes ignoradas. A sua cura para Henrique teria sido mandar o filho caçar, ou arriscar a vida em alguma atividade mais viril. A usual mania dos Valois pela caça e por feitos de cavalaria geralmente provocava aversão em Henrique III, que preferia ficar dentro de casa, longe do frio. Não obstante, a contrapartida desse lado do seu caráter ficou amplamente demonstrada quando ele fugiu da Polônia. Por desprezível que tivesse sido essa atitude, Henrique demonstrara imensa coragem pessoal na desesperada corrida rumo à fronteira imperial, e quando sua *entourage* de nobres implorou com insistência que voltasse, ele avançara, sem se preocupar com os perigos que tinha tanto à sua frente quanto atrás dele.

Infelizmente, em sua estada na Polônia, a natureza voluptuosa de Henrique se desenvolvera muito. O embaixador veneziano Giovanni Michiel escreveu: "Toda a sua antiga bravura e ideias sérias, das quais tanto se falava, desapareceram por completo; entregou-se a uma vida de ociosidade, os prazeres sensuais dominam sua existência, faz tão pouco exercício que todos se espantam. Passa a maior parte do tempo com as damas, coberto de perfumes, frisando o cabelo, usando brincos e anéis enormes dos mais diferentes tipos. As somas que gasta só com suas belas e elegantes camisas são inimagináveis".[10] Um observador inglês escreveu a sir Francis Walsingham, secretário de Estado de Elizabeth I, a respeito do novo rei, mas desmanchou-se em elogios. Descreveu o charme de Henrique e o maravilhoso mas efêmero *je ne sais quoi* que o rei possuía em tão grande medida, mas que tragicamente os pintores de retratos nunca conseguiram capturar (como ele já havia sido um possível pretendente à mão da rainha da Inglaterra, isso deve ter influenciado esse relato favorável).

Zúñiga, o embaixador espanhol, escreveu a Felipe em 22 de setembro de 1574 que o rei passava todas as suas noites dançando e indo a banquetes. Continuou fazendo um relato que deve ter assustado o sombrio rei espanhol, que sempre se vestia de preto: "Nos últimos quatro dias, tem usado uma roupa de cetim violeta, calções, gibão e capa. Todas as suas roupas são preguedadas e têm longas aberturas providas de botões e de fitas brancas, vermelhas e violeta. Ele usa brincos e braceletes de coral".[11] O embaixador concluía escrevendo: "Com tudo isso, ele mostra quem realmente é". Esse comentário era com certeza uma referência ao óbvio caráter efeminado do rei. Embora Zúñiga encontrasse mais defeitos do que talvez fosse estritamente cabível, à exceção dos cortesãos espanhóis que aderiam a modas bem mais austeras, os nobres do século XVI vestiam-se tão refinadamente quanto as mulheres, usando brincos, roupas incrustadas de joias e trajes fantasticamente elaborados, embora Henrique tivesse sem dúvida uma inclinação maior ainda pelo excesso no vestuário, mesmo para os padrões da época. Seu comportamento sugeria, no mínimo, um gosto pelo travestismo.

Henrique levou a moda masculina a novos extremos. Gibões eram usados por cima de espartilhos de barbatana de baleia ou de madeira – mulheres também usavam o espartilho –, que eram muito incômodos de usar e na realidade considerados um risco à saúde, já que oprimiam não só as costelas e a cintura de quem os vestia, a ponto de dificultar a respiração, como causavam feridas na pele com o atrito. Esses aparentes instrumentos de tortura foram proibidos na Inglaterra, mas não na França de Henrique. Costuma-se dizer que Catarina exigia das jovens de seu esquadrão voador uma cintura de treze polegadas [35 centímetros]. Embora essa medida pareça impossível – mesmo considerando que a polegada francesa era um pouco maior que a inglesa –, havia essa exigência de uma cintura fina, e isso só podia ser conseguido usando espartilhos rígidos de madeira que às vezes "perfuravam a carne com farpas". Henrique e seus cortesãos também usavam mangas pesadamente acolchoadas. Usava-se uma capa que caía dos ombros e, para contrabalançar isso, o rei preferia calções acolchoados com retalhos de cores vivas (os retalhos passaram a existir depois que os suíços derrotaram o exército invasor dos borgonheses liderados por Carlos, o Temerário, em 1477. Num ataque surpresa ao acampamento dos invasores, os suíços rasgaram as tendas e os estandartes do inimigo deixando-os em pedaços. Para celebrar sua vitória, pegaram pequenos retalhos de tecido dos estandartes e tendas do inimigo e os costuraram triunfalmente sobre suas roupas. Isso evoluiu para o estilo de retalhos aplicados que permitia contrastar cores e tecidos para embelezar as roupas dos ricos).

Tomada pela alegria de estar de novo junto com o filho, Catarina deixou de lado quaisquer pensamentos sobre as fraquezas dele. Os mexeriqueiros e maliciosos podiam chamá-lo de "rei da ilha dos hermafroditas", mas ela sabia que no seu melhor Henrique era capaz de governar a França e ser um grande rei. Com tato e cautela, deu algumas sugestões sobre como ele deveria iniciar seu reinado. Resumiu isso com as próprias palavras: "Ele pode fazer tudo, mas precisa ter vontade".[12] Primeiro, ela sugeriu que tivesse um conselho bem menor, e ele atentou para isso, reduzindo seu número para oito, assim como o de príncipes.

O novo conselho era composto por homens de confiança de Catarina e alguns deles escolhidos pelo rei. Faziam parte do conselho René de Birague, Jean de Morvilliers (bispo de Reims), Sebastien l'Aubespine (bispo de Limoges), Jean de Monluc (bispo de Valence), Guy de Pibrac, Paul de Foix, Felipe, conde de Cheverny, e Pomponne de Bellièvre. Alguns dos que haviam compartilhado o semiexílio na Polônia foram também recompensados com cargos de prestígio. Villequier e De Retz dividiam o posto de primeiro camareiro, revezando-se a cada seis meses. Roger de Bellegarde foi nomeado marechal da França e Martin Ruzé, secretário de Estado.[13] O núcleo de Catarina, de homens leais e experientes, foi portanto mantido no novo reinado.

A rainha-mãe também aconselhou Henrique a abrir todos os despachos ele mesmo, em vez de deixar os assuntos aos cuidados de secretários de Estado, habituados a responder da maneira que julgavam adequado, sem consultar seu senhor. Henrique ordenou que nenhum documento oficial fosse considerado válido sem sua assinatura, e exigiu que toda a correspondência passasse primeiro por ele. Desde o início, seu trabalho duro fica evidenciado por sua caligrafia miúda e nítida em documentos manuscritos e por sua assinatura compacta em papéis oficiais. Encerrava-se a delegação de prerrogativas e poderes monárquicos que havia sido a crescente marca do último reinado; a França tinha de novo um rei.

Determinado a mostrar a "*main de maître*" (mão do amo) como aconselhado por Catarina, Henrique até revogou o direito dela de abrir despachos diplomáticos sem que ele os visse primeiro. Se ela se ressentiu com isso, não demonstrou seus sentimentos; afinal, ele seguira o próprio conselho dela. Ela havia lhe recomendado "mostrar que [ele] era o chefe e não o companheiro". Algum tempo antes, Catarina também advertira que *gens de robe longue* (magistrados e detentores de cargos) eram difíceis, cansativos e loquazes: "Eles estragam tudo e tentam controlar tudo com seus argumentos, sua verbosidade e seu conhecimento, o que os torna tão dominadores e presunçosos que esperam que apenas as opiniões deles sejam levadas em conta".[14] Muito melhor, sugeriu ela, ter militares como conselheiros, pois dizem o que pensam e são breves e objetivos: "Eles não têm nada além de bom senso, e não são letrados ou dogmáticos e pelo menos irão aceitar o critério e a opinião do rei".[15] O que ela queria dizer era que os militares eram mais fáceis de manipular, naturalmente mais leais e suas intenções mais fáceis de decifrar. A longa experiência dela ensinara-lhe como obter deles o que queria. Os profissionais e os intelectuais eram inflexíveis demais.

Os nomes notavelmente ausentes da lista de detentores de cargos mais importantes eram os das grandes dinastias, que haviam tido tanta proeminência desde os dias do pai e do avô de Henrique: os Guise e os Montmorency no geral haviam sido excluídos. Os conselhos de Catarina ao filho culminaram num sábio discurso sobre a importância de manter um expediente regular, lidar com os assuntos públicos de manhã e com os demais assuntos depois do seu *dîner* (almoço). Ela pressionou-o para que se tornasse disponível às pessoas, como fora seu avô, Francisco I. Ele devia ouvir as pessoas e receber suas queixas ou petições pessoalmente. Só agindo assim ficaria claro que o rei era a fonte de todas as decisões no reino, e que era dele que emanavam as honrarias, os cargos e os favores. Ele deveria evitar demonstrar que favorecia em excesso seus amigos íntimos e companheiros, e impedir também que algum deles se tornasse poderoso demais. Ela certamente aprendera essa lição do grupo de nobres poderosos que seu marido havia-lhe legado involuntariamente. Aconselhou Henrique a implementar esses hábitos e ideias imediatamente, senão nunca ficariam estabelecidos, e que só então ele seria respeitado e obedecido como um rei, em vez de ser tratado como uma criança.

Infelizmente, embora Henrique concordasse com muitos desses conselhos políticos, ele tinha uma visão diferente de como um monarca deveria se comportar, e trouxera com ele os hábitos que adquirira na Polônia, voltados para mantê-lo afastado da massa pululante. Esses hábitos não eram do agrado do povo francês. Ele não fazia mais as refeições rodeado pelas pessoas, e sim atrás de uma balaustrada baixa, a fim de evitar que as pessoas chegassem perto demais. Quando comia, era atendido por seus cavalheiros e não por seus criados. O rei permitia que certos indivíduos o abordassem, mas eles primeiro tinham que pedir permissão e seguir um conjunto rigoroso de regras antes de conversar com sua majestade. O *dîner* era servido por volta das onze da manhã, e o mais elaborado *souper*, ao anoitecer, sendo este último seguido por um baile ou algum outro entretenimento. Na hora das refeições, não havia mais aquele monte de cortesãos em volta da pessoa do rei.

Ao contrário de seus predecessores, Henrique não queria viver tão publicamente, pois achava que o excesso de familiaridade dava lugar à insolência. Ofendia a sua dignidade real ser cercado por seus mais importantes cortesãos enquanto estava sem roupas, e ordenou que a partir de então não deveriam entrar em seu quarto antes que estivesse vestido. Essas alterações provocaram uma reação furiosa, mas ele aferrou-se a elas o quanto pôde, embora, quando alguns nobres protestaram abandonando a corte, ele tenha sido obrigado a atenuar ou abrir mão de muitas delas, pelo menos por um tempo. Em 1585, imprimiu para a sua corte um livreto com instruções precisas sobre etiqueta. Ele serviu de base para as maneiras, costumes e rituais fantasticamente estilizados que mais tarde ditaram a vida cortesã em Versalhes a partir de Luís XIV. Assim, Henrique III pode ser considerado o predecessor dos hábitos bizarros e meticulosamente ordenados dos últimos monarcas do *ancien régime*. Os modos diretos e acessíveis, embora ainda majestosos, de seu avô e de seu pai iriam tornar-se uma relíquia abandonada. Não havia nada de direto e acessível com Henrique; ele era excessivamente afetado e cioso de sua posição.

Catarina não teve como não notar, após poucos dias observando o filho, que muitos dos traços que a preocupavam antes de ele sair haviam se acentuado ainda mais durante sua estada na Polônia. Um observador comentou que o rei, desde sua partida em 1573, talvez tivesse ido não só "de Paris a Cracóvia, mas também para Sodoma e Gomorra". Ela notou a profunda decepção de Henrique com a ausência da esposa de Condé, Maria, princesa de Clèves, no grupo que lhe deu as boas-vindas nos arredores de Lyon – ela esperava o nascimento de um filho e a viagem teria sido perigosa. Enquanto isso, Condé continuava na Alemanha, como inimigo público.

Maria abjurara a fé protestante junto com o marido em 1572, e desde então adotara a fé católica com sincero fervor. Sem o menor pudor, Henrique falava com seriedade e determinação sobre seu futuro casamento com a já casada e grávida princesa. Preocupava-se em tomar providências para realizar o divórcio dela o mais rápido possível, para que a sua união tivesse lugar sem demora. Passar um tempo longe de Maria havia sido uma agonia para ele, como mostravam as cartas que lhe endereçava diariamente, mas agora não demoraria muito para ela vestir a coroa da França como sua esposa e rainha. Catarina mantinha silêncio. Ela não desejava isso para o filho, mas como poderia negar-lhe se isso fosse trazer-lhe felicidade e, acima de tudo, filhos? A França precisava legitimar herdeiros para continuar a linhagem dos Valois e impedir que os Bourbon subissem ao trono.

Eram muitos os rumores questionando a capacidade do rei de ter filhos. Em 20 de setembro de 1574, um parente de Catarina, o núncio apostólico Salviati, escreveu ao cardeal Galli dizendo que mesmo que o rei se casasse,

> é apenas com dificuldade que podemos imaginar que haverá descendência [...] médicos e aqueles que o conhecem bem dizem que tem uma constituição extremamente frágil e que não viverá muito [...]. É tão fraco que se dorme *en compagnie* por duas ou três noites fica incapaz de levantar da cama por uma semana inteira. Quando você ouve que o rei está sofrendo de uma indisposição, o que é o caso neste momento, e que não sai da cama há dois ou três dias, pode estar certo que *l'amour* foi a causa de sua doença.[16]

Não era apenas *l'amour* que tornava o rei doente, ele também sofria dos pulmões como Carlos, e tomava apenas água, já que sua constituição não tolerava sequer um copo de vinho. Poucos dias depois, o arcebispo Frangipani escreveu:

> O único remédio verdadeiro e adequado para este reino seria um rei de verdade, que não só quisesse ser um verdadeiro rei, mas compreendesse o que é necessário para tanto. Então cada um seria colocado no seu lugar. Não vejo essas qualidades nesse jovem; nem em seu espírito, que é inclinado à indolência e aos excessos sensuais, nem em seu corpo, que é fraco e propenso a uma má saúde [...]. Aos 24 anos, ele fica sempre dentro de casa, e quase sempre na cama. Precisa ser vigorosamente estimulado para ver-se forçado a fazer alguma coisa que exija ação.[17]

Na época em que chegou a Lyon, Henrique anunciara, tendo em mente Damville e o Languedoc rebelde: "Não tenho desejo e vontade maiores [...] do que trazer meus súditos a mim e à natural obediência que me devem usando para isso a gentileza e a clemência, em vez de outros meios".[18] Catarina, certa do talento militar de seu filho – esquecida de que geralmente havia sido o agora falecido Tavannes o real autor dos sucessos do filho –, e tendo homens ao seu dispor, juntou-se aos falcões em seu conselho. Henrique, em vez de seguir sua inclinação inicial de oferecer anistia geral, assumiu a linha não característica adotada agora pela mãe. Apesar de todos os conselhos dela para que ele fosse o amo, ela o fizera sentir que não havia mais ninguém em quem pudesse confiar implicitamente ou a quem pudesse recorrer para ter uma orientação imparcial.

Damville, agora líder dos *politiques*, viajara até Turim (onde Henrique fizera uma pausa em sua viagem de volta à França para ficar com sua tia e seu tio da Saboia) a fim de explicar suas ações, nos últimos dias do reinado de Carlos IX. Era um claro sinal de que buscava uma solução pacífica no início do novo reinado. Catarina havia também mencionado a necessidade de fazer concessões para apaziguar os reformadores. Se Henrique havia libertado os dois "reféns Montmorency" da Bastilha, o irmão mais velho de Damville, Francisco, e seu irmão, marechal de Cossé, sogro de Méru, e tido um contato amistoso com Damville, permitindo que ficasse com o governo do Languedoc, então a trégua de dois meses que Catarina comprara talvez pudesse ser estendida para um acordo de paz mais amplo. Henrique, no entanto, incitado por Catarina e pelos belicistas do conselho, rejeitou essa opção pacífica e o país passou a se preparar uma vez mais para a retomada das hostilidades.

Justamente nesse momento crucial, uma tragédia se abateu sobre Henrique: no sábado, 30 de outubro de 1574, Maria de Clèves-Condé morreu de infecção pulmonar. Houve muitos rumores de que Condé espargira veneno numa carta à esposa, o que iria assegurar uma morte lenta e segura, mas na realidade os pulmões da jovem estavam fracos havia anos. Poucas semanas antes, tudo parecia bem e ela dera à luz uma menina que recebeu o nome de Catarina em homenagem à sua irmã, a duquesa de Guise. A notícia da repentina morte de Maria chegou a Lyon em 1º de novembro. A rainha-mãe – para quem esse desdobramento representou um alívio, já que Maria sempre fora uma moça impetuosa que poderia muito bem revelar-se cansativa e intrometida como consorte de Henrique – não ousou contar ao filho, e em vez disso colocou a carta com a terrível notícia sob uma pilha de correspondência, para que o próprio rei deparasse com ela. Quando ele por fim leu o relato de que sua "Dama de Clèves [...] abençoada com uma singular bondade e beleza" havia expirado, como era de seu feitio, desmaiou.

A dor e a devastação de Henrique foram tão intensas que Catarina temeu pela vida do filho. A emoção histérica e exagerada deixou o rei exausto, e acometido de violenta febre ficou de cama sem comer ou beber nada por três dias. Villequier e o duque de Guise tiveram que forçar comida pela goela dele abaixo, por ordem da rainha-mãe. Quando finalmente reapareceu, suas roupas de veludo preto, de estranho corte, estavam cobertas de caveiras bordadas com fios de prata. Pequenos crânios prateados decoravam também seus sapatos. Henrique compunha uma figura trágica, embora teatral, e suportou sua dor em meio à doença. A corte recebeu ordens de adotar luto rigoroso, mas a mãe insistiu para que ele não estendesse demais a sua dor e procurasse o mais rápido possível uma noiva que lhe fosse merecedora. Ela fez questão de remover todas as pequenas lembranças que ele trazia consigo e que haviam pertencido à sua amada, e deu início ao processo de encontrar uma esposa para o filho. Entre as possíveis candidatas, a rainha-mãe sugeriu uma princesa sueca, Elisabeth Wasa, pois sentia que só a filha de um rei seria uma noiva realmente adequada para o seu filho. Um casamento com Elisabeth também ajudaria Henrique a manter a coroa da Polônia; e havia outro bônus inesperado que a recomendava a Catarina: a princesa não falava uma palavra de francês.

Na lassidão de seu pesar, Henrique pareceu concordar com a escolha da mãe. Foi enviada uma solicitação de retrato ao embaixador francês em Estocolmo, mas o rei já tinha planos de casamento. Ele secretamente decidira-se por Louise de Vaudémont, a princesa da Lorena, que conhecera ali pouco antes de partir para a Polônia. A impressionante semelhança dela com a sua falecida Maria e sua postura humilde o haviam encantado. Aquela criança não amada de um príncipe menor da família Lorena, cuja madrasta a tratava tão cruelmente, iria tornar-se sua esposa e rainha, mas de momento Henrique não comentara nada.

A França agora era inundada por uma torrente de panfletos protestantes e da facção *politique* atacando Catarina e o regime, denunciando os gananciosos financistas e ministros italianos dela, o governo das mulheres, a legitimidade da dinastia Valois e os direitos de uma monarquia herdada. Publicado em 1576, o mais notável e virulento ataque a Catarina foi "Le Discours merveilleux de la vie, actions et déportements de Cathérine de Médicis, Royne-Mère". Escrito por alguém que conhecia intimamente a vida da corte e combinava habilmente fatos com ficção, esse pequeno volume fez imenso sucesso no país inteiro e teve várias reimpressões. Ele acusava a rainha-mãe de todos os crimes chocantes e horríveis imagináveis. Além de ter assassinado todos aqueles cuja morte lhe fosse conveniente, de orquestrar o Massacre da Noite de São Bartolomeu e de induzir os filhos a vidas irresponsáveis e libertinas a fim de poder usurpar-lhes os direitos, ela também fora durante toda a sua vida motivada pela ambição, pelo ódio e pela sede de poder, a ponto de nenhum crime parecer-lhe perverso demais desde que lhe facilitasse manter sua posição como governante de fato da França. Catarina reagiu com uma curiosidade divertida; as acusações eram tão exageradas que ela ria e incentivava suas damas a lê-las em voz alta. Comentava que a única coisa lamentável era que "o autor não havia me consultado previamente para que lhe desse informações, já que ele mesmo declarava que 'era impossível sondar as profundezas da sua fraude florentina' [...] e que ele evidentemente não sabia nada a respeito dos eventos que pretendia discutir". Além disso, dizia ela rindo, "ele havia deixado muita coisa de fora!".

Em 13 de novembro, Damville lançou um manifesto no qual prometia lutar contra o perverso regime infestado de estrangeiros (isto é, de italianos) que sangrava o país com impostos injustos e deliberadamente criava agitação em torno de questões religiosas. Ele pediu uma reunião dos Estados-Gerais para tratar da tolerância entre as seitas e de liberdade de consciência, e uma conferência geral para lidar com os assuntos religiosos.[19] Em 16 de novembro, a corte foi de Lyon para Avignon, com a família real viajando num navio bem armado e protegido por outros barcos. Em Avignon, notícias sobre os sucessos militares de Damville chegavam com alarmante constância, e havia pouco a celebrar a respeito do exército realista, embora estivesse bem equipado e em superioridade numérica. Catarina sentiu um profundo desalento; o que ela esperava que viesse a ser um forte golpe no inimigo a fim de trazê-lo para a mesa de negociações transformava-se agora no mesmo ciclo aparentemente infindável de vitórias e derrotas que havia marcado todas as guerras civis religiosas.

Henrique parecia mergulhado demais em sua tristeza e luto para agir de modo decisivo. A perda de sua adorada Maria despertara nele um novo surto de fervor religioso, levando-o a assistir com admiração à procissão de monges flagelantes que desfilava pela cidade de Avignon. A visão lúgubre daquelas figuras escuras e misteriosas, com rostos ocultos por enormes capuzes, todas vestidas – e quase inteiramente cobertas – com hábitos azuis, brancos ou pretos, cantando o "Miserere" enquanto se autoflagelavam, evocava uma sensação quase mística, talvez até erótica, em Henrique, que decidiu ele mesmo liderar uma procissão similar de automortificação. Esta teve lugar uma semana antes do Natal de 1574. Catarina participou para agradar o filho, assim como o restante da corte. Alguns dos cortesãos mais jovens açoitavam-se num êxtase frenético, seguindo o exemplo de seu rei. Infelizmente, a fria noite de dezembro foi ficando cada vez mais gelada enquanto a macabra marcha à luz de velas prosseguia em meio a uma leve nevasca. O cardeal de Lorena, que caminhava descalço na procissão, pegou uma forte friagem. Em 26 de dezembro, esse grande príncipe da Igreja, tio de Maria, rainha da Escócia, que havia governado a França ao lado do irmão Francisco em tudo exceto no título, estava morto.

Ao longo dos anos, o cardeal havia sido alternadamente um flagelo e um apoiador de Catarina. Sua influência se reduzira muito ao longo da última década, mas mesmo assim seu falecimento repentino aos 49 anos foi um verdadeiro choque para ela. Catarina recebeu a notícia da morte em seu *souper* e ao que parece dessa vez faltaram-lhe palavras para marcar a ocasião. Fez alguns comentários inócuos, mas pareceu ter dificuldades em aceitar que esse homem, que ela combatera, apaziguara, no qual confiara e com quem sempre fora cautelosa, não estaria mais presente em sua vida. Quase todos os "súditos superpoderosos" que ela tivera que suportar – e ser por eles ignorada – durante o reinado de seu marido estavam agora mortos. Sobrevivera a quase todos, embora os problemas pelos quais eles eram responsáveis continuassem ainda vivos. Ela ficou muito agitada nos dias seguintes e então uma noite, de novo durante seu *souper,* ocorreu um incidente, testemunhado por várias pessoas. Ela acreditou ter visto o cardeal à sua frente por um momento e, deixando cair sua taça, soltou um grito. Por várias noites teve sonhos terríveis e, como Macbeth após a aparição do fantasma de Banquo durante seu banquete, dormiu muito mal, imaginando tê-lo por perto.

Henrique, desanimado com a falta de progresso na luta contra Damville, mandou mensagem a ele dizendo que desejava saber quais os termos de seu antagonista. Como o ruído dos canhões dos rebeldes podia ser ouvido de Avignon, ele decidiu que não iria mais tolerar a humilhação ou o risco de estar tão próximo do inimigo e resolveu sair da parte sul do reino. Depois de dar à mãe a notícia de sua escolha de uma noiva e de pegar emprestados 100 mil *écus* para as despesas que tinha pela frente, Henrique, sua mãe e a corte deixaram Avignon em 10 de janeiro de 1575 e rumaram para o norte, numa viagem que iria levá-lo a Reims para a sua coroação e casamento.

No dia da partida do rei, Damville anunciou a criação de um Estado independente composto por várias províncias do sul e do centro-sul da França. De novo, como em La Rochelle – que também resistiu aos ataques realistas –, a França tinha um Estado dissidente dentro de suas fronteiras; seu chefe absoluto era o príncipe de Condé (que fizera um acordo com João Casimiro, filho do eleitor do palatinado, para que soldados protestantes da Alemanha viessem ajudar Damville). Como príncipe de sangue, Condé emprestava a legitimidade de uma figura suprema, embora o grupo em última instância esperasse que Alençon fosse seu chefe titular. Dois emissários secretos foram enviados para persuadir o duque a fugir e se juntar a Damville, mas foram presos e sumariamente executados.

Catarina percebeu que não seria capaz de mudar o pensamento de Henrique sobre a jovem que ele pretendia desposar. Louise de Vaudémont não era uma princesa que pudesse trazer-lhe uma fortuna ou conexões com uma dinastia de destaque, mas Catarina dissimulou sua frustração a respeito disso e fingiu que a união havia sido a intenção dela o tempo inteiro. Ela pretendia deixar as cerimônias para trás e seguir até Paris, onde o rei teria que lidar com o estado desesperador das finanças, com a semi-insolvência na qual ele se encontrava como a causa fundamental da incapacidade da Coroa de impor sua autoridade.

A viagem para o norte serviu como deprimente lembrete da devastação deixada pelas guerras civis, principalmente a julgar pelo rosto dos camponeses. Em Dijon, o rei teve a desagradável surpresa de ver-se confrontado por uma delegação da Polônia que viera perguntar a ele quais eram seus planos para o trono que sua mãe lhe havia comprado. Com grande eloquência, Henrique, talvez uma das figuras mais sedutoras de sua época, convenceu com muito lirismo seus ouvintes de que, assim que fosse casado e tivesse um filho, nada seria capaz de impedi-lo de voltar aos seus amados súditos poloneses. Acreditando mais uma vez em seu rei, os poloneses foram embora, certos de que sua união com a França iria permanecer intacta.*

A caminho de Reims, surgiram mais problemas, pois foi descoberto um complô para atacar o cortejo real na Borgonha – área com grande número de fortalezas huguenotes – e para abduzir Henrique. É possível que houvesse a mão de Alençon nisso, mas nada foi provado. O rei não precisava de razões adicionais para odiar seu irmão, que já tramara tirar-lhe o trono quando Carlos agonizava. Henrique chegou a dizer a Navarra que, se ele morresse, Navarra deveria tomar o trono e garantir que Alençon nunca pusesse na cabeça a coroa da França.

A coroação propriamente dita, celebrada em 13 de fevereiro de 1575, foi cheia de maus presságios. Quando o cardeal de Guise (Henrique, irmão do duque de Guise e sobrinho do recém-falecido cardeal) colocou a antiga coroa de Carlos Magno na cabeça do rei, este sentiu uma grande fraqueza e tontura, e a coroa deslizou e quase caiu no chão. Henrique então se queixou que ela havia machucado sua cabeça. Para Henrique, aquela constante mudança de pesadas roupas e a cerimônia de cinco horas foram fatigantes demais, a ponto de em determinado momento ele precisar retirar-se e deitar. Pior ainda, havia também um rumor de que sua majestade não conseguira curar aqueles que tocara. Para um povo supersticioso, esses sinais prognosticavam desgraças.

---

* Mais tarde naquele ano, Etienne Bathory, príncipe da Transilvânia, foi eleito rei da Polônia.

Além disso, os preparativos para o casamento do rei dali a dois dias acabaram ganhando um tom de farsa. Henrique estava tão excitado com o vestido de casamento de sua noiva e outros trajes refinados para as festividades – todos desenhados com muita dedicação por ele mesmo –, que fez questão até de cuidar do penteado da noiva pessoalmente. Com sua natureza afável, Louise ficou horas pacientemente em pé, enquanto o rei girava em volta dela, empenhadíssimo em arrumá-la e enfeitá-la. A certa altura de seu frenesi criativo, ele acabou espetando a pele de sua noiva com uma agulha, ao tentar costurar mais uma pedra preciosa no vestido de casamento; ela suportou também isso com muita calma, sem nem sequer dar um grito. Ele decidira que Louise deveria ser reinventada como uma criação dele. A jovem, por sua vez, adorava Henrique e deleitava-se com toda aquela agitação que ele promovia em torno dela.

Louise havia sido tão pouco amada desde criança que quando Cheverny, um dos *mignons* de Henrique, chegou a Lorena para pedir sua mão em casamento em nome do rei, quando foi acordada em seu quarto pela madrasta fazendo-lhe três reverências, achou que isso era um gesto sarcástico da mulher, pelo fato de ela ter dormido demais; e como até então vinha sendo tratada como uma criada, só percebeu que algo sério estava acontecendo quando o pai também entrou e fez três reverências. De qualquer modo, precisou esperar um pouco mais até se tornar de fato rainha da França. Depois que Henrique frisou o cabelo dela e ajustou seu cachos praticamente um por um, a cerimônia já se atrasara tanto – era originalmente prevista para acontecer de manhã –, que fora adiada para o anoitecer, quando finalmente os dois se casaram com a bênção do cardeal de Bourbon.

O incômodo que Catarina teve que enfrentar em seguida foi a falta de fundos para que a comitiva real pudesse seguir viagem até Paris. Logo espalhou-se a notícia de que "o rei não tinha dinheiro para pagar um jantar". Ela fez um apelo ao *Parlement* e finalmente foi coletado dinheiro suficiente para que o rei e a corte viajassem até a capital. Por fim, depois de um ano e meio, Henrique voltava a Paris. Diante dele afigurava-se uma tarefa verdadeiramente monumental: precisava corrigir anos de corrupção e falta de controle contábil, implantar medidas rigorosas para resolver a questão e fazer tudo isso dentro do clima de depressão financeira que a Europa vivia no ano de 1575. As imensas quantidades de ouro espanhol trazidas das Américas haviam sido uma das causas da desestabilização da economia europeia. Henrique solicitou empréstimos nas fontes usuais do exterior e passou a taxar as classes médias, já que os camponeses vinham sendo espoliados havia tanto tempo que mal tinham para comer, muito menos para pagar por seu rei. Conseguiram 3 milhões de libras, 50 mil das quais Henrique prontamente deu ao seu *mignon* Du Ghast.

Catarina insistiu para que Henrique lidasse com a quase impossível tarefa de trazer o reino de volta à estabilidade financeira. Infelizmente, sua anterior lassidão ficou confirmada quando ele percebeu toda a magnitude da tarefa diante de si e deixou o trabalho por conta da mãe; não demoraria para que ele não se dignasse mais a comparecer às reuniões do conselho, e em vez disso preferisse dedicar-se às frivolidades com seus *mignons*. Nada disso escapava aos olhares dos parisienses, que tinham escasso respeito pelo seu rei. Um *graffiti* num muro perto do Louvre chamava o rei "Henrique de Valois, rei da Polônia e da França pela graça de Deus e de sua mãe, mordomo do Louvre, cabeleireiro oficial da rainha". Sua extravagância passou a ser vista como um ato de desafio. Parecia dizer: o que interessa o quanto gasto com meus prazeres, já que o país de qualquer modo enfrenta uma situação impossível de resolver?

Mesmo antes de chegar a Paris, Catarina recebera a notícia de que sua amada filha Cláudia, duquesa de Lorena, caíra doente de novo. Quando ela chegou à capital, Cláudia estava morta. Foi outra perda devastadora. Um de seus maiores prazeres era visitar Cláudia e Carlos, e seus filhos, pois eram as únicas reuniões familiares verdadeiramente felizes que experimentara. Costumava hospedar-se com o casal na Lorena; agora, esse refúgio onde ela podia ser uma avó e uma mãe sem cerimônia nunca mais seria o mesmo. Catarina caiu de cama com febre e oprimida por sua tristeza. Enquanto isso, para espanto de todos, Henrique retomava por um breve tempo o passatempo da caça (que não era o seu favorito) junto com seus amigos, cavalgando despreocupadamente pelos bosques de Vincennes e pelo Bois de Boulogne. Não deu a menor atenção à perda da irmã ou aos sentimentos da mãe; ao contrário, a ronda de bailes e banquetes ficou mais frenética que nunca. Catarina ocultou a dor que essa rude indiferença lhe causou.

Além de se entregar aos prazeres com seus companheiros próximos, ele continuou ocupando-se em criar mais atritos dentro da família. Queria acabar com a ameaça representada agora pelo grupo antes acolhedor formado por Margot, Navarra e Alençon, e destruir a confiança que um tinha no outro. Quando se tratava de usar a malícia para criar encrencas, Henrique mostrava-se um mestre inspirado. Auxiliado por seus *mignons*, que adoravam ir até seu rei e encher a cabeça dele de invencionices maldosas, desde os primeiros dias de seu reinado ele dedicou-se a criar divisões em sua família, a fim de poder melhor controlá-la. Em sua estada na Polônia, tentara restabelecer relações com Margot, mas depois de ter se sentido traído pelo romance dela com Henrique de Guise em 1570 e da terrível surra que ela recebera da mãe e de Carlos IX como resultado, Margot sempre relembrava seu voto de manter "a memória de sua má ação *immortelle*". O amor e a proteção que ela dispensava a Alençon decorriam da óbvia vulnerabilidade de seu irmão mais novo. Como não recebia amor de Catarina, ela desfrutava do "afeto e das atenções" de seu irmão, e decidira "amar e acolher tudo o que dissesse respeito a ele".[20] Após a partida de Henrique para a Polônia, ela se alinhara com os interesses de Alençon como se fossem os seus. Infelizmente, ao tentar jogar o mesmo jogo da mãe, de criadora de reis, Margot descobriu à própria custa que havia apoiado o irmão errado.

Logo após chegar a Lyon, Henrique já acusara Margot de ter se encontrado com um amante, fingindo visitar uma abadia que ficava perto da casa desse suposto admirador. Após a visita, Navarra relatou a Margot a acusação de Henrique e disse que o irmão dela o incitara a mandá-la embora. Margot jurou que se tratava de uma falsa acusação e Navarra, que havia defendido sua esposa da acusação, avisou-a que deveria ir até a mãe dela e o irmão, que esperavam por ela. Aconselhou-a a se defender com vigor. Descobriu-se em seguida que o escândalo fora uma maliciosa invenção de um dos *mignons* do rei, que foi então obrigado a retirar sua acusação. Catarina recusara-se a ouvir a explicação de Margot e repreendeu a filha em altos brados, para que os cortesãos pudessem ouvir sua humilhação. Mesmo depois que a verdade foi descoberta, Catarina insistiu que "o rei não podia estar equivocado" e recebeu Margot com extrema frieza. Sem se desculpar, simplesmente disse à filha que o rei desejava reconciliar-se com sua irmã. Navarra nobremente defendeu a mulher ao longo de todo o tempestuoso suplício, e Alençon ficou do lado do casal e abraçou os dois, dizendo que os três deveriam permanecer unidos apesar de Henrique.

Também circulou outro rumor absurdo, segundo o qual Margot caíra sob a influência perniciosa e sáfica de uma de suas damas, madame de Thorigny, a filha do marechal de Matignon. Henrique insistiu para que a mulher fosse despedida para que não corrompesse mais sua irmã. Com isso, Margot perdeu uma de suas amigas mais próximas, já que Navarra tinha pouca escolha a não ser obedecer ao rei. O favorito de Henrique, Luís du Ghast, tornara-se um forte adversário de Margot, e, embora o irmão fizesse esforços para que ela recebesse seu favorito cordialmente, ela recusou-se a fazê-lo sem meias palavras; considerava-o inimigo dela e tratava-o com desdém e escárnio. Isso enlouqueceu Du Ghast, que decidiu vingar-se. Ele decidiu dizer a Henrique e Catarina que Margot estava tendo um caso com um cortesão famoso e muito atraente, Bussy d'Amboise, também membro do grupo de Alençon.

Catarina a essa altura estava ocupada com assuntos de Estado e cansada dessas perpétuas acusações que davam a Henrique uma desculpa para desperdiçar seu tempo em assuntos que nada tinham a ver com a condução do reino, e recusou-se a comentar essa última fofoca. O rei e Du Ghast decidiram resolver a questão a seu modo, e reuniram um bando de assassinos para atacar o jovem galante um dia em que ele saiu do Louvre tarde da noite. Apesar da surpresa do ataque e do número de agressores, D'Amboise conseguiu escapar. Compreensivelmente, ele decidiu deixar a corte na mesma hora alegando razões de saúde, o que não deixava de ser verdade.

Henrique tentou a seguir criar atritos entre Navarra e Alençon, atiçando uma competição amorosa entre os dois pelos favores da amante de Navarra, a adorável Charlotte de Beaune, baronesa de Sauve. Charlotte fazia parte do esquadrão voador de Catarina e era um exemplo perfeito da eficácia dessas beldades da corte em favorecer os planos do rei e da rainha-mãe. Navarra mostrara ser um esperto sobrevivente, e até então conseguira manter bom discernimento. No entanto, quando se tratava de mulheres bonitas, o senso comum do jovem rei fraquejava. Navarra e Alençon estavam os dois fascinados por essa jovem beldade, e isso criou grande animosidade entre ambos. Margot relembra que Henrique, e provavelmente Catarina, haviam persuadido De Sauve a se mostrar disponível aos dois homens. "Ela tratava a ambos de tal maneira que acabaram ficando com muitos ciúmes um do outro [...] a tal ponto que esqueceram suas ambições, suas obrigações e seus planos e só pensavam em ir atrás dessa mulher".[21]

A corte deixara de ser um lugar de grandes maquinações e manobras políticas; sob Henrique, virou um caldeirão de pequenos ódios, manifestados por facas, espadas e acusações sussurradas. Eram lutas perversas travadas não apenas entre os nobres importantes e suas facções, mas também entre os serviçais. Navarra escreveu a um amigo, Jean de Miossens, sobre os perigos que enfrentava:

> Esta corte é o lugar mais estranho do mundo. Estamos quase sempre a degolar uns aos outros. Carregamos adagas, usamos cotas de malha e com frequência uma couraça sob a capa [...]. Todo o bando que você conhece quer me ver morto por causa do meu amor por *monsieur* [Alençon] e proibiram minha amante de falar comigo. Têm tanta ascendência sobre ela que nem sequer ousa olhar para mim [...] dizem que irão me matar, e eu quero estar um passo à frente deles.[22]

O rei, auxiliado por Charlotte de Sauve, fez Navarra suspeitar de sua esposa ao adverti-lo para não confiar em Margot, que iria traí-lo por causa de suas infidelidades, muito provavelmente exageradas por Catarina e Henrique para despertar na rainha de Navarra a sensação de estar sendo abandonada pelo marido. Margot ajudara a salvar a vida dele em várias ocasiões. A mais recente foi quando preparara a brilhante defesa dele no episódio de seu envolvimento na tentativa de fuga e levante, nos últimos dias de vida de Carlos IX. Após o Massacre da Noite de São Bartolomeu, quando a rainha-mãe por breve tempo pensou em mandar matar Navarra, Margot detivera qualquer tentativa de anular seu casamento – o que teria deixado Catarina à vontade para se livrar de Henrique – dizendo à mãe dela que havia tido relações sexuais com Navarra e que ele era "em todos os sentidos" um marido.

Embora talvez tivesse se casado contra a vontade, Margot de início era leal a Henrique. Por meio dela, ele aprendeu as maneiras e os meios de sobreviver no labirinto político da corte. Sua esposa também o ajudara a se tornar um príncipe francês absolutamente à vontade na corte. Ela ditava a moda entre as mulheres, inventava novas danças, escrevia versos e cantava. Todos a admiravam por sua beleza, inteligência e porte majestoso. Desde que se casara com ela, Henrique se tornara muito mais elegante, com modos refinados, e sempre se mostrava jovial e fiel com o rei, que o mantinha engaiolado em sua principesca prisão. Margot o ensinara muito bem a jogar o jogo que ela conhecia desde o berço.

Após a morte de seu amado e afetuoso pai, Margot, sem contar com o amor da mãe, habilmente ocultara suas necessidades emocionais. Seu casamento com Henrique de Navarra estava condenado desde o seu sangrento início, mas nos primeiros tempos havia uma lealdade mútua em certas questões, embora as constantes infidelidades dele desde o começo tivessem feito muito para prejudicar os sentimentos dela por ele como marido. Para preservar seu amor-próprio, ela fingia estar mais preocupada com os danos que as aventuras sexuais poderiam causar à saúde dele, mas no final de 1575, segundo Margot, o casamento dava sinais de sofrer a terrível pressão que as forças externas exerciam sobre ele. Embora ela declarasse ser capaz de tratar Navarra como um irmão e partilhar confidências, ele começou a ocultar dela seus planos. Como ela lembrou: "Eu não consegui suportar a dor que sentia [...] e parei de dormir com o rei meu marido". Isso foi uma verdadeira tragédia para Margot, cuja vida começava agora a tomar um curso que acabaria levando-a à desgraça e ao desastre.

Em abril de 1575, uma delegação de *politiques* chegou a Paris para apresentar seus termos ao rei. Incluíam uma carta de direitos permitindo total liberdade de culto, cidades seguras, tribunais com representantes de ambas as religiões e o julgamento dos culpados pelo Massacre da Noite de São Bartolomeu. Quando foram lidos para Henrique, ele mal conseguia conter sua indignação. Depois de repreendê-los por seu atrevimento, perguntou com ironia: "Bem, e o que mais vocês querem?". Catarina, não menos surpresa que o rei, comentou que eles falavam "tão presunçosamente" como se tivessem "50 mil homens no campo, e o almirante e todos os seus líderes vivos". Apesar de sua extrema relutância, a rainha-mãe e o rei não tinham como evitar que a discussão prosseguisse, mas logo em seguida as conversações foram interrompidas. Combates esporádicos continuaram, com cada um dos lados proclamando vitórias, mas nenhuma delas mostrou ser decisiva.

O entusiasmo original de Catarina e a insistência para que Henrique lutasse em vez de negociar com a aliança huguenotes-*politiques* revelaram-se um equívoco desastroso. Ele poderia ter começado seu reinado negociando uma paz com Damville, mas o conflito endêmico agora desestabilizava o país uma vez mais. Michiel, o embaixador veneziano, descreveu suas apreensões em relação à França nessa época:

> Onde quer que se olhe, vê-se a ruína, o gado quase todo destruído [...] trechos de terra boa não cultivada e muitos camponeses obrigados a deixar suas casas e tornarem-se errantes. Tudo alcança preços exorbitantes [...] as pessoas não têm mais lealdade ou cortesia, seja porque a pobreza rompeu seu ânimo e ficaram embrutecidas, seja porque as facções e o derramamento de sangue deixaram-nas maldosas e ferozes [...]. O clero e a nobreza, por motivos variados, também vivem em circunstâncias difíceis, particularmente a nobreza, que está totalmente arruinada e endividada. Aqueles que ainda pulsam um pouco

de vida são os burgueses, comerciantes [...] e a classe conhecida como *gens de robe longue* – magistrados, conselheiros, tesoureiros e similares – que gastam pouco, sabem como gerir seus recursos e ficam aguardando para devorar os outros [...]. A religião e a justiça caíram em grande ultraje [...]. Devo dizer que são muitos os que não dão a menor importância à religião e a usam para seus próprios fins [...]. Desmoralizado, o povo perdeu sua suprema reverência e obediência ao rei, que já foi tão grande que eles dariam a ele não só sua vida e suas posses, como sua alma e sua honra [...] e quanto a obedecer ordens e éditos reais, eles parecem zombar deles.

Outro golpe, ainda mais catastrófico, aguardava Henrique e a rainha-mãe. Na noite de 15 de setembro de 1575, Alençon conseguiu fugir de Paris levando com ele quinze seguidores. Catarina, acreditando que seus dois filhos poderiam se reconciliar, foi persuadida por Alençon de que ele não iria fugir, e que sempre se reportaria ao rei se tivesse alguma queixa. Ela, por sua vez, aconselhara Henrique a dar alguma liberdade de movimentos ao seu irmão em Paris. Henrique censurou a mãe por deixar que seu detestado irmão e aparente herdeiro escapasse de seu controle, quase certamente para se juntar aos *politiques*. Henrique tentou reunir uma força de oficiais leais para trazê-lo de volta vivo ou morto, mas descobriu que os homens resistiam a seguir suas ordens em relação ao mais velho príncipe da França, sabendo que o futuro a ele pertencia. É notável que Alençon tenha conseguido chegar com relativa facilidade a Dreux, uma propriedade sua onde estaria seguro. Aqueles altos nobres e oficiais, que talvez pudessem ter impedido o duque, demoraram de propósito para entrar em ação ou simplesmente não fizeram nada. Agir contra o herdeiro era evidentemente perigoso, e nesse caso a crescente impopularidade do rei talvez tenha se refletido nessa visível falta de empenho para capturar seu irmão.

De Dreux, Alençon expediu um manifesto que continha três das exigências-chave da delegação. Ele pedia a convocação dos Estados-Gerais, a expulsão dos estrangeiros do conselho e uma pacificação religiosa até que um conselho geral da Igreja pudesse ser convocado.[23] Num primeiro momento, Catarina simplesmente recusou-se a acreditar que Alençon tivesse sido esperto o suficiente para enganá-la; normalmente, suas mentiras eram tão transparentes que se tornavam quase embaraçosas. Embora fosse tarde demais para pegá-lo, ela conversou com o duque de Nevers a respeito de usar cinco ou seis homens para sequestrar o filho, mas no final decidiu que deveria lidar com Alençon ela mesma.

Na Alemanha, Condé e João Casimiro estavam indo para o Reno e a fronteira francesa com uma grande força protestante, para juntar-se a Damville. Com Alençon em liberdade e talvez planejando liderar as forças antirrealistas, o desastre parecia iminente. O primeiro encontro de Catarina com o filho ocorreu entre Chambord e Blois, em 29-30 de setembro. Quando viu a mãe descer da carruagem, Alençon desmontou e caminhou em sua direção. Ajoelhou-se diante dela, que ergueu-o e o abraçou. Passaram o primeiro dia em declarações chorosas de amor entre mãe e filho, mas depois Catarina tentou resolver os prementes assuntos que a haviam levado até ele. Antes que passassem a discutir suas exigências, Alençon insistiu que, como um gesto de boa vontade, François de Montmorency e o marechal de Cossé deveriam ser imediatamente libertados. Em 2 de outubro, Henrique com relutância concordou com o urgente pedido de Catarina.

Ao rever as exigências do duque, apesar das instruções de Henrique para que ela fizesse poucas concessões, Catarina estava ansiosa para concluir um acordo, mesmo que fosse apenas temporário. Precisava ganhar tempo para as forças da Coroa. Ela enviou as exigências de Alençon para Henrique e implorou que concordasse com elas, mas ao mesmo tempo aconselhou-o a se armar e preparar-se para a guerra. Henrique, o duque de Guise, aliviou um pouco a situação ao obter uma vitória em Dormans, em 10 de outubro, contra os *Reiters* alemães que haviam invadido o norte da França. Durante a batalha, Guise sofreu um ferimento horrível no rosto que quase o matou. A partir de então, iria compartilhar com o pai o glorioso apelido de "*Le Balefré*" ("O Cortado"), mas a vitória em Dormans produziu um fruto venenoso, criando um novo herói para os católicos franceses radicais.

Em 21 de novembro, foi assinada uma trégua de seis meses. Um dos artigos estipulava que os *Reiters* de João Casimiro receberiam 50 mil libras para não cruzar a fronteira e entrar na França. Como muitos dos artigos da trégua não foram cumpridos, os governadores das cidades seguras prometidas a Alençon pura e simplesmente se recusaram a entregá-las, e, como poucas das tensões haviam sido aliviadas, parecia quase inevitável que o conflito fosse logo reiniciado. Em 9 de janeiro de 1576, os *Reiters* acabaram cruzando da Lorena para a França, deixando devastação por onde passavam.

Henrique culpou Catarina pelo fracasso da trégua, mas ela retorquiu que o prevenira para se armar durante todo o tempo em que estivera em conversações: "Acho que posso me vangloriar de ter iniciado, se não tivesse sido interrompido, o maior serviço que uma mãe jamais prestou aos seus filhos".[24] Ela também argumentou que não poderia ser responsabilizada pelo fato de os governadores das cidades seguras terem se negado a entregá-las conforme os termos da trégua.

A rainha-mãe voltou a Paris no final de janeiro de 1576. Ficara longe de seu amado Henrique por quatro meses, e mesmo assim os esforços dela em nome dele só haviam servido para despertar desconfiança e raiva em relação a ela. Alençon, procurando uma desculpa para romper com seu irmão, acusou o chanceler Birague de tentar envenená-lo seguindo ordens do rei, e juntou-se às forças *politiques* em Villefranche, no sudeste da França. Em 3 de fevereiro, quando as coisas pareciam não poder piorar, o rei de Navarra, de 22 anos – que, desde a fuga de Alençon, estivera submetido a uma vigilância particularmente severa a cargo de guardas ultracatólicos escolhidos a dedo por Catarina –, conseguiu fugir de sua gaiola dourada enquanto realizavam uma caçada. Por fim, acabou chegando ao seu próprio reino pela primeira vez desde seu casamento quatro anos antes. Em 13 de junho, abjurou formalmente a religião católica.

A fúria de Henrique pela fuga de Navarra foi despejada sobre sua irmã, que ele agora tornou sua prisioneira. Ele também a acusou de ter ajudado na fuga de Alençon e (talvez com alguma razão) de ter contribuído de algum modo para a morte meses antes de seu adorado Du Ghast. O *mignon* tão detestado por Margot, e por muitos outros além dela, havia sido assassinado em seu quarto enquanto lhe cortavam as unhas dos pés. Não era nem de longe a morte gloriosa que o vaidoso cortesão teria escolhido. Ele estava adoentado havia algum tempo e se retirara para sua casa perto do Louvre. Supõe-se que sofria de uma doença venérea, e que estava ali descansando e recebendo algum tratamento. O assassino, barão de Vitteaux, um conhecido duelista foragido da justiça, entrou na casa de Du Ghast pela janela de um andar superior, subindo por uma escada de corda, e matou sua vítima a punhaladas.

Agora que Navarra havia ido embora, Margot acreditou que o irmão dela iria matá-la. Escreveu: "Se ele não tivesse sido advertido pela rainha, minha mãe, acho que a raiva dele era tanta que teria cometido alguma crueldade terrível contra mim".[25] Foram colocados guardas às portas de seus aposentos e "ninguém, nem mesmo os mais próximos a mim, ousavam me visitar, com receio de arruinar a própria vida".[26] Margot declarou que, num ato de vingança, Henrique ordenara o assassinato de sua antiga dama de companhia, Gilone de Thorigny, que ele demitira do círculo doméstico dela com falsas acusações de lesbianismo, logo após voltar da Polônia. A pobre mulher havia sido arrastada para fora de sua casa e levada para ser afogada quando dois amigos de Alençon que passavam por acaso por ali flagraram os assassinos e salvaram a vida dela.

Com a corte e o país desintegrando-se diante dos seus olhos, Catarina implorou a Henrique que buscasse a paz, não importava a que preço. O rei enviou a mãe para Sens enquanto negociava com os príncipes e seus delegados. Catarina partiu acompanhada por seu esquadrão voador e levou até Margot com ela. Em 6 de maio de 1576, a Paz de Beaulieu, ou *La Paix de Monsieur*" como ficou conhecida – já que Alençon parecia tê-la imposto ao irmão e se beneficiado pessoalmente ao máximo com seus termos –, foi proclamada. O tratado, com 63 artigos, representou nada menos que um grande triunfo para o protestantismo francês, que agora ficava praticamente equiparado ao catolicismo. Alençon – além de outras terras valiosas e títulos – recebeu o ducado de Anjou (embora ele continue sendo referido aqui como duque d'Alençon). Coligny e as vítimas do Massacre de São Bartolomeu foram postumamente reabilitados e o episódio foi publicamente condenado como um crime. Pensões deveriam ser pagas às viúvas e aos órfãos durante seis anos. Foram garantidas aos protestantes oito cidades seguras, e prometeu-se aos *Reiters* uma generosa paga para que deixassem a França. Navarra recebeu o governo de Guiena e a promessa de que o dinheiro que lhe era devido seria entregue com juros. Damville foi confirmado governador do Languedoc, e João Casimiro foi compensado com vastos territórios na França, e também com uma anuidade de 40 mil libras. O rei concordou ainda em convocar uma reunião dos Estados-Gerais dentro de seis meses. Embora o tratado representasse uma óbvia humilhação para Henrique, permitiu-lhe manter o trono.

Henrique chorou ao assinar o tratado; enquanto lutava para conseguir os fundos para cumprir os custosos termos, maldizia seu irmão e, acima de tudo, sua mãe. Ela o aconselhara a embarcar nessa ruinosa guerra e agora o obrigava a assinar um documento que, na sua opinião, desonrava tanto a ele quanto a França. Quando Catarina voltou a Paris, ele se mostrou na aparência tão cordial e educado como sempre com ela, mas evitou vê-la em privado durante dois meses inteiros. A partir de agora, uma nítida mudança no relacionamento entre os dois surgiu; ela tornou-se cautelosa em todas as suas tratativas com o rei, e fazia o maior esforço possível para não irritá-lo. O glorioso início que a rainha-mãe imaginara para o reinado de Henrique havia falhado. Ela via-se agora presidindo a triste desintegração de seus sonhos.

XV

A TRAIÇÃO DE ALENÇON

Ele é minha vida...
sem ele não desejo nem viver nem ser

1576-1584

A "*Paix de Monsieur*" causou tumulto entre os católicos franceses, que começaram imediatamente a formar ligas por todo o país. Humilhados e traídos pelos termos do tratado, não se sentiam mais capazes de ver o rei como protetor deles e de sua religião. Os protestantes haviam percebido o que eram capazes de alcançar com sua organização efetiva, e então as ligas católicas empregaram as táticas de seu inimigo. Conforme a notícia se espalhou, principalmente com os jesuítas levando a mensagem por todo o reino, tanto os nobres quanto os camponeses se juntaram à causa. Catarina, temendo a potencial força dessa organização, não esqueceu dos velhos dias do triunvirato de Montmorency, Guise e Saint-André, nem da ameaça que representaram para a monarquia. O rei, furioso com "essas sinistras associações", orientou seus oficiais provinciais a considerá-las ilegais e tratar quem aderisse a elas como traidores da Coroa. Evidentemente, ele era muito jovem na época para lembrar dos triúnviros e de como lutaram contra sua mãe. Como comentou com tristeza, "Antes, um condestável ou um príncipe do sangue não tinham como formar um partido na França. Agora, até os valetes os inventam".[1]

A reunião dos Estados-Gerais, estipulada no tratado, deveria ocorrer em dezembro de 1576, e, como a liga continuou a se difundir por todas as classes, logo ficou óbvio que eles planejavam tomar a assembleia para seus próprios fins, enchendo-a de delegados fiéis ao novo partido. Apesar de suas declarações de lealdade ao rei, pretendiam condicionar sua fidelidade à adesão dele às decisões dos Estados. Vendo que a assembleia seria dominada por fanáticos católicos levados ali por eleições manipuladas, os huguenotes e *politiques* declararam inválida a futura reunião.

O líder natural dos membros da liga era Henrique, duque de Guise, um paladino católico, herói militar e descendente de Carlos Magno. Quem melhor para salvar o catolicismo na França do que esse nobre descendente de Francisco, duque de Guise? O sibarítico rei já se mostrara insatisfatório como verdadeiro defensor da fé, então as pessoas se voltaram para o soldado jovem, atraente e carismático. Circularam panfletos de propaganda dizendo que os Valois eram uma dinastia corrupta e decaída, e que os Guise, viris descendentes do primeiro imperador do Sacro Império, eram mais aptos a ocupar o trono francês. Foi sugerido que o duque de Guise assumisse o controle do país, aprisionasse o rei e punisse Alençon por ter se associado aos rebeldes. Por hora, Guise tacitamente apoiou a liga, mas prudentemente não mostrou entusiasmo em se tornar seu líder reconhecido, embora visse com interesse o crescimento de sua força. Se prevalecessem as circunstâncias adequadas, atenderia ao clamor e lideraria sua causa.

O único resultado positivo dessa ameaça dos propagandistas de que os Guise deveriam substituir os Valois foi trazer a reconciliação, essencial para a sobrevivência da monarquia, entre Henrique e Alençon. Henrique odiava a pretensiosa evocação de Carlos Magno ostentada frequentemente pelos Guise; dessa vez, isso representava um perigo real, pois despertava no povo sentimentos sobre o papel de um monarca forte que ele próprio não estaria à altura. Quando os dois irmãos se encontraram em novembro de 1576 em Ollainville (uma mansão rural que o rei comprara para ele e sua rainha), o afeto fraterno reencontrado convenceu a maior parte dos observadores de que era genuíno, já que eles "se beijaram e se abraçaram". Como sinal particular de confiança e afeto, o rei insistiu para que seu irmão dormisse com ele na sua cama na primeira noite de seu encontro. De manhã, sua majestade "certificou-se de que o irmão tivesse tudo o que precisava para se vestir". Além de partilharem uma causa comum contra os Guise, havia também uma tentadora abertura por parte dos católicos dos Países Baixos, que sugeria a possibilidade de um trono para Alençon. Os irmãos decidiram colocar de lado as diferenças e, sem cerimônia ou escrúpulos, Alençon desfez a aliança *politiques*-huguenotes. Mais tarde, tanto Catarina quanto Henrique afirmaram que o propósito principal da assinatura do tratado não havia sido conquistar os huguenotes, mas sim trazer de volta Monsieur, embora isso tivesse mais a cara de uma racionalização posterior ao fato. Em 2 de novembro, Catarina escreveu que acabara de ter o prazer de ver os filhos se entendendo, e que esperava que a partir de agora nada fosse dispersá-los de seu único desejo de "preservar a Coroa" e, no caso de Alençon, de conquistar uma nova na Holanda.

Quando os Estados se reuniram em dezembro, Henrique, percebendo que não poderia suprimir a liga, foi esperto e decidiu colocar-se à frente dela. Quando ela foi criada na Picardia, o rei declarou com irritação não haver necessidade de uma associação desse tipo, porque, sendo ele o "mais cristão dos reis", quem poderia ser um católico melhor que ele? Em seu discurso nos Estados, extasiou seus ouvintes com uma oratória esplêndida. *Plus Catholique que les Catholiques,* Henrique concordou com os delegados que deveria haver unidade religiosa na França, embora isso, é claro, fosse levar a uma nova eclosão da guerra. Ele, porém, recusou aceitar a exigência dos Estados, de que qualquer que fosse o resultado de seus votos, o rei deveria comprometer-se a aceitá-lo, porque isso anularia completamente sua autoridade real.

Quando se tratou de arrecadar dinheiro para implementar as decisões dos Estados, o que iria efetivamente levar à guerra, o entusiasmo dos delegados esfriou notavelmente. Para animar o clima, a rainha-mãe achou que seu talento para o entretenimento poderia deixar a atmosfera mais leve e deslumbrar os mesquinhos deputados. Os famosos comediantes italianos I Gelosi chegaram a Blois (depois de terem sido capturados e em seguida soltos pelos huguenotes mediante resgate) e apresentaram sua performance em 24 de fevereiro. Em homenagem à reaparição dos italianos – cujo resgate ele mesmo havia pago –, o rei ofereceu um baile de máscaras na mesma noite, ao qual compareceu vestido de mulher. O autoproclamado chefe da liga católica apresentou-se com o cabelo frisado, penteado e empoado, e seu vestido ostentava um profundo *décolleté*. O aspecto do mais cristão dos reis era de tirar o fôlego, com um traje de brocado, rendas e diamantes, e um colar de enormes pérolas que dava dez voltas em torno de seu pescoço.

Embora Catarina tivesse esperança de que a guerra pudesse ser evitada, continuou lembrando Henrique que ele deveria estar preparado para a batalha caso fosse necessário. Os deputados não se inclinavam a disponibilizar um centavo. Enquanto isso, foram retomados os combates no sul. Numa última tentativa de evitar a guerra, Henrique convidou Navarra, Condé e Damville para discutir a situação com os Estados em Blois, mas eles se recusaram a comparecer. Catarina lamentou a disposição de Henrique de retomar as hostilidades e queixou-se chorando à sua nora, a rainha Louise, de não ter mais qualquer influência sobre seu filho, dizendo: "Ele desaprova tudo o que eu faço, é óbvio que não tenho liberdade para agir como gostaria".² Ela via Damville como o mais destacado entre os inimigos do seu filho: "É dele que tenho mais medo, pois tem grande compreensão, mais experiência e constância [...]. Minha opinião é que não devemos poupar esforços para convencê-lo. Pois é ele que irá ou nos salvar ou nos levar à derrocada".³ Catarina também justificou seus receios quanto à capacidade de Henrique de empreender uma guerra. Para ajudar o filho, sabia que precisava controlar seus inimigos por meios sutis. Primeiro, abordou a esposa de Damville, Antoinette de la Marck, uma católica fervorosa, e conseguiu chegar ao próprio Damville, que ela habilmente subornou oferecendo-lhe o marquesado de Saluzzo, a fim de tirá-lo de sua aliança com os huguenotes e colocar o Languedoc de volta sob autoridade real. Ele aceitou a oferta, e a saída desse formidável adversário das fileiras dos protestantes diminuiu muito a força deles.

Seguiu-se uma guerra curta – a Sexta Guerra de Religião –, na qual Alençon, nominalmente no comando mas na realidade sob as ordens do duque de Nevers, distinguiu-se ao capturar a fortaleza protestante de La Charité-sur-Loire, em 2 de maio de 1577. Num surto sanguinário, Alençon sugeriu o massacre dos habitantes huguenotes, o que o duque de Guise conseguiu evitar. Infelizmente para os habitantes de Issoire, no Auvergne, Guise não estava presente quando a cidade se rendeu em 12 de junho ao exército realista. Ali, Alençon comandou o assassinato de 3 mil cidadãos, o que lhe valeu o ódio duradouro dos protestantes. Agora seu nome estava manchado com sangue protestante, como o de seus irmãos Carlos e Henrique. Catarina e o rei tiveram a satisfação secreta de ver que o ultraje inútil de Alençon significava que não poderia mais voltar à sua anterior aliança com os huguenotes. Essa porta agora se fechava para sempre; estava definitivamente vinculado à sua família por seu crime.

Para glorificar a tomada de La Charité-sur-Loire, Henrique ofereceu um grande banquete ao seu irmão em Pléssis-les-Tours. Na realidade, o rei, furiosamente enciumado com o sucesso militar de Alençon, repetia agora a hostilidade que Carlos IX manifestara em relação aos seus "triunfos" militares em Jarnac e Moncontour. O tema da celebração exigia que todos se vestissem de verde, a cor favorita de Catarina (coincidentemente, também a cor que na época costumava ser associada à insanidade), e que os homens se vestissem de mulher e vice-versa. Em 9 de junho, Catarina deu um grande baile no seu Château de Chenonceau, com o banquete realizado em seus jardins à luz de tochas. O rei, ou o "Príncipe de Sodoma", como era frequentemente chamado pelas costas, cintilava de diamantes, esmeraldas e pérolas. Com o cabelo empoado na cor violeta e usando um vestido de refinados brocados, fazia um contraste brutal com a esposa, vestida de forma simples, sem adornos, a não ser o de sua beleza natural.

A família real, incluindo Margot, sentou-se numa mesa à parte e o jantar foi servido por uma centena de esplêndidas beldades, descritas por Brantôme como "seminuas com seu cabelo solto como jovens noivas". Catarina dominava havia muito tempo o truque de dispensar suas damas das regras normalmente draconianas quando a ocasião exigia. Ela também teria dado a impressão de não notar que a noite terminou num dissoluto "vale-tudo", quando muitos dos festeiros se dirigiram aos bosques vizinhos. O custo das duas "magnificências" havia sido de nada menos do que 260 mil libras.[4] Para Catarina, valera cada *écu*, pois ela celebrava o novo entendimento entre seus filhos, mas, se tivesse examinado mais de perto, veria que o espírito fraterno era apenas uma quimera. Logo após a captura de Issoire, o rei chamou Alençon de volta e deu o comando do exército a Nevers. Os ingleses começaram a ajudar os huguenotes e Navarra continuou no controle de várias fortalezas protestantes. Isso e sua crônica falta de dinheiro fizeram Henrique decidir que era hora de entrar em acordo com o inimigo.

Em 17 de setembro de 1577, a Paz de Bergerac foi assinada, encerrando a Sexta Guerra de Religião. Comumente chamada de "Paix du Roi", esse tratado contribuiu um pouco para remover os elementos mais odiosos da "*Paix de Monsieur*", embora como de hábito nem os protestantes nem os católicos tivessem ficado satisfeitos. O rei não podia continuar pagando pela guerra e os huguenotes, apesar de violentamente atingidos, não estavam de modo algum totalmente derrotados. Ainda previam-se problemas, em particular no sul. Uma imensa fonte potencial de atrito havia sido removida por meio de uma cláusula vital do tratado, que proibia "todas as ligas e fraternidades".[5] Uma coisa era certa, porém: o ocioso e facilmente irritável rei iria precisar recorrer à sua infatigável rainha-mãe para manter a frágil paz que levava seu nome. A fim de recuperar a confiança de Henrique nela, Catarina partiu em viagem para o problemático sul e sudoeste da França, largamente sob domínio huguenote. Essa indômita mulher de 59 anos saiu de Paris no final do verão de 1578 com uma corte em miniatura (incluindo algumas beldades de seu esquadrão voador) para administrar a paz e aplicar um bálsamo nos ânimos mais exaltados, nas facções em guerra e no povo insatisfeito. Margot também viajou com o grupo, para se juntar ao marido, que solicitara que a esposa lhe fosse devolvida. Henrique, ansioso para se ver livre daquela criadora de encrencas, esperava que sua irmã pudesse ser de alguma utilidade para ele ao lado de Navarra. Margot lembra que, nas semanas que antecederam sua partida, o rei "veio me ver todas as manhãs, declarando seu amor por mim e explicando o quanto isso seria útil para que eu pudesse viver uma vida feliz".

***

Os problemas que a França enfrentava eram de vários tipos: a maioria deles decorria do caos gerado pelas guerras religiosas, embora houvesse uma série de outros, como os altos impostos, conflitos sociais e disputas locais entre contingentes hostis. A maior parte do tempo de Catarina seria despendida, com um considerável risco pessoal, em território efetivamente inimigo, comandado pelos huguenotes, que ela em privado apelidara de "aves de rapina" ou "*les oiseaux nuisantes*" (falcões noturnos). Catarina suportou não apenas hostilidade aberta em algumas de suas paradas, mas também todos os desconfortos e perigos próprios de uma longa viagem em terreno hostil. Era vigorosa e não se intimidava com peste, bandidos ou estradas perigosas, com frequência pouco mais que trilhas rudimentares. Não desanimava quando os portões de alojamentos confortáveis, *châteaux* e casas senhoriais eram frequentemente vetados a ela sem qualquer cerimônia, quando chegava a uma nova região. Às vezes, isso a obrigava a criar uma casa improvisada debaixo de lonas, onde dependurava seu item mais precioso, um retrato do rei.[6] Nenhum esforço era grande demais quando feito em nome de seu *chers yeux* Henrique.

O rei, por sua vez, escreveu no início da viagem à duquesa d'Uzès, que acompanhava Catarina, pedindo-lhe: "Acima de tudo, traga nossa boa mãe de volta em perfeita saúde, pois nossa felicidade depende disso". O humor da rainha-mãe permaneceu decididamente animado diante das dificuldades e hostilidades que enfrentava, e quando fazia tempo bom ela se deleitava particularmente com as memórias de sua infância na Itália. Adorava "as favas magníficas, as duras amêndoas e as gordas cerejas" que cresciam cedo no sul, e queixava-se pouco da terrível dor de sua gota e do reumatismo, especialmente no frio rigoroso do inverno.⁷ Quando podia, abria mão da sua liteira ou da ampla carruagem e caminhava ou montava uma mula. A visão dela escarranchada em sua mula, escreveu, "teria feito o rei rir".

A única coisa que Catarina achava difícil de suportar era a longa separação de Henrique. Ela escreveu à duquesa d'Uzès, que então já havia voltado à corte: "Nunca estive tanto tempo sem ele desde que nasceu. Quando ele esteve na Polônia, foram só oito meses". O objetivo de sua missão, que era recuperar a própria estima com o rei, fazia valer a pena o sacrifício, como confidenciou à sua amiga: "Espero fazer bem mais a serviço do rei e do reino aqui do que faria ficando com ele e dando-lhe [...] conselhos impalatáveis".⁸ Henrique escreveu a um de seus embaixadores durante a viagem dela: "A rainha, minha senhora e mãe, está no momento na Provença, onde espero que consiga restaurar a paz e a unidade entre meus súditos [...]. Assim, ela implantará nos corações de todos os meus súditos uma memória e um eterno reconhecimento a ela pela sua benemerência, que irão obrigá-los para sempre a se juntarem a mim para orar a Deus pela sua prosperidade e saúde".⁹

A jovial disposição de Catarina e seu prazer pelas aventuras de sua jornada raramente a abandonaram. Conforme ia de lugar em lugar para lidar com cada dificuldade – geralmente a implementação do tratado e a inimizade dos locais, tanto entre eles quanto em relação à Coroa –, ela lidou com dedicação com as queixas que recebia. É um tributo à sua magnífica personalidade, ao seu charme, entusiasmo e imaginação singulares que, com raríssimas exceções, tenha conseguido não só encontrar soluções (que, como ela iria ver, seriam muitas vezes provisórias demais) para as profundas divisões que a França enfrentava, mas também despertar o respeito e a relutante afeição de seus antigos oponentes por seu absoluto compromisso com a manutenção da paz.

Antes de deixar Margot com Navarra em Nérac, Catarina disse ao seu genro que recorresse à esposa e a usasse para interceder por ele junto ao rei se houvesse problemas políticos. Os dois, Catarina e Navarra, haviam demonstrado ser adversários à altura um do outro. Quando os assuntos de Estado haviam exigido, Navarra se revelara quase tão talentoso quanto a própria Catarina em usar pretextos, recursos e truques. Após quase quatro meses de trabalho exaustivo, a Convenção de Nérac foi assinada e Catarina seguiu adiante. Em 18 de maio de 1579, a rainha-mãe escreveu à duquesa d'Uzès que havia recebido notícia sobre Margot e Navarra: "Minha filha está com o marido. Ontem tive notícia deles. Fazem o melhor casal que se poderia esperar. Rezo a Deus para que essa felicidade continue e para que ele mantenha você viva até os 147 anos e que possamos comer juntas nas Tulherias, com chapéus ou bonés".[10] Apesar de seu tom leve, ela sabia que sua próxima parada seria perigosa.

Do mesmo modo como duas décadas antes, durante a Primeira Guerra de Religião, ela havia caminhado sem se importar com a segurança pessoal pelos baluartes de Rouen, ao alcance dos canhões inimigos, Catarina agora demonstrava a mesma coragem na fortaleza huguenote de Montpellier. Entrando na cidade em 29 de maio de 1579, seguiu com frieza entre as fileiras de arcabuzeiros protestantes hostis, com sua carruagem quase encostando na boca das armas dos homens em postura ameaçadora. Sua determinação e destemor fizeram com que ganhasse o respeito do povo da cidade. Ao concluir seu trabalho ali e começar a etapa seguinte de sua viagem, sentiu na despedida que a tratavam com cortesia, quase com reverência. Como escreveu à duquesa d'Uzès: "Tenho visto todos os huguenotes do Languedoc; Deus, que sempre me protege, olhou tanto por mim que consegui o melhor deles [...] há muitos 'falcões noturnos' aqui que não hesitariam em lhe roubar os cavalos [...] mas os demais são gente boa, que dança muito bem a *volta*".[11]

Catarina ainda precisava encarar as problemáticas áreas da Provença e do delfinado. Ela escreveu: "Estou tão preocupada com as disputas na Provença que minha mente só consegue invocar a raiva [...]. Não sei se o povo do delfinado será melhor que isso [...] como sempre, deixei nas mãos de Deus".[12] Agindo firme com a perversa luta entre as facções, mais social do que religiosa na origem, ela escreveu: "Concluí meu trabalho e, na minha humilde opinião, fiz com muitas pessoas mentirosas e habilidosas o que era considerado impossível [...]. Em dez dias, deverei ver a coisa mais preciosa que tenho no mundo". Finalmente, aproximava-se a hora em que iria encontrar o rei em Lyon; esse único pensamento havia mantido seu ânimo inabalável. Henrique, por sua vez, tendo concordado em encontrar sua mãe, apesar de sua pouca inclinação a sair da inércia, sentiu que não poderia se recusar a fazer a viagem, depois dos extraordinários esforços que a mãe havia feito. Ele escreveu a um amigo: "Devemos nos resignar a ir a Lyon, pois a boa mulher deseja, e ela me escreve com urgência demais para que eu possa recusar [...]. *Adieu*, estou de cama, com fadiga, recém-chegado de uma partida de tênis".

A "fadiga" de Henrique na realidade revelou ser uma quase fatal infecção no ouvido, similar àquela que matara seu irmão Francisco II. Catarina pelo menos foi poupada de notícias sobre sua condição crítica até que o pior houvesse passado e ele já se recuperasse. Horrorizada quando soube de sua perigosa doença, escreveu à duquesa d'Uzès:

> Ele é minha vida, sem ele não desejo nem viver nem ser. Acredito que Deus sentiu pena de mim, pois já tive tanta dor ao perder meu marido e meus filhos que Ele não iria me arrasar levando-o também. Quando penso no perigo pelo qual passou, nem sei mais onde estou, e abençoo o bom Deus por devolvê-lo a mim, e rezo para que seja por mais tempo que o da minha própria vida, e que enquanto eu viva possa não ver nenhum dano se abatendo sobre ele. Acredite, é difícil estar longe de alguém que se ama como eu o amo, e saber que está doente é morrer aos poucos.[13]

O desejo de Catarina de ver seu adorado filho foi finalmente satisfeito quando se encontraram em 9 de outubro de 1579 em Orléans. Os dois então foram para Paris, onde ela teve uma recepção calorosa e entusiasmada, saudada por seu incansável trabalho para preservar a unidade da França. O embaixador veneziano, Gerolamo Lippomanno, embora duvidasse que a missão de Catarina pudesse ser bem-sucedida, a louvou como "uma infatigável princesa, nascida para domar e governar um povo tão turbulento quanto o francês. Eles agora reconhecem os méritos dela, sua preocupação com a unidade, e lamentam não ter-lhe dado antes o devido valor". Talvez alguns se sentissem mais seguros ao ver de novo o rosto familiar da rainha-mãe, pois o rei e seu irmão – longe de terem vivido em harmonia durante a ausência dela – estavam de novo envolvidos numa perigosa luta fratricida. Assim, em vez de voltar para casa e desfrutar de um raro momento de gratidão nacional e curtir a tranquilidade que merecia, Catarina voltou para resolver "as odiosas rixas com seus consequentes riscos" de seus filhos.

Mesmo antes da longa viagem de Catarina para pacificar o sul da França, Alençon e Henrique haviam retomado sua antiga inimizade, como sempre incentivada pelos seus respectivos clientes e apoiadores. Henrique acusara o irmão de tramar e fazer intrigas, particularmente com a intenção de levar uma força até a Holanda espanhola que, uma vez mais, poderia ser a centelha de uma guerra com Felipe. Isso culminou numa cena farsesca, na qual o rei

– agindo baseado em um aviso de que poderia flagrar Alençon armando um complô – havia feito uma visita surpresa ao seu irmão nas primeiras horas da manhã e ordenado uma revista em seu quarto. Enquanto os baús e armários eram abertos e seu conteúdo esparramado, o próprio rei remexia maniacamente a roupa de cama. Para sua intensa satisfação, viu Alençon tentando esconder um pedaço de papel. Tomou-o e brandiu-o, sem um exame mais detido, como uma maldita prova, mas logo descobriu-se que o papel não continha nada de incriminador, a não ser uma declaração de amor de madame de Sauve. O rei, seu irmão e sua mãe estavam os três de camisola quando o dia raiou no meio dessa cena ridícula e indigna. Catarina tentou consolar Alençon, mas ele, sabiamente temendo por sua segurança, fugiu alguns dias mais tarde, dessa vez usando uma corda de seda para descer pela janela de Margot.

O mesmo velho padrão confirmou-se, com Catarina saindo atrás de Alençon para trazê-lo de volta à corte com garantias de Henrique quanto à sua segurança. Embora Alençon tivesse prometido à mãe que não iria comprometer a paz na França, ela visitou-o de novo tentando trazê-lo de volta. No entanto, logo se espalhou a notícia de que ele havia juntado alguns combatentes para levá-los à Holanda. Apesar de ter garantido que não iria se envolver em nenhum confronto com os espanhóis ali, em julho de 1578 ele liderou seu "exército de libertação" – na realidade, pouco mais que um aglomerado de bandoleiros sem disciplina militar – até Mons, declarando que sua natureza "abominava a tirania" e que "desejava apenas socorrer os aflitos". Depois de alguns meses, aquela ralé, sem receber remuneração, decidiu voltar para casa, e passaram a pilhar e atacar as mesmas pessoas e terras que supostamente tinham vindo proteger. Bussy d'Amboise, antigo amante de Margot e amigo de Alençon, demonstrou particular descontrole durante essa vergonhosa volta à França, e o duque, como era seu costume, culpou-o pelo fracasso da grande missão. Catarina e Henrique apresentaram suas escusas a Felipe da Espanha, atribuindo o episódio a um "arroubo de juventude" de Alençon.[14]

Preocupada com os atritos triviais mas sanguinários entre os homens de Alençon e os *mignons* de Henrique, e com sua desastrosa incursão ao sul da Holanda, Catarina agora tentava encontrar uma esposa para seu problemático filho mais novo. Afora um possível aborto na primavera de 1576, que talvez tivesse comprometido quaisquer futuras chances de gravidez, a rainha Louise não demonstrara nenhum sinal de que poderia produzir o tão esperado herdeiro. Ela emagrecera e sofria de surtos de melancolia, por sua incapacidade de dar um filho ao adorado esposo. Portanto, não foi apenas para demover Alençon de criar mais problemas que Catarina começou a procurar uma noiva adequada, mas também para assegurar a própria continuidade da dinastia Valois.

Foram sugeridas várias princesas casadoiras, entre elas a irmã de Henrique de Navarra, Catarina de Bourbon. No entanto, agora era a rainha da Inglaterra, dificilmente fértil mas de rico dote, que em maio de 1578 se mostrava disposta a retomar as conversações sobre um casamento com Alençon, que foram reiniciadas no final do verão daquele ano, com o incentivo de Catarina e a permissão de Henrique. Quanto à continuidade da linhagem Valois, Henrique e Louise colocavam a fé em Deus. Fizeram peregrinações a Chartres e usavam camisolas de dormir que haviam sido especialmente abençoadas pela santa Virgem para superar a infertilidade, mas sem resultado. Tratamentos médicos, banhos especiais e unguentos foram prescritos para a rainha – lembrando os extraordinários extremos a que chegara a própria Catarina por quase uma década até finalmente produzir um herdeiro.

Em 1572, durante as primeiras discussões sobre casamento referentes a Alençon e Elizabeth da Inglaterra, Catarina mostrou um otimismo exagerado em relação ao número de filhos que o casal poderia ter. Na época, em conversa com a rainha-mãe, o enviado inglês, sir Thomas Smith, havia colocado o dedo na ferida da Inglaterra, dizendo que, se Elizabeth pudesse produzir pelo menos um filho, então "o problema dos títulos da rainha da Escócia [...] que faz com que a possível morte dela [Elizabeth] gere tanta apreensão, cessaria de vez".[15] Catarina replicara: "Mas por que parar num único filho? Por que não cinco ou seis?".[16] Agora, sete anos mais tarde, um único bebê seria quase um milagre. Aos 45 anos, qualquer casamento de Elizabeth seria por motivos políticos, não para produzir herdeiros. A empresa de Alençon na Holanda havia apanhado a rainha desprevenida; ela não queria soldados franceses, mesmo os não autorizados pelo rei, em solo holandês, já que poderiam "tornar-se um inimigo maior". Os interesses ingleses tendiam para a paz e o comércio, por isso Elizabeth decidira distrair Alençon com aquelas conversações sobre casamento. A rainha inglesa também andara deprimida, já que seu favorito, o conde de Leicester, havia se casado em segredo. Por imaginar que esta provavelmente seria a última chance que teria de encontrar um marido, havia às vezes um toque de tristeza na atitude geralmente cínica de Elizabeth ao tratar de "assuntos de noivado".

Alençon buscava apoio político e uma coroa. Catarina convenceu-o de que teria as duas coisas casando-se com a rainha da Inglaterra. Era rica e poderosa, e a rainha-mãe sabia que, se ele conseguisse torná-la sua noiva, encerraria suas perigosas e ineptas tentativas de encontrar um Estado para ele nos Países Baixos. Depois que vários obstáculos foram removidos durante as conversações sobre o casamento, ficou decidido que o duque deveria encontrar-se com Elizabeth. Catarina, que na época ainda estava em sua andança de pacificação pelo sul, chegou a falar em viajar para a Inglaterra ela mesma, para fazer o assunto avançar. Escreveu à duquesa d'Uzès: "Embora nossa idade seja mais adequada para descansar do que para viajar, devo ir à Inglaterra".[17] Alençon chegou à Inglaterra em 17 de agosto de 1579, embora sua mãe não tenha feito a viagem com ele, portanto Elizabeth e Catarina nunca se encontraram.

A intenção é que ele fizesse a visita incógnito, portanto foi uma visita não oficial, mas Elizabeth – que pareceu bastante encantada pelo duque e chamava-o de "o meu sapo" – passou uma ótima quinzena, envolvida num delicioso flerte. Depois de tudo que ouvira em relatos anteriores, a rainha achou que Alençon não era "tão deformado como havia sido descrito". O exibicionismo faustoso de Elizabeth sugeria que ela achava seu misterioso pretendente bastante irresistível, enquanto o resto da corte fingia não ter formulado antes nenhuma ideia a respeito de quem ele era. Quando Alençon voltou à França, "a despedida foi muito terna de ambas as partes".[18] Depois do casamento de Felipe II com Maria Tudor, a maior parte do povo inglês achava horrível a ideia de outro consorte estrangeiro, e um príncipe francês católico afigurava-se como um pensamento singularmente funesto. Um pastor denunciou Alençon e seus corruptos irmãos, citando a "maravilhosa, licenciosa e dissoluta juventude vivida por seus irmãos", acrescentando que, "se uma quarta parte apenas desse desregramento fosse verdadeira", a rainha deveria estar muito perturbada para pensar em casar com "esse sujeito estranho, francês por nascimento, papista de profissão, um ateu na conversa, um instrumento de degradação moral na França, e na Inglaterra um astuto agente de Roma para esse presente assunto, um bruxo na voz corrente e na fama [...] que não é digno nem de olhar para a porta do grande dormitório dela".[19] Evidentemente, haviam corrido notícias a respeito dos filhos de Catarina de Médici.

Agora de volta de sua longa viagem pelo Midi, Catarina viu que a paz pela qual tanto lutara era difícil de implementar. Além de seus problemas de saúde durante o Natal, quando teve um grave surto de reumatismo e precisou ficar acamada durante as celebrações, também estava preocupada com a saúde de Henrique. O rei parecia exausto, magro e com uma fraqueza geral. Em abril de 1580, um ataque de surpresa dos huguenotes de Montauban deu início a uma conflagração de seis meses, mais tarde apelidada de "Guerra dos Amantes", já que a Sétima Guerra de Religião foi equivocadamente atribuída aos escândalos sexuais na corte de Navarra. Margot estava tendo um caso com o protestante visconde de Turenne, um dos mais altos comandantes do seu marido, enquanto o próprio Navarra mantinha uma ligação apaixonada com uma beldade conhecida como "La Belle Fosseuse" (que ao parir mais tarde um filho foi assistida por Margot). Os acontecimentos na provinciana Nérac foram alvo de comentários duros e cheios de desdém da parte de Henrique, e também motivo de zombarias entre os cortesãos franceses; quando estava de bom humor, o rei desdenhava os modos desajeitados daquela corte simplória e distante. Ao ridicularizar a irmã, Henrique sabia muito bem quais eram seus pontos vulneráveis; seus elegantes comentários pejorativos chegavam aos ouvidos tanto de Margot quanto de seu marido, embora a ideia de que a reação de Navarra teria sido partir para a guerra seja absurda. É bem mais provável que a ofensiva protestante tenha sido uma resposta a vários ataques católicos e a uma insatisfação geral com a Convenção de Nérac.

Navarra pediu desculpas a Margot, escrevendo a ela sobre seu *"regret extrême* [grande arrependimento] pois, em vez de te dar alegrias [...] trouxe a você o oposto disso, que é obrigá-la a me ver reduzido a essa infeliz situação".[20] Catarina escreveu a Navarra, a respeito do acordo que, pouco tempo antes, haviam alcançado juntos com grande empenho, e pediu que o mantivesse e continuasse leal ao rei. "Meu filho, não acredito que seja possível que você deseje arruinar este reino [...] e o seu, se uma guerra tiver início."[21] Apelou a ele como príncipe de sangue, escrevendo: "Não acredito que vindo de uma raça tão nobre você deseje ser o líder e general dos bandoleiros, ladrões e criminosos deste reino".[22] Escreveu ainda que, se ele não depusesse armas, seria certamente "abandonado por Deus", e acrescentou: "Você irá ver-se sozinho, acompanhado por bandoleiros e por homens que merecem ser enforcados por seus crimes [...]. Suplico que acredite em mim e volte a colocar as coisas em ordem, em ordem para que este pobre reino permaneça em paz [...]. Por favor, acredite em mim, e veja a diferença entre o conselho de uma mãe, que o ama, e o de pessoas que não amam nem a si mesmas nem a seu mestre, e querem apenas pilhar, arruinar e pôr tudo a perder".[23]

Margot tentou advertir o conselho reunido por Navarra sobre os perigos que tinham diante deles caso decidissem iniciar uma guerra. Catarina também escreveu à sua filha insistindo que a jovem rainha alertasse o marido de seus erros e tentasse evitar o desastre. Caso a guerra tivesse sido causada pelo comportamento promíscuo da filha, Catarina dificilmente pediria que interviesse junto ao marido para preveni-lo. Apesar de seus esforços, os líderes católicos e protestantes pareciam impotentes para impedir a guerra curta e inútil, que foi encerrada pela Paz de Fleix, em 26 de novembro de 1580. O tratado, com seus muitos "direitos legais garantidos aos huguenotes", que era praticamente impossível fazer cumprir, podia em grande parte ser visto como uma ratificação da Paix du Roi de 1577 e também da Convenção de Nérac assinada por Catarina e Navarra.[24] A guerra civil havia se tornado um hábito letal na França.

Outras catástrofes, essas naturais, também atingiram o reino em 1580. Em abril, o país, já devastado, foi atingido por um terremoto em Calais, sentido até em Paris. Dias mais tarde, terríveis tempestades causaram inundações na capital. Três epidemias assolaram a França naquele mesmo ano. A primeira, que também chegou à Itália e à Inglaterra, teve início em fevereiro, e a segunda – descrita como uma doença similar à cólera – afligiu Paris em junho. Catarina, Henrique, o duque de Guise e muitas outras figuras importantes da corte caíram doentes, mas todos sobreviveram. Os sintomas foram descritos pelo historiador De Thou: primeiro, a doença "atacava a base da espinha com um tremor, seguido por um peso na cabeça e uma fraqueza nos membros, acompanhados por forte dor no peito. Se o paciente não se recuperasse por volta do terceiro ou quarto dia, a febre se instalava e em quase todos os casos revelava-se fatal".[25] Os franceses chamaram a doença de "*la coqueluche*". Logo que essa epidemia amainou, a peste fez sua visita quase anual à capital em julho. Em 1580, a doença se disseminou com uma força e rapidez incomuns, e aqueles que tinham os meios para tanto abandonaram a cidade. Catarina viajou para Saint-Maur e o rei para Ollainville, enquanto a epidemia ceifava a vida de centenas de pessoas por dia. Em Paris, deserta a não ser por seus habitantes mais pobres, as casas desprotegidas dos ricos eram saqueadas por aqueles que haviam sido deixados para trás, e até o Louvre foi roubado. O número estimado de mortos por esses desastres naturais varia de 30 mil a 140 mil vítimas por toda a França, bem mais do que aqueles que morreram de morte violenta nesse período.

Em 1580, o rei Henrique de Portugal faleceu. Seu predecessor, o rei Sebastião, um relutante pretendente de Margot, morrera em 1578 na batalha de Alcácer-Quibir lutando contra os mouros, e o trono fora ocupado brevemente por um tio mais velho, o cardeal Henrique, que morrera sem deixar sucessor. Catarina imediatamente apresentou suas frágeis credenciais de herdeira do trono por meio da linhagem materna, como descendente de Afonso III (que morreu em 1279) e sua esposa, a rainha Matilda de Boulogne. Mesmo assim, Henrique III endossou formalmente a reivindicação de sua mãe. Uma aparatosa missa fúnebre foi celebrada em Notre-Dame para o falecido rei, da qual Henrique se ausentou, o que tornou Catarina a principal enlutada.

Felipe II, cuja mãe era irmã do cardeal-rei, não só tinha uma reivindicação mais consistente ao trono, como uma forte intenção de unir Portugal e Espanha, mesmo que isso significasse recorrer à força. Ele descobriu, para sua exasperação, que sua antiga sogra parecia bem disposta a assumir uma posição igualmente belicosa para evitar que ele fosse o sucessor. Catarina escreveu: "Não seria pouca coisa se isso acontecesse e eu tivesse a alegria de trazer esse reino para os franceses por mim mesma, e com base na minha reivindicação (que não é de pouca monta)".[26] É fácil imaginar o quanto traria de satisfação pessoal a Catarina unir o trono português ao da França, ela que, tempos atrás, suportara o cruel desprezo e esnobismo da nobreza francesa por suas origens mercantis.

No outono de 1580, assim que a Paz de Fleix foi assinada, Alessandro Farnese, duque de Parma, liderou uma força de soldados espanhóis e sitiou Cambrai. Quando ouviu a notícia da Holanda, Alençon, que estava no Midi supervisionando os cansativos e difíceis termos do tratado, e não via a hora de arrumar uma desculpa para ir embora, nobremente anunciou que deveria partir sem demora para ajudar o povo que ele prometera proteger. Afinal, havia sido oficialmente nomeado "Defensor da liberdade dos holandeses contra a tirania dos espanhóis e seus aliados" (um título absolutamente sem sentido, que lhe dava apenas obrigações, sem poderes correspondentes). Ele agora imaginava-se protetor dos Países Baixos e pôs-se a juntar uma força para ir em seu auxílio. Catarina estava num estado de "incrível perplexidade" ao ver que a frágil paz da França seria comprometida por seu filho, em outra leviana empresa contra os poderosos espanhóis. Escreveu a Alençon lembrando-o de sua posição e de suas obrigações: "Embora você tenha a honra de ser o irmão do rei, não obstante é seu súdito; deve a ele completa obediência e deve dar preferência acima de qualquer outra consideração ao bem do reino, que é o devido legado de seus antecessores, dos quais você é presumível herdeiro".[27]

As conversações sobre o casamento com Elizabeth haviam entrado numa previsível morosidade e terminaram abruptamente com a rainha aludindo à diferença de idade entre ela e o duque, ao seu catolicismo e ao perigo ao qual poderia expor o reino dela por seu envolvimento nos Países Baixos. Ela sugeriu que uma aliança menos opressiva com a França seria mais desejável. Os enviados franceses voltaram para casa e Alençon mandou tropas para aliviar o cerco à cidade de Cambrai. Catarina reuniu-se com ele no início de maio de 1581 na tentativa de evitar que o filho se comprometesse com uma empresa tão arriscada. Ele não lhe deu ouvidos e partiu para se juntar aos seus homens. Em julho, ela encontrou-se de novo com seu extravagante filho, dessa vez concluindo que nada poderia detê-lo. Ela, portanto, implorou a Henrique que secretamente enviasse ajuda ao irmão. O rei, furioso com a possibilidade de provocar um ataque da Espanha à França, mesmo assim concordou em dar seu apoio velado.

Elizabeth enviou uma mensagem a Henrique dizendo que seria do interesse tanto da França quanto da Inglaterra formar uma "confederação [...] por meio da qual seria possível não só pôr um freio à arrogância do rei da Espanha como ajudar *monsieur*".[28] Mas Henrique não estava propenso a cair numa armadilha na qual uma vaga promessa de ajuda da rainha da Inglaterra o fizesse enfrentar sozinho a ira do rei espanhol, e, "temendo que a [sua] majestade viesse a se eximir", não levou a conversa adiante. Sem desistir, Elizabeth continuou tentando formar alguma espécie de coalizão com a França. Alençon também decidiu pedir ajuda a Elizabeth pessoalmente, e chegou à Inglaterra em novembro de 1581. Era agora absolutamente certo que não haveria casamento entre os dois; mesmo assim, a rainha portou-se muito graciosamente com seu "sapo". De modo privado, fez-lhe promessas de amor (e deu-lhe 15 mil libras), mas não faria nenhum anúncio público de ter alguma intenção de se casar. Alençon, que chegara acreditando que não havia nenhuma chance de casamento e viera pelo dinheiro, agora acreditava que a rainha ainda poderia ser sua noiva. Mas o duque não se mostrou à altura dessa experiente estadista, que mesmo em sua idade madura podia usar sua perspicácia para iludir e desconcertar. Ela torturou-o com promessas em privado e evasivas em público.

Para incitar o ávido e ambicioso duque, que a essa altura estava impaciente por um anúncio, Elizabeth, sempre mestre na arte de surpreender até mesmo seus cortesãos mais próximos, desempenhou um estonteante *coup de théâtre*. Em 22 de novembro, caminhando e conversando com Alençon por uma das galerias de Whitehall, a rainha foi solicitada pelo embaixador francês a dar uma resposta definitiva sobre o casamento. Sua resposta emudeceu a todos: "Pode escrever ao rei que o duque d'Alençon deverá ser meu marido". Depois de pronunciar essas palavras, puxou Alençon para perto e beijou-o na boca, dando-lhe também um anel, que tirou de um de seus dedos. Fez em seguida o mesmo anúncio às damas e cavalheiros da corte. O duque mal podia acreditar na sua sorte, e fazia bem em não acreditar. Enquanto seus cortesãos e conselheiros choravam e resmungavam, Elizabeth soltou sua estocada. Estipulou a condição de que, para não perturbar ainda mais seus súditos, não iria ajudá-lo nem com dinheiro nem com homens em sua empresa na Holanda, e que a França deveria garantir ajuda à Inglaterra caso fosse atacada pela Espanha. Catarina, que chegara a ficar extasiada com a guinada dos eventos em Londres, agora "demonstrou irritação na expressão e no modo de falar" ao saber desses termos impossíveis, impostos por uma mulher tão astuta quanto ela.[29]

Como compensação, o duque recebeu a promessa de um empréstimo de 60 mil libras para a sua campanha, e dizem que Elizabeth dançou de satisfação em volta do quarto dela por ter encontrado um modo de se evadir do casamento francês sem se contradizer, e por ver que o "sapo", do qual parecia agora muito ansiosa em se livrar, estava indo embora. Achando que havia sido ludibriado com muita facilidade e reclamando baixinho da "leviandade das mulheres e da inconstância dos ilhéus", Alençon decidiu fazer o mesmo jogo da rainha e, para horror dela, declarou que a amava demais para deixá-la e iria aceitar os termos do casamento.[30] Isso interrompeu a animação de Elizabeth e ela foi procurá-lo em pânico, perguntando se a intenção dele era "ameaçar uma pobre senhora idosa no seu próprio país". Desgastado pelos altos e baixos das últimas semanas, o duque desatou a chorar, mas astutamente recusou-se a sair da Inglaterra até que as persuasões cada vez maiores que lhe haviam sido oferecidas pela rainha produzissem uma mudança de sentimentos. No início de fevereiro de 1582, para alívio mútuo e apesar de uma despedida surpreendentemente tocante em Canterbury, os dois se separaram. Alençon partiu para Flushing e em 19 de fevereiro fez sua entrada oficial na Antuérpia. Acompanhado por Guilherme de Orange e escoltado pela milícia burguesa, foi empossado como duque de Brabante. Fazendo do palácio de Saint-Michel sua nova casa, o último dos Valois finalmente tornava-se príncipe soberano por direito próprio.

No verão de 1582, a situação em Portugal havia se agravado. Felipe invadira o país em 1580 e Catarina despachara duas expedições para tentar expulsar os espanhóis do "reino dela". Em junho de 1582, a primeira — em boa parte financiada pela rainha-mãe pessoalmente, já que Henrique desejava manter uma distância diplomática — foi desastrosamente derrotada. Havia sido liderada por Filippo Strozzi, primo de Catarina, que foi morto no ataque. Os soldados franceses presos foram tratados como piratas e brutalmente executados por ordem do comandante espanhol, o cruel herói de Lepanto, marquês de Santa Cruz. A carnificina dos espanhóis fez o próprio Henrique clamar por vingança, e Catarina recebeu algum apoio dele para financiar uma segunda força, reforçada por vários navios emprestados por Elizabeth da Inglaterra, que partiu um mês mais tarde. Essa campanha também terminou em tragédia e, embora o líder da expedição tivesse permissão de negociar com Santa Cruz, que concordou em enviar os sobreviventes franceses para casa, os espanhóis despacharam os homens no mar em navios velhos, com vazamentos, sem suprimentos adequados, e muitos deles morreram antes de chegar à França. Assim terminou o sonho de Catarina de unir a Coroa portuguesa à da França.

Em 1582, Margot de Navarra voltou à corte francesa, onde desfrutou de novo dos prazeres da vida sofisticada, livrando-se do tédio de Nérac e da obsessão de Navarra por sua amante, La Fosseuse. Na corte, continuou apoiando Alençon sempre que podia e nunca perdia a oportunidade de perturbar o rei. O passatempo em que mais se comprazia era ofender em público os dois favoritos do rei, Jean Louis de la Valette, agora nomeado duque de Épernon, e Anne, barão d'Arques (que Henrique, com seu obsessivo amor por esse *mignon,* transformara em seu cunhado casando-o com Marguerite de Vaudémont, irmã de sua mulher, em setembro de 1581, além de dar-lhe o ducado de Joyeuse). Esses homens de famílias menores da aristocracia provincial haviam sido elevados aos mais altos cargos do país, mas Margot sabia como lembrá-los de suas origens sociais inferiores. A rainha de Navarra também enfurecia Henrique com sua conduta pessoal, envolvendo-se num romance público com o *grand écuyer* de Alençon, um jovem galante chamado Harlay de Champvallon.

Por fim, no início de agosto de 1583, enquanto estava no Château de Madrid, no Bois de Boulogne, num de seus frequentes períodos de retiro religioso, o rei ouviu rumores de que sua irmã havia dado à luz um filho ilegítimo. Henrique exigiu que Margot saísse de Paris imediatamente e se juntasse ao marido. Depois que ela partiu, acompanhada por duas damas, o rei decidiu mandar uma companhia de arqueiros deter a carruagem. Quando alcançaram o grupo, obrigaram as damas a desembarcar enquanto revistavam o veículo, à procura de um bebê ou mesmo de um homem escondido. Apesar de não terem achado nada, Margot e suas duas damas foram também sujeitas a uma revista e levadas como prisioneiras a uma abadia próxima, onde o próprio rei as interrogou.

Margot sentiu-se ultrajada pela ousadia do irmão de submetê-la a uma inquisição moral – em suas memórias, ela mais tarde acusaria Henrique e Carlos de incesto – e gritou enfurecida: "Ele vem reclamar de como passo meu tempo? Não lembra mais que foi ele o primeiro a colocar meu pé no estribo!". Quando o rei viu que não conseguiria fazer as duas damas incriminarem Margot, relutantemente permitiu que as três seguissem viagem. Champvallon percebeu a essa altura que sua ligação com Margot colocava sua vida em risco e deixou Paris, encerrando assim o romance.

A essa altura, Navarra já fora informado do furor causado pelas ações do rei contra sua esposa, e achou que isso seria o pretexto ideal para criar ainda mais problemas. Assumindo uma postura belicosa e indignada, pediu provas do mau comportamento de Margot e, além disso, declarou que não poderia receber de volta sua esposa exceto se o rei fizesse uma declaração pública atestando explicitamente a inocência dela. Henrique ficou numa posição difícil. Como não desejava enfurecer o cunhado e comprometer a paz do país, enviou a mãe, que só soubera do problema muito tempo depois, para tirar o filho do *imbroglio*. Navarra acabou recebendo algum tipo de satisfação e o casal voltou a se encontrar em 13 de abril de 1584 na Porte-Sainte-Marie. Bellièvre levou instruções para Margot da mãe dela, sobre como proteger a própria reputação e voltar a ficar de bem com o marido, citando suas próprias experiências: "Quando jovem, eu tinha o rei da França como meu sogro, e ele fazia o que queria. Era meu dever obedecer-lhe e me relacionar com quem ele achasse agradável. Depois que ele morreu, e seu filho, com quem tive a honra de ser casada, assumiu seu lugar, tive que prestar-lhe a mesma obediência".[31] A rainha-mãe disse ainda que "nenhum dos dois teria me obrigado a fazer algo que fosse contra minha honra e minha reputação".

Catarina prosseguiu dizendo que fora forçada, como viúva, a lidar com pessoas *"de mauvais vie"* (de má vida), que ela teria preferido mandar embora, mas havia sido obrigada a tê-las por perto, por precisar que ajudassem seus filhos a governar, sem ofendê-las. Mais importante de tudo, escreveu ela, sua boa reputação permitiu-lhe lidar com quem quer que fosse sem ver-se maculada, "sendo quem eu sou, conhecida por todos, e tendo vivido do jeito que vivi a minha vida inteira". Mas Margot era uma criatura diferente da mãe. Catarina amara apenas um homem, Henrique II, e amou-o com uma devoção obstinada. Ao contrário, Margot nunca amara Navarra de verdade. Embora tivessem às vezes sido amigos e se protegido mutuamente no passado quando a situação exigia, o flagrante fraco dele por mulheres e as crescentes indiscrições compensatórias dela estavam fadados a impedir uma intimidade verdadeira entre os dois. Ela possuía uma natureza mais impulsiva, ao contrário da postura reservada e contida da mãe, e mesmo assim, apesar de um temperamento que a tornava inadequada para intrigas políticas bem-sucedidas, desejava estar no centro de assuntos e eventos importantes. Catarina caiu doente devido às tensões da última crise, mas continuou incapaz de culpar Henrique por suas ações em relação a Margot. Quanto a isso, escreveu a Bellièvre, que havia sido decisivo para resolver o problema, "Você conhece a natureza dele, é tão franco e honesto que é incapaz de esconder seu desagrado".[32]

Após sua gloriosa aclamação como duque de Brabante, Alençon começou a achar difícil a vida na Antuérpia. Queixava-se constantemente de que o irmão não lhe dava dinheiro suficiente para combater os espanhóis. Quando Henrique lhe mandava fundos, Alençon logo descobria que não eram suficientes. Seus homens estavam malnutridos, sem receber pagamento e até chegavam a pedir esmolas aos habitantes. Alguns chegavam a desertar, outros morriam. No final de 1582, ele escreveu: "Está tudo se desintegrando e a pior parte é que fui levado a ter esperanças que agora me levaram longe demais para voltar atrás [...]. Assim, digo que teria sido melhor que você tivesse me prometido apenas um pouco de dinheiro e cumprido sua palavra, do que ter me prometido muito e não ter mandado nada".[33] Em 17 de janeiro de 1583, para terrível constrangimento de sua mãe e seu irmão, e horror das demais cortes europeias, Alençon e seus homens se levantaram e tentaram tomar Antuérpia, no que foi mais tarde chamado de "fúria francesa". Nesse episódio lamentável, com todas as marcas da natureza ignóbil de Alençon, os cidadãos demonstraram estar em condição superior àquela turba exausta e doente e massacraram os homens do duque. Mataram também vários de seus nobres, alguns deles das mais importantes famílias francesas. Levantes em Bruges e Gand foram também tentados, mas foram sufocados sem dificuldade.

A "fúria francesa" colocara Alençon em risco, e ele passou a ser rotulado de criminoso comum; além disso, sua situação constituía um grave problema para Catarina e Henrique. Ele tentou negociar sua saída da encrenca, mas como sempre seus termos eram elevados demais para um homem que tinha pouco ou nenhum apoio do irmão. Contrariando o rei, e também Joyeuse e Épernon, Catarina mandou-lhe toda a ajuda e dinheiro que conseguiu – obtidos a partir de seus próprios bens –, mas os *mignons* de Henrique fizeram o possível para impedir que o rei enviasse qualquer coisa, e desse modo evitaram que Alençon conseguisse algo nos Países Baixos.

Após outras tentativas fracassadas de combater os espanhóis, causando ainda mais problemas e despesas para o rei, que temia as represálias da Espanha, Alençon acabou encontrando-se com a mãe em Chaulnes, em meados de julho de 1583. Suas experiências ao longo dos últimos dezoito meses haviam minado gravemente sua saúde, e ele foi descrito por aqueles que o viram em sua viagem como parecendo "fraco e debilitado [...] e mal conseguindo andar". Em 22 de julho de 1583, Catarina escreveu ao rei a respeito de seu irmão: "Tenho suplicado a ele que abandone essas suas empresas, que estão arruinando a França, e que fique perto de mim e proteja o lugar que é seu, e viva em paz com nossos vizinhos".[34]

Henrique pediu que o irmão comparecesse a uma grande reunião de "notáveis" que ele convocara para 15 de setembro, mas Alençon recusou. Catarina acreditava que "pessoas maliciosas encheram a cabeça dele, dizendo que, se ele for, descobrirá que querem impor-lhe muitas restrições".[35] A principal preocupação da rainha-mãe era que seu filho preservasse Cambrai. Ele voltara lá no início de setembro para negociar com a Espanha e os holandeses. Em novembro, cruzou a fronteira de novo para a França e decidiu ficar no Château-Thierry, onde esperava recuperar forças, sendo cuidado por Catarina. Ela se alarmou com o rumor de que ele pretendia vender Cambrai aos espanhóis. Escrevendo sobre a vergonha e infâmia que isso traria ao país, ela disse: "Fico morrendo de tristeza e preocupação quando penso nisso".[36] Catarina talvez estivesse profundamente perturbada pelo escândalo de Cambrai, mas parece que também não se deu conta da gravidade da doença de Alençon. Ele começara a cuspir sangue e não tivera a recuperação que se esperava. Supondo que tanto a saúde do filho quanto as maquinações políticas estivessem se estabilizando, Catarina partiu, mas Alençon não demorou a criar mais problemas, instigado por seu círculo próximo, empenhado em fazê-lo crer o quanto havia sido manipulado por seu irmão.

Após uma curta visita ao Château-Thierry em 31 de dezembro de 1583 para tentar resolver alguns dos problemas de Alençon – ele ainda estava em negociações a respeito de Cambrai –, Catarina viu que seu filho estava tão pouco disposto a ouvir seus conselhos que voltou a Paris. Ali ela caiu doente, com as tensões dos problemas familiares cobrando seu preço. Por fim, em 12 de fevereiro de 1584, Alençon veio visitar a mãe. Embora ela estivesse acamada com febre, implorou-lhe que o levasse a ver o irmão, pois queria agradecer-lhe por ter cumprido várias promessas recentes em relação ao seu infantado. Apesar da febre alta, Catarina de bom grado sacrificou a própria saúde para ver seus dois filhos sobreviventes se abraçarem. Escreveu a Bellièvre que não experimentava uma felicidade como aquela desde que perdera o marido.

Os dois irmãos passaram o Carnaval juntos, e dizem que, durante as celebrações, Alençon refestelou-se "em excessos eróticos que mostraram seu temperamento degenerado".[37] O jovem adoentado voltou então ao Château-Thierry, onde durante o mês de março entrou de novo num estado de saúde desesperador. Catarina correu à cabeceira de sua cama e o encontrou vomitando muito sangue e com febre alta. Os sintomas da tuberculose deviam ser muito familiares à rainha-mãe, mas, acreditando na palavra dos médicos, que disseram que se ele levasse uma vida tranquila iria viver até idade avançada, ela passou a considerar qualquer leve melhora da doença como um bom sinal. Por fim, depois de outra visita, durante a qual convenceu a si mesma de que ele se recuperava, a rainha-mãe decidiu descansar em Saint-Maur. Ao chegar, recebeu a notícia de que Alençon havia morrido em 10 de junho de 1584, pouco depois de se despedirem.

Apesar dos constantes problemas que o filho mais novo lhe causara, das divergências com o rei e de sua natureza quase sempre condenável, a agonia de Catarina com a morte dele fica evidente num breve bilhete que escreveu a Bellièvre, em 11 de junho: "Sou muito infeliz por viver tanto tempo e ver tantas pessoas morrerem diante de mim, embora acredite que a vontade de Deus tenha que ser acatada, que Ele decide tudo, e que nos concede apenas pelo tempo que Lhe compraz os filhos que nos dá". O desespero dela teria sido ainda mais insuportável se tivesse previsto o efeito que a presumível morte dos herdeiros teria sobre os católicos na França. Porque, a não ser que Henrique e Louise produzissem um herdeiro Valois, o que a essa altura parecia bastante improvável, o próximo governante da França seria o herege Bourbon, Henrique, rei de Navarra.

XVI

MORRE A ESPERANÇA

"A fosforescência da decomposição"

1584-1588

Catarina mal acabara de enterrar seu filho mais novo em 25 de junho de 1584 e já irrompia o furor a respeito de sua sucessão.* As ligas católicas, que haviam sido proibidas desde 1577, entraram de novo em ação, com o duque de Guise, seus irmãos e outros altos membros do clã reunindo-se em Nancy. Em termos gerais, seus objetivos eram impedir a sucessão de Navarra e criar uma Santa Liga Católica que pudesse extirpar o protestantismo da França e de Flandres. Guise pediu apoio a Felipe da Espanha, que concordou em auxiliar os ultracatólicos sob as disposições do Tratado de Joinville, assinado nos primeiros dias de 1585.

Em lugar dos direitos de sucessão do herege Navarra, a Santa Liga reconhecia como presumível herdeiro o seu idoso tio, o cardeal de Bourbon. Demagogos católicos esbravejavam e os padres faziam intensos sermões em seus púlpitos, enquanto panfletos e livretos polêmicos eram distribuídos pelos fanáticos para angariar apoio para a Liga e denunciar os Valois como uma linhagem "degenerada". A saúde de Catarina estava cada vez pior, e ela envelhecera muito desde a morte de Alençon; mas, apesar de seu reumatismo, gota,** cólicas e terríveis dores de dente, continuava firme em

---

* O cortejo do funeral de Alençon foi magnífico e levou mais de cinco horas percorrendo Paris.
** A gota era uma doença típica dos Médici.

sua determinação de que os Guise não suplantassem Henrique nem se tornassem seus mestres, impondo-lhe sua vontade como haviam feito tempos atrás com ela.

A partir da morte de Alençon, Henrique deixou claro que via o cunhado como seu sucessor legal, declarando: "Reconheço o rei de Navarra e apenas a ele como meu único herdeiro", e acrescentou: "É um príncipe de boa origem e boas virtudes. Sempre me inclinei a gostar dele e sei que gosta de mim. É um pouco extremado e colérico, mas no fundo é um bom homem. Estou seguro de que minha disposição será do seu agrado e que deveremos nos dar muito bem".[1] Ele advertiu Navarra: "Meu irmão, esta é para notificá-lo que, apesar de todas as minhas resistências, não fui capaz de evitar os malignos desígnios do duque de Guise. Ele pegou em armas. Fique atento e não faça nenhum movimento [...]. Devo mandar um cavalheiro [...] que irá colocá-lo a par do meu desejo. Seu bom irmão, Henrique".[2] À medida que cresciam os inconfundíveis sinais de uma rebelião dos ultracatólicos, Henrique, numa declaração pública ao preboste dos comerciantes, apoiou o primeiro príncipe de sangue: "Estou muito satisfeito com a conduta de meu primo de Navarra [...]. Há aqueles que tentam suplantá-lo, mas deverei ter muito cuidado para evitar que tenham sucesso. Acho, além disso, que é muito estranho surgir qualquer discussão sobre quem deve ser meu sucessor, como se fosse questão que admita dúvida ou disputa".[3]

No entanto, as opiniões do rei eram apenas palavras valentes, mas vazias sob as circunstâncias. Henrique apoiou Navarra e esperava que no devido tempo pudesse persuadi-lo a se converter de novo ao catolicismo (seria sua quinta conversão). Mesmo o conselheiro mais próximo e amigo de Navarra, Philippe Duplessis-Mornay, advertiu-o: "Agora, sua majestade, é hora de ser amoroso com a França". Mas Navarra resistiu, percebendo que ainda não era hora de uma conversão, já que não poderia se dar ao luxo de perder o apoio dos protestantes. O rei também receava fazer uma total aliança com seu herdeiro para defender seus direitos. Juntos poderiam ter montado um baluarte contra a perigosa ameaça dos Guise, mas isso também teria significado uma coalizão com os huguenotes. O rei rejeitava essa ideia não só por motivos religiosos, já que a cada dia ficava mais fanático em suas devoções, mas porque com certeza inflamaria aqueles católicos moderados que esperavam uma solução sem a guerra, mas que não iriam tolerar combater ao lado de huguenotes caso ela eclodisse.

Enquanto a rede de ligas provinciais crescia e se juntava à Santa Liga Católica, os Guise recebiam armas e soldados das forças de Felipe na Holanda. Os parentes do duque de Guise, os duques de Elbeuf, Aumale, Mercoeur e Mayenne, incitaram levantes na Normandia, Bretanha, Picardia e Borgonha, e comandaram seus soldados para capturar várias cidades-chave, incluindo Bourges, Orléans e Lyon. A situação mostrava-se quase como uma inversão total de papéis em relação a uma década antes: agora os protestantes, ansiosos para verem Navarra suceder o rei, passaram a apoiar a Coroa, enquanto muitos católicos viraram ativistas subversivos dispostos a sabotá-la.

Na primavera de 1585, Henrique de Guise reunira uma força combatente de mais de 27 mil homens em Châlons. A França estava dividida grosseiramente em duas; o norte e o centro eram territórios da Liga, enquanto o sul e o oeste estavam sob controle protestante e eram, portanto – enquanto o rei apoiasse a reivindicação de Navarra –, realistas.[4] Henrique respondeu às imprecações dos Guise contratando mercenários suíços e recorreu à ajuda de sua mãe. Desde que voltara da Polônia uma década antes, ele vinha aos poucos deslocando Catarina de sua posição como principal conselheira e incentivando seus *mignons* a um papel cada vez mais destacado em sua vida. Dois dos favoritos do rei, os duques de Joyeuse e d'Épernon, haviam ganhado destaque na corte e agora exerciam enorme influência. D'Épernon podia ser visto com frequência falando mal da rainha-mãe para Henrique, insinuando sarcasticamente que ela havia ficado senil e não era mais confiável. Catarina sabia, é claro, que o jovem arrivista era sua nêmesis particular, e o odiava, embora fosse impotente para causar-lhe dano ou removê-lo enquanto continuasse exercendo grande influência sobre seu filho. À moda florentina, ela esperava a hora certa, acreditando que cedo ou tarde ele iria se arruinar. Ninguém amava Henrique como ela, e esperaria a oportunidade para provar sua devoção a ele uma vez mais. E essa hora havia chegado.

Em 1º de abril de 1585, Catarina recebeu uma carta do rei concedendo-lhe plenos poderes para negociar com o duque de Guise. Embora não se sentisse bem, a mensagem animou-a; era cheia de declarações de afeto e amor, e mostrava a confiança do rei. Mas ela estava de qualquer modo tão doente, com infecções pulmonares e do ouvido, e febre alta, que voltava a deitar sempre que podia. Tinha dificuldades para respirar e seus dentes doíam. As dores no flanco transformavam em agonia o ato de se mover ou de escrever, enquanto aguardava a chegada do duque em Épernay, na Champagne, onde haviam combinado de se encontrar. Catarina também enviara um pedido ao seu muito amado genro viúvo, o duque de Lorena, pedindo que viesse ajudá-la a fazer um acordo entre a Coroa e os parentes dele.

Quando Guise finalmente chegou, num domingo de Páscoa, 9 de abril de 1585, ele se ajoelhou diante de Catarina, que decidira que sua melhor estratégia seria acolhê-lo com todo o calor e familiaridade de uma avó. Essa docilidade perspicaz e inesperada desarmou momentaneamente o duque, que às lágrimas começou a falar sobre os problemas do reino, insistindo que suas motivações haviam sido mal compreendidas. Ela pediu que silenciasse e disse que seria melhor se ele tirasse as botas e comesse alguma coisa, e então poderiam conversar à vontade. Quando voltaram a se encontrar naquela mesma tarde, Guise, que a essa altura recuperara o controle de si, pareceu disposto a conversar sobre praticamente qualquer assunto, exceto aquele que com certeza ardia na mente de ambos. Todas as tentativas de Catarina de extrair dele quais eram as exigências da Liga foram esquivadas pelo duque ou revidadas por perguntas dele a respeito das intenções do rei.

À medida que passavam os dias, Catarina começou a suspeitar que Guise viera apenas para ganhar tempo, enquanto preparava um ataque ao rei ou aos seus mercenários suíços a caminho da França. Ela escreveu com urgência a Henrique dizendo que ele deveria preparar-se para a guerra, pois a paz "só seria alcançada com um porrete" (*bâton porte paix* – isto é, pelo uso da força). Em 11 de abril, Guise partiu e, ao cruzar por acaso com seu primo Lorena no caminho, disse sentir muito pesar e tristeza em ver as coisas chegarem àquele grave estágio. Quando Lorena chegou e relatou isso à rainha-mãe, ela riu e tomou o comentário pelo que sabia ser, isto é, uma tolice sem sentido. Se Guise levasse a sério seu desejo de resolver a crise, não teria ido embora antes de fazer algum progresso, qualquer que fosse. Apesar da fé de Henrique na capacidade dela para negociar, dessa vez ela evidentemente falhara.

Guise seguiu para Verdun, enquanto Catarina enviava uma mensagem a Henrique de Navarra pedindo que viesse encontrá-la para uma conversa. Navarra acabara de liderar seu exército numa vitória sobre as forças da Liga em Bordeaux e Marselha. Isso fez Guise correr de volta até a rainha-mãe, mas suas exigências eram tão extorsivas que até o cardeal de Bourbon, que estava também presente, escreveu: "A rainha fala em paz, mas nós estamos pedindo tanto que não acho que nossas exigências possam ser atendidas".[5] Enquanto foi capaz, Catarina resistiu a aceitar uma coalizão (ou, mais realisticamente, uma capitulação) entre a Liga e a Coroa, por medo que o rei virasse fantoche deles. Ela também estava preocupada com a segurança do filho, especialmente quando correu a notícia de que as forças da Liga não estavam longe da capital e que iriam marchar sobre a cidade ao comando do duque.

A própria Paris era notoriamente pró-Liga, e Catarina acreditava que os portões da cidade seriam abertos para dar as boas-vindas ao exército. "Tenha cuidado", escreveu ela ao filho, "especialmente com a sua pessoa, há tanta traição por aí que eu morro de medo." Para evitar o risco de captura ou assassinato, e não sabendo mais em quem poderia confiar, o rei montou uma nova escolta especial chamada *les quarante-cinq* (os quarenta e cinco), composta por esse número de jovens nobres, a maior parte deles gascões, famosos por seu talento militar e ferocidade, que Henrique sabia serem absolutamente leais a ele. Com efeito, era também uma força pessoal de assassinos, que fariam sem hesitar o que seu senhor ordenasse. Apesar de sua pequena tropa de matadores, Henrique continuava sitiado.

No início de maio, Catarina finalmente deu-se conta de que, pelo menos por ora, o rei deveria chegar a algum tipo de acordo com a Liga e os Guise. Sabendo que poderia eludir qualquer tratado e que este poderia se mostrar tão impossível de fazer cumprir quanto os muitos acordos anteriores com os protestantes, ele assinou o Tratado de Nemours em 7 de julho 1585. Em termos amplos, ele revogava todos os éditos anteriores de pacificação e efetivamente proibia o protestantismo na França. Assim, na condição de herege, Navarra ficava impedido de herdar o trono, e muitas cidades foram cedidas à Liga (ou, a maior parte, aos seguidores mais leais de Guise) como garantia. Quando Navarra recebeu os termos do tratado, dizem que metade de seu bigode embranqueceu da noite para o dia. Claramente, ele teria uma vez mais que lutar por seus direitos e pelos dos seus correligionários.

O novo presumível herdeiro, o cardeal de Bourbon, um velho amigo por quem Catarina sentia apreço, fez os mais floreados e extravagantes elogios à rainha-mãe. Exaltou-a por sua sagacidade, dizendo que "sem essa honorável e grande dama o reino teria se fragmentado e se perdido". Mas toda essa bajulação hipócrita e as frases adequadamente respeitosas do novo pretendente ao trono apenas causaram náuseas em Catarina. Por ora, porém, ela ficou quieta. Em 15 de julho, quando, após três meses lutando contra e eventualmente sucumbindo ao esmagador poder dos líderes da Liga, ela voltou a Paris, o povo recebeu-a na Porte Saint-Antoine como uma heroína que salvara o reino da heresia. Os cidadãos estavam exultantes, imaginando que agora o rei estaria livre para governar como deveria. A realidade, porém, iria se mostrar bem diferente.

Em uma *Lit de Justice* em 18 de julho de 1585, Catarina ouviu seu filho remover Navarra oficialmente da sucessão. Isso ia contra tudo aquilo em que Henrique, como rei, acreditava. Além disso, nada em seu juramento na coroação dava-lhe o direito de barrar a sucessão de seu herdeiro legal. E também ia contra seus sentimentos pessoais. Ele odiava Henrique de Guise desde que eram adolescentes, quando Guise tentara seduzir Margot, e havia muito tempo ressentia-se de seu rival por vê-lo superior em saúde, masculinidade, carisma e talento como comandante militar. Por outro lado, Navarra era o herdeiro por direito ao trono da França, e Henrique, como seu irmão Carlos antes dele, sentia uma admiração secreta e um afeto pelo bravo e honorável príncipe-soldado Bourbon. Navarra não despertava nenhuma inveja no rei; Guise certamente. Agora os soldados de Henrique haviam se juntado às formidáveis forças da Santa Liga, e ele teria que lutar ao lado de seu pior inimigo.

Em setembro de 1585, o papa Sisto V expediu bulas papais excomungando Navarra e Condé, e negou os direitos de sucessão aos príncipes de sangue franceses protestantes. Navarra replicou de modo ousado (e também petulante) excomungando o papa, e mandou afixar cartazes pelos muros de Roma anunciando a contraexcomunhão. As bulas papais provocaram indignação na maioria dos franceses, que zelosamente condenavam qualquer intromissão de Roma em seus assuntos domésticos. Consideravam uma grande afronta que o papa ousasse se pronunciar sobre quem teria ou não direito a ostentar a coroa da França. Isso teve o inesperado efeito positivo de tornar Navarra uma espécie de Davi, enfrentando o Golias de Roma.

A Guerra dos Três Henriques (Valois, Guise e Navarra) deve ser vista como um conflito confuso e essencialmente pessoal de crenças, ambições e esperanças de sobrevivência de três homens homônimos. De início, as lutas entre católicos e protestantes eram esporádicas. O rei, padecendo de uma terrível escassez de fundos, prometera à Liga que iria providenciar três exércitos contra os huguenotes no verão seguinte. O duque de Joyeuse foi enviado ao Auvergne, o duque d'Épernon, à Provença e o marechal Biron, a Saintonge, cada um à frente de um exército. Em julho de 1586, o rei foi a Lyon para ficar perto de seus dois favoritos, Joyeuse e D'Épernon.

Antes disso, em março de 1585, logo que a Santa Liga passou a existir, Margot causara sensação ao sair de Nérac, ostensivamente para protestar contra o último caso amoroso do marido com uma ambiciosa jovem viúva da nobreza chamada Diana d'Andouins (apelidada de "La belle Corisande"). Ela compartilhava não só o primeiro nome da odiada mas agora havia muito falecida rival de Catarina, Diana de Poitiers, como possuía toda a fria elegância de sua homônima. Com sua beleza superior e sua singular determinação, ela havia humilhado e de fato eclipsado Margot; agora, ela planejava ver a esposa de seu amante repudiada para tornar-se rainha de Navarra. Isso revelou-se excessivo para a dignidade da princesa Valois da França, que, como vingança, tentou envenenar seu aparentemente enfeitiçado marido com auxílio de um secretário. Quando essa tentativa falhou, ela pegou uma pistola e atirou no rei, mas errou o disparo. Com a raiva de Navarra descontrolada, Margot fugiu antes que ele pudesse agir contra ela, refugiando-se no seu infantado na cidade de Agen. Para se proteger, começou a arregimentar soldados e, segundo se acredita, aliou-se secretamente à Santa Liga. Margot apelou à mãe por dinheiro. Dessa vez, Catarina teve uma reação compassiva para com a filha, que ela descreveu como "desesperadamente sem recursos" e "passando grande necessidade, não tendo dinheiro nem para pôr um prato de comida na mesa".[6] Villeroy recebeu ordens de enviar fundos a Margot. Pouco tempo antes disso, a rainha-mãe descrevera a filha e Navarra de modo otimista como o casal mais feliz da França.

A compaixão de Catarina foi logo colocada sob severo teste quando ela soube que Margot escrevera ao seu antigo cunhado, o viúvo duque de Lorena, pedindo-lhe que a colocasse sob sua proteção. Com esse apelo e a aparente simpatia, quando não seu apoio, à Liga, inimiga do marido e do irmão dela, Margot passara totalmente dos limites. O seu quadro, desde a gradual perda da sua castidade de adorável princesa por meio de comportamentos escandalosos, seus casos amorosos públicos, até chegar ao seu apoio às loucas maquinações de seu falecido irmão mais novo, ficava agora completo. Henrique de Navarra encarava-a como uma obrigação degradante, assim como o rei. Furiosa com essa última afronta, Catarina referiu-se à filha como um "castigo" (*mon fléau*) enviado a ela por Deus "como punição" por seus pecados.[7] Não demorou para que Margot fosse expulsa de Agen pelo marechal de Matignon, por ordens do rei, e ela teve que apertar o passo ao sair por pressão de seus habitantes, os quais rapidamente conseguiu indispor contra si. Tentara reforçar as defesas da cidade e comandá-la como um feudo independente, mas a falta de dinheiro e a ausência de tato em lidar com a população local logo arruinaram tudo. Então foi para Carlat, também sua propriedade, onde seu apoiador, François de Lignerac, lugar-tenente do Haute-Auvergne, lhe oferecera proteção.

Essa fortaleza antes inexpugnável, no alto das montanhas, deve ter sido difícil de capturar, mas sua solidão e desconforto também devem tê-la tornado difícil de suportar. O castelo estava em ruínas, exceto suas fortificações; o reduto medieval de Margot estava muito distante da acolhedora beleza de Blois ou de Fontainebleau, onde antes ela ditara a moda, comandara as danças e fora a estrela brilhante da corte. Embora sua filha estivesse totalmente caída em desgraça, Catarina sugeriu que ela passasse a residir na casa rural de Iboise, perto de Issoire, mas a rainha de Navarra sabia que essa oferta significava supervisão por parte da mãe e controle por parte do odiado irmão. Ela declinou o convite, escrevendo a Catarina: "Graças a Deus, não passo necessidade, pois estou num lugar muito bom, que pertence a mim, e onde sou ajudada por pessoas decentes [*gens d'honneur*]". Ela acrescentou que devia se proteger de "cair de volta nas mãos daqueles que desejaram tirar-me a vida, os bens e a minha honra". Durante o ano que passou nesse remoto ninho de águia, Margot teve uma apaixonada ligação com um nobre menor, Jean de Lart de Gallard, *seigneur* d'Aubiac. A primeira vez que esse jovem de cativante beleza pôs os olhos na rainha, declarou a um amigo que desejava dormir com ela mesmo que pudesse ser enforcado por isso.

No outono de 1586, desgostosa com a notícia do flagrante caso de Margot com D'Aubiac e com o fato de que ela agora se tornara uma mulher arruinada, Catarina aconselhou Henrique que colocasse "esse insuportável tormento" sob sua custódia, antes que ela "nos envergonhe de novo".[8] O rei precisava de pouco estímulo, e de qualquer modo já havia dado suas ordens em relação à irmã. Em 13 de outubro de 1586, Margot foi detida pelo marquês de Canillac, nomeado por Henrique governador do Haute-Auvergne, e depois de passar por Ibois foi levada ao bem fortificado Château d'Usson, onde ficou prisioneira. O *château* havia sido o local favorito de Luís XI para encarcerar prisioneiros políticos, e os pobres infelizes raramente eram vistos de novo. O rei também ordenou que a partir de então, em quaisquer declarações ou cartas, Margot não deveria mais ser referida como "sua muito amada" ou "querida" irmã. Aubiac, como ele mesmo previra, pagou com a vida o seu caso amoroso com a incandescente e magnética jovem. Embora Henrique tivesse escrito a Villeroy que "a rainha minha mãe deseja que eu enforque

Obyac [sic] na presença dessa miserável criatura [Margot] no pátio do Château d'Usson", misericordiosamente para a rainha de Navarra seu amante foi morto em Aigueperse, sem espectadores notáveis.

Na fortaleza de bastiões triplos de Usson, defendida por guardas suíços e supervisionada por Canillac, Margot tinha medo de ser também morta. Numa dramática carta de despedida à mãe, ela pedia que seus *"pauvres officiers"* (pobre criadagem) tivessem seus salários pagos, pois estavam sem receber havia vários anos, e que ela tivesse permissão de manter sua dama de companhia em seu confinamento. Solicitou ainda que, se fosse executada, para restaurar sua honra fosse feita uma autópsia que desmentiria os rumores de que trazia no ventre um filho de D'Aubiac. Conhecendo a família dela e seus métodos de se livrar dos inimigos, ela também secretamente empregava um provador de comida.

No entanto, como fora comum em sua curta mas tumultuada vida, a sorte de Margot não demorou a mudar. Canillac sentiu-se insultado com seu novo cargo de mero carcereiro da irmã do rei e logo depois da chegada dela a Usson fez uma visita a Lyon. Ali, no início de janeiro de 1587, ele aderiu à Liga. Depois de mandar os guardas suíços embora, libertou Margot. Ansiosos para que Navarra continuasse casado mas sem filhos, é provável que os Guise tenham prestado ajuda no complô para libertar sua rainha.

Em troca de sua liberdade, Margot deu a Canillac todas as suas propriedades no Auvergne, assim como uma generosa pensão e outros favores. Segundo alguns relatos, também teria seduzido o marquês para convencê-lo. Apesar de sua recém-recuperada liberdade, pelos catorze anos seguintes, Margot continuou no Auvergne, distante das tempestades políticas e dinásticas que se seguiriam, vivendo da generosidade de sua cunhada, a viúva de Carlos IX, Elisabeth da Áustria, que lhe transferiu metade de seu dote. Nunca mais viu a mãe e o irmão.

Durante os meses em que Margot caiu em desgraça, Catarina esforçara-se para encontrar os chefes das facções que rondavam tão perigosamente seu filho. Mesmo doente, fez várias viagens para encontrar Navarra, embora este achasse agora que ela tinha pouca influência. Ser tratada como alguém com relevância política apenas marginal deve ter sido uma grave ofensa para a antes todo-poderosa rainha-mãe. Ao encontrar Navarra em Saint-Brice, em Cognac, em dezembro de 1586, Catarina queixou-se com ele do trabalho que vinha tendo em suas tentativas de evitar uma guerra em larga escala. A resposta dele foi mordaz: "Você gosta e se alimenta dessas dificuldades; se estivesse descansando, não saberia como continuar a viver". Acredita-se que foi em Saint-Brice que a rainha-mãe fez uma proposta surpreendente a Navarra.

A história foi relatada muitos anos depois pelo próprio Navarra e pelo marechal de Retz, que também estava presente à reunião e mais tarde relatou o que ocorreu a Claude Grouard, presidente do *Parlement* da Normandia. Dizem que Catarina teria sugerido que Margot fosse "eliminada" ou que se anulasse o casamento, o que permitiria que seu genro se casasse de novo e pudesse ter filhos. Ao que parece, ela alimentava uma secreta ambição de que ele tomasse como noiva sua neta favorita, e acompanhante frequente, Cristina de Lorena, o que uniria pelo casamento as três dinastias em guerra. Após o banho de sangue que se seguiu às primeiras núpcias de Navarra – que no final das contas também tinham o intuito de trazer harmonia entre huguenotes e católicos –, é difícil imaginar qual pode ter sido a reação dele à última especulação matrimonial de sua sogra.

Quaisquer que tenham sido os termos formulados por Catarina, ela não teve o apoio do rei seu filho, que passou a deixar sua posição absolutamente clara. Ele escreveu à mãe em dezembro de 1586 dizendo que Navarra não deveria esperar

> que a tratemos [Margot] de maneira desumana, nem que ele possa repudiá-la a fim de casar-se com outra. Gostaria que fosse mantida em um lugar onde ele pudesse vê-la quando desejasse a fim de tentar ter filhos com ela. Ele deve decidir não se casar com outra enquanto ela viver, e se se esquecer disso e decidir de outro modo, irá colocar para sempre uma dúvida na legitimidade de sua linhagem e ter a mim como seu *enemi capital*.⁹

Se Catarina de fato sugeriu que sua filha fosse "eliminada", isso prova que o desejo de alcançar seus objetivos superou até mesmo seu forte instinto maternal. Para ela, porém, a desacreditada Margot havia praticamente deixado de existir e, aos olhos de Catarina, é bem provável que sequer merecesse continuar viva. Escrúpulos e remorsos não eram sentimentos que incomodassem a mente da rainha-mãe. A fim de atender aos seus interesses e agora aos de Henrique, ela demonstrara repetidas vezes ser muito capaz de fazer o que fosse necessário. Na realidade, era essa a força que a distinguia. Ela já colocara Margot antes em perigo mortal para proteger seu plano na noite de

São Bartolomeu. Mesmo assim, é difícil acreditar que poderia ter exterminado a própria filha (por mais que esta estivesse desonrada), não por quaisquer razões sentimentais que pudessem implicar que amasse Margot, mas meramente porque nas veias de sua filha corria o sangue de seu havia muito tempo falecido marido, mas ainda adorado.

Enquanto Navarra ganhava tempo mantendo conversas inócuas com Catarina, ele também reunia um considerável exército, que incluía mercenários luteranos de João Casimiro e do rei da Dinamarca, para enfrentar a ameaça de soldados espanhóis dos Países Baixos. Quase logo após a assinatura do Tratado de Nemours, Navarra e Condé encontraram-se com Damville e refizeram a aliança com os católicos moderados. O plano de Navarra era simples: ele deveria lutar por seu direito ao trono francês, pois apenas uma vitória decisiva sobre a Liga, esmagando os Guise e suas ambições, poderia restabelecer seu justo lugar na sucessão. Sabia que o rei, praticamente um prisioneiro dos ultracatólicos, era fraco demais para impor sua vontade sobre os acontecimentos.

Quanto ao rei, depois de se empenhar na assinatura do Tratado de Nemours e enviar sua mãe de novo para as suas infrutíferas viagens diplomáticas, voltou à vida de excessos frívolos e penitências religiosas que marcara seu reinado até então. Sua última mania era andar com cãezinhos de colo dentro de cestinhas cravejadas de joias, sustentadas por fitas em volta do pescoço, no que era copiado por seus *mignons.* Ele chocou mesmo seus súditos mais moderados e geralmente fiéis quando o viram carregando um cãozinho favorito numa mão e tocando os escrofulosos com a outra, nas cerimônias de cura desses doentes.

Cada vez mais, Henrique dedicava-se a longas jornadas a pé de Paris à catedral de Chartres, rezando à Virgem Maria para que lhe desse um filho e implorando ao Todo-Poderoso por absolvição. Essa desesperada busca de redenção assumiu tons cada vez mais mórbidos, até necromânticos. Ele começou a ostentar caveiras bordadas em suas roupas e mandou construir um sinistro oratório, com festões de crepom preto, no qual colocou ossos e caveiras tirados de um cemitério local. Sob a luz amarelada de grossas velas, passava as sextas-feiras numa espécie de transe de automortificação e oração, ao qual compareciam seus mais fiéis monges.

Catarina ficou desesperada com seu filho; temia por sua saúde e sanidade. O papa, ao saber dos extremos do comportamento do rei, escreveu e lembrou sua majestade que um soberano à beira de uma guerra em grande escala para salvar a França para o catolicismo deveria por ora colocar suas obrigações em outra parte. Quando o recluso Henrique decidiu se mexer e ter um papel ativo nos assuntos do reino para ser visto como monarca da França, o povo em grande medida o ignorou. Paris, o mais sólido dos redutos católicos, havia criado uma liga própria, encabeçada por um órgão chamado "Os Dezesseis" (*Les Seize*), referência aos dezesseis *quartiers* de Paris. Para a maior parte dos cidadãos da capital, havia apenas um rei de Paris, e esse rei era o duque de Guise.

Para complicar mais as coisas para Catarina, sua antiga nora, Maria, estava prestes a virar uma mártir católica. No Castelo de Fotheringhay, em outubro de 1586, a rainha da Escócia havia sido julgada e considerada culpada de traição contra Elizabeth I, por sua participação no Complô de Babington, que pretendia levar Maria ao trono da Inglaterra. Apesar do longo sofrimento de Elizabeth pelo destino de sua real prisioneira e seus temores de que no mundo católico "ficasse difundido que, pela segurança da própria vida, uma rainha donzela poderia aceitar que se derramasse até o sangue de uma parente", ela sabia que não poderia poupá-la, já que isso equivaleria a "oferecer uma espada para que cortasse minha própria garganta".[10]

Catarina, chocada com o veredito, despachou Bellièvre para a Inglaterra em novembro de 1586 para implorar clemência. A própria Maria escreveu a Elizabeth agradecendo-lhe pela "boa notícia", embora lembrasse que a rainha teria que responder por suas ações no outro mundo. Ignorando o suposto entusiasmo de Maria em "abandonar esta vida", Bellièvre heroicamente conseguiu obter uma promessa de Elizabeth de suspensão da execução por doze dias. Henrique escreveu à rainha da Inglaterra afirmando que iria encarar a execução de Maria como uma "afronta pessoal", mas isso apenas fortaleceu a decisão de Elizabeth. Não sendo alguém que se curvava diante de intimidações, ela respondeu ao rei francês que essa era "a maneira mais rápida de me fazer despachar a responsável por tantas más ações".[11]

Catarina não tinha grande simpatia por Maria Stuart e desprezava as imprudentes ações que empreendera enquanto estivera no trono da Escócia. Ficara particularmente indignada com o assassinato de lorde Darnley em 1567, aquela "horrível, perversa e estranha trama e execução contra a majestade do rei". Na época, a rainha-mãe exigiu que sua antiga nora demonstrasse sua inocência ao mundo, ameaçando que, "se ela não cumprisse sua promessa de vingar a morte do rei para se eximir, eles [os Valois] não só a considerariam desonrada como passariam a ser seus inimigos".[12] Quase vinte anos depois, o tempo não mudara a visão de Catarina; um soberano executar outro era contrário a todas as suas crenças. Ela previa o impacto que a morte da ex-rainha da França teria no clã dos Guise e nos católicos franceses em geral. Indignada, escreveu a Bellièvre: "Sinto muitíssimo que você não tenha sido capaz de fazer mais pela pobre rainha da Escócia. Nunca foi o caso de uma rainha ter jurisdição sobre outra que tivesse se colocado em suas mãos por segurança, como ela fez ao fugir da Escócia".[13]

A execução de Maria teve lugar em 18 de fevereiro de 1587. Catarina soube da notícia da "cruel morte da pobre rainha dos escoceses" em um despacho de Bellièvre, quando voltava para Paris de sua longa e desesperançada missão em Poitou. Sua reação inicial foi de genuína angústia e raiva, por terem sido ignorados os apelos de Henrique. Isso se transformou em alarme quando ela chegou a Paris e viu as pessoas inflamadas pelos pregadores católicos, que atribuíam a morte de Maria à sua religião, denunciando-a como um ataque ao catolicismo perpetrado por hereges estrangeiros.

Da multidão enfurecida vieram rumores ameaçando Henrique, alegando até que ele tivera participação na morte de Maria. Para garantir a própria segurança, o rei reforçou sua guarda pessoal e, nervoso, na esperança de acalmar o populacho furioso, ordenou que a corte vestisse luto. Uma missa solene foi realizada em Notre-Dame em 13 de março. Joyeuse e D'Épernon também voltaram a Paris ao mesmo tempo e a Liga ficou preocupada, achando que sua presença poderia "animar o rei". Joyeuse perdera muito crédito junto a Henrique desde a sua ausência, tendo sido acusado de dar apoio tácito aos Guise.

Com Maria agora morta, Felipe II da Espanha decidiu entrar em guerra com a herética porém resiliente rainha da Inglaterra, a fim de restabelecer a "única verdadeira fé" naquelas atribuladas ilhas. Ele começou a construir uma imensa armada para uma invasão decisiva. O duque de Parma, governador dos Países Baixos espanhóis, recebeu instruções para adquirir grande quantidade de materiais exigidos para a invasão por terra e mar, que o rei da Espanha estava projetando. Ao mesmo tempo, ele incitou Guise, agora um cliente e aliado da Espanha, a fazer um grande esforço para obter uma vitória definitiva contra Navarra e os protestantes franceses. Planejando usar alguns dos portos franceses do canal para atacar a Inglaterra, Felipe precisava de uma

França apaziguada e sob o controle católico, antes de partir para a sua "grande empresa". A Guerra dos Três Henriques teria, portanto, que ser intensificada.

Os estratagemas, escaramuças e batalhas irresolutas, com retiradas quase pré-arranjadas, que haviam até então marcado essa guerra de objetivos nebulosos e alianças pouco naturais, agora se tornavam bastante reais. Colocando Catarina para cuidar de todas as questões de Estado, Henrique saiu da capital em 12 de setembro à frente de um exército rumo ao Loire, onde esperava interceptar o exército de Reiters que vinha da Alemanha para ajudar Navarra. A rainha-mãe, rejuvenescida pela tarefa que tinha à frente, empenhou-se em providenciar suprimentos e armas para os soldados do filho. Nunca se sentia mais feliz do que quando solicitada no limite de suas capacidades, examinando fortificações e defesas marítimas para o caso de um ataque. Seus incansáveis esforços alcançaram extraordinários resultados, apesar dos escassos recursos à sua disposição.

Em 20 de outubro de 1587, na batalha de Coutras, Henrique de Navarra derrotou as forças lideradas pelo duque de Joyeuse, que foi morto em ação. Guise teve sucesso em duas batalhas contra os Reiters, em Vimory (26 de outubro) e Auneau (24 de novembro), embora a essa altura os mercenários já estivessem em retirada, tendo sido subornados pelo rei para que deixassem o solo francês. Guise, furioso, queixou-se ao embaixador espanhol: "D'Épernon não só se colocou entre os Reiters e eu, mas deu-lhes dinheiro [...] e mil arcabuzeiros da própria guarda do rei, e dez companhias de *gens d'armes* para escoltar sua retirada. É estranho que forças católicas sejam empregadas para recompensar hereges pelo dano que têm infligido à França. Todo bom francês deveria se sentir indignado".[14] Catarina via as coisas por ângulo bem diferente, e escreveu ao marechal Matignon incentivando-o: "Agora devemos agradecer a Deus por ter nos ajudado de uma maneira que constitui um verdadeiro milagre e ter nos mostrado que ele ama o rei e o reino".[15]

Quando Henrique voltou a Paris em 23 de dezembro para celebrar mais uma vitória inócua, compareceu às missas cantadas para glorificar Deus pela libertação dos católicos. Na realidade, o inverno é que fora responsável por encerrar a temporada de campanhas, e não os feitos militares; as questões subjacentes continuavam sem solução. Navarra ainda detinha o sul do França, e o povo estava bem mais pobre e faminto, e mais desesperado do que antes da guerra. Para extrema irritação do rei, Guise foi aclamado herói por seus sucessos em Vimory e Auneau. Por isso, esperava um gesto do rei – em particular, que pudesse receber algumas das honrarias que haviam pertencido ao falecido duque de Joyeuse. Em vez disso, Henrique conseguiu enfurecer Guise e os parisienses não só dando a Joyeuse um funeral digno de um príncipe real, mas transferindo os cargos e honrarias de Joyeuse para D'Épernon, já sobrecarregado de favores. A irmã de Guise, duquesa de Montpensier – uma católica tão fanática ou mais que seus irmãos, conhecida como a "Fúria da Liga" –, denunciou a ingratidão do rei e passou a usar um par de tesouras de ouro amarradas com uma fita na cintura. Anunciou que elas dariam a Henrique sua terceira coroa; a primeira havia sido a polonesa, a segunda, a da França, e sua terceira seria a "coroa" [a tonsura] de monge.

Em janeiro e fevereiro de 1588, a facção dos Guise reuniu-se em Nancy para uma revisão da sua situação geral e das demandas. Em Paris, o povo estava cada vez mais inquieto e raivoso. D'Épernon, o favorito que restara a Henrique, passou a ser o alvo principal dos ataques da Liga, e começaram a aparecer panfletos denunciando-o. Um deles, intitulado *"O grande feito militar de D'Épernon"*, era, quando aberto, apenas uma folha em branco, com uma única palavra, *rien* (nada). Os demagogos católicos lançavam ataques a ele e ao rei por seu fracassado esforço de guerra, até então custoso em termos militares e financeiros, mas sem resultados contra Navarra.

Quando as deliberações da Liga foram entregues ao rei, ele decidiu que nunca mais iria permitir tal insolência, mas a fim de evitar um confronto antes de estar preparado, esquivou-se de dar uma resposta às condições dos rebeldes. Essas eram, em termos gerais, uma versão mais rigorosa de suas exigências originais. Insistiam que o Tratado de Nemours fosse totalmente implementado; além disso, o rei deveria aderir à Liga de maneira inequívoca. Também exigiam a publicação das disposições do Concílio de Trento e a introdução da Santa Inquisição na França. A partir de então, todos os altos cargos do Estado deveriam ser vetados a quem não fosse membro da Liga e, como segurança adicional, pressionaram para que fossem colocadas mais cidades seguras sob seu controle. Essa última era uma exigência totalmente enganosa, simplesmente um método de conseguir mais fortalezas. Os bens e pertences de protestantes deveriam ser vendidos e parte do dinheiro assim obtido iria para o esforço de guerra.

Com o país efetivamente dividido em dois Estados (os protestantes detinham os territórios do sul e a Liga, os do norte e do centro), a França adotava agora uma política externa curiosa e conflitante. Apesar de vinculada à

Inglaterra por uma aliança defensiva, a Liga havia se aliado à Espanha e à luta internacional contra a heresia, e, portanto, deveria ajudar no ataque planejado contra a Inglaterra. Os Guise, ajudados por Parma desde a Holanda, tomaram a Picardia, mas não foram capazes de capturar Boulogne. Felipe, "por cuja graça ele [Guise] vive", requeria portos do canal e áreas mais ao interior para sua invasão por terra e frota marítima; ele também precisava estar absolutamente seguro de que o rei não iria ajudar Elizabeth, nem obstruir de algum modo a ofensiva dele.[16] Portanto, ficou planejado que, com a incitação dos pregadores da Liga e do *Seize* parisiense, o rei seria aprisionado por um levante popular comandado pela Liga e teria sua força política neutralizada pouco antes que a armada desferisse seu ataque.

Catarina havia muito tempo perdera a esperança de que Navarra fosse obsequiar a todos, exceto aos Guise, convertendo-se ao catolicismo, e em vez disso começava agora a se aproximar dos Lorena com expectativas futuras. As conexões da família dela com a dinastia eram fortes. O duque de Lorena era seu genro e ela esperava ver seus netos bem casados. Sempre dedicada a arrumar casamentos, pressionou por uma união entre a filha de Lorena, Cristina, sua acompanhante frequente, e Fernando de Médici, o novo grão-duque da Toscana (o grão-duque Cosimo I havia morrido em 1574 e fora sucedido por Francesco de Médici, que morreu em 9 de outubro de 1587). Apesar das pressões externas que poderiam ter estremecido a maioria dos relacionamentos, Catarina vinha mantendo uma amizade próxima com a duquesa de Nemours, mãe do duque de Guise, e não raro relacionava-se em termos surpreendentemente amigáveis com o próprio Guise. Ela o conhecia desde sempre e sob vários aspectos considerava o duque e os filhos como parte de sua família estendida. Conseguia ser cordial até com a exaltada fanática da Liga, a duquesa de Montpensier, embora só possamos imaginar como deve ter encarado aquelas tesouras que a duquesa dependurou tão ameaçadoramente na cintura. Não se deve duvidar, porém, que a principal razão de ela preservar uma disposição amigável com o duque fosse para melhor poder proteger o filho. Henrique ainda era a única pessoa que realmente contava para ela.

Outro aspecto da tendência da rainha-mãe em favorecer o clã Lorena era que, se a lei Sálica fosse ignorada, o neto dela, o herdeiro do duque de Lorena, marquês de Pontà-Mousson, poderia herdar o trono da França caso Henrique não tivesse filhos. Ela desistira, não sem razão, de qualquer esperança de que sua linhagem de sangue continuasse por meio de Navarra e Margot.

Outro ponto que os Guise e Catarina tinham em comum era seu ódio visceral pelo detestado *mignon* D'Épernon. O antes poderoso favorito vivia agora sob perigo constante, pois regularmente se descobriam ameaças e complôs para matá-lo. Ele, que de modo tão arrogante havia colocado a rainha-mãe de lado, agora implorava por uma audiência com ela.

O núncio apostólico Morosini relatou em despacho datado de 15 de fevereiro de 1588 que o duque "se ajoelhara diante dela, de chapéu na mão. Ele permaneceu assim por uma hora diante da rainha, sem que ela lhe pedisse para levantar ou cobrir a cabeça".[17] Implorando que ela o ajudasse a conseguir uma reconciliação com o duque de Guise, e assumindo essa atitude muito humilde, D'Épernon prometeu que no futuro iria depender inteiramente dela. Nas reuniões regulares do conselho, quando o rei e a rainha-mãe se sentavam juntos numa pequena mesa e os conselheiros ficavam numa longa mesa a uma curta distância, era perceptível que Catarina e o filho pouco se falavam, se é que o faziam. Ele não confiava em ninguém mais, nem mesmo nela.

Em abril, numa dessas reuniões, caiu o tênue manto que ocultava a antipatia em fogo lento entre Catarina e D'Épernon, e seu ódio mútuo ferveu durante uma raivosa altercação entre ambos, durante a qual o duque ousou acusar a rainha-mãe de apoiar a Liga. Ela sabia que seu filho, cada vez mais isolado, vivia agora num estágio tão avançado de paranoia que, com o mais leve estímulo de D'Épernon, poderia facilmente ser levado a interpretar mal os motivos dos vínculos da mãe com os Guise. Como ela mesma colocou: "Às vezes o rei interpreta mal minhas intenções e supõe que faço o que faço por querer apaziguar tudo, ou porque gosto deles, ou porque sou boa demais, como se eu amasse alguém mais do que poderia amá-lo, ele, a pessoa que me é mais cara, ou como se eu fosse uma pobre criatura guiada apenas pela bondade". Esse último ponto não era uma acusação feita a Catarina com frequência.

Em 1º de abril de 1588, sofrendo da grande enfermidade da idade e de uma avassaladora dor de dente, Catarina escreveu a Bellièvre contando que os Guise estavam descumprindo todas as promessas que lhe haviam feito de seguir as ordens do rei. Henrique, escreveu ela de modo prescindível, "deseja ser obedecido".[18] O próprio rei fizera a mesma observação, escrevendo a Villeroy: "Vejo claramente que, se deixar essas pessoas fazerem do jeito que lhes aprouver, não só vou tê-las como companheiras, mas no final elas passarão a mandar em mim. Está mais do que na hora de colocar as coisas em seu devido lugar".[19] Prosseguiu dizendo que "a partir de agora deverei ser o rei, pois já fui o valete por tempo demais".²⁰ Quando Meaux, Melun e Château-Thierry passaram para a Liga, o rei manteve a calma em público, mas disse ameaçadoramente: "A dor transforma-se em raiva quando é cutucada com excessiva frequência. É bom que não me provoquem demais".²¹

Em maio, Catarina estava em Paris, ainda padecendo das dores da gota e da infecção pulmonar. Passava grande parte de seus dias na cama no Hôtel de la Reine, com a expectativa de algum repouso sempre frustrada pela atmosfera crescentemente hostil na cidade contra o rei e D'Épernon. Soldados da Liga haviam sido introduzidos na capital nas últimas semanas, preparando outro golpe no estilo do Massacre da Noite de São Bartolomeu. A um sinal, iriam partir para a ação e matar os apoiadores do rei, ir até o Louvre e capturá-lo (não sem antes degolar seu odiado *mignon*). Graças aos bons ofícios de Nicolas Poulain, um espião trabalhando para Henrique que conseguira infiltrar-se na Liga, foi descoberto um plano para matar D'Épernon e capturar o rei na noite de 24 de abril. Outra tentativa de sequestrar o rei mostrou ser obra da irmã de Guise, a duquesa de Montpensier (o próprio Guise desaprovava os agentes provocadores, espiões, assassinos e métodos revolucionários da irmã; faltavam-lhes a honra e os valores essenciais que, a seu ver, elevavam suas ações, e eram condizentes com seu sagrado propósito e sua condição de príncipe). Advertido a tempo, Henrique reforçou sua guarda e isso demoveu os conspiradores, que decidiram aguardar uma oportunidade melhor. Também ordenou que D'Épernon posicionasse soldados fora da cidade para protegê-la contra quaisquer forças agressoras.

A liga parisiense decidiu enviar um apelo ao duque de Guise em Soissons para que viesse em seu auxílio. Entre outras desculpas, também temiam outro massacre no estilo da Noite de São Bartolomeu, já que os pregadores haviam levado o povo a acreditar que Henrique de Navarra renovara sua aliança com o rei e logo invadiria Paris à frente de um exército. Henrique enviou Bellièvre para conversar com Guise, com ordens estritas de que este não viesse à capital, ameaçando que, se o fizesse, seria "tratado como um criminoso e responsável pelos problemas e divisões no reino".²² Sem que Henrique soubesse, sua mãe fez outros arranjos. Há fortes motivos para acreditar que Catarina enviou Bellièvre com uma mensagem verbal dela, pedindo que o duque viesse à capital o quanto antes, julgando-o a única pessoa capaz de apaziguar a situação. Guise recebeu a mensagem em 8 de maio e no dia seguinte, ao meio-dia, entrou na capital pela Porte Saint-Martin com uma escolta de apenas dez homens. Veio sem seus acompanhantes usuais, e com o chapéu abaixado, a capa enrolada cobrindo o rosto e os ombros. Apesar dessa precária tentativa talvez deliberada de passar incógnito, a multidão logo reconheceu seu herói e muitos correram simplesmente para tocar sua capa. Outros caíram de joelhos e choraram de alegria, implorando-lhe que os libertasse de seu perverso rei e de sua monstruosa criação, o duque d'Épernon.

Guise e seus homens foram direto para o Hôtel de la Reine, perto do Louvre, onde a rainha-mãe estava acamada. Um dos anões dela, sentado à janela, localizou a figura inconfundível do duque. Ele gritou que Guise estava lá embaixo, e a rainha, que pensou que fosse uma brincadeira do anão para alegrá-la, disse a alguém para dar uma boa surra nele até que aprendesse a contar uma piada engraçada. Mas ao ouvir a agitação, percebeu que de fato se tratava do duque de Guise, e então foi vista "mudar de cor e começar a tremer". Sabia muito bem que a permanência do filho no trono dependia do que aconteceria em seguida.

Catarina saudou o duque calorosamente, dizendo: "Como me conforta vê-lo de novo, embora eu preferisse que fosse em outra situação". Guise então conversou com a rainha-mãe sobre as razões de suas ações recentes. O rei, enquanto isso, sentiu uma raiva homicida ao ver Guise desobedecer a suas ordens e vir a Paris. Dizem que, quando soube da presença de seu rival na cidade, perguntou a Villeroy: "Chegou a hora de arriscar tudo. Ou não é o futuro dos reis da minha raça que está em jogo?". Virando para Alfonso d'Ornano, seu capitão corso, perguntou: "Se estivesse no meu lugar [...] o que faria?". O feroz e leal corso não precisou pensar muito para responder; disse apenas: "Senhor, há apenas uma palavra que importa nisso tudo. O senhor considera *monsieur* de Guise seu amigo ou seu inimigo?". Henrique não disse nada, mas fez um gesto que não deixou dúvidas a respeito do que sentia. D'Ornano teria dito: "Vamos acabar com ele, então".[23]

Apesar de sua doença, Catarina, temendo a fúria do seu filho e desesperada para evitar uma ruptura final entre os dois homens – ou algo pior –, sabia que precisava acompanhar Guise ao Louvre, onde o rei o aguardava. Vestiu-se e, então, carregada em sua liteira, com Guise caminhando ao lado dela, foram em direção ao palácio. Em seu curto trajeto pelas ruas estreitas, as pessoas gritavam: "Longa vida a Guise!" e "Longa vida ao pilar da Igreja!". Henrique aguardava o duque nos aposentos da rainha. Guise fez uma profunda reverência diante do rei, que o recebeu com frieza e disse apenas: "Por que está aqui, meu primo?". Ao que, após uma longa pausa, o duque respondeu que havia vindo por instruções da rainha-mãe. Catarina confirmou que era verdade e impediu assim que o rei censurasse Guise, quer acreditasse nisso ou não. Catarina então explicou que havia pedido ao duque para vir pacificar a perigosa situação e buscar um acordo entre os dois homens.

Dois dias, 10 e 11 de maio, foram gastos em conversações entre Guise e o rei. Um desses encontros teve lugar quando o duque visitou Catarina, onde encontrou Henrique. Quando Guise entrou no quarto da rainha-mãe, Henrique viu o duque e virou a cabeça para o outro lado, como se não o tivesse visto. O tom relativamente agradável mas reticente dos dias anteriores deu então uma forte guinada. Guise sentou ao lado da rainha-mãe e, dirigindo-se a Bellièvre, queixou-se do quanto andavam falando mal dele. Guise não sabia ainda, mas Henrique ouvira dizer que havia um levante contra ele e, ignorando o antigo direito dos parisienses de protegerem a si mesmos em tempos difíceis, ordenara que as tropas suíças e os soldados realistas entrassem na cidade na noite de 11 de maio.

Os cidadãos ficaram indignados ao ver soldados posicionando-se em volta da cidade. As tropas tinham ordens de não atirar, mesmo que fossem ameaçadas pela população enfurecida, composta principalmente por burgueses e estudantes da Sorbonne. Durante a noite, os cidadãos haviam erguido barricadas, com imensos barris cheios de pedras bloqueando as ruas. Na manhã de 12 de maio, ouvindo o tumulto do lado de fora, o duque, acabando de levantar e ainda sem se vestir, olhou pela janela de seu dormitório no Hôtel de Guise e, fingindo um ar de surpresa sonolenta com a febril atividade nas ruas, dirigiu-se às pessoas num tom bem-humorado e amistoso, perguntando: "O que está acontecendo aqui?". Era apreciado por seu jeito franco ao lidar com eles; era um homem que eles seguiriam a qualquer parte.

Conforme a temperatura nas ruas subia, Henrique enviou Bellièvre a Guise, com a garantia de que os soldados não nutriam "nenhuma intenção contra ele". Catarina também enviou uma escolta cedo naquela mesma manhã, levando uma saudação amistosa ao duque. Ela veio em pessoa logo depois e, tendo dito a ele o quanto o rei estava desgostoso com "toda aquela comoção", instou-o a restaurar a ordem na capital. Os cidadãos haviam encurralado os soldados e atiravam-lhes pedras, e alguns soldados haviam sido mortos por franco-atiradores. Ela temia que houvesse muitas mortes se ele não interviesse. Guise deu uma resposta ríspida: não havia sido ele o promotor daquela loucura, nem estava ele em posição de lidar com ela, já que não era "nem coronel nem capitão". E disse, contemporizando, que isso deveria ser deixado a cargo "da autoridade dos magistrados da cidade".

A pedido do rei, os soldados foram trazidos a local seguro por alguns ministros amedrontados. O próprio Guise caminhava pelas ruas, desarmado, carregando apenas o chicote de cavalgada e conversando com as pessoas. Sua calma tranquilizava-as e onde quer que ele fosse ouvia os gritos de "*Vive Guise!*", "Para Reims, vamos levar *monsieur* para Reims!". Guise agradeceu à multidão mas respondeu: "Já basta, *messieurs*, já é demais. Gritem *Vive le Roi!*". Na manhã de 13 de maio, Henrique foi examinado pelo médico florentino de Catarina, Cavriani: "O pobre rei, que está praticamente sitiado aqui, anda tão triste e desanimado que é a própria imagem da morte. Esta noite passada, estavam todos em armas, e ele chorou amargamente por seu destino, queixando-se de tantas traições". O médico referiu-se aos acontecimentos como "uma das maiores revoltas e rebeliões de que já se teve notícia".

Sempre dona de suas emoções, especialmente quando a situação parecia muito ruim, a rainha-mãe, carregada em sua liteira, fez questão de não dispensar sua costumeira ida à missa na Saint-Chapelle. Descendo de sua cadeira, foi contornando as barricadas como se fossem a visão mais normal do mundo. Permitiram-lhe passar pelas barricadas e foi saudada com respeito pelos rebeldes, que relataram que a rainha-mãe "ostentava um rosto sorridente e confiante, sem se assustar com nada". Essa mulher determinada, doente e completamente desesperada pelo incerto futuro de seu filho, ainda tinha coragem e condições de adaptar-se a qualquer situação com a mesma sublime fortaleza que demonstrara a vida inteira. Nunca Catarina havia se mostrado tão magnificente como quando escalou as barricadas dos rebeldes enquanto estes se preparavam para sitiar seu filho no Louvre. Após a missa, ao voltar para o seu *diner* na companhia apenas de seus mais íntimos, chorou em silêncio, mas desconsoladamente.

Na reunião do conselho daquela tarde, Catarina pressionou o filho para que ficasse em Paris, embora tenha sido uma voz solitária entre as demais, que acreditavam que o rei deveria fugir enquanto podia. Ela insistiu: "Ontem, entendi pelas palavras de *monsieur* de Guise que ele estava disposto a ser razoável; devo voltar a falar com ele agora e tenho certeza de que vou fazê-lo acalmar essa situação". Tinha pouco tempo a perder; a Porte Neuve era o único portão da cidade que ainda permanecia aberto, já que, por algum grosseiro equívoco, a Liga não cuidara de fechá-lo; mas por quanto tempo seu erro continuaria despercebido? Guise escrevera com prematura confiança ao governador de Orléans: "Derrotei os suíços, fiz em pedaços uma parte da guarda do rei e mantenho o Louvre sob tal vigilância que deverei dar conta de todos os que estão dentro. Essa vitória é tão grande que sua memória irá perdurar para sempre".[24] Catarina correu até Guise após a reunião do conselho e suplicou que acalmasse a loucura nas ruas. Ele disse que não seria capaz de controlar a multidão rebelada, que comparou a "touros loucos, difíceis de conter". Ao ouvir isso, Catarina voltou-se e cochichou algo com o secretário Pinart, que a acompanhava. O secretário pediu licença e deixou a rainha-mãe com Guise.

Pinart levava ao rei a mensagem de que deveria sair da cidade sem demora, mas Henrique não esperara o sinal de sua mãe. Já havia fugido, deixando recado à mãe para que cuidasse dos assuntos na capital. Uma multidão marchava em direção ao Louvre para buscar o "Irmão Henrique", enquanto o rei caminhava calmamente pelos jardins das Tulherias e seguia adiante, até os estábulos. Ele e um grupo de amigos montaram então os cavalos que já os aguardavam e saíram pela Porte Neuve, junto aos muros dos jardins. Primeiro a trote, depois a galope ligeiro, o grupo partiu para Rambouillet, onde pararam para pernoitar, e chegou a Chartres ao raiar do dia 14 de maio. Cerca de uma hora depois que Pinart deixara o Hôtel de Guise, a notícia da fuga do rei foi transmitida ao duque, que ainda estava conversando com Catarina. Ele gritou: "Ah! Madame, estou morto. Enquanto sua majestade me reteve aqui, o rei partiu para me trazer ainda mais problemas".[25]

Na manhã de 14 de maio, o *Parlement* tinha uma reunião marcada. Ainda restara um grupo numeroso de homens que abominava o fanatismo da Santa Liga e permanecia leal ao rei, apesar de saber o quanto ele era um homem fraco. Fiéis ao princípio de que o rei havia sido ungido por Deus, acreditavam que ninguém tinha o direito de usurpar-lhe o trono. Guise insistiu para que a sessão tivesse início, mas Achille de Harley, o presidente, repreendeu-o com as palavras: "É uma grande pena ver o lacaio expulsar o senhor. Quanto a mim, minha alma a Deus pertence, meu coração ao rei, e meu corpo está nas mãos de patifes. Faça o que lhe aprouver".[26]

Guise teve a precaução de tomar algumas cidades estratégicas em volta de Paris para evitar qualquer possível bloqueio por parte dos realistas, e então substituiu as autoridades municipais leais ao rei por membros da Liga. As chaves da Bastilha foram enviadas ao duque e a Liga prontamente encheu suas celas com seus inimigos. O controle do arsenal também foi entregue. Guise garantiu que a multidão frustrada não partisse para um surto de destruição, nem atacasse as propriedades reais; portanto as ruas voltaram a um estado de aparente normalidade. No entanto, Paris não tinha serventia para a Liga sem o rei ali, e, com sua fuga, Henrique arrasara com os planos do duque. Como quem acreditava na honra de sua posição, Guise negara-se a matar Henrique, mas mantê-lo sob controle na capital como um virtual prisioneiro da causa dos católicos (e em última instância dele mesmo) teria sido perfeitamente aceitável para sua gentileza cavalheiresca. Prova de sua notável popularidade é que não foi culpado pela fuga do monarca.

As duas rainhas, Louise e Catarina, foram bem tratadas, exceto por um incidente, quando a passagem da rainha-mãe por um portão da cidade para ouvir a missa nos capuchinhos foi barrada. Furiosa, ela confrontou o duque e ameaçou deixar a cidade, e se necessário, acrescentou melodramaticamente, ela morreria feliz na tentativa. Mas era pura bravata; sabia que serviria melhor seu filho ficando na capital, e de qualquer modo Guise provavelmente a teria impedido de sair. No final, para salvar as aparências de ambos, o duque fingiu que o problema era a tranca do portão, que simplesmente teria enguiçado. Mesmo nessa espécie de semicativeiro, Catarina conseguiu manter o filho informado dos eventos por estar no centro deles, e Louise mostrou ser um trunfo, não só por ser de Lorena de nascimento, mas também porque era adorada pelos parisienses por sua devoção, beleza e natureza dócil. No mês seguinte, Guise enviou uma série de delegações a Henrique em Chartres. Vinham trazendo uma lista das exigências da Liga, que mais uma vez destacavam os pontos essenciais do Tratado de Nemours, com alguns acréscimos para incorporar os recentes desdobramentos em Paris. Entre eles, a exigência que D'Épernon e seu irmão fossem tratados como huguenotes enrustidos e banidos.

O rei recebeu os delegados da capital em 16 de maio. Disse que absolveria os parisienses por seu comportamento se admitissem suas falhas e se a partir de então obedecessem ao seu ungido soberano. Uma questão que não o incomodou foi o banimento de D'Épernon e de seu irmão para Angoumois. Ele prosseguiu: "O povo está sobrecarregado por impostos e, como só o Estado pode remediar os males dos quais o Estado padece, decidimos convocar os Estados-Gerais em Blois, para que, sem desdouro aos direitos e à autoridade inerentes à majestade real, possamos avançar livremente segundo o costume da nação, para procurar os meios de aliviar o povo".[27] Mas o rei e a Liga ainda discutiam. Catarina escreveu a Bellièvre, que estava em Chartres com Henrique: "Eu preferiria ceder metade do meu reino e dar o posto de tenente-general a Guise, e ser reconhecida por ele e por todo o reino, do que continuar tremendo, como fazemos agora, de medo que algo pior possa acontecer com o rei. Sei que para ele é um remédio amargo, mas pior ainda seria perder toda autoridade e toda obediência". Em seguida, proferiu a velha fórmula que lhe servira tão bem no passado: "Seria muito bom para ele se pudesse fazer um acordo de momento, quaisquer que fossem os termos; porque o tempo com frequência traz muitas coisas que não temos como prever, e admiramos aqueles que sabem dar tempo ao tempo a fim de se preservar". Antes de concluir a carta, mostrou um raro vislumbre do seu desespero íntimo nessa época: "Estou fazendo um sermão; me perdoe, mas é que nunca estive antes numa situação tão problemática, nem com tão pouca clareza para ver como poderia sair dela, e, a não ser que Deus coloque Sua Mão, não sei o que poderá acontecer".[28]

Em Rouen, em 5 de julho de 1588, o rei finalmente aceitou as demandas da Liga, e o *Parlement* publicou o Ato de União em Paris em 21 de julho. Nele, a Liga ganhava reconhecimento oficial, embora Henrique insistisse que ela rompesse imediatamente todas as suas alianças estrangeiras. Ele tinha em mente o crescente perigo da Espanha, já que a Invencível Armada partira de Lisboa em direção à Inglaterra, e naquele momento passava pela costa francesa. Essa estupenda frota, uma sólida evocação do poder naval espanhol, constituía um inquietante lembrete da relação de Guise com Felipe II. Catarina em particular, imobilizada em Paris – agora um antro de agentes de Felipe –, sempre receara um ataque da Espanha. Cada vez mais angustiada em seu isolamento, temia que as demoras de Henrique provocassem um ataque do aparentemente irrefreável ex-genro.

O Ato de União tornou o cardeal de Bourbon presumível herdeiro de Henrique, e seus súditos tinham a partir de agora a tarefa de não permitir que um herege o sucedesse. Guise tornou-se tenente-general e foram concedidos também outros ricos favores para o clã dos Lorena e seus apoiadores. Henrique também concordou em arregimentar dois exércitos contra Navarra e os huguenotes, e estendeu uma anistia geral a todos os que haviam tomado parte no Dia das Barricadas. Uma missa especial em Notre-Dame celebrou a publicação do édito, com a presença das duas rainhas e dos cardeais de Bourbon e Vendôme. Também estavam presentes Guise e uma série de embaixadores estrangeiros. Estavam ali para poder enviar relatórios a seus países sobre a nova ordem que havia sido oficialmente reconhecida. Henrique, no entanto, continuou ausente de sua capital e daquela celebração, para ele tão horrenda.

Assim que os te-déuns foram cantados, Catarina e a rainha Louise saíram de Paris para encontrar Henrique, que se mudara para Mantes, não muito longe, a oeste de Paris. Sua mãe implorou que voltasse à cidade, mas ele declinou, preferindo em vez disso ir com a esposa até Chartres. Catarina chegou ali dias depois, e Guise, ansioso para prestar seus respeitos ao rei que ele acabara de manter como virtual prisioneiro, acompanhou-a com o cardeal de Bourbon. Guise ajoelhou-se ao ser trazido à presença de Henrique. O rei ergueu-o com delicadeza e beijou-o ternamente nas duas faces. Naquela noite, convidou Guise para comer e celebrar o recente pacto de reconciliação entre ele e a Liga. Henrique parecia gostar daquela atmosfera de confraternização tingida de ameaças. Estas pareciam pairar como visitas não convidadas acima de cada comentário que sugerisse um possível duplo sentido e de cada brinde a uma lealdade vazia. O rei perguntou "ao seu querido primo" a quem dedicar um brinde. "Isso cabe a sua majestade dizer", foi a resposta do duque. "Bem, então, vamos brindar aos nossos bons amigos, os huguenotes", ao que se seguiu uma gargalhada geral, e Guise levantou sua taça comentando: "Muito bem dito, senhor". A risada foi sufocada quando Henrique acrescentou: "e aos nossos bons amigos das barricadas de Paris". Guise não gostou da associação, mas não disse nada. Henrique teve grande prazer nesse tipo de jogo, mas ele não agradou de modo algum ao duque.

Nesse momento de triunfo da Liga, houve uma brusca mudança na sorte da Espanha. A partir de 31 de julho, e continuando até 9 de agosto e um pouco adiante, a Armada, orgulho da Espanha, foi vencida por uma combinação da coragem de uma ação marítima inglesa e de um mau tempo assustador. Os arrogantes membros da Liga viam agora a Espanha, seu poderoso aliado, desesperadamente enfraquecida pela brutal derrota sofrida por sua altiva frota. A derrota de Felipe deu novo ânimo ao rei e a todos os moderados da França, que se sentiram mais seguros agora que o poderoso ogro havia sido detido. Mendoza, o embaixador espanhol convocado por Henrique para dar um relato da batalha, afirmou que fora uma vitória de seu senhor em Madri. Conforme passavam os dias e chegavam às costas da França restos dos "invencíveis" cascos espanhóis, e escravos das galés que haviam sobrevivido milagrosamente chegavam à praia, ficou mais difícil até para os mais hábeis diplomatas continuar a transformar a verdade.

    Felipe havia caído de seu pináculo de poder. Henrique não pôde resistir a mostrar a Mendoza os escravos turcos das galés, tecnicamente homens sob sua proteção, já que o sultão era um aliado da França. Ele agora se sentiu seguro para ignorar as súplicas da Liga, muito bem redigidas, apesar de insistentes, para que voltasse à capital. Alegou que seus compromissos estavam em Blois, onde, conforme constava no Ato de União, um encontro dos Estados-Gerais deveria ser realizado em 15 de outubro. Tinha muita coisa a preparar para essa assembleia. Henrique partiu para Blois em 1º de setembro, levando consigo sua mãe, a rainha, e o duque de Guise.

    Em 8 de setembro, em Blois, Henrique fez um lance dramático e inesperado, demitindo todos os ministros de Estado. Esse golpe confundiu Catarina, assim como todos os demais. Ele não a consultara para tomar essa ação drástica; na realidade, quando a rainha-mãe lhe pediu uma explicação, ele denunciou com irritação os homens com os quais ela o rodeara. Mendoza relatou a Felipe que Henrique acusara Cheverny de rechear os próprios bolsos, Bellièvre, de ser um huguenote, Villeroy, de frívolo perseguidor de glórias, Brulart, de ser um zé-ninguém e Pinart, de não ter escrúpulos de vender os próprios pais por dinheiro. Henrique disse a Catarina que todos eles haviam falhado e que agora encarava o fracasso deles como seu. Havia sido ela que o aconselhara a ser aquele que mandava quando ele chegou da Polônia em 1574, e, pouco antes da derrocada das barricadas, ele havia dito a Villeroy que agora deveria ser rei, "pois já fui o valete tempo demais". Como deve ter sido duro para ela sentir-se posta de lado com os homens que o filho havia tão peremptoriamente demitido, muitos dos quais escolhidos por ela.

    Bellièvre, o *surintendant des finances,* estava entre os despachados, junto com o chanceler Cheverny e os três secretários de Estado, Brulart, Pinart e Villeroy. Este último recebera apenas uma carta do rei com as seguintes breves e educadas instruções: "Villeroy, eu continuo satisfeito com os seus serviços; no entanto, não deixe de voltar à sua casa, onde deverá ficar até que mande buscá-lo. Não procure a razão desta minha carta, simplesmente obedeça".[29] Catarina escreveu a Bellièvre sobre "o mal que tenho sofrido por ter ensinado o rei que se deve honrar e amar a própria mãe, como Deus quer, mas sem dar-lhe tanta autoridade e crédito a ponto de ficarmos impedidos de fazer o que nos apraz".[30] Os homens que substituíram os ministros demitidos destacavam-se por apenas três coisas: eram tidos como homens íntegros, eram praticamente desconhecidos e não eram cria da rainha-mãe. Os dias de poder de Catarina haviam terminado.

Os Estados-Gerais tiveram início em 15 de outubro, com grande cerimonial e esplendor. As damas da corte, com suas melhores vestes, deslumbravam desde a galeria. O salão havia sido especialmente decorado e preparado para essa importante assembleia, que iria decidir o futuro do rei, da Liga e do país. Henrique sentou em seu trono, com Catarina à sua direita, e imediatamente abaixo dele estava o duque de Guise, seu grande mestre. O drama e a tensão eram palpáveis, com os delegados e cortesãos em silêncio, na expectativa. Henrique abriu com um belo discurso, pagando tributo à sua mãe no que só pode ser visto como um discurso de despedida. Em reconhecimento aos seus destacados e incansáveis serviços à França, ele disse que Catarina deveria ser chamada não apenas de mãe do rei, mas também de mãe do reino. Agradeceu-lhe por tudo que lhe ensinara, pelos esforços dela para resolver os problemas da nação e proteger a fé católica, acrescentando que era a ela que devia seu fervor católico, sua devoção e seu desejo de reformar a França. Ele perguntou: "Não sacrificou ela sua saúde nessa luta? Graças ao seu bom exemplo e ensinamento descobri quais são as preocupações decorrentes de governar. Tenho considerado os Estados-Gerais o remédio mais seguro para os problemas que afligem meu povo, e minha mãe tem apoiado essa minha decisão". Após sua homenagem a Catarina, ele voltou ao cerne de sua mensagem, dizendo: "Sou o rei que Deus deu a vocês, só eu posso falar de maneira lícita e verdadeira".

Conforme a assembleia foi ficando lotada de membros da Liga, o rei passou a tratar da maior preocupação deles, a luta contra a heresia. Prometeu persegui-la com o máximo vigor, mas ressaltou a necessidade de dinheiro para levar adiante a luta contra Henrique de Navarra e seus exércitos. Prometeu erradicar a corrupção, estimular o comércio e rever a política de impostos. Convocou todos os seus súditos a se unirem e a segui-lo em sua luta contra as injustiças e dificuldades que embaraçavam o reino.

Durante todo o discurso, a rainha-mãe permaneceu sentada imóvel e pálida, com o olhar fixo, ainda incapaz de entender a finalidade de sua remoção do poder. Somente quando Henrique começou o seu mal disfarçado ataque aos Guise é que Catarina acordou de seu impassível devaneio. A voz dele soava cheia de uma recém-descoberta autoridade, dizendo: "Alguns grandes nobres do meu reino formaram ligas e associações, mas, como evidência de minha habitual bondade, estou preparado nesse sentido a esquecer o passado". Guise, que não esperava esse ataque audacioso e direto, empalideceu e pareceu desconcertado. Furiosos, o duque e seu irmão, o cardeal, exigiram que fossem retiradas aquelas referências ofensivas a eles do registro escrito do discurso do rei. Catarina pediu a Henrique que fizesse como lhe era pedido, e o rei concordou que o trecho fosse removido da versão final. Conforme as sessões prosseguiram ao longo das semanas seguintes, Catarina ficou doente demais para estar presente, e pela primeira vez em quase três décadas não encontrou uma razão que fizesse valer a pena a sua presença. Em vez disso, rendeu-se à sua gota, à persistente tosse e ao incapacitante reumatismo.

Em 8 de dezembro, a rainha-mãe conseguiu comparecer ao casamento por procuração de sua neta favorita, Cristina de Lorena, com Ferdinando de Médici, grão-duque da Toscana. Era uma união que ela desejava e que ajudara a arranjar, e proporcionou-lhe seus últimos momentos felizes.* Após a cerimônia de casamento na capela do Château de Blois, ela ofereceu um baile em seus aposentos. Uma semana mais tarde, em 15 de dezembro, recolheu-se à sua cama. Sua infecção pulmonar havia voltado e ela tinha dificuldade em respirar. Os doutores tentaram, mas não conseguiram achar uma solução. Foi exatamente nesse momento que Henrique, em confronto com os Estados, soube de boatos de que seria sequestrado por Guise e levado a Paris. Outros advertiram-no de que Guise queria ser nomeado condestável da França e governador de Orléans. Ele não podia mais recorrer à sua mãe e seu coração obscurecido precisava de pouco incentivo para nutrir suspeitas.

Em 17 de dezembro, a duquesa de Montpensier havia sido entreouvida no jantar com os irmãos, o duque e o cardeal de Guise e seus parentes, fazendo um brinde ao irmão mais velho como novo rei da França, e dizendo que iria usar sua tesoura de ouro em Henrique. Por acaso, o ator e músico Venetianelli estava presente e sem dúvida exagerou o que ouviu, mas mesmo assim relatou tudo ao rei. A atmosfera no *château* ficou carregada de rumores e desmentidos. Por fim, em 19 de dezembro, com a ajuda de alguns de seus fiéis conselheiros, Henrique decidiu que Guise, cuja posição era inatacável

---

* O casamento da neta de Catarina, Cristina de Lorena, com o Médici grão-duque da Toscana, não só resolveu vários problemas incômodos relativos às posses heranças de Catarina na Toscana mas também deu à rainha-mãe a grande satisfação de unir seu ramo mais antigo da família com o dos descendentes de Giovanni *delle Bande Nere*.

pelos métodos normais, deveria morrer "pela espada". Estipulou a data para o seu assassinato: 23 de dezembro.

Guise, que tinha uma excelente rede de espiões, recebeu vários avisos de um complô contra ele, e então pediu ao núncio Morisini que acalmasse o rei. O núncio não tinha muito como aconselhá-lo, mas sugeriu que a rainha-mãe talvez fosse capaz de apaziguar o humor de seu filho. No passado, ela funcionara como um anteparo de sanidade entre o rei e seus inimigos, tanto os reais quanto os imaginários. O duque visitou-a e ela prometeu fazer o possível para acalmar o ânimo exaltado de Henrique. Em 20 de dezembro, o marechal de Bassompierre e o *seigneur* de Maineville, ambos da Liga, insistiram para que Guise saísse rapidamente de Blois, acreditando que uma armadilha letal estava sendo preparada para ele.

Na manhã de 21 de dezembro, o rei e o duque foram vistos tendo uma acalorada discussão nos jardins do *château*, durante a qual Guise exigia ser dispensado de seu cargo como tenente-general da França. Henrique acreditava que essa era uma manobra da parte do duque para obter o cargo ainda mais importante de condestável. Mais tarde naquela noite, conseguiu convocar uma reunião urgente a respeito de como matar seu rival cada vez mais ameaçador. O rei conseguiu reunir-se com seus parceiros de complô sem despertar suspeitas, pois na mesma hora todas as atenções da corte estavam voltadas para o baile de celebração do casamento de Cristina de Lorena.

Na reunião, ressaltando que não queria "ser lembrado como um Nero", o rei mesmo assim declarou sua crença de que, se Guise não morresse, ele mesmo seria assassinado ou abduzido. Ficou decidido que também o cardeal de Guise deveria ser executado, pois se fosse poupado atuaria como um ponto de reunião forte demais para os extremistas. Henrique confortou a si mesmo declarando que os dois irmãos eram culpados de crime de *lèse-majesté,* um crime punível com a morte. Exasperado, o rei perguntou ao seu pequeno círculo mais íntimo: "Quem vai matar esses malditos Guise para mim?". Seus leais "*quarante-cinq*", o corpo de guarda especial criado para ele por D'Épernon, não tiveram escrúpulos em aceitar a tarefa. Naquela noite, Morisini ouviu mais rumores e mandou seu próprio capitão da guarda atrás do chamado "cérebro da Liga", o arcebispo de Lyon, Pierre d'Epinac, com quem Guise estava jantando, para alertá-lo do complô.

Na manhã seguinte, quando saíam da missa, o rei e o duque, segundo relatos de alguns observadores, tiveram mais uma altercação, embora isso pareça improvável, já que os dois foram convidados para visitar Catarina no quarto dela. Henrique era a própria imagem do bom humor e da magnificência, e junto com o duque brincou e comentou intrigas com a rainha-mãe, acamada, tentando alegrá-la. Passaram o tempo agradavelmente, comendo docinhos e conversando, quando Catarina pediu que os dois homens se abraçassem e esquecessem o passado. Dizem que Henrique tomou o duque nos braços e o beijou. Os dois se despediram aparentemente em termos cordiais. A cena elevara muito o ânimo de Catarina, se bem que, como notou um historiador, as palavras de Racine em *Britannicus* – "abraço meu rival porque depois será mais fácil para mim estrangulá-lo" – teriam se encaixado perfeitamente à situação.[31]

Antes que os dois se separassem naquela noite, o rei anunciou a Guise que iria passar o Natal num pavilhão no parque e, assim, teria primeiro que resolver alguns assuntos importantes. Virou-se para o duque e disse: "Meu primo, temos questões difíceis a resolver que devem ser decididas antes que o ano termine. Para isso, venha amanhã cedo ao conselho para podermos adiantar as coisas". Como tinha a intenção de partir para o pavilhão, disse ao duque (detentor das chaves do *château*, como grão-mestre) que suas carruagens viriam recolher sua bagagem às quatro da manhã e que, portanto, precisava das chaves imediatamente.

Outras advertências chegaram ao duque naquela noite. Sua mãe, a duquesa de Nemours, disse ao filho ter ouvido falar de um complô real para matá-lo de manhã. Guise teria replicado com soberba: "Ele não se atreveria". No seu *souper,* encontrou um bilhete dentro de seu guardanapo dizendo que o rei planejava matá-lo na manhã seguinte. Guise pediu uma pena e escreveu: "Ele não se atreveria", e jogou o papel fora. A crença fatal de que Henrique continuava como sempre "fraco de propósitos" impediu-o de ver a solução mortal planejada pelo rei, que havia muito tempo se sentia como presa encurralada. Guise era acompanhado a toda parte, exceto na presença do rei, por uma escolta forte e leal, o que tragicamente reforçou sua sensação de estar seguro. Cinco outros bilhetes chegaram naquela noite, mas o duque continuou imperturbável e até se impacientou quando seu médico pôs as mensagens em sua mão, e disse, irritado: "Isso nunca vai acontecer. Vamos dormir. Vão todos vocês para a cama". Ele acabara de voltar de um encontro com a bela madame de Sauve, e foi para o seu dormitório por volta de uma da manhã.

Naquela noite, por volta de onze horas, Henrique se retirara para os seus aposentos, e antes de ir para a cama combinara com seu valete, Du Halde, que o acordasse às quatro da manhã. Passou uma noite mal dormida e foi devidamente acordado – para surpresa da rainha – bem mais cedo que o habitual, à hora combinada. Em vez de se vestir, pegou uma vela, pôs uma capa e uns chinelos e foi encontrar o chefe dos assassinos, Bellegarde, e seus cúmplices. Às cinco da manhã, os matadores dos "quarenta e cinco" estavam a postos. Oito deles haviam sido selecionados para realizar a tarefa; outros oito deveriam bloquear uma possível retirada da vítima e os demais estavam escondidos pela cena, caso algo desse errado na última hora. O rei assistiu à missa entre seis e sete horas, e depois voltou ao seu gabinete.

O duque também acordara cedo; era uma manhã escura e a chuva caía pesada. Vestiu-se e foi à missa, mas encontrou a porta da capela trancada. Fez então suas orações de joelhos do lado de fora e em seguida foi até a sala do conselho. No caminho, um cavalheiro de Auvergne chamado Luís de Fontanges abordou-o e pediu com insistência que não fosse à reunião do conselho, dizendo que seria morto ali. O duque, pacientemente, respondeu: "Meu amigo, há muito tempo fui curado desse medo". Tendo sido advertido não menos que nove vezes sobre o que estava prestes a acontecer, o comportamento de Guise beirava a arrogância suicida. Não obstante, despediu-se com um sorriso e continuou rumo ao seu encontro fatal.

A maior parte do conselho já estava presente quando Guise chegou; o cardeal seu irmão sentou-se ao lado do arcebispo de Lyon, e os membros ficaram conversando enquanto aguardavam a chegada de Ruzé de Beaulieu, que tinha a lista dos assuntos em pauta. O duque, que ainda não tomara o café da manhã, mandou seu criado Péricard ir buscar algo para ele comer. Minutos depois, o capitão Larchant, da escolta pessoal do rei, chegou com alguns de seus homens, ostensivamente para discutir a questão de seus salários. Guise concordou com as reivindicações deles e, sentindo frio, levantou e foi para perto da lareira. Péricard ainda não voltara com algo para o duque comer e este pediu um lenço, pois seu nariz começara a sangrar. Por fim, às oito, depois de uma longa espera, algumas ameixas reais de Brignoles foram trazidas para Guise, e finalmente o secretário De Beaulieu chegou com a pauta da reunião.

De acordo com Miron, o rei ficara ouvindo tudo, do outro lado da parede. Parecia com receio de que, apesar de serem dezesseis contra um, o duque, que ele lhes dissera ser "alto e forte", pudesse sobrepujar seus assassinos. Havia dois capelães com o rei, que rezaram por ele e pediram perdão ao Todo-Poderoso pelo ato assustador que havia ordenado. A um sinal combinado, Revol, o secretário de Estado, recebeu ordens de ir buscar Guise, mas o rei lançou-lhe um olhar e comentou: "Por Deus do céu, homem, como você está pálido. Esfregue as bochechas! Esfregue as bochechas senão vai estragar tudo". Quando Revol, provavelmente já com as bochechas de uma cor satisfatória para o rei, entrou na sala e pediu que Guise viesse até o *Cabinet Vieux*, o duque levantou tão prontamente que derrubou a cadeira. Despejando as ameixas restantes sobre a mesa, perguntou: "Cavalheiros, alguém quer uma?". Caminhou em direção à porta, virando-se para dizer com uma objetividade inconsciente "Senhores, *adieu*", pronunciado com a naturalidade de quem obviamente não tinha ideia do que o aguardava. Perfilados na antecâmara havia oito dos "quarenta e cinco" que, para afastar quaisquer medos que o duque pudesse abrigar, saudaram-no quando ele passou por eles. Ao mesmo tempo que erguiam a mão direita até seu quepe de veludo preto, com a esquerda seguravam as adagas desembainhadas, escondidas nas dobras de suas capas. Guise caminhou pelo corredor que levava ao *Cabinet Vieux* e os oito assassinos o seguiram em silêncio, bloqueando sua eventual retirada.

Quando Guise ergueu a cortina para entrar no *cabinet*, viu os assassinos em pé diante dele e, percebendo que era uma armadilha, tentou dar meia-volta, mas os homens pelos quais acabara de passar bloquearam seu caminho. Os "*quarante-cinq*" então atacaram-no, enfiando-lhe suas adagas. Ele gritou: "*Eh! Mes amis!*". Sua capa impediu-o de puxar a espada antes de ser atingido, e mesmo assim conseguiu esmurrar dois de seus agressores e derrubar a golpes outros quatro. Mas, apesar de ter se defendido valentemente, não havia esperança para ele, que morreu, após heroica resistência, ao pé da cama do rei. Antes de dar o último suspiro, pronunciou as palavras, "*Messieurs! Messieurs!*" e então dirigiu-se ao Altíssimo: "Esses são meus pecados, meu Deus! Misericórdia!".[32] Henrique ficou em pé, olhando para o seu inimigo agora morto, e teria dito com desdém: "Vejam, o rei de Paris. Agora não tão grande!".

Sua majestade então entrou na sala do conselho com seus guardas e anunciou que Guise estava morto, e que, como rei deles por direito, deveria a partir de então ser obedecido por todos. Os guardas já haviam isolado o quarto. O cardeal de Guise foi preso junto com os demais da facção de Guise. Ao mesmo tempo, em outros locais em volta do *château*, oito outros membros do clã Guise foram também aprisionados, além de importantes membros da Liga.

Henrique em seguida foi até os aposentos da mãe, que ficavam logo atrás de onde o duque fora assassinado. Catarina estava sendo atendida por seu médico italiano, Cavriani, que era também o espião do grão-duque da Toscana. Ele relatou que o rei entrou no quarto de Catarina e, depois de perguntar ao médico sobre a saúde da rainha-mãe, disse a ela: "Bom dia, madame, por favor, me desculpe, mas o duque de Guise está morto e não devemos mais falar dele. Fiz com que fosse morto para impedir seus planos contra mim". Passou então a falar de maneira excitada dos insultos e injúrias cometidas contra ele pelo duque, parecendo quase inebriado pelo assassinato que havia planejado e testemunhado. Então disse que precisava ir à missa para agradecer a Deus por livrá-lo dos planos malévolos do duque. "Quero ser rei, não um prisioneiro ou escravo."

Quanto à reação de Catarina, os relatos divergem. Cavriani diz que ela estava doente demais para falar, mas entendeu perfeitamente o que havia acontecido. Morisini escreveu que ela conseguira dizer que, em vez de ser rei, ele simplesmente havia perdido seu reino. Isso é improvável; teria feito pouco sentido argumentar com o filho depois que o sangue já havia sido derramado. O que estava feito, feito estava, e seja lá o que tenha dito, se é que disse algo, provavelmente se resumiu a um suave murmúrio, algo como esperar que Henrique tivesse feito a coisa certa.

Na manhã da véspera do Natal, o cardeal de Guise foi assassinado na sua cela na prisão, e os corpos desses dois príncipes católicos foram esquartejados e atirados numa lareira em Blois. O rei não queria que tivessem um túmulo onde seus seguidores pudessem se juntar e prestar homenagem a seus mártires. No dia de Natal, Catarina, embora muito deprimida e em desespero diante da loucura do filho, procurou um frade capuchinho pedindo que orasse por Henrique. "Oh! Que infeliz esse homem, como foi fazer isso? [...] Reze por ele, pois precisa de suas preces. Está indo em direção à ruína e temo que perca seu corpo, sua alma e seu reino." Os Guise haviam sido o maior perigo à dinastia de seu marido desde que ele havia morrido, mas, quando finalmente tiveram seu destino fatal, Catarina tinha perspicácia política demais para deixar de compreender que as duas Casas dinásticas seriam arruinadas pela selvageria nada política de seu filho.

XVII

ASSIM TERMINA A RAÇA DOS VALOIS
O que poderia a pobre mulher fazer...?

1588-1615

Na véspera de Ano-Novo, Catarina fez um supremo esforço para se vestir, ir à missa na capela e depois visitar seu velho amigo, o cardeal de Bourbon, aprisionado em seus aposentos. Ela foi dar-lhe sua palavra de que o rei não pretendia fazer-lhe mal e que ele estava seguro. Bourbon replicou furioso à frágil e idosa senhora em pé diante dele, gritando: "Foi confiando em sua palavra que chegamos a isso e que você nos conduziu a essa carnificina!". Catarina chorou diante daquela repreensão irada, virou as costas e saiu sem dizer nada. Decidiu então, teimosamente, contra o conselho de Cavriani, fazer uma curta caminhada, embora o dia estivesse extremamente frio. A febre dela voltou.

Na manhã de 5 de janeiro de 1589, a rainha-mãe mal conseguia respirar. Em muitas outras ocasiões, Catarina, pela pura força de sua personalidade, havia superado fragilidades físicas, mas não dessa vez. Sua morte era claramente iminente, "para grande espanto de todos nós", escreveu um observador. Ela pediu para fazer seu último testamento. A essa altura, sua voz era tão fraca que Henrique precisou ditar os desejos sussurrados de sua mãe. Não houve nenhuma menção a Margot, a única outra sobrevivente dos dez filhos que ela dera ao seu amado marido e à França. Após receber o sacramento, Catarina de Médici, esposa de um rei da França e mãe de outros três, morreu à uma e meia da tarde, às vésperas da Epifania, ou o que na França é chamado de "*Le Jour des Rois*" (O Dia de Reis). Tinha 69 anos.

Nem todas as superstições de Catarina devem ser desdenhadas; muitos anos antes, ela recebera uma advertência de um de seus videntes – para tomar cuidado com "Saint-Germain", que pressagiava uma ameaça mortal. Embora tivesse construído seu Hôtel de la Reine fora da paróquia de Saint-Germain-l'Auxerrois, e não fosse com frequência ao *château* de Saint-Germain-en-Laye, ela recebeu a extrema-unção do confessor do seu filho, e não de seu sacerdote habitual. O nome dele era Julien de Saint-Germain.

Como era costume real, Henrique ordenou uma autópsia, que revelou pleurisia (como é agora chamada) como causa imediata da morte. O cadáver foi devidamente embalsamado, embora as ervas e especiarias necessárias não estivessem disponíveis para que o trabalho pudesse ser feito adequadamente. O corpo de Catarina foi então colocado num caixão de madeira com reforços de chumbo, encimado pela tradicional efígie da falecida rainha, vestida com os trajes de Ana da Bretanha. Devido ao perigoso estado de agitação que se seguiu ao assassinato dos Guise, e à crença difundida de que a rainha-mãe tivera participação nisso, os membros parisienses da Liga ameaçaram arrastar seu cadáver pelas ruas e arremessá-lo no Sena se fosse trazido à capital. Assim, pelo menos durante um tempo, ela não pôde ser sepultada em Saint-Denis junto com o marido e os filhos na soberba capela dos Valois, que ela construíra especialmente para enterrar a família. Em vez disso, o corpo teve que permanecer em Blois até a situação política se acalmar.

No funeral, realizado em 4 de fevereiro na igreja de Saint-Sauveur, em Blois, o arcebispo de Bourges prestou um excelente tributo à falecida rainha. Falou de sua chegada à França como uma esplêndida noiva com um grande dote, dos dez filhos que deu a Henrique II, e exaltou sua coragem pessoal durante as muitas guerras ocorridas durante sua viuvez. Tanto em Rouen como em Le Havre, ela participara pessoalmente com seus exércitos e caminhara entre os combates sem medo.[1] Em sua peroração, pediu à congregação que "reconheçam que perderam a mais virtuosa rainha, a mais nobre da raça e da geração, a mais prudente no governo, a mais gentil na conversação, a mais afável e bondosa com todos os que desejavam vê-la, a mais humilde e caridosa com seus filhos, a mais obediente ao marido, mas acima de tudo a mais devota a Deus, e a mais afeiçoada aos pobres entre todas as rainhas que já reinaram na França!".[2]

O cronista Pierre l'Estoile resumiu Catarina de maneira um pouco menos reverente.

> Ela tinha 71 anos [na realidade, era dois anos mais nova] e mostrava-se bem conservada para uma mulher obesa como era. Comia com entusiasmo, alimen-

tando-se bem, e não temia o trabalho, embora tenha tido que trabalhar tanto quanto qualquer outra rainha no mundo desde a morte do marido, trinta anos antes [...]. Foi pranteada por alguns de seus criados e pessoas íntimas e um pouco por seu filho, o rei [...]. Os mais próximos dela acreditavam que o assassinato dos Guise apressara seu fim. Isso não se deveu tanto à amizade que tinha pelas vítimas (das quais gostava à maneira florentina – isto é, a fim de poder manipulá-las), mas porque sentia que isso iria beneficiar o rei de Navarra [...]. Sua sucessão era o que ela mais temia no mundo.[3]

Estoile acrescentou que, em vista da crença dos parisienses de que fora cúmplice no assassinato dos Guise, seu corpo não seria bem acolhido na capital, "isso na visão dos parisienses. Em Blois, onde havia sido adorada e reverenciada como a Juno da corte, assim que faleceu foi tratada com tanta consideração quanto uma cabra morta".[4]

Esse último comentário talvez reflita o fato de que o cadáver mal embalsamado da rainha-mãe começara a exalar um horrível mau cheiro, e o rei portanto achou melhor depositá-lo no cemitério da igreja de Saint-Saveur, na calada da noite, num túmulo não identificado. Na realidade, os restos de Catarina ficariam nesse humilde terreno por mais de 21 anos, até que a filha ilegítima de Henrique II, a gentil Ana de França, mandasse trasladar o corpo para a rotunda Valois de Saint-Denis.

Os ultracatólicos sentiram o golpe pela perda de seu líder Guise e do cardeal seu irmão, mas continuaram sua campanha cada vez mais exaltada contra o rei, que por volta do verão de 1589 havia se aliado a Henrique de Navarra. A viúva duquesa de Guise e seu bebê logo se tornaram ídolos das multidões parisienses, que passaram a chamá-la de sua *"Sainte Veuve"*. Mas, com a morte do duque, o movimento católico extremista dividiu-se e se tornou caótico. O irmão de Guise, o duque de Mayenne, que não tinha nada do carisma do irmão, nem do seu intelecto ou aptidão militar, mesmo assim pleiteava o trono. Ele e sua irmã, a duquesa de Montpensier, chegaram a tomar o Hôtel de la Reine de Catarina, onde viviam em estilo majestoso. Vulnerável e à beira do colapso, a França mais uma vez atraiu a indesejada atenção de Felipe II e de outros vizinhos.

No verão de 1589, o rei e Henrique de Navarra estavam em Saint-Cloud, a sudoeste de Paris, de onde esperavam recapturar a capital. Em 31 de julho, um frade dominicano foi visto pela estrada para Saint-Cloud e detido pelo procurador-geral da Coroa, Jacques De La Guesle, que por acaso passava por ali. Quando lhe perguntaram que negócios o traziam ao quartel-general do rei, o monge apresentou-se como Jacques Clément e disse vir de Paris com informação "de grande importância" para sua majestade. Ele então mostrou uma carta de apresentação que pareceu genuína, e De La Guesle levou-o até Saint-Cloud, onde ficou aguardando uma possível audiência. Na realidade, o frade dominicano era um solitário que padecia de alucinações, acreditando ouvir a voz de Deus e ter recebido instruções do Todo-Poderoso para matar o rei.

Henrique, sempre disposto a acolher um homem de Deus e ainda mais um que dizia trazer notícias dos legalistas em Paris, concordou em vê-lo às oito da manhã seguinte. Naquela noite, Clément jantou com De La Guesle e seus companheiros; mostrou-se um hóspede sociável, que, como os presentes lembraram mais tarde, cortava sua carne com a própria faca bem afiada enquanto relatava as últimas notícias da capital rebelde.

Na manhã seguinte, De La Guesle foi buscar Clément para sua audiência com Henrique. Os guardas inexplicavelmente não revistaram o assassino antes que fosse trazido à presença do rei, e, depois de apenas umas poucas perguntas, cujas respostas pareceram indicar que de fato trazia notícias vitais para o rei, Clément viu-se conduzido ao *cabinet* de Henrique. O rei ainda não estava completamente vestido e se encontrava em seu banheiro quando o monge entrou. Cumprimentou-o dizendo: "*Mon frère*, seja bem-vindo! Quais as notícias de Paris?". Ignorando protestos daqueles que estavam presentes, Henrique insistiu para que o monge se aproximasse para comunicar sua informação. Clément beijou a mão do rei e deu-lhe sua carta de apresentação. Henrique, querendo mais informações e cartas, fez gesto para que o monge se aproximasse para cochichar em seu ouvido. Clément curvou-se bastante, como se estivesse pegando a correspondência, mas, em vez disso, sua mão emergiu da capa com uma faca, que ele enfiou até o cabo no baixo-ventre do rei. Henrique ficou em pé gritando: "Ah! Meu Deus, o desgraçado me feriu!". Ele puxou a faca de seu estômago e esmurrou Clément duas vezes no rosto, enquanto seus guardas avançavam sobre o assassino, apunhalando-o. Em seguida, os guardas atiraram o corpo do regicida pela janela. Henrique, sangrando profusamente, ficou em pé, com a faca do assassino numa mão e seus intestinos na outra.

De início, o rei sentiu pouco desconforto e falava com voz forte. Os médicos que o atenderam pareciam otimistas, reintroduzindo os intestinos que saltavam para fora da abertura, depois de o paciente real desmaiar de dor. Ao terminarem, enfaixaram-no. O filho ilegítimo de Carlos IX, Carlos de Angoulême, um jovem muito amado pelo rei, entrara no quarto enquanto a assustadora operação tinha lugar, e chorou quando viu o que acontecera com o tio. Ao recuperar a consciência, Henrique deu um tapinha na cabeça do rapaz para confortá-lo, dizendo: "Meu filho, meu filho! Não se aflija! Tentaram me matar, mas, com a misericórdia de Deus, não conseguiram. Isso não há de ser nada; logo estarei melhor!". Em seguida, enfiou os dedos por baixo da bandagem e tateou a ferida para certificar-se se os intestinos estavam intactos. Um dos médicos do rei, que não partilhava do prognóstico positivo dos colegas, chamou o garoto de dezesseis anos de lado e cochichou que tinha receio de que o ferimento tivesse sido fatal.

Por volta das dez da manhã, o rei, deitado em sua cama, expediu ordens para que a notícia de seu ferimento e de suas esperanças de recuperação fosse enviada aos governadores provinciais. Também se queixou de frio e de dormência nos pés, e então "Petit Charles" passou a cuidar dele com fricções nos pés. Foi rezada missa em volta da cama do rei e depois ele ditou uma carta à rainha Louise, contando-lhe do atentado à sua vida. O rei também expediu uma ordem mandando chamar Navarra, que quando chegou já não deveria mais ter ilusões quanto ao possível desfecho. Depois de passar o início da tarde dormindo e acordando, o rei ficou febril e vomitou muito sangue. Junto com a febre veio uma dor excruciante.

Compreendendo muito bem que não lhe restavam muitas horas de vida, o rei quis logo receber a extrema-unção, mas primeiro dirigiu-se aos nobres ali reunidos. Estendendo a mão na direção de Navarra, disse: "Está vendo, meu irmão, como meus súditos me trataram! [...] Fique muito atento à própria segurança". Ele prosseguiu: "Cabe-lhe agora, meu irmão, carregar a coroa que me empenhei em preservar para você; a justiça e o princípio da legitimidade pedem que você me suceda no reino. Você irá experimentar muitas calamidades, a não ser que decida mudar de religião". Navarra, imensamente comovido, nada disse. O rei então pediu que seus oficiais e nobres fizessem seu voto de lealdade ao homem que em pouco tempo seria seu soberano, declarando que essa visão seria para ele imensamente reconfortante. Ajoelhando-se junto à cama do rei, fizeram a devida promessa de lealdade a Navarra. Assim que terminaram, Navarra, que estava aos prantos, recebeu a bênção do rei e retirou-se com os demais. O rei, exausto, dormiu algumas horas. Ao acordar, gritou: "Minha hora chegou!". Depois de fazer sua confissão, recebeu a extrema-unção e morreu duas horas mais tarde, às quatro da manhã de 2 de agosto, de perfuração dos intestinos e severa hemorragia interna. Não era só o filho favorito de Catarina que expirava, mas junto com ele também a dinastia dos Valois.

O novo rei, Henrique de Bourbon, agora intitulado Henrique IV, enfrentou a monumental tarefa de ser rei não apenas no nome, mas também de fato. Ao saberem do assassinato de Henrique III, os ultracatólicos declararam que o idoso cardeal Carlos de Bourbon era o novo rei Carlos X, mas logo em seguida ele foi capturado por seu sobrinho Henrique. Por mais de quatro anos e meio, Henrique lutou vigorosamente contra as potências perfiladas contra ele, que incluíam forças e ajuda do duque de Saboia, Felipe II e o papa. "Governo com meu traseiro na sela e minha arma em punho", declarou, conclamando seus soldados a "reunir-se em volta de meu penacho branco".[5]

Após anos de árduas campanhas, às quais Paris teimosamente resistiu, Henrique finalmente decidiu que era hora de se reconverter ao catolicismo. A cerimônia solene teve lugar em Saint-Denis, em 23 de julho de 1593, assistida por centenas de parisienses, que saíram da cidade para vê-lo abjurar a fé protestante. Henrique vestia-se de modo simples e sem adornos, nas cores preto e branco de um penitente. Enquanto se dirigia a pé para a igreja, uma multidão entre 10 mil e 30 mil pessoas gritava: "*Vive le roi!*". Naquela noite de verão, após a cerimônia, ele parou para contemplar a cidade desde Montmartre, onde teria dito a famosa frase: "Paris bem vale uma missa".[6]

Após longas e secretas negociações, e a promessa de uma anistia geral, o rei de quarenta anos finalmente entrou em Paris pouco antes do amanhecer de 22 de março de 1594. Adentrou a capital pela Porte Neuve, o mesmo portão pelo qual Henrique III havia fugido após o Dia das Barricadas, quase seis anos antes. Não encontrou resistência. Após uma missa de Ação de Graças em Notre-Dame, demonstrou imensa coragem pessoal, andando sem proteção pelas ruas, e foi saudado pelas multidões de cidadãos curiosos, que ficaram agradavelmente surpresos ao ver que o suposto "ogro" parecia ser um homem normal. Para manifestar sua lealdade a Henrique, as pessoas ostentavam braçadeiras brancas.

As tropas espanholas estacionadas na capital saíram de Paris. Enquanto saudavam o rei, ele teria gritado: "Recomendações ao seu senhor, mas não voltem nunca mais!".[7] A clemência que prometera fez com que ganhasse o respeito e eventualmente o amor dos parisienses, embora as forcas que ele colocara perto da Porte SaintAntoine fossem uma advertência de seu firme compromisso com a lei e a ordem, enquanto iniciava a reconstrução da cidade.

Margot havia muito tempo estava separada do marido quando ele se tornou rei. Bem antes, em 1592, Henrique levantara a questão de ter seu casamento anulado; precisava desesperadamente de um herdeiro legítimo, e para isso teria que ficar desimpedido e casar-se de novo. Margot, ainda no Auvergne, conseguiu um ótimo acordo financeiro. Além de uma renda excelente e da liquidação de todas as suas vultosas dívidas, continuaria a ser tratada como "sua Majestade" e manteria o nome de "rainha Margot". A anulação do casamento (concedida em 1599) assentava-se em três argumentos: que Margot não consentira casar-se por livre vontade, que o casal era consanguíneo (por ser Henrique II padrinho do noivo, Margot e Henrique eram também considerados irmão e irmã espirituais) e que nem antes nem depois do casamento, em agosto de 1572, Catarina recebera a dispensa papal necessária para superar esses obstáculos. Embora canonicamente duvidosa, a suposta infertilidade de Margot pode também ter ajudado o processo.

Depois de 22 anos ausente, Margot voltou a Paris em 1605, aos 51 anos. Filha de um rei, irmã de três outros e, nominalmente pelo menos, ela mesma rainha da França por um tempo, voltou à cena dos triunfos de sua juventude para encontrar uma nova ordem política. Consciente de ser a última dos Valois, fez questão de ser tratada com o devido respeito. Mas a dinastia dos Valois se esgotara; o fundador dos Bourbon, seu ex-marido, agora governava, e em 1600 ele havia se casado, embora com pouco entusiasmo, com Maria de Médici, filha do falecido Francesco I, grão-duque da Toscana, e, portanto, parente distante de Margot.

Henrique insistiu em fazer sexo com sua noiva de 28 anos quase imediatamente após recebê-la em Lyon. É improvável que tenha feito isso movido pela sua irresistível beleza – na realidade, era gorda e sem graça –, mas provavelmente quis certificar-se de que não havia anormalidades físicas que pudessem impedi-la de produzir um herdeiro. O casal já havia se casado por procuração, mas Maria insistiu – sem sucesso – que esperassem a realização da cerimônia religiosa com o núncio apostólico. Os Médici eram os principais credores de Henrique IV e o dote de Maria foi a principal razão de ter sido escolhida como sua noiva; sem que ela soubesse, Henrique chamava-a de "a banqueira gorda".[8] A nova rainha da França, com presteza e solicitude, assegurou a continuidade da dinastia Bourbon produzindo um herdeiro, Luís, um ano após o casamento (que viria a ser o rei Luís XIII). Entre os outros três filhos que deu ao marido estava Henriqueta Maria, futura esposa do rei Carlos I da Inglaterra.

Margot manteve um relacionamento amistoso com Henrique, que ela chamava de "meu irmão, meu amigo e meu rei". Também compreendeu que a nova dinastia iria se beneficiar muito da validação pelo último membro sobrevivente da linhagem Valois, o que ela consentiu por todos os meios a seu alcance. Margot criou um vínculo íntimo com a rainha Maria e, não tendo filhos, dispensou todas as atenções às crianças reais, particularmente ao delfim Luís, que, depois de muito debate sobre como deveria dirigir-se a ela, chamava-a de "*Maman, ma fille*" ["Mamãe, minha filha"]. Muitos dos bens e propriedades que por direito deveriam ser herança sua foram-lhe restaurados, e em retribuição ela tornou o delfim seu herdeiro, demonstrando uma vez mais o vínculo entre as duas linhagens reais. Finalmente vivendo em Paris de novo, Margot decidiu que precisava de uma residência que refletisse bem o seu *status*. Henrique generosamente cedeu-lhe um grande terreno bem em frente ao palácio da mãe dela nas Tulherias e, no que poderia ser interpretado como um desejo de copiar Catarina mas talvez também de desafiá-la, ela construiu o adorável Palais des Augustins, com um extenso parque e jardins, na margem esquerda do Sena.* Além de embelezar a margem esquerda, ela preencheu seu palácio com uma mistura boêmia de músicos, escritores e filósofos, atraindo pessoas cultas para os seus salões.

Já o palácio de Catarina, o Hôtel de la Reine, teve um destino ignominioso. Uma das consequências de seu último filho ter morrido sete meses depois dela foi que seus débitos não puderam ser saldados. Embora seu espólio estivesse falido, as grandes propriedades que recebera da mãe eram legalmente inexpugnáveis. A residência pessoal da rainha-mãe em Paris não tinha essa proteção, nem Chenonceau, Montceaux ou Saint-Maur-des-Fossés. Seus bens pessoais, portanto, acabaram sendo liquidados, o que, apesar de toda a humilhação póstuma que isso representou, pelo menos forneceu aos historiadores abundantes informações, já que o conteúdo de suas várias residências – antigas

---

* O palácio de Margot acabou sendo destruído. A atual Académie Française fica logo atrás do local do antigo palácio.

propriedades da mulher que havia por tanto tempo "encarnado o esplendor da Coroa francesa" – havia sido meticulosamente catalogado para venda e disponibilização.⁹

Margot costumava escrever para Henrique, dando sua opinião sobre cortesãos ou conselheiros, e em várias ocasiões alertou seu ex-marido a respeito de complôs contra ele. Rainha de lugar nenhum e esposa de ninguém, a última dos Valois viveu o resto da vida para atender a si mesma. Continuou tendo amantes, agora mais jovens que ela, e mantendo horários irregulares; se gostava de um livro, lia-o de cabo a rabo e não dormia enquanto não o terminasse. Comia quando tinha vontade e não necessariamente nos horários convencionais. Depois de ser o instrumento das políticas de sua mãe e de seus irmãos, finalmente ganhara o direito de viver segundo a própria agenda. Sua saúde fora afetada por suas aventuras e por seu exílio; sofria de dores de dente terríveis e só podia comer alimentos pastosos. Engordara e crescera-lhe uma papada, e à medida que envelhecia ia ficando cada vez mais parecida fisicamente com a mãe. Aos poucos abandonou seus vestidos esplendorosos, as joias e a maquiagem, e adotou vestes mais simples. Cada vez mais atraída para uma existência espiritualizada, Margot deu grandes somas de dinheiro para a caridade e para ordens religiosas, e, muito amada pelo povo, viveu o resto de sua antes tormentosa vida em relativa felicidade, falecendo em 1615.

Henrique IV, o rei de bom coração, famoso por seus casos amorosos e coragem militar, cujo sentido natural de majestade não obscurecia seus traços pessoais, tornou-se um dos monarcas mais populares de toda a história francesa. Recuperou a economia do país com a ajuda de seu conselheiro de confiança, o duque de Sully, centralizou o governo francês e restabeleceu uma monarquia vigorosa. Os problemas religiosos que haviam dividido o país durante quarenta anos foram solucionados pelo Édito de Nantes de 1598, que permitiu a coexistência pacífica de católicos e protestantes, refletindo em termos gerais o acordo de La Paix du Roi de 1577. Henrique, com sua mistura de cordialidade, simplicidade e majestade, tinha o toque comum necessário para torná-lo acessível ao seu povo. Compreendia os requisitos básicos para assegurar-lhes bem-estar, como expressa seu famoso comentário de que um francês deveria ter uma *"poule au pot"* ["um frango na panela"] pelo menos uma vez por semana. Além de centralizar o governo e a administração francesa e restabelecer a ordem, o fundador da dinastia Bourbon supervisionou o nascimento do que é conhecido pelos franceses como o *"grande siècle"*. Tragicamente, Henrique foi assassinado em maio de 1610 por um fanático católico, François Ravaillac. Ao lutar para preservar o trono (se bem que para os próprios filhos) e o princípio da legitimidade, Catarina de Médici – estrangeira, consorte e depois regente sempre atormentada – havia assegurado o futuro da monarquia francesa, pelo menos até a revolução de 1789.

O tempo abrandou a visão que Henrique tinha de sua antiga sogra, havia tempos falecida. Ao entreouvir um grupo de cortesãos atribuindo a culpa de todos os infortúnios da França à falecida rainha-mãe, teria dito: "O que poderia ter feito a pobre mulher, com cinco filhos nos braços, após a morte do marido, e tendo duas famílias da França – a nossa e a dos Guise – tentando usurpar a Coroa? Não teria sido obrigada a desempenhar estranhos papéis para enganar uns e outros, e com isso proteger seus filhos, que reinaram em sucessão pela sabedoria de uma mulher tão capaz? Acho que ela não procedeu nada mal!".[10]

Palavras de despedida lúcidas e generosas.

CONCLUSÃO

A morte de Catarina deixou as pessoas chocadas e em estado de descrença; ela estivera sempre em suas vidas desde sua chegada à França em 1533. Poucos franceses seriam capazes de lembrar de uma época em que ela não estivesse presente. A autópsia podia ter mostrado que havia morrido de pleurisia, mas na realidade o corpo inteiro dela estava consumido. Depois do ataque homicida de seu filho aos Guise, sua vontade de continuar vivendo exauriu-se. Sabia havia muito tempo que apenas um milagre poderia preservar a dinastia dos Valois, mas continuou trabalhando, apesar do perigo que o filho parecia atrair tão insensatamente a cada nova tolice, desperdiçando de modo extravagante os frutos do seu trabalho como rainha e como rainha-mãe.

Resistindo ao choque da espetacular morte do marido, Catarina ostentou sua viuvez como seu emblema definidor, significando que havia sido esposa e consorte de Henrique II, apesar da insensível indiferença que ele costumava demonstrar por ela. Seus filhos, os Valois-Médici, foram o assustador legado que Henrique deixou a ela e à França. Os trinta anos de luta desde a morte dele, a fim de preservar o reino para os filhos, constituíram sua religião e sua ideologia. Sua cega devoção aos filhos, particularmente a Henrique III, revelou-se sua maior falha, mas também deu-lhe sua faculdade mais importante, a fanática determinação de que não deveriam perder seu direito de nascença. Isso, combinado com sua inabilidade de avaliar de modo cabal as próprias falhas até que fosse tarde demais, tornou-na incapaz de enxergar as adversidades se acumulando. Nutriu também um sentimento genuíno pelo qual desejava retribuir a honra que Francisco I e Henrique II haviam-lhe concedido ao torná-la – uma plebeia dos Médici – rainha da França, e trabalhou até seu último suspiro por esse fim.

Vidas curtas, das quais o século XVI viu muitas, têm vislumbres de tragédia, mas vidas longas também têm suas decepções e *tristesses*. Dos seus dez filhos – sua oferenda à França –, Catarina viveu para assistir à morte de todos exceto de um varão e de sua única filha sobrevivente, caída em desgraça. Sua coragem foi extraordinária, e sua astúcia e sagacidade, legendárias. Seu otimismo e energia desafiaram as sombrias realidades que a rodeavam. Ao contrário da contemporânea Elizabeth I, Catarina não era uma soberana por direito próprio e, mais importante, embora dotada de grande talento político, faltava-lhe a grande visão com toques de genialidade da rainha inglesa, uma estadista nata. A feminilidade de Elizabeth foi uma arma formidável, e ela sabia ser astuciosa, mas essa era apenas uma parte de seu arsenal; era intelectualmente superior a Catarina, e não tinha filhos para turvar e entorpecer seu julgamento. Como filha de Henrique VIII, Elizabeth teve apenas um filho – a Inglaterra.

Catarina era atravancada por dificuldades excepcionais, que a rainha Tudor não precisou enfrentar. As oito sucessivas guerras de religião que esfacelaram a França, a última delas ainda não resolvida quando Catarina morreu, fizeram brotar o que havia de melhor na rainha-mãe. Forçosamente, esse constante estado de indefinição não lhe permitiu o luxo de fazer qualquer planejamento de longo prazo, e sua tentativa mais significativa nesse sentido resultou no Massacre da Noite de São Bartolomeu. O melhor que ela conseguiu fazer foi tentar conter cada conflagração enquanto se manifestava; com frequência, isso implicou aplicar medidas temporárias para poder ganhar tempo, pois o tempo, como ela dizia com frequência, era seu grande aliado.

No entanto, já em 24 de agosto de 1572, o tempo praticamente se esgotara para Catarina e os Valois. O massacre que teve lugar naquela terrível noite, mais do que qualquer outra ação isolada de sua vida, serviu para manchar sua reputação diante do tribunal da história. Aquilo que tivera a intenção de ser uma operação cirúrgica em escala relativamente pequena, a fim de remover um câncer no coração da política francesa, acabou transformado num grande crime contra um significativo número de homens, mulheres e crianças francesas, a maioria inocentes. No entanto, Catarina deveria ser indiciada principalmente por não ter cumprido bem sua função, em vez de ser julgada segundo princípios liberais de direitos humanos e de liberdade religiosa próprios do século XX, que não existiam na Paris do século XVI. Para piorar as coisas, a total inabilidade de Catarina para dar uma explicação convincente sobre o massacre, ou tentar justificá-lo mesmo em termos de *realpolitik* de uma maneira que a opinião europeia pudesse entender, transferiu a força política para seus inimigos. Esse erro somou-se ao crime e aumentou sua dimensão. Uma lacuna incomum em Catarina, que sempre foi hábil propagandista.

Elizabeth da Inglaterra teria uma vez comentado: "Eu não abriria janelas na alma dos homens". Catarina comportou-se como se não fosse encontrar crenças apaixonadas atrás dessas janelas. Seus esforços para reconciliar protestantes e católicos foram impedidos por essa falta de imaginação. A ideia de que os homens eram capazes de morrer em nome de crenças espirituais profundamente arraigadas era-lhe estranha. Seu pragmatismo e ceticismo avassaladores levaram-na a tentar soluções práticas para questões de fé; seus esforços no colóquio de Poissy devem ser elogiados, já que falam de uma abordagem esclarecida em comparação com a opção de queimar pessoas na fogueira, embora acabassem em última instância revelando-se inócuos. Ela sabia também que as lutas religiosas serviam como uma fachada útil para as ambições políticas das grandes casas da França, e para os súditos superpoderosos que Henrique II havia alçado tão alto que ameaçaram sua própria dinastia após sua morte.

Se não se reconheceu como filha da Reforma, Catarina certamente via-se como filha do Renascimento. Seu amor pelas construções, provavelmente inspirado pelo *château* deslumbrante construído por Francisco I, viu-se com frequência frustrado pela falta de dinheiro, causada pelas endêmicas guerras civis. La Colonne de l'Horoscope, que ficava no centro do Hôtel de la Reine, é quase tudo o que resta de seus projetos ambiciosos e originais, e é um lembrete pungente da natureza efêmera do poder. O grande talento renascentista da rainha Médici teve, pela sua própria natureza, um caráter efêmero. Suas fabulosas e insuperáveis "magnificências" podem ser consideradas verdadeiras obras de arte. Os grandes pintores, escultores, poetas e escritores da sua época desempenharam papéis centrais em criar esses extraordinários espetáculos. Neles, ela reuniu dança, canções, teatro e belos cenários incrivelmente complexos. Essas *performances* eram engenhosas e não se poupavam gastos em sua produção. Ganhavam vida para alguma ocasião especial e depois eram desmanteladas para sempre. Catarina manifestava esse dom de gerir espetáculos ao fazer suas entradas oficiais com a família em cidades importantes da França. Seu propósito era amplamente cumprido; Catarina projetava a glória da monarquia tanto para seu próprio povo quanto para impressionar visitantes estrangeiros. O *ethos* renascentista – não importava o quanto as coisas andassem mal, devia-se promover um show deslumbrante – foi uma das coisas que a rainha-mãe perseguiu, personificou e aperfeiçoou.

Catarina exibia uma poderosa mistura de acentuadas contradições: lutou por seus filhos, embora não conseguisse uma intimidade real com eles; não compreendeu as paixões religiosas, mas ateve-se rigidamente às formas da Igreja romana e ficava desconcertada ao ver alguém sentir necessidade de questioná-las; era uma pragmática assolada por medos supersticiosos; era majestosa, mas acessível, e nunca desceu do alto pedestal onde sua coroa a colocara.

Catarina atraiu homens brilhantes e corajosos para trabalharem com ela, e inspirou-lhes lealdade. Incrivelmente perdulária, via-se a todo momento tomada por preocupações com o tesouro, já que sua generosidade era legendária. Podia ser feminina e estranhamente atraente, embora trabalhasse, cavalgasse, caçasse e enfrentasse perigos mortais com a coragem de um homem. Numa época dominada por homens, pedia que não fossem condescendentes com ela em consideração ao seu sexo. Parafraseando sua contemporânea Tudor, tinha o coração e o estômago de um rei. Nunca se intimidou em ter que tomar decisões difíceis, nem em executá-las.

Nos termos de *O príncipe*, de Maquiavel, poderíamos ler no epitáfio de Catarina as seguintes palavras: "Para ser um grande príncipe, é preciso às vezes violar as leis de humanidade". Como esposa, mãe, avó, regente e rainha da França, foi uma mulher de ação, de apetites e de excitação, ao mesmo tempo um grande príncipe e uma grande mulher.

NOTAS

Arquivos

Archives Nationales (Paris)
Archivio Capponi delle Rovinate (Florença) (ACRF)
Archivio di Stato di Firenze (ASF)
Archivio Storico Italiano (ASI)
Biblioteca Nazionale Centrale di Firenze (BNCF)
Bibliothèque Nationale (Paris)
Hatfield House Library and Archive

PRÓLOGO

1. Ralph Roederer, *Catherine de' Médici and the Lost Revolution*, Londres: 1937, p. 146.
2. State Papers/Elizabeth (Foreign Series) de Hugh Noel Williams, *Henry II: His Court and Times*, Londres: 1910, p. 430.
3. Antonia Fraser, *Mary, Queen of Scots*, Londres: 1969, p. 116.
4. Marguerite de Valois, *Mémoires*.
5. *Mémoires de Vieilleville* escritas por seu secretário, Vincent Carloix.
6. Throckmorton.
7. Ibid.
8. "Do bispo de Troyes ao bispo de Bitonto", *in*: Williams, op. cit., p. 341.
9. Roederer, op. cit., p. 164.
10. Ivan Cloulas, *Diane de Poitiers*, Paris: 1997, p. 303, e Abbé Pierre de Brantôme, *Receuil des Dames*. Vincent Carloix, op. cit.
11. Os relatos sobre o acidente e morte de Henrique foram extraídos de várias fontes, embora eu tenha usado principalmente a carta do bispo de Troyes ao bispo de Bitonto, que pode ser encontrada *in*: Williams, op. cit., pp. 341-5.
12. Marguerite de Valois, *Mémoires*, citado *in*: Janine Garrison, *Marguerite de Valois*, 2000, p. 22.

CAPÍTULO I

1. Goro Gheri, vol. I, 2ª ed., 1947, op. cit. ASF Minutario (15 abr. 1519) vol. IV, folio 324, ACRE.
2. Edward Burman, *Italian Dynasties*, 1989, p. 146.
3. Christopher Hibbert, *The Rise and Fall of the House of Medici*, 1974, pp. 217-8.
4. Robert Knecht, *Catherine de' Medici*, 1998, p. 6.
5. Hibbert, op. cit., p. 235.
6. Archivio Capponi della Rovinate ACRF, pasta V, Arquivo II, doc. 76, 26 jul. 1522.
7. Ibid., ACRF II (B) pasta III, docs. 146-8.
8. Biblioteca Nazionale Centrale de Firenze, Coll. Palatino, 976, folio 77, RV.
9. Ibid.
10. Ivan Cloulas, *Catherine de Médicis*, Paris, 1979, p. 41.
11. BNCF, Coll. Palatino, 976, folio 77, RV.
12. Roederer, op. cit., p. 31.
13. BNCF, Coll. Palatino, 976, folio 77, RV.
14. Williams, op. cit., p. 68.
15. Antonio Soriano, *La Diplomatie Venetienne*, Armand Baschet, de Williams, op. cit., p. 68.
16. Roederer, op. cit., p. 36.
17. Ibid., p. 35.

CAPÍTULO II

1. Robert Knecht, *Renaissance Warrior and Patron, The Reign of François Ier*, Cambridge: 1994, p. 243.
2. Ibid., p. 245, de *Captivité de François Ier*, de Champollion, citando o presidente francês do *Parlement*, De Selve, que estava presente em Madrid.
3. Williams, op. cit., p. 38.
4. Frederic Baumgartner, *Henry II King of France 1547-1599*, 1988, p. 160.
5. Knecht, op. cit., p. 256.
6. Baumgartner, op. cit., p. 18.
7. Ibid., pp. 19-22 e Williams, op. cit., de *Relations de l'Hussier Bodin*, Archives Générales de Belgique.
8. Knecht, *Catherine de' Medici*, 1998, p. 17.

CAPÍTULO III

1. Jean Orieux, *Catherine de Médicis*, Paris, 1998, p. 117.
2. Arquivo Estatal de Florença, Medici Aventi Principale (MAP), Doc. 197, folio 197, 1534.
3. Benedikt Taschen, *Châteaux of the Loire*, Alemanha: 1997, p. 178.
4. Ibid., p. 180.
5. Baumgartner, op. cit., p. 133.
6. Orieux, op. cit., p. 115.
7. Edith Sichel, *Catherine de' Medici and the French Reformation*, Londres: 1905, pp. 37-9.
8. Orieux, op. cit., p. 155.
9. Bibliothèque Nationale Fonds Français, nº 3208, folio 13.
10. Cloulas, *Catherine de Médicis*, p. 71.
11. Williams, op. cit., p. 147, citando Paradin.
12. Anne Somerset, *Elizabeth I*, Londres, 1992, p. 312.
13. Bibliothèque Nationale Fonds Français, nº 3120, folio 30.
14. Baumgartner, op. cit., p. 134.
15. Maréchal de Vieilleville, *Mémoires*, como citado *in:* Williams, op. cit., p. 164.
16. Knecht, *Renaissance Warrior*, p. 541.
17. Williams, op. cit., p. 169.
18. Knecht, op. cit., p. 544.
19. Ibid., pp. 495-7.
20. Williams, op. cit., p. 171, citando De Thou.
21. Ibid., citando informe do embaixador imperial Saint-Mauris à rainha viúva da Hungria, governadora dos Países Baixos, maio de 1547.

CAPÍTULO IV

1. Roederer, op. cit., p. 70.
2. Williams, op. cit., p. 168, citando Baschet, *La Diplomatie Venetienne*.
3. Williams, op. cit., p. 168.
4. Ibid.
5. Roederer, op. cit., p. 60.
6. Ibid., p. 66.
7. Baumgartner, op. cit., p. 57.
8. Ibid., p. 55.
9. Williams, op. cit., p. 191.
10. Ibid., p. 192.
11. Ibid., p. 193.
12. Ibid., p. 200, citando Vieilleville.
13. Ibid., p. 207, citando Vieilleville.
14. Ibid., p. 209, citando Vieilleville.
15. Mack P. Holt, *The French Wars of Religion 1562-1629*, 1995, p. 9.
16. Ibid.
17. Ibid.
18. Williams, op. cit., p. 216, citando *La Diplomatie Venetienne*.
19. Baumgartner, op. cit., p. 56.
20. Sichel, op. cit., p. 45.
21. Williams, op. cit., p. 178.
22. Cloulas, *Catherine de Médicis*, p. 82.
23. Catherine de Medici, *Lettres*, Archives Nationales, 25 abr. 1584, de la Ferrière.
24. Knecht, op. cit., pp. 220-1 e 229-30.

25. Williams, op. cit., p. 222. Ver também Baumgartner, op. cit., pp. 134-5.
26. Cloulas, *Henri II*, 1985, pp. 229-30.
27. Ibid., p. 230.
28. Roederer, op. cit., p. 69.
29. Baumgartner, op. cit., p. 108.
30. Williams, op. cit., p. 234.

CAPÍTULO V

1. Baumgartner, op. cit., p. 68.
2. Fraser, op. cit., pp. 57-8.
3. Bibliothèque Nationale, *Lettres de Catherine de Médicis*, 15 maio 1551.
4. Bibliothèque Nationale, Guiffrey, *Lettres de Diane de Poitiers*, p. 85.
5. Bibliothèque Nationale, Fonds Français, nº 3120, folio 79.
6. Ibid., nº 3208, folio 13, 23 ago. 1547.
7. Ibid., nº 3120, folio 27, 30 jul. 1547.
8. Ibid., folio 18, 3 maio 1547.
9. Williams, op. cit., p. 241, citando Guiffrey, *Lettres de Diane de Poitiers*.
10. Ibid.
11. Cloulas, *Henri II*, pp. 339-40, citando informes do embaixador Alvarotto of Ferrara; ver também Cloulas, *Catherine de Médicis*, p. 89.
12. De Brantôme, op. cit.
13. Bibliothèque Nationale, *Lettres de Catherine de Médicis*; ver também Williams, op. cit., p. 262, nº 2.
14. Baumgartner, op. cit., p. 143.
15. Cloulas, *Catherine de Médicis*, p. 97.
16. Bibliothèque Nationale, Fonds Français, nº 3129, folio 38.
17. Roederer, op. cit., p. 92.
18. Ibid., p. 94.
19. Knecht, *Catherine de' Médici*, p. 44, citando Decrue, *Anne de Montmorency*, p. 115.
20. Cloulas, *Catherine de Médicis*, p. 111.
21. Roederer, op. cit., p. 5.
22. Bibliothèque Nationale, *Lettres et Mémoires d'Estat*, t. II, p. 389, Ribier, 21 abr. 1552.
23. Knecht, op. cit., p. 45, e Baumgartner, op. cit., p. 156.
24. Knecht, op. cit., p. 46.
25. Williams, op. cit., p. 283.
26. Baumgartner, op. cit., p. 176.
27. Ibid, p. 202.
28. Ibid., p. 200, citando Soranzo.
29. Ibid., p. 203.
30. Fraser, op. cit., p. 101.
31. Cloulas, *Diane de Poitiers*, p. 278.
32. Baumgartner, op. cit., pp. 218-9, Michiel, embaixador veneziano.
33. Knecht, *Catherine de' Médici*, pp. 55-6.
34. Cloulas, *Henri II*, p. 582; também citado in: Knecht, *Catherine de' Médici*, p. 56.
35. Roederer, op. cit., p. 137.
36. Baumgartner, op. cit., p. 227.
37. Williams, op. cit., pp. 338-9, citando *La Place de l'Estate de la Religion et Republique*.
38. Ibid., p. 305.
39. Cloulas, *Diane de Poitiers*, p. 268.
40. Williams, op. cit., p. 310.
41. Ibid., p. 304, citando Brantôme, *Les Grandes Chasses aux XVI siècle*, La Ferrière.
42. Ibid., pp. 206-9.

CAPÍTULO VI

1. Sichel, op. cit., p. 101.
2. Bibliothèque Nationale, *Lettres de Catherine de Médicis*, La Ferrière.
3. Williams, op. cit., p. 346, nº 2, citando *La Diplomatie Venetienne*.
4. Knecht, *Catherine de' Medici*, p. 232.
5. Williams, op. cit., p. 249, citando Gabriello Simeoni, 1557.
6. Fraser, op. cit., pp. 92-3.
7. Ibid., p. 121.
8. Cloulas, *Catherine de Médicis*, p. 129.

9. Roederer, op. cit., p. 169.
10. Bibliothèque Nationale, Original, PRO, Documentos Estatais, França, 11 set. 1559.
11. Roederer, op. cit., p. 168.
12. Ibid., p. 169.
13. Knecht, *Catherine de' Medici*, p. 62.
14. Ibid., p. 63.
15. Ibid.
16. Ibid.
17. Fraser, op. cit., p. 129.
18. Bibliothèque Nationale, Fonds Français, nº 3294, folio 53.
19. Fraser, op. cit., p. 131.
20. Ibid.
21. Cloulas, *Catherine de Médicis*, p. 147.
22. Knecht, *Catherine de' Medici*, p. 70.
23. Bibliothèque Nationale, Arquivos de Turim, nov. 1560.

CAPÍTULO VII

1. Orieux, *Catherine de Médicis ou la Reine Noire*, Paris: 1998, p. 312.
2. Roederer, op. cit., p. 247.
3. Ibid.
4. Bibliothèque Nationale, Bibliothèque du Louvre, Collection Bourdin original, folio 216, vol. 1, folio 194.
5. Roederer, op. cit., p. 259.
6. Sichel, op. cit.
7. Roederer, op. cit., p. 255.
8. Ibid., pp. 255-60.
9. Ibid., p. 277.
10. Ibid.
11. Fraser, op. cit., p. 149.
12. Ibid., p. 151.
13. Bibliothèque Nationale, Cinq Cents, Colbert, nº 390, folio 35.
14. Ibid.
15. Fraser, op. cit., p. 168.
16. Archives Nationales, Bibliothèque de Rouen, Fond Leber original, nº 5725.
17. Ibid.
18. Pierre Chevallier, *Henri III Roi Shakespearian*, Paris, 1985, p. 38.
19. Ibid.
20. Orieux, op. cit., p. 301.
21. Baumgartner, op. cit., p. 106.
22. Knecht, *Catherine de' Medici*, p. 76.
23. Ibid., p. 78.
24. Ibid., p. 79.
25. Ibid.
26. Ibid.
27. Chevallier, op. cit., pp. 40-1.
28. Knecht, *Catherine de' Medici*, p. 83.
29. Ibid.
30. Ibid., p. 85.
31. François de Bayrou, *Henri IV le Roi Libre*, Paris, 1994, p. 54.
32. Knecht, *Catherine de' Medici*, p. 85.

CAPÍTULO VIII

1. Cloulas, *Catherine de Médicis*, p. 171.
2. Orieux, op. cit., p. 313.
3. Ibid.
4. Bayrou, op. cit., p. 60.
5. Orieux, op. cit., p. 316.
6. Ibid., p. 319.
7. Ibid., p. 320.
8. Nicola M. Sutherland, *Princes, Politics and Religion 1547-1589*, 1984, pp. 148-9.
9. Knecht, *Catherine de' Medici*, p. 92.
10. Ibid.

11. Ibid.
12. Somerset, op. cit., p. 156.
13. Roederer, op. cit., p. 354.
14. Ibid.
15. Sutherland, op. cit., p. 38.
16. Orieux, op. cit., p. 337.
17. Sutherland, op. cit., p. 38.
18. Ibid.
19. Cloulas, *Catherine de Médicis*, p. 190.
20. Williams, op. cit., p. 296, citando De Bouillon, *Mémoires*.
21. Knecht, *Renaissance Warrior*..., p. 123.
22. Ibid., p. 118.
23. Ibid.
24. Cloulas, *Catherine de Médicis*, pp. 190-1.
25. Ibid.

CAPÍTULO IX

1. Knecht, *Catherine de' Medici*, p. 99.
2. Ibid., p. 101.
3. Roederer, op. cit., p. 358.
4. Erica Cheetham, *The Final Prophecies of Nostradamus*, 1989, p. 29.
5. Ibid.
6. Michel Simonin, *Charles IX*, Paris, 1995, p. 136.
7. Cloulas, *Catherine de Médicis*, p. 207.
8. Roederer, op. cit., p. 358.
9. Ibid.
10. Knecht, *Catherine de' Medici*, p. 109.

CAPÍTULO X

1. Roederer, op. cit., p. 379.
2. Cloulas, *Catherine de Médicis*, p. 224.
3. Ibid.
4. Sir Robert Cotton, *A Collection of the Most Memorable Events of the Last Hundred Years*, 1612, 2 vols., Hatfield House Archive.
5. Knecht, *Catherine de' Medici*, p. 113, citando *Lettres*, III, pp. 58-9.
6. Roederer, op. cit., pp. 381-2.
7. Knecht, *Catherine de' Medici*, p. 114, citando BN ms.fr 3347, Bochefort para Renée de Ferrara, citado por Hector de La Ferrière in: *Lettres*, III.
8. Denis Crouzet, *La Nuit de Saint Barthélemy*, 1994, p. 295, citado in: *Mémoires de Henri de la Tour d'Auvergne dans Nouvelle collection des mémoires*, Paris: 1838.
9. Knecht, *Catherine de' Medici*, p. 118.
10. Roederer, op. cit., p. 390.
11. Ibid., p. 392.
12. Ibid.
13. Cloulas, *Catherine de Médicis*, p. 235.
14. Ibid.
15. Ibid., p. 234.
16. Knecht, *Catherine de' Medici*, p. 123.
17. Ibid., citando *Lettres*, III, p. 178 (BN, ms.fr. 10752, 1463).
18. *Verro Libre della Cucina Fiorentina*.
19. Cloulas, *Catherine de Médicis*, p. 240.
20. Ibid.
21. Orieux, op. cit., p. 431, e Cloulas, *Catherine de Médicis*, p. 241.
22. Knecht, *Catherine de' Medici*, p. 125, citado in: *Lettres*, III, pp. XXXVII-XXXVIII.
23. Ibid., *Lettres*, III, p. xl.
24. Cloulas, *Catherine de Médicis*, p. 246.
25. Chevallier, op. cit., p. 114.
26. Roederer, op. cit., p. 413.
27. Ibid.
28. Ibid.
29. Ibid., p. 414.

30. Knecht, *Catherine de' Medici*, p. 127, citando *Lettres*, III, p. 241.
31. Ibid., p. 129.
32. Cloulas, *Catherine de Médicis*, p. 251.
33. Chevallier, op. cit., p. 135.
34. Knecht, *Catherine de' Medici*, p. 131.
35. Ibid.
36. Ibid., p. 132, citado *in*: N. Roelker, *Queen of Navarre*, pp. 332-5.
37. Ibid., p. 133, BN ms.fr. 3193, p. 41, citado in: *Lettres*, III, p. IXV.
38. Ibid., p. 136, citado *in*: *Lettres*, III, p. XVI.

CAPÍTULO XI

1. Cloulas, *Catherine de Médicis*, p. 263.
2. Alison Weir, *Elizabeth the Queen*, p. 275.
3. Roederer, op. cit., pp. 422-30.
4. Ibid., p. 423.
5. Ibid.
6. Knecht, *Catherine de' Medici*, p. 147, citando Roelker, *Queen of Navarre*, p. 346.
7. Ibid., p. 347.
8. Cloulas, *Catherine de Médicis*, p. 268.
9. Ibid.
10. Ibid., p. 269.
11. Sutherland, op. cit., p. 178.
12. Cloulas, *Catherine de Médicis*, p. 276, e Orieux, op. cit., p. 465.
13. Knecht, *Catherine de' Medici*, p. 145, citando Desjardins, *Négociations de la France avec la Toscane*, III, p. 711.
14. Ibid., p. 148.
15. Weir, op. cit., p. 277.
16. Ibid., pp. 278-9.
17. Ibid., p. 279.
18. Ibid., p. 278.
19. Cloulas, *Catherine de Médicis*, p. 277.
20. Ibid., p. 278, e Roederer, op. cit., p. 432.
21. Knecht, *Catherine de' Medici*, p. 148, citando Roelker, op. cit., p. 368.
22. Roederer, op. cit., p. 432.
23. Ibid., p. 433.
24. Cloulas, *Catherine de Médicis*, p. 279.
25. Roederer, op. cit., p. 433.
26. Knecht, *Catherine de' Medici*, pp. 148-9, citando Roelker, op. cit., pp. 372-4.
27. Ibid., p. 150, citando Roelker, op. cit., p. 376.

CAPÍTULO XII

1. M. W. Freer, *Henry III King of France and Poland*, vol. I/3, 1858, p. 131, citando a partir de *Mémoires de Gaspard de Tavannes, Maréchal de France*, cap. XXVII.
2. Ibid.
3. Ibid.
4. Ibid.
5. Liliane Crété, *Coligny*, Paris: 1985, p. 424.
6. Roederer, op. cit., p. 442.
7. Ibid., p. 444.
8. Freer, op. cit., p. 117, citando Dupuy, "Discours de Henri III à une personne d'honneur et de qualité etant près de sa majesté à Cracovie sur les causes et motifs de la Saint Barthélemy", MS Bib Imp, pp. 63, 68.
9. Roederer, op. cit., p. 442.
10. Freer, op. cit., p. 116, citando a partir de Dupuy, op. cit.
11. Ibid., pp. 116-7, citando a partir de Dupuy , op. cit.
12. Ibid., p. 118.
13. Roederer, op. cit., p. 447.
14. Freer, op. cit., p. 122, citando a partir de *Mémoires de l'Estat de France sous Charles IX*, p. 195.
15. Crété, op. cit., p. 426, citando Coligny à sua esposa, 18 de agosto de 1572, Bibliothèque de la Société de l'Histoire du Protestantisme Français II, pp. 4-7, e citado em Roederer, op. cit., p. 448.
16. Ibid., p. 427.
17. Freer, op. cit., p. 123, citado *in*: *L'Estoile Journal de Henri III Roy de France*, p. 45.
18. Crété, op. cit., p. 427.

19. Freer, op. cit., p. 134, citando a partir de Dupuy, op. cit., folios 63-8.
20. Cloulas, *Catherine de Médicis*, p. 286.
21. Roederer, op. cit., p. 454.
22. Cloulas, *Catherine de Médicis*, p. 286.
23. Roederer, op. cit., p. 452.
24. Ibid.
25. Crété, *Coligny*, p. 429, citando a partir de *Memoirs of Luc Geizkoffer*, traduzido do latim por Edouard Fick, 1892, p. 50.
26. Cloulas, *Catherine de Médicis*, p. 289, citando a partir de *Mémoires de Caspard de Tavannes*.
27. Ibid.
28. Ibid., p. 290.
29. Freer, op. cit., p. 138.
30. Crété, op. cit., p. 431, citando a partir de *Mémoires de l'Estat de France sous Charles IX*, folio 208.
31. Ibid.
32. Relato da morte de Coligny a partir de Crété, op. cit., pp. 430-3, citando a partir de List Sources, Capítulo 19, nota 70, e Agrippa d'Aubigné, *Histoire Universelle*.
33. Roederer, op. cit., p. 447, e Marguerite de Valois, *Mémoires*.
34. Ibid., p. 457, citado a partir de Marguerite de Valois, *Mémoires*.
35. Ibid., p. 461, citado a partir de Marguerite de Valois, *Mémoires*.
36. Ibid., p. 463.

CAPÍTULO XIII

1. Roederer, op. cit., p. 475.
2. Ibid., p. 495.
3. Ibid., p. 496.
4. Somerset, op. cit., p. 274.
5. Roederer, op. cit., p. 480, citando a partir de Marguerite de Valois, *Mémoires*.
6. Bayrou, op. cit., pp. 154-5.
7. Knecht, *Catherine de' Medici*, p. 164.
8. Ibid., p. 168.
9. Roederer, op. cit., p. 500.
10. Ibid., pp. 500-1.
11. Chevallier, op. cit., p. 198.
12. Knecht, *Catherine de' Medici*, p. 170, citando a partir de Groen Van Prinstere, *Archives ou correspondance inédites de la Maison d'Orange-Nassau*, primeira série (Leiden 1835-96), IV, p. 279.
13. Cloulas, *Catherine de Médicis*, pp. 334-5.
14. Ibid., p. 336.
15. Freer, op. cit., p. 241.
16. Roederer, op. cit., pp. 509-10.
17. Ibid., p. 510.
18. Ibid., p. 511.

CAPÍTULO XIV

19. Cloulas, *Catherine de Médicis*, p. 315, e Knecht, *Catherine de' Medici*, pp. 172-3, citado *in*: *Lettres*, IV, pp. 311-2.
20. Cloulas, *Catherine de Médicis*, p. 316.
21. Ibid., e Knecht, *Catherine de' Médici*, pp. 172-3, citado *in*: *Lettres*, IV, pp. 311-2.
22. Freer, op. cit., p. 334.
23. Chevallier, op. cit., p. 233.
24. Knecht, *Catherine de' Medici*, p. 175.
25. Marguérite da França, duquesa de Saboia, amiga e cunhada de Catarina, morreu logo depois que Henrique partiu de Turim, em sua viagem de volta à França, vindo da Polônia.
26. Knecht, *Catherine de' Medici*, p. 175.
27. Freer, op. cit., p. 384, citando a partir de Mathieu, *Histoire du Regne de Henri III*, livre VII, p. 402. *L'arrivée du Roy en France et sa Réception pour sa Mère. Sommaire Discours des choses survenues*, 8 vols., Paris, 1574.
28. Chevallier, op. cit., p. 264.
29. Ibid., p. 265.
30. Knecht, *Catherine de' Medici*, p. 176, e *Lettres*, v, pp. 73-5.
31. Ibid.
32. Roederer, op. cit., p. 518.
33. Ibid., p. 519.
34. Chevallier, op. cit., p. 266.
35. Ibid.

36. Knecht, *Catherine de' Medici*, p. 177.
37. Ibid.
38. Jean H. Mariéjol, *Catherine de Médicis*, Paris, 1920, p. 262.
39. Bayrou, op. cit., p. 174, citando a partir de Marguerite de Valois, *Mémoires*.
40. Ibid., p. 176, citando a partir de carta de Henrique de Navarra, 2 de janeiro de 1576, a Jean de Miossens. Ver também Knecht, *Catherine de' Medici*, p. 181.
41. Knecht, *Catherine de' Medici*, p. 181.
42. Mariéjol, op. cit., p. 267, citando a partir de *Lettres*, v, pp. 176-7.
43. Cloulas, *Catherine de Médicis*, p. 389.
44. Garrisson, op. cit., p. 117.

CAPÍTULO XV

1. Roederer, op. cit., p. 539.
2. Knecht, *Catherine de' Medici*, p. 189, citando a partir de *Lettres*, v, p. 348, e Cloulas, *Catherine de Médicis*, p. 403.
3. Mariéjol, op. cit., p. 274.
4. Cloulas, *Catherine de Médicis*, pp. 405-6.
5. Knecht, *Catherine de' Medici*, p. 190.
6. Roederer, op. cit., p. 247.
7. Cloulas, *Catherine de Médicis*, p. 422, e Knecht, *Catherine de' Medici*, p. 196, citando a partir de *Lettres*, vi, p. 325.
8. Knecht, *Catherine de' Medici*, p. 194, citando *Lettres*, vi, pp. 38-9.
9. Cloulas, *Catherine de Médicis*, p. 424.
10. Ibid., p. 423.
11. Cloulas, *Catherine de Médicis*, p. 424, e Knecht, *Catherine de' Medici*, p. 197.
12. Ibid., e Knecht, *Catherine de' Medici*, p. 197, citando *Lettres*, vi, p. 381.
13. Ibid., p. 430, e Roederer, op. cit., p. 547, e Knecht, *Catarina de' Médici*, p. 200, citando *Lettres*, vii, p. 134.
14. Knecht, *Catherine de' Medici*, p. 193.
15. Weir, op. cit., p. 284.
16. Ibid.
17. Knecht, *Catherine de' Medici*, p. 196, citando *Lettres*, vi, p. 337.
18. Somerset, op. cit., p. 310.
19. Ibid., p. 313.
20. Mariéjol, op. cit., p. 319, citando a partir de *Lettres*, missives de Henri IV, p. 528.
21. Cloulas, *Catherine de Médicis*, p. 440.
22. Mariéjol, op. cit., p. 319.
23. Cloulas, *Catherine de Médicis*, pp. 440-1. Ver também Knecht, *Catherine de' Medici*, p. 202, citando a partir de *Lettres*, vii, pp. 252-3.
24. Holt, op. cit., p. 117.
25. Cloulas, *Catherine de Médicis*, p. 442.
26. Knecht, *Catherine de' Medici*, p. 207.
27. Ibid., p. 204, e Mariéjol, op. cit., pp. 322-3.
28. Somerset, op. cit., pp. 327-80.
29. Ibid., p. 329.
30. Ibid.
31. Cloulas, *Catherine de Médicis*, p. 471.
32. Ibid.
33. Knecht, *Catherine de' Medici*, p. 213.
34. Cloulas, *Catherine de Médicis*, p. 466.
35. Ibid., p. 469.
36. Ibid.
37. Ibid., p. 482, e Knecht, *Catherine de' Medici*, p. 217.

CAPÍTULO XVI

1. Roederer, op. cit., p. 553.
2. Ibid., p. 558.
3. Ibid., p. 554.
4. Knecht, *Catherine de' Medici*, p. 247.
5. Ibid., p. 250.
6. Mariéjol, op. cit., p. 386, citando a partir de *Lettres*, 27 abr. 1585, vol. viii, p. 265.
7. Ibid., citando a partir de *Lettres*, 15 jun. 1585, p. 318, e Knecht, *Catherine de' Medici*, p. 254, citando *Lettres*, viii, p. 318.
8. Knecht, *Catherine de' Medici*, p. 254, citando *Lettres*, ix, p. 513.

9. Cloulas, *Catherine de Médicis*, p. 527.
10. Somerset, op. cit., p. 434.
11. Ibid., p. 436.
12. Marjorie Bowen, *Mary Queen of Scots*, 1971, pp. 255-7.
13. Cloulas, *Catherine de Médicis*, p. 530.
14. Roederer, op. cit., p. 569.
15. Mariéjol, op. cit., p. 393, citando *Lettres*, 12 dez. 1587, IX, p. 312.
16. Roederer, op. cit., p. 570, Cavriani para a corte florentina.
17. Chevallier, op. cit., p. 616.
18. Mariéjol, op. cit., p. 394, citando *Lettres*, IX, p. 334.
19. Chevallier, op. cit., p. 616.
20. Ibid., e Knecht, *Catherine de' Medici*, p. 259.
21. Roederer, op. cit., p. 574, e Chevallier, op. cit., p. 628, e Mariéjol, op. cit., p. 395.
22. Chevallier, op. cit., p. 628.
23. Ibid., p. 630.
24. Roederer, op. cit., p. 581.
25. Ibid., p. 583, e Chevallier, op. cit., p. 638.
26. Roederer, op. cit., p. 584.
27. Ibid., p. 587.
28. Ibid., p. 588, e Knecht, *Catherine de' Medici*, p. 263, citando *Lettres*, IX, p. 368.
29. Mariéjol, op. cit., p. 400, citando *Lettres*, IX, p. 382, e Knecht, *Catherine de' Medici*, p. 264.
30. Roederer, op. cit., p. 292, e Knecht, *Catherine de' Medici*, p. 264, citando *Lettres*, IX, p. 382.
31. Chevallier, op. cit., p. 670.
32. Ibid.

CAPÍTULO XVII

1. Cloulas, *Catherine de Médicis*, p. 602.
2. Knecht, *Catherine de' Medici*, p. 268.
3. Ibid., pp. 268-9, e Cloulas, *Catherine de Médicis*, p. 603.
4. Ibid., p. 269, e Cloulas, *Catherine de Médicis*, p. 603.
5. Alistair Horne, *Seven Ages of Paris*, 2002, p. 78.
6. Ibid., p. 85.
7. Ibid., p. 87.
8. Ibid., p. 95.
9. Cloulas, *Catherine de Médicis*, p. 607.
10. Roederer, op. cit., p. 614.

BIBLIOGRAFIA

Todas as obras foram publicadas em Paris, exceto quando indicado de outro modo.

Biografias de Catarina

Alberi, Eugenio. *Vita de Caterina de Medici*. Florença: 1838.

Capefigue, M. *Catherine de Médicis: Mère des Rois François II, Charles IX et Henri III*. 1861.

Cloulas, Ivan. *Catherine de Médicis*. 1979.

De Castelnau, Jacques. *Catherine de Médicis*. 1954.

De Lacombe, Bernard. *Catherine de Médicis: Entre Guise et Condé*. 1899.

De Meneval, M. *Catherine de Médicis 1519-1589*. 1880.

De Reumont, A. *Catherine de Médicis*. 1866.

Héritier, Jean. *Catherine de Médicis*. 1940.

Knecht, R. J. *Catarina de' Medici*. Londres: 1998.

Mahoney, Irene. *Madame Catherine*. Londres: 1976.

Mariéjol, J. H. *Catherine de Médicis 1519-1589*. 1920.

Neale, J. E. *The Age of Catherine de' Medici*. Londres: 1943.

Orieux, Jean. *Catherine de Médicis ou La Reine Noire*. 1986.

Roederer, Ralph. *Catherine de' Medici and the Lost Revolution*. Londres: 1937.

Romier, Lucien. *Le Royaume de Catherine de Médicis: La France à la Vielle des Guerres de Religion*. 2 vols., 1922.

Sichel, Edith. *Catherine de' Medici and the French Reformation*. Londres: 1905.

_____. *The Later Years of Catherine de' Medici*. Londres: 1908.

Trollope, T. A. *The Girlhood of Catherine de' Medici*. 1856.

Van Dyke, Paul. *Catherine de' Médicis*. 2 vols., Londres: 1923.

Waldman, Milton. *Biography of a Family: Catherine de' Medici and her Children.* Londres: 1934.

Watson, Francis. *The Life and Times of Catherine de' Medicis.* Londres: 1937.

Bibliografia geral

Acton, Harold. *The Last Medici.* Londres: 1958.

Adamson, John (Ed.). *The Princely Courts of Europe 1500-1750.* Londres: 1999.

Ariés, Phillippe & Duby, Georges. *Histoire de la Vie Privée.* 1985.

Arnold, Janet (Ed.). *Queen Elizabeth's Wardrobe Unlock'd.* Londres: 1988.

Baillie Cochrane, Dr. A. W. *Francis I.* 2 vols., Londres: 1870.

Baldwin Smith, Lacey. *The Elizabethan Epic.* Londres: 1966.

Baudouin-Matuszek, M. N. (Ed.). *Paris et Catherine de Médicis.* s. d.

Baumgartner, Frederic J. *Henri II: King of France 1547-1559.* Londres: 1988.

Bayrou, François. *Henry IV: Le Roi Libre.* 1994.

Bély, Lucien (Ed.). *Dictionnaire de l'Ancien Régime.* 1996.

Bennassar, Bartolomé. *Histoire des Espagnols.* 1985.

Bennassar, Bartolomé & Jacquart, Jean. *Le XVIe Siècle.* 1997.

Bertière, Simone. *Les Reines de France au Temps des Valois.* 1994.

Bostrum, Antonia. *Equestrian Statue of Henri II commissioned by Catherine de Medici 1561-65/6.* Burlington Magazine, dez. 1995.

Bourdeille, Pierre de, abade de Brantôme. *The Lives of Gallant Ladies.* Londres: 1965.

Bowen, Marjorie. *Mary, Queen of Scots.* Londres: 1971.

Bradley, C. C. *Western World Costume.* Londres: 1954.

Braudel, Fernand. *The Identity of France.* vol. 2, Londres: 1990.

_____. *Out of Italy.* 1989.

Briggs, Robin. *Early Modern France 1560-1715.* Oxford: 1977.

Bullard, Melissa. *Filippo Strozzi and the Medici.* Cambridge: 1980.

Burman, Edward. *The Italian Dynasties.* Londres: 1989.

Cameron, Euan (Ed.). *Early Modern Europe.* Oxford: 1999.

CARDINI, Franco. *The Medici Women.* Florença: 1993.

CARROLL, Stuart. *Noble Power during the French Wars of Religion: The Guise Affinity and the Catholic Cause in Normandy.* Cambridge: 1989.

CASTELOT, André. *Marie de Médicis: Le Désordres de la Passion.* 1995.

_____. *Diane, Henri, Catherine: Le Triangle Royal.* 1997.

_____. *La Reine Margot.* 1993.

CHASTEL, André. *French Art The Renaissance 1430-1562.* 1995.

CHEETHAM, Erika. *The Final Prophecies of Nostradamus.* Londres: 1989.

CHERUBINI, Giovanni & FANELLI, Giovanni. *Il Palazzo Medici Riccardi di Firenze.* Florença: 1990.

CHEVALIER, L'Abbé C. *Debtes et Créanciers de la Royne Mère Catherine de Médicis 1589-1606.* 1862.

CHEVALLIER, Pierre. *Henri III, Roi Shakespearian.* 1985.

CLOULAS, Ivan. *La Vie Quotidienne dans les Châteaux de la Loire au temps de la Renaissance.* 1983.

_____. *Henri II.* 1985.

_____. *Philip II.* 1992.

_____. *Diane de Poitiers.* 1997.

CODACCI, L. *Caterina de' Médici: le ricette di una regina.* Lucca: 1995.

CONSTANT, Jean-Marie. *La Ligue.* 1996.

COSGRAVE, Bronwyn. *Costumes and Fashion: A Complete History.* Londres: 2000.

COTTON, sir Robert. *A Collection of the Most Memorable Events of the Last Hundred Years.* 2 vols., 1612.

CRÉTÉ, Liliane. *Coligny.* 1985.

CROUZET, Denis. *La Nuit de la Saint-Barthélemy: Un Rêve Perdu de la Renaissance.* 1994.

DARCY, Robert. *Le Duel: Le Duc de Guise contre L'Amiral de Coligny.* Dijon: 1979.

DAVIS, Natalie Zemon. *The Gift in Sixteenth Century France.* Londres: 2000.

DE LA MAR, Jensen. *Catherine de Medici and Her Florentine Friends, Sixteenth Century Journal,* 9 fev. 1978, pp. 57-79.

_____. *French Diplomacy and the Wars of Religion, Sixteenth Century Journal,* 5 fev. 1974, pp. 23-46.

DE NEGRONI, Barbara. *Intolérances, Catholiques et Protestants en France 1560-1787.* 1996.

DORAN, Susan. *Elizabeth I, Gender, Power and Politics, History Today*. Maio 2003, pp. 29-37.

DUFFY, Eamon. *Saints and Sinners: A History of the Popes*. Yale: 1997.

DUNN, Jane. *Elizabeth and Mary*. Londres: 2003.

ELTON, G. R. *England Under the Tudors*. Londres: 1974.

ENGLAND, Sylvia Lennie. *The Massacre of Saint Bartholemew*. 1938.

ERLANGER, Philippe. *St Bartholemew's Night: The Massacre of Saint Bartholemew*. 1962.

FERRIÈRE, de la, Hector & BAGUENAULT, de Puchesse (Eds.). *Lettres de Catherine de Médicis*. 10 vols., 1880-1909.

FICHTNER, Paula Stuter. *Emperor Maximilian II*. Londres: 2001.

FIERRO, Alfred. *Histoire et Dictionnaire de Paris*. 1996.

FRASER, Antonia. *Mary, Queen of Scots*. Londres: 1970.

FREER, Martha Walker. *Henry III, King of France and Poland: His Court and Times*. 3 vols., Londres: 1858.

GABEL, Leonie C. *Secret Memoirs of a Renaissance Pope: The commentaries of Aeneas Sylvius Piccolomini Pius II*. 1788.

GAMBINO, Luigi. *Regno de Francia e papato nella polemica sul Concilio di Trento (1582-1584), Il Pensiero Político* 8 (2), 1975, pp. 133-59.

GARRISSON, Janine. *Marguerite de Valois*. 1994.

_____. *Henri IV, le Roi et la Paix (1553-1610)*. 1984.

_____. *Tocsin pour un massacre ou la saison des Saint-Barthélemy*. 1968.

GHERI, Goro. *Copialettere*. vol. iv, folio 324, asf.

GORSLINE, D. W. *History of Fashion*. Londres: 1953.

GOUBERT, Pierre. *Initiation à l'Histoire de la France*. 1984.

HACKETT, Francis. *Francis I*. Londres: 1934.

HALE, J. R. *The Thames and Hudson Dictionary of the Italian Renaissance*. Londres: 1981.

HALL, Peter. *Cities in Civilization*. Londres: 1998.

HARTNELL, Norman. *Royal Courts of Fashion*. Londres: 1971.

HIBBERT, Christopher. *The Rise and Fall of the House of Medici*. Londres: 1974.

_____. *Florence: The Biography of a City*. Londres: 1993.

_____. *The Rise and Fall of the Medici Bank, History Today*, ago. 1974.

HOLT, Mack P. *The French Wars of Religion 1562-1629*. Cambridge: 1995.

HORNE, Alistair. *Seven Ages of Paris – Portrait of a City*. Londres: 2002.

JENKINS, Elizabeth. *Elizabeth the Great*. Londres: 1958.

JOHNSON, Paul. *Elizabeth: A Study in Power and Intellect*. Londres: 1998.

_____. *The Renaissance*. Londres: 2000.

JOUANNA, Arlette; HAMON, Philippe; BILOGHI, Dominique & LE THIECE, Guy. *La France de la Renaissance*. Londres: 2000.

KELLY, Francis M. & SCHWABE, Randolph. *Historical Costume 1490-1790*. Londres: 1929.

KENT, Michael de. *Cupid and the King: Five Royal Paramours*. Londres: 1991.

KINGDON, Robert M. *Myths about the St Bartholomew's Day Massacre 1572-6*. Cambridge: 1988.

KNECHT, R. J. *Renaissance Warrior and Patron: The Reign of François I*. Cambridge: 1994.

KOENIGSBERGER, H. G.; MOSSE, George L. & BOWLER, G. Q. *Europe in the Sixteenth Century*. Londres: 1991.

_____. *Francis i (1515-1547)*. 1982.

LA FERRIÈRE, Hector de. *La Saint-Barthélemy*. Paris: 1895.

LANG, Jack. *François Ier ou le Rêve Italien*. 1997.

LEBRUN, François. *La Vie Conjugale sous l'Ancien Régime*. 1975.

LETHERINGTON, John (Ed.). *Years of Renewal: European History 1470-1600*. Londres: 1988.

LSE. *The Letters of Marcilio Ficino*. vol. VI, Londres: 1999.

MAQUIAVEL, Nicolau. *The Prince*. Londres: 1975.

MARTINEZ, Lauro. *April Blood – Florence and the plot against the Medici*. Londres: 2003.

MELOT, Michel. *Châteaux of the Loire*. Cambridge: 1997.

MIGNANI, Daniela. *The Medicean Villas by Guisto Utens*. 1991.

MIGUEL, Pierre. *Histoire de la France.* 1976.

MILNE-TYTE, Robert. *Armada.* Ware: 1998.

MONTAIGNE, Michel de. *The Complete Essays.* Londres: 1991.

MOTLEY, Mark. *Becoming a French Aristocrat: The Education of the Court Nobility 1580-1715.* Princeton: 1990.

MURRAY, Linda. *The High Renaissance and Mannerism.* Londres: 1977.

MURRAY, Peter & Linda. *The Art of the Renaissance.* Londres: 1997.

NOGNERES, Henri. *The Massacre of Saint Bartholemew.* 1962.

PARKER, Geoffrey. *The Grand Strategy of Philip II.* Yale: 1998.

PIERACCINI, Gaetano. *La stirpe dei Medici de Cafaggiolo.* Florença: 1947.

ROWSE, A. L. *The Elizabethan Epic: The Life of the Society.* Londres: 1971.

SALIMBENI, Gherardo Bartolini. *Chronicles of the Last Actions of Lorenzo, Duke of Urbino.* Florença: 1786.

SALMON, J. H. *Marie de Médicis as Queen and Regent of France. History Today,* maio 1963.

SHANNON, Sara (Ed.). *Various Styles of Clothing.* James Ford Bell Library, 2001.

SIMONIN, Michel. *Charles IX.* 1995.

SMITH, Lacey Baldwin. *The Elizabethan Epic.* Londres: 1966.

SOLNON, Jean-François. *La Cour de France.* 1987.

_____. *Henri III: Un Désir de Majesté.* 2001.

SOMAN, Alfred (Ed.). *The Massacre of St Bartholomew: Reappraisals and Documents.* 1974.

SOMERSET, Anne. *Elizabeth I.* Londres: 1992.

STARKEY, David. *Elizabeth: Apprenticeship.* Londres: 2000.

STEPHENS, J. N. *L'Infanzia Fiorentina di Caterina de Medici regina di Francia* (ASI). 1984.

SUTHERLAND, Nicola M. *Princes, Politics and Religion.* Londres: 1984.

TENENT, Alberto. *La Francia, Venezia, e la Sacra Lega*, pp. 398-408. *In*: Benzoni, G. (Ed.). *Il Mediterraneo nella seconda metà del '500 alla luce de Lepanto.* Florença: 1973.

Voisin, Jean-Louis (Ed.). *Dictionnaire des Personnages Historiques*. 1995.

Volkmann, Jean-Charles. *Les Généalogies des Rois de France*. 1996.

Walsh, Michael (Ed.). *The Papacy.* Nova York: 1997.

Ward, A. W.; Prothero, G. W. & Leathes, S. *The Cambridge Modern History*, vol. ii, *The Reformation*, vol. iii, *The Wars of Religion*. Cambridge: 1907.

Weir, Alison, *Children of England: The Heirs of Henrique VIII*. Londres: 1997.

_____. *Elizabeth the Queen*, Londres: 1998.

White, Henrique. *The Massacre of St Bartholomew*. 1868.

Williams, E. N. *The Penguin Dictionary of English and European History 1485-1789*. Londres: 1980.

Williams, Hugh Noel. *Henrique II: His Court and Times*. Londres: 1910.

Yarwood, Doreen. *Costume of the Western World*. Londres: 1980.

Young, Colonel G. F. *The Medici*. 2 vols., Londres: 1909.

ÍNDICE REMISSIVO

Abbate, Niccolò dell', 294
Adriano de Utrecht (papa Adriano VI), 49-50
Adriano VI (Adriano de Utrecht), 49-50
Afonso III, rei de Portugal, 431
Agen, 446
Agnes, a turca, 78
Aigueperse, 448
Aix-en-Provence, 245
Alamanni, Luigi, 116
Álava, Francés, duque de, 252, 255, 259, 265, 273, 279-80, 284, 293, 299, 300-1, 303
Alba, Fernando Alvarez de Toledo, duque de, 26-7, 153, 250, 252, 254, 259-60, 268, 305, 321-2, 347n, 355
Albany, duque de, 47, 55, 59, 61
Albe, Dominique d', 280
Albert-Frederick, duque da Prússia, 358
Albert, arquiduque, 350
Albret, Henrique d', rei de Navarra, 85n
Albret, Jeanne d', *ver* Jeanne d'Albret, rainha de Navarra
Alcácer-Quibir, batalha de (1578), 431
Aldobrandini, Silvestro, 56
Alemanha/alemães, 51, 68, 146, 157, 219, 242-3, 254, 280, 289, 296, 314, 335, 352, 363, 376, 399, 404, 413, 453 *ver também Reiters* alemães
Alençon, ducado de, 174
Alençon, Francisco, duque de (antes conhecido como Hércules)
  ações na Sexta Guerra de Religião, 420
  age para remover Catarina do poder, 371-2
  aparência física, 233-4
  apoio secreto de Henrique III a, 432
  chamado de volta, 421
  com as forças de Anjou em La Rochelle, 356
  como potencial elemento aglutinador para os protestantes, 370
  confirmação, 248
  conspiração, 371-2
  doença, 437-8
  e a baronesa de Sauve, 409
  e a divisão do Estado, 404
  e a doença de Carlos IX, 369
  e a Paz de Beaulieu, 415-6
  e a regência de Catarina após a morte de Carlos IX, 378, 382
  e a volta de Henrique III à França, 389-90
  e conversas de casamento com Elizabeth I, 289, 303-4, 352, 427-8, 431-2
  e o cargo de tenente-general, 371
  e o episódio da "fúria francesa", 435-6
  é odiado por Henrique III, 405
  e partida de Henrique de Anjou para a Polônia, 362-3
  e termos da trégua, 415
  encontra-se com Catarina, 412-3
  entra em Antuérpia, 434
  facção forma-se em torno de, 371
  foge de Paris, 412
  Henrique III com ciúmes de, 420
  Henrique tenta criar atrito entre Navarra e, 408
  interrogatório, 374
  junta-se às forças dos *politiques*, 415
  Margot mostra-se protetora em relação a, 234, 408
  menções breves, 276, 278, 295, 324, 326, 380, 433, 439
  morte, 437-8
  nascimento, 97, 152
  poupado da pena de morte, 390
  preso e novamente interrogado, 374-5
  prossegue nas maquinações, 437-8
  publica manifesto desde Dreux, 412
  reconcilia-se com Henrique III, 417-9
  recruta soldados para invadir a Holanda, 426, 430
  reencontro com a irmã Isabel, 250-1
  retorna à inimizade com Henrique III, 425
Alexandre, o Grande, 84
Alexandrini, cardeal, 307
Amboise,
  Conspiração de (1560), 183-7, 202, 223
  Édito de (1560), 183
  Édito de Paz de (1563), 226-8, 230, 240-1, 245, 249-50, 252, 254, 261, 263, 266, 271, 285
Amboise, Bussy d', 409
Américas, as, 241, *ver também* Flórida
Amyot, Jacques, 232
Ana Bolena, 174
Ana da Áustria, rainha da Espanha, 275-6, 283, 294n
Ana de França, 475
Andelot, Francisco d', 212, 231, 263, 278-9
Andouins, Diana d' ("La belle Corisande"), 446
Anet, Château de, 60, 103, 115, 140, 172
Angers, 219, 255
Angoulême, 102, 275
Angoulême, Carlos de ("Petit Charles"), 290, 447
Angoulême, Henrique de, 142, 285, 338-9, 344
Angoumois, 462
Anjou, Henri, duque de, *ver* Henrique III, rei da França

(antes Eduardo-Alexandre, depois duque de Anjou) (filho de Catarina)
Anna Jagellona, princesa, 360, 364, 383
Antuérpia, 433, 436
Ardres, 139
Argens, d' (soldado), 275
Ariosto, 40
Arles, 246
Armada, 463-4
Armagnac, Jean d', 342
Armellino, cardeal, 54
Arques, Anne, barão de, duque de Joyeuse, *ver* Joyeuse, Anne, barão d'Arques, duque de
Arras, bispo de 182
Artemísia, rainha, 294
Articuli Henriciani, 359, 362
assembleia de notáveis, 255-6
Ato de União (1588), 463, 465
Aubiac, Jean de Lart de Gallard, *seigneur* d', 447
Aubigné, Agrippa d', 346
August Romanesque (anão), 236
Aumale, Cláudio, duque d' (marquês de Mayenne), 113, 130n
Aumale, Francisco, duque d', *ver* Guise, Francisco, duque de (antes duque d'Aumale)
Aumale, Louise de Mayenne, duquesa de, 132
Auneau, batalha de (1587), 453
Auvergne, 47, 114, 150, 315, 321, 420, 445, 448, 479
Auxerre, 266
Avignon, 244, 403-4

Babington, Complô de, 451
Baden, margrave de, 80
Balagny, Jean de, 306
Bar-le-Duc, 241
Barbarossa, 80-1, 101n, 106
Barcelona, Tratado de (1529), 55, 58
Bassompierre, marechal de, 468
Bastilha, 376, 382, 400, 461
Baviera, duque da, 280
Bayonne, 250-1, 254, 355
Béarn, 244, 269, 302, 308, 355
Beauce, 266
Beaulieu, Paz de (*La Paix de Monsieur*) (1576), 415
Beaulieu, Ruzé de, 470
Beaune, Charlotte de, baronesa de Sauve, *ver* Sauve, Charlotte de Beaune, baronesa de
"Belle Corisande, La" (Diana d'Andouins), 446
"Belle Fosseuse, La" (Françoise de Montmorency, filha do barão de Fosseaux), 429
Bellegarde, Roger de, 397, 470
Bellièvre, Pomponne de, 383-4, 386, 396, 435-6, 438, 451-2, 456-7, 459, 463, 465
Bergerac, Paz de ("La Paix du Roi") (1577), 481
Berlanga, marquês de, 71
Berry, 47
Bertha, rainha, 304
Bertrand, Jean, 147
Bèze, Théodore de, 182, 208, 210-3, 223, 319
Béziers, bispo de (Lorenzo Strozzi), 116
Bidassoa, rio, 67, 72, 250, 253
Birague, René de, chanceler, 335, 337, 374, 377, 396, 414
Biron, marechal de, 302, 356, 445
Blamont, 370

Blois, Tratado de (1572), 305
Bodin, M., 70-1
Bois de Boulogne, 86, 270, 292, 360, 407, 434,
Bolonha, 46, 55, 61
Bordeaux, 127, 209, 250, 443
Bórgia, César, 44, 129-30
Bórgia, Lucrécia, 19
Borgonha, 65-6, 70, 81, 405, 433
Borgonha, Carlos, o Temerário, duque de, 65, 393, 396
Botticelli, Sandro, 43
Bouchevannes, Antoine de, 332, 337
Boulogne,
  condes de, 367
  Édito de (1573), 359
Bourbon, Antônio de, rei de Navarra
  apresenta-se diante de Catarina, 191-2
  boicota as sessões em Fontainebleau, 187
  casa-se com Jeanne de Navarra, 129-30, 307
  Catarina e os triúnviros buscam o apoio de, 203
  convoca reunião em Nérac, 189
  e a regência de Catarina, 191-2, 195, 200-1
  e a situação política após a morte de Henrique II, 33, 197-9
  é convocado à corte, 189
  e protestantes, 156-7, 170, 178
  menções breves, 102, 113, 176, 193-4, 197, 212, 217, 221
  morte, 220-1
  na coroação de Catarina, 132-3
  renuncia ao protestantismo, 214
Bourbon, cardeal de
  aprisionado em seus aposentos, 473
  e a coroação de Catarina, 130-2
  e a Inquisição Francesa, 156-7
  e a morte de Isabel, filha de Catarina, 272
  é capturado por Henrique de Navarra, 477-8
  é declarado rei, 477-8
  e o casamento de Henrique e Margot, 323-5
  e o casamento de Henrique III e Louise, 406
  é reconhecido como herdeiro do trono, 440, 444, 463
  elogia Catarina, 444
  menções breves, 221, 239, 319, 443
  no casamento de Catarina e Henrique, 79
  ordena que Guise e Condé saiam de Paris, 217
  saúda Henrique de Navarra, 319
Bourbon, Catarina de, 427
Bourbon, condestável de (Carlos de Montpensier, duque de Bourbon), 32-3, 87, 219, 264-5, 281, 315, 319
Bourbon, ducado de, 100-1
Bourbon, Henrique de, *ver* Henrique de Navarra (Henrique de Bourbon), depois Henrique IV, rei da França
Bourbon, *ver também* nomes individuais
Bourbon-Vendôme, Jeanne de, 47
Bourbonnais, 87n, 114
Bourg, Anne du, 160-1, 178
Bourges, 220, 442
Bourges, arcebispo de, 474
Bourgoin, 389
Brantôme, Pierre de
  sobre a aparência de Henrique II, 79
  sobre a doença de Carlos IX, 377
  sobre a gravidez de lady Fleming, 142
  sobre a Noite do Massacre de São Bartolomeu, 336, 346
  sobre a vida na corte, 227-8
  sobre Catarina cavalgando, 161-3

Índice Remissivo

sobre discussões para repudiar Catarina, 93
sobre entretenimentos nas Tulherias, 367
sobre Margot, 308
sobre o banquete em Chenonceau, 421
sobre o espetáculo visto por Clermont e Anjou, 248-9
sobre o papel de Catarina, 84-5
sobre trabalhos manuais de Catarina, 390
Brasil, 241
Bresse, 114, 159
Bretanha, 48, 137, 306, 442
Brézé, Luiz de, 87-8
Briandas (bufão), 103
Brignoles, 246, 470
Brille, 305
Bruges, 437
Brulart, secretário de Estado, 465
Brunelleschi, Filippo, 42
Bruxelas, 80, 102, 155, 261
Bullant, Jean, 365-6
Bureau de Ville, Paris, 154
Burghley, lorde, 304, 351

Caize (mestre duelista), 119
Calais, 139, 151, 155-6, 159, 219, 226, 241, 260, 430
Calvino, João, 86n, 157, 182, 208, 213, 215, 221, 226, 269, 319
calvinistas/calvinismo, 86n, 156-7, 178, 182, 208, 210, 257-8, 260, 295, 352, 372
Cambrai, Tratado de ("La Paix des Dames"), 55, 70,
Campânia, 153
Canal da Mancha, 305
Canillac, marquês de, 447-8
Canterbury, 295, 433
Capello, Giovanni, 161
Capeto, dinastia, 33
Capponi, família, 50
Carafa, cardeal Carlo, 151-3
Carafa, Gianpietro, ver Paulo IV, papa
Carlat, 447
Carlos, arquiduque da Áustria, 205
Carlos, don, 156, 204-5, 252, 254
Carlos, príncipe (filho de Francisco I), 72, 78, 100-2, 104, 118
Carlos I, rei da Inglaterra, 480
Carlos IV, "o Belo", rei da França, 33
Carlos V, rei da França, 229
Carlos V, Sacro Império Romano (Carlos I, da Espanha)
    abdica, 152
    coroado por Clemente VII, 55
    e a duquesa d'Étampes, 100
    e casamento de Catarina e Henrique, 78
    e cativeiro de Francisco I, 65
    e morte do delfim, 90
    eleito imperador do Sacro Império, 48
    Felipe II solicita ajuda de, 152
    liberta Francisco I, 66
    mantém filhos de Francisco como reféns, 66, 69, 70
    menções breves, 49, 59, 63n, 92, 104, 121-2
    ódio de Henrique II por, 73
    rainha Leonor volta para viver sob os cuidados de, 130-1
    relações exteriores, 48, 51, 55, 63-4, 66, 68-9, 70, 90, 92, 101, 124-6, 143-4, 146, 148, 150-1
Carlos IX, rei da França (Carlos-Maximiliano) (filho de Catarina)
    a vida na corte, 234-5
    amante de, 289-90

aparência, 231
aprova édito confiscando propriedades e bens dos huguenotes, 280-1
assiste à execução de conspiradores, 184-5
assume o trono, 191-2
busca libertar-se da dominação de Catarina, 296
casa-se com Elisabeth, 290-1
como hóspede de Condé, 226
conselho de Catarina a, 230-1
conversas com o núncio apostólico, 291
coroação, 206
culpa Catarina pelos problemas da França, 372
declaração de maioridade, 228-30
demonstrações de amor por, 248
descrição que Catarina faz das últimas horas de, 380
desejo de glórias militares, 282
despede-se de Anjou, 368
deterioração da saúde, 363, 368-9, 370, 372
doença e recuperação, 270-1
doença final, 377
e a chegada de Elisabeth da Áustria, 289
e a conspiração de Navarra e Alençon, 373-5
e a eleição de Anjou como rei da Polônia, 358-9, 361, 363
e a expedição comandada por Genlis, 313
e a morte da irmã Isabel, 274-5
e a Paz de Longjumeau, 266
e as celebrações do casamento, 325-6
e as impressões de Jeanne de Navarra sobre a corte, 310
e caça, 232
e cartas e despachos, 195
e chegada de Coligny à corte, 299
e contrato de casamento de Margot com Henrique de Navarra, 310
e eventos ligados à Noite do Massacre de São Bartolomeu, 327, 330-8, 341-4, 348-9, 355
e fuga para Paris, 262
e Mademoiselle de Châteauneuf, 306
e medidas de segurança, 259
e o cargo de tenente-general, 371
e o casamento de Margot e Navarra, 324
e o cerco a La Rochelle, 356
e o desejo de Coligny de uma ação nos Países Baixos, 258
e o Édito de Amboise, 249
e o relacionamento de Margot com Henrique de Guise, 284
e o Tratado de Saint-Germain, 285-6
e política exterior, 294-5, 300
e proposta de casamento com Elisabeth da Áustria, 275-6, 286
e serviço religioso em Marselha, 246
e uso do oculto por Catarina, 176
educação, 232-3
encontro com a irmã Isabel, 250-1
encontro com Catarina, 316-7
enfurece-se com as exigências dos protestantes, 283
entrada em Salon-de-Crau, 244-5
entrada formal em Paris, 293-4
faz a grande marcha oficial pela França, 240-56
faz pronunciamento sobre o caso Guise, 231
fica perto de Catarina, 208
gosta de Navarra, 319-20
infância, 98
influência contínua de Coligny sobre, 321

505

influência crescente de Coligny sobre, 300
instado a declarar guerra à Espanha, 315
isenta Coligny do assassinato de Guise, 254-4
menções breves, 100, 151, 241, 261, 265, 300, 329, 382, 400, 407, 410, 420, 434
mistura-se incógnito à multidão parisiense, 293
morte, 378-9
na procissão da Fête-Dieu, 207
nascimento, 97, 138, 140
no bombardeio de Rouen, 220
Nostradamus faz previsão sobre, 245
notícia da morte chega à Polônia, 383
outras sugestões de casamento para, 276, 284
passa a gostar de Coligny, 258
passa a se opor aos Montmorency, 376
pede que Montmorency permaneça na corte, 200
planejamento de uma marcha real pelo país para, 236-7
presta tributo a Catarina, 294
pretende sair de Paris após as festividades de casamento, 323
problemas de saúde, 231, 271, 362, 368-9, 372, 374
quer liderar soldados, 263-4, 266
recebe a notícia da vitória em Jarnac, 277
recebe Jeanne de Navarra em Blois, 307
resiste à ideia de participar de uma liga contra os turcos, 293
responde a Elizabeth I sobre a sua exigência de devolução de Calais, 260
rivalidade entre Anjou e, 278, 282, 289, 292, 303
saída de Catarina da corte, 316
surtos de raiva, 232, 241
tratamento dispensado a Navarra e Condé, 353
Carlos Magno, 94, 293, 304, 418
coroa de 122, 405
Carnavalet, François de, 281
Caron, Antoine, 294
castelo Sant'Angelo, 52
Castela, 22, 67, 70
Castela, condestáveis de, 69, 71-2
Castres, 47
Catarina de Aragão, 60
Catarina de Clèves, *ver* Guise, Catarina de Clèves, duquesa de
Catarina de Médici
acalma os cidadãos de Paris e arrecada dinheiro, 153-4
acerto de trégua, 382
ações durante a enfermidade de Francisco II, 189-92
acompanha Anjou em viagem, 388-70
adquire Chenonceau, 172
adverte Elizabeth I de uma conspiração, 303
ameaçada de repúdio, 93-5
amizades, 117-8
antecedentes familiares, 40-8
antipatia entre d'Épernon e, 456
aparência e modos aos quarenta anos, 28, 161
apela a Guise para que restaure a ordem, 458, 460-1
aproximação com os Lorena, 455
atitude em relação a Montmorency, 99, 112
avaliação de, 483-6
baile no novo Palácio das Tulherias, 364, 367-8
batismo, 40
capacidade de trabalhar intensamente, 392-3
casamento, 78-80
cavalgar e caçar, 84, 162, 196, 235-6, 261, 390

comer em excesso, 195-6, 390
como "*Gouvernante de France*", 194
como mãe, 98, 137-8, 162, 232
compartilha poder com os Guise, 173
concorda em tentar acalmar Henrique, 467
consola Maria, rainha da Escócia, 186-7
continuação dos problemas, 230-1
conversas com Coligny, 301-2
convoca Bourbon e Condé, 289-90
coroação, 130-4
correspondência com Isabel, 124, 181, 196-7, 203, 214, 274
cuida dos assuntos de Estado na ausência de Henrique, 453
culpada por Carlos IX pelos problemas, 373
d'Épernon fala contra, 442
dá conselhos a Margot, 434-5
declara Carlos IX rei, 192
deseja que Henrique III entre em acordo, 462
despede-se de Anjou, 370
destino do corpo, 475
dificuldades no relacionamento com Henrique, 413, 456
dignidade, 195
discussões sobre casamento com Henrique, duque de Orléans (depois Henrique II), 59-61, 74
doença, 276
e a advertência de Coligny, 313-5
e a ameaça a Eduardo-Alexandre (depois Henrique III), 213-4
e a captura de Montgomery, 377
e a condenação de Ruggieri, 376
e a conspiração de Alençon e Navarra, 373-6
e a coroação de Carlos IX, 206
e a coroação de Henrique, 212-2
e a decisão de Henrique de se casar com Louise, 404
e a declaração de maioridade de Carlos IX, 228-30
e a demissão de ministros por parte de Henrique, 464
e a despedida entre Carlos IX e Anjou, 368
e a doença de Francisco I, 106
e a doença de Henri, 424-5
e a eleição de Anjou ao trono da Polônia, 357, 359, 360-1, 363-4
e a entrada de Henrique em Lyon, 127-8
e a execução de Maria, rainha da Escócia, 451-2
e a execução de Montgomery, 382
e a exposição dos seus filhos ao protestantismo, 207-8
e a fuga de Alençon, 412
e a morte de Alençon, 437-8
e a morte de Carlos IX, 378-9
e a morte de Cláudia, 407
e a morte de Clemente VII, 81-3
e a morte de Francisco I, 107
e a morte de Henrique, 30-1, 163-4
e a morte de Isabel, 271-3
e a morte do cardeal de Lorena, 403-4
e a obsessão de Anjou pela esposa de Condé, 370, 377, 399
e a partida da filha Cláudia, 180
e a partida da filha Isabel, 180-1
e a partida de Margarida de Saboia, 182
e a partida de Maria, rainha da Escócia, da França, 205-6
e a posição precária após o massacre, 353
e a Primeira Guerra de Religião, 217-26

Índice Remissivo

e a prisão e julgamento de Condé, 189-90
e a promessa de Henrique III de ceder a Saboia, 389
e a questão religiosa durante o reinado de Francisco II, 177-8, 183, 186-9
e a retomada de Le Havre, 226
e a situação após a morte de Henrique, 32-4, 163-4, 167
e a situação de Margot, 446-7
e a volta de Guise a Paris, 457-8
e acusações de Henrique contra Margot, 408
e aliança entre Henrique III e a Liga, 444
e Antônio de Bourbon, 170-1
e as questões religiosas (1560-62), 200-2, 206-16
e as reações internacionais ao massacre, 349-51
e assuntos exteriores no reinado de Carlos IX, 296-9, 300, 313-5
e banimento de Diana de Poitiers, 171
e casamento da filha Cláudia, 160
e casamento da filha Isabel com Felipe II, 25, 163-4
e casamento entre Carlos IX e Elisabeth da Áustria, 287, 289-92
e chegada de Coligny à corte, 298-9
e complô contra os Guise (Conspiração de Amboise), 183-5
e conflito religioso (1566-70), 257-71, 275-6, 279-83, 284-6
e conversações de casamento em relação a Maria, rainha da Escócia, 204
e conversações sobre casamento de Alençon com Elizabeth I, 289, 303-4
e conversações sobre casamento de Anjou com Elizabeth I, 288-9
e conversações sobre casamento de Margot com o rei de Portugal, 287, 306
e Diana de Poitiers, 19, 28, 30, 34, 87-8, 92-6, 98, 103, 109, 114, 117, 124, 128-9, 160, 171
e duelo entre Jarnac e La Châtaigneraie, 119-21
e entrada formal de Carlos IX em Paris, 322-3
e entrada oficial de Henrique em Paris, 133-4
e envolvimento francês na Itália, 145, 149-51, 153, 157-8
e epidemias na França, 430
e eventos ligados à Noite do Massacre de São Bartolomeu, 316-7, 321-3, 328-38, 340, 343-7, 349
e Francisco II, 172-4, 179, 189-90
e Leone Strozzi, 42-3
e levantes por causa do imposto sobre o sal, 127
e maus presságios a respeito de Henrique, 27-8, 31, 163-4
e morte de Maria de Clèves, 401
e morte de Piero Strozzi, 156-7
e Nostradamus, 244-5
e o assassinato de Guise, 471-2
e o assassinato de Lignerolles, 311-2
e o cargo de tenente-general, 371
e o casamento de Margot com Henrique de Navarra, 323-5
e o conflito religioso no reinado de Henrique III, 402-3, 411-5, 418-20, 422, 428-30
e o Dia das Barricadas, 459-61
e o envolvimento francês na Escócia, 179, 1186
e o Hôtel de la Reine, 365-7
e o marido ferido, 29-31, 163-4
e o sítio de La Rochelle, 356
e o torneio de justa, 27-9, 163-4
e o triunvirato, 203-4, 206-7

e os Bourbon, 195, 200-1, 203
e os Estados-Gerais, 197-8, 200-1, 209-10
e problemas financeiros, 406
e reconciliação entre Henrique e Alençon, 415
e reivindicação do trono de Portugal, 430, 433
e reunião em Fontainebleau, 186-7
e rivalidade entre Diana de Poitiers e madame d'Étampes, 99, 100
e Tratado de Cateau-Cambrésis, 25, 159
e vida na corte no reinado de Henrique, 162-3
e violações à Paz de Amboise, 228
efeito do massacre na reputação, 354-5
encontra Henrique III nos arredores de Lyon, 389-90
encontra-se com Alençon, 412-3
encontra-se com Jeanne de Navarra, 307
encontro com a filha Isabel, 248-54
encontros com Navarra, 448-50
enfurece-se com Margot, 284-5
entourage italiana, 116-6
entrada em Lyon, 128
entrada oficial em Marselha, 78
envia carta a Anjou, 380-1
enxoval, 74
espera que Anjou seja eleito ao trono polonês, 305-6
estátuas de, 193-5
expressões de lealdade em relação a, 93
funeral, 474
grande viagem, 238-56
grande viagem real, 238-56
incapaz de engravidar, 91, 93-6
infância, 48-9, 50, 52-5, 57-8
inovações trazidas por, 84, 390-1
insiste para Henrique III voltar com urgência, 389
intenções de Alençon contra, 371
interesse por astrologia e pelo oculto, 124-5, 175-6, 279
Jeanne de Navarra concorda em se encontrar com, 302
joias, 75-6
junta-se à corte, 81-2
luto, 163-4, 167
mais problemas com Alençon, 425-6, 430-1, 437
manifesta intenção de governar, 193
mantém distância dos Guise, 176
morte, 473
morte das irmãs gêmeas, 152
morte do filho Luís, 140
morte dos pais, 40, 47
mudança na relação com Margot, 279
na missa em memória de Isabel, 275
na reunião dos Estados-Gerais, 465-6
nascimento, 39, 40
nascimento de filhos, 96-8, 103, 105, 123, 130, 140, 143, 150, 152
Navarra e Condé readmitidos na Igreja Católica, 354
negocia com Guise, 442-3
nomeada regente nominal por Henrique, 126
oferece conselhos a Henrique III, 396-8, 400
panfletos contra, 371-2, 402
pede que Henrique III volte a Paris, 463
penteados, 392
permanece em Paris, 461
planejamento da viagem oficial real, 236-7
possíveis pretendentes, 59, 60
preocupação com a personalidade de Henrique III, 393
preocupação com a saúde e a sanidade de Henrique, 450

preocupação com a sexualidade de Anjou, 311-2
presentes na coroação, 115
primeiros anos na corte, 83-6
problemas de saúde, 428, 433, 437, 439, 442, 456, 466-7
proclamada governante do reino, 193
propõe casamento entre a filha Margot e don Carlos, 204
propõe casamento de Margot com Henrique de Navarra, 293, 296, 298, 302-4, 307, 310-2
recebe ajuda de L'Hôpital no desenvolvimento de ideias, 194-5
regência de, 378, 382
relacionamento com Francisco I, 83-6, 94-5, 103, 106
relacionamento com Maria, rainha da Escócia, 174-5
relacionamento com Montmorency no início do reinado de Francisco II, 169
relacionamento matrimonial, 23, 31, 86-7, 91, 94-5, 100, 105, 110, 125, 143-4, 146, 149, 161, 196, 435, 483
resumida por l'Estoile, 474-5
retomada das conversas sobre casamento de Alençon com Elizabeth I, 427-8, 431-2
retrato, 75
reúne-se de novo com Henrique, 425
segunda regência, 146-8
senso de humor, 196
sugere a eliminação de Margot, 449-50
sugere casamento de Henrique com Elisabeth Wasa, 401-2
sugere casamento entre Felipe II e Margot, 275
tenta convencer Jeanne de Navarra e o filho a virem a Paris, 293-4
terceira regência, 150
torna-se delfina, 89, 90-1
torna-se rainha, 109
trajes nos últimos anos, 391
uso de maquiagem, 391-2
uso de perfume, 392
viagens a Marselha, 76-7
viaja pelas áreas dos huguenotes, 421-4
vida na corte, 226-8, 324-6
visão de Henrique de Navarra sobre, 482
visita o cardeal de Bourbon, 473
Catarina La Jardinière (anã), 236
Cateau-Cambrésis, Tratado de (1559), 25, 159-60, 164, 168-9, 298, 389
católicos, 21, 41, 200, 202, 208, 212-4, 214-5, 218, 221, 226-7, 230, 239, 242, 246-7, 257, 260, 266, 271, 276, 280, 285-6, 289, 299, 316, 318, 321, 330, 343, 349, 351, 354, 370, 372, 386, 399, 413-7, 429-30, 438-42, 445, 450, 552-4, 461, 475, 478, 480-1, 485 ver também Liga Católica; Guerras de Religião
Cavaignes, chanceler, 331
Cavriani (médico), 460, 472-3
Cellini, Benvenuto, 52
Chabot, Guy, barão de Jarnac, ver Jarnac, Guy Chabot, barão de
Chailly, M. de, 329, 333-4
Châlons-sur-Marne, 265, 314, 442
Chambord, 86, 413
  Tratado de (1552), 146
Champagne, 101, 147, 216, 259, 442
Champvallon, Harlay de, 434-5
Chantilly, 207, 347
Chantonnay (embaixador espanhol), 204, 207, 213, 215, 252
Charry, capitão, 337

Chartres, 266, 427, 450, 461-4
Chartres, *vidame* de 288, 311, 332, 344, 347
Château-Thierry, 262, 437-8, 457
Châteauneuf, Renée de Rieux, *demoiselle* de, 306
Châtelleraut, 102
Châtillon, 261, 318
Châtillon, cardeal Ôdet de, 81, 112, 157, 169, 229, 258, 265-6, 278, 288, 295, 301
Châtillon, família, 112, 224-5, 295-6, 323, 329, 333, 344, 348, *ver também* nomes individuais
Chaulnes, 437
Chaumont, Château de, 172, 175-6
Chaumont-Guitry, capitão, 373-4
Chaury, capitão, 231
Chemerault, M. de, 380, 382, 384-5
Chenonceau, Château de, 114-5, 172, 207, 255, 307-8, 365, 421, 480
Cher, rio, 172
Cheverny, Felipe, conde de, 369, 396, 406, 465
Chicot (bufão), 342
Cláudia, duquesa de Lorena (filha de Catarina), *ver* Lorena, Cláudia, duquesa de
Cláudia, rainha da França, 63
Clément, Jacques, 476
Clemente VII, papa (Giulio de Médici), 50-2, 54-9, 60-2, 74-9, 80-3
Clermont, 47
Clermont, Henrique de, 248-9
Clèves, Catarina de, duquesa de Guise, *ver* Guise, Catarina de Clèves, duquesa de
Clèves, Maria de, *ver* Maria de Clèves, princesa de Condé
Clouet, François, 290
Cloulas, Ivan, 20, 22
Cobham, lady, 288
Coconas, Annibal, conde de, 375-6
Cocqueville, *sieur* de, 268
Cognac, 255, 275, 285, 448
Coimbra, mosteiro de 307
Coligny, almirante Gaspard de
  aprisionado, 157-8
  atentados contra a vida de, 278-80
  beneficia-se com a ascensão de Henrique II, 112
  Carlos IX simpatiza com, 285-6, 305
  casamento, 295
  condenado à morte *in absentia*, 281
  destino do corpo, 346-7
  disputas com Montmorency, 215
  e a Paz de Amboise, 228, 241
  e a Primeira Guerra de Religião, 218, 222
  e a queda de Saint-Quentin, 154
  e a recaptura de Le Havre, 226
  e conflito religioso (1566-70), 261, 263, 266, 267-8, 277-9, 281-3, 285, 315
  e eventos ligados à Noite do Massacre de São Bartolomeu, 317-8, 320-1, 323-34, 336-8
  e expedições à América, 241
  e morte de Jeanne de Navarra, 311-2
  e o assassinato de Francisco de Guise, 223-5, 254-5
  e Países Baixos, 258, 302, 313-5, 321, 323
  envia soldados a Paris, 247
  mantém a posição com a ascensão de Francisco II, 169
  menções breves, 183, 266, 292, 296, 298, 316, 347-8, 350, 352, 373, 415
  morte, 339

na corte, 298-9, 300, 302
petições em Fontainebleau, 188
repudiado por Montmorency por ter mudado de religião, 213
rumores de conversão, 163
sua esposa é recebida na corte, 300
sugere reunião de todo o conselho, 186
torna-se líder dos huguenotes, 225
Colonne de l'Horoscope, La, Paris, 366, 485
colóquio de Poissy (1561), 210-2, 485,
Compiègne, 140, 153
  Édito de (1557), 157
Concílio de Trento, 210, 214, 239-40, 454
Condé, Catarina de, 401
Condé, Eléanore du Roye, princesa de (primeira esposa de Luís de Condé), 182
Condé, Henrique de
  Anjou (depois Henrique III) fica obcecado pela mulher de, 369-70, 377, 387, 393, 399
  casa-se com Marie de Clèves, 317
  chefe do estado secessionista, 404
  com as forças de Anjou em La Rochelle, 356
  continua preso, 353
  dirige-se para o Reno, 412
  é aceito de volta à Igreja Católica Romana, 353-4
  é apresentado aos soldados huguenotes por Jeanne d'Albret, 278
  é excomungado, 445
  fica sob a proteção de Coligny, 278
  foge para a Alemanha e abjura a fé católica, 376-7
  menções breves, 292, 376
  morte da esposa, 401
  no casamento de Henrique de Navarra e Margot, 324
  no grupo de Alençon, 371
  preso durante o Massacre da Noite de São Bartolomeu, 341
  recusa-se a participar das conversações, 418
  refaz a aliança com os católicos moderados, 450
  responde à fracassada tentativa de assassinato de Coligny, 331-2
  suposto golpe contra, 283
Condé, Luís de
  como potencial líder dos protestantes, 170
  e complô contra os Guise (Conspiração de Amboise), 178, 182, 184-5, 186-7
  e conflito religioso, 217-8, 222, 226, 247, 260, 262-6, 268-9, 277
  e coroação de Catarina, 132
  e feitiçaria, 279
  esperança de ter a pena comutada, 190-1
  foge para o sul, 186-7
  Francisco II aceita a responsabilidade pela prisão e julgamento de, 190-1
  libertado, 195
  menções breves, 170, 213, 224, 240, 250-1, 254-5, 257, 260, 279
  morte, 277
  no cerco a Le Havre, 222, 226
  preso, julgado e condenado à execução, 189-91
  recebe o perdão, 200
  romance com Isabelle de Limeuil, 227-9
  torna-se líder oficial dos huguenotes, 215
Condé, Maria de Clèves, princesa de, *ver* Maria de Clèves, princesa de Condé
Condes de Provença, palácio dos, Marselha, 77

conselho do rei, 132, 195, 201, 209, 211, 214, 238, 240, 263, 267, 285
Conselho Privado, 111, 113, 192, 195
Conspiração de Amboise (1560), 186-7, 202, 223
Contarini, Lorenzo, 93, 124, 300
Contrarreforma, 210, 239
Correro, Giovanni, 268
Cossé, marechal Artus de, 261, 264-5, 268, 302, 315, 356, 376, 382, 400, 413
Cosseins, capitão de, 335, 339
Couppe, 227
Cour des Pairs, 209
Cousin, Jean, 134
Coutras, batalha de (1587), 453
Cracóvia, 321, 364, 382-6, 399
Crémieu, 243-4
Crépy, Tratado de Paz de (1544), 102, 104
Cruz de Gastines, 301

Damville, Henrique de Montmorency, *ver* Montmorency, Henrique Damville de
Dandolo, Matteo, 95, 123
Darnley, lorde, 451
Davila, Henri-Catherine (historiador), 326
Dax, 250
Decretos Tridentinos, 239-40, 254
delfinado, 186, 261, 424
Dia das Barricadas, 463-5, 478
Diana de França, 91-2, 126, 131-2, 149, 160, 169
Diana de Poitiers, duquesa de Valentinois
  ajuda a evitar o repúdio de Catarina, 93-4
  aliada de ambas as facções rivais, 163
  após a morte de Henrique, 163-4, 171-2, 176
  assiste ao *cercle* de Catarina, 163
  atrativos e elegância, 88
  banida da corte, 103
  casada com Luís de Brézé, 87-8
  casamento da neta, 160
  Catarina escreve sobre, 124, 143
  cuida de Catarina, 147
  cuida de Diana da França, 92
  e a coroação de Henrique, 121-2
  e a entrada de Henrique em Lyon, 127-8
  e a partida de Henrique, duque de Orléans (depois Henrique II), para o cativeiro, 67
  e a volta de Montmorency, 113
  e atenções de Henrique a Catarina, 146
  e caso amoroso de Henrique com lady Fleming, 141-2
  e cavalgadas, 163
  e incapacidade de Catarina de engravidar, 95
  é insultada por Jeanne d'Albret, 129
  e Maria, rainha da Escócia, 139
  e o casamento da filha Louise, 113
  e o duelo entre Jarnac e La Châtaigneraie, 119-21
  e prisão de Montmorency, 151, 157-8
  e relações exteriores, 151-2
  e seu ato amoroso observado por Catarina, 95-6
  família, 87
  ganha riquezas e honrarias com a ascensão de Henrique, 109, 113-5
  Henrique torna-se devotado admirador de, 88
  influência em Henrique, 123-4
  menções breves, 19, 31-2, 34, 59, 106-7, 110, 112, 116-7, 133-4, 160-1, 167, 446

ÍNDICE REMISSIVO

monograma mostrando relação com Henrique, 92-3
na coroação de Catarina, 131-2
não consegue ficar com Henrique após o acidente, 30
no torneio de justas, 28
odeia protestantes, 133-4
papel na criação dos filhos de Henrique e Catarina, 98, 137-8, 162
rivalidade com a duquesa d'Étampes, 87, 99, 112
torna-se amante de Henrique, 92-3, 100
torna-se duquesa de Valentinois, 129
Dieppe, 250
Dieta Imperial, 368
Dijon, 209, 242, 405
Dinamarca, rei da, 450
Domfront, 377
Donatello, 42
Dormans, batalha de (1575), 413
Dreux, 412
batalha de (1562), 222, 275-6
Duchessina, La (galé), 77
Duci, Filippa, 92
Duplessis-Mornay, Philippe, 441

Eaux-Chaudes, 302
Écouen, 93, 160
Edimburgo, Tratado de (1560), 186
Eduardo VI, rei da Inglaterra, 136, 140, 150
Eduardo-Alexandre, *ver* Henrique III, rei da França (antes Eduardo-Alexandre, depois duque de Anjou) (filho de Catarina)
Egmont, conde, 260, 268
Elbeuf, René de Lorena, marquês d', 246, 442
Elisabeth da Áustria, rainha da França (nora de Catarina), 289, 290, 324, 448
Elizabeth de York, 284
Elizabeth I, rainha da Inglaterra
Catarina agradece às condolências de, 175
Catarina comparada com, 484
e a Conspiração de Ridolfi, 303
e conspiração contra Francisco II, 182
e legitimidade, 173
e Maria, rainha da Escócia, 173, 178, 204, 451
e o Massacre da Noite de São Bartolomeu, 351-2
e o Tratado de Blois, 304
e os huguenotes, 219, 226, 356
e perda de Le Havre, 226
e relações comerciais com a Holanda, 304-5
e religião na Inglaterra, 276
e Tratado de Troyes, 226, 241
e tratativas matrimoniais com Alençon, 289, 303, 427-8, 431-2
e tratativas matrimoniais com Anjou, 288-9, 298, 304
exige devolução de Calais, 260
menções breves, 20, 75, 168, 202n, 260, 297n, 333, 391, 394-5
ofensiva de Felipe II contra, 452, 455
prende todos os empregados de Châtillon, 295
Elisabeth Wasa, princesa, 401
Enghien, Francisco de Bourbon, conde d', 102, 105-6, 133
Entremonts, Jacqueline d', 295, 301
Épernay, 442
Épernon, Jean Louis de la Valette, duque d', 434, 437, 442, 445, 452-4, 456-8, 462, 468
Epinac, Pierre d', arcebispo de Lyon, 468

Ernest, arquiduque, 350, 358
Escócia, 75, 136, 139, 173-5, 178-9, 183, 186, 206, 451-2
Espanha, 25-7, 31, 41, 49, 65, 73, 85n, 88, 90, 101, 122-4, 130-1, 155, 159, 171, 181, 201-4, 207, 212-4, 236, 244, 250-1, 253, 257-60, 263, 269, 271-3, 279-80, 288, 296, 300-3, 305, 310, 313-4, 317, 321, 337, 349, 352, 431-3, 437, 452, 455, 463-4
Filhos de Francisco I mantidos em cativeiro na, 66-9
ver também Felipe II, rei da Espanha
Estados-Gerais, 188, 190, 193, 197-9, 200-1, 209-10, 263, 410, 412, 415, 417, 466
Estados Papais, 41, 50n, 144-5, 149
Este, Alfonso d', duque de Ferrara, 243, 249, 388
Este, Ana d', duquesa de Guise, depois duquesa de Nemours, 127, 130, 139, 183, 185, 223-4, 264, 306, 322-3, 401, 455, 469, 475
Este, cardeal d', 149, 153
Este, Ercole, duque de Ferrara, 127
Este, família, 59, *ver também* nomes individuais
Este, Isabella d', duquesa de Mântua, 74-5
Estocolmo, 402
Étampes, 271
Étampes, Ana d'Heilly, duquesa d', 74, 84-5, 87, 89, 93-4, 99, 100-3, 105, 107, 111-4, 118-9, 143

Farnese, Alessandro, duque de Parma, *ver* Parma, Alessandro Farnese, duque de
Farnese, Alessandro, *ver* Paulo III, papa
Farnese, família, 82, 125-6, 144-5, 431 *ver também* nomes individuais
Farnese, Orazio, 125-6, 120, 144, 149
Farnese, Otávio, 126n
Farnese, Pier Luigi, 126
Felipe II, rei da Espanha (sogro de Catarina)
aconselha Catarina a enviar filhos para local seguro, 214
apoia os católicos na França, 439-41
casa-se com Ana da Áustria, 283
casa-se com Isabel, 25, 27, 159, 163-4
casa-se com Maria Tudor, 150
Catarina espera encontrar-se com, 237
Catarina sente-se mal vista por, 203
e a abordagem de Catarina de assuntos religiosos, 301-2, 207, 215
e colonos franceses, 254-6
e conversações sobre possível casamento de don Carlos com Maria, rainha da Escócia, 204
e morte de Isabel, 271-2
e o encarceramento e morte de don Carlos, 251, 254
e o encontro de Isabel com sua mãe, 249-51, 254
e proposta de casamento de Margot com o rei de Portugal, 285-6
envia forças para ajudar na luta contra os huguenotes, 219
evita encontrar-se com Catarina, 248-9
furioso com o Tratado de Saint-Germain, 285-6
Investido como duque de Milão, 100
Isabel é feliz com, 181
menções breves, 30-1, 129, 168, 171, 189, 202n, 241, 263, 265, 279, 284, 296, 300, 313-4, 334, 337, 425-6, 428, 475, 478
não favorável ao casamento de Margot com don Carlos, 205
recebe descrição de Henrique III, 395
recebe notícias sobre o Massacre da Noite de São Bartolomeu, 343, 349

recebe relatório sobre as atividades de Carlos IX, 246
recusa casar-se com Margot, 274-5
reivindica o trono de Portugal, 430, 433
rejeita sugestão de casamento entre sua filha e Anjou, 350
relações exteriores, 152, 154-5, 157-8, 181, 296, 300, 305, 433, 452, 455, 462, 464
toma medidas contra os protestantes, 257, 259
Fernando, imperador do Sacro Império (Fernando da Áustria), 205
Fernando da Espanha, 22
Fernel, Jean, 96-7
Ferrara, 59, 389
Ferrara, cardeal de, 210
Ferrier, Arnaud du, 351
Filles Repenties, convento, Paris, 365-6
Flandres, 144, 259, 268, 305, 329, 371, 440
Fleix, Paz de (1580), 430-1
Fleming, lady Janet, 137, 141-3
Florange, 39n
Florença, 39, 40-9, 50-3, 55, 58-9, 61, 68, 75-6, 81, 115-6, 144, 149, 151, 153, 159, 219, 263, 273, 297, 315, 367, 391, 393
Flórida, 241, 250, 255-7
Flushing, 433
Foix, Paul de, 396
Fontainebleau, 86, 96-7, 123, 125, 186-90, 201, 216, 218, 238-9, 241, 324, 368, 447
Fontanges, Luís de, 470
forte Coligny, 256
forte Sainte-Catherine, 220
"Fosseuse, La Belle" (Françoise de Montmorency, filha do barão de Fosseaux), 429, 434
Fotheringhay, castelo de, 451
Fourquevaux, 273, 278, 300
Francisco, delfim (filho de Francisco I), 26-7, 30-2, 47, 66-7, 70-2, 80, 89, 90-3, 95-7, 99, 102-4, 106-7, 110, 119, 136, 138-9, 141, 155-6
Francisco I, rei da França (sogro de Catarina)
   banimento de Diana de Poitiers, 103
   conselho a Henrique, 106
   doença, 105-6
   e a duquesa d'Étampes, 73, 100, 102, 104-7
   e casamento de Catarina com Henrique, 79, 80
   e cativeiro dos filhos, 67-8
   e construções, 85-6
   e "La Petite Bande", 84
   e libertação dos filhos, 71-2
   e morte de Clemente VII, 81-2
   e morte de seu filho Carlos, 104
   e morte do delfim, 89
   e nascimento do primeiro filho de Catarina, 96
   enterro, 118
   entra em Marselha, 77-8
   influência sobre Catarina, 107, 227, 230, 234, 236, 485
   levante contra, 88
   marcha oficial pela França, 73-4
   menções breves, 76, 110-2, 115, 118-9, 170-1, 194, 232, 298, 366, 397, 483
   morte, 107
   noivado e casamento com Leonor, 66, 70-1, 73
   recebe Catarina em Marselha, 78
   relação de Catarina com, 83-6, 94-5, 103, 107
   relacionamento com seu filho Henrique, 73, 89, 91, 103-4
   relações exteriores, 40-1, 46-8, 51, 59, 60, 63-6, 68-9, 70, 77, 81-2, 88, 92, 100, 101-2, 104
   sugere casamento entre Henrique e Catarina, 59, 74
Francisco II, rei da França (filho de Catarina)
   aliança de casamento com Maria, rainha da Escócia, 136
   casa-se com Maria, rainha da Escócia, 155
   coroação, 173
   desinteresse em governar, 172
   doença final, 189-92
   e a Conspiração de Amboise, 183, 185
   e Diana de Poitiers, 171
   e Inglaterra, 173, 178, 186
   e interesse de Catarina pelo oculto, 176
   favorece economicamente Catarina, 173-4
   influenciado por Catarina, 174-5
   menções breves, 154, 193, 197-8, 219, 294, 425
   morte, 192
   nascimento e batizado, 96-7
   no casamento de Francisco d'Aumale e Ana d'Este, 139
   problemas de saúde, 98, 138, 172-3, 179
   situação no início do reinado, 167, 176-7
   torna-se rei, 163-4, 167
Frangipani, arcebispo, 400
Frangipani, Fabio, 291
Frankfurt, 368
Frederico III, eleitor palatino, 278
Fréjus, 259

Galard, Jean de Lart de, *seigneur* d'Aubiac, 447
galeria Pitti, Florença, 58
Galleria degli Uffizi, Florença, 23, 75
Galli, cardeal, 399
Gand, 437
gascões, 349, 444
Gelosi, I (comediantes), 419
Genebra, 42, 157, 182, 208, 219, 242
Genlis, Jean de Hangest, *seigneur* de, 313-4
Gênova, 41, 60
Ghast, Luís du, 370, 407, 409, 414
Ghent, 158
Ghirlandaios, os, 43
Gondi, Alberto, conde de Retz, *ver* Retz, Alberto Gondi, conde de
Gondi, Antonio, 117
Gondi, banco, 249
Gondi, Giovanni Battiste, 382
Gondi, Maria-Catarina, 117, 175, 361
Gonzaga, família, 40, 59
Goujon, Jean, 133-4
Gramont, Gabriel de, bispo de Tarbres, 60-1
"grand Polacre, Le" (bufão), 236
Grantrye, Pierre de, 374
Grasse, 393
Gregório XIII, papa, 313, 324, 350
Grenoble, 209
Griffon (valete), 161
Grouard, Claude, 449
Guadalajara, 181
"Guerra da Insígnia", 179
Guerra dos Cem Anos, 241
Guerra dos Três Henriques, 445, 453
Guerras de Religião, 217-25, 228, 242, 261-73, 276-7, 279-86, 355-8, 358-60, 402-4, 411-5, 429-30, 445, 452-3
Guerras das Rosas, 284
Guiena, 127, 170, 186, 220, 250, 303, 415

ÍNDICE REMISSIVO

Guilherme de Orange, 296, 305, 433
Guise, Antoinette de, 137, 139
Guise, cardeal de, 273, 405, 467-8, 471-2
Guise, Carlos de, cardeal de Lorena, *ver* Lorena, Carlos de Guise, cardeal de
Guise, Catarina de Clèves, duquesa de, 285
Guise, Cláudio, duque de, 73, 89n, 94, 97, 99, 113, 140
Guise, família
    no reinado de Carlos IX, 193, 199, 201-4, 207, 213, 218, 224-4, 227, 231, 247, 254-5, 258, 262, 276, 282, 296, 299, 300, 318, 321-3, 328, 333-4, 336, 344-5, 348, 370, 371, 374
    no reinado de Francisco I, 93, 106
    no reinado de Francisco II, 163-4, 167-73, 176-9, 181-3, 185-91
    no reinado de Henrique II, 113, 116, 127, 136, 138-9, 142-5, 151, 157-8, 163
    no reinado de Henrique III, 397, 417, 439-40, 444, 448, 450, 452, 454-5, 466, 471-2, *ver também* nomes individuais
Guise, Francisco, duque de (antes conde d'Aumale, duque d'Aumale)
    a esposa deseja vingança, 321
    aposentos no Louvre, 167
    assume os assuntos militares, 173
    atingido por um tiro, 222-3
    casa-se com Ana d'Este, 127, 130, 139
    Catarina nega-se a expulsá-lo, 200
    como amigo de Henrique II, 73, 113
    designado grão-mestre, 169
    e a coroação de Carlos IX, 206
    e a morte de Henrique, 32-4, 163-4
    e a retomada de Calais, 155
    e Maria, rainha da Escócia, 138
    e morte de Francisco I, 107
    e o casamento do delfim Francisco com Maria, rainha da Escócia, 155
    e o caso de Henrique com lady Fleming, 141
    e o cerco de Metz, 148
    e o ferimento de Henrique, 29
    e o Massacre de Vassy, 215-6
    e o torneio de justas, 28-9
    e o Tratado de Cateau-Cambrésis, 159-60
    e o triunvirato, 202-3
    e Primeira Guerra de Religião, 219, 222
    e tradição cavalheiresca, 277
    enviado para ajudar o papa, 153
    escolta a família real a Paris, 218
    expressa lealdade a Catarina após a morte de Francisco II, 193
    lida com o levante (Conspiração de Amboise), 182-5
    lidera procissão em Paris, 207
    menções breves, 102, 105, 149, 176, 197, 213, 216, 220-1, 296, 318, 323, 332, 337, 416
    morte, 224-5
    no Colóquio de Poissy, 212
    nomeado duque d'Aumale, 113
    rejeita petição de Coligny, 183
    retomada de Thionville, 156-8
    retorna da Itália, 154-5
    retorno triunfal a Paris, 217
    torna-se tenente-general, 155
Guise, Henrique, duque de
    ações após o Massacre da Noite de São Bartolomeu, 347-8

    anuncia noivado com Catarina de Clèves, 285
    apoiado pelos cidadãos de Paris, 451
    assassinato, 468-71
    comparece ao baile no Louvre, 325
    conspira contra Coligny, 232, 329
    desaprova os métodos da irmã, 456
    e a Ato de União, 463
    e o assassinato de Coligny, 329-30, 334, 339
    e ressurgimento das ligas católicas, 439
    e reunião dos Estados-Gerais, 465-6
    e tentativa de sequestrar Eduardo-Alexandre (depois Henrique III), 213
    em Paris, 457-61
    encontra-se com Catarina, 442-3
    encontro com Henrique III, 463
    evita massacre de huguenotes, 420
    faz exigências, 443
    Henrique III adverte Navarra contra, 440-1
    Henrique III é obrigado a juntar forças com, 445
    incitado por Felipe II, 452
    líder natural da Liga, 417
    menções breves, 288, 310, 319, 330, 337, 348, 356, 401, 430, 448, 456, 475
    ódio de Henrique II por, 445
    permanece em Paris, 334
    persegue os huguenotes, 338, 344-5
    recebe enviados poloneses, 360
    relacionamento com Margot, 284-5, 303, 322, 407
    reúne forças combatentes em Châlons, 442
    suposto complô contra, 371
    vitória em Dormans, 413
    vitórias em Vimory e Auneau, 453-4
Guise, Luíza de, 93-4
Guise, Maria de, regente da Escócia, *ver* Maria de Guise, regente da Escócia
Guorico, Luca, 27-8

Habsburgo, 48n, 61, 63-4, 66, 130, 140, 148, 163, 252, 254, 258, 287, 297, 353, 357-8, 381, *ver também* nomes individuais
Hajiz, 280
Halde, du (valete), 469-70
Halicarnasso, 294
Hamburgo, 305
Hampton Court, Tratado de (1562), 219
Hangest, Jean de, *seigneur* de Genlis, 313
Harley, Achille de, 461
Hatfield House, 260
Haton, Claude, 241
Heilly, Ana d', duquesa d'Étampes, *ver* Étampes, Ana d'Heilly, duquesa de
Henrique, rei de Portugal, 430
Henrique II, rei da França (antes duque de Orléans, depois delfim) (marido de Catarina), 39, 146, 161, 163, 323, 365, 393, 435, 474, 479, 483, 485
    aproxima-se de Montmorency, 73, 91, 99
    casamento com Catarina, 78-9, 80
    caso amoroso com lady Fleming, 141
    casos amorosos, 161
    Catarina devotada à memória de, 34, 163-4
    como pai, 137-8, 162
    condolências por ocasião da morte de, 175
    conselho do pai a, 106
    coroação, 121-2

e a coroação de Catarina, 130, 132-3
e a libertação de Montmorency, 159
e a morte de Carlos, 104
e a morte do pai, 107
e a possibilidade de repudiar Catarina, 93-5
e a prisão de Montmorency, 157-8
e assuntos religiosos, 26, 144-5, 160-1, 163
e Diana de Poitiers, 19, 28, 30, 67, 88, 92-6, 98, 100, 103, 114-5, 123-4, 128-9, 132, 141
e duelo entre Jarnac e La Châtaigneraie, 118-21
é ferido, 29, 30, 163-4
e Leone Strozzi, 145-6
e Maria, rainha da Escócia, 136-7, 139, 155
e o casamento das filhas Cláudia e Diana, 160
e o casamento de Jeanne de Navarra com Antônio de Bourbon, 129
e o casamento do duque d'Aumale com Ana d'Este, 130
e o casamento entre seu filho e Maria, rainha da Escócia, 155
e o nascimento de filhos, 91, 96-7, 123, 130, 140-1, 143, 152
e o torneio de justas, 25-9, 163-4
enterro do pai e irmãos, 118
entrada em Lyon, 127-8
entrada em Paris, 133-4
estátua de, 295
funeral, 173
infância, 63, 66-73
levante contra, 127-8
maus presságios a respeito de, 27-9, 31, 163-4
memorial a, 366
menções breves, 81-2, 170, 181, 186, 194, 198, 219-20, 232n, 258, 264, 293, 301, 307
missas e vigília por, 32-3
morte do filho Luís, 140
morte, 20, 25, 31, 163-4, 167
nascimento, 60, 63
nomeações, 110-4
nomeia Catarina regente, 126
opõe-se ao Tratado de Crépy, 102
participa da viagem oficial pelo país, 104-5
participa de campanhas contra o imperador, 91, 101
personalidade, 73, 110, 123
planos e preparativos para o casamento com Catarina, 59, 61-3, 74-79
presentes a Catarina ao subir ao trono, 115
relacionamento com seu irmão Carlos, 100-2, 104, 118
relacionamento com seu pai, 73, 89, 91, 103-4
relacionamento conjugal, 19, 31, 86-7, 94-5, 98, 109, 124, 146, 149, 163, 196, 435, 483
relações exteriores, 25-6, 126-7, 139, 143-4, 146, 148-55, 159
situação à época da morte de, 167-8, 176-7
torna-se delfim, 89
torna-se rei, 109-10
tratamento concedido a madame d'Étampes, 112-3
vida na corte, 162-3, 393
Henrique III, rei da França (antes Eduardo-Alexandre, depois duque de Anjou) (filho de Catarina) 331-3, 335-7
aceita as exigências da Liga, 462
aliança com Henrique de Navarra, 475
aparência física, 213-4, 233, 304, 362
apoia as reivindicações de Catarina ao trono de Portugal, 430
aprisiona Margot, 414
assina o Tratado de Nemours, 444
atacado por assassino, 475-6
casamento com, 406
Catarina escreve a, 380-1
Catarina teme pela saúde e sanidade de, 450
causa atritos familiares, 407
complô contra, 405
concede poderes para que Catarina negocie com Guise, 442
conhece Louise de Vaudémont, 369-70
conselho de Catarina a, 396-8
conversações com a Liga, 462
conversações de casamento com Elizabeth I, 288-9, 298, 304
conversas com Guise, 458
coroação, 405
decide casar-se com Louise, 402, 404
deixa clara sua posição em relação a Margot, 449
delegação dos *politiques* apresenta termos a, 411
demite os ministros, 464
despede-se de Carlos IX, 368
despede-se de Catarina, 370
discursa nos Estados-Gerais, 418
doença quase fatal, 424-5
e a campanha de 1587, 452
e a chegada de Guise a Paris, 457
e a coroação de Carlos IX, 206
e a Guerra dos Três Henriques, 445
e a morte de Condé, 277-8
e a Paz de Beaulieu, 414-5
e a Paz de Bergerac, 421
e a posição de Catarina, 442
e a prisão de Margot, 447
e a situação de Alençon, 435-7
e a viagem de Catarina pelas regiões francesas dos huguenotes, 421-4
e as exigências da Liga, 454
e assassinato de Guise, 467-72
e casamento de Margot com Henrique de Navarra, 324-5
e conversações com Elizabeth I, 431
e corpo de Catarina, 474
e derrota de Felipe II, 464
e eventos ligados ao Massacre da Noite de São Bartolomeu, 316-7, 321-3, 329-30
e exigências de Alençon, 412
e exposição precoce ao protestantismo, 207-8
e fanatismo religioso, 312, 393
e faz ameaças a De Guise, 440-2
e fracasso da trégua, 413
e fuga de Alençon, 412
e impressões de Jeanne de Navarra, 309-12
é improvável que produza herdeiro, 438
e ligas católicas, 416
e *mignons*, 312, 393, 407, 442
e morte da irmã Cláudia, 407
e morte de Carlos IX, 378, 380
e morte de Catarina, 473-4
e morte de Maria de Clèves, 401, 403
e morte de Maria, rainha da Escócia, 451-2
e o Ato de União, 462-3
e o Dia das Barricadas, 459-61
e o sucesso militar de Alençon, 420-1
e o trono da Polônia, 305
e prazeres sensuais, 395
e procissão de automortificação, 403

é recebido por Margot, 390
e relacionamento entre Margot e Henrique de Guise, 284
e uso do oculto por Catarina, 176
é visitado por Coligny, 299
é visto como envolvido no massacre, 350
em Veneza, 387-8
em Viena, 386-7
encara Navarra como sucessor, 439-40
encontra-se com Catarina, 389-60
entrada oficial em Lyon, 390
envia apoio a Alençon, 431, 435
esforços para conseguir o trono da Polônia para, 357-8
falta de interesse por mulheres, 311-2
falta de respeito por, 407
favorito de Catarina, 143, 162
faz acusações contra Margot, 408
fica furioso com a fuga de Navarra, 414
foge de Paris, 460-1
fuga da Polônia, 385-6
Guise visita, 463
incompetência militar, 264-5
interesses, 233
irritação de Navarra com, 434
lealdade a, 460-1
levanta o cerco de Poitiers, 281
maneira de se trajar, 233, 243, 310-2, 362, 393-6, 401
Margot se enraivece, 433-4
menções breves 142-3, 151, 239-40, 261, 272, 280, 295, 315-6, 319, 427, 433, 483
modifica os costumes da corte, 398
monta escolta pessoal especial, 444
morte, 478
na batalha de Jarnac, 276-8
na batalha de Moncouteur, 281-2
na reunião dos Estados-Gerais, 465-6
na Saboia, 389
na viagem oficial da realeza, 239-40, 243, 248-9
nascimento, 97, 143
no cerco de La Rochelle, 356, 358-9
Nostradamus faz previsão sobre, 245
novo conselho, 396
obcecado por Maria de Clèves, princesa de Condé, 370, 377, 387, 393, 399
obtém o trono da Polônia, 358-64
ordena que Guise fique longe de Paris, 456
papa envia lembrete sobre os deveres de um rei, 450
parte para Étampes, 271
personalidade, 393, 400
planeja fugir da Polônia, 383-4
posiciona soldados em Paris, 458-9
preocupações de Catarina com a ascensão ao trono de, 393
presta atenção à sua irmã Margot, 278-9
problemas de saúde, 362, 387, 399, 400, 424-5, 428
problemas econômicos, 406-7
proposta de casamento com Joana, rainha viúva de Portugal, 251
recebe a notícia de sua ascensão ao trono francês, 382
recebe delegação da Polônia, 405
recebe Maurevert, 282
reconciliação com Alençon, 417-8
reencontro com Catarina, 425
rejeita soluções pacíficas, 400
relacionamento difícil de Catarina com, 415, 456
remove Navarra da sucessão, 444-5
renova inimizade com Alençon, 425-6
resposta às atividades dos Guise, 456-7
retoma os combates, 418
ridiculariza a corte de Navarra, 429
rivalidade entre Carlos IX e, 278, 283, 289, 292, 303
rumores sobre sua capacidade de produzir filhos, 399
sai de Avignon rumo ao norte, 404-5
segue viagem para a França, 388-9
sugestão de casamento com a filha de Felipe II, 350
sugestão de casamento com Elisabeth Wasa, 401-2
tem maus assessores militares, 264
tenta convencer os poloneses de suas intenções de ficar, 382-3
tentativa de sequestro de, 213
toma medidas contra Margot, 434-5
torna-se tenente-general, 264
últimas palavras dirigidas a Navarra, 477
últimos encontros com Guise, 468
vai buscar sua irmã Isabel, 249-51
vai para Blois, 464
vai para Chartres, 463
viagem à Polônia, 368-70
vida de excessos contrastados por penitências religiosas, 450
vida na corte, 409
volta a Paris, 406
Henrique IV, *ver* Henrique de Navarra (Henrique de Bourbon), depois Henrique IV
Henrique VII (Henrique Tudor), rei da Inglaterra, 284
Henrique VIII, rei da Inglaterra, 59, 60, 66, 68, 74, 105, 122, 136, 174, 484
Henrique d'Albret, rei de Navarra, 85n
Henrique de Navarra (Henrique de Bourbon), depois Henrique IV (genro de Catarina), 320, 323-4
abjura a religião católica, 414
acha que Coligny deve permanecer em Paris, 332
ações após o massacre, 354
aliança com Henrique III, 456
anulação do casamento, 479
aparência física e personalidade, 319-20
apresentado a soldados huguenotes, 278
apresentado por sua mãe a huguenotes importantes, 254-5
aprisionamento, 353
assassinato, 482
atitude de Henrique III em relação a, 439-40, 444-5
cartas de sua mãe, 307-8
casa-se com Maria de Médici, 479-80
casos amorosos, 143, 409-10, 429, 445-6
celebrações do casamento, 325-6
cerimônia de casamento, 323-5
Coligny permanece em Paris para o casamento de, 317
com a mãe em La Rochelle, 269
com as forças de Anjou em La Rochelle, 356
comentários sobre Catarina, 482
comparece ao funeral da mãe, 318
continua as lutas, 478
e a morte de Henrique III, 477
e ações de Henrique III contra Margot, 434
e acusações de Henrique III contra Margot, 408
e campanhas em 1587, 452-3
e conspiração, 372
e embaixadores da Polônia, 361

ÍNDICE REMISSIVO

e ideia de Catarina de eliminar Margot, 449-50
e o Massacre da Noite de São Bartolomeu, 340-2, 348, 354
e o retorno de Henrique III à França, 389-90
e o serviço religioso em Marselha, 246
e perigos na corte, 409
e regência de Catarina, 378, 382
e Sétima Guerra de Religião, 429-30
e sucessão, 438-45
e uso do oculto por Catarina, 176
encontros com Catarina, 448-50
entra em Paris, 478
excomunhão, 445
fugas, 412-3
Henrique III tenta criar atritos entre Alençon e, 409
interrogatório, 374
Margot se reúne com, 422-4
Margot tenta matar, 446
menções breves, 124, 207, 292, 377, 405, 427, 433, 452, 454-6, 463, 466
nascimento dos filhos, 480
no grupo de Alençon, 371
Nostradamus faz predições a respeito de, 245
passa um tempo em Paris antes do casamento, 318-9
pede justiça após a fracassada tentativa de assassinar Coligny, 330
permanece com a corte na viagem oficial, 244
planos de casamento com Margot, 284, 287-8, 293, 296, 298, 301-2, 307, 310, 318-8
poupado da sentença de morte, 377
prepara-se para lutar pelo direito ao trono, 450
preso e interrogado novamente, 375
recebido de volta à Igreja Católica, 353-4
reconverte-se ao catolicismo, 478
recusa-se a comparecer às conversações, 418
reinado de, 480-2
relação amigável com Margot, 480
relacionamento com Margot, 409, 435
sob a proteção de Coligny, 278
suposto complô contra, 283
torna-se herdeiro do trono depois dos filhos de Catarina, 221
torna-se rei, 478
torna-se seguidor de Calvino, 221
últimas palavras de Carlos IX a, 378
visita Coligny, 331
vitória em Bordeaux e Marselha, 443
Hércules, *ver* Alençon, François, duque de (antes Hércules) (filho de Catarina)
Hernandez de Velasco, dom Iñigo, condestável de Castela, 69
Hernandez de Velasco, dom Pedro, condestável de Castela, 69n, 71-2
Hesdin, 149
Holanda, 296, 298-9, 300-2, 305, 313-5, 321, 324, 326, 333, 363, 370-1, 373, 419, 425-7, 431, 433, 442, 455, *ver também* Países Baixos
Horne, conde, 260, 268
Hôtel d'Albret, Paris, 365
Hôtel de Béthizy, Paris, 327, 330, 335, 337-9
Hôtel de Guise, Paris, 334, 348, 459, 461
Hôtel de la Reine, Paris, 366, 457-8, 474-5, 480, 485
Hôtel de Ville, Paris, 334, 338
Hôtel Guillart, Paris, 365
Hotman, François, 72
Franco Gallia, 372

Houel, Nicolas, 294
huguenotes, *ver* protestantes/huguenotes
Hugues, 182
Humières, Jean d', 99, 138-9
Hungria, 58, 68, 77
Hyères, 246

Iboise, 447
If, Château d', 246
Igreja/Igreja Católica Romana, 32-3, 46, 54, 58-9, 60, 97, 122, 151, 161, 174, 186, 188, 199, 200, 209-10, 216, 224-5, 239-40, 258, 270, 289, 300, 353-4, 403, 412, 458, 486
Império, o, 40, 44, 48, 51, 55, 59, 61, 63-6, 92, 140, 145, 148-9, 151-3, 180, 203, 260, 273, 304, 358, 363, 368, 370, 381, 384, 418 *ver também* nomes de imperadores
Inglaterra, 41, 51, 64, 105, 136, 139, 168, 173, 179, 186, 219, 241, 278, 284, 288-9, 303, 305, 333, 352, 364n, 374, 391, 396, 427-8, 430, 432-3, 451-2, 454-5, 463, 484, *ver também* nomes de monarcas
Inocêncio VIII, papa, 43
Inquisição francesa, 157
Isabel da Espanha, 196, 249
Isabel da França, rainha de Espanha (filha de Catarina)
amor obsessivo de don Carlos por, 254
Bourbon concorda em acompanhar, 171
casa-se com Felipe II, 25, 27, 159, 163-4
correspondência entre Catarina e, 124, 181, 196-7, 203-4, 272
dá à luz uma filha, 258
encontra Felipe II, 181
encontro com Catarina, 248-54
missa em memória de, 275
morte, 271-2
nascimento, 97, 103
parte para a Espanha, 180-1
problemas de saúde na infância, 138
sugestões de casamento para, 140, 155
Isabella Clara Eugenia (neta de Catarina), 350, 352
Issoire, 420-1, 447
Itália, 20, 22, 25-7, 40-4, 51-2, 55, 60, 63-4, 69, 74, 83-4, 86, 92, 110, 116-7, 125-7, 136, 140, 144-5, 148, 150, 152-4, 158-9, 168, 177, 355, 368, 381, 389, 393, 422, 430, *ver também* nomes de lugares na Itália
Ivã IV, "O Terrível", tzar, 353, 358

Jaime IV, rei da Escócia, 137
Jaime V, rei da Escócia, 59, 93, 113
Jarnac, 255, 289
batalha de, 274-5, 280, 326, 420
Jarnac, Guy Chabot, barão de, 118-21
Jeanne d'Albret, rainha de Navarra
acordo de casamento, 310
apresenta Henrique a huguenotes importantes, 254-5
apresenta Henrique de Navarra e Henrique de Condé aos soldados huguenotes, 278
casa-se com António de Bourbon, 129-30
Catarina precisa de apoio para o casamento entre Margot e Henrique, 293, 296, 301-2
comentários sobre a vida na corte, 227
concorda em se encontrar com Catarina, 302-3
convocada a Roma, 240
e a renúncia do marido ao protestantismo, 214
em La Rochelle, 269, 282
em Paris, 310

ÍNDICE REMISSIVO

encontra-se com Catarina em Chenonceau, 307
faz acusações de complô, 283
funeral, 318
impressões sobre Margot, 308-9
influencia Henrique de Navarra a se tornar protestante, 221
menções breves, 170, 242, 324
morte, 311-2
na corte, 307-8, 310
parte para Blois, 306
pressionada a renunciar ao protestantismo, 254-5
protegida por Catarina, 240
recusa-se a ir a Paris, 292-3
recusa-se a ir para a corte, 301-2
sai da França, 269
tem recusada permissão de ir para Béarn com o filho, 244
torna-se protestante, 214
Jerusalém, 144
jesuítas, 211, 296, 417
Joana (filha de Catarina), 97, 130, 152
Joana "A Doida", 22
Joana, rainha viúva de Portugal, 252
João III, rei da Suécia, 358
João Casimiro, 370, 404, 413, 415, 450
Joinville-en-Champagne, 147, 274
Tratado de (1585), 440
Joyeuse, Anne, barão d'Arques, duque de 434, 437, 442, 445, 452-4
Júlio II, papa, 45
Júlio III, papa, 140, 144, 151

Kamien, planície de, 358
Knecht, professor Robert, 20, 22
Knox, John, XXIII, 22, 136-7, 186
Krassowski (anão), 306, 359

L'Aubespine, Sébastien de, bispo de Limoges, 202, 396,
L'Estoile, Pierre, 474-5
L'Hôpital, Michel de
   abre a Assembleia de Notáveis, 256
   Catarina ignora o conselho de, 263
   discursa nos Estados-Gerais, 198-9, 200
   e conflito religioso, 180, 186-7, 199, 208-9, 214, 240, 263, 267, 272
   e morte de Condé, 189-90
   expede édito para coibir a crescente independência das cidades reais, 244
   influência sobre Catarina, 180, 194
   Ordenação de Moulins, 256
   repreende os magistrados em Bordeaux, 249-50
   saída do cargo, 272
   torna-se chanceler, 180, 194-5
L'Orme, Filiberto de, 135, 365
La Charité-sur-Loire, 285, 420
La Châtaigneraie, Francisco de Vivonne, *seigneur* de, 119-21, 255
La Guesle, Jacques De, 476
La Marck, Antoinette de, 160, 420
La Marck, Françoise de, 132-3, 171
La Marck, Robert IV de, 132, 151
La Molle, Hyacinthe Joseph de, 373, 375-6
La Mothe-Fénélon, 333, 351, 368
La Motte-Valois, condessa de, 143n
La Noue, François de, 222, 313, 382
La Renaudie, *seigneur* de, 182, 184, 223

La Roche-sur-Yon, *monsieur* de, 220
La Roche sur Yon, princesa de, 132
La Rochefoucauld, Francisco III de, 278, 342
La Rochelle, 269, 282, 285, 293, 295-6, 299, 305, 356-7, 359-60, 363, 404
La Spezia, 76
La Tour, João III de (avô de Catarina), 47
La Tour d'Auvergne, Madalena de (depois Madalena de Médici) (mãe de Catarina), 39, 41, 47-8, 63n, 81, 86
La Vaise, 128
La Valette, Jean Louis de, duque de Épernon, *ver* Épernon, Jean Louis de la Valette, duque d'
Lainez, Diego, 211
Languedoc, 111, 169, 220, 247, 356, 376, 400, 415, 420, 424
Lannoy, Carlos de, 67
Larchant, capitão, 470
Le Charron, preboste dos comerciantes, 338
Le Châtelet, prisão, Paris, 26
Le Havre, 219, 222, 226, 241, 260, 474
Le Vayer, Philibert, *sieur* de Lignerolles, 312
Leão X, papa (Giovanni de Médici), 41, 45, 50-1, 54, 57, 64
Lectoure, 293, 303
Leghorn, 60
Leicester, conde de 288, 427
Leonardo da Vinci, 43
Leonor, rainha da França (antes rainha de Portugal), 66-7, 70, 72-4, 78, 80-1, 88, 91, 97, 102, 105, 107, 112, 130
Lepanto, batalha de (1571), 300-1
Leran, *monsieur* de, 324
"Les Discours merveilleux de la vie, actions et déportements de Cathérine de Medicis, Royne-Mère", 402
Leucate, 248
Liga, *ver* Liga Católica
Liga Católica, 146-8, 439-43, 445-6, 448, 450, 452, 454-7, 459-64, 466, 471, 474
Liga de Cognac, 51, 68
Lignerac, François de, 447
Lignerolles, Philibert Le Vayer, *sieur* de, 312-3
Limeuil, Isabelle de, 228
Limoges, bispo de, *ver* L'Aubespine, Sébastien, bispo de Limoges
Limours, 107, 112
Lippi, Filippino, 43
Lippi, Filippo, 42
Lippomano, Gerolamo, 425
Lisboa, 463
Lit de Justice, 250, 348, 445
Loire, região, 114, 127, 140, 179, 453
Loire, rio, 86, 84, 255
Londres, 42, 386, 433
Longjumeau, Paz de (1568), 266-7
Lorena, 180, 259, 368-70, 406-7, 413
Lorena, Carlos III, duque de (genro de Catarina), 160, 180, 269, 276, 371, 437, 442-3, 455
Lorena, Carlos de Guise, cardeal de, 89, 113, 140
   adverte contra a prisão de pregadores, 148
   aposentos no Louvre, 167
   assume muitas das responsabilidades de Montmorency, 155
   com Henrique II ferido, 30
   complô para capturar, 261
   dá a notícia da morte da mãe a Maria, rainha da Escócia, 186-7
   defende medidas de repressão contra os huguenotes, 267

discussões com o marechal de Montmorency, 247
e a economia francesa, 177
e ascensão de Henrique II ao trono, 113
e Coligny, 254-5
e coroação de Carlos IX, 206
e declaração da maioridade de Carlos IX, 229
e Decretos Tridentinos, 239-40
e Diana de Poitiers, 157-8
e Inquisição francesa, 156
e Maria, rainha da Escócia, 138
e morte de Henrique II, 33-4, 163-4
e o relacionamento entre Margot e Henrique de Guise, 284
e política contra hereges, 178
encarregado de assuntos domésticos e exteriores, 173
expressa lealdade a Catarina após a morte de Francisco II, 193
Jeanne d'Albret faz acusações contra, 283
menções breves, 89n, 160-1, 162, 268, 285
morte, 403
ódio a, 77
queixa-se de atitude dissimulada de Catarina, 323
recebe a notícia da morte de Isabel, filha de Catarina, 274
recebe advertência de complô, 182-3
recusa-se a interceder junto ao papa em favor de Catarina, 323
relata ao papa o Massacre da Noite de São Bartolomeu, 349
tenta atacar L'Hôpital, 272
toma parte na procissão, 403
torna-se cardeal de Lorena, 140
viaja a Roma, 322
Lorena, Casa de, 32, 93, 113, *ver também* Guise, família; nomes individuais
Lorena, Cláudia, duquesa de (filha de Catarina)
casa-se com Carlos, duque de Lorena, 160
deixa a França, 180
doença, 313-4, 316
e o Massacre da Noite de São Bartolomeu, 339-40
menções breves, 98, 213, 277
morte, 407
nascimento, 97, 123
nascimento de filhos, 241-2, 369
problemas de saúde na infância, 138
visitas, 180
Lorena, Cristina de (neta de Catarina), 449, 455, 467-8
Lorena, duquesa viúva de, 276
Lorena, Henrique de (neto de Catarina), 241-2
Lorena, René de, marquês d'Elbeuf, 246
Louise, rainha da França (Louise de Vaudémont) (nora de Catarina), 369-70, 402, 404, 406, 420, 426-7, 439, 462, 464, 477
Louraguais, 47
Louviers, Carlos de, *seigneur* de Maurevert, *ver* Maurevert, Carlos de Louviers, *seigneur* de
Louvre, 27, 34, 78, 86, 115, 164, 167, 169, 313, 323, 326, 328-30, 332-5, 339, 341-2, 344, 346, 349, 361, 364n, 365-6, 371, 382, 407, 409, 414, 430, 457-8, 460-1
Luís, duque de Orléans (filho de Catarina), 97, 130, 140
Luís XI, rei da França, 87n, 447
Luís XII, rei da França, 127, 130, 230
Luís XIII, rei da França, 450, 480
Luís XIV, rei da França, 290, 398
Luíza de Saboia, 55, 66-8, 70
Lumigny, 297
Lutero, Martinho, 46, 86n
luteranos, 26, 51-2, 146, 157, 221, 350, 352, 387, 450
Luxemburgo, 101
Lyon
Henrique III encontra Catarina nos arredores de, 389
Henrique III entra em, 390
menções breves, 42, 88, 90, 114, 117, 324, 399, 400-2, 408, 424, 440-1, 445, 448, 479
visita de Carlos IX a, 242-3
visita de Henrique II a, 127-8
Lyon, arcebispo de (Pierre d'Epinac), 468, 470

Mâcon, 126, 242
Madalena, princesa da França, 81-2, 85, 93n
Madri, 65, 246, 252, 259, 261, 273, 283-4, 300, 349, 464
Tratado de (1526), 66-9
Madri, Château de, Bois de Boulogne, 86, 270, 292, 360, 434
Maineville, *seigneur* de, 468
maître René, 125, 279, 312
Malta, 145, 150
Mansfelt, conde Ernst de, 280
Mantes, 106, 140, 464
Mântua, 40, 59, 75, 389
Mântua, duque de, 159
Mântua, Isabella d'Este, duquesa de, 22, 74
Maquiavel, Nicolau, 44-5
O príncipe, 44, 355, 486
Marcelo II, papa, 150
Marciano, batalha de (1554), 150
Marck, 132, 151
Margarete, a Turca, 51, 78
Margarete da Áustria (filha de Carlos V), 55, 58
Margarete da Áustria (tia de Carlos V), 22, 55, 70
Margarete de Parma, 22, 257, 259
Margarida da França, duquesa de Saboia (cunhada de Catarina), *ver* Saboia, Margarida da França, duquesa de
Margarida da França, rainha de Navarra, 66, 74, 81, 85-6, 95, 97, 129-30, 132, 154, 159, 160, 177
Margot (Marguerite), rainha de Navarra (filha de Catarina)
ações de Henrique III contra, 434
acusações feitas contra, 408
anulação do casamento, 479
apela ao duque de Lorena, 446
aprisionada no Château d'Usson, 447-8
aprisionada por Henrique III, 414
beleza, 308-9
casa-se com Henrique de Navarra, 323-5
Catarina sugere casamento entre don Carlos e, 204-5, 252, 254
Catarina sugere casamento entre Felipe II e, 272-5
desfruta de boa saúde, 138, 233
e "segunda visão" de Catarina, 125
e a morte do pai, 31
e a partida de Anjou para a Polônia, 362
e a Sétima Guerra de Religião, 429
e a volta de Anjou, 390
e abordagem de Catarina em relação à educação religiosa de seus filhos, 207-8
e ameaças de Pardaillon, 336
é considerada atraente pelos homens, 288
e escândalos sexuais na corte de Navarra, 429
é expulsa de Agen, 446
e intenções de Catarina em relação a Henrique de Navarra, 353
e La Molle, 374-6

e o irmão Carlos IX, 278, 284, 289, 303
e o irmão duque de Alençon, 303, 362-3, 408-9, 433
e o irmão Henrique, duque de Anjou (depois Henrique III), 278-80, 303, 310
e o Massacre da Noite de São Bartolomeu, 336-7, 339-42
e proposta de casamento com o rei de Portugal, 285-6, 306
em Carlat, 446-7
encontro com sua irmã Elisabeth, 250-1
impressões de Jeanne de Navarra sobre, 308-9
interesses na infância, 233
libertada, 448
menções breves, 124, 143, 276, 293, 336-7, 374-5, 421, 473
na corte de Henrique III, 433
nascimento, 97
permanece no Auvergne, 448
planos de casamento com Henrique de Navarra, 284, 287-8, 296, 298, 301-2, 306, 310, 312, 324
recebe conselho de Catarina, 434
relacionamento com Henrique de Guise, 284-5, 303, 322, 445
relacionamento com o marido, 410, 435
relacionamento de Catarina com, 233, 279, 285
sugestão de Catarina a Navarra em relação a, 449-50
tenta matar o marido, 446
últimos anos, 480-1
visita Coligny, 335
volta a ficar com o marido, 422-4, 434
volta a Paris, 479
Maria, imperatriz, 386
Maria, rainha da Escócia (nora de Catarina)
aliança de casamento com o delfim Francisco, 136
casamento com Francisco, 155
Catarina presenteia joias a, 75, 174
conversações sobre casamento, 204-5, 284
culpada de traição, 451
deixa a França, 205-6
direito de escolher morar na França ou na Escócia, 205
e a Conspiração de Ridolfi, 303
e morte do marido, 193
execução, 452
infância na França, 136-9
Maria de Guise governa a Escócia como regente para, 113
menções breves, 20-1, 27, 32, 93n, 192, 214, 219, 278
morte da mãe, 186-7
o pesar de Catarina, 167, 175
pretensões ao trono da Inglaterra, 173, 178, 186
reação de Catarina ao veredito, 451-2
relacionamento com Catarina, 174-5
torna-se rainha, 34, 167-8
Maria Antonieta, 239
Maria de Clèves, princesa de Condé, 306, 317, 370, 387, 401
Maria de Guise, regente da Escócia, 22, 94n, 113, 136, 139, 179, 186, 232n
Maria de Médici, rainha da França, 294n, 479
Maria Tudor, rainha da Inglaterra, 22, 26, 60, 74, 150, 159, 428
Marie, a Moura, 78
Marignano, batalha de (1515), 64
Marselha, 76, 117, 145, 236, 246, 300, 376, 443
chegada de Catarina e casamento em, 77-8
Marvile (anão), 236
Massacre da Noite de São Bartolomeu, *ver* São Bartolomeu, Massacre da Noite de
Massacre de Vassy, *ver* Vassy, Massacre de

Matias (filho de Maximiliano II), 386
Matignon, marechal de, 408, 446, 453
Matilda de Boulogne, rainha de Portugal, 431
Maurevert, Carlos de Louviers, *seigneur* de, 282, 323, 329, 334, 336
Mausolo, rei, 294
Maximiliano II, imperador, 258, 260, 274, 197, 350, 358, 386
Maximiliano (filho de Maximiliano II), 386
Mayenne, Cláudio, marquês de, depois duque d'Aumale, *ver* Aumale, Cláudio, duque d' (marquês de Mayenne)
Mayenne, duque de, 113, 130n, 370, 442, 475
Mayenne, Louise de, depois duquesa d'Aumale, 130n, 132, 172
Meaux, 115, 262, 276, 457
"*Surprise de Meaux*", 262, 286, 337, 374
Médici, Alexandre de, 48-53, 55, 56, 59, 61, 75-6, 80, 115, 126n, 275
Médici, Caterina Riario de, 54
Médici, Catarina de, *ver* Catarina de Médici
Médici, Cosimo de, 42-3, 125
Médici, Cosimo I de, duque de Florença (depois grão-duque da Toscana), 80, 85, 144, 149-51, 159, 263, 275, 296-9, 300, 455
Médici, família, 39, 40, 41-9, 41n, 42n, 52-3, 57n, 125, 366, *ver também* nomes individuais
Médici, Ferdinando de, grão-duque da Toscana, 455, 466
Médici, Francesco de, grão-duque da Toscana, 455, 479
Médici, Giovanni de, *ver* Leão X, papa
Médici, Giovanni de (Giovanni delle Bande Nere), 81
Médici, Giovanni di Bicci de, 42
Médici, Giuliano de, duque de Nemours, 43, 44n, 45-7
Médici, Giulio de, *ver* Clemente VII, papa
Médici, Hipólito de, 47, 49, 50-1, 53, 57-8, 77-8, 80-1
Médici, Lorenzino de, 81
Médici, Lorenzo, "o Magnífico", de, 43, 45, 49, 116
Médici, Lorenzo II de, duque de Urbino (pai de Catarina), 39, 40-1, 44n, 45-9, 98, 125, 355
Médici, (de La Tour d'Auvergne), Madalena de (mãe de Catarina), 39, 41, 47-8
Médici, Maria de, rainha da França, 294n, 479
Médici, Piero, "o Tolo", de, 43-4
Mediterrâneo, 79, 150, 245, 300
Melun, 262, 457
"Mendigos do Mar" (*Gueux de Mer*), 305
Mendoza (embaixador espanhol), 464-5
Mercenários suíços, 219, 259, 261, 276, 280, 442-3
Mercoeur, duque de, 442
Méré, Poltrot de, 223, 225
Merlin (capelão), 312, 399
Méru, Carlos de Montmorency-, 356, 376, 400
Metz, 146, 148-9, 151, 159, 259n, 274-5, *ver também* Três Bispados
Mézières, 289
Michelangelo, 43, 54
Michelet, Jules, 355
Michelozzo, 42
Michiel, Giovanni, 171, 231, 395, 411
Milão, 40-1, 46, 57, 59, 60-1, 63-4, 66, 68, 78, 81, 100-2, 126, 151-2, 159, 259
Miossens, Jean de, 342, 409
Miron, Marc, 321, 370, 470
Mocenigo, doge, 387
Modena, 60
Moncontour, batalha de (1569), 281-2, 289, 326, 420
Monluc, Blaise de, 126, 154, 220, 255, 282

ÍNDICE REMISSIVO

Monluc, Jean de, bispo de Valence, 188, 306, 357-60, 362-3, 396
Monniens, François de, 330
Mons, 313, 321, 426
Mont de Marsan, 250
Montauban, 285, 356, 359, 429
Montceaux, Château de, 115, 174, 261, 316-7, 322, 365, 480
Montecuculli, Sebastiano de, 89, 90
Montelimar, 244
Montesquiou, capitão, 275
Montfaucon, 346
Montgomery, Gabriel de, conde de, 29, 60, 164, 220, 222, 332, 377, 382
Montmorency, Anne, barão de, condestável da França
  ao assumir o trono, Henrique II restabelece favores e alto cargo a, 110-1
  apoia romance de Henrique com Diana de Poitiers, 92
  atitude de Catarina em relação a, 99, 112
  campanhas com Henrique, 91
  casamento dos filhos, 160
  Catarina escreve sobre Leone Strozzi a, 145
  Catarina ignora conselho de, 261-2
  cumprimenta Guise após Massacre de Vassy, 217
  denuncia os italianos na corte, 145
  derrotado em Saint-Quentin, 153
  disputas com Coligny e d'Andelot, 215
  e a chegada de Catarina ao poder, 197
  e a marcha oficial da realeza, 238-9, 242-3, 245
  e a situação com a morte de Henrique, 31-4, 163-4
  e assinatura de contrato matrimonial de Henrique e Catarina, 79
  e assuntos religiosos, 201
  é banido da corte, 100
  e batalha de Dreux, 222
  e casamento de seu sobrinho, 130
  e Du Bourg, 161
  e envolvimento francês na Itália, 126, 149, 152
  e gravidez de Catarina, 96
  e mercenários, 261
  e o cerco a Le Havre, 226
  e o ferimento de Henrique, 29
  e o triunvirato, 202-3, 206
  e os Bourbon, 169-70
  e preparativos em Marselha, 76-7
  e resgate dos filhos de Francisco I, 71-2
  e romance de Henrique com lady Fleming, 141-2
  e segunda regência de Catarina, 147
  e vitória de Jarnac em duelo, 121
  Francisco I recomenda que Henrique não o chame de volta, 106
  Francisco II declina os serviços de, 168-9
  frequenta o *cercle* de Catarina, 163
  lidera os soldados em batalha, 263-4
  ligação cada vez maior de Henrique d'Orléans (depois, Henrique II) com, 73
  menções breves, 80, 131, 136, 139, 149-50, 167, 186-7, 189, 220, 222, 258, 305, 416
  morte e funeral, 264
  na cerimônia da maioridade de Carlos IX, 229
  não é autorizado a voltar, 101
  no cativeiro, 153, 155, 157-8, 222, 225
  nomeado tenente-general, 120
  política de pacificação, 111
  pune rebeldes, 127-8
  reencontro com Henrique, 159
  repudia Coligny, 213
  solicitado a permanecer na corte, 200
  tenta evitar o casamento do delfim Francisco com Maria, rainha da Escócia, 155
  torna-se condestável da França, 99
  tratamento de Catarina a, 169
  visitado por Catarina, 207
Montmorency, família, 168-9, 254-5, 371, 376, 397, *ver também* nomes individuais
Montmorency, marechal Francisco de, 151, 160, 169, 247, 347, 356, 371, 375-6, 382, 400, 413
Montmorency, Henrique Damville de, 131, 247, 282-3, 325, 356, 376, 400, 402-4, 411-2, 415, 418-20
Montpellier, 246, 424
Montpensier, Carlos de, duque de Bourbon, *ver* Bourbon, condestável de (Carlos de Montpensier, duque de Bourbon)
Montpensier, duque de, 219, 264-5, 281, 315, 319
Montpensier, duquesa de, 132, 453-5, 456, 467, 475
Morel, François, 177-8
Morisini (núncio), 468, 472
Mortier, André du, 190
Morvilliers, Jean de, bispo de Reims, 396
Moulins, 130, 255
  Ordenação de (1566), 256
"Mouro, O" (anão), 236
Mouy, *seigneur* de, 282, 323, 334
Mugello, 42
Murano, 388
Murate, as (convento de Santa Maria Annunziata delle Murate), 53-4, 56, 69

Nançay, capitão, 341-2
Nancy, 370, 440
Nantes, 182
  Édito de (1598), 481
Nápoles, 46, 48, 67, 144, 151-3, 159
Nashe, Thomas, 19
Nassau, Luís de, 280-1, 296-8, 313-4, 370, 376
Navarra, 170, 414
Navarra, Antônio de Bourbon, rei de, *ver* Bourbon, Antônio de, rei de Navarra
Navarra, Henrique d'Albret, rei de, 85n
Navarra, Henrique de Bourbon, rei de, *ver* Henrique de Navarra (Henrique de Bourbon), depois Henrique IV
Navarra, Jeanne d'Albret, rainha de, *ver* Jeanne d'Albret, rainha de Navarra
Navarra, Margarida da França, rainha de, *ver* Margarida da França, rainha de Navarra
Navarra, Margot (Marguerite), rainha de, *ver* Margot (Marguerite), rainha de Navarra (filha de Catarina)
Nemours, Giuliano de Médici, duque de, *ver* Médici, Giuliano de, duque de Nemours
Nemours, Tratado de (1585), 444, 450, 454, 462,
Nérac, 86n, 189, 254, 302, 310, 325, 434, 445
  Convenção de (1579), 423, 429-30
Nevers, duque de, 315, 331, 335, 337-8, 370, 388, 389, 412, 420-1
Nevers, duquesa de, 375
Niccolini, irmã, 55
Nice, 74, 76, 100, 101n, 180
Nicot, Jean, 391

Nîmes, 356, 359
Noailles, abade de, 370
Nocera, bispo de, 52
Nogent-sur-Seine, 266
Norfolk, duque de, 74, 303
Normandia, 220, 222, 377, 442, 449
Norris, sir Henrique, 280
Norris, Thomas, 260
Nostradamus, 28, 190, 244-5
Notre-Dame, catedral, 27, 260, 294, 322, 324-5, 431, 42, 463, 478
Novgorod, 353
Noyers, 269

Ollainville, 418, 430
Orange, 244
Orange, Guilherme, 296, 305, 313-4, 433
Ordem de Saint-Michel, 48, 81, 97, 131, 282, 354
Orléans, 102, 189, 190, 192, 218, 222, 225, 290, 360, 442
Orléans, governador de, 461, 467
Orléans, Henrique, duque de, *ver* Henrique II, rei da França (antes duque de Orléans, depois delfim)
Orléans, Luís, duque de (filho de Catarina), 131, 425
Ornano, Alfonso d', 458
Orsini, Alfonsina (avó de Catarina), 45, 49
Orsini, cardeal Flavio, 350
Osświecim, 385

Pacta Conventa, 359, 362
Pádua, 389
Países Baixos, 55, 70, 102, 152, 252, 257-60, 296, 298, 300, 305, 328, 334, 418, 428, 431-2, 437, 450, 452, *ver também* Holanda
"*Paix de Monsieur, La*" (Paz de Beaulieu) (1576), 415, 417, 421
"Paix des Dames, La" (Tratado de Cambrai) (1529), 55, 70
"Paix du Roi, La" (Paz de Bergerac) (1577), 421, 430, 481
Palais de Justice, Paris, 338, 364
Palais des Augustins, Paris, 480
Palaiseau, 319
Palatino do Reno, conde, 249
Palazzo Foscari, Veneza, 388
Palazzo Medici, Florença, 42-3, 51, 53
Palazzo Médici (hoje Palazzo Madama), Roma, 57
Palencia, 69
Pamiers, 260, 293
Pardaillan, barão de, 336, 342, 344
Paré, Ambroise, 30, 220-1, 330, 332, 339
Paris, 25-6, 32, 34, 66, 73, 86n, 101, 115, 117-8, 121, 128, 133-4, 139, 153-6, 164, 169-70, 181, 207, 209, 211, 217-8, 222, 224-7, 229, 231, 236, 238, 247, 256-7, 261-6, 268, 270-1, 279, 283, 290, 292-5, 299, 301, 311, 314, 347-8, 350-1, 354, 360-1, 366, 368, 374, 376, 382, 389, 399, 404, 406-7, 411-2, 414, 416, 422, 425, 430, 435, 438, 444, 450-4, 457-8, 460-4, 467, 471, 475-6, 478-80, 484
  eventos ligados ao Massacre da Noite de São Bartolomeu em, 316-25
Parlement, 209, 214-5, 331, 348, 406, 449, 461, 463
  de Aix-en-Provence, 245
  de Paris, 209, 229, 294
  de Rouen, 229
Parma, 46, 60, 78, 126, 140, 144
  Parma, Alessandro Farnese, duque, de 431, 452, 455
Partido do Povo, 55
Pasquier, Etienne, 365

Passerini, cardeal, 50-1, 53
  Paulo III, papa (Alexander Farnese), 82, 92, 125, 140,
Paulo IV, papa (Gianpetro Carafa), 151-3
Pavia, batalha de (1525), 51, 63-5, 68, 89, 159
Pedraza, 69, 70-1
Pellevé, Nicolas de, arcebispo de Sens, 292
Pepino, "*le Bref*", rei, 304
Péricard, 470
Péronne, 262
Perpignan, 101
Perugino, 43
Peruza, 389
Peste Negra, 42
"Petit Charles", *ver* Angoulême, Carlos de
"petit Polacron, Le" (bufão), 236
"Petite Bande, La", 84
Petrucci (embaixador), 297
Piacenza, 46, 60, 78, 126
Pibrac, Guy de, 370, 385, 396
Picardia, 103, 150, 153, 247, 268, 376, 419, 442, 455
Piemonte, 126-7, 159, 259, 389
Piles, Armand de, 330, 342
Pilon, Germain, 294
Pinart, secretário de Estado, 461, 465
Pinerolo, 243, 389
Pio II, papa, 43
Pio IV, papa, 188, 210, 240
Pio V, papa, 263, 270, 297, 307
Pisa, 60
Place de Grève, 225, 281
Pless, 386
Plessis-les-Tours, 420
Poggio a Caiano, 53
Poissy, Colóquio de (1561), 210-2, 485
Poitiers, 219, 281
Poitiers, Diana de, *ver* Diana de Poitiers, duquesa de Valentinois
Poitiers, João de, 87
Poitou, 382, 452
"Polacre, Le grand" (bufão), 236
"Polacron, Le petit" (bufão), 236
Politiques, 376, 400, 411-2, 414, 418
Polônia/poloneses, 236, 306, 350, 353, 357-65, 367-71, 377-8, 380-1, 383-9, 394-6, 398-9, 401-2, 405, 407-8, 415, 423, 442, 454, 465
Pont-à-Mousson, marquês de, 455
Porte Neuve, 460-1, 478
Porte Saint-Antoine, 334, 444
Porte Saint-Denis, 264
Porte Saint-Martin, 457
Porte-Sainte-Marie, 435
Portugal, 245, 287, 391, 431, 434
Poulain, Nicolas, 457
Poznan, bispo de, 361-2, 364, 369
Pré-aux-clercs, Paris, 156, 170
Privas, 356
protestantes/huguenotes
  menções breves 20, 31, 485
  no reinado de Carlos IX
    1560-62, 200-1, 203, 207-16
    1562-64, 217-9, 221-2, 225-8, 231
    1564-66, 239-43, 247, 249-52, 253-5
    1566-70, 257-86
    1570-72, 287, 292-3, 295-8, 305, 310-5

ÍNDICE REMISSIVO

1572 eventos ligados ao Massacre da Noite de São Bartolomeu, 316-45
1572-74, 347-53, 355, 357-9, 363, 370-1, 373, 376
no reinado de Francisco II, 168, 170, 177-8, 180-7, 189
no reinado de Henrique II, 21, 133-4, 155-6, 160-1
no reinado de Henrique III, 399, 402, 404-5, 411-2, 415-22, 424, 429-30, 439-42, 444-5, 449, 454
no reinado de Henrique IV, 480-1
ver também Guerras de Religião
Provença, 91, 186, 244, 247, 424, 445
Prússia, Albert-Frederick, duque da 358

Quelus, Jacques, *385*

Rafael, 45
Rambouillet, 106, 461
Ravaillac, François, 482
Reforma, 209, 485
Reggio, 60
Reims, 113, 118, 121, 150, 173, 206-7, 404-5, 460
Reims, bispo de (Jean de Morvilliers), 396
Reiters alemães, 265-7, 352, 370, 413, 415, 453
Renascimento, 42, 57, 75, 86, 231, 485
René, *maître*, 125, 279, 312
Renée da França, 127
Reno, rio, 413
Retz, Alberto Gondi, duque de, 175, 312, 317, 331, 335-7, 396, 449
Retz, madame, duquesa de, 175, 361
Revol, secretário de Estado, 471
Richmond, duque de, 59
Ridolfi, Conspiração de, 303
Rieux, Cláudia de, 130
Rieux, Renée de, *demoiselle* de Châteauneuf, 306
Rinuccini, Bernardo, 53
Ródano, rio, 128, 246
Rohan, mademoiselle de, 162
Roma, 30, 41, 46, 48, 50-3, 57, 59, 61, 69, 81-2, 88n, 119, 128, 151, 153, 161, 208, 214, 240, 280, 303, 307, 322, 324, 347, 349, 428, 445
Roman, 244
Romorantin, 140
Édito de (1560), 186
Ronsard, Pierre de, 134, 232, 240, 294, 373
Roscoff, 137, 139
Rouen, 209, 218, 220-2, 242, 424, 463, 474
Parlement de, 229
Rousillon, 243
Rovere, della, família, 41, 50, 59
Roye, Eleanore du, 182
Rozay-en-Brie, 262
Ruggieri, Cosimo, 125, 175,-6, 375-6
Ruggieri, Tommaso, 125
Russell, sir John, 59
Rússia, 358
Ruzé, Martin, 397

Saboia, 26, 159, 212-3, 389, 400
Saboia, Emanuel-Filiberto, duque de, 25, 27-8, 30-1, 76, 153, 159, 189, 243, 389, 478
Saboia, Filiberta de, 46
Saboia, Margarida de França, duquesa de (cunhada de Catarina), 25, 31, 177, 180, 190-1, 212, 223, 243
Saint-André (pai de Jacques de Saint-André), 114

Saint-André, Jacques de, 73, 114, 116, 128-9, 158, 203, 222, 417
Saint Andrews, castelo de, 136
Saint-Brice, 448-9
Saint-Chapelle, Paris, 460
Saint-Cloud, 475
Saint-Denis, 73, 118, 131, 173, 219, 263-4, 266, 271, 295, 301, 474-5, 478
coroação de Catarina, 130-2
Saint-Eustache, paróquia de Paris, 365
Saint-Germain, Julien de, 474
Saint-Germain-en-Laye, 86, 111-2, 120, 131, 137, 140-1, 170, 210, 217, 292, 329, 344, 365, 373-4
Tratado de Paz de (1570), 285-7, 292, 299, 301, 333
Saint-Germain-l'Auxerrois, Paris, 338, 474
Saint-Jean, M. de, 275
Saint-Jean d'Angély, 282
Saint-Jean de Luz, 251
Saint-Marc, 105
Saint-Maur, 239, 270, 273, 365, 367, 430, 438, 480
Declaração de (1568), 271
Saint-Mauris, Jean de, 123
Saint-Quentin, 153-5, 159, 164
Saint-Rémy, Henrique, 143-4
Saint-Rémy, Jean de, 148
Saint-Saturnin, capela de, Fontainebleau, 97
Saint-Sauveur, Blois, 474
Saintes, 278
Saintonge, 445
Salon-de-Crau, 244
Saluzzo, marquesado de, 127, 159, 420
Salviati (núncio), 326, 399
Salviati, Lucrécia, 49, 57
Salviati, Maria, 85
Sancerre, 356
Santa Caterina de Siena, convento, Florença, 53
Santa Cruz, marquês de, 434
Santa Liga, 440, 442, 445-6, 461
Santa Lucia, convento, Florença, 53, 56
Santa Maria Annunziata delle Murate 53-4, 56-7, 69
Santa Maria Novella, Florença, 393
São Bartolomeu, Massacre da Noite de (1572), 19, 21, 142, 232n, 254, 312, 316, 342, 344, 346-7, 349, 353, 355-8, 371, 373, 376, 379, 402, 410-1, 415, 449-50, 457, 484
São Jerônimo, mosteiro de, 349
São Lorenzo, Florença, 40
São Nicolau, Veneza, 388
São Pedro, Roma, 52
Saulx, Gaspard de, *seigneur* de Tavannes, *ver* Tavannes, Gaspard de Saulx, *seigneur* de
Sauve, Charlotte de Beaune, baronesa de, 409-10, 426, 469
Savigliano, 243, 389
Savigny, Nicole de, 142
Sebastião, rei de Portugal, 283, 287, 307, 431
Sedan, 132, 289, 371, 376
Seize, Les (Os Dezesseis), 415l, 455
Sena, rio, 134, 221, 263, 338, 343, 346, 361, 365, 474, 480
Senlis, 153
Sens, 219, 241, 292, 415
Sens, arcebispo de (Nicolas de Pellevé), 292
Séré (oficial huguenote), 330
Sforza, família, 40, 63, 68
Sforza, Francesco II, duque de Milão, 59, 61
Sicília, 144
Siena, 149-50, 152

Índice Remissivo

Sigismundo Augusto II, rei da Polônia, 306, 350
Sigismundo da Suécia, 358
Signoria, 42-3, 53-4, 56, 58
Silésia, 386
Siradia, palatino de, 361
Sisto V, papa, 445
Smith, sir Thomas, 304, 427
Soderini, Piero, 44
Soissons, 457
Somme, rio, 153
Soranzo, Michele, 124, 151, 161
Sorbin (padre), 378
Soriano, Antonio, 57
Souve, M. de, 321
Strozzi, Clarice, 49, 53, 55
Strozzi, família, 49, 50, 115, 143-5
   ver também nomes individuais
Strozzi, Filippo (primo de Catarina), 239, 434
Strozzi, Filippo (tio de Catarina), 75
Strozzi, Leone, 116, 136, 145
Strozzi, Lorenzo, bispo de Béziers, 116
Strozzi, Piero, 116, 119, 145, 148-50, 153-5, 157-8
Strozzi, Roberto, 116
Sully, duque de 481

Taglicarno, Benedetto, 69
Tarbes, bispo de (Gabriel de Gramont), 60
Tavannes, Gaspard de Saulx, *seigneur* de
   Álava defende nomeação de, 265
   apoia Catarina, 117
   colocado à frente da vanguarda do exército, 265
   comandante de fato do exército, 277
   descrição da Polônia, 356-7
   despreza Diana de Poitiers, 117
   e assassinatos, 338
   e espetáculo em Dijon, 242
   e eventos que levaram ao Massacre de São Bartolomeu, 316-7, 329, 331, 335, 337-9
   e morte do duque de Zweibrücken, 280
   menções breves, 225, 315, 400
   morte, 359
   na batalha de Moncontour, 281-2
   recebe ordens de prender Condé, 268
Taylor, John, 66
teatinos, ordem religiosa dos, 287, 307
Téligny, Carlos de, 283, 329, 332, 335, 339
Tenczin, conde, 384-5
Thionville, 157
Thorigny, Gilone de, 408, 415
Thou, Jacques-Auguste de, 326, 331, 348, 362, 430
Throckmorton, sir Nicholas, 26, 30, 173, 178, 204, 226, 241
Ticiano, 58, 388
Tintoretto, 388
Toledo, Fernando Alvarez de, duque de Alba, *ver* Alba, Fernando Alvarez de Toledo, duque de
Toscana, 144, 149-50, 230, 297, 455, 467, 472, 479
Touchet, Marie, 290-1
Toul, 146, 159, 259n
   ver também Três Bispados
Toulon, 101n, 246
Toulouse, 127, 209, 248, 260
Tournelles, Château des, 25-6, 30, 33-4, 115, 134, 155, 164, 365
Tournon, 89
Tournon, cardeal de, 211, 243

Tours, 219, 255, 307
Toury, 218
Transilvânia, *vovoïd* da, 306, 405n
Trento, Concílio de, 210, 214, 239-40, 454
Três Bispados, 146, 159, 259
Tribunal de Sangue, 260
triunvirato, 164, 203, 207, 417
Troyes, 241, 265
Tratado de (1564), 226, 241
Tulherias
   Jardins das, 335, 365-6, 461, 468, 480
   Palácio das, 335, 365, 367, 425
Túnis, 69
"Turco, O" (anão), 236
turcos, 51, 68, 77, 92, 101n, 126, 246, 256, 260, 292, 300, 307, 358, 465
Turenne, Francisco, visconde de, 356, 371, 375-6, 429
Turim, 127, 159, 400
Turquia, sultão da, 250, 292, 306, 358, 465

Uccello, Paolo, 42
União, Ato de (1588), 463-5
Urbino, 39, 41, 47-9, 50, 59, 60, 78, 81
Usson, Château d', 448
Utrecht, 305
Uzès, duquesa d', 422-5, 428

Valence, 244
Valence, bispo de, *ver* Monluc, Jean de, bispo de Valence
Valenciennes, 313
Valladolid, 69
"*vallée de misère*", Paris, 279
Vallery, Château de, 261
valões, 280
Valois, Casa de, 19, 33-4, 102-3, 144, 148, 168, 170, 176, 179, 204, 213, 233, 252, 254, 272-3, 284, 286, 302, 304, 306, 308, 319, 338, 354, 362, 371, 379, 394, 399, 402, 418, 427, 434, 439-40, 445-6, 452, 473-85, *ver também* nomes individuais
Vasari, Giorgio, 76
Vassy, Massacre de (1562), 216-7, 224
Vaticano, 45, 59, 324
Vaucelles, Tratado de (1556), 152, 159
Vaudémont, Louise de, *ver* Louise, rainha da França (Louise de Vaudémont)
Vaudémont, Marguerite de, 434
Vendôme, 244, 254, 311, 319
Vendôme, cardeal de, 131, 463
Venetianelli, 467
Veneza, 41, 51, 68, 123, 219, 268, 300, 351, 388-9, 391
Ventabren, M. de, 371
Verdun, 146, 159, 259n, 443
   ver também Três Bispados
Verrocchio 43
Versalhes, 398
Vesalius, André, 30
Vieilleville, marechal Francisco de, 29, 103, 118, 148
Viena, 205, 291, 350, 386
Vigny, Alfred de, 86
Villefranche, 76, 414
Villemur, 293
Villemur, cônego de, 323, 329, 333
Villequier, René de, 370, 384-5, 396, 401
Villeroy, secretário de Estado, 446-7, 456, 458, 465

Villers-Cotterêts, 86, 174, 368
Vimory, batalha de (1587), 453
Vincennes, 227, 239, 265, 374, 377, 382, 407
Vincentino, Valerio Belli, 75
Visconti, família, 63n
Vitoria (cidade), 67, 250
Vitória (filha de Catarina), 97, 152
Vitry-en-Perthois, 368
Vitteaux, barão de, 414

Walsingham, sir Francis, 351, 395
Wedgwood, C. V., 20
Wolsey, cardeal, 67
Woodstock, 351

Zelândia, 305
Zúñiga, Diego de, 330, 343, 395
Zweibrücken, duque de, 280-1

Leia também:

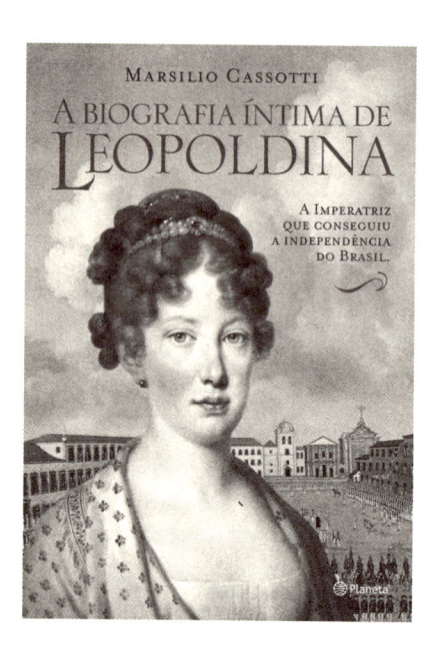

MARSILIO CASSOTTI
A BIOGRAFIA ÍNTIMA DE LEOPOLDINA
A IMPERATRIZ QUE CONSEGUIU A INDEPENDÊNCIA DO BRASIL.

Leopoldina de Habsburgo é uma personagem decisiva na História do Brasil. No entanto, sua vida íntima é pouco conhecida. Esta obra revela o pano de fundo de suas experiências, desde sua infância como uma pequena arquiduquesa austríaca, durante as guerras napoleônicas contra a Áustria, até o Congresso de Viena, no qual se aventa seu casamento com o "tão belo quanto Adonis" príncipe do Brasil — país dos sonhos que ela estava predisposta a amar.

Baseada no que contam (e ocultam) as cartas de Leopoldina, em um tom intimista e em estilo semelhante ao da ágil escrita do vienense Stefan Zweig (falecido em Petrópolis), esta obra de Marsilio Cassotti é um relato sentimental e político, de transcendência europeia, mas ambientada no Brasil. É a biografia de uma mulher excepcional, escrita com rigor histórico, que se lê como um romance.

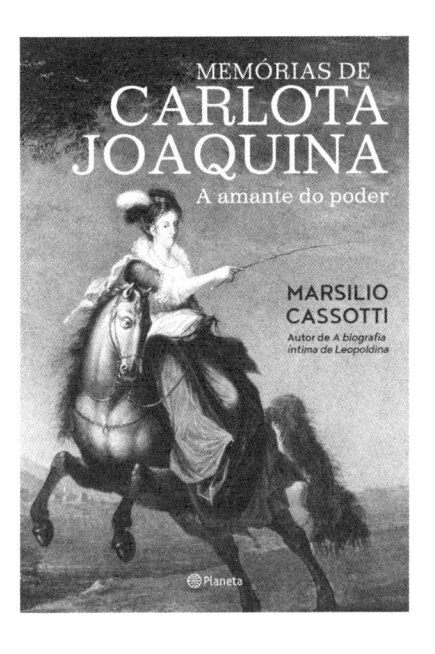

Com base em documentos históricos e testemunhos de quem conviveu diretamente com a "princesa rebelde", *Memórias de Carlota Joaquina – a amante do poder* apresenta uma Carlota que, em primeira pessoa, faz revelações surpreendentes sobre sua vida: as intrigas políticas de sua pérfida e refinada mãe; o casamento aos 10 anos de idade com João; os choques com a conservadora corte portuguesa; a hipocrisia do "aterrorizado" e sexualmente ambíguo esposo; as contínuas gravidezes e partos; a disparatada fuga dos Bragança para o Brasil; sua fria relação com o mulherengo D. Pedro; a tensão com a "dissimulada Leopoldina", e, ainda, seu desespero por ter de deixar, em 1821, "esta mina bem carregadinha que é o Brasil".

**Acreditamos
nos livros**

Este livro foi composto em Adobe Garamond Pro e impresso pela RRD para a Editora Planeta do Brasil em fevereiro de 2019.